CENGAGE
Learning®

西方政治科学经典教材

THE POLITICS OF
INTERNATIONAL ECONOMIC RELATIONS

国际经济政治学

[美] 琼·E. 斯佩罗
[美] 杰弗里·A. 哈特　著

吴义学　译

人民出版社

目　录

第三部分　北南机制

第四部分　冷战结束后的影响

前　　言

　　1977年出版的《国际经济政治学》第1版，填补了国际政治和国际经济之间这一国际关系研究的空白。1977年后，随着国际政治经济逐渐成为政治学一项新的、日益突出的研究领域，国际政治和国际经济研究之间的差距显著缩小。有关国际经济关系中的政治学理论以及实证分析也开始规律地出现在专业书籍和期刊中。虽然最重要的桥梁构建出自政治学家，但是经济学家现在也将政治变量包含在他们的分析中，并将经济理论应用到政治行为的研究中。新一代的学生正在意识到经济和政治之间的相互关系，开始学习如何使用这些学科的工具。

　　1977年后发生的许多事情强化了这种学术演进。首先，国际经济的动荡强化了人们对国际经济关系中的政治层面的关注。美元及其他国际货币面临的持续问题、美国与主要贸易伙伴之间的诸多贸易纷争、世界石油市场危机以及第三世界持续的债务危机都迫使学者们重新审视将经济学学科与政治学分离了一个多世纪的学术假想。

　　自从第1版面世后，本书的焦点和组织架构并没有发生太多变化。《国际经济政治学》的最新版本保持先前建立的将对发展中国家面临问题的分析和对工业化资本主义国家面临问题的分析的传统。在第5版中，我们增添了能反映冷战结束后国际体系变化的新材料。在第5版，我们对经济快速增长的发展中国家对内、对外经济政策日益务实的做法进行了讨论并试图做出解释。最后，第5版还增加了对世界最贫穷地区与最富裕地区之间不断扩大的差距的分析。

本书的第6版提供了有关20世纪90年代后期发生的各种货币危机、世界贸易组织的初期、对外直接投资的持续快速增长、前共产主义国家融入到资本主义经济体系以及1997—1998年亚洲金融危机后始发的对经济发展理论的反思等新的信息。最后，相比较以前版本，第6版更深入地探索了全球化和治理之间的关系。

《国际经济政治学》第7版完成于始发自美国并迅速传播到世界其他地方的2008年全球金融和经济危机爆发之前。本书付印之时，危机持续展开。

尽管面临着长期争论，这场危机的原因主要包括金融机构轻率的贷款政策，尤其是美国在所谓的次级抵押贷款市场的银行贷款；金融机构为支持新的、风险业务而过多的借款；风险并不完全被理解但在世界各地被获取和交易的证券化金融工具的创建；国家层面过时和无效的金融监管和监督；以及全球金融管理的制度性不足。危机对全球经济稳定、繁荣和公平的影响将在未来的几年内继续呈现。

2008年危机的原因、影响及其他东西本书没有予以明确讨论。然而，危机中许多复杂、相互关联的现象在本书中都得到解释和预示。例如，本书讨论了新金融工作的创立、金融市场和金融机构的全球化以及由此导致全球金融危机发生的频率。本书还解释了不同经济体之间日益增长的相互依存、全球金融管理制度的发展以及全球范围内的多边治理的局限性。在整个研究中，本书强调了建立系统性领导，尤其是美国和欧盟系统性领导的必要，美国经济的关键作用，以及美国无法单方面管理全球体系。本书的最后一章展望了全球经济中改进系统管理及改革的必要。

第一部分　概　述

第一章　国际经济关系中的从管理到治理

自从第一个商人跨越国家边界以来，各国政府就试图调节彼此国际经济交往的各个方面。**国际经济体制**是旨在通过约束政府行为以取得共同经济目标的规则、规范、程序和机构，包括从简单的双边贸易协定到像世界贸易组织这样复杂的多边安排。国际经济体制会影响成员国互动的性质及程度，它是由成员国之间的权力分配、彼此拥有共同的目标和利益的程度以及体系内领导角色的性质等政治因素所塑造。

国际经济制度是由一系列包含贸易、投资及货币流动的规则等体制所组成。在第二次世界大战结束后的半个世纪内，出现过三个国际经济制度，即从第二次世界大战后开始盛行到1971年结束的**布雷顿森林体系**；从1971年至1989年的**相互依存体系**；从1989年至现在的当代**全球化**体系。

布雷顿森林体系

在近20年里，布雷顿森林体系有效地控制了成员国之间的冲突并实现了彼此之间的共同目标。布雷顿森林体系的规则、机构以及规程体现在二战期间及二战后成立的三个机构中。布雷顿森林体系以**国际货币基金组织**及**世界银行**成立所在地的美国新罕布什尔州的一个小镇而命名，除了国际货币基金组织和世界银行外，布雷顿森林体系还包含《**关税及贸易总协**

定》。随着时间的推移,国际货币基金组织、世界银行及《关税及贸易总协定》经历了重大变化,但依然成为当今国际经济治理的基石。

在布雷顿森林体系时代,尽管国际经济互动依然是有限的,但却保持增长。在布雷顿森林体系的早期,许多国家经历着从二战破坏性的后果中的恢复,因此无力开展国际竞争。关税、配额和外汇管制虽然保护了国内市场,但却阻碍了商品和资金的国际流动。国际投资是有限的,且大量集中在原材料及零售业,而不是集中在制造业。

布雷顿森林体系有三个政治基础,即权力集中于少数国家、这些国家间存在着一系列重要的共同利益以及存在着一个愿意并且有能力担任领导角色的主导国家。^① 政治和经济权力集中在北美及西欧的发达国家手中使它们能够主导布雷顿森林体系。它们没有面临来自孤立于国际经济之外且处于独立的经济体系之中的国家的任何挑战。虽然欠发达国家已经融入到全球经济体系,但是由于它们自身的政治经济弱点,它们在全球经济管理上没有发言权。很多亚洲、非洲发展中国家在这期间的大部分时间内仍然从属于殖民帝国。最后,由于二战后遭到削弱以及缺少像北美及西欧一样的发展水平和政治实力,日本在布雷顿森林体系时代的很长时间内都保持在该体系的管理层之外。作为战败国,日本最初并不是布雷顿森林体系的成员国。日本于1952年加入国际货币基金组织和世界银行,但是直到1954年才成为《关贸总协定》的一员。通过限制那些意见对建立新的国际经济体制和实行体制内管理必要的成员国数量而导致的权力集中促进了布雷顿森林体系的管理。

布雷顿森林体系内强大的成员国对国际经济制度的目的和手段有着高度的一致也使得该体系的管理变得更加容易。发达国家对**资本主义**和自由化有着共同的信念,它们基本依靠市场机制及私人所有制。但是这些国家也认为自由的经济制度也需要政府的**介入**。二战后,国家政府对它们

---

① On the idea of the need for a leader, see Charles P.Kindleberger, The World in Depression, 1929–1939（Berkeley and Los Angeles, Calif.: University of California Press, 1973）. 金德尔伯格对这个问题的早期猜测已经导致在现在被称为"霸权的稳定性理论"（hegemonial stability theory, HST）的话题上诸多作品的出现,参照这些作品引用的参考目录。

国民的福利和就业承担起了责任,稳定及经济增长成为它们公共政策的主要目标。**福利国家**的产生是对**大萧条**的一种回应。大萧条导致了政府对经济干预的普遍需求并产生了主张依靠政府干预来维持充分就业水平的**凯恩斯经济学派**。

发达国家也支持在对私人贸易和资本的自由流动设置很少障碍的自由市场之上建立一个自由的国际经济体制。导致外汇管制及**贸易壁垒**大行其道的大萧条的经历依然在各国官员脑海中保留着清晰的记忆。虽然这些国家对怎样具体执行这种自由体制意见有所不同,但是它们都认同公开的体制会造成它们经济福利的最大化。同时,各国政府也认识到国际市场可能是不稳定的,因此极力寻求管理危机和冲突控制的机制设计。

一些政府还相信,自由的国际经济体系不仅会导致经济繁荣和经济和谐,而且也会促进国际和平。[①] 1933年至1944年期间担任美国国务卿的科德尔·赫尔(Cordell Hull)就是众多持有这种观点人士当中的一位。赫尔认为"不受阻碍的贸易与和平已经高度结合;高关税、贸易壁垒以及不公平的经济竞争和战争同步……如果我们实现更加自由的贸易流动,也就是面临更少的歧视及障碍,那么一个国家就不会激烈地妒忌另一个国家,所有国家的生活水平都将提高,这些会有助于消除那种酝酿战争的经济不满,我们也就可能取得持久和平的机会"。[②]

---

① Kenneth Waltz, Man, the State and War (New York, N.Y.: Columbia University Press, 1969). 有关自由主义思想如何激发二战后美国对外经济政策的讨论,参见David P.Calleo and Benjamin M.Rowland, America and the World Political Economy (Bloomington, Ind.: Indiana University Press, 1973)。有关这个话题的更多近期著作,参见G.John Ikenberry, "Creating Yesterday's New World Order: Keynesian 'New Thinking' and the Anglo–American Postwar Settlement," in Judith Goldstein and Robert O.Keohane, eds., Ideas and Foreign Policy: Beliefs, Institutions, and Political Change (Ithaca, N.Y.: Cornell University Press, 1993); Erik Gartzke, "Kant We All Just Get Along? Opportunity, Willingness, and the Origins of the Democratic Peace," American Jounal of Political Science, 42 (1998), 1–27; and Edward D.Mansfield, Power, Trade, and War (Princeton, N.J.: Princeton University Press, 1994).

② Quoted in Richard N.Gardner, Sterling–Dollar Diplomacy in Current Perspective: The Origins and Prospects of Our International Economic Order, expanded ed. (New York, N.Y.: Columbia University Press, 1980), 9.

经济合作中的共同利益因20世纪40年代末爆发的**冷战**而增强。一些官员认为,西方国家的经济弱点使得它们在面对内部的共产主义威胁以及来自苏联的外部压力时变得脆弱。经济合作不仅对重新构建西方经济、确保它们持续的经济活力是必要的,而且也有助于它们维持政治和军事安全。此外,想象中的共产主义的军事威胁导致发达国家将彼此之间的经济冲突置于它们共同的安全利益之下。

发达市场经济体还对国际经济管理的本质有着一致的看法。这种国际经济管理涉及自由制度的创立与维护。这种战略要求建立一个稳定的国际货币制度以及减少贸易及资本流动壁垒,以使国家享有一个有利的环境确保稳定和经济增长。是个体的国家自己,而不是国际经济体系承担着维护国家稳定及经济增长的主要责任。因此,体系内的成员在国际经济管理上持有相同的观念非常有限,即各国需要通过消除贸易和资本流动壁垒来调节自由体制以及需要创造一个稳定的货币体系。

最后,国际管理需要依靠决定性的支配国家来领导国际体制。作为世界上重要的经济及政治大国,美国显而易见具备承担国际领导责任的能力。美国经济没有受到过战争的破坏,其巨大的市场、完善的金融设施及强劲的货币使其成为世界的主导经济体。能够支持一个庞大的军事力量,加上拥有核武器使美国成为世界上强大的军事国家以及西方联盟的领袖。由于战争导致经济陷入混乱、由于国家间的国界使得它们的生产和市场处于独立状态以及由于战争使它们的军队受到废除或削弱,欧洲国家无力承担起全球的领导角色。由于战败及国力遭受破坏,日本在当时甚至没有被视为国际管理体系的一部分。

美国既愿意又能够承担国际管理体系的领导角色。美国决策者从两次世界大战之间发生的事情中学到了很重要的教训。美国领导角色的失败以及其在第一次世界大战后撤退到**孤立主义**被视为国际经济体系及世界和平崩溃的主要因素。美国决策者认为,二战后美国再也不能孤立自己。作为二战后最强大的国家,美国将不得不承担起建立世界政治和经济秩序的首要责任。随着冷战的爆发,要求美国担任世界领导角色的需求进一步强化。美国政府及其国外的盟友认为,没有这样的领导,欧洲和日本的经济弱点将会导致共产主义政治的胜利。

此外,在战争中承受巨大经济损耗的欧洲国家以及日本也积极支持美国的世界领导地位。它们需要美国的援助来重建国内生产,需要美国的财政援助支持它们的国际贸易。因此,美国领导的政治影响被认为是积极的,因为这些国家的政治精英们认为,美国的经济援助将缓解他们的国内经济和政治问题并鼓励国际稳定。欧洲国家担心的不是美国支配地位而是美国的孤立立场;美国迟迟加入两次世界大战的经历依然清晰地保持在它们的头脑中。

在整个布雷顿森林体系时期,美国调动了其他发达国家进行体系的管理,并在某些情况下,单独管理着整个体系。美国扮演着世界央行行长的角色,在国际贸易谈判问题上采取了重大举措并主导着国际投资。

有限的国际经济互动与权力的集中、诸多共同的利益以及美国的领导地位等有利的政治条件相结合,提供了与管理国际经济这样的任务相同的政治能力。布雷顿森林体系使欧洲和日本从战争的破坏中得到恢复,建立了一个稳定的货币体系,鼓励建立更加开放的贸易、金融及投资制度,并反过来又导致经济在一段时间内的快速增长。

相互依存

然而,到20世纪70年代,布雷顿森林体系被一种以相互依存为特征的新的国际经济体系所取代。国际经济互动的性质变化及关键国家之间权力平衡的转变导致国际经济秩序的重组。

重要的经济变化增加了布雷顿森林体系管理上的挑战。具有讽刺意味的是,恰恰是布雷顿森林体系的成功导致了这些变化。经济增长和持续的国际自由化,与计算机和电信技术的创新结合在一起,导致更大规模的国际经济互动和国际贸易、投资和货币流动对国家经济日益增多的渗透。贸易和资本壁垒的减少以及信息技术革命使发达市场经济体间之间的国际经济互动得到扩大,即更大规模的国际资本流动、国际贸易的增长以及国际生产体系的发展。因此,不同国家间经济变得更加相互依赖、对国家经济之外的经济政策和事件变得更加敏感。这种问题进一步强化,因为随着国家比以往任何时候都更需要确保国内的经济福祉时,这种敏感性会增加。由于外部事件的影响,国家发现越来越难以管理它们的国民经济。最大的干扰是由周期性的以及被迫性的大幅货币**升值**和贸易中断的货币危机造成。

相互依存导致了对国际体制建立其上的深层的自由主义共识产生了两种反应和两种不同的挑战。第一种反应就是建立新的壁垒以限制经济互动及相互依存。这种观点认为,开放的国际体系不再能够使经济福利最大化,并最能确定性地破坏了国家的**主权**和自主权。一些批评人士认为,在一个越来越没有关税的世界经济里,对减少关税的持续关注已不再合适。作为对减少关税的某种程度的反应,**非关税壁垒**(non-tariff barriers,NTBs)在国家经济政策中已变得根深蒂固。各国不仅面临增长的压力去采取新的保护主义及**有管理的贸易**,也面临增长的压力来采取措施努力加强如**欧洲经济共同体**这样的地区**自由贸易**组织。这些地区组织总体上不是保护主义的,虽然建立针对地区外的新的贸易投资流动壁垒的可能性总是存在的,尽管地区内壁垒正在被拆除。

对自由主义共识的另一种反应是超越布雷顿森林体系和有限的管理理念,建立新的对相互依存进行管理的国际经济合作形式。这种观点认为,公开的国际管理体制能够使福利最大化,但是反过来也要求新的国际管理承担以前由单个主权国家承担的责任和特权。这种观点导致了全球努力建立一系列常规国际经济会议以及试图协调不同国家间的宏观经济政策(这种尝试大部分均未取得成功)。20世纪80年代,有关国家采取了新的措施,努力以新的、更远大的多边贸易磋商机制即"乌拉圭回合"来提升全球多边贸易体制。

在相互依存时期权力和领导地位的变化也改变了国际经济制度的政治管理。尽管发达国家仍然支配着国际政治、经济权力,但是它们之外的其他国家对它们管理这种体制的权利发起了挑战。尤其是欠发达国家加大努力寻求进入国际管理体制及分享国际经济制度带来的好处。大多数殖民地在20世纪五六十年代已获得独立,正寻求改善它们的经济现状以及扩大在国际经济体系中的影响。一些发展中国家对多边管理体系采取了务实的态度,寻求介入现有的管理体系并在现有的管理框架内发挥更大的作用。其他发展中国家不同意这种国际管理体系赖以存在的自由主义基础,认为开放的货币、贸易和金融体系的延续使它们的不发达状况及对发达国家的从属地位永久化。这些国家通过保护自己免受国际经济互动的负面影响,以及极力使它们的发展成为国际管理体制的主要目标和责任而努力寻求本国经济的发展。20世纪70年代的石油危机导致这些国家努力改变国际游戏规则,建立它们所称的国际经济新秩序(New International Economic Order)。

更重要的是,在先进的工业化国家内部权力发生了转移。20世纪60年代,欧洲经历了一段时期的快速经济增长,其在国际贸易中的活力也得以增加。1957年,6个欧洲国家联合起来成立了一个贸易集团,即欧洲经济共同体以对抗美国的经济支配地位及潜在的政治力量。到1986年,这6个国家增加到12个,欧洲经济共同体也演变成欧洲联盟(欧盟),其目标不仅是消除贸易壁垒和创建**关税联盟**,也是为了消除阻碍资本、劳动力和服务流动的所有障碍。日本的**经济发展**更加壮观。20世纪60年代,日本成为世界主要经济大国,并加入了发达国家俱乐部。到了20世纪80年代,日本成为美国和欧洲一个强大的经济竞争对手。

20世纪七八十年代,美元的走弱和美国贸易余额的下降削弱了美国的国际经济力量。在这个时期的大部分时间内,美国经历了政府支出和**收支平衡**的"双赤字"。与此同时,欧洲和日本对美国的这种领导地位给自身带来的特权逐渐不满,并越来越多地批评美国的这些特权,尤其是批评美元体系和美国的收支**赤字**。就其本身而言,美国也越来越不满意本国担任领导角色的成本。

20世纪70年代初期世界安全紧张的缓和尤其加强了欧洲及较低程度上加强了日本对美国领导地位的态度变化。想象中的安全威胁的**缓和**及减轻减弱了主张加强西方经济合作及美国领导的安全观点。出于安全原因,欧洲和日本已不再愿意接受美国的主导地位,美国也不愿意继续承担其领导地位产生的经济成本。

虽然美国自身、欧洲以及日本对美国的支配地位越来越不满,但是没有新的具有领导地位的国家来接手美国的领导地位。尽管欧洲在经济上建立了一个统一的共同市场,但是欧洲缺乏承担领导角色所必要的政治联合。作为美国之后的两个最强有力的经济大国,西德和日本自身也无法管理国际体制,而且对二战的记忆使得世界上其他国家在任何情况下都无法接受西德和日本担任领导角色。

由于关键成员国之间国际经济互动及冲突的增长,相互依存时代的特征表现为成员国之间周期性的危机和冲突。体系内强大的成员国试图通过发展新的多边合作机制来解决整个体系的管理问题。它们发起了布雷顿森林体系的改革,包括对国际货币制度做出主要修改及对经济发展予以更多的关注。它们还创建了新的合作安排如七国集团经济峰会来补充现有的制度结构。因此,相互依存时期迎来了持续的自由化、国际经济机构的逐渐演变以及为适应新的国际经济互动水平及力量平衡的变化而做出的制度改变。

全球化

20世纪90年代,第三个国际经济体系开始出现并一直延续至今。这个体系很大程度上是相互依存时代的延伸。继续的国际自由化和技术进步相结合增加了国际经济互动以及各国对互动的敏感。然而,世界上发生的重要变化从根本上改变了现行体系的特点,世界也因此进入了一个新的全球化时代。

最显著的变化发生在政治领域。冷战的结束对国际经济体系产生了深远的影响。随着柏林墙的倒塌和共产主义的崩溃,全球经济的政治基地出现了戏剧性的转移。以前存在于资本主义和共产主义世界以及两者经济体制之间的巨大鸿沟已不复存在。资本主义的意识形态和实践传播到东欧、俄罗斯。因为,从地理意义上讲,这种体系成为真正全球性的体系。尽管在政策的有效性方面有着差异,世界各国政府普遍采取了放松管制、**私有化**以及国际自由化政策。它们普遍减少了贸易壁垒、废除外汇管制以及撤销投资禁令。前共产主义国家和发展中国家也加入了布雷顿森林体系机构,同意遵守它们的规则。

经济信仰和实践的这种变化是由重大的技术发展相伴随。新的信息技术增加了计算和通信的容量,降低了它们的成本,并使得生产和金融不断增长的国际化成为可能。越来越多的商品、资本、技术甚至人员可以跨越国际边界进行自由流动。全球化促进了商品和服务市场更加开放,导致全球企业在多个市场进行生产和分销其产品,以及促使全球金融市场中的货币、债券和股票一天24小时交易。互联网的技术革命导致了国际贸易、投资和融资性质的进一步变化。

全球化的影响是不平衡的。经济变化的速度加快,资本和商品流动变得更加不稳定,所有这些都给成千上万的人带来快速、有时令人痛苦的改变。很多国家、公司和个人都是全球化的受益者。众多亚洲和拉丁美洲发展中国家之所以能保持经济的繁荣,是因为它们能够吸引外国投资、技术及扩大出口。另外一些国家因无力在世界市场开展竞争而落后。最贫穷的国家,尤其是那些非洲最贫穷的国家,无法扩大贸易和吸引投资,因此变得更加边缘化。

全球化也改变了国际体系的构建基础——主权民族国家。全球化进一步削弱了政府通过利息和**汇率**等国家经济政策管理经济的能力。在全球化时期,对国家政策的挑战超越了经济管理领域。随着国际经济互动更加深入地渗透到国家经济的范畴,政府寻求环境保护及劳工政策等其他国家目标的能力受到质疑。

此外,国际制度地理上的扩张使得各国易受来自世界各地干扰因素的影响。由于国际经济体系的成立并不是为了解决全球危机,全球化从而进一步挑战旨在治理国际经济关系的国际规则和机构体系。

在相互依存时代,对国家主权构成新挑战的两种对立的反应出现了。一些政治人物呼吁国际经济规则、机构和程序的现代化和扩张。按照这种观点,全球化的优势及其发展的必然性使得通过扩大国际合作和规则的制定来更新国际机制成为一个紧急任务。其他政治人物则因担心全球化的经济及政治影响而主张限制国际经济自由化。在他们看来,全球化服务于富人而不是穷人,并使环境和劳动受到威胁。许多反对全球化的人士认为布雷顿森林体系沦落成为富裕国家服务的工具,而没有解决发达国家和发展中国家的穷人的需要。

最后,冷战的结束及全球资本主义经济的建立改变了全球权力关系。美国崛起为世界上唯一一个能把自己的经济、军事、政治甚至意识形态的影响投放到世界各地的超级大国。在经济领域,美国经济和美国企业被证实为强大的、灵活的并能适应新的、竞争性的全球经济。美国的技术优势,特别是其信息技术领先者的地位,使美国公司处于强有力的竞争地位。因此,美国企业和金融机构能够在国际市场扮演着强有力的角色。此外,随着共产主义的崩溃及美国经济的成功,美国资本主义成为世界标准的经济模式。

然而,经济领域的权力并不像在政治和安全领域那样不平等。一系列地区经济大国,包括传统大国能平衡美国的影响。法国、德国和英国继续统治着西欧。日本也维持着它的亚洲经济大国的地位。此外,巴西、中国以及印度等国经济也开始崛起。

经济一体化也创造了新的权力关系。欧盟成员国的增加,使其到2008

年成为一个拥有4.96亿消费者、**国内生产总值**和贸易水平与美国大致相当、拥有共同监管制度及共同货币的强大经济体。欧盟经济一体化已成为其更大政治联盟的基础，包括发展共同的外交、国防及军事合作计划。

尽管拉丁美洲的经济一体化落后于欧洲，但通过**南方共同市场**和安第斯共同市场开展的区域经济合作以充满活力的方式在南美出现。在亚洲，**东南亚国家联盟（东盟）**国家同意在该地区创建自由贸易区的计划。20世纪八九十年代**区域一体化**努力的复兴强化了而不是破坏了建立开放的市场及自由的世界经济秩序的趋势。

开始于20世纪90年代并持续到21世纪的显著变化——全球化、美国霸权及冷战结束的影响——根本改变了国际经济体系。为了应对这种新的秩序，各国政府努力促使机构、规则及程序的现代化，并通过发展新的危机管理技术以寻求相互间的共同利益。各国政府还通过以拥有更大的授权和更广泛权力的世界贸易组织取代《关贸总协定》更新了国际贸易体制。此外，它们还修改了国际货币基金组织，使其能够应对新的金融危机。与此同时，对本国选民担忧全球化对他们的经济福利及其他的国家目标带来的负面影响，各国政府也极力进行回应。全球化的动力和收益之间的紧张以及全球化对国家主权和政策构成的威胁演变成时代的主题。

自第二次世界大战结束以来，世界经济的管理分别经历了三种不同的体系（表1.1）。在布雷顿森林体系期间，建立稳定的全球经济被大国尤其是美国这样世界最大的经济体视为一个管理问题。在相互依存的时代，这种管理的责任逐渐从美国转移到一群国家手里，包括美国、较富裕的西欧国家和日本。在当今的全球化时代，国际经济面临的主要政治问题是如何

表 1.1　1945 年至现在的国际经济体制

日　期	体制名称	管理或治理类型
1945—1971	布雷顿森林体系	超级大国管理
1971—1989	相互依存	集体管理
1989—现在	全球化	全球经济治理

发展新的治理形式以及能否处理好三个关键挑战:(1)面临日益增长的世界经济全球化,政府如何继续承担起维护本国公民经济福利的政治责任;(2)前共产主义国家作为资本主义市场经济体它们如何全面参与到世界经济中来;(3)如何减少国家内部以及国家间的不平等现象。如果这些任务不以令世界上边缘化的国家需求得到满足的形式加以解决,这些国家会视现有的国际体系为非法的并继续对希望破坏(或希望用别的东西取代)它的人提供帮助。因此,随着世界从布雷顿森林体系向相互依存及后来的全球化发展,世界上许多经济精英认为世界经济有必要超越由超级大国管理或集体管理的理念,迈向更加雄心勃勃的目标——建立一个合法的治理体系。世界经济的未来将取决于这种想法的实现。

第二部分　西方体系

第二章 国际货币制度的治理

国际货币制度是国际经济的中心。国际货币制度为跨境贸易、投资以及其他经济交易和支付提供框架。金钱也对一个国家的主权至关重要。发行货币的能力以及影响货币价值的附带能力是各国政府的重要特权及国内经济政策的工具。本章节考察了各国如何通过合作创立和管理国际货币制度以及各国政府如何试图平衡它们对国际合作的需求和维护本国货币及本国经济主权的渴望。本章节探讨了那些负责管理国际货币制度的国家如何极力提供任何一个国际货币制度所具备的三个主要功能：充足的**流动性**、及时的**调整**以及对国际货币制度稳定的**信心**。

正如任何国家经济都需要一个可接受的货币一样，国际经济也需要一个可接受的交换工具。然而，与国家经济不同的是，国际经济缺乏一个可以发行货币和管理货币供应的中央政府。从历史上看，由于黄金和本国货币的使用，这个问题得到了解决。在19世纪和20世纪上半叶，黄金被应用于支持货币和国际账户结算。①

在整个19世纪以及20世纪初期，英镑作为一个储备、交易及干预货币对黄金构成了补充。第二次世界大战结束后，美元成为关键的国际货币。美元被央行作为储备持有；美元成为国际贸易、投资和金融不可或缺的一

---

① Barry Eichengreen, The Gold Standard in Theory and History, 2nd edition (New York, N.Y.: Routledge, 1997); Barry Eichengreen, Golden Fetters: The Gold Standard and the Great Depression, 1919–1939 (New York, N.Y.: Oxford University Press, 1996); and Giulio M. Gallarotti, Anatomy of an International Monetary Regime: The Classical Gold Standard, 1880–1914 (New York, N.Y.: Oxford University Press, 1995).

部分;美元被用来干预外汇市场以影响汇率。

国际货币制度也必须具有对国际收支失衡进行调节的手段。在国家经济中,地区之间的收支失衡通过资本流动以及通过财政和**货币政策**或多或少能够自动地调整。在国际经济关系中,收支失衡可以通过融资、通过改变国内经济政策来转变贸易和投资模式以及通过外汇管制进行外汇供应配给或通过允许货币汇率变化等方式得到解决。有效的收支调整可以通过国际合作来实现,但是这方面成功的合作主要取决于国内政策的执行来实现国际解决方案这样的政治难题。

在布雷顿森林体系内,收支调整的做出是基于**固定汇率制度**的存在,并辅以融资、外汇管制、汇率变化以及国家政策的调整。在相互依存和全球化时期,有着收支失衡调整的混合机制。体系内主要成员之间的汇率实行浮动,也就是说,它们之间的汇率频繁地改变以应对市场环境及政府干预。对这些**浮动汇率**形成补充的是国家集团(如欧盟)成员之间的固定汇率以及两国之间的固定利率,就像将本国货币与美元或其他主要货币挂钩的国家做出的情况那样。在浮动汇率下,市场驱动导致频繁的汇率变化因受到国家当局对货币市场的干预、融资及国家经济政策的改变而得到补充。

国际的调整需要与国内的政治需求之间的紧张因素是国际货币关系面临的主要困境。例如,为了稳定汇率或减少**收支赤字**,实行能够减少政府预算赤字和**通货膨胀**的政策对一个国家往往是必要的,但这些在政治上也是难以操作的。这样的政策总体上会在短期内导致低增长率和高失业率,但是长期会导致增长率的提高和就业的增加。政府往往有动力推迟对维护货币下降必要的国内经济改革或者延迟可能会减少其国际收支赤字规模的调整,因为这些必要的调整在国内政治上是不受欢迎的。

最后,一个稳定的国际货币体系会促进国际交流和经济繁荣,而不稳定会扰乱国际交易、威胁金融机构以及损害国内经济。缺少对国际货币体系的信心会制造经济及政治灾难。例如,20世纪30年代的**大萧条**时期,竞相的汇率贬值、相互竞争性货币集团的成立以及国际合作的缺乏在很大程度上导致了全球经济崩溃、国内政治不稳定以及战争。在1997—1998年的金融危机期间,亚洲货币、金融机构以及企业甚至政府纷纷倒塌并从整体上威胁了世界经济。虽然国际经济体制中的不稳定和危机不能被彻底消除,但是它们能被减少和管理。因此,国际货币管理的政治挑战之一就是预防和管理周期性的危机,从而促进体系的稳定。

布雷顿森林体系

初始的布雷顿森林体系

1944年7月,来自44个国家的代表聚集在美国新罕布什尔州布雷顿森林的一处庄园,以图创建一个新的国际货币秩序。他们的目标是建立一个能防止政治和经济的再次崩溃以及新的军事冲突的国际经济体系。他们认为先前主要依靠**市场力量**的货币体系被证实为不充分的,并且认为世界需要一个公共管理的国际货币秩序。[1]

参与国际经济新秩序创建的美国政策制定者认为美国领导地位的失败是经济和政治灾难的主要原因。[2] 在第二次世界大战期间,美国领导人因此决定美国将不得不承担起建立战后经济秩序的主要责任。这个经济秩序是为了通过促进自由贸易和高水平的国际交流防止经济上的民族

---

[1] See Robert Triffin, The Evolution of the International Monetary System: Historical Reappraisal and Future Perspectives (Princeton, N.J.: International Finance Section, Department of Economics, Princeton University, 1964); Stephen V. O. Clarke, Central Bank Cooperation, 1924–1931 (New York, N.Y.: Federal Reserve Bank of New York, 1967); Eric Helleiner, States and the Reemergence of Global Finance: From Bretton Woods to the 1990s (Ithaca, N.Y.: Cornell University Press, 1994); and Anthony M. Endres, Great Architects of International Finance: The Bretton Woods Era (New York, N.Y.: Routledge, 2005).

[2] See Charles Kindleberger, The World in Depression 1929–1939 (Berkeley and Los Angeles, Calif.: University of California Press, 1986).

主义。由国际合作确保的自由经济体系将为持久和平提供基础。因此,在两年的双边谈判期间,美国和英国作为世界领先的经济和政治大国起草了国际货币管理体系的一份新的计划。[①]

这份在布雷顿森林得到批准的英美计划成为第一个公共管理的国际货币秩序。在长达四分之一世纪的时间里,国际货币关系保持了稳定并为发达市场经济体之间不断增长的国际贸易、经济增长以及政治和谐提供了基础。新秩序的意图是建立由国际组织实施有限管理的体系。历史上第一次创立的两个公共的国际组织——国际货币基金组织和**国际复兴开发银行**(也称为世界银行)——执行这个国际体制的某些货币功能。

以协议条款的形式阐述的布雷顿森林体系的规则规定了固定汇率制。对20世纪30年代被视为灾难性的浮动汇率的经历记忆犹新的公共官员,认为固定汇率为贸易提供了最稳定、最有利的基础。因此,所有国家同意建立本国货币比对黄金的**平价**或价值,并同意将它们的汇率保持在不超过平价的正负1%。通过使成员国遵守本国货币能自由兑换成其他货币以及保持自由贸易,这些规则进一步鼓励了国际货币体系的开放。[②]

国际货币基金组织是国际货币体系的公共管理规则和主要工具的维护者。在加权投票的制度下,美国在国际货币基金组织内发挥着压倒性的影响。任何汇率的变化都必须取得国际货币基金组织的批准,而且国际货币基金组织还向影响国际货币制度的国家提供一些政策建议。最重要的是,国际货币基金组织还可以对国际收支赤字的国家提供信贷。国际货币基金组织的资金是由成员国以黄金以及本币出资组成,它的初始资金配额为88亿美元。在发生经常账户赤字的情况下,相关国家可以从这个基金借

---

① See Richard N. Gardner, Sterling–Dollar Diplomacy in Current Perspective: The Origins and Prospects of Our International Economic Order(New York, N.Y.: Columbia University Press, 1980), Chapters 1 and 2; and G. John Ikenberry, After Victory: Institutions, Strategic Restraint, and the Rebuilding of Order After Major Wars(Princeton, N.J.: Princeton University Press, 2000).

② See Richard N. Gardner, Chapters 3–5, 7; J. Keith Horsefield, ed., The International Monetary Fund, 1945–1965: Twenty Years of International Monetary Cooperation, vol. 1 (Washington, D.C.: International Monetary Fund, 1969), 10–118.

款长达18个月、在特定情况下甚至长达5年的借款。

尽管存在公共控制方面的这些创新,布雷顿森林协定强调货币问题仍然需要国家层面及市场化的解决方案。布雷顿森林体系的政策制定者们期望,在需要时由国际货币基金组织信贷补充的国家货币储备会对本国临时的国际收支失衡提供财政支持。该协定没有制定有关创建新储备的条款,而且认为新的黄金生产充足。在结构不均衡的情况下,布雷顿森林体系的政策制定者们预期会有国家层面的解决方案——改变本国货币的价值或通过其他方式提高本国的竞争地位。然而,该协定没有提供国际货币基金组织太多的手段可以用来鼓励这些国家层面的解决方案。

布雷顿森林体系的规划者们预期,在经过不超过5年的短暂过渡期后,国际经济将复苏,国际货币体系将进入运行状态。为了促进战后复苏,布雷顿森林体系的规划者们创建了世界银行,其目的是发放贷款以方便快速复苏和促进经济发展。①

然而,到1947年,布雷顿森林体系不能发挥作用以及西方经济体系处在崩溃的边缘这种情况已经变得很明显了。二战摧毁了在很大程度上依靠国际贸易的欧洲经济体系。欧洲的生产能力被摧毁或中断、其海外收入变成了债务、航运业遭受重创、收支赤字数额巨大且不断增长。无论是为了战后重建还是单纯地为了生存,西欧都面临着巨大的进口需求。②

布雷顿森林体系的机构无法应对欧洲面临的问题。国际货币基金组织有限的信贷设施不足以应对欧洲的巨大需求,而且在任何情况下,该组织只向经常项目赤字而不向资本和重建项目提供贷款。世界银行是为了资本投资而成立,但是它的资源严重不足。到1947年,国际货币基金组织

---

① Edward S. Mason and Robert E. Asher, The World Bank Since Bretton Woods (Washington, D.C.: Brookings Institution, 1973), 11–13.

② See United Nations Economic Commission for Europe, A Survey of the Economic Situation and Prospects of Europe (Geneva, Switzerland: United Nations, 1948); and United Nations Economic Commission for Europe, Economic Survey of Europe in 1948 (Geneva, Switzerland: United Nations, 1949).

和世界银行都承认它们无法处理体系内的经济问题。[①]

1947年的经济危机直接和政治问题联系在一起。德国经济和政治上陷入一片废墟。面对来自强大的工会组织的压力，意大利和法国政府处于高度的不稳定状态。部分程度上是由于其遭受的经济困难，英国正从印度和巴勒斯坦退出，并放弃其对希腊和土耳其的政治和安全承诺。更重要的是，苏联似乎愿意而且能够利用西方的经济困境和政治动荡进一步推行其在欧洲领土扩张的目的。苏联强行在二战结束时占领的国家有匈牙利、罗马尼亚、波兰和保加利亚，并压迫伊朗和土耳其做出领土让步。此外，苏联就战后德国问题的解决拒绝与同盟国合作。[②]

美国的领导地位

由于这些经济以及政治危机，美国在国际货币管理中承担了更大的领导角色。美国经济的实力、两次世界大战期间的教训以及安全上的诱因使得美国的领导角色无论在经济上还是在政治上在国际都变得可以接受。欧洲国家和日本也接受美国的管理。由于经济上遭受战争的消耗，它们需要美国的援助帮助它们重建国内生产、为它们的国际贸易提供融资并为它们提供政治稳定的环境。因此，1947年后，美国通过提供流动性和政策调整开始管理国际货币体系。

到1947年，无论黄金还是英镑明显都无法继续充当世界货币。黄金产量不足以满足日益增长的国际贸易和投资的需求。英国经济的疲软也使得英镑无法再继续担任首要的世界货币。美元继而成为唯一强大到能够满足不断增长的国际流动性需要的货币。美国经济的实力、美元与黄金的固定关系（每盎司35美元）以及美国政府同意以这个固定的价格将美元转

①　Mason and Asher, World Bank Since Bretton Woods, 105–107 and 124–135.

②　See John Lewis Gaddis, The Cold War: A New History（London, UK: The Penguin Press, 2006）.

换成黄金的承诺,使美元与黄金一样深受人们喜爱。事实上,美元可以获得利息并能用于贸易和金融上的属性使得其比黄金更受到人们的喜爱。

然而,巨大的短缺明显成为美元崛起为世界关键货币的主要绊脚石。美国享有巨额的贸易顺差,其外汇储备巨大并保持增长。为了使国际币货币体系发挥作用,这种贸易和资金流向需要改变;美国必须承担起收支赤字。这些恰恰是后来发生的情况。

从1947年至1958年,美国鼓励美元外流,这为国际经济提供了流动性。通过美国援助计划,譬如通过杜鲁门计划对希腊、土耳其以及不发达国家的援助,最重要的是通过**马歇尔计划**,美国从1948年至1952年给予16个西欧国家170亿美元的全额援助,美元开始外流。[①] 美国在北大西洋公约组织(北约)国家及朝鲜战争的军事支出成为提供美元流动性的另一个来源。美元因此成为世界货币,美国也因此成为能够为国际货币体系发行美元的世界中央银行。

除了提供流动性,美国也管理国币货币体系中的不平衡。对外援助和军事支出促使美国进行短期的调整,这有助于抵消美国巨大的贸易顺差以及欧洲和日本的贸易逆差。此外,美国放弃了布雷顿森林体系的可兑换目标并容忍欧洲和日本的贸易保护及对美元的歧视。譬如,在接受日本对美国的出口施加限制的同时,美国吸收了大量的日本出口。美国支持欧洲支付联盟(European Payments Union)—— 一个歧视美元的泛欧洲清算体系——并促进欧洲对美国的出口。最后,美国还运用马歇尔援助计划的杠杆鼓励许多欧洲货币的贬值以支持它们稳定货币的国家计划。

为了鼓励长期调整,美国还注重培育欧洲和日本的贸易竞争力。美国还废除了对战败的轴心国的经济控制政策,发起了对欧洲和日本的援助,包括马歇尔计划中的对欧援助,旨在重建它们的生产和出口能力。从长远来看,美国领导人预期欧洲和日本的经济复苏会因扩大美国的出口市场而

---

① Greg Behrman, The Most Noble Adventure: The Marshall Plan and the Time When America Helped Save Europe(New York, N.Y.: The Free Press, 2007).

对美国有利。[①]

国际货币体系在一段时期内因此运行良好。欧洲和日本的经济得以恢复并随后扩张。由美元外流而导致的美国商品和服务的购买在一定程度上导致了美国经济繁荣。然而,到1960年,布雷顿森林体系再次陷入了困境。

美国领导下的多边管理

美国管理国际货币体系的经济基础在于其他国家对美元的信心。这种信心是基于美国的经济的实力、美国巨大的黄金储备以及美国对美元转换黄金的承诺。但具有讽刺意味的是,国际货币体系也依赖于美元从美国不断地外流,而这种外流最终破坏了该体系得以维持的信心基础。美国的赤字以及外国对美元的持有为国际交易提供了充足的流动性。然而,如果美国的赤字持续扩大,如果相对黄金储备美元的国外占款持有比例太大,这都将危及其他国家对美元以至于对整个国际货币管理体系的信心。[②]

到1958年,美国已不再寻求收支赤字了,因为欧洲和日本的经济复苏几乎完成,它们的收支平衡已得到改善,官方储备也开始稳步地增长。到1959年底,欧洲和日本的储备与美国已不相上下。然而,美国的黄金持有量出现下降,国外持有的美元出现上涨。在1960年,国外美元持有量第一次超过了美国的黄金储备。[③] 很大程度上因对外直接投资以及军事和援助支出造成的私人长期资本外流导致美国出现了收支赤字(图2.1)。

1960年11月,投机者将美元兑换成黄金引发的第一次抛售美元标志着由美国管理的单边国际货币体系的终结。然而,美元体制并没有倒塌。美

[①]　For example, see Walter LaFeber, The American Age: U.S. Foreign Policy at Home and Abroad, vol. 2, 2nd ed. (New York, N.Y.: Norton, 1994), 479–482.

[②]　See Robert Triffin, Gold and the Dollar Crisis: The Future of Convertibility (New Haven, Conn.: Yale University Press, 1960).

[③]　International Monetary Fund, International Financial Statistics (Washington, D.C.: IMF, Supplement 1972), 2–3.

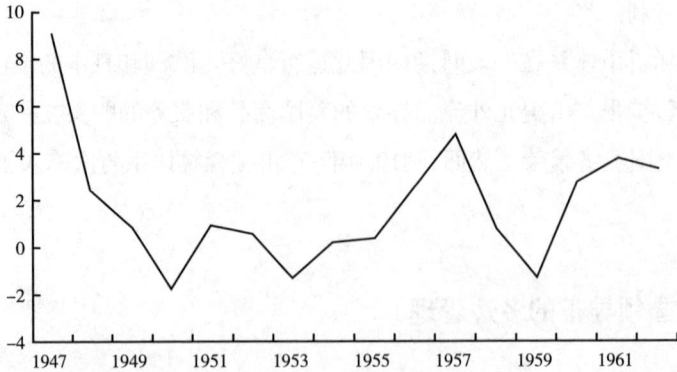

图2.1　1946—1962年美国的经常账户余额（国际收支平衡表）（10亿美元，现价）

资料来源:《1989年总统经济报告》（华盛顿特区:美国政府印刷办公室,1989年1月），第424—425页。

国还能持续发挥强有力的领导作用,美元和美国经济也依然保持着健康状态。但是,美国再也不能单独管理国际货币体系了。从此以后,美国不得不加入国际货币体系的集体管理,也就是说,美国不得不寻求与体系内其他成员的合作。

20世纪50年代末,在美国单方面管理期间内几乎无所作为的国际货币基金组织开始发挥更重要的作用,主要向欧洲和其他国家提供资金支持以帮助它们平衡临时的收支失衡。这一时期资金配额的增加促使国际货币基金组织发挥更加积极的作用。然而,货币管理的主要功能是由主要国家组成的多边集团承担。多边管理的一个新的重要形式就是中央银行之间的合作。自1930年以来,欧洲央行官员定期在瑞士巴塞尔的**国际清算银行**举行会议,但是美国从未成为其中的一员,也从未参与它们频繁进行的会议。[①] 然而,1960年美元危机后,美国中央银行即**美联储**的高级

---

① 国际清算银行最初于1930年建立的欧洲中央银行财团,是为了执行延期德国赔款的计划并为中央银行讨论提供一个论坛。国际清算银行现在包括其他工业化地区中央银行的代表。参见James C. Baker,The Bank for International Settlements: Evolution and Evaluation（Westport,Conn.: Quorum Books,2002）and Gianni Toniolo,Central Bank Cooperation at the Bank for International Settlements 1930–1973（New York,N.Y.: Cambridge University Press,2005）.

官员加入了欧洲央行官员月度会议,尽管美国直到1994年才加入国际清算银行。

美国的参与使巴塞尔集团控制了国际货币体系的重要方面。银行家们通过向面临压力的货币提供支持而制定了专门的危机管理。该集团还监管黄金的价格。1961年,银行家们同意通过"黄金池子"对黄金交易实行集中管理以便控制黄金投机。按照这个机制,当黄金跌破每盎司35美元时银行家们买进黄金,而当黄金价格上涨到该水平以上时卖出黄金。银行家们还在外汇市场合作并通过投资、干预以及积累信息开始在蓬勃发展的"欧洲通货市场"(Eurocurrency Market)发挥重要作用(见下一章节)。最后,银行家们还就影响国际货币体系的国家政策定期交换信息。

这个时期发展起来的第二个管理体系是**十国集团**(G10)。当10个工业国家——比利时、加拿大、法国、德国、意大利、日本、荷兰、瑞典、英国和美国——的代表1961年12月聚在一起创立"**借款总安排**"(General Arrangements to Borrow,GAB)时,这标志着十国集团的成立。"借款总安排"是由这10个工业国家控制并实行汇率管理的60亿美元汇率管理基金。① 十国集团很快成为信息讨论和交换的论坛、谈判货币改革的媒介以及实行危机管理的机制。例如,1968年,十国集团通过创建一个两级黄金体系,即黄金价格能自由波动的私人市场以及十国集团同意彼此之间以每盎司35美元出售黄金的公共市场,阻止了一场美元危机,缓解了美国黄金供应的压力。

美国和十国集团其他成员国之间签署的一系列双边安排支持了这个多边管理体制。这些安排包括:货币互换安排和中央银行为了危机管理而使用的备用信贷额度;其他国家同意持有以外币计价的美国特别长期债券来代替将美元转换成黄金;德国同意购买美国军事装备和继续持有大量美元以抵消美国军队驻扎在德国的成本。②

---

① 瑞士于1964年加入十国集团,因此使十国集团事实上成为十一国集团。

② Gregory Treverton,The Dollar Drain and American Forces in Germany:Managing the Political Economies of Alliances(Athens,Ohio:Ohio University Press,1978).

最后,美国极力通过改善其收支平衡和重建对弱势美元的信心来支撑多边国际货币体系。美国单方面的努力包括对外国证券征税旨在减少在美国借贷的吸引力从而减少资本外流、施加美国对外投资的资本限制、把对外援助与购买美国的商品和服务捆绑在一起、减少免税旅游分配以及鼓励美国的出口计划。然而,美国不愿意改变其扩张性的宏观经济政策,尽管这种政策对其收支平衡造成压力。[①]

多边管理机制不仅预防和遏制了货币危机,而且实现了国际货币体系的重大改革。20世纪60年代早期,流动性不足逐渐成为一个至关重要的问题。正如所预料的,一旦美国解决了其收支平衡问题,流动性短缺以及需要提供其他可替代形式的国际货币等问题将会出现。国际货币政策制定者们相信,未来的问题将不是美元太多,而是美元太少。[②]

经过五年的谈判,十国集团1968年就创建**"特别提款权"**(Special Drawing Rights,SDRs)达成协议,作为由国际货币基金组织创建的人工国际储备单位用作中央银行之间的结算。重要的是,随着欧洲在新创设的特别提款权方面被赋予否决权,这种新的国际流动性形式将不是由美国单独管理而是由十国集团共同管理。[③]与当时的世界总储备(1971年接近1000亿美元)相比,新创建的60亿美元"纸黄金"的数量依然很小;[④]然而,国际货币体系在历史上第一次有了国际共同创建和管理的资产。具有讽刺意味的是,恰恰是这一点,国际货币体系开始出现破裂。在1967年和1968年继续的货币危机预示着布雷顿森林体系的最终灭亡和一个新的国际货币体系的出现。

---

① G. L. Bach, Making Monetary and Fiscal Policy (Washington, D.C.: Brookings Institution, 1971), 111-150.

② See Walter S. Salant et al., The United States Balance of Payments in 1968 (Washington, D.C.: Brookings Institution, 1963).

③ Stephen D. Cohen, International Monetary Reform, 1964-1969 (New York, N.Y.: Praeger, 1970); and Fritz Machlup, Remaking the International Monetary System: The Rio Agreement and Beyond (Baltimore, Md.: Johns Hopkins University Press, 1968).

④ International Monetary Fund, Annual Report 1972 (Washington, D.C.: IMF, 1972), 28.

从布雷顿森林体系到相互依存

金融上的相互依存和多元化

高水平的金融业相互依存的出现在二战后第一个货币体系的崩溃中扮演了重要角色。1958年底西欧货币[①]以及1964年日元重返可自由兑换使国际金融交易的大幅扩张成为可能。跨国银行成为大型国际资金流动的媒介。从20世纪60年代开始,跨国银行的数量迅速增加。1965年,只有13个美国银行在国外建立了分支机构,但是到1974年底,这一数字扩大到125家。美国银行的国外分支机构拥有的资产从1965年的90亿美元升至1974年的1250多亿美元。与此同时,在美国的外国银行数量也经历扩张。例如,外国银行在纽约的分支机构和代理处从1965年的49个增加到1974年的92个,在同一时期它们的总资产从50亿美元升至290亿美元。到1974年底,在美国经营的外国银行的总资产达到560亿美元。[②]

金融上的相互依存也是生产国际化的结果。控制着大量流动资产的跨国公司为了利用**利率**差或预期的汇率调整熟练地将它们的资本从一国转移到另一国。20世纪六七十年代,随着危机的倍增和风险的增加,这种资本的流动成为金融管理的一个重要部分。[③]

这一时期金融上的相互依存的最终来源来自**欧洲货币**(Eurocurrency)

[①] 这是针对非本地居民可兑换的,完全的可兑换开始于1961年。

[②] Richard A. Debs,"International Banking"(address delivered to the tenth annual convention of the Banking Law Institute,New York City,May 8,1975),3.

[③] Sidney M. Robbins and Robert B. Stobaugh,Money in the Multinational Enterprise:A Study in Financial Policy(New York,N.Y.:Basic Books,1973);and Lawrence B. Krause,"The International Economic System and the Multinational Corporation," The Annals,403(September 1972):93–103.

市场。欧洲货币是指在它们本国之外（主要在欧洲）持有和交易的国家货币——美元、马克、法郎、英镑和日元。例如，在伦敦的美国银行或外国银行的分支机构接受美元存款并以美元的形式贷出这些存款。欧洲货币市场，也主要是欧洲美元市场，起源于20世纪50年代末，并在20世纪六七十年代发展成巨大的比例，到1978年几乎达到1万亿美元资产（见图2.2）。[①]欧洲货币市场的繁荣主要是由于它既不受国家监管也不受国内货币市场的约束。因此，它可以实行具有高度竞争力的利率来吸引巨额资金。由于欧洲货币市场主要由短期资金构成，因此市场上的资金具有高度不稳定和高度波动的特点。[②]

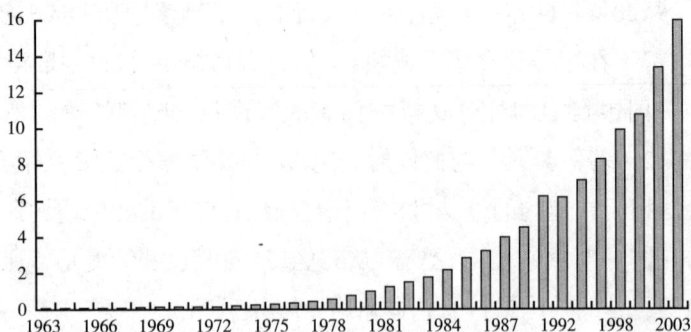

图2.2　1963—2003年欧洲美元和欧洲货币市场的发展（万亿美元）

资料来源：国际清算银行。

这些金融上相互依存的新形式使国际资本的巨量流动成为可能，而这种流动对国际货币体系产生巨大的张力。如前所述，在固定的汇率制度

---

① 有很多关于欧洲美元市场起源的理论。例如，参见Paul Einzig, The Euro-Dollar System: Practice and Theory of International Interest Rates, 4th ed. (New York, N.Y.: St. Martin's Press, 1970); and Geoffrey Bell, The Eurodollar Market and the International Financial System (New York, N.Y.: Wiley, 1973).

② 在产生短期投资的国际流动方面几乎与欧洲货币市场同样重要的是在美国被股票和固定收益资产基金经理投资称为"共同基金"的巨大资本池子。参见下面有关这个问题的进一步论述。

下,面临收支失衡的政府有多个政策选择。如果收支失衡量小或者是短期现象,政府可以用财政支付这种失衡或实施外汇管制。如果是结构性收支失衡,政府可以改变本国货币的价值——贬值或升值——或者改变国内的财政或货币政策以恢复收支平衡。然而,政治领导人往往不愿意采取有政治风险的措施来解决结构性收支失衡问题。不能解决这些收支失衡会导致大量的投机性国际资本流动。努力干预外汇市场以防止变化的发生被迅速和大量的国际资金流动所吞噬,这使得货币保持在固定价值正负1%的范围内成为不可能。危机因此进一步发展,政府最终被迫改变汇率和国家经济政策。

金融上的相互依存也越来越多地干扰了国家经济管理,尤其是国家的货币政策。例如,利率越来越成为管理国民经济体系的一个非有效手段。用于刺激经济的低利率导致资本流向高利率的国家。相反,用于控制通货膨胀的高利率可能会被这些高利率吸引的资本流入所击败。

在很长的时期里,美国是一个没有经历过这种意义上的相互依存的国家。美国的经济政策不受美元的国际地位或金融上的相互依存所影响。与欧洲和日本相对较小的经济规模相比,大量的资本流动对美国庞大的经济体产生的影响较少。此外,只要其他国家吸收美元外流,美国就不必采取国内措施以平衡其国际收支账户。因此,美国在20世纪60年代能够避免采取限制性的货币或财政政策。尽管如此,美国经济依然受到国际货币体系的制约。由于越南战争的支出引发的通货膨胀,也由于其他国家改变其汇率来计算它们的通货膨胀率,20世纪60年代末美元的价值出现高估,尽管美元的价值并没有改变。美元的这种高估促使大量的投资外流,导致美国的出口下降和进口增加,因此对美国的贸易平衡造成了负面影响(图2.3)。

面对这种情况,美国之外的任何一个国家将会采取本国货币贬值或通过经济通缩来重建本国有竞争力的贸易地位作为解决方案。然而,这两种方案在政治上都没有吸引力。美国愿意让其他国家货币升值,但不希望美元贬值引起国内政治问题。其他持有大量美元并享有贸易顺差的国家

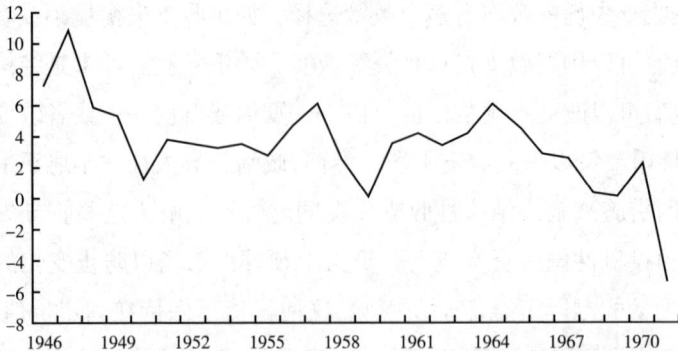

图2.3　1946—1973年美国商品和服务贸易差额（现价美元，10亿）

资料来源：《2001年总统经济报告》第393页。

拒绝允许本国货币做出调整。相反，欧洲和日本要求美国采取通货紧缩政策，认为美元的外流以及美国经济的扩张在国外造成通货膨胀。

除了相互依存，多元化的增加也影响了国际货币管理。到布雷顿森林时代结束时，美国已不再是之前维持了近20年的占主导地位的经济强国。具有更高增长水平且人均收入接近美国的欧洲和日本正在缩小与美国的差距（见图2.4）。经济实力更合理的分配导致它们重新产生了对政治权力的需求，并对国际货币体系中的美国主导地位特别是美元作为国际货币的特权角色日益不满。欧洲人和日本人怨恨国际货币体系为美国提供了特权。他们担心美国国内政策的实施很少或不考虑国际经济后果，并批评美国在不受支付约束的情况下为了政治目的如军事活动和对外援助可以无限制地对外支出。对厌战的欧洲以及与充满敌意的苏联对峙的日本来说，美国的主导地位所带来的这些特权可以接受；然而，当欧洲经济恢复并重新充满活力以及当日本面对来自邻居的敌意减少时，美国的这种特权已变得不再那么让人接受了。

美元的持续贬值使如何保持对国际货币体系的信心这一问题变得更加突出。尽管巨大、持续的赤字，减少或者消除美元的枯竭以及保持对国际货币体系的信心似乎直到1965年才成为可能。但是越南冲突以及约翰逊政府拒绝通过增加税收支付战争和国内社会事业导致了为了支付军事

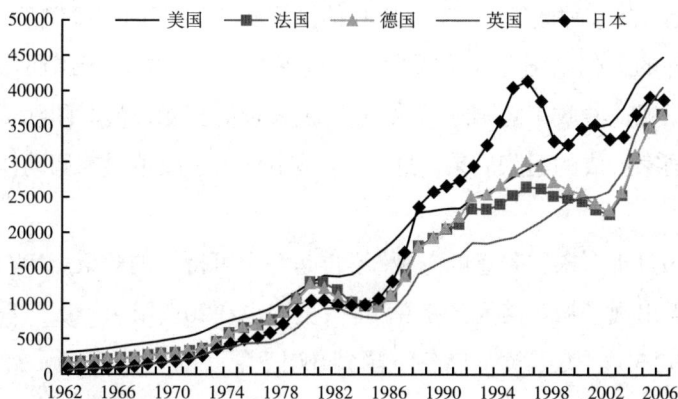

图2.4　1962—2006年五国集团国家人均收入（现价美元,使用图表集法Atlas Method）

资料来源:世界银行《2007年世界发展指标》。

花费美元流出的增加,并导致因日益增加的预算赤字引发了猖獗的通货膨胀,这些又导致美国收支状况的进一步恶化(见图2.3)。20世纪60年代末,美国经历长期的贸易逆差。欧洲和日本的经济复苏也使国际货币管理变得更加困难。其中的一个例子就是在特别提款权改革方面漫长而又艰难的谈判,这方面的谈判持续了五年并几乎几次失败。[①]

尼克松冲击和浮动汇率的出现

到1970年,金融上的相互依存发展已经快于国际管理方面的发展。相互依存产生的新问题,包括国际资本的巨大流动,对固定汇率制造成张力并干扰了单个国家的经济管理。尽管双边互换的扩大以及新的多边互换的创建,各国中央银行仍然无法控制大规模的货币流动以及遏制货币危机,而十国集团也无法进一步推动货币改革。

最重要的是,美国放弃了在货币领域的领导角色而寻求"善意的忽

---

① 到协议达成之时,原本想解决的美元短缺问题已经转换成美元过剩问题。

视"政策。在这种政策下,美国让其他国家捍卫现有的汇率制度、允许美元在国外的大幅增强并在货币危机期间保持消极立场。美国还保持国内政策却无视这些政策的国际后果,并漠视大量的美元外流对国际货币体系内其他国家造成的通胀后果。此外,美国不再为了改革寻求调动体系内的资源。

到1971年夏末,"善意的忽视"不再是一个可持续的政策。1971年的春天和夏天出现了抛售美元的挤兑事件,美国也在20世纪第一次出现了贸易赤字(图2.3)。美国黄金储备下降到100亿美元,而外国美元占款估计为800亿美元左右,通胀猖獗,失业遍布各地。由于经济形势产生的政治问题导致来自各方的政治压力要求政府有所作为。

1971年8月15日,尼克松总统在没有和国际货币体系内其他成员协商的情况下宣布了一项新的经济政策:从宣告之时起,美元将不能自由兑换成黄金且美国将对应纳税进口征收10%的附加税以迫使西德和日本升值本国货币。[①] 1971年8月15日标志着布雷顿森林体系的终结。

8月15日冲击后,十国集团(在美国的领导下)努力修补国际货币管理体系。第一次的尝试是1971年12月在华盛顿特区史密森学会达成的一个协议,规定美元兑黄金10%的贬值、调整其他货币汇率并给予汇率更大的灵活性,即允许汇率在平价正负2.25%区间内浮动,该浮动区间超过布雷顿森林协定规定的汇率浮动区间的两倍。

《史密森协议》是一项暂时性协议,是旨在给予参与者时间来谈判长期的改革。1972年,国际货币基金组织成立**国际货币体系改革及有关问题委员会**(也称**二十国委员会**),旨在改革国际货币体系。该委员会由十国集团及10个发展中国家代表组成,负责设计管理世界货币储备的方法、建立一个广泛接受的货币并创建新的调整机制。

除了暂时的危机控制,《史密森协议》没有提供其他更多的东西,也没

---

① On the crisis, see Susan Strange, "The Dollar Crisis 1971," International Affairs, 48 (April 1972): 191-215; and Joanne Gowa, Closing the Gold Window: Domestic Politics and the End of Bretton Woods (Ithaca, N.Y.: Cornell University Press, 1983).

有解决管理金融上的相互依存这一根本性的问题。面对不同的国家政策以及巨大的国际资本流动,汇率灵活性的增加和汇率重组显得是微不足道的。此外,作为国际货币体系中心的美元仍然不能自由兑换成黄金。大规模的货币流动不仅对《史密森协议》确定的汇率造成新的压力,而且旨在阻止对新汇率造成压力的国家货币管制也很快扩散。截至1973年3月,世界所有的主要货币都实行了汇率浮动。这意味着汇率管理留给了市场以及在较小程度上留给了在某种合作的基础上介入汇率市场的中央银行家们,以防止极端的汇率波动。

二十国委员会实现改革的努力也是不成功的。该委员会的改革计划集中于建立一个稳定但可调整的汇率制度以及提供新的国际流动性。然而,当委员会还处在辩论之中时,国际货币体系发生了巨大变化,固定汇率因而被浮动汇率取而代之。受美国通胀的刺激,再加上大规模的美元外流和世界范围内的商品短缺,通货膨胀爆发了。国家间不同的通货膨胀率不仅使汇率稳定变得不可能,而且还放大了实行浮动汇率以期将外部通胀保持在一定程度的隔离之外的国家愿望。[①]

石油美元再循环

最后,当二十国委员会还处在讨论中时,少数石油出口国策划了石油价格的大幅上涨(参见第九章)。在一年的时间内石油价格翻了两番。结果,大量的资金——在1974年就估计为700亿美元——从石油消费国,主要是发达的市场经济体,转移到产油国。[②] 油价的这种变化产生了金融再循环这一新的重大问题。在理想的自由贸易模式下,产油国的剩余收益会以从石

---

① Committee on Reform of the International Monetary System and Related Issues(Committee of Twenty), International Monetary Reform: Documents of the Committee of Twenty (Washington, D.C.: International Monetary Fund, 1974), 8.

② International Monetary Fund, Annual Report 1975 (Washington, D.C.: IMF, 1975), 12.

油消费国进口商品和服务的形式返回到石油消费国。但是转移到石油生产国的资源已经大到它们无法吸纳了。尽管它们巨大的发展需求及军备支出,这些国家作为一个整体不可能接受足够的进口来弥补石油消费国的损失。1974年,石油生产国的经常项目盈余超过700亿美元,然而,到1980年,第二轮油价的急剧上涨将这一盈余推升到1140亿美元以上。[①]

许多石油消费国无法将石油消费减少到足以消除赤字或增加出口来弥补赤字的差距。因此,它们不得不借款来支付它们的赤字,而这种借款的唯一来源就是有石油收入盈余的国家。这就是在不到10年后转化为发展中国家对外**债务危机**的金融循环问题(参见第六章)。

1974年之后,收入盈余的循环主要是通过私人银行接受石油出口国的存款,然后私人银行再将这些存款贷给石油进口国。少量盈余通过政府证券、直接贷款、产油国的投资以及通过国际货币基金组织和世界银行从石油生产国借款然后再将这些贷款提供给石油消费国进行循环。私人体制特别是私人银行体制是货币的主要管理者。在整个20世纪70年代,私人银行成为盈余资金的主要循环回收站,在这个过程中,私人银行积累了大量欧洲货币存款和同样数量的国际贷款组合。尽管依赖私人市场带来的有效性,但是这种情况也带来了一定的问题。私人银行在资金循环中的角色需要它们提高资产(贷款)/资本的比率,从而使银行系统的金融稳定性受到质疑。此外,许多发展中国家从商业银行大举借贷但最终无法偿还贷款。到20世纪80年代初,由此产生的债务危机对国际金融市场的力量提出了严重疑问。

汇率浮动、通货膨胀以及石油危机产生的货币后果击垮了二十国委员会。1974年1月,二十国委员会得出结论,认为国际经济的动荡使制定和实施一个全面的货币改革计划成为不可能。[②]

在一年半的时间里,世界关注的压倒性问题是如何应对石油恐慌(oil shock)的直接后果:通货膨胀、经济衰退以及资金的循环利用。然后,1975

---

① International Monetary Fund, Annual Report 1983 (Washington, D.C.: IMF, 1983), 21.

② Committee on Reform, International Monetary Reform, 216, 219.

年11月，主要货币大国——美国、英国、法国、西德、日本和意大利——的政府首脑在法国朗布依埃城堡召集会议，决定制定新的货币体系框架。这次会议是由**七国集团**（Group of Seven, G7）的主要工业大国第一个常规的年度经济峰会（表2.1）。[①] 在1976年1月的国际货币基金组织会议上，《IMF协定条款第二修正案》（Second Amendment to the Articles of Agreement of the International Monetary Fund）的最后细节得以最终敲定。

表 2.1　1975—2008 年国际经济峰会

日　　期	地　　点
1975年11月15—17日	法国朗布依埃
1976年6月27—28日	波多黎各圣胡安
1977年5月7—8日	英国伦敦
1978年7月16—17日	西德波恩
1979年6月28—29日	日本东京
1980年6月22—23日	意大利威尼斯
1981年7月20—21日	加拿大渥太华
1982年6月4—6日	法国凡尔赛
1983年5月28—30日	美国弗吉尼亚的威廉斯堡
1984年6月7—9日	英国伦敦
1985年5月2—4日	西德波恩
1986年5月4—6日	日本东京
1987年6月8—10日	意大利威尼斯
1988年6月8—10日	加拿大多伦多

① See George de Menil and Anthony M. Solomon, Economic Summitry (New York, N.Y.: Council on Foreign Relations, 1983); Robert D. Putnam and Nicholas Bayne, Hanging Together: The Seven-Power Summits (Cambridge, Mass.: Harvard University Press, 1984); and Joseph P. Daniels, The Meaning and Reliability of Economic Summit Undertakings, 1975-1989 (New York, N.Y.: Garland, 1993).

续表

日　期	地　点
1989年7月14—16日	法国巴黎
1990年7月9—11日	美国得克萨斯的休斯敦
1991年7月15—17日	英国伦敦
1992年7月6—8日	德国慕尼黑
1993年7月7—9日	日本东京
1994年7月8—10日	意大利那不勒斯
1995年6月15—17日	加拿大哈利法克斯
1996年4月19—20日	俄罗斯莫斯科
1996年6月27—29日	法国里昂
1997年6月20—22日	美国科罗拉多的丹佛
1998年5月15—17日	英国伯明翰
1999年6月18—20日	德国科隆
2000年7月21—23日	日本冲绳县
2001年7月20—22日	意大利热那亚
2002年6月26—27日	加拿大卡纳纳斯基斯
2003年6月1—3日	法国埃维昂莱班
2004年6月8—10日	美国乔治亚州海岛
2005年6月6—8日	英国苏格兰的格伦伊格尔斯
2006年7月15—17日	俄罗斯圣彼得堡
2007年6月6—8日	德国海利根达姆
2008年7月7—9日	日本北海道

资料来源：多伦多大学，八国集团信息中心：http://www.g7.utoronto.ca/。

《IMF协定第二修正案》呼吁结束黄金的作用和建立特别提款权作为国际货币体系的主要储备资产。该修正案使事实上的浮动汇率制合法化，但是也规定如果获得85%的多数批准,允许重新恢复固定汇率。此外,该修正案还呼吁国际货币基金组织对国际汇率制度和国家经济政策的管理施加更多的**监测**以促进稳定有序的货币体系。①

事实上,货币的权力编纂了现行的汇率体制。《IMF协定第二修正案》并没有解决美元的问题:美元管理汇率的指导方针未经定义;呼吁采取适当的国家政策以及呼吁各国与国际货币基金组织合作对其他国家没有约束力;合作制度化的机制表现脆弱而且在是不稳定的国际经济环境下执行。《IMF协定第二修正案》标志着在汇率问题上以国家和地区管理与多边管理并行存在为特征的一段时期的开始。

相互依存

相互依存体系是以国际货币体系成员国间的合作需求与单个国家的经济政治利益之间的紧张为特征的。从1971年至1989年,随着各国政府极力应对国际货币体系的三个挑战——流动性、调整以及信心,它们努力解决多边合作与国家自主权之间的平衡。合作机制,包括国际货币基金组织和七国集团,得到进一步发展以及在危机管理方面被证明是最有效的。由于国家经济政策越来越受到相互依存的影响,各国因此多次努力协调彼此之间的国家政策。然而,由于受到国内政治的约束,实现对保持世界货币体系稳定必要的国际合作水平被证明是困难的。

① International Monetary Fund, Proposed Second Amendment to the Articles of Agreement of the International Monetary Fund: A Report by the Executive Directors to the Board of Governors (Washington, D.C.: IMF, March 1976).

日益增长的金融上的相互依存

在此期间,国际金融市场在规模和重要性上持续增长。[①] 大多数发达国家——英国、法国、德国、加拿大、澳大利亚以及较小程度上的日本——都放松了外汇管制、对外国金融机构开放国内市场并废除国内的一些监管障碍。作为去监管化的结果,国家金融市场融入到全球市场,这使得更多的资本能更自由地跨国界流动。

通信、信息处理和计算机技术革命使得更大容量、更快速度以及全球覆盖的金融交易成为可能。金融机构日益增长的经验加强了去制度化和技术革命。资本集中在金融机构手中,如养老基金、共同基金、货币市场基金和保险公司,强化了大额资本的复杂化和全球化管理趋势。在价格、汇率以及利率波动的环境下操作的基金职业经理人为了分散风险和利用市场的差异越来越愿意将基金跨国界运作。[②]

作为这些多种力量运行的结果,全球金融市场在规模上经历了爆炸式增长并对浮动汇率制产生了主要影响。世界范围内的金融流动至少以30∶1的比例超过世界贸易流动。[③] 到1992年,总的能交易证券的跨境所有权已上升到约2.5万亿美元。许多这些资产都是以外国货币和证券的形式短期持有,因此都是高度流动性的投资。9个主要国家外汇市场的每日净交

---

① On internationalization, see Recent Innovations in International Banking (Basel, Switzerland: BIS, April 1986); Maxwell Watson, Donald Mathieson, Russell Kincaid, and Eliot Kalter, International Capital Markets: Developments and Prospects (Washington, D.C.: International Monetary Fund, February 1986); and Maxwell Watson, Russell Kincaid, Caroline Atkinson, Eliot Kalter, and David Folkerts-Landau, International Capital Markets: Developments and Prospects (Washington, D.C.: International Monetary Fund, December 1986).

② Excellent documentation of this trend can be found in Barry Eichengreen, International Monetary Arrangements for the 21st Century (Washington, D.C.: Brookings Institution, 1994), 65–66.

③ See World Financial Markets, September/October 1987; and Robert Wade, "Globalization and the State: What Scope for Industrial Policies," in Susanne Berger and Ronald Dore, eds., Convergence or Diversity? National Models of Production and Distribution in a Global economy (Ithaca, N.Y.: Cornell University Press, 1996).

易额在1989年大约为6000亿美元。[①]

高度一体化的世界资本市场的出现促进了国际资金的巨大流动,这种资金流动对政治风险和利率差做出与对贸易平衡同样多的反应。例如,20世纪80年代初期美国实际的高利率以及寻找政治避风港的需求吸引了大量的资本流入美国(见图2.5)。这些资金流动保持了美元的强势多年,尽管美国经常账户恶化和其他工业国家特别是德国和日本贸易平衡加强。

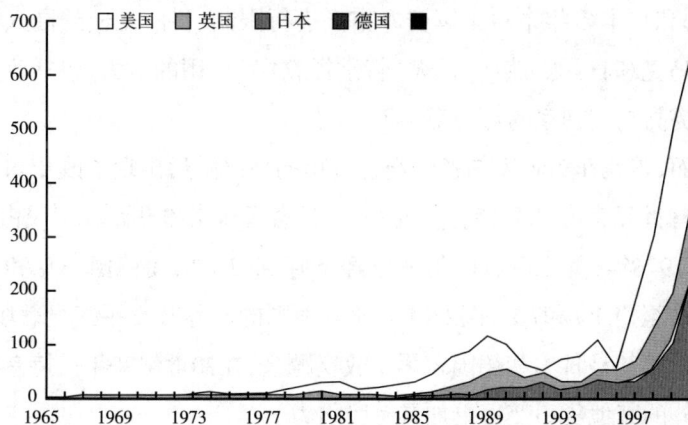

图2.5 1965—2006年五大工业化国家的对外直接投资流入(10亿美元,现价)

资料来源:世界银行《1994年世界数据光盘》(华盛顿特区:世界银行,1994年);联合国贸发会议《世界投资报告》(纽约:联合国,多年)。

流动性:美元问题

相互依存的货币体系继续面对美元的长期困境。尽管在国外存在着对美元信誉的持续挑战以及对美国经济政策的长期不满,美元仍然作为主要世界货币幸存下来。在整个20世纪七八十年代,外汇构成黄金之外的官

---

① Eichengreen, International Monetary Arrangements, 60; BIS 71st Annual Report(Basel, Switzerland: BIS, 2001), 98.

方储备的大约90%,而美元平均占有官方外汇储备的70%。[①]

尽管美元的过于疲软(20世纪70年代晚期)及过于走强(20世纪80年代上半期)都招致了对其的普遍不满,但美元依然保留了其一贯的核心角色。正如在布雷顿森林体系内美国经济的规模、高度发达的金融市场以及美国的政治稳定都使得使用美元是令人向往并且是可行的。尽管美国政府继续支持美元的中心地位,但其他拥有强大经济及稳定政体的国家都不愿意允许本国货币发挥重要的国际角色。由于担心丧失对本国经济的控制,西德和日本多年来对本国**资本市场**进行限制,目的是使外国人难以持有德国马克和日元。然而,扩大"特别提款权"作用的努力,包括改变它们估值和提高它们利率的努力都未能成功。[②]

然而,美元作为独家储备和交易货币的情况随后出现了改变。1978年,美元占有世界官方外汇持有量的76%,而德国马克和日元分别仅占11%和3%。到1996年,美元占有的份额已经下降到62.7%,而德国马克和日元则分别上升至14.1%和7%(图2.6)。随着美国的国际收支平衡显著削弱,而其他国家尤其是日本和德国积累了收支盈余,在20世纪80年代持有和使用美元以外的其他货币变得更加具有吸引力。

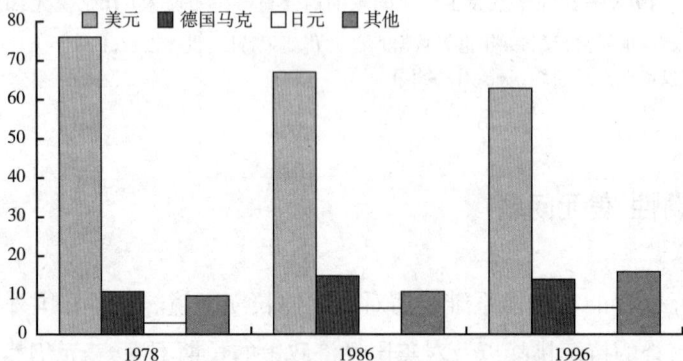

图2.6 1978年、1986年和1996年美元占整个官方外币持有量的百分比
资料来源:国际货币基金组织《年度报告》(多年)。

---

① International Monetary Fund, Annual Report 1987 (Washington, D.C.: IMF, 1987), 58, 60.
② 出处同上,第58页。

此外,20世纪80年代许多国家放宽了金融监管,这使得它们的货币更容易在国外使用和持有。例如,日本采取了许多措施促进日元国际化,如消除汇率控制、废除限制日本机构的欧元兑日元活动并增加外国金融机构进入日本资本市场的渠道。重要的是,这些措施是在美国要求日本开放金融市场,允许日元成为国际货币的压力下,并经过和美国双边协商后采取的。[①]

浮动汇率下的调整

浮动汇率(相对于布雷顿森林体系的固定利率而言)是新的国际货币体系的一个主要特征。[②] 虽然大部分国际货币基金组织成员国保持着某种形式的固定汇率,但是现在世界上主要货币彼此都保持汇率浮动。[③] 支持者们认为,通过投机的稳定作用,汇率浮动会促使汇率的相对稳定和理性。他们声称,即期汇率变动会导致经常账户的调整更有效。贸易赤字和通货膨胀将会导致汇率贬值、出口竞争力的增加以及进口竞争力的下降,这些结果将恢复贸易平衡。在相互依存的时代,浮动汇率也会使个体的国家有可能在政策上享有更大的自主权,因为浮动汇率可以使它们的经济政策摆脱为了维持固定汇率而面临外部收支平衡的约束。

浮动汇率在几个方面运行得有效。浮动汇率没有像许多批评者担心的那样扰乱国际贸易和投资,相反,国际贸易和投资在这一时期经历了蓬

[①] See Edward J. Lincoln, Japan: Facing Economic Maturity (Washington, D.C.: Brookings Institution, 1988), 210.

[②] For example, see Group of Thirty, The Problem of Exchange Rates: A Policy Statement (New York, N.Y.: Group of Thirty, 1982); Henry C. Wallich, Otmar Emminger, Robert V. Roosa, and Peter B. Kenen, World Money and National Policies (New York, N.Y.: Group of Thirty, 1983); and John Williamson, The Exchange Rate System (Cambridge, Mass.: MIT Press, 1983).

[③] For statistics on this, see Benjamin J. Cohen, The Geography of Money (Ithaca, N.Y.: Cornell University Press, 1998), 65.

勃发展。浮动汇率可能是唯一一个经受20世纪七八十年代严重的经济危机包括石油和债务危机冲击的制度。浮动汇率还鼓励长期的汇率变化,而且通常以纠正收支失衡为方向的变化。然而,浮动汇率制度也面临着一些严重的问题。多变的汇率会妨碍彼此之间平稳和快速的调整过程。多个主要货币遭受了广泛的通常令人费解的波动,尤其是它们的短期汇率方面(图2.7)。此外,许多国家都增加了它们的外汇储备规模,作为对认为有必要对外汇市场进行干预以减少汇率波动的一种反应。

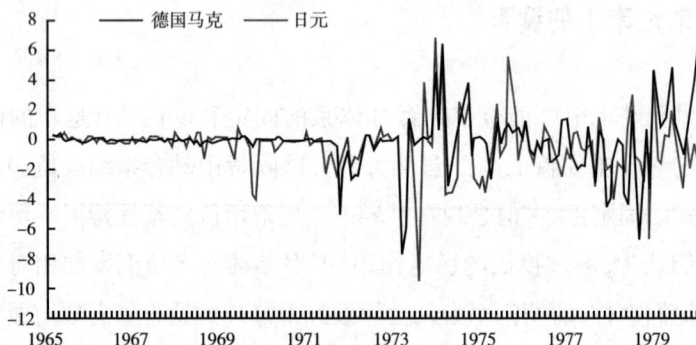

图2.7 1965—1979年德国马克和日元对美元汇率的波动(较上月的百分比变化)

资料来源:《国际金融统计数据光盘》(华盛顿特区:国际货币基金组织,2002年1月)。

面对相互依存和浮动汇率的新现实,货币大国试图协调经济政策以达到长期的汇率稳定。七国集团就担任了这样的协调机制。通过举行国家元首和财长或副财长会议,七国集团政府试图影响彼此的国家政策以维护系统稳定性的共同利益。然而,许多国家的政府并不总是愿意或能够调整有利于国际经济需要的国家经济政策。这对美国这样最重要的货币大国来说,情况尤其如此。美国政策的特点表现为两个相互矛盾的战略:(1)通过多边合作努力改善国际货币体系的功能;(2)为了美国的国内经济政策抵抗相互依存的必然后果。

从1977年到1981年,卡特政府强调国际经济关系需要集体管理。卡特政府早期的一个主要目标是通过主要工业化国家的合作实现世界经济从

20世纪70年代中期的衰退中实现复苏。美国全球经济增长的战略是基于**"火车头理论"**（locomotive theory），即呼吁国家间经济政策的协调，呼吁国际收支顺差的国家，即德国和日本，遵循能成为世界其他地方增长引擎的扩张性政策。

当德国、法国和日本1978年在波恩举行的经济峰会上同意寻求更多的扩张性政策时，作为交换，美国也同意了一项旨在抑制通货膨胀和能源消费的计划。集体管理似乎取得了一些成功。该协定似乎是一个重大的里程碑，证明世界经济大国彼此能够协调国家经济政策以及美国仍然能成为多边管理的推动力。[①] 然而，在该协定之后随即发生的1978年美元危机表明各国政府，特别是美国政府，仍然不情愿为了国际原因而改变国内政策。

1978年的美元危机遵循了一个熟悉的模式。美国比世界其他地方更快的增长和更高的通胀产生了其贸易和经常项目赤字、导致世界对美国是否有能力执行严格的经济政策的信心骤降以及导致了美元价值的持续下滑。最初，美国反对捍卫美元。后来，美国政府试图通过外部政策和有限的国内政策解决问题，譬如通过干预外汇市场、加倍与西德的货币交换、销售"特别提款权"和黄金、采用自愿的工资和物价指导以及实施财政约束等手段。

最后，美国被迫采取了重大国际和国内措施。1978年11月1日，卡特总统宣布了一项新的经济和美元保卫计划。该项政划呼吁实行限制性的货币政策、筹集300亿美元的外国货币以备对外汇市场进行可能的干预、实行积极干预这些市场的政策以及扩大美国的黄金出售规模。[②] 这个一揽子方案严重偏离了美国之前的政策。这是二战以来美国第一次因国际货币原因改变其国内经济政策。

最初，美国政策的推力似乎永久地改变了，美国也似乎接受了相互依存理论。1978—1979年的石油危机将世界对经济刺激政策的担忧改变成对强

① For discussion on the 1978 agreement, see de Menil and Solomon, Economic Summitry, 23–29, 47–48.

② 限制性货币政策包括将贴现率从8.5%提高到创纪录的9.5%以及对存单实行准备金要求。"战争基金"包括与西德、日本和瑞士的中央银行扩大互换；发行以外币计价的美国国债；国际货币基金组织储备金的下降；以及特别提款权的出售。

调控制通胀的担忧。当美元再次处于压力之下时,美联储宣布了一项新的旨在控制美国通胀的重要政策。1979年10月之前,美联储主要将注意力集中在通过公开市场操作来提高或降低利率以及提高或降低贴现率,即美联储向会员银行发放贷款收取的利率,作为控制货币和信贷供应的主要政策。1979年,美联储转向**货币主义**(monetarism),也就是管理国家货币供给的增长。通过专注于某些货币总量的规模、增长以及对这些总量规模的变化做出立即的反应,美联储希望控制通货膨胀以及使国际货币体系恢复稳定。

尤其是在1979年后期,美联储采取了通过迅速收紧货币供应提高利率的政策,从而降低了通货膨胀。结果,银行贷款的优惠利率从1978年的9.06%上升到1981年18.87%的最高点(图2.8)。[①] 尽管通货膨胀被大幅降低,但是高利率也带来了严重的衰退(例如经济增长率的下降和失业率的上升),从而减少了吉米·卡特连任的机会。[②]

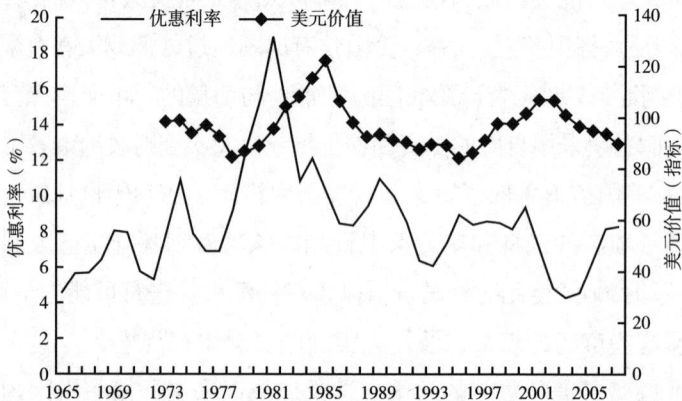

图2.8　1965—2007年利率(银行优惠利率)和多边贸易加权和通胀调整后的美元价值

资料来源:《2008年总统经济报告》http://www.gpoaccess.gov/eop/tables08.html。

① Economic Report of the President (Washington, D.C.: Government Printing Office, 1994), 352.

② Helleiner, States and the Reemergence of Global Finance, 131–135. On monetarism, see Milton Friedman and Anna Jacobson Schwartz, A Monetary History of the United States 1867–1960 (Princeton, N.J.: Princeton University Press, 1963), the twelfth volume of a series, Studies in Business Research, published by the National Bureau of Economic Research.

罗纳德·里根1981年当选为美国总统后,美国的国际合作与国内政策变化相结合的政策转变成在国际货币关系的单边主义。在国内,里根政府把从紧的货币政策和货币主义的方法(始于1979年)与被称为**供应学派经济学**(supply-side economics)的扩张性财政政策相结合。 [①]

在严格遵守货币目标的基础上,美国采取从紧的货币政策以对抗通胀。但与此同时,美国增加了支出,尤其是国防支出,并按照供应学派理论减少税收以刺激储蓄、投资和增长。

美国的国际货币政策回归到经济单边主义。里根政府不再执行之前的美国政策、正式拒绝了对外汇市场的干预并停止了与其他国家协调彼此经济政策的努力。尽管美国政策对世界经济的影响是深远的而且经常是扰乱性的,但是美国仍然实行突然的转变并继续执行这样的政策,既没有经过严肃的协商又不考虑政策对其他国家的影响。在实行国内经济政策时,美国也不考虑这些政策对美国经济产生的国际影响。

在卡特政府向里根政府过渡的过程中政策连续性的一面主要体现在对放松管制的重要性的强调。卡特政府时期放松管制的一个主要倡导者是从1977年到1978年担任民用航空局(Civil Aeronautics Board)主席的阿尔弗雷德·卡恩(alfred kahn)。卡恩成功地在自己的任期内解除了对商业航空票价的管制,但更重要的是他为两党支持进一步放松管制提供了智力基础。作为其缩减政府规模总体政策的一部分,里根政府更强烈地追求放松管制的政策。英国撒切尔政府和里根政府都推行放松管制和减少政府开支。这一时期从凯恩斯主义的需求管理政策转变为宏观经济政策中的货币主义再到中观或**微观经济**(microeconomic)政策中的放松管制有时被称为新自由主义的兴起。

---

① See Bruce R. Bartlett, ed., The Supply Side Solution(Chatham, N.J.: Chatham House, 1983); Victor A. Canto et al., Foundations of Supply-Side Economics: Theory and Evidence(New York, N.Y.: Academic Press, 1983); Lawrence Robert Klein, The Economics of Supply and Demand(Baltimore, Md.: Johns Hopkins University Press, 1983); and Paul Krugman, Peddling Prosperity: Economic Sense and Nonsense in the Age of Diminished Expectations(New York, N.Y.: Norton, 1994), ch. 3.

美国新的政策产生了许多有利效果:通胀减弱及美元随着信心的增长也从弱走强。但是美国也为此付出了沉重的代价。美国从紧的货币政策驱动了国内外利率上升到前所未有的高水平。美国的高利率导致美元在贸易条款(trade terms)中被高估以及外汇市场的混乱(图2.8)。短期资本流入到美国以图从高利率中获利。

其他发达国家都面临着困难的政策选择:为了避免资本外流到美国,把本国利率提高到它们的经济形势所能承受的水平之上,但这将抑制经济增长;保持低利率并允许资本流向美国;或者实行资本控制。大多数国家的选择都是避免资本控制以及提高利率。但是大多数国家最终发现自己不得不面临两种最糟糕的情况:经济衰退以及资本外流。[①] 发展中国家面临的后果更加糟糕:出口下降及债务偿还成本(debt service costs)的增长,即债务危机的诱因。这些政策对美国的影响也是严峻的。美元的走高和世界经济衰退导致美国的出口下降和大规模的商品贸易赤字(图2.9)。美国出口的下降反过来阻碍了美国经济增长。被认为应该培育贸易和投资的货币体系却取到了干扰的作用。

稳定和危机管理

尽管发达国家在协调不同国家间的政策方面表现得不尽人意,但是它们在危机管理上却实现了重大合作。相互依存期间的危机主要来源于没有通过市场机制和政策协调得到调整的两个巨大的金融不平衡:石油出口国与进口国之间的不平衡以及美国的双赤字(图2.9)。

---

① Kenneth King, U.S. Monetary Policy and European Responses in the 1980s, Chatham House Paper 16 (London, UK: Routledge, 1982); and Sylvia Ann Hewlett, Henry Kaufman, and Peter B. Kenen, eds., The Global Repercussions of U.S. Monetary and Fiscal Policy (Cambridge, Mass.: Ballinger, 1984).

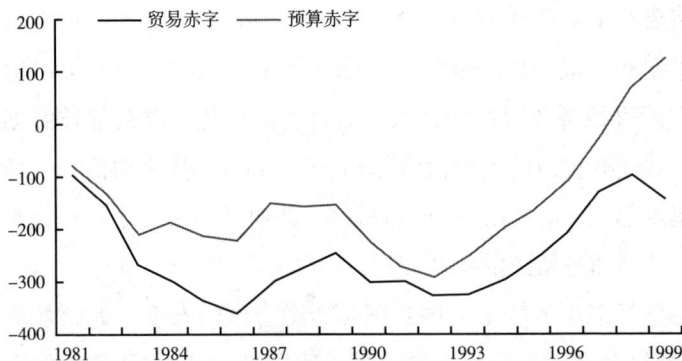

图2.9 1981—1999年美国双赤字(贸易和预算赤字)(10亿美元,现价)

资料来源:《2001年总统经济报告》第367、392页。

正如本章的前文所述,对发展中国家银行贷款的快速增长是解决石油出口国财政盈余再循环的主要方法。在1979年之前的时期,资金循环利用的私人机制运行良好。贷款促进了发展中国家的生产能力、保持了它们的经济增长并反过来创造了从发达国家进口的需求。不发达国家的出口随债务一起增长,因此增强了它们的债务偿还能力。然而,在1979年的第二次石油危机后,石油价格的上涨、导致主要工业国家创纪录的实际高利率和偿债负担增加的限制性货币政策以及导致大宗商品价格暴跌和对欠发达国家出口的需求下跌的世界经济衰退使债务国遭受了重创。虽然如此,银行继续放贷和发展中国家继续借贷,因此吹大了一个它们越来越难以支付利息的巨大债务(参见第六章有关国际金融流向发展中国家的论述)。

当墨西哥1982年宣布无力偿还债务时,危机爆发了。墨西哥的外债总额超过800亿美元,包括1982年占美国最大的银行资本很大比例的贷款。墨西哥债务仅仅是冰山一角。到1982年底,不发达国家的债务达到8310亿美元。[①] 世界主要私人银行在发展中国家都面临着巨大的商业风险。债务国的违约因此可能会对国际银行体系造成多个严重的后果:对国际银行系统信心的崩溃、银行可能的流动性不足或破产、金融市场危险的混乱以及最坏结果的世界性衰退或萧条。

---

① See World Bank,World Debt Tables(Washington,D.C.:World Bank,1988).

如将要在第六章详细地讨论的,国际金融界通过高水平的合作成功遏制了20世纪80年代的债务危机。国际货币基金组织的资源得以增加并担任发展中国家经济政策的金融家和监督者的角色。财政部长们创建了用来协商公共债务重组的**巴黎俱乐部**(Paris Club)和用来协商私人债务重组的**伦敦俱乐部**(London Club)的新机制。政府还与私人银行一起为特定国家做出一系列债务偿还的重新安排。

债务危机多少改变了美国对国际金融合作的态度。如第六章将要讲述的那样,尽管在汇率政策上采取了单边主义,美国在债务危机管理上依然采取了积极合作的态度。为了降低世界范围内的利率,美联储放松了严厉的货币政策;美国更有意愿实施有限的介入以稳定波动的外汇市场;美国还改变了之前的政策,转而支持国际货币基金组织配额的增加以使国际货币基金组织能在债务管理中发挥作用。①

发达国家之间前所未有的失衡造成了另一个不稳定的局势。20世纪80年代,美国积累了两个巨大的、前所未有的赤字,有时也被称为"**双赤字**"(twin deficits)(图2.9)。美国庞大的预算赤字是其实行减税但没有降低政府开支的结果。预算赤字增加了进口需求并为资本流入创造了有利条件,这造成了贸易和国际收支赤字。其他导致贸易赤字的原因包括:美元估值过高;与其他发达国家相比美国经济增长强劲;传统市场对美国农业出口的需求降低;美国工业竞争力下降之时外国公司的竞争力却出现增加;保护主义壁垒的上升;第三次世界的债务危机降低了从美国进口的需求(参见第三章)。

20世纪80年代的"双赤字"呼吁美国实行经济政策的调整,但如前所述,这种调整并没有很快发生。取而代之的是,美国利用自己在国际货币体系中独特的地位为其巨大的赤字融资。像过去一样,美元在国际金融

---

① 关于巴黎和伦敦俱乐部,参见http://www.clubdeparis.org/en/; Barry Eichengreen and Richard Portes, Crisis? What Crisis? Orderly Workouts for Sovereign Debtors(London, UK: Center for Economic Policy Research, 2001); and Lex Rieffel, Sovereign Debt Restructuring: The Case for Ad Hoc Machinery(Washington, D.C.: Brookings Institution Press, 2003).

体系的重要地位使美国或多或少能自动地通过外资流入为其赤字融资。20世纪80年代这种融资的金额大大超过了前几年。在美国的正净国际投资（positive net international investment）市场价值1986年达到了1360亿美元。1989年美国成为净债务国，其负净投资头寸（negative net investment position）达到770亿美元。[①] 尽管美国的国际头寸出现了变化，但是在美国维持实际高利率以及海外资金寻求政治安全港的支撑下，20世纪80年代的美元仍然维持了强劲势头。

美国对外国资本流入的依赖对仍然是国际货币体系基础的美元造成了严重威胁。在某种情况下，美国的贸易赤字会破坏人们对美元的信心，导致美元下跌。此外，由于造成美国失衡的资本流入大部分是短期的，对美元信心的丧失可能导致美元急剧的自由落体及对国际货币体系造成严重的冲击。

美国收支赤字的两个镜像（mirror images）是日本和西德的收支盈余（图2.10）。到1985年，日本经常账户盈余达到510亿美元，德国的经常账户盈余达到180亿美元。到1986年，日本的经常项目盈余达到860亿美元的最高值，但是到1990年又下降到440亿美元。德国的贸易顺差从1985年的180亿美元上升到1990年的480亿美元。亚洲新兴工业化国家或经济体不断增长的经常项目盈余也越来越重要。例如，韩国的经常项目盈余在1988年达到145亿美元的峰值，但是到1990年又重回赤字。[②]

到1985年，世界汇率出现了严重偏差（serious misalignment）。由于美国实行了紧缩的货币和宽松的财政相结合的政策以及美国主要贸易伙伴

---

① Economic Report of the President（Washington，D.C.：Government Printing Office，1995），table B-103. 净国际投资按照在国外的美国公司和个人拥有的资产价值减去在美国的外国公司和个人拥有的资产价值计算。这些资产的价值可以按照原有的成本或当前的市场价值计算。这里的数据是基于当前的市场价值计算的。

② Jürgen von Hagen and Michele Fratianni，"The Transition to Monetary Union and the European Monetary Institute，" Economics and Politics，5（July 1993）：167–168；and Wayne Sandholtz，"Choosing Union：Monetary Politics and Maastricht，" International Organization，47（Winter 1993）：1–39.

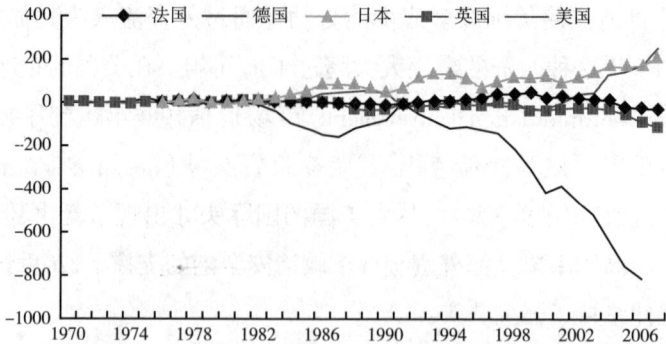

图2.10　1970—2007年五国集团（G5）的国际收支平衡表（10亿美元，现价）

资料来源：世界银行《2011年世界发展指数光盘》；《经合组织统计摘要》http://webnet.oecd.org/wbos/Index.aspx。

之间实行冲突而不是互补的政策，美元经历了大幅升值。从1980年中到1985年中，美元对日元升值了21%，对德国马克升值了53%，对英镑升值了49%。[1] 尽管巨大的贸易赤字，高利率、经济增长以及对美国政治稳定的信心使美元依旧保持强劲的势头。由于国家间不同的经济表现、金融市场的全球化以及对外汇市场缺乏协调的政府干预，外汇市场呈现出高度的不稳定。很大程度上是由于美元的高估使美国的贸易赤字在政治和经济上都达到了危机的程度。由贸易赤字导致的保护主义压力的增加最终迫使美国与其他国家寻求合作来共同管理汇率。

　　1985年9月22日，在纽约的广场饭店举行的秘密会议上，来自美国、日本、英国、西德和法国，即所谓的**五国集团（G5）**的财长和央行行长——七国集团的其他两个成员加拿大和意大利被排除在外——聚集在一起协调经济政策。[2] 与会者就经济问题上尤其是对外汇市场的干预问题协同工作。美国承诺通过减少开支来缩小预算赤字，其他参与者同意寻求有助于缓解全球经济失衡和促进健康增长与低通胀的经济政策。《广场协议》后各国在外汇市场干预和利率降低的政策协调上得到了加强，这促使美元兑

---

　　[1]　U.S. Department of Commerce, U.S. Trade Performance in 1985 and Outlook (Washington, D.C.: Government Printing Office, 1986), 105–106.

　　[2]　Eichengreen, International Monetary Arrangements, 98.

日元、德国马克以及所有欧洲货币体系内货币的汇率更加合理（参见下一章节）。《广场协议》标志着在货币管理上一个新的时代的开始。世界货币大国的财政部长们由于认识到有必要扩大政策协调，因此开始定期举行会议协调汇率干预以协调彼此的经济政策，尽管这些努力不是总能获得成功的。①

《广场协议》以另一种方式表现得很重要。它标志着日本积极介入了世界管理体系。1985年之前，日本很大程度上是这种管理体系的被动一员。尽管日本经济和国际贸易经历了显著增长，但是日元直到1980年才实现完全可自由兑换。到1985年，日本的经济实力雄踞世界第二，仅次于美国。日本是世界上第二大市场经济体，其所使用的货币具有不断增长的国际用途，而且积累了已投资于海外尤其投资于美国的巨额财政盈余。因此，没有日本的参与，任何稳定世界管理体系和协调经济政策的努力将变得毫无意义。

日本的新实力也为其带来了新的脆弱的一面，包括因不断上升的贸易保护主义，特别是对日本至关重要的美国市场的贸易保护主义的上升导致贸易体系受到关闭的威胁；崩塌的美元导致的金融投资的不确定性；以及迫使日本开放市场、实施金融体系自由化及改变国内政策以帮助管理世界经济的日益增长的政治压力。尽管表现得不情愿，日本渐渐开始对变化的经济和政治环境做出回应。《广场协议》后，日本在国际货币谈判中发挥了积极的作用并努力达成和实施适当的国内经济政策。从此以后，国际经济管理越来越取决于三个经济大国——美国、德国和日本——的合作。

始于《广场协议》的新的合作方法在1986年5月的东京经济峰会上得到了正式化。在这次峰会上，七国集团不仅重申了合作干预外汇市场的重要性，也肯定了不同国家间需要密切配合国内经济政策以稳定国际管理体系。②七国集团同意监督每个国家的基本经济政策和表现，如通胀、利率、经济增长、失业、赤字和贸易平衡，并同意在任何时候当一国的政策被认为

---

① 广场协议的全文可以从以下网址中发现http://www.g8.utoronto.ca/finance/fm850922.htm。

② 七国集团包括美国、日本、德国、英国、法国、加拿大及意大利。七国集团的年度经济峰会通常还包括欧盟的代表。1991年后，俄罗斯加入后七国集团成为八国集团。

损害他国时应建议采取补救措施。峰会的目标是协调各国的国内经济政策,达到以最小通胀的代价实现稳定的增长。

然而,所阐述的目标和政策行动之间有着很大的不同。国内财政和货币政策的国际协调变得难以实现。尽管财长和央行行长们经常就适当的政策达成一致,但政治约束——需要立法批准以及不情愿放弃对宏观经政策的主权——却限制了实际协调。各国随后采取了一些行动。1986年,美国通过了立法来减缓美国联邦预算赤字的增长。德国和日本采取降低贴现率的有限措施来刺激本国经济以抵消美国增长的下降。但各国就美国削减预算或日本和德国采取经济刺激的适当水平等问题无法达成一致意见。

意见不一致也体现在美元应保持何种适当的汇率上。日本和德国担心美元的大幅下跌会损害本国的贸易和它们在美国投资的价值并认为美元的大幅下挫会扰乱金融市场。然而,美国则希望利用美元贬值来改善贸易不平衡以及转移来自国会要求贸易保护主义立法的压力,并认为即使更大幅度的美元下跌也不会扰乱贸易和预算赤字融资所需的资本流入美国。由于分歧持续存在,各国在干预外汇市场的合作出现破裂,外汇市场也因此变得不稳定。

1987年2月,世界货币大国在巴黎卢浮宫举行会议,再次做出稳定国际货币体系的尝试。与会官员向世界宣布汇率已经进入正确的关系,承诺反对对这种关系做出进一步的实质性改变以及通过合作将汇率稳定在现有的水平。参与者就干预外汇市场非正式的、灵活的和突然的目标范围达成一致意见。在本次会议上,与会官员再次试图协调彼此的国内政策。德国和日本同意采取温和但也是重要的步骤来刺激国内需求,美国也重申了其削减预算赤字的承诺。①

《卢浮宫协议》既是各国在努力建立国际经济管理上迈出的主要一步,也是它们协调经济政策方面的另一个例证。然后,一个重要的例外是七国集团并没有履行其做出的协调彼此政策的公开承诺。面对公众对通

---

① Funabashi,177–210.

货膨胀有着固有的恐惧,德国不愿意奉行过分的刺激政策。美国国会和政府也未能达成一项重要的赤字削减方案。然而,通过寻求扩张性的财政政策以及将自己从出口导向型增长依赖重新定位为内需依赖性发展,日本确实朝着刺激国内需求的方向转变。①

随着七国集团合作的瓦解,私人投资者由于担心美元贬值而减少了资金流入美国,这迫使各国央行购买美元以稳定汇率和防止美元的崩溃。结果,国际债券市场(bond market)开始严重下滑;1987年10月国际股票市场崩盘;美元开始了自由落体式的下滑,从9月到12月底对日元和德国马克分别下跌了15.6%和13.4%。

10月的危机刺激了关键国家对国内经济政策做出变化。美国放松了货币政策,国会通过一项有限的赤字削减法案——《格拉姆–鲁德曼–霍林斯法案》(Gramm–Rudman–Hollings bill);西德和其他欧洲国家降低了利率;日本内阁批准了一项刺激性预算。七国集团最后在1987年12月宣布它们已经采取适当的措施来稳定汇率,并表示美元的价值不应有进一步的重大变化。七国集团的央行因此实施了大规模的协调行动以稳定美元并向世界表明它们的意图。在整个1988年,七国集团定期举行会议并有效地采取行动来稳定外汇市场。它们增加了在货币政策上的合作,在财政政策的协调上也取得进展。日本尤其成功地推行了一项刺激性的国内经济政策。美国在减少预算和贸易赤字上也取得了有限进展。结果,各国货币汇率,包括美元汇率,实现了稳定。然而,七国集团国际货币合作的长期成功继续依赖于关键的货币大国即美国寻求减少双赤字的政策的能力。

欧洲建立地区性货币体系的努力

作为一项寻求国际货币合作雄心勃勃的努力,**欧洲货币体系**(European

---

① 参见"咨询小组关于经济结构调整促进国际和谐的报告"(前川春雄主持),于1986年4月7日递交给日本首相中曾根康弘。

Monetary System,EMS)发起于相互依存期间。[1] 由于具有高水平的区域内贸易、跨境投资以及基于共同的价格和稳定汇率的共同农业政策,欧盟成员国对稳定彼此之间的汇率有着特别强烈的兴趣。[2]

欧洲稳定汇率的讨论始于20世纪60年代《罗马条约》(Treaty of Rome)签署后不久。布雷顿森林体系的裂变以及欧洲经济一体化的早期成就是欧洲启动稳定汇率谈判的主要因素。会谈最终导致了对货币联盟制订详细计划的《维尔纳报告》(Werner Report)的出台。1972年布雷顿森林体系的崩溃使得《维尔纳报告》不复存在。

1972年后,成员国同意将彼此间的货币汇率维持在2.25%的浮动区间内,而允许它们的货币对美元维持在4.5%的浮动区间内。这种安排被称为"蛇形浮动"(snake in the tunnel)。除了欧洲经济共同体(European Economic Community,EEC)的6个成员国,英国、爱尔兰和丹麦1972年5月也加入了"蛇形浮动"的汇率安排。英国和爱尔兰于1972年6月退出了该汇率安排。

"蛇形浮动"是欧洲在面临布雷顿森林体系崩溃时重构国际固定汇率体制的一种尝试。然而,它未能实现这一目标,甚至未能实现将欧盟成员国的货币汇率共同对美元实行浮动这样一个更有限的目标。意大利1973

---

[1]　Horst Ungerer et al.,The European Monetary System,1979–1982,Occasional Paper No. 19(Washington,D.C.:International Monetary Fund,1983); Horst Ungerer et al.,The European Monetary System:Recent Developments,Occasional Paper No. 48(Washington,D.C.:International Monetary Fund,1986); Directorate General for Economic and Financial Affairs,EC,"The Creation of a European Financial Area," European Economy,No. 36(Brussels,Belgium:Commission of the European Community,May 1988); and Daniel Gros and Niels Thygesen,"The EMS:Achievements,Current Issues and Directions for the Future," CEPS Paper No. 35(Brussels,Belgium:Centre for European Policy Studies,1988).

[2]　这个观点在Jeffry Frieden,"Economic Liberalization and the Politics of European Monetary Integration"(加州大学洛杉矶分校1993年7月未发表的手稿)得到很有说服力的论证。还可以参见Barry Eichengreen and Jeffry Frieden,"The Political Economy of European Monetary Unification," in Barry Eichengreen and Jeffry Frieden,eds.,The Political Economy of European Monetary Unification(Boulder,Colo.:Westview,1994); and Jeffry Frieden,"The Impact of Goods and Capital Market Integration on European Monetary Politics," Comparative Political Studies,29(April 1996):193–222.

年2月退出"蛇形浮动",法国于1974年1月退出。法国于1975年中短暂返回"蛇形浮动",但是8个月后永久退出。

导致这一问题的部分原因是世界油价上涨的冲击在欧洲内部扩散的方式。英国成为石油出口国后需要灵活调整汇率以最大化地实现石油收入的增加带来的好处。法国无法将通胀保持到足以使其保留在"蛇形浮动"汇率安排内的低水平,而意大利也无法足够地减少其收支赤字。这些国家需要让本币贬值来维持它们出口导向型产业的国际竞争力。

1978年12月,欧洲共同体部长理事会(Council of Ministers of the European Community)同意建立一个"货币稳定区域"(zone of monetary stability in Europe)。该计划呼吁成员国之间实行固定但可调节的汇率,成员国与外部世界实行浮动利率;建立**欧洲货币单位**(European Currency Unit,ECU),即能充当固定汇率、结算手段和潜在的未来储备资产基础的一篮子货币;建立未来的欧洲货币基金信贷安排和计划网络,为收支失衡提供资金以及支持固定汇率。欧洲货币体系于1979年3月生效。

在当时,除英国之外的所有欧洲货币体系成员国同意在固定汇率维持在上下2.25%的浮动区间的前提下(意大利里拉除外,它被允许在6%的浮动区间内波动)加入该**汇率机制**(Exchange Rate Mechanism,ERM)。它们同意货币间的固定汇率通过趋同的国家经济政策,必要时还可通过互相提供信贷额度以干预货币市场的方式加以维护。英国反对该汇率机制既有经济上的考虑(基于英镑作为国际货币和石油出口国货币的特殊作用),也有政治上的考虑(基于国内经济政策需要受制于国际约束,尤其是受制于在欧洲货币体系内具有最强经济和货币的西德的政策约束)。

在欧洲货币体系最初的四年内,该体系内的货币价值进行了七次重新调整。通过这些调整,意大利里拉和法国法郎对德国马克分别贬值了27%和25%。考虑到里拉和法郎的初始汇率可能设置过高,它们的贬值调整意味着健康发展。的确,在该体系的第二个四年里只经历了四次类似的货币价值调整,而且调整的规模相比以前几次要小得多。1983年后,欧洲货币体系内的汇率变化大幅下降,而成员国的货币政策也事实上在各个方面趋于相同。① 从1987年1月至1992年9月,欧洲货币体系内没有发生过任何的货币价值调整,尽管西班牙、英国和葡萄牙加入了该体系,而且芬兰、瑞典和挪威明确将本国货币与欧洲货币单位联系在一起。

然而,欧洲货币体系的成功并不完整。之前预期成为欧洲货币体系的准央行及制度框架的欧洲货币基金(European Monetary Fund)未能建立起来。1989年,各国央行行长们同意了创建**欧洲中央银行**(European Central Bank,ECB)的长期目标,但承认成员国首先需要在几年的时间内相互协调经济和货币政策。② 之后欧洲货币体系成员国之间进行了多次汇率调整,较弱的货币实行了汇率控制后才使得彼此间的固定汇率成为可能。意大利里拉被允许有超过6%的汇率浮动区间。此外,英国、希腊和葡萄牙仍然保持在欧洲货币体系之外,尽管在该体系内对这三个国家成为成员国的支持不断增长。然而,通过汇率固定化以及国家间强行的经济政策协调,欧洲货币体系实现了比非指导性的市场力量占据优势时较低的通胀率和较少的汇率不一致。最后,虽然欧洲货币单位没能像想象的那样成为一个主要储备单位或欧盟货币当局间的一种结算方法,但它在国际金融市场上建立了作为银行和证券市场交易的主要定价货币这样的永久角色。

---

① See Susan M. Collins and Francesco Giavazzi, "Attitudes toward Inflation and the Viability of Fixed Exchange Rates: Evidence from the EMS," in Michael D. Bordo and Barry Eichengreen, eds., A Retrospective on the Bretton Woods System: Lessons for International Monetary Reform(Chicago, Ill.: University of Chicago Press, 1993); Jürgen von Hagen, "Monetary Policy Coordination in the European Monetary System," in Michael U. Fratianni and Dominick Salvatore, eds., Monetary Policy in Developed Economies(Westport, Conn.: Greenwood Press, 1993); and Jürgen von Hagen and Michael Fratianni, "Policy Coordination in the EMS with Stochastic Asymmetries," in Clas Wihlborg, Michele Fratianni, and Thomas D. Willett, eds., Financial Regulations and Monetary Arrangements After 1992 (New York, N.Y.: North Holland, 1991). 冯·哈根认为欧洲货币体系一定程度上抑制了通货膨胀率,但可能以实现较低的增长率为代价。冯·哈根和弗拉蒂亚尼讨论了认为欧洲货币体系的主要功能使其成员国更好地吸纳来自世界经济冲击的观点。

② European Community, Committee for the Study of Economic and Monetary Union, Report on Economic and Monetary Union in the European Community(The Delors Report),(Brussels, Belgium: European Community) April 12, 1989. 欧洲央行将与欧洲中央银行体系(European System of Central Banks, ECSB)的经济货币联盟成员国的中央银行并肩运行。

全球化

金融市场的全球化

在某种程度上,金融市场的全球化和金融上的相互依存是由同样的因素驱动的。受到在自由市场原则上不断增长的共识的激励,发达国家加快了国内金融市场的自由化,推行国有金融机构的私有化并进一步对外开放金融市场。

之前对国内金融市场保持紧密监控并比其他任何发达国家都保持更封闭的金融市场的日本逐渐开放了本国的金融市场。美国政府利用双边谈判压迫日本对外国竞争开放国内金融市场。1993年美国总统克林顿和日本首相宫泽喜一签署了**"美日新经济伙伴关系框架"**(Framework for a New Economic Partnership),旨在通过减少美国对日本的贸易和支付赤字解决美国的宏观经济、产业和结构调整问题。1997年至2001年间的谈判导致两国就**"放松管制和协调竞争政策"加强行动**(Enhanced Initiative)。此外,1994年的《"乌拉圭回合"多边贸易协议》(参见第三章)包括了《金融服务业贸易自由化议定书》。①

这些国际压力因导致日本货币和金融政策发生重要变化的国内情况的发展而加强。经过几十年的经济快速增长,20世纪90年代日本进入了长期的经济衰退和金融危机。80年代的快速增长导致了投机繁荣、资产膨胀和金融机构的过度借贷。90年代早期房地产泡沫破裂,许多受政府法规保护、发展受到过时的公司实践活动阻碍的日本企业未能适应全球竞争。由此产生的经济衰退对日本的银行和金融机构产生了严重的影响。随着房地产和股票价格的崩溃以及许多经济部门面临严重的亏损,日本金融机构

---

① 参见《服务贸易总协定第二议定书》http://www.wto.org/english/tratop_e/serv_e/2prote_e.htm。

陷入不良贷款增长的过程中,多家金融机构破产。日本政府不愿或无力采取果断措施处理庞大的不良贷款(据估计高达1万亿美元)。因银行不愿意或无力从事新的贷款业务而导致金融行业的疲软反过来又加剧了经济衰退。[①]

日本的经济衰退和多个主要金融机构的倒闭削弱了监管机构对外资收购日本金融机构的反对。20世纪90年代,多家银行(包括日本长期信贷银行)和证券公司(山一证券)被美国投资者收购。为了应对新的全球压力和解决金融业的问题,日本首相桥本龙太郎1996年宣布通过金融自由化的所谓的"**大爆炸**"(Big Bang)来放松金融市场的一项计划。受1985年英国大爆炸的启发,日本大爆炸的目标是实现金融法规的主要变化,促使金融市场更具竞争力、开放(accessible)和透明。日本的大爆炸放宽了对证券、保险和银行业的监管。1998年通过立法消除了对外汇交易的控制;允许金融机构进行新型的证券如衍生品的交易;减少投资和商业银行之间的障碍。[②]

欧盟也采取了促进金融自由化的重要步骤。1986年的《**欧洲单一法案**》(Single European Act, SEA)和1992年关于欧洲统一的《**马斯特里赫特条约**》(Maastricht Treaty on European Unity)要求欧盟成员国致力于废除大部分剩余的资本流动控制措施。欧盟部长理事会发布了一组新的银行和投资服务的指令,其中之一要求协调成员国信贷机构监控条例以及协调有关资产过度曝光的法规。[③]另一条指令使在一个成员国得到授权的信贷机构有可能不需要额外授权就可以在其他成员国做生意。此外,1993年欧盟部长理事会发出指令使在一个成员国得到授权的信贷机构更容易在其他成员国设立分支机构。[④]另外,被称为"泛欧实时全额自动清算系

---

① C. Fred Bergsten, Takatoshi Ito, and Marcus Noland, No More Bashing: Building a New Japan-United States Economic Relationship(Washington, D.C: Institute for International Economics, October 2001).

② Jennifer A. Amyx, Japan's Financial Crisis: Institutional Rigidity and Reluctant Change (Princeton, N.J.: Princeton University Press, 2004).

③ Council Directive 92/121/EEC.

④ Council Directive 92/121/EEC.

统"（Trans-European Automated Real-time Gross settlement Express Transfer，TARGET）的新的大额交易支付系统随后创立，同时成立的还有被称为欧元银行间拆借利率（Euro Interbank Offered Rate，Euribor）的新的、相比较于浮动汇率工具的泛欧洲参考汇率（pan-European reference rate）。[①]

欧洲**经济货币联盟**（Economic and Monetary Union，EMU）的创立和欧洲单一货币（**欧元**）对欧洲金融企业产生了重大影响，因为它们的成立导致在欧洲内部货币兑换交易税收的取消。期待建立共同货币的欧洲银行和其他金融机构开始围绕建立更加开放和透明的欧洲金融市场重新定位自己的战略。其中的一些战略定位确立了合并和收购的形式。它们同时还采取措施促进金融服务的多样化，特别是向证券化和衍生品的方向发展。1998年，被称为欧洲期货交易所（Eurex）的德国-瑞士新交易机制成立，独家从事衍生品交易，其交易额很快与芝加哥商品交易所（Chicago Board of Trade）相媲美。在20世纪90年代末，公司化的欧元债券市场开始兴起。类似于法兰克福的Neue Markt和博洛尼亚的Nuova Mercato这些全新市场的出现满足了人们对风险和启动资金的需求，而在之前的欧洲资本市场这样的需求往往被忽略。

欧洲各国政府持续发挥作用在某种程度上限制了欧洲金融自由化的发展。尽管欧洲央行负责某些关键的政策决策，如负责决定何时干预世界货币市场以支持欧元，但是各国政府继续负责监管在本国境内运行的金融企业。此外，各国央行在参与**欧洲中央银行系统**（European System of Central Banks，ESCB）制定欧洲货币政策目标的过程中仍然维持着影响力。然而，欧洲资本市场在20世纪90年代迅速而且广泛地开始了自由化进程。[②]

---

①　See http://www.euribor.org/.

②　Jean-Pierre Danthine，Francesco Giavazzi，and Ernst-Ludwig von Thadden，European Financial Markets after EMU: A First Assessment，Working Paper 8044，National Bureau of Economic Research，Cambridge，Mass.，December 2000.See also Sofia A. Perez，Banking on Privilege: The Politics of Spanish Financial Reform（Ithaca，N.Y.: Cornell University Press，1997）; and Sofia A. Perez，"Systemic Explanations，Divergent Outcomes: The Politics of Financial Liberalization in France and Spain，" International Studies Quarterly，42（December 1998）: 755–784.

美国也对本国的金融体系做出了重要改变。美国金融体系一直受到1933年的《格拉斯–斯蒂格尔法案》(Glass–Steagall Act of 1933)的束缚,该法案是针对被认为是诱发大萧条的权力滥用而颁布的。《格拉斯–斯蒂格尔法案》禁止州际银行业务并在金融体系内不同的部门——商业银行、投资银行以及保险公司——之间构建壁垒。随着金融市场的发展和全球化,《格拉斯–斯蒂格尔法案》日渐变得过时。国内金融机构极力游说废除《格拉斯–斯蒂格尔法案》的障碍。然而,由于国内的政治僵局,除了通过监管机构的重新解释逐步修订《格拉斯–斯蒂格尔法案》之外,其他的任何做法多年来都被证明是难以推进的。《格拉斯–斯蒂格尔法案》终于被1999年通过的《格雷姆–里奇–比利雷法》所替代,而《格雷姆–里奇–比利雷法》使州际和普遍的银行业务在美国成为可能。[1]

全球化时代最重要的变化之一乃是国际金融市场地理范围的延伸。20世纪90年代,许多发展中国家融入全球金融市场。随着国内共识从施加政府控制和保护转变为采取自由市场的政策,许多发展中国家通过减少汇率管制和其他限制国际资本流动的壁垒以及通过对外国投资者开放国内金融市场发起了推动金融自由化的努力。[2] 国际谈判在这一过程中也起到一定的作用。例如,作为《北美自由贸易区协定》的一部分,墨西哥开放了国内市场。为履行加入经济合作与发展组织(Organization for Economic Cooperation and Development,OECD)时谈判的承诺,韩国和墨西哥都推行了金融自由化。重要的是,《"乌拉圭回合"金融服务协定》也覆盖了发展中国家。该协定要求世界贸易组织中的发展中国家在同意的过渡期结束

---

① 关于这个法案条款的摘要,参见 http://www.senate.gov/~banking/conf/。

② John B. Goodman and Louis W. Pauly, "The Obsolescence of Capital Controls? Economic Management in an Age of Global Markets," World Politics, 46 (October 1993): 50–82. See also Quan Li and Dale L. Smith, "Testing Alternative Explanations of Capital Control Liberalization," Review of Policy Research, 19 (March 2002): 28–52; and Scott L. Kastner and Chad Rector, "International Regimes, Domestic Veto-Players, and Capital Controls Policy Stability," International Studies Quarterly, 47 (March 2003): 1–22. 我们将在第6、7章提供特定的例子。

后减少对外资银行的成立设置国内障碍。

大多数发展中国家的货币都以某种方式与世界某个主要货币联系在一起,这种情况反映了世界各国贸易和金融的密切联系。许多拉美和东亚国家正式或非正式地把本国货币与美元联系在一起,而东欧和非洲的前欧洲殖民地国家则将本国货币与欧洲货币关联起来。有趣的是,日本并没有参与这些势力范围,尽管日本政府推广一项试图将日元与美元和欧元一起放在一篮子货币里供新兴国家货币与之挂钩的计划。①

最后,前共产主义国家也成为国际金融体系的一部分。对这些国家来说,首先的挑战是推行本国货币的可兑换性。实现本国货币的可兑换往往会促使它们努力减少预算和(或)国际收支赤字以稳定汇率。一些依靠俄罗斯卢布作为本国货币的新独立的国家选择了创建新的国家货币。所有这些国家都建立了私人银行系统、提高中央银行的独立性、推行金融系统的自由化并加入了国际货币基金组织和世界银行。

中国仍然是一个共产主义国家,但其通过国内经济改革和下放对各地经济发展的控制等组合政策而成为世界市场的一个主要参与者。20世纪90年代,外国投资大量流入中国以期进入中国国内市场和利用中国低廉的劳动力成本。中国的银行仍然处在政府的控制之下,正如在大多数情况下中国的货币即人民币受到政府的控制一样。随着中国对美国的贸易顺差在乔治·W. 布什第二任期内超过日本对美国的贸易顺差,中美两国在人民币兑美元的汇率问题上产生了主要分歧。

发达国家的金融机构对发展中国家和前共产主义国家的金融自由化反应迅速。国际资金流动相应地急剧增加(参见第六章)。信息技术革命加强了各国政策的这种转变。全球信息技术的扩散使世界各地的人们在一天的任何时间进行外汇和股票交易成为可能。例如,外汇系统允许个人或公司可以实行24小时外汇交易,针对股票市场和期货交易的类似系统

---

① "Stabilizing Asia's Currencies," editorial in the online version of Mainichi Shimbun, accessed on October 30, 2001, at http://mdn.mainichi.co.jp/news/archive/ 200101/17/20010117p2a 00m0oa098000c.html.

也都已经开发。新规则允许创建**电子交易系统**（electronic trading systems）使投资者能够直接进入市场，从而消除或减少像传统的股票经纪公司这样的中间商角色。①

新技术的出现既迫使银行和投资公司创造新的金融服务也使它们能够这样做以弥补因交易佣金的减少而流失的收入。计算和通信系统也使得创建新的结构性金融产品如证券化（即从信用卡、汽车贷款和抵押贷款支付产生的资产抵押债券）和各种所谓的衍生品成为可能。**衍生品**（derivative）相当于一个合约，其价值取决于（来源于）部分标的资产（如石油等原材料或者股权）或者一个特定的参考汇率如利率或者类似于道琼斯指数这样的股票市场指数价格。

衍生品合约采取两种原则形式：期货和期权。期货合约要求买家和卖家以当天约定的价格在预先决定的未来时间里完成交易。期权合约则给一方在特定的时间内以特定的价格买卖的权利。②

类似的变化也发生在其他国家如日本、英国和墨西哥。由于以电子交易系统取代传统交易大厅，这些国家实现了成本的下降、执行速度的加快和效率的提高。金融全球化的另一个特点是证券市场的扩散。许多以前没有股市或其他类型证券交易市场的国家在20世纪90年代首次建立了类似的市场，而其他已经拥有这样市场的国家则采取措施改善或加强它们的市场职能。

金融机构越来越成为真正的全球经营和所有。新一轮合并和收购导致美国、欧洲和日本大型银行的成立。在美国，每年大约发生400次银行合并。美国银行机构的数量从1980年的大约12300家减少到1998年的大约7100家。由100家最大银行机构持有的国内存款比例从1980年的47%增加

---

① Terrence Hendershott, "Electronic Trading in Financial Markets," IT Pro（July/ August 2003）: 10–14; and Dagfinn Rime, "New Electronic Trading Systems in Foreign Exchange Markets," in Derek C. Jones, ed., New Economy Handbook（New York, N.Y.: Elsevier, 2003）, ch. 21.

② Jan Aaart Scholte, "Global Trade and Finance," in John Baylis, Steve Smith, and Patricia Owens, eds., The Globalization of World Politics: An Introduction to International Relations, 4th edition（New York, N.Y.: Oxford University Press, 2008）, 461.

到1997年的近69%。[①] 20世纪90年代,主要发达国家银行并购的数量和价值显著增长(图2.11)。许多大型银行通过合并形成更大的银行。因此,金融服务业所有权的集中程度在此期间经历了实质性的上升。[②]

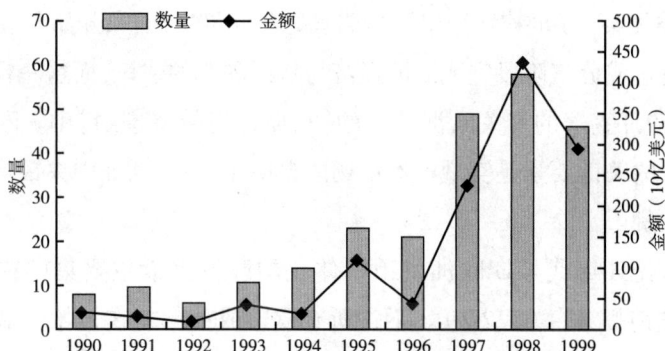

图2.11 并购金额大于10亿美元的银行并购数量和金额

资料来源:国际清算银行,十国集团,《关于金融业的综合报告》(瑞士巴塞尔:国际清算银行,2001年1月)。

经济货币联盟

全球金融体系发展的一个标志性事件是欧洲经济货币联盟的创立。1986年2月,欧洲共同体成员国签署了《单一欧洲法案》,致力于深化一体化进程。然而,《单一欧洲法案》其中的一个条款却破坏了促使欧洲货币体系成功运行的机构。该法案要求废除所有不利于完成欧洲内部市场的障碍,包括资本管制。资本管制包括各种影响资本市场的措施,包括对持有外国货币征税和规定外国货币的使用方法。资本管制允许欧洲货币体系成员国的中央银行防止外界因预期它们货币政策的调整而进行的货币

[①] Roger W. Ferguson, Jr., "The Changing Banking Environment and Emerging Questions for Public Policy," Federal Reserve Bank of Minneapolis, June 1998.

[②] Bank for International Settlements, Group of Ten, Report on Consolidation in the Financial Sector(Basel, Switzerland: Bank for International Settlements, January 2001).

投机。简而言之,如果没有这些控制,欧洲货币体系定期调整的战略是不能继续下去的。①

作为实施《单一欧洲法案》过程的一部分,在欧盟委员会主席雅克·德洛尔(Jacques Delors)主席身份下组建了一个研究创立欧洲货币联盟可行性的委员会。1989年《德洛尔报告》发表后,欧洲国家开始了新一轮谈判并最终达成分三阶段完成欧洲经济与货币联盟的建议,而这一目标包含在1992年2月签署的有关欧洲统一的《马斯特里赫特条约》中。欧洲经济货币联盟的关键要素是实现资本市场的自由化、建立欧洲中央银行并创建欧洲单一货币。

20世纪90年代早期欧洲货币一体化的政治因素主要集中在参与货币联盟的前提条件(表2.2)。不是所有欧盟成员都能在初始的截止日期(1996年12月31日)前满足这些前提条件,而且情况变得越来越明显的是经济货币联盟最初仅仅将由一部分欧盟成员国组成。② 最终,有十二个欧盟成员国成为经济货币联盟的完全参与者。

作为欧洲中央银行的前身,欧洲货币管理局(European Monetary Institute)于1994年1月创立。1995年1月,奥地利、芬兰和瑞典加入欧盟,将欧盟成员国的总数增加到十五个。1995年12月,欧盟开始了为建立单一货币争取政治支持的漫长运动。具有设定利率和管理货币供应权力的欧洲央行于1998年6月1日在法兰克福成立。当1999年1月1日欧元作为法定货币被引入以及经济货币联盟十一个成员国的货币与欧元之间的汇率被确定后,欧洲经济货币联盟开始了其最后一阶段。希腊在2001年1月加入经济货币联盟。2002年1月1日,该联盟的十二个成员国的国家货币正式被欧元取代。③

---

① Barry Eichengreen, "European Monetary Integration," Journal of Economic Literature, 31(September 1993): 1328.

② See Geoffrey Garrett, "The Politics of Maastricht," Economics and Politics, 5(July 1993): 105–123. 加勒特认为德国支持第二个路径,其有时也被称为"双速欧洲"的选项。

③ 目前欧盟有15个成员国使用欧元作为它们的货币。斯洛文尼亚2007年加入欧元区;塞浦路斯和马耳他2008年加入。参见http://www.ecb.int/bc/intro/html/map.en.html。

表 2.2　加入欧洲货币联盟的前提条件

变　　量	目　　标
通货膨胀	不高于三个最低通胀成员国通胀率的1.5%
长期政府债券利率	不高于三个最低通胀成员国长期政府债券利率的2%
政府赤字与GDP比率	不高于GDP的3%
未偿还政府债务与GDP比率	不高于GDP的60%
货币汇率	维持在汇率机制区间内最少2年

资料来源:《总统经济报告》(华盛顿特区:政府印刷局,1994年),第247页。

在成立的头两年内欧元经历了对美元和日元的大幅贬值。欧洲央行试图通过提高利率阻止欧元的贬值。欧洲各国政府对高利率对经济增长的潜在负面影响的担心多于它们对维持欧元价值的担心。德国政府尤其支持欧元贬值,因为欧元贬值被认为会增加德国对世界其他地区的出口。2004年,欧元对其他主要货币开始升值。现在,欧洲各国政府批评欧洲央行未能降低利率。法国政府要求欧洲央行在制定货币政策时应充分考虑到经济增长和失业率以及通货膨胀。① 然而,到目前为止,欧洲央行主要将精力集中在抑制通胀压力并能够限制欧元区各国政府对本国货币政策决策的影响。

调　整

全球私人资本市场的规模使七国集团用于货币管理的可动用资金规模相形见绌,因此削弱了它们干预外汇市场的有效性。在这种情况下,主要国家金融当局认为实行金融干预产生的效果是有限的,因此不应该频繁运用,并且认为只有在共同的干预行动能改变严重的汇率失调的情况下,

---

① Thomas Oatley, International Political Economy: Interests and Institutions in the Global Economy, 3rd edition (New York, N.Y.: Pearson Longman, 2008), 303.

金融干预政策才能得以运用。新的金融流动从而使各国比以往任何时候都有必要寻求稳健的国内宏观经济政策以改善本国经济的本质健康从而促进国际金融政策的调整和稳定。

全球化时期国际货币管理的主要工具是七国集团的财政部与央行之间的政策协调。最重要的三国集团（Group of Three, G3），即美国、日本和德国与后来的欧洲央行之间的合作和协调。七国集团财政部长以及副手们定期会面讨论国家政策，敦促成员国采取适当的宏观经济政策并推荐结构性改革。在这些常规会议期间，七国集团的财政部长和央行行长，尤其是三国集团的财政部长和央行行长保持着频繁的、非正式接触讨论市场状况。部长们还组织机会主义的干预措施以影响外汇市场。由于国家货币政策已经成为国家政策和国际调整的关键工具，央行官员们因此在国际金融协调中扮演着更重要的角色。因此，他们继续在十国集团（G10）平台上彼此之间以及与财政部长们进行频繁的、非正式的会面和协调。

在这一时期，主要国家还通过减少预算赤字和通货膨胀以及通过实施市场改革来提高本国经济的基本面。美国在这方面经历了最重要的变化。到了20世纪90年代，美国的国内政治共识已经转向更愿意解决预算赤字问题以及提供能确保美国在国际市场上的竞争力的方案。

1993年，新当选的克林顿政府成功推动立法来降低美国的预算赤字。在《1993年综合预算协调法》（Omnibus Budget and Reconciliation Act of 1993）中，克林顿政府提出了一个短期的经济刺激计划和五年减少5000亿美元赤字的长期计划。该法案的关键条款包括各种的税收增加、削减医保补偿、削减可自由支配支出以及约150亿美元的经济刺激支出，包括扩大所得税抵免（Earned Income Tax Credit）。①

---

① Robert Woodward, The Agenda: Inside the Clinton White House (New York, N.Y.: Simon & Schuster, 1994); Jonathan Orszag and Laura Tyson, The Process of Economic Policy-Making During the Clinton Administration (Cambridge, Mass.: Center for Business and Government, Kennedy School of Government, Harvard University, June 2001); D. W. Elmendorf, J. B. Liebman, and D. W. Wilcox, Fiscal Policy and Social Security Policy in the 1990s, NBER Working Paper, September 2001; and A. J. Auerbach, The U.S. Fiscal Problem: Where We Are, How We Got Here, and Where We're Going, NBER Working Paper, April 1994.

美国经济随后经历了引人注目的复苏。由于赤字削减法案的通过和主要经济增长指标的提升,美国财政预算从1991财年的2692亿美元的赤字下降到2000财年的2360亿美元的盈余(图2.9)。[①] 同时,美国的生产力和国际竞争力也得到提高(参见第三章)。美国工业的重组、高新技术产业的兴起以及积极的贸易自由化谈判在一段时间内改善了美国的贸易逆差。

尽管美国在争取预算平衡方面取得重要的进展及经济得到回升,但20世纪90年代上半叶美元依然维持疲软,尽管其他货币尤其是日元表现得异常强劲。国际货币市场没有考虑到美国经济形势的改善,却受到美国财政部长劳埃德·本特森(Lloyd Bentsen)建议美国青睐弱势美元的声明的影响。结果是,当1995年春天出现墨西哥比索危机时,美元价值相对日元创下有史以来的低位(参见下一章节有关比索危机的内容)。1995年3月和4月,美国财长罗伯特·鲁宾(Robert Rubin)与他的欧洲和日本同行们确定美元对其他货币汇率出现了严重偏差,认为这种偏差没有反映出美国经济的基本实力并声称实施主要干预措施以扭转美元下滑的时机已到。1995年春天实施的一系列协调干预措施导致美元价值的上升和主要货币汇率的改善(图2.13)。[②]

到20世纪90年代下半叶,货币市场的形势出现逆转:尽管不断增长的贸易赤字,美元依旧表现强劲而日元和欧元保持疲软(图2.12)。在20世纪90年代,欧洲国家也开始采取措施减少预算赤字和推行经济改革。这些努力以低通胀率的形式得到回报,但是物价稳定的获得是以低增长率和高失业率为代价的。尽管欧洲形势得到改善,但是美国经济重新恢复的活力使欧洲公司和投资者有强大的动力去美国投资,因此导致美元进一步走强。

[①] Economic Report of the President(Washington, D.C.: Government Printing Office, 2001), 367.

[②] J. Bradford DeLong and Barry Eichengreen, Between Meltdown and Moral Hazard: The International Monetary and Financial Policies of the Clinton Administration(Cambridge, Mass. and Berkeley and Los Angeles, Calif.: NBER and the University of California at Berkeley, May 2001).

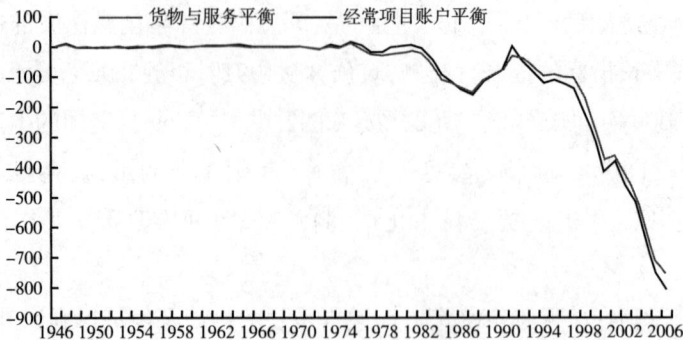

图2.12　1946—2006年货物与服务贸易和经常项目账户平衡（10亿美元，现价）

资料来源：《2008年总统经济报告》，http://www.gpoaccess.gov/eop/tables08.html。

　　此外，欧洲经济货币联盟的结构性问题继续存在。新的欧洲货币是由弱势央行、弱势央行的弱势领导以及许多不同的财政部实行管理。在整个2000年，欧元持续下跌并在同年的秋天创下了新低。仅仅20个月后，欧元兑美元汇率已经跌去近30%。急于提振欧元以及建立欧洲货币一体化的欧洲央行于2000年9月说服美国加入了一项干预支持欧元的行动。此举虽然帮助欧元设定了最低价值，但欧元到2001年秋天仍然没有恢复到原来的价值（图2.13）。欧元的疲软促进了欧洲出口，但也破坏了欧元的可信度并增加了欧洲的通胀压力。

　　尽管美国经济似乎不断走强，在20世纪80年代看上去不可战胜的日本经济却出现了碰壁。1990年日本的泡沫经济开始崩溃。日本主要城市的土地价格从1990年开始下跌并一直持续到1994年。1992年初，土地价格已经从1991年初的水平基础上下跌了近20%。六个主要城市的土地价格从1990年高峰时期的大约占100%的名义GDP下跌到1993年底的仅略超过50%的名义GDP。

　　1990年1月日本股票价格开始下跌。作为对日本央行提高贴现率的反应，利率同时迅速上升。8月2日伊拉克入侵科威特进一步动摇了日本股市，这是因为投资者出于对战争、通胀和高油价的担心。例如，日经指数在这一天下跌了11%后才趋于稳定。

1990年股票价格的崩盘预示着日本始于1991年春天的严重经济衰退。泡沫时期的经济过热使日本公司以资本投资的形式持有大量的累积股票、家庭耐用品和建筑;这种情况导致对新产品需求的减少,特别是随着经济做出调整以适应变化之时。房地产价格的崩溃和许多日本企业竞争力的下降削弱了日本银行和金融机构的贷款组合。不良贷款问题反过来又促使日本金融机构降低它们的新增贷款水平。

始于1990年第一季度并一直持续到1995年底的日元对美元及其他主要货币汇率的复苏加剧了日本的这些经济问题;在跌至大约1美元兑换150日元后,日元开始走强并在1995年春天升至80至85日元兑换1美元的区间。1996年日元大幅走强。日元的走高严重拖累了日本的出口驱动型经济(图2.13)。

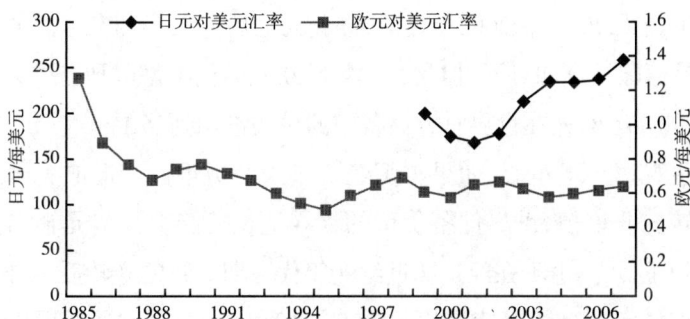

图2.13 1985—2007年日元对美元以及欧元对美元汇率

资料来源:《2008年总统经济报告》,http://www.gpoaccess.gov/eop/tables08.html。

1991年7月1日,日本银行决定将贴现率从6.0%降至5.5%,这标志着日本央行从这一年的初夏就放松了货币政策。一系列进一步放松的措施随后跟进。1993年9月,日本央行将贴现率下调到1.75%,这是日本央行自1883年成立以来贴现率的最低水平。1995年4月,贴现率进一步被下调到1.0%。尽管采取了这些努力,日本的货币供应增长仍然缓慢。

20世纪90年代,日本经济经历了低名义GDP的增长率。在泡沫期间,日本的名义GDP年增长率一直维持在7%左右。但是从1990年开始日本的名义GDP增长率出现下降至1991年至1993年期间的接近于零。1991年和1992年日本的制造业利润年分别下降了24.5%和32.1%。从1990年下半年公司破产开始增加。经营失败的房地产或从事积极型基金管理（active fund management）公司占到了1991年和1992年日本企业破产的一半以上。

受泡沫经济破灭影响最大的公司包括日本商业银行,特别是那些发放大量的房地产融资或投机于繁荣的股票市场的商业银行。损失最终呈现在银行的账目上:银行业的贷款损失准备金从1991年开始大幅增长。银行新增贷款的速度在1990年迅速下降并在20世纪90年代上半叶继续下跌。从1990年开始,日本十大金融机构的债券评级也开始迅速下降,而且这种下降一直贯穿着90年代的上半叶。[1]

20世纪整个90年代以及21世纪的头10年,美元仍然是日本官方储备的选择货币（图2.6）。在2002年之前,继美元之后的二号和三号储备货币仍然分别是德国马克和日元,但是2002年后欧元取代了德国马克成为储备货币。到2007年,欧元在世界官方储备中的份额增加到26.1%。

一些观察人士担心,如果美国经济未来经历重大衰退或美国经济政策突然转向非审慎,世界储备货币的领导地位可能会从美元转向其他货币,尤其是欧元。由于在经过20世纪90年代末期短暂的逆转后,美国预算、贸易和支付赤字继续保持增长（图2.9,2.10和2.12）,因此通过国内和对外借贷满足这些赤字的融资需要也随之增长。日本和德国恢复了它们早期"成为美国的下一个出口国"的模式。2000年中国取代日本成为美国贸易赤字的最大单个贡献国（图2.14）。2000年至2007年,中国和石油出口国在美国的投资无论在规模上还是在重要性上都保持着增长。

这些投资的很大一部分是由**主权财富基金**（sovereign wealth funds,SWFs）管理（图2.15）。主权财富基金是由股票、债券和房地产等金融资产以及其他金融工具（包括衍生品）组成的国有基金。在过去,贸易盈余

---

[1] Geoffrey P. Miller, "The Role of a Central Bank in a Bubble Economy," See http://www.gold-eagle.com/editorials/cscb003.html.

国以美国财政部发行的债券的形式持有它们大部分的对美国投资,但是在2000年之后,贸易盈余国家开始利用主权财富基金来管理它们在美国和其他地方的投资。①

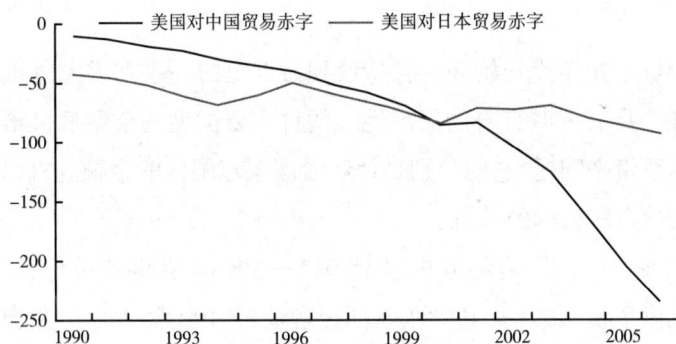

图2.14 1991—2006年美国对中国以及美国对日本贸易赤字(10亿美元)

资料来源:《2000年和2008年总统经济报告》。

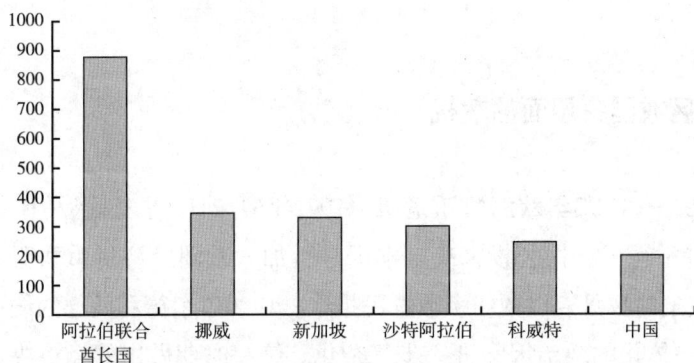

图2.15 最大的主权财富基金

资料来源:摩根士丹利,2007年9月。

---

① Brad Setser and Rachel Ziemba, Understanding the New Financial Superpower–The Management of GCC Official Foreign Assets (New York, N.Y. : RGE Monitor, December 2007) .

危机管理

从20世纪90年代开始并一直持续到21世纪的一系列重大危机表明全球化可能会具有一些自身的局限性。两种主要类型的金融危机给整个全球金融体系带来问题，它们分别是地区或国家范围内的金融危机以及大型银行和其他金融机构的危机。

地区或国家范围内的危机包括1992—1993年欧洲货币危机、1994年墨西哥比索危机、1997—1998年亚洲金融危机、1998年俄罗斯金融危机以及1999—2002年的阿根廷危机。这一系列危机的发生尤其说明过多依赖短期投资资本流动，特别是在危机期间资本流出比正常时期资本流入速度迅速很多的地方，本身带来的危险。

地区或国家层面的危机

1992—1993年欧洲货币危机 1992年6月2日，丹麦就《马斯特里赫特条约》举行了全民公投来决定本国是否加入欧洲经济货币联盟。经过公投，该条约被丹麦以微弱多数选民拒绝。1990年东德和西德的统一使欧洲货币一体化的政治因素进一步复杂化。统一时期做出的经济决策所产生的通胀压力最终导致德国中央银行即德意志联邦银行提高利率。德国利率的走高给欧洲货币体系其他成员国带来压力，最终迫使它们或者提高本国利率或者使本国货币与欧元脱钩以防止本国短期资本外流到德国。

丹麦全民公投和德国统一后货币政策的变化引发了影响欧洲货币的新一轮投机并导致1992年至1993年期间一系列货币危机的爆发。第一个遭受重创的欧洲货币是意大利里拉。此后，欧洲货币体系中维持在6%浮动区间内的另外三种货币——英镑、西班牙比塞塔和葡萄牙埃斯库多——也开始走弱。在法国1992年9月20日就《马斯特里赫特条约》举行公投前，欧洲货币压力再次上升。同年的8月26日，英镑跌至其在欧洲汇率机制的最低点。9月16日，英国和意大利政府宣布英镑和里拉从汇率机制中退出。其他汇率机制成员国实行了干预以支持本国货币，但9月13日里拉对汇率机制内其他货币贬值了7%，以至于里拉后来被允许自由浮动。然而，欧洲货币体系面临的压力并没有结束。事实上欧洲货币体系所面临的压力在加剧，直到最终的危机有效地结束了欧洲将汇率固定在狭窄的浮动区间内的政策。1993年7月德国从欧洲货币体系短暂地撤出后，欧洲各国政府选择把汇率浮动区间从2.25%扩大到8月2日的15%。[①]

　　1992年至1993年发生的欧洲货币危机说明了在面对政治不确定和国际资本的高度流动时管理固定汇率制需面对的问题。[②] 然而，各国对欧洲货币联盟的承诺仍然保持强劲。大多数欧盟成员国认为货币一体化是欧洲政治和经济一体化进程中的关键一步。固定或单一货币的可预见性和单纯性被认为将促进欧盟内部贸易和投资流动。反过来，一个统一的欧洲市场被视为会促进欧洲在全球市场特别是相对于美国和日本市场的竞争力不可或缺的一部分。因此，在多于一个欧洲国家经营的大型欧洲公司都积极支持货币一体化，许多欧洲政治领导人也认为国家利益能在统一的欧洲中得到最好的实现。[③]

1994—1995年墨西哥比索危机　墨西哥比索危机不但表明像墨西哥这样的新兴市场出现的问题可能会威胁到世界金融体系，而且表明世界缺乏有效的机制来预防和管理此类危机。在20世纪90年代初，墨西哥似乎找到了经济发展的秘方。国内放松管制和私有化与贸易和投资自由化的

---

① Eichengreen, International Monetary Arrangements, 98.

② 出处同上，第100—101页。

③ 这里的这些观点与杰弗里·弗里登和韦恩·桑德霍尔茨以前提到的作品里的观点一致。也可以参见Jeffry A. Frieden, "Real Sources of European Currency Policy: Sectoral Interests and European Monetary Integration," International Organization, 56 (Autumn 2002): 831–860.

组合导致墨西哥经济快速增长和外国直接和间接投资大规模的流入。与20世纪80年代不同的是,流向墨西哥和其他新兴市场的外国投资不是采取银行贷款的形式,而是采取从世界快速发展的证券市场借贷的形式。然而,1994年墨西哥的经济管理政策,特别是维护本国货币价值高估和过度依赖短期资本流入的政策,加上其经历了多起政治冲击事件,包括发生在南部的叛乱、暗杀领先的总统候选人以及绑架一个杰出的商人,导致了信心的崩溃。以前很容易地流入墨西哥的资金开始了出逃,这导致了比索的崩盘。墨西哥危机给拉丁美洲其他国家的货币和金融体系,尤其是给阿根廷和巴西的货币和金融体系带来巨大压力,扰乱了从印度到南非的市场秩序。始发于墨西哥的那场危机随后威胁到世界范围的金融市场。

为了防止墨西哥经济进一步解体以及随后可能的政治不稳定,美国政府介入进来向墨西哥提供了200亿美元的支持计划,并敦促国际清算银行成员国向墨西哥提供另外100亿美元的援助。国际货币基金组织同意向墨西哥提供178亿美元的一笔特别大额贷款以换取墨西哥政府实施一项严厉的稳定计划。受到国际安全网络的支持,墨西哥政府实施了严格的财政和货币政策以期稳定本国汇率,但造成了严重的经济衰退并削弱了国内金融体系。严格的国内政策和由世界银行和国际货币基金组织提供的多边贷款也支撑了墨西哥金融体系。[①]

由于以这样戏剧性的方式经历过新的全球金融流动产生的缺陷,七国集团在1995年加拿大新斯科舍省的哈利法克斯举行的经济峰会上制订了一项危机预防和管理计划。七国集团建议国际货币基金组织执行更加雄心勃勃的监视政策来防止未来危机的发生。七国集团还呼吁国际国币

---

① 更多有关墨西哥比索危机,参见W. Max Corden, "The Mexican Peso Crash: Causes, Consequences, and Comeback," in Carol Wise and Riordan Roett, eds., Exchange Rate Politics in Latin America(Washington, D.C.: Brookings Institution, 2001); Sebastian Edwards and Miguel A. Savastano, The Morning After: The Mexican Peso in the Aftermath of the 1994 Currency Crisis(Cambridge, Mass.: NBER, 1998); and Jeffrey Sachs, Aaron Tornell and André s Velasco, "The Collapse of the Mexican Peso: What Have We Learned," Economic Policy, 22(1996): 15-56, 63。

基金组织成员国增加本国的透明度,即披露更多的金融和经济信息。此外,七国集团还建议成立国际货币基金组织紧急融资机制(IMF Emergency Financing Mechanism)以及在国际货币基金组织范围内将《借款总安排》(General Arrangements to Borrow,GAB)增加一倍以确保这些基金足以应付未来的危机管理。最后,七国集团呼吁进一步研究如何重组国际债务以防止未来的危机。20世纪80年代,国际货币基金组织与关键的中央银行、主要借贷银行和债务国政府在必要时能开始重新谈判债务。然而到了20世纪90年代,曾经无名的全球金融证券市场却演变成主要角色,而且被证明很难被纳入到债务谈判中。在这种新的环境下,国际货币体系面临的挑战就是发明新的债务重组的方法。

1997—1998年亚洲金融危机　第二次全球金融危机1997年开始于泰国并迅速蔓延至整个亚洲,如菲律宾、马来西亚、印度尼西亚和韩国。危机的蔓延也威胁着中国大陆和台湾、中国香港甚至日本并扩散到其他新兴市场。1998年,俄罗斯的危机余波扩散至巴西和全球体系的其他地区。世界各地的股市包括美国股市出现剧烈震荡,全球债务市场面临着枯竭。

亚洲金融危机的根源在于20世纪80年代的亚洲经济奇迹。高储蓄率、强烈的职业道德、高水平的教育、重要的资本投资、负责任的宏观经济政策以及出口导向型的贸易战略带来亚洲经济的高速增长、人民生活水平的显著改善和财富分配的扩大。如前文所述,20世纪90年代所谓的"**亚洲四小龙**"(Asian Tigers)开始开放本国的资本市场。

不幸的是,这些强大的经济体却有着脆弱的金融体系。因为银行、政府和企业之间的密切联系———一种被称为**裙带资本主义**(crony capitalism)的形势[1]———银行贷款往往流向其青睐的机构而没有足够注意它们的财务稳健性,而且贷款的流向有时是基于腐败行为。在很大程度上正是这种做法,也是因为银行缺乏风险管理的文化和实践,贷款和利率并没有准确反映应有的风险水平。同时对金融机构的管理和监督也严重

---

[1]　David C. Kang,Crony Capitalism: Corruption and Development in South Korea and the Philippines(New York,N.Y.: Cambridge University Press,2002).

缺乏。例如,报告和信息披露不足,而且也缺乏对不良贷款组合的监督。这些国家的公司也深受债务文化之害。高储蓄率和宽松的银行业使它们可以获得低成本的信贷,这使它们的资产负债表身负重债,而且经常背负着短期债务。

亚洲各国的政府政策对这场危机也起到了促进作用。为了遏制通胀,亚洲各国政府将本国汇率与美元挂钩。随着美元1995年以后走强,亚洲各国货币也开始被高估。亚洲货币价值高估及它们与美元挂钩鼓励了那些认为这种现存的汇率政策会保持连续性的公司和金融机构进行大量的美元借款。当美元走强而日元和人民币保持疲软时,与美元的这种关联也伤害了它们的竞争力,结果导致许多亚洲国家遭受巨额的经常账户赤字。结果,亚洲许多国家政府允许本国经济过热。最后,这些政府取消了资本管制并实行了金融体系自由化,但它们并没有采取措施加强金融监管和夯实国内的银行系统。

全球金融市场也对亚洲金融危机的爆发起到一定的推波助澜的作用。20世纪90年代,国际金融机构——非常像70年代和80年代的银行——被吸引到增长迅速、追求稳健的宏观经济政策并能比发达国家提供更高利息的亚洲新兴市场。1996年,超过2500亿美元的私人资本流入到亚洲新兴市场,而在1986年这一数字仅为200亿美元。

到1997年中期,亚洲经济的脆弱性对这些贷款方来说变得越发明显:亚洲四小龙的出口增长受到经济处于衰退中的日本需求下降的威胁、面临来自中国的激烈竞争(而中国1994年推行货币贬值)以及亚洲多国货币与之捆绑在一起的美元开始走强所带来的威胁。此外,亚洲国家还需要面对众多政治不确定性,如泰国的弱势政府、印度尼西亚政治体制稳定的不确定性以及即将到来的韩国总统选举。

这场危机始于对泰铢信心的丧失。1997年7月2日,泰国被迫允许本国货币浮动。然而,国际当局并没有预见随后而来的风暴。事实上,美国拒绝采取特殊行动,但允许国际货币基金组织处理泰国危机。国际货币基金组织很快提供流动性并协商备用协议,要求泰国政府采取旨在安抚市场的严格的宏观经济政策。然而,危机以被认为可能是国际市场过度反应的方式迅速蔓延。国际货币基金组织对所有受影响国家(马来西亚除外)的重要支持仍然无法遏制这股危机浪潮。7月11日,菲律宾不得不让本币浮动,印尼盾8月也开始浮动。到1997年底,大多数亚洲货币(中国的人民币除外,人民币不能自由兑换而且在之前已经贬值)出现了大幅贬值。这场危机也威胁着日本和中国并将全球金融市场置于崩溃的危险之中。

国际货币基金组织是这场危机的主要管理者。国际货币基金组织向金融体系出现紧张的国家提供流动性、坚持认为债务国应该实行紧缩计划以安抚国际投资者以及迫使借款国实行结构性改革(参见第六章)。正如后文所述,国际货币基金组织的这些政策引来对其自身的大量批评。国际货币基金组织的紧缩计划被指控导致了危机恶化并引起相关国家的社会和政治混乱,而其结构改革的要求则被批评为侵犯国家特权。然而,国际货币基金组织的行为为亚洲债务国提供了流动性并最终成为遏制这场危机的关键因素。①

随着1997年底和1998年初危机面临进一步蔓延的威胁,美国也介入进来对国际货币基金组织的作用进行支持和补充。美国动员其他贷款机构(包括世界银行和亚洲开发银行)和其他国家(如日本)对借款方施压以支持国际货币基金组织的政策建议,并帮助塑造国际谈判来重组银行债务。到1998年初,一系列国际行动帮助亚洲国家解决了流动性问题并阻止了它们的金融内爆。然而,俄罗斯卢布在8月份出现了崩盘。

---

① On the Asia Crisis, see Frederic S. Mishkin, "Lessons from the Asian Crisis," Journal of International Money and Finance, 18 (1999): 709–723; Giancarlo Corsetti, Paolo Present and Nouriel Roubini, "What Caused the Asian Currency and Financial Crisis," Japan and the World Economy, 11 (September 1999): 305–373; Stephan Haggard, The Political Economy of the Asian Financial Crisis (Washington, D.C.: Institute for International Economics, 2000); Gregory W. Noble, and John Ravenhill, eds., The Asian Financial Crisis and the Architecture of Global Finance (Cambridge, Mass.: Cambridge University Press, 2000); T. J. Pempel, The Politics of the Asian Economic Crisis (Ithaca, N.Y.: Cornell University Press, 1999); and Shale Horowitz and Uk Heo, eds., The Political Economy of International Financial Crisis: Interest Groups, Ideologies, and Institutions (New York, N.Y.: Rowman and Littlefield, 2001).

1998年俄罗斯金融危机　在始于1989年从共产主义到资本主义的过渡中,俄罗斯经历了严重的经济问题(参见第十章)。其中的一个主要问题是征税问题。由于存在对现有税法实施的政治反对,俄罗斯政府的税收收入无法满足本国当前的支出,所以被迫从国外借贷来缓解政府赤字。为了吸引外国投资者,俄罗斯政府以美元计价发行国债。然而,随着经济和征税问题继续存在,有关未来卢布贬值的猜测不断增长。投机者有理由认为俄罗斯政府无法履行做出的向以美元计价的债券支付利息的承诺。因此投资者开始迅速从俄罗斯债券市场撤回资金。

1998年8月17日,俄罗斯总理谢尔盖·基里延科政府决定让卢布实行浮动汇率,并对400亿美元以美元计价的国债违约。基里延科政府还宣布俄罗斯实体部门可以对它们的国外义务进行单方面的、法律上存疑的90天的暂停支付。俄罗斯总统鲍里斯·叶利钦于8月23日解除基里延科的总理职务,任命前总理维克托·切尔诺梅尔金取而代之。此举是为了安抚国内以及消除国际投资者的疑虑。俄罗斯央行行长谢尔盖·杜比宁三周后辞职。到那时,卢布已经从8月17日的6卢布兑换1美元下降到11卢布兑换1美元。[1]

1999—2002年阿根廷危机　作为其成功地减少通胀努力的一部分,阿根廷1991年将本国货币奥斯特拉尔与美元汇率挂钩。1992年,比索取代奥斯特拉尔成为阿根廷官方货币,但是比索仍然与美元挂钩。20世纪90年代期间阿根廷经历的一系列预算赤字迫使政府不得不在国内外借款填补这些赤字。随着阿根廷公共外债增长,有关比索可能贬值的猜测也随之增长,国际货币基金组织试图让阿根廷政府削减预算赤字的努力也并未取得成功。当1999年巴西货币雷亚尔贬值以及美元兑欧元汇率出现下跌时,巴西对阿根廷的出口急剧增长。阿根廷对巴西和西欧出口的快速下降使阿

　　① Padma Desai,"Why Did the Ruble Collapse in August 1998?" American Economic Review: Papers and Proceedings,90(May 2000): 48–52; and Abbigail J. Chiodo and Michael T. Owyang,"A Case Study of a Currency Crisis: The Russian Default of 1998," Federal Reserve Bank of St. Louis Review,84(November/December 2002): 7–17.

根廷经济陷入混乱,随后而来的是三年的经济衰退。最后,比索兑美元汇率不得不被允许浮动,这导致比索的快速贬值。阿根廷出口也因此得到复苏,经济重新开始增长。①

上述货币及金融危机的教训颇多。首先,发生在墨西哥、俄罗斯和阿根廷的危机表明一国将本国货币钉住美元以寻求稳定的做法蕴含着危险。在面临投机压力的背景下,一国不愿意在短期内浮动和贬值本国货币会导致本国经济长期的不稳定和剧烈衰退。其次,上述金融危机发生国所经历的资本的快速外流表明可能有必要恢复某种形式的资本管制专门用于如何减少短期的资本外流。② 最后,一些经济学家对国际货币基金组织处理亚洲金融危机的方式提出批评,认为国际货币基金组织的紧缩政策对有着严重的国际传染效应或由信任危机导致信贷危机的国家或地区并不合适。③

银行和其他金融机构危机

涉及银行和其他金融机构的第二类危机包括1995年巴林银行(一家老牌和完善的英国银行)的倒闭、2000年美国长期资本管理公司(Long-term Credit Management)(一种对冲基金)遭受的重大损失、2007年法国兴业银行(一家法国银行)遭受的重大损失以及2007—2008年的次级抵押贷款危机(次贷危机)。

---

① Michael Mussa, Argentina and the Fund: From Triumph to Tragedy(Washington, D.C.: Institute for International Economics, 2002).

② Jagdish Bhagwati, "The Capital Myth: The Difference between Trade in Widgets and Dollars," Foreign Affairs, 77 (May/June 1998): 7–12; and Geoffrey R.D. Underhill and Xiaoke Zhang, "Conclusion: Towards the Good Governance of the International Financial System," in Geoffrey R.D. Underhill and Xiaoke Zhang, eds., International Financial Governance under Stress: Global Structures versus National Imperatives(New York, N.Y.: Cambridge University Press, 2003).

③ Joseph E. Stiglitz, Globalization and Its Discontents(New York, N.Y.: Norton, 2003).

所有这些私人金融危机都涉及因计算和通信技术的发展和全球金融市场的去管制化而发展起来的新型金融工具（见上文有关结构性产品的讨论）的运用。

巴林银行的倒闭是由在新加坡期货市场（即新加坡金融交易所，简称SIMEX）的一个小型团队雇员们在推测日经指数（一个在东京证券交易所的股票价格指数）走势的基础上进行交易所导致的。在这场交易中，首席交易员在虚假账户上隐藏了他的损失直到损失增长到3亿英镑以上。这些损失的最终暴露导致了巴林银行的倒塌。①

当为债券套利发明的一个复杂的数学算法突然开始产生重大损失时，美国长期资本管理公司几乎崩溃。在美国长期资本管理公司的早期给予其大量贷款的多家大型国际银行突然认为该公司是一个高风险的借款人，因此减少了它们在该公司的商业风险。美国长期资本管理公司的资本基础于是萎缩到令剩余的投资者开始恐慌的地步。1988年，纽约联邦储备银行以防止国际投资危机的名义对美国长期资本管理公司实施救助。②

2008年初，兴业银行的雇员杰洛米·科维尔从事未经授权的股票价格和股票衍生品之间的套利交易，导致兴业银行亏损70亿美元。兴业银行的管理方对这些交易没有施以足够的监控，但科维尔和他的同伙通过（再次）创建虚假账户隐藏了他们的行为。兴业银行最终幸存下来，但是却动

---

① Nicholas W. Leeson and Edward Whitley, Rogue Trader: How I Brought Down Barings Bank and Shook the Financial World (Boston, Mass.: Little, Brown, 1996); and Stephen Fay, The Collapse of Barings (New York, N.Y.: Norton, 1997).

② Nicholas Dunbar, Inventing Money: The Story of Long-Term Capital Management and the Legends Behind It (New York, N.Y.: Wiley, 2000); Roger Lowenstein, When Genius Failed: The Rise and Fall of Long-Term Capital Management (New York, N.Y.: Random House, 2000); Craig Furfine, The Costs and Benefits of Moral Suasion: Evidence from the Rescue of Long-Term Capital Management, BIS Working Papers No. 103 (Basel, Switzerland: BIS, August 2001); Bong-Chan Kho, Dong Lee, and Rene M. Stulz, U.S. Banks, Crises, and Bailouts: From Mexico to LTCM, NBER Working Paper 7529, (Cambridge, Mass: NBER, February 2000) http://www.nber.org/papers/w7529; 以及 Franklin R. Edwards, "Hedge Funds and the Collapse of Long-Term Capital Management," Journal of Economic Perspectives, 13 (Spring 1999): 189–210.

摇了当时正在全力应对由美国房地产价格下跌而产生问题的全球金融市场,而美国房地产价格的下跌反过来是由次级抵押贷款和按揭证券市场上的问题造成的(如下)。

次贷危机

2007年和2008年大规模的按揭证券市场的崩溃导致了金融危机的爆发,其中包括一家备受尊敬的美国投资银行(贝尔斯登)的倒闭、许多美国和欧洲的金融机构遭受的严重损失以及全球信贷市场的冻结。这场危机起源于有着多种的、复杂的和相互关联原因造成的资产泡沫的美国。美国的低利率和过度宽松的放贷行为导致大规模的借贷以支持房屋建设和购买。金融机构宽松的借贷标准以及糟糕的风险管理使得抵押贷款的融资,包括提供给信用评级低的借款人的抵押贷款融资,成为可能。这些抵押贷款资金是通过银行创建的新的信贷工具打包成更高质量的次级抵押贷款(低信用评级),然后在全球销售和交易。[1]

众多美国、欧洲、中国、中东和其他地方的机构和投资者都购买和从事这些抵押贷款金融工具的交易。抵押贷款机构开始急迫地寻找没有抵押贷款的人并放宽发放抵押贷款的标准。为了获得更大的抵押贷款费用,一些抵押贷款机构欺骗性地夸大房屋的评估价值,即使知道客户无法承担抵押贷款。人们在寻求贷款时不再需要证明自己有足够的收入来偿还贷款。银行把实际维护抵押贷款的业务留给了次级抵押贷款持有者,而次级抵押贷款持有者反过来将他们的抵押贷款卖给已经聚集了大量的抵押贷款并准备创建新的抵押贷款证券的公司。

没有任何一个抵押贷款市场的新玩家,包括非银行贷款人、次级抵押

---

[1]　Danielle diMartino and John V. Duca, "The Rise and Fall of Subprime Mortgages," Economic Letter: Insights from the Federal Reserve Bank of Dallas, 2 (November 2007): 1-8, http://dallasfed.org/research/eclett/2007/el0711.pdf.

贷款持有者和提供抵押贷款证券的公司,受到美国联邦储备理事会(美联储)的监督。这种监督的缺乏可能是美联储主席艾伦·格林斯潘(Alan Greenspan)和他的继任者本·伯南克(Ben Bernanke)做出的不干涉抵押贷款市场的明确决定的结果。然而,大量的借款人尤其是次级借款人无法偿还他们的抵押贷款,这导致了取消赎回率的上升。随着抵押贷款证券持有人意识到自己在从事一种高风险的投资,资金出现了枯竭,因此导致了住房价格的崩盘。结果,创建、购买和(或者)交易这些新型金融工具的商业银行、投资银行和保险公司遭受了巨大的损失。

次贷危机的后果是系统性和全球性的。信心危机扩散到金融市场,金融机构互相之间失去了信心,也停止了相互交易,许多金融市场被简单地冻结起来。当金融机构不再向企业和消费者发放贷款时,危机就威胁到了实体经济。对经济衰退的担忧导致股票市场的大幅下挫。

这场危机是由美联储和其他发达国家的央行所管理。从2007年开始,美联储为了向银行体系提供流动性开始降低利率(从而加重美元价值的下降)、向证券公司、投资银行和商业银行打开贴现贷款窗口并促进了大型商业银行摩根大通(J.P. Morgan Chase)对贝尔斯登的收购。

展望未来,关键的央行寻求方法改善本国法规以便减少类似的危机风险,并开始重新审视国际协议以期防止全球金融体系爆发危机。最重要的是通过国际清算银行签署的巴塞尔协议制定了共同标准并要求银行持有资本准备金以应对各种类型的风险金融资产。

《巴塞尔第一协议》(Basel Accord或 Basel I)是由央行行长1988年在瑞士的巴塞尔会议上举行的一轮协商的结果。会议导致了巴塞尔银行监管委员会(Basel Committee on Banking Supervision)对银行最低资本准备金制定了一套要求。于2004年6月首次公开的《巴塞尔第二协议框架》(Basel II Framework)是为了建立灵活的资本监管方法,即鼓励银行识别现在和未来可能面临风险的方法以及发展或提高管理这些风险的能力。[1] 20世纪

---

① 　有关巴塞尔第二协议框架,参见http://www.bis.org/publ/bcbs107.htm。

90年代危机发生的频率引起呼声要求全球金融系统做出重大改革并建立新的"国际金融架构"来预测和防止未来的危机。[①]

未来的危机预防

20世纪90年代的金融危机揭示了与全球金融体系的安全和稳健有关的严重的结构性问题。许多这样的问题存在于国家内部。借款国家面临腐败、银行监督的不足以及不恰当的财政政策。借款国家和贷款国家的私人金融机构都面临着风险评估和风险管理的不足。

为了防止未来的危机,国际市场需要更多地了解有关国家和机构债务风险的信息,而借款国家则需要提高它们的金融监督和管理。为了更好地管理未来的危机,国际货币基金组织需要更多的资源,而国际金融体系需要更好的证券债务重组机制。[②]

墨西哥和亚洲金融危机后,国际金融机构和相关国家开始推行许多系统性改革。此外,债务国开始在国际货币基金组织的监督下实施金融和经济改革。国际货币基金组织为成员国的金融信息披露设置了新的、更高的标准,并开始向公众提供更多的有关成员国经济和金融形势的信息。同时,国际货币基金组织也对金融机构监督和管理国际标准的设立予以注意。1998年,十国集团设立了有效的银行监管核心原则,涵盖**业务许可**(licensing)、银行监管方法以及跨国银行业务。危机还导致新的危机管理机制的出台。在1997年和1998年,国际货币基金组织创建了两个新的机构:一个是"紧急融资机制"(Emergency Financing Mechanism),该机制能使国际货币基金组织更迅速地应对特别融资请求以换取对请求国实施更

---

① 有关这个话题的优秀论文集,参见Nouriel Roubini and Marc Uzan,eds.,New International Financial Architecture,vols. I–II(Northampton,Mass.：Elgar,2005)

② 有关国际货币基金组织和其他国际金融机构近年来怎样追求这些目标的细节,见世界银行,"国际金融架构:进度报告",2005年7月12日,http://www.worldbank.org/ifa/。

多的定期审查；另外一个是"补充储备融资工具"（Supplementary Reserve Financing Facility），使国际货币基金组织在短期流动性危机中以溢价利率提供融资贷款。国际货币基金组织还通过增加资本和**"新借款安排"**（New Arrangements to Borrow，NAB）获取了更多资源。

"借款总安排"（General Arrangements to Borrow，GAB）允许国际货币基金组织在必要时从11个工业化国家借贷资金。在阿根廷比索危机后因担心会需要更多资源来应对未来的危机而成立的"新借款安排"将这一名单扩大到25个国家。1995年七国集团在加拿大新斯科舍省的哈利法克斯召开的国际经济峰会，建议通过"借款总安排"以便将国际货币基金组织的借款总量增加一倍。因此，国际货币基金组织执行委员会决定于1997年1月27日创设"新借款安排"。①

尽管上述国际和国家层面的改革，国际金融危机预防和管理体系依然存在着诸多缺口。最重要的是，债务国政府执行国内改革的能力和意愿以及国际货币基金组织压迫它们执行改革的能力很弱。此外，许多国家拒绝与国际货币基金组织分享财务信息或拒绝允许国际国币基金组织公开它们给予的信息。而且，覆盖银行监督和管理的国际原则并没有解决证券公司和证券市场的问题。此外，国际金融体系还没有建立有关债务重组的机制。相关政府当局继续着力解决在避免面临**道德危险**（moral hazard）的情况下如何稳定本国的金融体系的问题。

道德危险的想法来自保险行业：

道德危险是指在合约的情况下，因一方或双方行为的改变而产生的风险。譬如，如果我支付因你犯下的错误所产生的所有费用，那么你可能会承担着比我们俩应该共同分担的更多的风险。②

出于这个原因，大多数保险公司仅仅承担支付损失所需的部分费用，

---

① International Monetary Fund, The General Arrangements to Borrow（GAB）; The New Arrangements to Borrow（NAB）: A Factsheet（Washington, D.C.: IMF, August 2001）.

② http://www.investopedia.com/terms/m/moralhazard.asp. See also Nouriel Roubini and Brad Setser, Bailouts or Bail–Ins? Responding to Financial Crises in Emerging Economies（Washington, D.C.; Institute for International Economics, 2004）, 74–75.

而让被保险人自己承担剩下的费用,目的是让被保险人有动力降低风险。一些分析人士称,对遭受危机的国家救助也会制造道德危险,并认为旨在防止不必要风险的救助总是存在一些不确定性。这种观点也被应用到全球债务危机上。

国际上从不缺少有关解决国际金融体系问题的建议。一些雄心勃勃的提议,如创建世界中央银行或世界破产法庭,证明不但在政治上是不可能的而且在经济上是不可行的。然而,许多较小程度的改革步骤,如提高国际货币基金组织在危机爆发前的行动能力、培育不同国家监管机构之间更多的合作以及发展跨国界债务重组的技巧,却呈现出改善国际金融体系安全与稳健的前景。

21世纪的全球货币治理

世界各国是否会拿出管理全球货币体系的政治意愿和技能仍然有待观察。那种由英美联合为世界货币秩序勾画章程的较简单时代已经一去不复返了。在一个货币权力更广泛地分散的世界,全球货币治理不是取决于个别主导大国的偏好,而是取决于几个关键大国,主要是美国、欧盟和日本之间的谈判。全球货币治理还将取决于在21世纪联合起来的新型经济大国,如中国、印度和巴西。尽管世界的货币权力现在分布得更加广泛,但是分布得并不均衡。美国仍然是全球货币体系中最强大的角色,因此没有美国的积极参与,实行多边货币体系的有效治理是不可能的。

全球治理还因全球化与国家主权之间的矛盾而复杂化。管理全球化需要国家间经济政策的协调以及需要对一直是各国政府传统特权的国内决策施加国际纪律的约束。欧洲货币体系的经历和七国集团协调彼此政策的努力都表明这种协调的必要性和困难性。各方提出过有关实现政策协调和稳定的很多想法,从有管理的浮动汇率、固定汇率方案到重返修改后的黄金标准或基于一篮子商品的汇率标准。最终,这些想法能否实现取决于各国追求稳健的国内经济政策以及需要时实现国际协调的能力。事实上,一些分析人士认为不可能实现类似的政策协调,因此主张将对各国的约束和管理最好留给市场。

在多边体系内,治理的改善将是缓慢的。正如在布雷顿森林体系甚至第二修正案时代的那样,成功将取决于反复试验和创建共同的规范而不是正式的协定。这样的过程不必然是很糟糕的,因为正式的协定往往不能按照计划的那样运行。例如,布雷顿森林协定从未按美国预期的那样运行。然而,在布雷顿森林体系时代,占支配地位的国家准备而且能够介入并建立新的管理冲突规则。今天,美国在国际货币体系中仍然扮演着必要的角色,但是它无法强大到足以履行其先前充当支配地位的角色。目前多边体系面临的危险是在不完整的全球治理下危机可能会变得不受监管、累积以及解决起来可能会更加困难、成本更加高昂。

虽然不是很确定的,但是世界货币体系中最强大的成员国不仅有可能制定危机管理的手段,而且还有可能制定危机预防的手段。它们在合作和共同管理的必要性上的共识始终保持在口头上,并不是总是落实到行动上。工业化国家的领导人一再强调通过合作维持经济繁荣和政治稳定的必要性。尽管它们之间协商和政策协调机制继续运行,但是将采取哪些措施深化全球治理仍有待观察。在某些方面一个更核心的问题是:面对日益复杂的全球化,各国之间在世界经济体系中促进货币更加自由流动的愿望基础之上所达成的共识还会持续吗?

第三章　国际贸易和国内政治

贸易政策是国内政治的重要内容。对各种各样的经济群体来说，从农民到制造商、零售商再到工会团体，关税、配额和非关税壁垒都是他们熟悉的问题。由于贸易政策往往决定这些群体的繁荣或厄运，所以它也是频繁激烈的国内政治冲突的一个话题。

在美国，宪法在授予总统外交政策权威的同时也给予国会征收关税和规范对外贸易的权力，这意味着宪法将国内政治冲突的重要性置于贸易政策的重要性之上。美国国会内部以及国会与行政部门之间的政策冲突是美国贸易政策的主要特征。国会议员需要对他们的选民负责，因此需要对选民的经济关切做出回应，所以国会经常面临需要制定贸易政策以保护那些特殊利益集团的压力。此外，相对少数的利益集团针对国会的要求可能会像滚雪球一样演变成国家贸易政策，正如1930年的"**斯穆特-霍利关税法案**"（Smoot-Hawley Tariff Act）那样，成为该世纪最严厉的保护主义法律。[①]

尽管国会倾向于将贸易政策与特定的国内利益联系在一起，但是美国的行政部门却经常将贸易政策与更大的外交政策和对外经济目标联系起

[①]　E. E. Schattschneider, Politics, Pressures and the Tariff (Englewood Cliffs, N.J. : Prentice-Hall, 1935) .See also I. M. Destler, American Trade Politics, 4th edition (Washington, D.C. : Institute for International Economics, 2005) ; Fiona McGillivray, Privileging Industry : The Comparative Politics of Trade and Industrial Policy (Princeton, N.J. : Princeton University Press, 2004) ; Philip A. Mundo, National Politics in a Global Economy : The Domestic Sources of U.S. Trade Policy (Washington, D.C. : Georgetown University Press, 1999) ; Robert A. Pastor, Congress and the Politics of U.S. Foreign Economic Policy, 1929-1976 (Berkeley and Los Angeles, Calif. : University of California Press, 1976) ; and Stephanie Ann Lenway, The Politics of U.S. International Trade : Protection, Expansion and Escape (Marshfield, Mass. : Pitman, 1985) .

来。例如,出于广泛的经济和战略原因,自从20世纪30年代以来,美国总统就一直倡导将开放的贸易视为他们经济政策的首选。然而,任何减少贸易壁垒的协议都需要总统取得国会的批准。但是批准的过程会面临利益集团反对的威胁。总统一直努力克服这一立法约束,譬如要求国会将签订贸易协定的权力转移给总统以及限制协定签署后需要得到国会的批准这一程序。自1934年以来,国会定期将这种权力在具体有限的时间内和在特定约束的情况下授权给总统。在《1974年贸易法案》通过后,这种情况被称为"**快轨道授权**"(fast-track authority)。[①] 美国乃至整个世界贸易问题的国内政治化对全球化是一个很大的约束。在这一章节,我们将审视在面对国内和国际政治约束时国际贸易体系治理的演变。[②]

布雷顿森林体系

导致二战后有管理的国际货币体系创建的因素也同样促使相关国家做出第一次尝试创建国际贸易体系。20世纪30年代的**保护主义**(protectionism)和世界贸易的瓦解使各国在创立共同的贸易秩序问题上面临共同利益并促使它们意识到国家间必须寻求合作以维持这种贸易秩序。两次世界大战之间的贸易保护主义不仅带来了经济灾难而且还引发了国际战争。在战后时期,防范经济民族主义以及减少和规范贸易限制的机制不得不被创立起来。在美国,当时的贸易政策是由国务卿科德尔·赫尔(Cordell Hull)制定。作为自由理论的主要倡导者,赫尔认为开放的贸易将

---

① 现在的称呼是"贸易促进权"。
② 本章的分析主要集中在发达市场经济体之间的贸易关系。有关涉及不发达国家的问题,参见本书的第六章。

导致经济繁荣和国际和平。[①] 两次世界大战的经验也促使美国产生了领导国际贸易体系的意愿。

《哈瓦那宪章》

国家内部以及国家之间的冲突使得很难将普遍认同的共同目标转化为更加开放的国际贸易秩序。国内政治与国际管理之间的冲突始于第一次尝试为国际贸易构建全球法律制度的《哈瓦那宪章》(Havana Charter)举行谈判。《哈瓦那宪章》是战后创建新的、国际管理的经济体系计划的一个必要部分。正如该计划的其他方面一样,《哈瓦那宪章》也是强大的美国领导的一个产物。

第二次世界大战期间,美国从盟友国获得了在国际贸易自由化的基础上建立国际商业秩序的承诺。1945年,美国政府提出制定多边商业公约以便管理和减少国际贸易限制的一项计划。[②] 该公约在国际贸易的多个方面设立关税、偏好、数量限制、补贴、国家贸易及国际商品协议等规则并在贸易领域提供了一个类似于国际货币基金组织的**国际贸易组织**(International Trade Organization, ITO)以监督国际贸易体系。1947年,国际贸易组织宪章在哈瓦那签署。[③]

---

① See, for example, Richard N. Gardner, Sterling–Dollar Diplomacy in Current Perspective: The Origins and Prospects of Our International Economic Order(New York, N.Y.: Columbia University Press, 1980), p. 9; Harold B. Hinton, Cordell Hull: A Biography(Garden City, N.Y.: Doubleday, 1942); Michael A. Butler, Cautious Visionary: Cordell Hull and Trade Reform, 1933–1937 (Kent, Ohio: Kent State University Press, 1998); and Walter LaFeber, The American Age: U.S. Foreign Policy at Home and Abroad, vol. 2, 2nd ed.(New York, N.Y.: Norton, 1994), 372–373.

② U.S. Department of State, Proposals for the Expansion of World Trade and Employment (December 1945); and U.S. Department of State, Suggested Charter for an International Trade Organization of the United Nations(September 1946).

③ Gardner, Sterling–Dollar Diplomacy; Clair Wilcox, A Charter for World Trade(New York, N.Y.: Macmillan, 1949). 该贸易宪章不是美国独家的想法;英国规划者也密切参与了这个过程。参见E. F. Penrose, Economic Planning for the Peace(Princeton, N.J.: Princeton University Press, 1953).

　　然而,国际贸易新秩序协定比国际货币秩序协定更难达成。战后贸易体制的谈判过程与战后货币体系的谈判过程大不相同。在布雷顿森林体系的谈判中,美国和英国主导着决策并使各方能够早日达成妥协。但是,英美两个大国在贸易问题上却难以达成一致,而且在任何情况下它们都必须考虑其他国家的看法。

　　在哈瓦那贸易会议上,出席的欠发达国家(主要来自拉丁美洲)要求享有特殊的贸易条款以便在新的世界新贸易体制中促进本国经济发展。欧洲国家要求建立一种允许它们继续维持优惠的贸易安排的贸易体系。英国代表团支持主张成立商品协定的建议以及其他稳定发展中国家出口收入的方法。结果,英国提供了一个与美国谈判代表的设想有很大不同的文本。最终,《哈瓦那宪章》成为在一些方面体现每个国家的愿望但是在结果上没有令任何国家满意的复杂以及妥协的产物。①

　　然而,如果不是美国的国内政治原因,《哈瓦那宪章》可能已经得以运行。虽然罗斯福和杜鲁门政府一直强烈主张建立新的贸易秩序而且期望通过复杂的谈判进程来领导这个国际体系,但是美国国会却阻止了美国坚持《哈瓦那宪章》。共和党传统的高关税政策、来自那些认为《哈瓦那宪章》走得太远的贸易保护主义者及认为《哈瓦那宪章》在推进自由贸易方面做得不够的自由主义者的反对,以及来自那些反对在公开贸易上妥协的同时还担心政府增加介入贸易管理的商业团体的反对,在美国汇集成一个反对美国自己绘制的《哈瓦那宪章》的多数派。在推迟了三年之后,杜鲁门政府在1950年最终决定不向其面临必然失败的国会提交《哈瓦那宪章》。一旦美国撤出后,《哈瓦那宪章》就已经名存实亡了。② 尽管存在

---

　　① See Gardner, Sterling–Dollar Diplomacy, chs. 8 and 17; Wilcox, A Charter for World Trade; Committee for Economic Development, Research, and Policy Committee, The United States and The European Community: Policies for a Changing World Economy (New York, N.Y.: CED, November 1971); and John H. Jackson, The World Trading System: Law and Policy of International Economic Relations (Cambridge, Mass.: MIT Press, 1989), 32–34.

　　② Gardner, Sterling–Dollar Diplomacy, ch. 17; and William Diebold, Jr., The End of the ITO (Princeton, N.J.: International Finance Section, Department of Economics and Social Institutions, Princeton University, 1952).

着国际合作的现行规范以及强有力的、持续的美国领导,达成一项国际贸易协定仍然被证明是难以实现的。

《关税及贸易总协定》

《哈瓦那宪章》的终止意味着贸易的国际管理比最初设想的更为有限。然而,包含在《关税及贸易总协定》(General Agreement on Tariffs and Trade, GATT)或《关贸总协定》里的有关建立国际贸易秩序的共识幸存了下来。《关贸总协定》于1947年经哈瓦那会议的与会者签署,旨在为定期的多边关税谈判提供程序上的基础和建立指导原则。事实上,第一轮贸易"回合"谈判于同一年在日内瓦举行。最初仅打算成为国际贸易组织保护下一个条约的《关贸总协定》未采取任何行动便成为世界贸易体制。[①]

《关贸总协定》在开放的贸易这一问题上反映了主流共识,即允许国家根据**比较优势**(comparative advantage)原则从事专业化从而取得更高水平增长和福利的经济共识,以及认为自由的贸易体制既能促进繁荣又能促进和平的政治共识。在《关贸总协定》框架下实现自由贸易的主要规则是非歧视原则。所有缔约国,即所有成员国,都同意坚持**最惠国原则**(most-favored-nation, MFN)。该原则规定:"缔约国一方对来源于或者流向另一缔约方产品所给予的任何优势、恩惠、特权以及豁免应该立即、无条件地像它对来源于或者流向其他所有缔约方领土上的产品给予的优惠条件一样。"[②] 对平等对待这一总规则的唯一例外就是现有的优惠体系、未来的关税联盟和自由贸易协会。《关贸总协定》非歧视原则的第二个元素是旨在防止对进入一国的外国产品实行歧视的**国民待遇**(national treatment)条款。在《关贸总协定》的规则下,一国在税收、调控、运输以及配送等领域

---

① Jackson, The World Trading System, 33.

② Kenneth W. Dam, The GATT: Law and International Economic Organization (Chicago, Ill.: University of Chicago Press, 1970), 392.

必须给予进口产品与国内制造的产品同样的待遇。[①]

《关贸总协定》还建立了国际商业准则,在"**倾销**"(dumping)和补贴等问题上制定了规则。"倾销"被定义为"以低于正常的市场价格"的定价,[②] 尽管在一些国家如美国的国家立法中对"倾销"的定义更为详尽。"反倾销"限制是为了防止一个国家的公司为了增加自己的市场力采取比其他国家的公司更低的定价,从而达到消除竞争对手这种"**掠夺性定价**"(predatory pricing)的使用。[③] "**补贴**"是政府为了部分抵消国内生产商在商品生产、销售和服务上的成本而向他们提供的补助支付。政府通常使用补贴来支持刚刚进入一个新的市场的弱小公司和在竞争加剧中遭受损失的老公司。"倾销"和"补贴"在政治上经常被抨击为"不公平"的贸易行为,因此《关贸总协定》需要在整个贸易体制中通过限制类似的行为从而达到解决该问题的目的。[④]

《关贸总协定》的商业准则中最重要的规则之一就是在禁止使用像"进口配额"这样的"**数量限制**"(quantitative restrictions),但为了维持临时的收支平衡或国家安全方面的原因所采取的数量限制除外。《关贸总协定》也在其商业准则下提供了解决争端的机制。

然而,背离这些规则的行为时有发生。最初的《关贸总协定》条约中的规定和20世纪50年代制定的修正案为农产品贸易设立了一个独立的体制。《关贸总协定》的农产品规则反映了农业集团强大的政治影响力以及由此形成的政府干预政策来保护国内农业价格、农业生产者收入以及确保粮食安全。《关贸总协定》的这些规则尤其反映美国国内的农业政策,

---

① Kenneth W. Dam, The GATT: Law and International Economic Organization (Chicago, Ill.: University of Chicago Press, 1970), 396–397.

② Peter B. Kenen, The International Economy, 3rd ed. (New York, N.Y.: Cambridge University Press, 1994), 247. In the GATT commercial code, dumping is defined as pricing exported goods lower than in the domestic market of the exporting country.

③ 市场力——通常是由于很少或没有竞争对手导致——允许公司利用"租金"(超正常利润)逐渐发展成为垄断或者寡头生产者。

④ 《关税与贸易总协定商业准则》最初仅仅解决了出口补贴,而不是所有补贴;出处同上,第249页。

该政策要求成立美国在20世纪30年代曾经实行的、将使美国能保持生产控制、**价格支持**（price support）、出口补贴以及进口保护的国际农业制度。因此，在这样的规则下允许初级农产品实行出口补贴，只要这些补贴没有干扰已经存在的市场份额。这是与《关贸总协定》其他商品贸易规则截然不同的概念。《关贸总协定》的这些规则方便了"数量限制"在农业方面的运用。例如，美国在1955年获得《关贸总协定》规则的一份豁免声明，给予美国一份能对农产品实施配额的特别允许。[①]

《关贸总协定》的覆盖面存在着一些重大的缺口。《哈瓦那宪章》中有关经济发展、商品协议、限制性商业实践和服务贸易的条款都没有包含进《关贸总协定》中。此外，一些当时并没有引起太多担忧的其他问题，如与国营贸易国家的关系，均未在《关贸总协定》的商业准则中有所体现。对《关贸总协定》规范的这些偏离以及《关贸总协定》覆盖面上存在的缺口最终成为管理国际贸易的一个主要问题。最后，《关贸总协定》的制度机制存在着重要弱点。譬如，该协定的**争端解决机制**（dispute settlement mechanism）冗长、允许当事方延迟或阻止已通过决定的执行而且通过的决议没有约束力。[②]

除了建立贸易原则外，《关贸总协定》还为后来成为战后贸易管理的主要方法，即多边贸易谈判，提供了一套规则和程序。该协议包含正式举行多边贸易谈判所需要的承诺并为会谈提供了指导方针。其中最重要的规则是"**互惠**"（reciprocity）原则，也就是降低关税应该是相互有利的。[③]尽管不是最初的《关贸总协定》条约的一部分，发生在占世界贸易份额10%

---

① 　Dale E. Hathaway, Agriculture and the GATT: Rewriting the Rules（Washington, D.C.: Institute for International Economics, September 1987）, 103–113; Judith Goldstein, "The Impact of Ideas on Trade Policy: The Origins of U.S. Agricultural and Manufacturing Policies," International Organization, 43（Winter 1989）: 31–71; and Judith Goldstein, Ideas Interests, and American Trade Policy（Ithaca, N.Y.: Cornell University Press, 1993）.

② 　Jackson, The World Trading System, 303.

③ 　有关美国贸易政策中互惠思想演变的讨论，参见Caroline Rhodes, Reciprocity, U.S. Trade Policy, and the GATT Regime, 8–12. See also Robert Keohane, "Reciprocity in International Relations," International Organization, 40（Winter 1986）: 1–28.

或以上的特定产品的实际和潜在的主要供应商之间的"**主要供应商程序**"（principal supplier procedure）也成为《关贸总协定》的一个谈判规则。[1]

《关贸总协定》从一个临时条约发展成不仅确立了自己的商业准则，而且还拥有自己的秘书处和总干事来监督规则的实施、管理争端解决并为多边贸易谈判提供论坛和支持的一个国际组织。

美国的领导

《关贸总协定》为实现贸易自由化提供了框架，美国将这个框架付诸了实施。随着冷战的到来，科德尔·赫尔的贸易自由化的想法在面对苏联的侵略时呈现出如何确保西方繁荣和安全的新的重要性。二战后美国强大的经济实力和国外市场的诱惑进一步促使美国有兴趣引领贸易自由化。

美国国内对贸易政策的新方法使其担任贸易自由化的领导角色成为可能。[2] 为了避免来自特殊利益集团要求保护的压力，国会授权总统在特定的一段时间内拥有降低特定数额关税的权力而不需要国会的批准。国会对总统的这种谈判授权在整个战后时期定期得到续签。在后来的非关税壁垒谈判时，国会同意在短时间内考虑要求撤销这些非关税壁垒的建议而不是允许它们的修改。这就是被称之为的"**快轨道谈判授权**"（fast-track negotiating authority）。此外，国会还创建了贸易救济的准司法体系，把特定行业的不满引导到国会之外的调查机构。最终，国会的决策过程主要集中在主导贸易政策并支持自由贸易秩序的两个强

---

① See Richard Blackhurst, "Reciprocity in Trade Negotiations under Flexible Exchange Rates," in John P. Martin and Alasdair Smith, eds., Trade and Payments Adjustment under Flexible Exchange Rates (London, UK: Macmillan, 1979), 224.

② 有关在此期间贸易政策制定过程的分析，参见Raymond A. Bauer, Ithiel de Sola Pool, and Lewis Anthony Dexter, American Business and Public Policy: The Politics of Foreign Trade (Chicago, Ill.: Aldine, Atherton, 1972).

大的委员会。[1]

在第二次世界大战结束后的20年里，美国通过帮助欧洲和日本重建生产及推动贸易自由化领导着国际贸易体系。在二战后的初期，"马歇尔计划"，或被官方称之为的"欧洲复兴计划"，是美国领导欧洲的工具。正如我们所见，通过马歇尔计划，美国在欧洲的国际贸易融资和鼓励欧洲提升长期的贸易竞争力上发挥了关键作用。美国还利用马歇尔计划作为杠杆，鼓励欧洲实行区域贸易自由化。在二战期间和战后初期，整个欧洲普遍建立起重要的贸易壁垒，这加强了该地区自20世纪30年代以来就实行的贸易限制。因此，美国积极推动西欧国家的贸易和支付自由化，而且在某种情况下使推行这种自由化的资金随时可用，尽管这种做法与美国推行国际贸易非歧视这一更大的目标相冲突，以及区域自由化有时会涉及对美国的直接歧视。[2]

在战后初期日本的经济贸易领域，美国也发挥了重要的领导角色。在占领日本期间，盟军的最高指挥官和他的政府直接控制着日本的贸易和日本的货币体系。直到20世纪60年代，美国一直通过对日本货物开放美国市场帮助日本经济恢复和发展，同时接受日本的贸易保护主义政策，其中的许多贸易保护政策都是在盟军占领日本期间制定的。美国还支持日本加入《关贸总协定》，并敦促欧洲国家向日本的出口产品开放市场，尽管这些

---

① I. M. Destler, American Trade Politics: System Under Stress (Washington, D.C.: Institute for International Economics, 1986), 9–36; and I. M. Destler, Renewing Fast-Track Legislation (Washington, D.C.: Institute for International Economics, 1997).

② William Diebold, Jr., Trade and Payments in Western Europe: A Study in Economic Cooperation, 1947–1951 (New York, N.Y.: Harper and Row, 1952); Robert Triffin, Europe and the Money Muddle: From Bilateralism to Near Convertibility, 1947–1956 (New Haven, Conn.: Yale University Press, 1957); Hadley Arkes, Bureaucracy, the Marshall Plan, and the National Interest (Princeton, N.J.: Princeton University Press, 1973); Imanuel Wexler, The Marshall Plan Revisited: The European Recovery Program in Economic Perspective (Westport, Conn.: Greenwood, 1983); and Daniel Verdier, Democracy and International Trade: Britain, France, and the United States, 1860–1990 (Princeton, N.J.: Princeton University Press, 1994), 203–213.

努力未能取得成功。①

最后,美国在多边贸易谈判中扮演着领导角色。作为世界上最大的经济体和在国际贸易中持有巨大份额的国家,美国是一系列多边贸易谈判中的重要推动力量。因为在多数情况下美国是世界上的主要供应商之一,在《关贸总协定》谈判规则下的多边贸易谈判因此需要美国的参与。由于美国市场占有如此重要的地位,因此没有美国的参与想在关税谈判中实现互惠的目标几乎是不可能的。最重要的是,没有美国的倡议,多边贸易谈判可能永远不会发生。由美国倡导的计划负责9个主要贸易谈判,从1947年的"日内瓦回合"到开始于2001年的"**多哈回合**"(Doha Round)(表3.1)。在这些实际的多边谈判中,美国谈判代表都是必要的参与者,如从动员其他国家参与到寻求各方妥协等。

此外,在整个20世纪四五十年代,美国在多边贸易谈判中得到的好处却是有限的。虽然关税削减是在互惠互利的基础上进行的,但是美国的贸易伙伴从中得到的好处要多于美国。因为欧洲和日本的外汇管制持续到整个20世纪50年代,这种贸易优惠对美国增加出口的影响有限。因为美国没有实行外汇管制,因此欧洲和日本从美国的关税削减中直接获益。因其对欧洲和日本经济恢复的承诺,美国接受了这种不对称获益的现状。这是因为美国预期,当这种外汇管制被废除时它将从中受益,这也是因为美国力求维持建立一个更加开放的贸易体系的势头。

表 3.1　多边贸易谈判

年　份	回合名称	参与国数量
1947	日内瓦回合	23
1949	安纳西回合	13

①　Robert S. Ozaki, The Control of Imports and Foreign Capital in Japan (New York, N.Y.: Praeger, 1972), 5–9; Warren S. Hunsberger, Japan and the United States in World Trade (New York, N.Y.: Harper and Row, 1964); and Theodore Cohen, Remaking Japan: The American Occupation as New Deal (New York, N.Y.: Free Press, 1987).

续表

年　份	回合名称	参与国数量
1950	托基回合	38
1956	日内瓦回合	26
1960—1961	狄龙回合	26
1962—1967	肯尼迪回合	62
1973—1979	东京回合	102
1986—1993	乌拉圭回合	123
1999—	多哈回合	152

资料来源:《总统经济报告》(华盛顿特区:政府印刷办公室,1995年),第205页;世界贸易组织。

　　国际贸易体系对发达国家来说运行良好。大多数配额和汇率壁垒得到了废除。虽然对农产品的贸易限制继续存在,但在工业产品贸易方面却实现了实质性的自由化(图3.1)。[①] 世界贸易随后的快速增长是经济繁荣的重要源头(图3.2)。这一时期贸易管理的最佳状态是在"肯尼迪回合"谈判期间,其于1967年达到顶点。虽然各国无法在农产品贸易上达成任何的重大协议,但是发达国家将非农产品关税削减了大约三分之一。[②] 在"肯尼迪回合"达成关税减少后,应纳税非农业产品的关税在美国平均削减到9.9%,在六个欧共体成员国平均削减到8.6%,在英国平均削减到10.8%,在日本平

---

　　① For example, see Gardner Patterson, Discrimination in International Trade: The Policy Issues, 1945–1965 (Princeton, N.J.: Princeton University Press, 1966); and Karin Kock, International Trade Policy and the GATT, 1947–1967, Stockholm Economic Studies XI(Stockholm, Sweden: Almquist and Wiksell, 1969).

　　② John W. Evans, The Kennedy Round in American Trade Policy: The Twilight of the GATT? (Cambridge, Mass.: Harvard University Press, 1971), 282. For other studies of the Kennedy Round, see Ernest H. Preeg, Traders and Diplomats: An Analysis of the Kennedy Round Negotiations Under the General Agreement on Tariffs and Trade (Washington, D.C.: Brookings Institution, 1970); and Thomas B. Curtis and John R. Vastine, The Kennedy Round and the Future of American Trade (New York, N.Y.: Praeger, 1971).

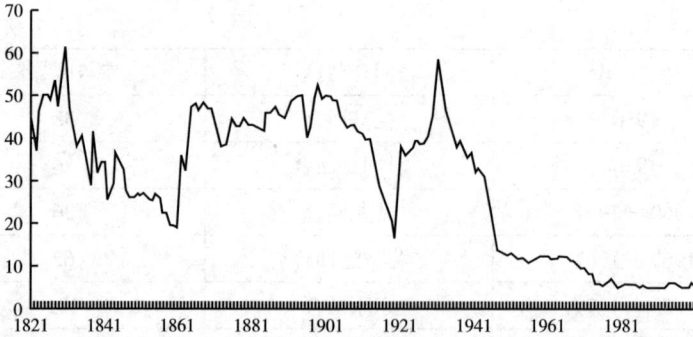

图3.1　1821—2000年美国对应纳税进口征收的平均关税率（百分比）

资料来源：美国国际贸易委员会；美国商务部；美国人口普查局；《美国统计摘要》（多年）。

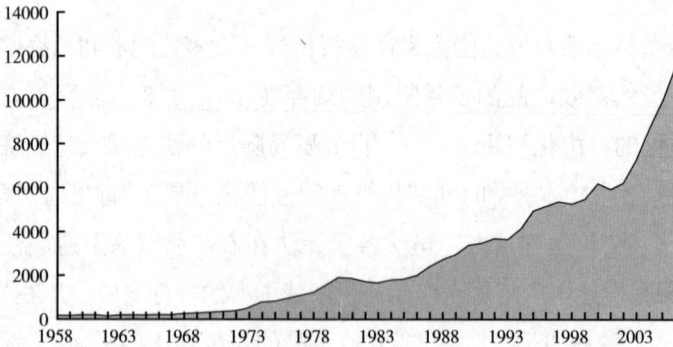

图3.2　1958—2006年世界出口增长（10美元亿，现价）

资料来源：国际货币基金组织《世界贸易方向统计年鉴》（多年）。

均削减到10.7%。[1]　在前五轮的回合谈判中，关税总体削减了73%。仅仅"肯尼迪回合"谈判就完成了高达35%的关税削减计划。[2]

---

[1]　Robert E. Baldwin, Non-Tariff Distortions of International Trade (Washington, D.C.: Brookings Institution, 1970), 1.

[2]　Economic Report of the President (Washington, D.C.: U.S. Government Printing Office, 1995), 205.

相互依存

结构性变化和保护主义

然而,1967年后国际贸易体系中的重要变化开始呈现并破坏了《关贸总协定》的管理体系及由《关贸总协定》创建的自由主义的国际贸易秩序。在接下来的20年里,结构性变化给贸易的国际管理带来了国内政治挑战并引起了新形式的贸易保护主义。政府极力寻求遏制保护主义的潮流以及实现国际贸易体制的现代化,尽管取得的成功是有限的。因此,在管理问题上国家方法与国际方法之间的冲突,如我们在国际货币体系中看到的同一冲突那样,开始困扰着国际贸易管理。

正如促进货币关系变化的主要力量来自相互依存的增长,随着贸易逐渐影响越来越多的行业和工作,各国间的相互依存提高了它们对贸易的政治敏感水平。二战后经济的增长、贸易自由化、运输成本的减少以及业务范围的扩大造成了发达市场经济体之间的贸易急剧增加。[①] 发达国家之间的商品贸易从1963年至1973年增长了4倍,从1973年至1983年增长了超过2.5倍,从1983年至1993年再次增长了2倍以上。[②] 从1960年至2006年,贸易(进出口总和)对国内生产总值的占有率在美国从9.6%增长到28.2%,在德国从35.5%增长到84.7%,在法国从14.5%增长到55.1%。贸易对国内生产总值在日本维持着"稳定—低"的比例,在英国则维持着"稳定—稳定—高"的比例(图3.3)。

[①] Richard N. Cooper, The Economics of Interdependence: Economic Policy in the Atlantic Community (New York, N.Y.: McGraw–Hill, 1968), 59–80.

[②] General Agreement on Tariffs and Trade, International Trade, 1986–1987 (Geneva, Switzerland: GATT, 1987), 158; and General Agreement on Tariffs and Trade, International Trade, 1990–1991, vol. 2 (Geneva, Switzerland: GATT, 1991), 78.

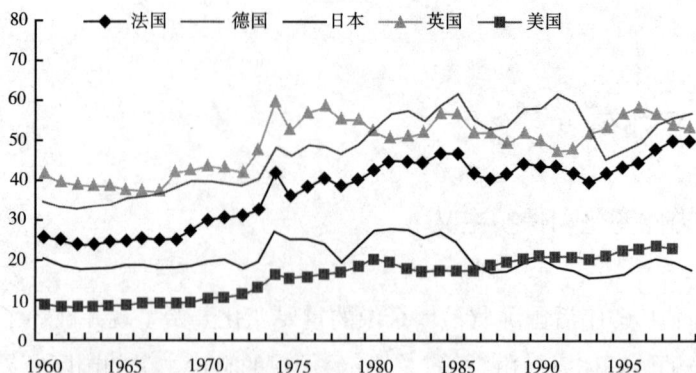

图3.3　1960—1999年美国、英国、德国、法国以及日本的贸易/国内生产总值比率（百分比）

资料来源：世界银行《2001年世界发展指标光盘》（华盛顿特区：世界银行，2001年）：OECD. Stat，http://stats.oecd.org/。

　　贸易在某些行业中发挥的作用甚至更大。例如，1979年美国5.5%的消费品和12%的商业设备采购来自国外。然而，到1987年，这一比例则分别上升到大约12%和40%以上。① 某些行业的相互依存因能在世界各地得到零部件及其他原料来源的全球性跨国公司的出现而进一步加强。其中一个典型的例子是生产商业客机的波音公司。1990年波音飞机90%的部件是在美国生产，然而到了2001年，超过50%的波音飞机部件都依靠进口。②

　　贸易上的相互依存表现的另一个维度是发达国家经济日益增长的趋同。实物和人力资本的迅速积累、技术的转让以及不断增长的工资相似性缩小了作为比较优势和贸易基础的**要素禀赋**（factor endowments）上的差异。例如，1970年美国和西德的劳动力成本超过日本的两倍多。然而到了

---

① Allen Sinai, "The 'Global' Factor and the U.S. Economy," Economic Studies Series, no. 27, Shearson Lehman Brothers (October 6, 1987): 1.

② 制造技术协会保罗·弗里登伯格博士在"建立有效的现代出口管制框架听证会"上的准备证词，美国参议院银行、住房和城市事务委员会，2001年2月7日，http://banking. senate.gov/01_02hrg/020701/freeden.htm。

1986年,三国之间的劳动力成本几乎相当。[1] 同样地,1970年美国制造业生产率高于西德58%,高于日本105%。到1986年,美国的这种制造业生产率优势分别下降到仅分别高于两国20%和2%（图3.4）。[2]

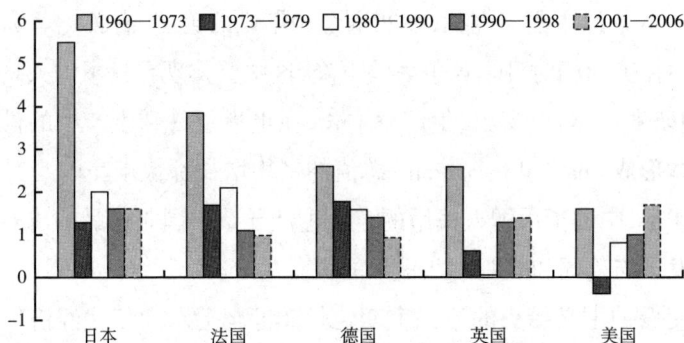

图3.4　1960—2006年五个工业化国家多要素生产力的增长

资料来源:《经合组织经济展望》(多版本);经合组织统计,http://stats.oecd.org/。

　　相互依存和全球化导致更加复杂的专业化形式的形成并培育了跨国公司和**产业内贸易**(Intra-industry Trade)的增长。产业内贸易是跨越国界但发生在同一行业内的贸易。比如X国向Y国出售汽车部件,同时Y国也向X国出售汽车部件。

　　导致保护主义压力增加的第二个变化是世界范围内竞争力的转移。要素禀赋的变化改变了发达国家在多个产业的竞争力地位,包括在汽车、钢铁、纺织、运输和消费电子产品领域。在某些行业,尤其是在技术稳定、劳动力是主要生产成本的纺织品和服装行业,这种竞争力的转变有利于发展中国家。发达国家资本投资的延后,加上发展中国家劳动生产率的上升、劳动力成本的下降以及积极进取的出口政策,导致制造业从发达国家转移到**新兴工业化国家**或地区(newly industrializing countries, NIC),如韩国、

---

　　[1]　Council on Competitiveness,Competitiveness Index: Trends,Background Data,and Methodology(Washington,D.C.: Council on Competitiveness,1988),Appendix II.

　　[2]　出处同上。

墨西哥和巴西。[1] 当在21世纪的头10年中国成为制造劳动密集型商品的首选地点以及印度开始争夺外包业务服务时，更大的转变发生了。

因为不同的投资和研究水平、不同的管理效率和劳动生产率以及汇率的错配，主要贸易国家的相对竞争力出现了转变。产生这些转变的原因成为激烈争论的主题。例如，在20世纪80年代的美国，有关竞争力的辩论主要集中在美国相对日本竞争力的下降，这主要体现在日本的人均员工投资、民用**研发**（R&D）支出、生产率增长、在世界贸易和生产中的份额以及固定**资本形成**（capital formation）总值的平均增长都快于美国。[2] 在21世纪的头10年，中国货币即人民币的定价过低导致中国制成品的出口快速增长并引发了与美国和欧盟一些重大的贸易纠纷。

促使保护主义抬头的第三个变化是20世纪七八十年代经济体系的中断。从第二次世界大战结束到"肯尼迪回合"谈判结束时的贸易管理处在一个前所未有的经济增长和稳定的环境。从1960年到1970年，经合组织国家平均年经济增长率达到近5%，失业率维持在2.7%，而世界贸易额则以年均8.5%的速度增长。[3] 在整个这一时期，美国的贸易平衡呈现出强劲的积极态势，这为全国达成贸易自由化的共识提供了基础。面对世界经济的

---

[1]　See Richard Blackhurst, Nicolas Marian, and Jan Tumlir, Adjustment, Trade, and Growth in Developed and Developing Countries, GATT Studies in International Trade, no. 6 (Geneva, Switzerland: General Agreement on Tariffs and Trade, 1978); and William Diebold, Jr., "Adapting Economics to Structural Change: The International Aspect," International Affairs (London) 54 (October 1978): 573–588.

[2]　Paul R. Krugman and George N. Hatsopoulos, "The Problem of U.S. Competitiveness in Manufacturing," New England Economic Review (January/ February 1987): 22; Organization for Economic Development and Cooperation, OECD Economic Outlook, 42 (Paris, France: OECD, December 1987), 41, 178; Stephen Cohen and John Zysman, Manufacturing Matters (New York, N.Y.: Basic Books, 1987), ch. 5; and Jeffrey Hart, Rival Capitalists: International Competitiveness in the United States, Japan, and Western Europe (Ithaca, N.Y.: Cornell University Press, 1992), ch. 1.

[3]　Economic Report of the President (Washington, D.C.: Government Printing Office, 1988), 373, 374; and GATT, International Trade, 1986–1987, 10. Unemployment figures are for the G–7 countries.

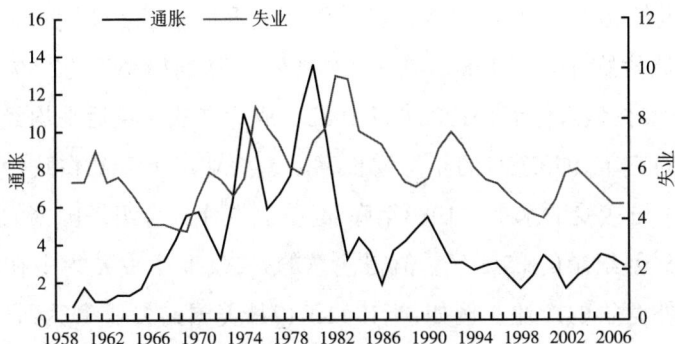

图3.5 1958—2007年美国经济的通胀和失业情况（百分比）

资料来源:《2008年总统经济报告》。

扩张,各经济团体能够感知到合作和贸易自由化的好处。

20世纪七八十年代,这些有利条件经历了显著改变,促进了新的贸易保护主义的出现。20世纪70年代是一个**滞胀**(stagflation)、缓慢增长及通胀猖獗的时代。石油危机之后,发达国家实际国民生产总值的增长从1974年至1979年下降到2.7%,而它们的通货膨胀则爆炸性地上升到两位数,于1974年达到13.4%的高点。[①] 从1974年至1979年间,经合组织成员国的失业率平均上升到4.9%。[②] 滞胀对政府造成巨大的压力,促使它们采取以邻为壑的政策,如贸易限制(图3.5)。

浮动汇率制也对保护主义的上升起到了促进作用。20世纪70年代的货币问题导致外汇管制和特别关税等旨在保护收支平衡措施的出台。固定汇率制的崩塌也使贸易谈判进程复杂化。在固定汇率制下,谈判代表们能够评估贸易协定对本国贸易和收支的影响。然而,在浮动汇率制下,做出这样的计算要困难得多。由于这些经济变化,按美元计算的世界贸易额从1975年至1984年平均增长速度仅为5%。[③]

---

① OECD Economic Outlook, 42 (December 1987), 174, 184.

② 出处同上,第190页。

③ International Monetary Fund, World Economic Outlook (Washington, D.C. : IMF, October 1993), Statistical Appendix, table A21. 这里的数字是基于世界进出口增长的平均数。

20世纪80年代早期,世界经济的深度衰退抑制了贸易增长。紧缩政策导致通货膨胀率从1980年的12.9%稳定下降到1986年的2.5%。[①] 同时,经济增长陷入停滞。1980年至1982年成为二战结束后平均经济增长率最低的三年,即0.73%的年均增长率。[②] 失业率上升到在政治曾经被认为是不可接受的水平。1983年底,经济衰退使经合组织国家的总失业率上升到创纪录的8.5%。[③] 值得注意的是,失业率主要集中在面临最激烈国外竞争的产业。例如,当1982年12月美国的失业率达到10.6%的峰值时,其汽车行业的失业率达到23.2%,主要金属(钢)产业的失业率高达29.2%。[④] 由于经济衰退,世界贸易处于停滞状态。世界贸易额的增长下降到1980年的1.2%和1981年的0.8%,而在1982年又实际下降了2.2%。[⑤]

到20世纪80年代下半叶,工业化国家的经济环境得到了改善。经济增长率有所上升,而通货膨胀率开始下降。[⑥] 世界贸易开始恢复扩张(图3.2)。由于劳动力市场的刚性,欧洲和美国的失业率依然居高不下,因此继续成为支持实施贸易保护主义的因素。1986年,发达国家的失业率仍然维持在8.3%,其中美国的失业率为7.0%,日本的失业率为2.8%,欧共体的失业率为11.2%。[⑦] 在20世纪80年代,汇率制呈现为贸易管理的主要问题。正如我们在第二章所见,汇率的错配成为大规模贸易和收支失衡问题的主要因素。特别是美元的高估及日元和德国马克相应的低估是美国贸易和国际收支赤字以及因此产生的贸易保护主义上升的主要原因。

---

① OECD Economic Outlook, 42(December 1987), 184.

② 出处同上,第174页。

③ 出处同上,第190页。

④ U.S. Department of Labor, Bureau of Labor Statistics.

⑤ International Monetary Fund, Annual Report, 1987(Washington, D.C.: IMF, 1987), 16.

⑥ OECD Economic Outlook, 42(December 1987), 174, 184.

⑦ OECD Economic Outlook, 42(December 1987), 5, 28.

相互依存：欧盟 20世纪七八十年代日本和欧盟^①的崛起以及美国实力的相对下降使世界贸易管理体系复杂化。贸易问题、实力的下降以及日益增长的贸易保护主义压力使美国既不愿意引领世界贸易体系也缺少这方面的能力。同时，欧盟和日本也没有准备好承担起领导角色。缺乏一个强有力的领导，管理的权力又没有被各国更均匀地分享，证明是对国际贸易体系的重大挑战。

在此期间，欧盟崛起为世界最大的贸易集团。欧盟建立了关税同盟实现，在内部货物贸易自由，并奉行**对外共同关税**（common external tariff）和**共同农业政策**（common agricultural policy）。欧盟国家的贸易从1960年占世界贸易总额的24.5%迅速增长到1990年的41.1%。^② 欧盟内部贸易增长更为快速，其占世界贸易的份额从1960年的8.4%增长到1990年的24.4%，增加了近三倍。^③ 欧盟内部贸易占欧盟成员国贸易总额的比例从1960年的34.4%迅速增长到1990年的59.5%。^④

在构建这样的地区贸易体系过程中，欧盟在美国的支持下削弱了非歧视原则，尽管该原则是《关贸总协定》一项基本的要求，但这有可能在某一天会对更大范围的国际贸易体系自由化构成挑战。正如我们在前文中所讨论的，到目前为止，欧盟以牺牲自己与世界其他地方贸易和资本的自由流动为代价来抵制在欧盟内部流动自由化的诱惑。欧盟持续的政治碎片化削弱了其在国际事务中特别是在传统外交政策领域扮演着欧洲唯一代表的能力。但是在贸易谈判和国际经济峰会上，欧盟代表了所有成员国立场。因此可以认为，与其他区域经济一体化的努力一样（见下面关于

---

① 我们将从这里开始使用欧盟（EU）来代替我们最初称呼的欧洲经济共同体（EEC）及后来的欧洲共同体（EC）。1992年欧盟成为这个实体的官方名称。在称其老名称合适的地方或不称老名称会引起困惑的时候，我们将恢复使用其老名称和缩写。

② International Monetary Fund, Direction of Trade Annual, 1960–1964; IMF, Direction of Trade Annual, 1970–1974; and Gabriel Stern and Tamim Bayoumi, Regional Trading Blocs, Mobile Capital, and Exchange Rate Coordination, Bank of England, Working Paper Series no. 12, April 1993, 9.

③ 出处同上。

④ 出处同上。

地区主义的部分），欧盟仍然是自由主义的国际经济秩序的构建元素而非障碍。

欧盟的第一个目标是建立对内实行自由贸易和对外实行共同关税的关税同盟。这样的关税同盟作为《关贸总协定》及后来的世界贸易组织非歧视规则的例外情况被允许。① 由于自从马歇尔计划实行以来，美国就积极鼓励建立一个统一的欧洲来增强西方，因此欧洲建立这样关税同盟的努力得到美国的积极支持。当欧盟看上去可能会增加贸易歧视时，美国通过启动"肯尼迪回合"谈判极力确保欧洲一体化将保持开放性和非歧视性。"肯尼迪回合"谈判的成功表明欧洲将继续致力于多边主义和自由主义。然而，20世纪七八十年代，欧洲呈现了向相反方向发展的迹象。

"共同农业政策"（Common Agricultural Policy，CAP）阻碍了共同体从外部的进口并人为地刺激了在其他市场的竞争。欧盟还在新的优惠贸易安排上达成协定，而这种做法在《关贸总协定》非歧视规则下被明确禁止。第一个优惠贸易协定是在1958年与当时法国在非洲的殖民地达成。20世纪90年代，欧盟和地中海盆地国家、非洲大部分国家甚至一些西欧发达国家协商签署优惠贸易安排协定。欧盟认为这类协定是对不发达国家的一种援助以及对其"共同农业政策"歧视性影响的一种调整。然而，欧盟扩大到目前的27个民族国家带来了进一步的问题（表3.2）。欧盟的扩大不仅增加了其农业保护主义体制和现有的贸易优惠体系的规模，而且也成为推动欧盟偏好延伸的一种力量。一些因政治原因没有加入欧盟的欧洲自由贸易区（European Free Trade Area，EFTA）的国家和许多英联邦国家通过这些优惠贸易安排协定与欧盟建立联系。

---

① See Jacob Viner, The Customs Union Issue, Studies in the Administration of International Law and Organization, vol. 10（New York, N.Y.: Carnegie Endowment for International Peace, 1950）.

表 3.2　截止到 2008 年欧盟成员国情况

国　家	加入年份	国　家	加入年份
奥利地	1995	拉脱维亚	2004
比利时	1957	立陶宛	2004
保加利亚	2007	卢森堡	1957
塞浦路斯	2004	马耳他	2004
捷克共和国	2004	荷兰	1957
丹麦	1973	波兰	2004
爱沙尼亚	2004	葡萄牙	1986
芬兰	1995	罗马尼亚	2007
法国	1957	斯洛伐克	2004
德国	1957	斯洛文尼亚	2004
希腊	1981	西班牙	1986
匈牙利	2004	瑞典	1995
爱尔兰	1973	英国	1973
意大利	1957		

20世纪80年代欧盟的注意力主要集中在制定新的政策以便在1991年之前完成创立一个共同的内部市场。[①] 1985年欧盟宣布了一项计划，拟废除300多项欧盟内部贸易非关税壁垒，从协调标准、消除边界延误和允许

[①]　See Paolo Cecchini, ed., The European Challenge, 1992: The Benefits of a Single Market (Hants, England: Wildwood House, 1988); Lord Cockfield, White Paper on Completing the Internal Market (Brussels, Belgium: Commission of the European Community, 1985); Jacques Pelkmans and Alan Winters, Europe's Domestic Market, Chatham House paper no. 43, Royal Institute of International Affairs (London, UK: Routledge, 1988); Michael Calingaert, The 1992 Challenge from Europe: Development of the European Community's Internal Market (Washington, D.C.: National Planning Association, 1988); Gary Clyde Hufbauer, ed., Europe 1992: An American Perspective (Washington, D.C.: Brookings Institution, 1990); David R. Cameron, "The 1992 Initiative: Causes and Consequences," in Alberta M. Sbragia, ed., Europolitics: Institutions and Policymaking in the "New" European Community (Washington, D.C.: Brookings Institution, 1992); Wayne Sandholtz and John Zysman, "1992: Recasting the European Bargain," World Politics, 42 (1989): 95–128; and Wayne Sandholtz, High-Tech Europe (Berkeley and Los Angeles, Calif.: University of California Press, 1992).

银行和保险服务等跨境服务销售,到税收协调。该内部市场计划的推力是绝对自由的,正如消除阻碍自由贸易的非关税壁垒的努力一样。

然而,随着欧洲致力于建立一个统一的市场,对这种努力对全球多边贸易体系产生影响的质疑开始呈现。有关"欧洲人的欧洲"和"**堡垒欧洲**"(fortress Europe)的谈论引起人们担忧欧盟会通过将国家保护主义政策扩张到整个欧盟或者通过协调歧视非欧洲商品和服务的标准和法规来增加对外部世界的壁垒。其他问题涉及在欧洲投资的外国公司待遇问题以及这些公司是否会因为跨境服务销售及因为政府采购而被认为是"欧洲"的公司。

20世纪80年代许多美国人对"堡垒欧洲"的恐惧可能是不合理的。1986年《单一欧洲法案》和1992年《马斯特里赫特条约》(参见第二章)的签署和持续向这两个条约制定的目标推进并没有导致在欧洲出现更多的保护主义。20世纪80年代欧洲制度的变化是旨在使欧洲在面对来自北美和亚洲不断增长的竞争时为了保持本地区的国际竞争力而更容易进行必要的经济改变。然而,欧洲努力成为高科技产品市场一员的欲望导致了一些政策的出台,如对欧洲民用飞机联合企业即空中客车公司和欧洲电子产业提供大量的补贴,而这些政策置欧洲与美国和日本于冲突之中。简而言之,对欧洲的担忧从担忧欧洲的保护主义转向抱怨欧洲使用**产业政策**(industrial policies)以支持欧洲企业在国际上的竞争。[①]

相互依存:日本 作为世界经济和世界贸易的一支力量,日本的崛起也使国际贸易管理复杂化。直到20世纪60年代,日本经济实力仍然较小,其在世界国民生产总值中的份额仅占3%。[②] 到1980年,日本国民生产总值占世界总额的比例大约为10.7%。[③] 日本经济地位迅速变化的背后是

---

① See, for example, Laura D'Andrea Tyson, Who's Bashing Whom? Trade Conflict in High-Technology Industries(Washington, D.C.: Institute for International Economics, 1992), ch. 5; and Marc Busch, Trade Warriors: States, Firms, and Strategic-Trade Policy in High-Technology Competition(New York, N.Y.: Cambridge University Press, 2001), ch. 3.

② International Monetary Fund, Direction of Trade Statistics Yearbook, 1994(Washington, D.C.: IMF, 1994).

③ Based on statistics in the World Development Report(Washington, D.C.: World Bank, 1982).这里的世界国内生产总值的估计不包括对苏联集团国家的国内生产总值的估计。

其从1950年到1970年维持着10%的国民生产总值年均实际增长率的经济奇迹。通过发展吸收和适应外国技术的能力、人口从农业转移而产生可用的廉价劳动力以及对制造业的大量投资,日本从技术相对落后的地位进而取得这种不寻常的经济增长率。[①] 政府政策在日本的经济奇迹中发挥了主要作用。通过税收优惠、国有放贷机构提供的融资以及在政府政策鼓励下积累的大量私人储蓄,日本的一些针对性产业,如钢铁、炼油、石化、汽车、飞机、工业机械、电子和计算机,都得到了促进和发展。

出口扩张和进口限制在政府政策中发挥了主要作用。由于日本的经济增长依赖于原材料和资本货物的进口,政府计划和私人产业战略都将重点放在限制"非必要产品"的进口以及培育出口。[②] 通过关税和数量限制以及一些行政法规,如进口许可证和进口保证金,日本政府对国内产业提供了重要保护,使它们免受进口竞争的威胁。当其他发达国家通过多边谈判推行贸易自由化时,日本则保留了几乎所有的进口壁垒。与此同时,税收优惠、出口融资援助以及日元的低估鼓励了日本的出口。最后,政府小心地控制着外国投资。[③] 因此,在20世纪五六十年代,日本创造了一个严重歧视进口及面向出口的工业基地。[④]

由于技术追赶过程的结束、低投资率和其他因素,如人口增长的放缓

① See Edward Denison and William Chung, "Economic Growth and Its Sources," in Hugh Patrick and Henry Rosovsky, eds., Asia's New Giant (Washington, D.C.: Brookings Institution, 1976), 63–151.

② Philip H. Trezise and Yukio Suzuki, "Politics, Government, and Economic Growth in Japan," in Patrick and Rosovsky, op. cit., 753–811; and Chalmers Johnson, MITI and the Japanese Miracle (Stanford, Calif.: Stanford University Press, 1982).

③ Mark Mason, American Multinationals and Japan: The Political Economy of Japanese Capital Controls, 1899–1980 (Cambridge, Mass.: Harvard University Press, 1992); and Dennis Encarnation, Rivals Beyond Trade: America versus Japan in Global Competition (Ithaca, N.Y.: Cornell University Press, 1992).

④ 对于日本的例子是否代表"出口导向性"增长存在着一些争论。有关这方面的争论,参见Lawrence B. Krause and Sueo Sekiguchi, "Japan and the World Economy," in Patrick and Rosovsky, op. cit., 397–410; and Shigeto Tsuru, Japan's Capitalism: Creative Defeat and Beyond (New York, N.Y.: Cambridge University Press, 1993), ch. 3.

及能源成本的上涨，1973年后日本经济增长开始放缓。产业发展从钢铁业等重工业转移到更精密的行业如汽车和电子产品产业。[1] 然而，日本从1974年至1985年平均4.3%的增长率超过了其他工业国家。日本政府的政策也在20世纪70年代经历了改变。尽管政府仍然在某些战略部门，比如在计算机领域，扮演了领导角色，但是随着日本的产业达到更高的成熟度，政府在产业发展中的作用开始下降。[2]

从1970年开始，日本逐步推行贸易自由化政策。施加在许多商品上的配额被淘汰；全面的大幅关税削减得到了推行；日元开始升值。"东京回合"后，日本的关税壁垒大致和美国相当。[3] 然而，日本的出口促进战略不仅继续存在，而且还因1973年和1978—1979年的石油危机而强化，这也突出了日本对原材料进口的依赖感和脆弱性。

到20世纪80年代，日本因长期的贸易顺差而看上去成为贸易摩擦的一个源头。最明显的是日本与其主要贸易伙伴即美国日益增长的贸易不平衡。当日本对欧盟的双边顺差从1980年的99亿美元增长到1993年的265亿美元时，日本对美国的贸易顺差在同一时期从73亿美元增长到510亿美元。[4]

日本拥有大量贸易顺差的主要原因是不同国家特别是美国与日本之间宏观经济政策的不平衡，主要体现在资本流动和汇率上。在政府政策的培育下，日本保持着高储蓄率，这一政策可以追溯到日本需要高水平的投

---

① Edward J. Lincoln, Japan Facing Economic Maturity (Washington, D.C.: Brookings Institution, 1988), 14–68.

② Ezra Vogel, Comeback Case by Case: Building the Resurgence of American Business (New York, N.Y.: Simon and Schuster, 1985); and Richard Samuels, The Business of the Japanese State: Energy Markets in Comparative and Historical Perspective (Ithaca, N.Y.: Cornell University Press, 1987).

③ C. Fred Bergsten and William R. Cline, The United States–Japan Economic Problem (Washington, D.C.: Institute for International Economics, 1987), 53–119.

④ International Monetary Fund, Direction of Trade Statistics Yearbook 1987 (Washington, D.C.: IMF, 1987), 243, 245; Direction of Trade Statistics Yearbook 1988 (Washington, D.C.: IMF, 1988), 243; and Direction of Trade Statistics Yearbook 1995 (Washington, D.C.: IMF, 1995).

资来促进经济发展的时代。然而,由于经济增长放缓和政府财政紧缩的政策,日本国内对这些储蓄的需求表现不足。随着日本政府取消了外汇管制和其他对外投资的限制,过剩的日元开始流向国外以响应国外的需求,主要是美国的需求。美国的低储蓄率以及经济增长表现出对资金的巨大需求使其仅仅依靠国内资金来源难以满足。20世纪80年代的大部分时间内,美国政府产生的巨大预算赤字需要融资来解决,而日本恰恰提供了很多类似这样的融资。从1981年至1985年美元兑日元的高汇率使日本的出口在世界范围内,尤其在美国,更具有竞争力。

不同的国内需求也是国家间宏观经济不平衡的一个重要方面。随着美国在20世纪80年代初刺激经济发展,其消费品的进口从1980年的334亿美元增长到1987年的870亿美元,增长了150%以上。[①] 日本很好地利用了美国这一消费需求的激增。几十年来,日本制造商集中精力促进出口导向型增长和集中开发美国市场。自20世纪70年代以来,他们专注于开发针对美国消费者的产品。例如,日本的汽车和消费电子产品是很好地为美国高质量的市场设计的,而且因生产力的提高和日元的下跌在价格上越来越具有竞争力。与此同时,由于经济增长放缓和财政紧缩,日本的需求,特别是对竞争性的美国机床和重型设备的需求,受到了约束。

这些宏观经济的差异因日本持续保持进口和投资流入壁垒而加重。除了农业外,日本的大多数关税和配额壁垒都被废除了。然而,产生于政府和企业早期合作时代的非关税壁垒仍然是一个问题。政府采购政策支持日本国内的电信和电脑制造商。一些规则的使用有效地阻止了进口。例如,**专利**(patent)审批被拖延到日本生产商具有竞争力时才得到通过。外国检验机构的检查和批准被一些内阁部门拒绝,监管批准的过程经常很长而且不透明。产业目标,正如在计算机领域的那样,被用来歧视外国产品。此外,私有的行为模式,比如所谓的日本**企业集团体系**(keiretsu system)——日本公司选择与产业集团内的其他日本公司以交

---

① Bureau of Economic Analysis, Survey of Current Business (Washington, D.C.: Department of Commerce, July 1984), 60;　and Survey of Current Business, May 1988, 11.

叉持股的方式相处——和大型日本企业控制自己零售分销体系的趋势为外国公司进入日本市场设置了壁垒。[①]一些美国跨国公司有足够的财力和耐心为进入日本和立足于日本国内市场而付出高昂的代价。国际商业机器公司、卡特彼勒、施乐、麦当劳、玩具反斗城、强生公司、可口可乐以及其他美国公司都成功地在日本建立公司据点。一些大公司如柯达和摩托罗拉也极力进入日本市场,但均未能成功。对于那些规模较小或非出口导向型的美国公司,克服日本市场上的这些公共和私人障碍被证明尤其困难。

因此,20世纪80年代美日双边贸易失衡飙升。甚至在1985年广场协议后美元的价值相对于日元开始下降时,日本的贸易顺差持续增长。这部分是由于所谓的"J曲线效应"(J-curve effect),即本国货币贬值后经常项目收支状况反而会比原先恶化,进口增加而出口减少。美元从1985年到1987年的持续贬值加重了"J曲线效应"并掩盖了美日实际贸易额和日元价值的转变。此外,依赖美国市场的日本出口商为了保住在美国的市场份额,他们增加价格的幅度低于美元贬值的幅度,因此减少了美元贬值对贸易的影响。由于生产和配送技术的持续改善,日本出口商不需要过多地削减利润率就能达到一点。[②]

---

①　On this subject, see Ronald Dore, Flexible Rigidities (Stanford, Calif.: Stanford University Press, 1986), 79; Michael Gerlach, Alliance Capitalism: The Social Organization of Japanese Business Networks (Berkeley and Los Angeles, Calif.: University of California Press, 1989); Marie Anchordoguy, Computers, Inc. Japan's Challenge to IBM (Cambridge, Mass.: Harvard University Press, 1989); Robert Z. Lawrence, "Efficient or Exclusionist? The Import Behavior of Japanese Corporate Groups," Brookings Papers on Economic Activity, 1 (1991): 311–330; and Laura D' Andrea Tyson, Who's Bashing Whom?, 56–57.

②　随着美元兑日元的贬值,特别是在克林顿政府1993年采取不干预外汇市场的政策来支持美元兑日元的汇率后,美国对日本的双边贸易逆差开始减少。贸易赤字也大幅削减,但仍然保持着较高水平。

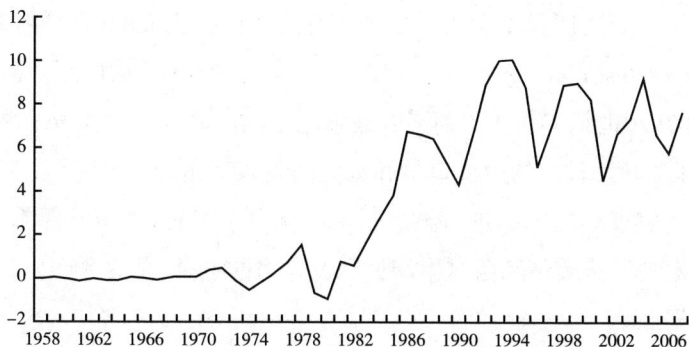

图3.6 1958—2006年的日本贸易余额（10亿美元，现价）

资料来源：经合组织统计数据，http://stats.oecd.org/。

日本贸易顺差的政治后果就是增加了日本与贸易伙伴之间的贸易摩擦。防止从日本进口以保护本国企业以及采取行动打开日本市场的压力上升。在西方，日本的贸易顺差往往不被归结于宏观经济失衡，而是归结于日本的**不公平贸易行为**（unfair trade practice）。这种保护主义压力因日本争夺市场份额的传统出口战略而加强。这种战略导致日本企业迅速渗透到外国某些市场，也导致外国在一些强大的行业如半导体、电信设备和汽车等领域做出同样迅速的政治反应。最后，日本决策过程的缓慢，即在采取行动之前必须形成共识，也加剧了西方对日本搭国际贸易体系便车的批评。[①]

西方对日本不断增长的愤怒在日本国内看来似乎没有根据。从日本人的角度来看，他们的国家在西方的推动下在贸易自由化的道路上已经走得既快又远。在巨大的压力下，日本对外开放了以前受到保护的各种国内市场，如电信、香烟、牛肉、柑橘和机场建设。日本已经采取了措施推行金融市场的自由化，如对外国人开放证券和信托银行业务。[②] 此外，

---

① See Clyde V. Prestowitz, Jr., Trading Places: How America Allowed Japan to Take the Lead (New York, N.Y.: Basic Books, 1988); and Karel van Wolferen, The Enigma of Japanese Power (London, UK: Macmillan, 1989).

② C. Fred Bergsten and William R. Cline, The United States–Japan Economic Problem (Washington, D.C.: Institute for International Economics, 1987), 53–119.

西方国家政府还使日本受制于多个具有高度保护主义的《自愿限制协议》（Voluntary Restraint Agreements, VRAs）。[①] 在西方以及日元升值的压力下，日本在20世纪80年代中期采取措施刺激国内需求和减少贸易顺差。在《广场协议》后，日本的净出口量和日元净收入都出现了下降（图3.6）。之后日本从发展中国家的进口显著增加。从日本来看，外国的挥霍，特别是美国的宏观经济政策和西方生产力和竞争力的下降，是导致产生日本这类问题的根源。[②]

相互依存：美国　最后，20世纪七八十年代最重要的一个变化是美国在国际贸易体系中的支配地位开始削弱以及其对多边贸易体制支持的相对下降。尽管美国是世界上最大的经济体和最大的贸易国，但是美国不再像其在二战结束后的头20年内那样在国际贸易体系中占有绝对重要的地位。1950年，美国的贸易额占发达市场经济体（它们的贸易量占世界贸易总量的80%或者更多）贸易总量的26.1%；到1990年，美国的贸易仅占世界贸易总量的11.6%。[③] 此外，1970年后，美国开始经历似乎成为长期的贸易和国际收支赤字。美国巨大的、传统的贸易顺差（自从1893年）在1971年转变成持续的、增长的贸易赤字（图2.11）。美国对日本传统的贸易顺差在1965年变为赤字，其对西欧的传统贸易顺差开始缩小并根据相对宏观经济形势的不同定期转化为赤字。

国家间贸易的相互依存进一步侵蚀了美国的贸易优势。从1970年至1990年，贸易占美国国民生产总值的比例从8.7%上升到21.5%（图3.3）。[④]

---

①　这些整体上都是限制出口的协定，称之为《自愿出口限制》。《自愿出口限制》用来绕开《关贸总协定》对进口量化限制作出的限制。《自愿出口限制》对出口方和进口方来说都是自愿的，因此没有违反《关贸总协定》的互惠准则。然而，事实上《自愿出口限制》的影响与单方面实施的进口量化限制无法辨别。也就是说，它们倾向于在目的地国提高受到《自愿出口限制》约束的商品价格，这是因为需求保持相对恒定而供应却减少。

②　See Makoto Kuroda, "Japan's Trade Surplus Is Declining Fast," Amex Bank Review, 15 (March 24, 1988): 2–3.

③　International Monetary Fund, International Financial Statistics Yearbook 1985 (Washington, D.C.: IMF, 1985); and World Trade Organization, http://www.wto.org.

④　International Financial Statistics Yearbook, 1985; International Financial Statistics, April 1988 (Washington, D.C.: IMF 1985 and 1988).

相互依存是美国面临的新形势。与欧洲和日本经济长期依赖贸易不同的是,由于其巨大的大陆市场,国际贸易对美国也很重要,尽管不是至关重要的。随着美国面临更多的国内外竞争,由美国领导在多边、开放的贸易体制上达成的政治共识开始减少。

贸易优势的下降和不断增长的贸易赤字对美国的国际竞争力提出了质疑。国家在对外贸易中的竞争能力依赖于生产力,而生产力反过来依赖于在实体和人力资本上的投资及研发。尽管20世纪80年代美国贸易地位的恶化主要归结于美元的高估,但是几十年缓慢的**生产力增长**(productivity growth)带来了一些更深层的问题。即使1985年美元贬值后美国出口出现反弹并重新获得了一些市场份额,但是在20世纪80年代美国维持着长期的贸易余额赤字。

多个指标表明了美国竞争力的相对下降。当美国维持生产力绝对最高的水平时,相对于竞争者它却处于不利地位。20世纪60年代后美国商业部门**全要素生产力**(Total factor productivity)——每单位劳动和资本组合产量——比其他工业化国家的增长都要缓慢(图3.4)。[①] 美国相对于国内生产总值的投资从1970年至1987年仅增长了3.1%,比七国集团7.1%的平均增长的一半还要低,而德国的投资在同一时期增长了33%,日本的投资增长了24.6%。[②] 尽管美国的整个研发支出和其他发达国家保持同步,但是美国研发支出的很大部分被用在军事方面。相对于国内生产总值,美国非军事研发花费从1970年至1992年仅增长了3%,而在德国和日本则分别增长了31%和55%。在专利活动方面,美国也失去了优势。例如,从1963年至1977年,72.3%在美国授予的专利是起源于美国,但是到了1991年,这一比例仅仅为53.4%。[③] .然而,不是所有证据都表明美国实力的下降。日本和德国的平均劳动成本在1980年的基础上出现上升,而在美国却

① OECD Economic Outlook, 42(December 1987): 41.

② Council on Competitiveness, Competitiveness Index, Special Supplement, May 1988, 7.

③ National Science Foundation, National Science Board, Science and Engineering Indicators(Washington, D.C.: U.S. Government Printing Office, 1993), 455.

出现了下降。① 此外,美国工业通过增加自动化、精简、合并和简化操作适应了不断变化的竞争。尽管相对于日本、西欧和亚洲新兴工业化国家和地区,美国在这一时期丧失了一些相对地位,但是美国的竞争力在绝对意义上依然保持着强劲势头。

最后,美国在20世纪七八十年代对多边主义的支持进一步受到国内政治变化的破坏。② 一系列的国会改革削弱了之前几乎完全控制美国贸易政策的委员会的权力。嵌入在各种国家政策之中的非关税壁垒不断增长的重要性意味着这些委员会再也不能对贸易问题享有专属管辖权。此外,由国会建立的准司法系统,也就是被认为管理贸易抱怨的"**国际贸易委员会**"(International Trade Commission),在不断增长的**反倾销请愿**(anti-dumping petitions)的重压下以及因为总统经常以导致保护主义为名拒绝其建议,开始瓦解。这种压力溢回到民主党的国会,使国会感受到共和党政府在贸易政策上的顽固和不合作。由此导致的结果是,国会抓紧努力改革美国贸易法律以减少总统的自由裁量权以及迫使美国对被发现违反国际贸易协定的国家发动报复。③

由于这些变化,美国国内保护主义的压力呈现上升而且变得越来越有效。随着贸易问题的发展,更多行业组成特殊的利益集团向国会和行政部门施压以寻求减缓来自外国的竞争。从20世纪60年代末的"肯尼迪回合"后开始,纺织、钢铁、电子和鞋类等一些脆弱的产业为了减轻来自进口的竞争开始对国会施加强大的压力。1970年,劳工组织对自由贸易的支持正

① OECD Economic Outlook,42(December 1987):70.

② See I. M. Destler,American Trade Politics:System Under Stress(Washington,D.C.:Institute for International Economics,1986).

③ 这是20世纪七八十年代反倾销加强和不公平贸易法的起源。参见Stephen Woolcock,Jeffrey Hart,and Hans van der Ven,Interdependence in the Postmultilateral Era(Lanham,Md.:University Press of America,1985); Richard Boltuck and Robert E. Litan,eds.,Down in the Dumps:Administration of the Unfair Trade Laws(Washington,D.C.:Brookings Institution,1991); J. Michael Finger,ed.,Antidumping:How It Works and Who Gets Hurt(Ann Arbor,Mich.:University of Michigan Press,1993); and Pietro S. Nivola,Regulating Unfair Trade(Washington,D.C.:Brookings Institution,1993).

式转变为对贸易保护的游说。有关产业保护主义立法的建议在国会增加并压迫总统在《关贸总协定》之外商谈双边协定以避免对配额和关税的立法。与此同时，面临国外市场准入壁垒的美国产业越来越多地向美国政府寻求帮助以打破国外壁垒。随着日益增长的全球化，许多高科技的外向型产业，如半导体和超级计算机产业，对外国的市场准入限制非常恼火。它们的目标是将美国的市场准入作为谈判杠杆来打开国外市场。①

随着20世纪80年代贸易问题的加深以及从敏感产业扩展到整个经济，美国许多产业、劳工和政治领导人开始认为美国不再受益于国际贸易体系，并认为美国被它的贸易伙伴和贸易体制置于不公平待遇的地位。日本尤其被当作得益于自由贸易秩序和进入美国市场的同时仍然保持着自己市场壁垒的一个国家被挑出来。② 广泛的保护主义立法的提案在国会开始增加。1988年，国会颁布了一项综合贸易立法。该法案收紧了美国贸易法，在外国竞争对手做出不公平的贸易行为时给予总统比以前较少的自由裁量权，并要求行政部门识别那些实行不公平贸易行为的国家的政策变化以及促使它们做出改变。③

面对来自国会的持续压力，里根、布什和克林顿政府寻求通过非立法的方法解决贸易冲突：如在汽车行业一样签订《自愿出口限制协定》；通过谈判促使海外市场开放，如在**市场开放产业细则**（Market Opening Sector Specific，MOSS）、**结构性障碍倡议**（Structural Impediments Initiative）以及美国与日本新经济伙伴关系框架上的谈判；授权美国政府对被认为未给予美

① On the politics of supporters of free trade, see I. M. Destler and John S. Odell, Anti-Protection: Changing Forces in the United States Trade Politics (Washington, D.C.: Institute for International Economics, September 1987); and Helen V. Milner, Resisting Protectionism: Global Industries and the Politics of International Trade (Princeton, N.J.: Princeton University Press, 1988).

② Helen V. Milner and David B. Yoffie, "Between Free Trade and Protectionism: Strategic Trade Policy and a Theory of Corporate Trade Demands," International Organization, 43 (Spring 1989): 239–272.

③ See Prestowitz, Trading Places, op. cit.

国出口公平市场准入的国家大肆使用报复性的美国贸易条款。① 最后，美国通过谈判与以色列在1986年达成了广泛的双边贸易协定，并与加拿大在1987年达成一个主要协定。1981年签署的《美加自由贸易协定》(US-Canada Free Trade Agreement)减少了两国之间许多的贸易和投资壁垒，制定了双边服务贸易规则，并实施了两国之间新的争端解决机制。②

老问题：农业

20世纪80年代仍然有一些重要的产业未被置于《关贸总协定》的规则和进程之下。其中的一个产业是农业。正如我们所见，农业是隶属于一个单独的《关贸总协定》体制，并没有得益于战后的自由化进程。

大多数发达国家的农业政策保持着干涉主义和保护主义。自20世纪30年代以来，美国政府开始干预国内农业市场以便保持农产品价格和美国农民的收入。美国通过购买剩余商品、生产控制和差额补贴等对国内价格提供支持，并进一步通过出口补贴和进口配额来管理国内市场。因为由严重依赖农民选举支持的政党领导，并出于战时粮食短缺引发对粮食安全的深切关切，日本实行了广泛的进口限制以保持国内农产品价格高于世界价格水平并向农民提供与非农民相当的收入。

欧盟通过"共同农业政策"来保持农民的收入。"共同农业政策"通过购买多余农产品及对农产品进口实行灵活的外部关税来建立共同的、人为抬高的内部价格，以确保进口农产品比国内产品价格更贵以及确保进口农产品只能填补欧盟农业生产商不能填补的缺口。因为"共同农业政策"没有设置生产控制，农产品价格高企产生了大量的只能在出口补贴的帮助下

---

① Tyson, Who's Bashing Whom? 58—66; and Edward J. Lincoln, Japan's Unequal Trade (Washington, D.C.: Brookings Institution, 1990).

② Geza Feketekuty, International Trade in Services: An Overview and Blueprint for Negotiations (Cambridge, Mass.: Ballinger, 1988), especially ch. 9.

得以出口的食品盈余。[①]

尽管存在广泛的贸易保护主义行为,但是使农业免受国际贸易规则约束的做法直到20世纪80年代才成为一个严重的问题。在经济增长、收入增加以及饮食习惯改善的影响下,农产品贸易稳步增长,贸易冲突有限。然而,20世纪70年代人口的迅速增长、发展中国家和东方集团国家不适当的农业政策、不利的天气条件以及全球整体的通货膨胀导致了食品进口需求和农产品价格大幅上升。物价上涨和对长期粮食短缺的预期促使农产品进出口国都增加生产。[②] 有利的市场条件加上政府鼓励导致粮食生产的飙升。[③]

随着农业产量的增加,世界对农业产品的需求出现了下降。人均食品消费以较慢的速度增长;供给远远超越需求;世界商品市场崩溃;以及许多发达国家的农业生产者面临20世纪30年代以来最严重的经济危机。那些通过实施一系列组合政策如实行国内价格支持、购买过剩供应以及进口保护来保护国内农产品市场和维持国内农产品高价格的政府发现自己不得不面对堆积如山的商品过剩。

为了减少农产品剩余,这些政府增加了出口补贴以及向已经饱和的国际市场倾销农产品。出口补贴进一步打压了农产品价格并对加拿大和澳大利亚等农业出口国以及对那些对国内市场已经较少干预、现在正面临增多的国外竞争的许多发展中国家,造成了严重的负面影响。[④] 农业贸易战争的预算成本也很高。1986年"共同农业政策"的成本估计达到60亿美

---

① 到1991年,"共同农业政策"共带来了2000万吨谷物、100万吨牛奶以及750000吨牛肉剩余。参见Nicholas Hopkins, Completing the GATT Uruguay Round: Renewed Multilateralism or a World of Regional Trading Blocs?, Wilton Park Paper 61（London, UK: Her Majesty's Stationery Office, 1992）, 9.

② Robert B. Reich, "Beyond Free Trade," Foreign Affairs 16（Spring 1983）: 773–804. See also Stephen S. Cohen and John Zysman, Manufacturing Matters: The Myth of the Post-Industrial Economy（New York, N.Y.: Basic Books for the Council on Foreign Relations, 1987）.

③ See Raymond Hopkins and Donald F. Puchala, eds., "The Global Political Economy of Food," International Organization, 32（Summer 1978）: entire issue.

④ Dale E. Hathaway, Agriculture and the GATT: Rewriting the Rules（Washington, D.C.: Institute for International Economics, September 1987）, 43.

元并在欧盟内制造了一场预算危机。从1982年至1986年,美国用于农产品价格和农业收入补贴的开支增长了6倍并在1986年超过260亿美元。① 对农业政策上的冲突开始增加。甚至农产品净进口大国日本都因其农业保护主义政策遭到前所未有的批评。

《关贸总协定》无法抑制农业贸易战争,因为国内农业项目和出口补贴在该协定的规则下获得了特殊待遇。贸易战争加上高昂的预算成本导致各国在二战后首次认真考虑多边谈判以期能改变《关贸总协定》的农业体制和促使各国改革国内农业政策。

新保护主义

全球贸易经济结构变化的结果导致发达国家新的保护主义政策的急剧增加。新保护主义采取了多种形式。一种形式是非关税贸易壁垒(NTBs)。在某种程度上,非关税贸易壁垒问题恰恰产生于《关贸总协定》的成功。《关贸总协定》是旨在通过消除配额和关税促进贸易自由化。随着自由化在工业产品领域的成功,剩下的主要贸易壁垒都是非关税壁垒,如政府采购政策、海关手续、健康和卫生法规、国家标准以及其他一系列歧视进口或者给出口提供援助的法律法规。区域政策、农业政策及消费者和环境保护都是对贸易产生扭曲后果的其他非关税壁垒措施。

《关贸总协定》在贸易自由化上的成功实际上增加了非关税壁垒的使用。因为不能继续使用关税和配额作为国家经济政策的工具,各国政府通过各种国家政策极力将国内经济从国际竞争中隔离出来。各国使用补贴和税收优惠来帮助陷入困境的产业,如钢铁和造船业。它们提供各种激励措施发展如航空航天和计算机这样新的、技术复杂的产业。各国还使用税收和财政激励措施以及要求外国投资者符合本地内容、出口业绩和技术转

---

① See Robert L. Paarlberg, Fixing Farm Trade: Policy Options for the United States (Cambridge, Mass.: Ballinger Publishing for the Council on Foreign Relations, 1988), 13-40.

让等要求。

许多国家不得不减少非关税贸易壁垒来维护已经取得的成果,更不用说继续推行自由化进程。然而,非关税壁垒的控制比关税和配额的监管和取消要困难得多。这些政策通常成为国家经济和社会政策不可缺少的一部分。由于非关税贸易壁垒的实行经常是由于贸易保护之外的原因,因此在传统上被认为是不受国际谈判约束的国家特权。非关税壁垒也带来现实的谈判问题。由于非关税贸易壁垒有着不同的形式以及许多不同的政府机构对非关税贸易壁垒的使用都行使着权力,因此不可能将在减少关税方面取得成功的同一谈判技巧运用于非关税壁垒的谈判上。[①] 减少非关税壁垒要求国际一致同意在《关贸总协定》的指导下对广泛的政策进行配合和协调。[②]

在《关贸总协定》贸易回合协商关税削减之后的另一种形式的保护主义是《自愿限制协议》(VRA),也称为**《自愿出口限制》**(Voluntary Export Restraints, VERs)。《自愿限制协议》的出台是对进口敏感的产业要求实行贸易保护的一种反应。《关贸总协定》为遭受进口伤害的产业提供三个主要的求助形式。如果外国竞争对手实行倾销,也就是以低于成本价向国外销售商品,被倾销国被允许征收关税以抵消倾销。虽然国内国际上都制定了很好的反倾销法,但是反倾销行动需要花费很长时间,而且对倾销事实的证明是困难的。《关贸总协定》还允许国家征收关税抵消国外对出口产品的补贴。最后,《关贸总协定》允许国家采取被称为**"保障措施"**(safeguards)的某些紧急措施。如果因一国的贸易优惠导致不可预见的进口激增对其国内某个产业造成"严重伤害"或者威胁时,《关贸总协定》还

---

① See the discussion of "tariffication" in the section above that deals with the Uruguay Round negotiations.

② See William Diebold Jr., ed., Bilateralism, Multilateralism and Canada in U.S. Trade Policy(Cambridge, Mass.: Ballinger, 1988); Jeffrey J. Schott and Murray G. Smith, eds., The Canada–United States Free Trade Agreement: The Global Impact(Washington, D.C.: Institute for International Economics, 1988); and Paul Wonnacott, The United States and Canada: The Quest for Free Trade(Washington, D.C.: Institute for International Economics, 1987).

允许该国政府对即使是公平交易的进口商品实行限制。不过这样的保障措施必须适用于所有国家;而且贸易保护必须被及时限制并逐步废除;同时,进口国必须采取有意义的调整政策。 由于多个原因,这种保障措施很少直接引用。保障措施必须适用于所有国家,而为了控制进口,各国政府倾向于仅仅对某些供应商实施这种措施。《关贸总协定》还要求进口国对所有受影响的出口国提供补偿性让步。此外,《关贸总协定》没有对"严重伤害"做出清晰的定义,也没有对实施和监管这种保障措施提供足够的指导,譬如在有关的协商程序、持续时间和必要的调整上。因此,各国政府越来越多地求助于《关贸总协定》框架之外的《自愿限制协议》。^① 它们也越来越多地转向运用与《关贸总协定》的保障措施规则相一致的国家反倾销法,来弥补《关贸总协定》在这一领域明确规则的缺乏。

在这种通常是双边的有时是秘密的协议下,低成本的出口国"自愿"向本国商品正威胁它们的工业和就业的国家限制出口。类似的协议有着很久的历史。例如,20世纪五六十年代,美国与日本以及许多不发达国家谈判签署了诸多自愿**出口管制**(export control)协议以约束它们的出口商在美国市场的产品销售。1962年的《**长期纺织品协定**》(Long-term Textile Arrangement)和1974年的《**多纤维安排**》(Multi-Fiber Arrangement)等两个协定在《关贸总协定》的背景下通过多边谈判签署(参见第七章)。对《关贸总协定》的正常程序来说,这些早期的协定是不寻常的例外措施。然而,20世纪七八十年代,《自愿限制协议》成为可接受的贸易管理模式。^②

① Robert E. Baldwin, Non-Tariff Distortions of International Trade(Washington, D.C.: Brookings Institution, 1970); William Diebold, Jr., The United States and the Industrial World: American Foreign Policy in the 1970s(New York, N.Y.: Praeger, 1972), 123-140; J. Michael Finger, H. Keith Hall and Douglas R. Nelson, "The Political Economy of Administered Protection," The American Economic Review, 72 (1982): 452-466; Stanley D. Metzger, Lowering Non-Tariff Barriers: U.S. Law, Practice and Negotiating Objectives(Washington, D.C.: Brookings Institution, 1974); and Jagdish Bhagwati, Protectionism(Cambridge, Mass.: MIT Press, 1988), ch. 3.

② See 97th Cong., 2d sess., The Mercantilist Challenge to the Liberal International Trade Order, a study prepared for the use of the Joint Economic Committee, Congress of the United States, December 29, 1982 (Washington, D.C.: U.S. Government Printing Office, 1982), 8-31.

《自愿限制协议》在纺织、钢铁、汽车、电子以及鞋类等多个产业扩散并覆盖工业国家之间的贸易。

在美国，解决这一问题的典型模式是进口的急剧增加——出现大量的不公平贸易行为的申诉——压迫国会通过保护主义立法——与其他国家通过协商签订《自愿出口限制》以便在没有解决法律纠纷和没有立法保护的情况下减少进口。

钢铁是发达市场经济体中第一个受《自愿限制协议》约束的主要产业。面对急剧增加的进口以及面对通过立法限制钢铁进口压力的建议，1968年美国约翰逊政府与欧盟和日本商谈了《自愿限制协议》，对欧盟各国向美国的钢铁出口实施了明确的吨位限制。[①] 为了应对新的进口激增和大量的反倾销案件，1978年卡特政府制定了**"启动价格制"**（Trigger Price Mechanism, TPM），基于日本的生产成本为钢铁建立了一个"公允价值"的参考价格。所有来自欧洲和日本低于这一价格的进口都被认为是商品倾销，因此都要接受美国"快轨道"反倾销调查。到1982年，由于美元价格的上涨和进口竞争的重新加剧，"启动价格制"濒临失败。对外国生产商众多的贸易投诉案件以及要求通过立法削减进口的建议迫使美国里根政府不仅与欧盟、日本和澳大利亚，还与阿根廷、巴西、墨西哥、韩国和南非通过协商签署《自愿限制协议》。[②]

20世纪80年代，发达国家之间签订的《自愿限制协议》呈现增加态势。

[①]　See Brian Hindley and Eri Nicolaides, Taking the New Protectionism Seriously, Thames Essay No. 34（London, UK: Trade Policy Research Centre, 1983）; and Michael Borrus, "The Politics of Competitive Erosion in the U.S. Steel Industry," in John Zysman and Laura D' Andrea Tyson, eds., American Industry in International Competition（Ithaca, N.Y.: Cornell University Press, 1983）.

[②]　Ingo Walter, "Structural Adjustment and Trade Policy in the International Steel Industry," in William R. Cline, Trade Policy in the 1980s, 497–500; Gary C. Hufbauer and Diane T. Berliner, and Kimberly A. Elliot, Trade Protection in the United States: 31 Case Studies（Washington, D.C.: Institute for International Economics, 1986）, 156, 176; Ingo Walter, "Structural Adjustment and Trade Policy in the International Steel Industry," in Cline, Trade Policy in the 1980s, 489.

作为占世界工业制成品出口15%的最重要产业,汽车业也被添加到《自愿限制协议》的名单中。① 日本出口的急剧增加带来法律和政治压力要求,要求将日本的汽车保持在西欧和美国之外。第一个汽车行业的《自愿限制协议》是由日本和英国于1976年签署。第二年,法国与日本也达成了一项协定。作为对限制从日本进口的立法建议的回应,1981年里根政府与日本达成了《自愿出口限制》。相继发生的是日本与德国、加拿大、荷兰、比利时以及卢森堡签署的《自愿出口限制》。② 到20世纪80年代下半叶,《自愿限制协议》已经扩散到高科技行业。

面对新的保护主义,《关贸总协定》体制变得越来越无能为力。《关贸总协定》的创立是旨在管理进口限制特别是数量限制和关税,而不是管理非关税壁垒和自愿出口限制。此外,各国往往喜欢通过政治谈判为《关贸总协定》的多边规则和程序提供双边解决方案。最后,随着政府对经济介入的增加、相对优势的转移、许多产业出现的产能过剩以及对《关贸总协定》规则的偏离,许多政策制定者和分析人士开始主张国际贸易体制应该建立在有管理的贸易之上,而不是《关贸总协定》的公开贸易原则之上。有管理的贸易体制会承认政府干预国家经济的现实和愿望以确定比较优势和政府间协议来塑造国际贸易流动。③ 有关这种贸易体制的建议包括倡导使用关税壁垒作为国家政策的工具、④ 通过全球谈判分配世界生产⑤ 以及建立一套基于不同政府干预水平的贸易体制,从过剩产业的有管理的贸易到先进产业的自由贸易。⑥

---

① Hufbauer et al., 170–173.

② General Agreements on Tariffs and Trade, International Trade 1986–1987, 29.

③ See Laura D' Andrea Tyson, Who's Bashing Whom?; Robert B. Cohen, "The Prospects for Trade and Protectionism in the Auto Industry," in Cline, Trade Policy in the 1980s(Washington, D.C.: Institute for International Economics, 1983), 527–563; and Gary C. Hufbauer et al. 249–262.

④ See Paul R. Krugman, ed., Strategic Trade Policy and the New International Economics (Cambridge, Mass.: MIT Press, 1986).

⑤ 这是剑桥大学经济政策研究小组的观点;参见其期刊《剑桥经济政策评论》。

⑥ Albert Bressand, "Mastering the World Economy," Foreign Affairs, 16 (spring 1983): 747–772.

东京回合

"东京回合"也就是多边贸易谈判的第七回合,开始于1973年,结束于1979年。"东京回合"试图对国际贸易体系的变化做出应对并试图启动贸易改革的过程。它是1971年美元危机后美国发起倡议的一个结果。面临石油危机、世界经济深度衰退和不断上升的保护主义,"东京回合"于1973年启动,但其所面对的经济和政治环境比之前贸易谈判所需面对的经济和政治环境更糟。然而,"东京回合"的目标比前几轮回合的目标更加雄心勃勃。前几轮回合极力降低配额和关税壁垒,主要是非农产品的配额和关税,以及执行《关贸总协定》的目标和规则。"东京回合"继续寻求减少关税和试图调节国际贸易中的未知领域,如非关税壁垒、保障措施(即运用单边措施,如《自愿出口限制协议》)、热带产品(发展中国家会感兴趣)、农业以及其他数个仍未解决问题的产业。

在第一次东京会议召开六年半后的1979年4月,多边贸易谈判结束。[1] 与会者的部分目标得到了实现,如工业产品的关税被削减、一些非关税壁垒准则被绘制出以及对不发达国家运用《关贸总协定》的规则做出改变(参见第七章)。然而,其他努力,包括实现农业的自由贸易以及最关键的建立管理保障措施的努力,都无果而终。

"东京回合"重要的结果是在管理非关税贸易壁垒问题上取得了进展。"东京回合"协定包括通过将贸易管理扩展到非关税贸易壁垒领域从而显著修订了《关贸总协定》体制的多个新的准则。例如,《补贴和反补贴税准则》(Code on Subsidies and Countervailing Duties)的通过标志着在对付

---

[1]　Business Roundtable, "Negotiations on International Investment in the Uruguay Round: A Preliminary Statement," March 1988; and U.S. Trade Representative, Submission of the United States to the Negotiating Group on Trade-Related Investment Measures (Washington, D.C.: Office of U.S. Trade Representatives, June 1987).

反倾销的法律和国家产业政策上迈出了一步。该准则承认对制成品（不是对原材料）的补贴为非关税贸易壁垒。当**补贴**（subsidy）给进口国带来实质性伤害时，该准则允许进口国单方面征收反补贴税，或者当这种补贴给对第三方的出口带来伤害时，该准则在别的签署国的授权下也可以征收类似的关税。《**政府采购准则**》（Code on Government Procurement）承认政府采购政策为非关税壁垒，为国内和国外公司制定规则给予它们在投标官方部门的合同中平等的待遇。虽然该准则覆盖的政府机构数量很小，但它开创了一个重要的先例。其他覆盖产品标准、海关估价和许可证的准则制定了规则来管理这些非关税壁垒。这些非关税壁垒准则不但制定了规则，也提供了监督和纠纷解决机制。每个准则都成立了签约国委员会，其中一些签约国只有协商（即监督）的权力，而有些签约国则被赋予争端解决的权力。①

尽管非关税壁垒准则表现出对《关贸总协定》一些新的偏离，但是它们的有效性仍然受到一些主要的限制。由于非关税壁垒准则仅仅适用于签约国，所以它们首次背离了《关贸总协定》的最惠国地位（most-favored-nation status, MFN）或非歧视原则。尽管发达国家签订并批准了非关税壁垒准则，但是大多数发展中国家不认可它们的价值并拒绝签署，结果导致发展中国家自身受到公开的、在《关贸总协定》规则下被认为是合法的歧视。例如，《补贴和反补贴税准则》没有具体说明在直接的出口补贴之外哪种形式的政府干预被视为贸易壁垒。② 更为严重的是，各国未能在保

① See U.S. Senate, Committee on Finance, Trade Agreements Act of 1979, Report on H.R. 4537 to Approve and Implement the Trade Agreements Negotiated Under the Trade Act of 1974, and for Other Purposes, 96th Cong., 1st sess. (Washington, D.C.: Government Printing Office, 1979); Stephen D. Krasner, "The Tokyo Round: Particularistic Interests and Prospects for Stability in the Global Trading System," International Studies Quarterly, 23 (December 1979): 491–531; and Thomas R. Graham, "Revolution in Trade Politics," Foreign Policy, 36 (Fall 1979): 49–63.

② See U.S. Senate, Committee on Finance, MTN Studies No. 4, MTN and the Legal Institutions of International Trade, report prepared at the request of the Subcommittee on International Trade, 96th Cong., 1st sess. (Washington, D.C.: Government Printing Office, 1979).

障措施准则上达成一致意见将迅速扩散的《自愿限制协议》纳入多边管理之下。在保障措施谈判上关键的、难以解决的问题是某些国家在执行层面上的选择性。譬如,《关贸总协定》缔约方,尤其是欧盟,希望针对部分国家实施这些保障措施而不是以非歧视性的方式应用这些保障措施。[①]

试图将多边贸易管理扩大到农业领域的努力也鲜有成功。在对农业实行国际控制的目的和性质上存在的两种对立的观点无法通过谈判得到调和。在农业上的竞争优势导致美国提倡农业贸易自由化,包括修改欧盟的《共同农业政策》。与此相反,欧盟则敦促运用商品协定来稳定世界价格和长期供应,并拒绝就《共同农业政策》的基本原则展开谈判。日本也不情愿推行农业贸易自由化。因此,各方仅仅达成最低的结果,即同意在某些农业问题上,包括在那些与肉类和乳制品有关联的农业问题上进行协商。产业谈判也仅仅取得了一个重要的结果,即仅仅在已经实行贸易自由化的民用飞机问题上达成一致。最后,各国在改善《关贸总协定》争端解决机制上仅仅取得了有限的进展。因此,尽管"东京回合"在多边贸易谈判上迈出了重要的一步,但它仅仅是有限的一步,[②] 而且证明不足以遏制不断兴起的贸易保护主义的压力。

全球化

贸易体制被全球化的力量所改变。国际贸易的急剧增长造成了各国间更大的相互依存。此外,贸易的性质因服务贸易的增加、与贸易有关的

---

① See Gary C. Hufbauer, "Subsidy Issues After the Tokyo Round," in Cline, Trade Policy in the 1980s, 327–361.

② See Alan W. Wolff, "The Need for New GATT Rules to Govern Safeguard Actions," in Cline, Trade Policy in the 1980s, 363–391.

知识产权以及对高科技行业的新投资而改变。全球化制造了冲突性的政治需求。一方面,国际社会发出扩大贸易自由化和对新老贸易问题实行国际管理的呼声。另一方面,许多团体要求贸易保护并阻止全球化的力量。

贸易的新形式

新的贸易形式的产生是由于服务业在国家经济以及发达国家的国际贸易中呈现出不断增长的重要性。**服务业**(services),或者叫**隐形商品**(invisibles),不同于货物,因为它们不能被存储,因此需要买方和卖方之间建立某种形式的直接关系。服务业的国际贸易因此在国外市场需要某种形式的商业存在。消费性服务是由商家,如餐厅、酒店和旅行社,向零售客户直接提供并倾向于在同一市场被生产、销售和消费。生产性服务——银行业、证券交易、保险、法律、广告、会计和数据加工——是使用在制成品和其他服务中间生产环节的服务,并在国际上更频繁地被交易。

1998年,服务业占有美国国内生产总值的65%,以及12个其他发达国家国民生产总值的50%以上。[1] 在服务业内部,生产性服务业经历了尤其快速的增长。[2] 随着发达国家的经济趋向成熟,服务业在商品生产和销

---

[1] Survey of Current Business (October 2000) .

[2] David C. Mowery, International Collaborative Ventures in U.S. Manufacturing (Cambridge, Mass. : Ballinger, 1988); Steven S. Wildman and Stephen E. Siwek, International Trade in Films and Television Programs (Cambridge, Mass. : Ballinger, 1988); Lawrence J. White, International Trade in Ocean Shipping Services (Cambridge, Mass. : Ballinger, 1988); Ingo Walter, Global Competition in Financial Services : Market Structure, Protection, and Trade Liberalization (Cambridge, Mass. : Ballinger, 1988); Thierry J. Noyelle and Anna B. Dutka, International Trade in Business Services : Accounting, Advertising, Law, and Management Consulting (Cambridge, Mass. : Ballinger, 1988); Jonathan David Aronson and Peter F. Cowhey, When Countries Talk : International Trade in Telecommunications Services (Cambridge, Mass. : Ballinger, 1988); and Daniel M. Kasper, Deregulation and Globalization : Liberalizing International Trade in Air Services (Cambridge, Mass. : Ballinger, 1988) .

售中发挥着越来越大的作用。[①] 20世纪七八十年代期间,服务业也成为发达国家国际贸易中的一个主要因素。[②] 商品和资本市场的自由化为从事服务业贸易的公司创造了商业机会,而电信和计算机技术革命使得数据的远距离快速传输成为可能并使服务能够跨越国界提供。例如,美国的服务出口在1990年为1370亿美元。到1999年,美国的服务出口总额达到2547亿美元。[③] 由于在"服务"的定义以及收集数据上存在的问题,世界范围内的出口服务都难以在任何确定性的程度上进行量化。据估测这一数字大约为6000亿美元。[④] 服务业占世界贸易总额的20%[⑤]到30%[⑥]之间。

　　尽管普遍存在非关税壁垒,服务贸易仍然保持着增长。许多服务产业,如电信、银行、保险、法律和会计业都受到高度的管制,而且还常常涉及国有产业。通过拒绝向外国公司提供市场准入或者限制它们在国内市场的经营活动,国家规定频繁地对外国服务商实行歧视。这些壁垒包括在许可证和税收方面给予外国公司歧视性待遇、通过政策为国内企业保留部分的市场、设定投资**业绩要求**(performance requirements)、歧视性的政府采购政策以及政府垄断。[⑦] 由于《关贸总协定》体制没有包含服务业,因此服务贸易壁垒没有受到自由化进程的约束。尽管经济合作与发展组织(OECD)曾经做出在保险业等服务业上建立自由化规则的努力,但总的来

---

①　Economic Report of the President(Washington,D.C.: Government Printing Office, 1988),144.

②　See Ronald Kent Shelp,Beyond Industrialization(New York,N.Y.: Praeger,1981); Thomas M. Stanback,Jr.,Peter J. Bearse,Thierry J. Noyelle,and Robert A. Karasek,Services: The New Economy(Totowa,N.J.: Allanheld,Osmun,1981); and Office of Technology Assessment, Trade in Services: Exports and Foreign Revenues(Washington,D.C.: Government Printing Office, September 1986).

③　Survey of Current Business(October 2000),p. 119.

④　International Financial Statistics Yearbook,1987,701.

⑤　Coalition of Service Industries; British Invisibles Export Council,Annual Report and Accounts 1986–1987(London,UK: British Invisible Exports Council,1987),34.

⑥　U.S. Department of Commerce,U.S. Trade: Performance in 1985 and Outlook (Washington,D.C.: Government Printing Office,1986),2.

⑦　Coalition of Service Industries. Derived from IMF figures by Boston Economic Advisors,Inc.

说服务业仍然保持在国际贸易体制之外。

随着服务业在发达国家重要性的增加,一些服务性企业,尤其是那些美国和英国的服务企业,开始组织起来对政府施压以图改变现行的贸易体制以覆盖服务业。譬如,美国的服务业成功地要求美国政府改变贸易法以便使服务业和货物都适用于贸易规则和补救措施。[①] 结果,服务贸易壁垒在美国与其他国家的双边贸易关系中开始获得更多的关注。发达国家的服务业也成功地将服务业纳入到《关贸总协定》中成为"乌拉圭回合"多边贸易谈判的一个目标。

知识产权是出现在20世纪80年代末的另一个新的贸易问题。[②] 发达市场经济体中许多最具竞争力的产业的比较优势越来越依赖于它们昂贵的、开发起来耗时的先进技术。然而,这样的技术有时很容易很快以比开发成本低得多的成本复制和用来生产产品,因此破坏了技术开发公司的竞争力。例如,计算机软件的成本很大程度上来自它们的研发成本。然而,这样的软件却经常很容易被复制并以比开发者成本低得多的价格在市场上出售。同样,医药产品的研发成本也很高,但药品很容易被复制、生产和以低于开发成本的价格出售。

由于这个原因以及出于鼓励技术发展的目的,大多数发达国家通过专利、商标和**版权**(copyright)法来保护技术开发人员的权益。然而,发达国家在知识产权的保护上表现得各不相同,而发展中国家在大多数情况下没有知识产权保护的实践。随着它们在贸易中重要性的增加以及对知识产权保护的担忧的增加,高科技公司认为**盗版**(piracy)——音频和视频材料以及计算机软件的非法复制——破坏了它们的国际竞争能力并干扰了它们的正常贸易。由于通过**世界知识产权组织**(World Intellectual Property Organization,WIPO)来实现规范和扩大知识产权保护的努力并没有导致

---

① See Spero, "Removing Trade Barriers"; and William Diebold, Jr., and Helena Stalson, "Negotiating Issues in International Services Transactions," in Cline, Trade Policy in the 1980s, 581–609.

② U.S. Congress, Trade and Tariff Act of 1984, Public Law 98–573, October 30, 1984.

共同的规则和争端解决程序的制定,这些高科技公司和它们的政府们认为《关贸总协定》应该扩大范围将知识产权问题覆盖进来。

最后,贸易和投资问题在这个时期开始融合。一些发达国家也要求《关贸总协定》规则消除政府投资政策和实践带来的贸易限制性和贸易扭曲性后果。[①]《**与贸易有关的投资措施**》(Trade-related investment measures,TRIMs)包括本地化要求(要求投资者在本地采购)、许可证要求(规定投资者在本地许可生产和限制版税数量)、产品强制要求(要求投资者向某些市场供应特定产品)、贸易平衡要求(对投资者出口和进口水平设定要求)以及出口业绩要求(要求投资者出口自己一定比例产品)。

新地区主义

20世纪80年代贸易体系呈现的另一种变化是对多边主义的偏离及向双边和地区安排的方向发展。随着多边主义似乎陷入停滞(参见下文"乌拉圭回合"),许多国家纷纷转向签订替代性的贸易协定。作为最大的地区贸易集团,欧盟继续吸纳前欧洲自由贸易联盟(EFTA)成员国以扩大自身规模,并与许多中东欧国家在联盟以及可能最终的欧盟成员国身份等问题上达成协议。

与此同时,美国也朝着与美洲和环太平洋国家签订地区协定的方向发展。1990年春天,墨西哥总统卡洛斯·萨利纳斯·德戈塔里(Carlos Salins

---

① 　See Keith E. Maskus, Intellectual Property Rights in the Global Economy (Washington, D.C.: Institute for International Economics, 2000); Susan K. Sell, Power and Ideas: North-South Politics of Intellectual Property and Antitrust(Albany, N.Y.: State University of New York Press, 1998); Robert P. Benko, Protecting Intellectual Property Rights: Issues and Controversies (Washington, D.C.: American Enterprise Institute for Public Policy Research, 1987); R. Michael Gadbaw and Timothy J. Richards, eds., Intellectual Property Rights: Global Consensus, Global Conflict? (Boulder, Colorado: Westview Press, 1988); and Helena Stalson, Intellectual Property Rights and U.S. Competitiveness in Trade (Washington, D.C.: National Planning Association, 1987).

de Gortari）提出与美国举行有关建立自由贸易区的谈判。出于经济利益的激励，也出于渴望有一个稳定和繁荣的南部邻居的考虑，美国政府接受了这一提议。也将加拿大包含进来的该自由贸易区的谈判于1991年6月正式开始。**北美自由贸易区**（North American Free Trade Area, NAFTA）阐述的目标是"消除贸易壁垒、促进建立公平竞争的环境、增加投资机会，为知识产权提供足够的保护、为（解决）争端提供有效的解决程序以及进一步促进双边、地区和多边合作"。①

1992年12月签订的《北美自由贸易协定》意义深远。该协定将《美加自由贸易协定》的很多规定延伸到墨西哥并在很多方面超越了早期协定的条款。《北美自由贸易协定》取消了制成品关税和其他贸易壁垒，包括纺织品、汽车及汽车零部件等敏感产品的关税和贸易壁垒。该协定意图逐渐消除农业贸易的关税和贸易壁垒。《北美自由贸易协定》还包括重要的服务贸易自由化协议，包括墨西哥之前没有对外开放的陆路运输和金融服务方面的特别规定。另外，该协定还要求建立一个能给予北美公司国民待遇和废除业绩需求的自由投资体制，并向外国直接投资开放很多之前予以保留的产业。《北美自由贸易协定》还提高了墨西哥的知识产权保护水平。最后，《北美自由贸易协定》将美加争端解决机制扩大到上述三个国家。②

《北美自由贸易协定》扩大了美国在贸易政策上的地区定位。同时，该协定还创立了激励机制以完成"乌拉圭回合"（参见下文）。此外，该协定还使美国国内争论开了将贸易问题与劳工及环境实践问题联系在一起的第一枪。

随着20世纪八九十年代与新兴工业化国家及其他发展中国家贸易的增加，美国工会和它们的国会支持者开始担心一些劳动实践如童工和狱工

---

① Description of the Proposed North American Free Trade Agreement, prepared by the governments of Canada, the United Mexican States, and the United States of America, August 12, 1992,1.

② Peter Coffey, NAFTA: Past, Present, and Future（Boston, Mass.: Kluwer, 1999）; Norris C. Clement, North American Economic Integration: Theory and Practice（Northhampton, Mass.: Edward Elgar, 1999）; and Frederick Mayer, Interpreting NAFTA: The Science and Art of Political Analysis（New York, N.Y.: Columbia University Press, 1998）.

的使用及拒绝给予工会组织权利会使发展中国家在劳动密集型生产方面具有竞争优势而以牺牲美国工人利益为代价。美国有组织的劳工组织，尤其它们在劳联-产联（AFL-CIO）的代表，将签订贸易协定与外国对劳工权益的保证联系起来视为保护它们成员国际利益的方法。其他一些劳工也支持这一立场，因为它们整体上反对自由贸易并将在《北美自由贸易协定》上的争论当成使自己的观点为人所知的一次机会。①

同时，环保组织试图利用《北美自由贸易协定》上的国家争论来宣扬自己的担忧。一些环保主义者视新的贸易协定为改变环境法以及其他国家行为的机会。这些环保主义者曾支持国会立法，主张对违反国际保护濒危物种协议的国家实施贸易制裁。②

由于这些新的劳工和环境问题，获取国会对《北美自由贸易协定》的批准是克林顿政府在任职第一年面临的最困难的任务之一。由于担心《北美自由贸易协定》对美国就业的影响，克林顿自己政党内的许多人士也反对该协定，其他一些人则认为与墨西哥的自由贸易会导致环境特别是美国与墨西哥边境地区环境的退化。作为1992年的总统候选人，比尔·克林顿州长因《北美自由贸易协定》没有包含劳工和环境条款而曾经批评过该协定，并发誓要通过协商签订补充协议来覆盖这些问题。1993年担任美国总统后，克林顿为了这一目的重新开启了与墨西哥和加拿大的谈判。

1993年夏天，美国对《北美自由贸易协定》做出修改，增添了一些有关**环境和劳动实践**（environmental and labor practices）问题的附属协议。其中关于环境问题的一个附属协议对国家环境法律和跨境合作解决污染问

---

① I. M. Destler and Peter J. Balint, The New Politics of American Trade: Trade, Labor, and the Environment (Washington, D.C.: Institute for International Economics, 2000).

② See Edith Brown Weiss and John H. Jackson, eds., Reconciling Environment and Trade (Ardsley, N.Y.: Transnational Pulishers, 2001); Gary P. Sampson, Trade, Environment, and the WTO: The Post-Seattle Agenda (Washington, D.C.: Overseas Development Council, 2000); Diana Tussie, ed., The Environment and International Trade Negotiations: Developing Country Stakes (New York, N.Y.: St. Martin's Press, 2000); and I. M. Destler and Peter J. Balint, The New Politics of American Trade: Trade, Labor, and the Environment (Washington, D.C.: Institute for International Economics, 2000).

题及发展**基础设施**（infrastructure）并为基础设施提供融资做出规定。另外一个有关工人权利的附属协议对国家劳动法和职业、健康和安全标准合作、童工、劳动统计、劳资关系（labor-management relations）及工人培训等做出规定。[①] 然而，劳工和一些环保组织继续反对修改后的《北美自由贸易协定》。两党对《北美自由贸易协定》的支持才使该协定在1993年11月得到国会的批准成为可能。

《北美自由贸易协定》批准后，许多西半球国家寻求进入这一自由贸易区。拉丁美洲和加勒比地区的许多国家彼此之间已经开始消除贸易壁垒。例如，阿根廷、巴西、巴拉圭和乌拉圭形成了一个被称为**南方共同市场**（Mercosur，葡萄牙语）的关税联盟。墨西哥与哥伦比亚和委内瑞拉按照《北美自由贸易协定》模式谈判签订了它们自己的一个松散的自由贸易协定。在1994年12月由34位美洲民选领导人参加的美洲峰会上，与会者一致同意共同为到2005年之前创立美洲自由贸易区这一目标而努力。[②]

地区贸易自由化的运动此时也正在亚太地区兴起。1992年**东南亚国家联盟**（东盟）（Association of South East Asian Nations，ASEAN）的所有六个成员国——菲律宾、文莱、印度尼西亚、马来西亚、新加坡和泰国——承诺在2003年之前建立一个自由贸易区。在之后的1994年，由八个环太平洋国家组成的**亚太经济合作组织**（Asia Pacific Economic Cooperation，APEC）论坛同意到2020年之前努力在本地区实现自由贸易和投资。[③]

双边主义活动在这一时期也开始增加。美国与日本政府在"市场开

---

①　Gary C. Hufbauer and Jeffrey J. Schott, NAFTA: An Assessment（Washington, D.C.: Institute for International Economics, 1993）.

②　See Randall R. Parrish, Stability with Hegemony: Brazil, Argentina, and Southern Cone Integration（Albuquerque, N.M.: University of New Mexico Press, 2000）; Riordan Roett, ed., Mercosur: Regional Integration, World Markets（Boulder, Colo.: Lynne Rienner, 1999）; and Richard E. Feinberg, Summitry in the Americas: A Progress Report（Washington, D.C.: Institute for International Economics, 1997）.

③　See Emiko Fukase and Will Martin, Free Trade Area Membership as a Stepping Stone to Development: The Case of ASEAN（Washington, D.C.: World Bank, 2001; and John Ravenhill, APEC and the Construction of Pacific Rim Regionalism（New York, N.Y.: Cambridge University Press, 2001）.

放产业细则"下通过谈判签署了许多双边协定和框架协议。在《关贸总协定》最惠国原则下,这些协议其实也属于多边化的安排。欧盟与许多地中海地区国家也通过谈判签订了有关协定。

随着地区和双边贸易安排的数量显著增加,对多边体系可能分裂成不同优惠贸易集团的担忧开始增长。虽然地区和双边协议也是追求自由贸易目标的一个适当方式,但是如果这些协议不受制于一个强有力的多边体系,它们会产生排他性的后果及导致贸易扭曲。因此,贸易体系未来的方向主要还依赖于世界上主要贸易大国推行《关贸总协定》的现代化以及继续推动多边自由化进程的能力。

乌拉圭回合

不断增长的全球化使《关贸总协定》体系面临的压力增加:签署《自愿出口限制》等偏离《关贸总协定》规则的做法开始增多;农业贸易战开始爆发;贸易冲突变得更加频繁和激烈。然而,二战后支持开放贸易的政治共识仍然活跃,如果说不是很强烈的话。发达国家领导人利用经济峰会和经合组织会议重申他们对开放的贸易原则及解决具体冲突的承诺,即使他们继续彼此协商"有管理的贸易"协定。新的国际对话形式也开始尝试。双边会议,尤其美国和日本之间的双边会议,被用来解决特定的贸易问题。多边会议,如后来成为"**四国会谈**"的美国、日本、欧盟和加拿大之间定期的四边会谈,开始被用来尝试解决体制性问题。

当1982年《关贸总协定》举行自1973年发起"东京回合"后的第一次部长级会议时,多边贸易体制不稳定的性质显露了出来。部长级会议制定了雄心勃勃的议程,包括审视非关税壁垒东京准则、推进《关贸总协定》争端解决程序、保持在保障措施准则上的谈判、努力将农业纳入《关贸总协定》体制下以及考虑新的高技术和服务贸易准则。参加这次会议的政府官员承诺将"采取坚决的努力"来确保本国贸易政策符合《关贸总协定》的规则。① 这次部长级会议的积极结果也许是各国对国际贸易体系面临崩溃有着不断扩大的认识。

由于美国经济复苏以及在日本首相和《关贸总协定》秘书处的支持下,里根政府在部长级会议的第二年开始发起新一轮多边贸易谈判。面临严峻的失业和经济衰退,欧盟最初认为发起多边贸易谈判的时间点是不合适的。然而,1985年世界贸易官员同意发起新一轮多边贸易谈判并成立一个委员会来设定谈判议程。

1986年9月,在乌拉圭的埃斯特角城举行的《关贸总协定》缔约方特别会议正式启动了后来被称为"乌拉圭回合"的多边贸易谈判,并设定1990年为谈判完成的目标日期。"乌拉圭回合"谈判于1987年开始,标志着发达国家在制定新的规则和制度来管理新的全球贸易体系上做出的新努力。在埃斯特角城发表的部长级宣言决定暂停新的贸易限制或贸易扭曲措施,并呼吁在"乌拉圭回合"谈判结束前消除与《关贸总协定》规定不一致的措施。贸易部长们还建立了四大类共15个谈判小组。

其中的一个谈判小组重点讨论前几轮回合谈判提出的问题,包括那些一直是《关贸总协定》议程上的问题(如关税)以及在"东京回合"中没有令人满意解决的其他问题(如补贴和保障措施)。这些问题中最重要的、解决起来也许是最困难的是"保障措施"问题。正如我们所见,《关贸总协定》有关保障措施的规则是无效的且相对容易通过《自愿限制协议》等新的贸易保护措施来进行规避。虽然1986年部长级宣言呼吁在保障措施上达成"全面协议",但是达成这样一个协议的政治困难仍然很大。正如"东京回合"一样,本次谈判的主要分歧仍然集中在"选择性"上。美国主张保障措施的采取是建立于"最惠国待遇"或者在"双方自愿的选择性"基础上。但是对发展中国家来说,"保障措施"谈判是它们在"乌拉圭回合"中的首要任务,因此它们强烈倡导在这一问题上采取最惠国待遇原则。

第二个谈判小组集中在热带产品、自然资源型产品、纺织品和服装等

---

① See John H. Jackson, "GATT Machinery and the Tokyo Round Agreements," in Cline, Trade Policy in the 1980s, 159–187.

发展中国家关切的问题上的谈判。由于发展中国家在《关贸总协定》中越来越发挥了积极的作用,因此成功地完成这些谈判对它们继续参与《关贸总协定》体系至关重要(参见第七章)。

第三个谈判小组被授权改革《关贸总协定》现有的规则或机制。各国对《关贸总协定》现有的争端解决机制的不满多年来一直在上升,这是因为:各国延误和阻挠争端解决决议的执行;没有实施决议或监督决议执行的有效机制;对受争端影响的第三国的保护不够。在埃斯特角城发表的《部长宣言》在争端解决上指示第三个谈判小组"改进和加强争端解决进程的规则和程序"。由于在对加速争端解决程序的必要性上有着广泛的共识以及由于南北国家之间在这一问题上没有重大分歧,该谈判小组的谈判进展迅速。到1988年底,谈判代表们同意采取多项措施简化争端解决程序以及在争端解决过程中加快决策。1989年这些改革措施在临时的基础上得以执行。

对**《关贸总协定》体制职能**(functioning of the GATT system, FOGS)的谈判旨在加强《关贸总协定》体制的作用。谈判小组集中谈判采取何种方法加强《关贸总协定》对贸易政策和贸易实践的监督、如何通过部长的介入提高《关贸总协定》的整体效力和决策以及如何加强《关贸总协定》与国际货币基金组织和世界银行之间的关系。由于各方在对需要做什么有着很大程度的共识,因此它们在《关贸总协定》职能问题上的谈判进展顺利。到1988年底,谈判达成了一项协议,决定建立一个新的贸易政策审议机制来定期检查和公布国家贸易政策。谈判代表们同意在1989年开始实施该机制,而不是等到"乌拉圭回合"的结束才开始实施。

最后,一些团体极力扩大《关贸总协定》覆盖非传统领域的范围。在埃斯特角城做出的最重要、最有争议的一个决定是同意将服务、知识产权和投资等所谓的新问题归入本轮回合谈判。少数发展中国家带头反对将这些问题归入《关贸总协定》,因为它们害怕在这些问题上制定的《关贸总协定》规则,能被工业化国家运用来打垮本国羽翼未丰的产业以及破坏被认为对发展中国家经济发展至关重要的国内政策。它们认为"乌拉圭回合"应该专注于"东京回合"未完成的事情以及《关贸总协定》未能施加足够国际约束的领域的改革,如保障措施、纺织品和农业领域的改革。它们还坚持认为《关贸总协定》不是解决这些新问题的合适的地方,认为这些新问题属于别的组织管辖范围,譬如,知识产权归世界知识产权组织管辖,而投资归联合国管理。

工业化国家通过扩大《关贸总协定》处理新的贸易领域的范围强调了对该协定实行现代化的必要。正如在《关贸总协定》前几轮回合谈判中的一样,美国采取积极主动措施试图将服务、知识产权和投资归入"乌拉圭回合"。欧盟和日本支持美国的立场,但是在许多类似的长期问题还没有解决之时,它们还没有完全相信增加《关贸总协定》的负担是一项明智之举。它们也持有与发展中国家相同的一些担忧,认为《关贸总协定》在新领域的规则可能会在一定程度上侵犯本国在国内监管和政府政策上的主权。特别在投资方面,它们质疑使用《关贸总协定》作为贸易管理地点的合适性。最后,尽管发达国家在《关贸总协定》覆盖一些新的问题(尤其是在服务和知识产权方面)的原则上达成共识,但是这仍然难以促使它们在这些原则的执行细节上达成一致。

在几年里,各国通过协商在多种问题上达成一致并取得了重要进展。然而,在1993年,"乌拉圭回合"似乎走向失败。在谈判的开始阶段,问题的主要矛盾看上去是在富国和穷国之间。但是随着20世纪80年代的逐渐结束,大多数发展中国家开始奉行依赖外海市场扩张的出口导向性发展战略,而这种发展战略只有在建立新的贸易协定下才可能实现。同时,工业化国家之间也出现了重要裂痕。

各国在农业补贴上的分歧最为激烈并几乎导致了"乌拉圭回合"的失败。在"乌拉圭回合"的开始阶段,美国政府雄心勃勃地建议在10年内逐步退出农业补贴和农业贸易保护。**凯恩斯集团**(Carins Group)——由来自发达和发展中地区的14个较小农业生产国(包括阿根廷、澳大利亚、加拿大、匈牙利、马来西亚及其他国家)成立的联盟——也倡导相似的方案。① 日

---

① Diana Tussie, "Holding the Balance: The Cairns Group in the Uruguay Round," in Diana Tussie and David Glover, eds., The Developing Countries in World Trade (Boulder, Colo.: Lynne Rienner, 1993).

本反对美国的主张,但是总体上极力保持低调。

欧盟接受有必要减少农业补贴的观点,但是认为美国的提议严重不现实,取而代之倡导能允许欧盟保持《共同农业政策》的方案。事实上,在农业补贴的问题上,欧盟内部划分为两个阵营,分别以法国和德国等国内农民受益于补贴政策为一方和农业不是其国家经济重要部分的国家如英国等为另外一方。直到1992年欧盟成员国达成减少农业补贴的一项内部协定,有关各方才在减少农业补贴的谈判中取得进展。

最后,1993年美国新当选总统比尔·克林顿将完成"乌拉圭回合"列为其政府的优先任务。克林顿要求并得到了国会"快轨道"贸易谈判授权。这一权力于1993年12月15日期满终止。此外,1993年11月克林顿政府积极在华盛顿州的西雅图召开的亚太经合组织(APEC)领导人峰会取得了美国想要的效果,因为这次峰会引起了欧洲担忧,即使没有欧洲的加入,美国也会在必要时组织新的贸易安排。美国的这一举动,加上彼得·萨瑟兰被任命为《关贸总协定》新一届总干事,为美国和欧盟成功解决彼此之间其他的分歧提供了动力。

为了完成"乌拉圭回合",各方于1993年12月1日至12月15日举行了认真的会谈,并在农业补贴、视听服务(电影和电视)和金融服务等一系列有争议的问题上取得了突破。萨瑟兰总干事然后宣布"乌拉圭回合"于12月15日成功结束。来自124个国家的代表于1994年4月15日在摩洛哥的马拉喀什签署协定,该协定于次年1月1日生效。

《马拉喀什协定》

在马拉喀什签署的协定是一个拥有400页并附有22000页左右详细的关税税率表的文件。该协定在日内瓦成立了一个叫**世界贸易组织**(World Trade Organization, WTO)的新实体,赋予它承担《关贸总协定》原有秘书处的功能及启动新的程序,包括制定一个有约束力的争端解决机制。《马拉喀什协定》还在进一步削减关税、显著减少农业补贴、取消超过10年的纺织品和服装配额、新的服务贸易规则、知识产权以及与贸易有关的投资等问题上做出规定。

作为《关贸总协定》中最全面的一个贸易协定，《乌拉圭回合协定》在众多领域取得了突破性进展。该协定通过削减关税和非关税壁垒改进了许多产业的市场准入制度以及削减了制成品领域多于三分之一的关税。《乌拉圭回合协定》逐步消除了对发展中国家向发达国家的纺织品出口配额限制的《多纤维协定》，而且还扩大了"东京回合"谈判达成的政府采购准则覆盖的机构和产品数量。

《乌拉圭回合协定》还第一次将世界贸易体制以有意义的方法延伸到农业领域。尽管农业领域的很多壁垒依然存在，但是该协定提高了很多农产品的市场准入。它规定了配额的废除以及关税〔被称为"**关税化**"（tariffication）〕对配额的替代，而关税反过来能以直接的方式被削减。该协定还对造成贸易扭曲的农业补贴设置了限制。

开始于"东京回合"的规则制定过程被扩大。《马拉喀什协定》虽然没有将反倾销法律的使用当作非关税壁垒予以废除，但为了提高透明度，该协定改进了反倾销措施的使用准则，建立了新的、更好的衡量倾销程度的方法以及新的程序性规则以防止国家反倾销法律的滥用。《**补贴与反补贴措施**》（Subsidies and Countervailing Measures，SCM）协定通过扩大禁止行为名单、增加对补贴的自控力以及将规则的覆盖面扩大到所有《关贸总协定》成员国而极大地改进了"东京回合"准则。《马拉喀什协定》也包含了《**保障措施协定**》（Agreement on Safeguards），后者对国家何时可以施加临时性限制以阻止对国内相关产业造成严重损害的进口激增做出定义。

"乌拉圭回合"还通过在服务、知识产权和投资等新问题上建立规则促进了国际贸易体系的现代化。该协定将传统的国际贸易规则，包括国民待遇和最惠国地位，应用到服务业，还为很多服务产业，包括广告、会计、工程、金融、信息和计算机服务和旅游业，规定了更多的市场准入。

《**服务贸易总协定**》（General Agreement on Trade in Services，GATS）由两

个部分组成：包含一般规则和约束的框架协议以及由单个国家提供给国外供应商国内市场准入的国家"日程表"。每一个世贸组织成员在本国的"日程表"上列出它希望保证外国供应商享有市场准入的服务领域。所有承诺都在非歧视原则的基础上适用于所有其他成员国。成员国完全享有选择何种服务承诺的自由。除了承诺过的服务，"日程表"还对外国服务供应商在国内市场进行何种程度的运行做出限制。例如，一个国家做出承诺，允许外国银行在其领土内经营业务，但可能会限制对外资银行发放营业许可证的数量（市场准入限制）。它还可能限制国外银行在本国建立分支机构的数量（国民待遇限制）。[①] 该协定希望通过建立一个正式的承诺名单，然后按照时间顺序发起谈判来促进更自由化的市场准入以及给予外国公司更广泛的国民待遇。

《**与贸易有关的知识产权协议**》(trade-related aspects of intellectual property rights, TRIPs) 的谈判导致全面贸易规则的建立以保护版权、专利、商标和产业设计。该协议合并了国民待遇和最惠国待遇，处理了强制许可等问题。然而，为了满足发展中国家的需求，该协定允许在相对较长的时间内逐步实施新规则。[②]《与贸易有关的投资措施协议》的签订向国际投资规则的制定迈出了第一步。该协定禁止了本地内容、贸易平衡及外汇平衡要求等限制性措施。然而，《与贸易有关的投资措施协议》并不完整，因为该协定即使应用了国民待遇原则，却没有包含最惠国待遇条款，也没有充分地处理与成立权及投资激励措施的使用有关的重要问题。

"乌拉圭回合"结束前许多未能解决的问题在《马拉喀什协定》签订后继续谈判。1997年《基础电信和金融服务协议》谈判完成并签订协议。在1998年日内瓦部长级会议上，世贸组织成员国同意研究由全球**电子商务**(electronic commerce) 引发的贸易问题。

---

① See http://www.wto.org/english/tratop_e/serv_e/gats_factfiction1_e.htm. Accessed on December 22, 2001.

② Klaus Stegemann, "The Integration of Intellectual Property Rights into the WTO System," The World Economy, 23 (September 2000): 1237-1267; and Keith E. Maskus, Intellectual Property Rights in the Global Economy.

贸易新挑战

"乌拉圭回合"结束后以及某种程度上由于该"回合"的成功,世界贸易组织《马拉喀什协定》以及之后的一系列"乌拉圭回合"协定的签署为世界贸易的进一步全球化奠定了基础。国际、国内市场的自由化与新信息和计算技术的应用结合在一起使国际资本、人员以及观念的流动更容易、更低廉。跨国公司真正全球经营的能力大大提高(参见第四章)。发展中国家和前共产主义国家加入了全球贸易体系和世界贸易组织(参见第六、八章)。中国于2001年加入世界贸易组织,它的加入使世贸组织协定覆盖的世界人口比例增长到97%。[①]

贸易议程上的许多重要问题仍未得到解决。尽管取得了重要进展,农业依然受到各国高度的保护。农业贸易壁垒的存在令那些认为自己已经做出了很多让步、也希望在农业贸易上从其他国家得到同样互惠让步的发展中国家尤其担忧。反倾销和保障措施只是部分地受到新的世界贸易组织协议的约束。国家反倾销法的继续扩散将导致政策的不一致以及在全球层面上对和谐和争端解决的更大需求。世界贸易组织的《争端解决机制谅解》(Dispute Settlement Understandings, DSU)条款比《关贸总协定》的条款更加雄心勃勃但也被批评为过于拘泥法规的。[②] 批评者认为,服务、知识产权以及

[①]　Yang Guohua and Cheng Jin, "The Process of China's Accession to the WTO," Journal of International Economic Law, 4 (June 2001): 297-328.

[②]　It should be noted that the new DSU resulted in a major increase in the number of requests for consultations(when compared with the earlier GATT dispute set-tlement system). As of the end of 2006, 359 requests for consultation had been made. See Young Duk Park and Georg C. Umbricht, "WTO Dispute Settlement 1995-2000: A Statistical Analysis," Journal of International Economic Law, 4 (March 2001): 213-230; and Robert Hudec, "The New WTO Dispute Settlement Procedure: An Overview of the First 3 Years," Minnesota Journal of Global Trade, 1 (1999): 1-53; and Henrik Horn and Petros C. Mavroidis, "The WTO Dispute Settlement System 1995-2006: Some Descriptive Statistics," The World Bank, March 14, 2008, http://siteresources. worldbank.org/INTRES/Resources/469232-1107449512766/DescriptiveStatistics_031408.pdf.

投资措施的协定在覆盖面上留下了需要填补的缺口。^①

表 3.3　2001—2007 年加入世贸组织的成员

国家（经济体）	年　份	国家（经济体）	年　份
亚美尼亚	2003	摩尔多瓦	2001
柬埔寨	2004	尼泊尔	2004
中国	2001	沙特阿拉伯	2005
立陶宛	2001	越南	2007
马其顿	2003		

资料来源：世界贸易组织。

此外，"乌拉圭回合"导致关税和非关税壁垒的显著减少揭示了新的国家政策会影响贸易流动。其中的一个问题是竞争政策。随着传统贸易壁垒的下降，不同国家在竞争或反托拉斯政策方面的法律法规逐渐成为自由贸易的障碍。尽管关税和其他贸易壁垒的减少，外国进入者仍然面临强大、甚至处于支配地位且实行限制贸易做法的本地竞争对手。然而，在竞争政策上仍然缺乏国际规则或惯例。不同国家在"**卡特尔**"（cartel）和"贸易限制"的定义上明显不同，彼此的贸易监管结构存在广泛差异，而且在国家救济政策的有效性上也有所差异。

另一个新的问题是电子商务。虽然电子商务能相对自由地跨越国界流动，但是不利于电信基础设施（使电子商务成为可能的硬件和软件）公开应用的壁垒仍然存在。1998年5月召开的世界贸易组织日内瓦部长会议通过了《全球经济贸易宣言》。在本次会议上，世界贸易组织成员国承诺

---

① John H. Jackson, "International Economic Laws in Times that Are Interesting," Journal of International Economic Law, 3（March 2000）: 3–14; Judith Goldstein and Lisa L. Martin, "Legalization, Trade Liberalization, and Domestic Politics: A Cautionary Tale," International Organization, 54（2001）: 603–632; Claude Barfield, Free Trade, Sovereignty, Democracy: The Future of the World Trade Organization（Washington, D.C.: The AEI Press, 2001）; Allan Rosas, "Implementation and Enforcement of WTO Dispute Settlement Findings: An EU Perspective," Journal of International Economic Law, 4（March 2001）: 131–144.

保持目前采取的不对电子商务征收关税的做法。1998年9月25日，世界贸易组织总理事会制定一项工作计划来处理电子商务问题。

另外一组未得到解决的问题是关于贸易和社会政策之间的联系，特别是贸易与环境和劳工政策之间的联系。对贸易和环境之间联系的担忧在20世纪80年代浮现出来，而且，正如我们见到的，这种担忧在《北美自由贸易协定》的谈判中发挥了重要作用。环保人士担心，自由的国际贸易体制可能导致**环境倾销**（environmental dumping），即向那些实施最不具有约束性环保法规的国家转移最有环境破坏性的活动，这将迫使其他所有国家将本国的环保标准降到最不具有环保意识的国家制定的水平（也称之为"**逐底"竞争**）。[①] 他们还担心世界贸易组织规则会妨碍国家环境法规，认为这可能会产生扭曲贸易的影响。

他们特别担心的是各国会使用贸易措施来限制那些通过对环境不良的生产方式获得或生产的产品的进口。最著名的例子是美国在20世纪90年代初试图限制从墨西哥的金枪鱼罐头的进口，认为这些金枪鱼是使用很多美国消费者认为对海豚有害的渔网捕获的。[②] 受质疑的这种渔网在拉入金枪鱼的时候也让海豚无法逃脱。由于美国法律规定使用渔网不能导致不必要的海豚死亡，而且美国生产商不允许在美国销售通过旧方法捕捉到的金枪鱼，因此管理国内金枪鱼产品的法律制度将全面禁止销售这些产品的规定扩大到进口产品。墨西哥政府对美国的这种做法表示抗议，并将纠纷提交到世界贸易组织。世界贸易组织在两国纷争中做出了反对美国的裁定，导致一些环保人士声称自由贸易与环境保护在本质上互相矛盾。

---

① Debora L. Spar and David B.Yoffie, "A Race to the Bottom or Governance from the Top?" in Aseem Prakash and Jeffrey A. Hart, eds., Coping with Globalization（London, UK：Routledge, 2000）.

② For the details of the case, see http://www.american.edu/TED/TUNA.HTM. For a discussion of the case, see R. Daniel Kelemen, "The Limits of Judicial Power：Trade-Environment Disputes in the GATT/WTO and the EU," Comparative Political Studies, 34（August 2001）：622–650.

在被递交到世界贸易组织专门小组的海豚/金枪鱼案件和其他高调的贸易与环境纠纷中,关键的问题是世界贸易组织协定是否禁止成员国制定涉及货物制造或加工方法的贸易政策。墨西哥在与美国海豚/金枪鱼的纠纷中获胜的法律论据是贸易政策应该只与所涉及商品和服务的特征有关,而不与它们以何种方法生产有关。相反的方式将会给予那些想对世界贸易组织其他成员国实行贸易歧视的国家太多机会,从而破坏非歧视原则的核心目标。

更近些的例子是,对化石燃料的燃烧造成全球气候变化的担忧加强了人们寻找修改全球贸易体制方法的努力以鼓励减少温室气体如二氧化碳的排放。贸易体制的适当变化可能会有利于通过碳排放税、碳抵消计划以及建立二氧化碳总量管制与排放交易系统来采取措施应对全球气候变暖。当前的贸易体制既不鼓励通过海运,即最有利于碳排放减少的运输方式来进行货物运输,也不阻止通过空运,即最不利用于碳排放减少的方式来进行货物运输。随着中国因高增长率和严重依赖煤而加入到大多数是工业化国家的主要污染大国,新的贸易协定可能会帮助延缓全球气候变暖的趋势。①

最后一组挑战是关于世界贸易组织的运行。像国际货币基金组织和世界银行一样,世界贸易组织是成员均为国家政府、参与者和决策者均为这些政府代表的一个**政府间组织**(intergovernmental organization)。许多非**政府组织**(nongovernmental organization, NGOs),包括塞拉俱乐部和世界野生动物协会,呼吁世界贸易组织进行改革以使利益集团和政府能共同参与世界贸易组织的决策。这些国际非政府组织认为,世界经济需要更加民主的治理形式,就像在大多数民主国家的非政府组织和其他利益集团能游说政府实行它们偏爱的政策并直接参与政策的讨论一样。它们认为,利益集

---

① See a speech by Pascal Lamy, "Doha Could Deliver Double-Win for Environment and Trade," December 9, 2007, http://www.wto.org/english/ news_e/sppl_e/sppl83_e.htm. See also, Trevor Houser, Rob Bradley, Britt Childs, Jacob Werksman, and Robert Heilmayr, Leveling the Carbon Playing Field: International Competition and U.S. Climate Policy Design(Washington, D.C.: Peterson Institute, May 2008), especially ch. 3.

团更多地介入世界贸易组织将会因更多的公民参与其治理而提升世界贸易组织的民主度。那些呼吁世界贸易组织进行类似改革的人士主张国际社会应发展同样充满活力、在国家层面促进民主的私营部门，并认为世界贸易组织和其他国际组织应采取政策允许非政府组织的直接参与。其他团体和政府不同意这一观点，认为非政府组织已经通过它们的国家政府和国家决策过程介入了世界贸易组织，因此维持世界贸易组织的政府间属性是合适的，也是必要的。①

国际社会也要求世界贸易组织在运行中保持更高的透明度。"透明度"一词指的是公民使政府官员对他们的行为负责的能力。② 在实践中这意味着要求世界贸易组织必须对公众更广泛地开放包括条约草案等文件、必须在公众（如果不能参加）至少能观察得到的地方举行会议以及必须更好地宣传会议和谈判的结果。那些倡导更多透明性的人士声称这些都是世界贸易组织拥有更多透明性的先决条件。③

"乌拉圭回合"的成功导致各种反全球化组织被调动起来，它们主要位于发达国家且主要关注环境和劳工问题。政治左派势力愿意接受全球化的逆转、延缓或者至少具有更多人文面孔的一面。反全球化团体越来越多地批评国际货币基金组织及世界贸易组织等政府间机构，认为两者都在

---

① An excellent discussion of this issue is in John H. Jackson, "The WTO 'Constitution' and Proposed Reforms: Seven 'Mantras' Revisited" Journal of International Eocnomic Law, 4 (March 2001): 67–78. For examples of arguments in favor of democratizing the WTO, see Philip McMichael, "Sleepless Since Seattle: What is the WTO About?" Review of International Political Economy, 7 (Autumn 2000): 466–474; and Robert O' Brien, Anne Marie Goetz, Jan Aaart Scholte, and Marc Williams, Contesting Global Governance: Multilateral Economic Institutions and Global Social Movements (New York, N.Y.: Cambridge University Press, 2000).

② Ellen M. Katz, "Transparency in Government: How American Citizens Influence Public Poliy," in Paul Malamud, ed., Transparency in Government (Washington, D.C.: U.S. Department of State, n.d.), http://usinfo.state.gov/products/pubs/transgov/.

③ Gabrielle Marceau and Peter N. Pedersen, "Is the WTO Open and Transparent?: A Discussion of the Relationship of the WTO with Non-governmental Organizations and Civil Society's Claims for More Transparency and Public Participation," Journal of World Trade, 5 (1999): 5–49.

缺乏足够民主的情况下做出与世界经济有关的重要决定。许多非政府组织想以某种形式直接参与这些组织的讨论而不是在自己喜欢的政策上仅仅依靠国家政府。为了继续自由化和改善国际经济治理的进程,那些负责塑造贸易体系的人士不得不解决治理与合法化这类问题。

权力关系的转移

20世纪90年代,三个主要贸易国之间的关系逐步演变。一个显著的变化就是美国经济实力的重新崛起。产业的重组、在新信息和通信技术上的主导地位、经济的灵活性以及宏观经济的健康造就了美国在国际经济关系中的首要地位,如果说不是霸权地位的话。1992年至1999年,美国实际国内生产总值年均增长率为3.6%。 而同一时间,欧盟15国和日本的实际国内生产总值年均增长率分别为1.9%和1.1%。[①] 2000年至2006年,美国实际国内生产总值继续保持着比欧元区和日本快得多的增长速度(图3.7)。

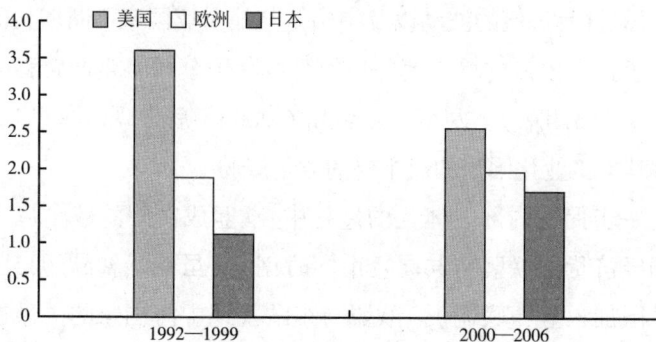

图3.7 1992—2006年美国、欧洲和日本实际国内生产总值平均增长率

资料来源:经合组织统计数据,http://stats.oecd.org/。

---

① Computed by the authors from data in OECD Historical Statistics 1970–1999(Paris, France:OECD,2001).

例如,在个人电脑(PC)行业,美国公司领导着世界并主导许多相关领域,包括微处理器、操作系统和套装软件等。美国公司拥有世界上个人电脑系统出货量的最大份额。在世界十大个人电脑制造商中,美国公司1985年拥有59%的全球市场份额,1995年拥有40%的全球市场份额。在微处理器方面,大多数高附加值的设计和工程活动都发生在美国。美国公司控制着全球75%的套装软件产业以及实际上100%的操作系统市场。全球绝大多数的电脑软件是在美国开发。①

同时,美国越来越没有能力领导全球贸易体系。对未来贸易政策的国内政治冲突被证明是最大的绊脚石。一些选民倡导扩大贸易自由化、在竞争政策和投资等问题上制定国际规则、扩大世界贸易组织以致能吸纳特别像中国这样的新成员以及发展世界贸易组织制度体系。另外一些选民要求更加重视新议程,如贸易与环境以及贸易与劳工权利之间的关系。还有一些选民认为全球化仅仅使少数人获益,因此需要显示更多人文的特性。

全球贸易体制的第二个变化是日本经济的疲软。正如我们在第二章讨论的,日本经济在20世纪90年代早期进入了"滞胀"(stagnation)时期,这一状况持续了整个90年代并延续到下一个千年。贸易仍然是维持日本经济的支柱,但日元价值的波动以及中国等其他东亚国家不断增长的经济竞争力打断了日本出口的增长率并迫使日本跨国公司将生产转移到低工资的地区(参见第四章)。尽管日本经济在2000年后出现改善,但日本不再被视为对其他工业化国家构成主要的竞争威胁。

在进一步促进内部一体化的过程中,欧盟成员国的数量也在不断扩大。欧洲经济货币联盟与共同货币同时创立(虽然最初欧盟15国中只有12个成员国加入这一联盟)。欧盟与东欧及地中海国家的关系进一步加强。"欧洲硬化症"(eurosclerosis)在20世纪90年代最终结束,但是欧洲经济增长率仍然比美国低但失业率却比美国高。尽管如此,欧洲仍然呈现出

---

① Jason Dedrick and Kenneth L. Kraemer, Asia's Computer Challenge: Threat or Opportunity for the United States & the World? (New York, N.Y.: Oxford University Press, 1988), pp. 58~64.

其在80年代所缺乏的新的活力和新的方向感。

国际贸易政治清晰地反映了发达国家之间这种实力的变化。美国在国际经济事务中重新恢复了成为第二次世界大战结束后一段时期重要特征的领导地位。然而，一个关键的不同是美国国内对自由贸易的好处再也无法达成高度一致的看法。美国政府再也不可能依靠劳工的支持进一步促进贸易自由化。国内也有很多商业和环保团体反对进一步的贸易自由化。从国会获得对"快轨道"谈判授权的支持也变得更加困难。

美洲自由贸易区（Free Trade Area of the Americas, FTAA）的谈判在技术层面继续进行，尽管美国"快轨道"授权的缺少大大减缓了谈判进度。[①] 1997年亚洲金融危机后，亚太经合组织进程虽然持续，但是要比以前进展缓慢得多。不同国家之间举行了许多双边贸易协定谈判。随着欧盟与东欧和地中海地区国家签订协议，美国与约旦以及日本与新加坡也通过谈判签订了自由贸易协定。

然而，贸易政策的重点仍然维持在多边层面上。这是因为"乌拉圭回合"协定为世界贸易组织成员国之间未解决问题的谈判设定了时间表。世界贸易组织所谓的**内置议程**（built-in agenda）包括授权完成农业和服务贸易自由化的谈判以及在1999年之前制定政府采购和补贴规则。除了履行"乌拉圭回合"的决议外，各国也寻求解决其他"后乌拉圭回合"时代的贸易问题，包括世界贸易组织的职能、旧的贸易问题特别是反倾销做法，以及新的议程问题。

正是希望发起一个新的"千年回合"来解决这些问题才使得贸易部长们接受了美国的邀请于1999年12月在华盛顿州的西雅图举行会晤。这次部长会议是各国政治上的失败。代表们无法就举行新一轮多边贸易谈判达成一致意见。西雅图会议的失败较小程度上是因为后来被称之为的**"西雅图之战"**（Battle in Seattle）和反全球化组织在会议期间发起的抗议。在西雅图游行的团体不是一个统一的组织，而是反对多边贸易体制各个方

---

①　See José Manuel Salazar-Xirinachs and Maryse Robert, eds., Toward Free Trade in the Americas（Washington, D.C.: Brookings Institution, 2001）.

面的不同利益联盟。一些组织要求在贸易体系中各国应更多关注环境问题;另外一个团体强调贸易自由化对穷人和工人的负面影响。一些人想在贸易体系内工作,而另外一些人想去破坏这个体系。①

参加西雅图示威活动的激进团体包括"热带雨林行动网络"(Rainforest Action Network),"骚动社会"(Ruckus Society),"直接行动网络"(Direct Action Network),"为社会正义动员"(Mobilization for Social Justice),"公司观察"(Corporate Watch)和"受够了50年"(Fifty Years is Enough)。参加西雅图示威活动的更主流的组织包括"公民组织"(Public Citizen),"德国绿党"(German Green Party),劳联-产联(AFL-CIO),"国际卡车司机兄弟会"(the International Brotherhood of Teamster),"塞拉俱乐部"(Sierra Club),以及"服务业雇员国际工会"(Service Employees International Union,SEIU)。媒体对警方使用暴力抑制在西雅图不守规矩的示威者的广泛报道导致许多人认为西雅图谈判因示威而未能成功。但这并不是实情。西雅图会议失败的主要原因是因为世界贸易组织成员国之间彼此存在差异以及它们没有能力在未来谈判的议程上达成一致意见。谈判者无法解决发达国家之间在农业、关税、反倾销、竞争政策和投资等问题上存在的深刻冲突。结果,发达国家出现分裂且无法在会议中扮演领导角色。

多哈回合

"多哈回合"是基地组织袭击世贸大厦和五角大楼两个月后的2001年11月8—14日在卡塔尔的多哈召开的世界贸易组织第四次部长级会议上

---

① Good evidence for this can be seen in the discussions that occurred at a teach-in organized by the International Forum for Globalization on November 26-27,1999. For a detailed, pro-demonstrator account of the Seattle demonstrations,see Janet Thomas,The Battle in Seattle: The Story Behind the WTO Demonstrations(Golden,Colo.: Fulcrum Books,2000).

启动。[①]　"多哈回合"的正式名称为"多哈发展回合",这一名称反映了发展中国家认为"乌拉圭回合"没有足够顾及它们所关切的问题。在"西雅图之战"后的两年内,大量完成的计量经济学研究显示农业贸易自由化将给世界经济带来巨大的潜在好处。"多哈回合"至少涉及20个谈判领域,但是最突出的是关于农业贸易自由化和非农业市场准入(nonagricultural market access,NAMA)。工业化国家政府希望新兴市场经济体(尤其是巴西、中国和印度)降低工业产品关税,因此愿意致力于农业贸易自由化以确保后者做出这种让步。[②]　2003年3月底被定为"多哈回合"农业贸易自由化"形态"(目标、公式和时间表)达成协议的最后期限。"多哈回合"本身于2005年1月1日结束。

世界贸易组织第五次部长级会议于2003年9月1日在墨西哥的坎昆召开。美国和欧盟已经在农业贸易自由化谈判上就广泛的框架达成协议,但是G20国家(包括巴西、中国、印度和南非)却提出一个将发展中国家排除在农业自由化之外的相反建议。工业化国家希望将谈判议程扩大到包括竞争政策和投资,但是发展中国家却没有同样的想法。因此,坎昆会议在结束时没有达成任何协议。在2005年之前结束"多哈回合"设定的目标被认为是不切实际的。

2004年7月,世界贸易组织成员就《多哈工作计划》达成一致。[③]《多哈工作计划》将2005年7月定为完成农业贸易自由化"形态"草案的最后期限。2005年10月,美国贸易代表罗伯特·波特曼提交一项减少工业化国家

---

① See Jeffrey J. Schott,C. Fred Bergsten,and Renato Ruggiero,The WTO After Seattle (Washington,D.C.: Institute for International Economics,2001); Jagdish Bhagwati,"After Seattle: Free Trade and the WTO," International Affairs,77 (January 2001): 15–29; and Gary P. Sampson,Trade,Environment and the WTO: The Post–Seattle Agenda(Washington,D.C.: Overseas Development Council,2000).

② Dilip K. Das,"Suspension of the Doha Round of Multilateral Negotiations and the Need for Its Rescuscitation," The Estay Center Journal of International Law and Trade Policy, 9 (2008): 54.

③ World Trade Organization,Doha Work Programme,WT/L/579,August 2,2004,http:// www.wto.org/english/tratop_e/dda_e/draft_text_gc_dg_31july04_e.htm.

农业补贴的提议,希望借此助推"多哈回合"取得进展。这在某种程度上是为了说明欧洲和日本的农业补贴高于美国这样的一个事实,但是欧洲国家和日本不为美国这一策略所动。

美国农业补贴的主要类型包括给予同意不种植某些作物的农民补偿。这样做的目的是为了通过减少供应支持价格水平。在欧洲,农业补贴的主要类型是给予农民直接补偿以确保最低价格。在日本,稻农通过价格支持计划获得补贴。在这个计划里,政府以保证价格(即大约是国际价格的8倍)购买国内所有产量,然后以低于这个价格出售给日本国内的消费者。由于这种补贴计划的操作成本非常巨大,所以日本政府被迫对从外国进口的大米实行数量限制。按照经合组织的估计,欧洲对农业补贴的总额2004年达到1140亿美元左右,而美国和日本同一年大约是600亿美元和500亿美元。①

在美国和欧洲,绝大多数的补贴资金流向大型农业项目而不是小型农场。然而,美国、欧洲和日本都存在着有强大的政治联盟支持的补贴项目。欧盟在2000年后对《共同农业政策》实施的主要改革减少了《共同农业政策》的规模并实际上废除了对农业的出口补贴。欧盟内部对农业补贴的争论营造了一个更好的谈判环境,但欧盟最终并没有在"多哈回合"上提出一个慷慨的、减少补贴的提议。这迫使工业化国家承认"多哈回合"不能按计划在2005年完成。

世界贸易组织总干事帕斯卡尔·拉米(Pascal Lamy)提出了自己的协议草案供在香港举行的部长级会议讨论。草案反映了有关各方之前在农业贸易自由化"形态"上的分歧并于2005年12月18日在香港经过细微修改后获得通过。② 接下来有关"形态"问题的会议于2006年7月在瑞士的日内瓦举行。这些会谈并没有解决关键问题,尽管按照《2002年贸易法案》授予美国总统布什的"贸易促进权"将于2007年6月1日期满。2006年7月24日,帕斯卡尔·拉米建议暂停这些会谈以使"参与方能进行明显必要

---

① http://www.centad.org/relatedinfo9.asp.

② World Trade Organization, Ministerial Declaration, WT/MIN(05)/DEC, http:// www.wto.org/english/thewto_e/minist_e/min05_e/final_text_e.htm.

的、严肃的反思"。^①

"四国集团"（美国、欧盟、巴西和印度）从2006年冬天到2007年春天举行了会谈，但是没有达成一致意见。"四国集团"谈判于2007年6月在德国的波茨坦破裂。美国政府指责巴西和印度政府造成谈判陷入僵局，而后者则反驳说美国减少农业补贴以换取它们在开放国内进口市场方面做出让步的建议做得还不够。

2008年2月，世界贸易组织农业谈判主席，即新西兰大使克劳福德·福克纳（Crawford Falconer）公布了一份修改过的农业贸易自由化"形态"的协议草案。^② 虽然相当数量的主要分歧仍然需要解决，但该草案表明谈判最终取得了实质性进展。当世界贸易组织部长级会谈在2008年5月恢复时，有一些人乐观地认为"多哈回合"谈判正接近结束。其他人对"多哈回合"的成功结束表示悲观。^③

"多哈回合"失败的一个潜在后果将是双边和地区贸易协定数量的增加。例如，美国与以色列、加拿大、墨西哥、约旦、智利、新加坡、澳大利亚、摩洛哥、多米尼加共和国、萨尔瓦多、危地马拉、洪都拉斯、尼加拉瓜和巴林等14个国家签订了双边贸易协定。2008年等待国会批准的三个自由贸易协定分别于哥伦比亚、巴拿马和韩国签署。与秘鲁和阿曼的自由贸易协定正等待实行。^④ 欧盟与非加太地区国家（African，Caribbean，and Pacific，ACP）——目前的一个协定是《**科托努协定**》（Cotonou Agreement）——及11

---

① World Trade Organization，"DG Lamy：time out needed to review options and positions，" July 24，2006，http://www.wto.org/english/news_e/news06_e/ tnc_dg_stat_24july06_e.htm.

② World Trade Organization，Committee on Agriculture，Special Session，Revised Draft Modalities for Agriculture，TN/AG/W/4/Rev. 1，http://www.wto.org/ english/tratop_e/agric_e/agchairtxt_feb08_e.pdf.

③ For more on the Doha Round，see Dilip K. Das，The Evolving Global Trade Architecture（Northampton，Mass.：Edward Elgar，2007）；Kimberly Ann Elliott，Delivering on Doha：Fram Trade and the Poor（Washington，D.C.：Institute for International Economics，2006）；Alex F. McCalla and John Nash，eds.，Reforming Agricultural Trade for Developing Countries，2 volumes（Washington，D.C.：The World Bank，2007）；and Pitou van Dijck and Gerst Faber，eds.，Developing Countries and the Development Agenda of the WTO（New York，N.Y.：Routledge，2006）.

④ http://www.ustr.gov/Trade_Agreements/Bilateral/Section_Index.html.

个其他地区签订了地区贸易协定,以及与33个国家,包括美国、墨西哥、加拿大和日本,签署了双边贸易协定。[①] 在一个主要贸易回合谈判期间,这些双边和地区贸易协定可为下一个多边贸易体制建立先例,但是也被视为防止这轮回合谈判破裂的保险举措。如果"多哈回合"破裂,双边和地区贸易协定将增加,现存的贸易安排将加深。

以世界贸易组织为代表的多边贸易体制的建立是第二次世界大战结束后各国努力创建多边机构以培育一个开放、自由的贸易体系等一系列努力的结果。在布雷顿森林体系时期,这些努力主要表现为美国政府的举措。在相互依存年代,随着贸易的扩大以及其他国家成为美国在世界市场上的重要竞争者时,全球贸易体制的规则不断演变。尽管相互依存所带来的挑战,"东京回合"在寻求国际贸易体制的扩大和现代化上取得了成功。同样地,在全球化时代,"乌拉圭回合"成功地解决了新老挑战,包括农业、非关税壁垒、新贸易问题以及不断增长的世界贸易地区化的可能等问题。"东京回合"和"乌拉圭回合"的积极成果并不是已成定局。在农业、服务、电信、知识产权、反倾销、非关税壁垒等重要的问题上的严重分歧依然存在并将继续存在。"多哈回合"和后来的其他回合谈判将不得不解决这些问题。

国际贸易体系、国际货币以及对外直接投资等相关体制共同促进世界经济比第一次世界大战开始以来呈现的更加开放和自由。然而,恰恰在这一领域的成功导致了对全球化的普遍争论以及新的反全球化政治运动的兴起。我们将在下一章节讨论跨国公司的存在和实力的增长,在激化对全球化的政治争论的同时也导致了一个更加开放的世界经济的建立。

---

① http://ec.europa.eu/trade/issues/bilateral/index_en.htm and http://ec.europa.eu/ trade/issues/bilateral/regions/index_en.htm.

第四章　跨国公司和全球治理

"跨国公司"（multinational corporation，MNC）[①] 指的是"从事对外直接投资且在一个国家以上拥有或者控制增值活动的企业"。[②] 一个公司如果仅仅从事海外贸易或者仅仅成为外国公司的承包商，还不能称为跨国公司。对一个特定公司的跨国性程度有着很多评估的方法。例如，有下列情况的公司被认为具有更多的跨国属性：1.它们在外国拥有很多外国分公司或子公司；2.它们在世界各地多个国家拥有业务；3.它们的国外业务拥有的资产、收入或利润占公司整个资产、收入或利润的很高比例；4.它们的员工、股东、所有者和经理来自很多不同的国家；5.它们的海外业务比仅仅在海外建立销售办公室要雄心勃勃得多，譬如包括全系列的生产、研究和发展活动。[③]

通过从**母公司**（parent firm）所在国向海外公司（host firm）（通常是一个**分公司**或**子公司**，但也可能是与另一个公司建立的**合资公司**）所在国转移资金，跨国公司实现了对部分海外业务提供经费，这种转移被称为对外直接投资。转移的目的是拥有或控制海外资产。然而，恰恰是构成这种控制的手段在某种程度上造成疑问。出于现实的目的，大多数对外直接投资

[①] 跨国公司也称为跨国企业、多国公司及多国企业。

[②] John H. Dunning，Multinational Enterprises and the Global Economy（Reading，Mass.：Addison-Wesley，1992），3. 一个公司可以通过与其他国家的公司谈判国际合作协定（ICAs），而不是从事对外直接投资使自己越来越像跨国公司。因此称一个公司为跨国公司的最重要的先决条件不再是其拥有海外资产而是其参与海外增值活动。我们感谢斯蒂芬·科布里恩（Stephen Kobrin）在这一方面的观点。

[③] John H. Dunning，Multinational Enterprises and the Global Economy（Reading，Mass.：Addison-Wesley，1992），3.

的统计数据的采集者仅仅考虑将那些拥有海外分公司10%或者以上股权（整个股票）的投资者作为统计样本，认为只有这样的投资者才能对海外投资施加控制。这样的判断是基于投资者拥有不到10%的股权无法对海外资产施加控制这样的假设。① 即使一群较小的投资者可以联合起来控制公司，但是他们的投资整体上没有被包含在对外直接投资的统计之列。所以真实的对外直接投资与对外组合投资，即对海外资产不能施加控制的对外投资，之间存在一个灰色区域。②

对外直接投资不是一种新的现象。③ 从人们彼此从事贸易往来的时候开始，他们就建立了对外商业活动。正如热那亚人和威尼斯人一样，地中海贸易商早在公元1200年就在遥远的地方建立了银行业务以便向从事贸易的船只提供金融支持。在大型的商业贸易公司如英国的东印度公司和哈得孙湾公司的发展过程中，对外商业投资达到了一个高点。从18世纪开始，更重要的是在19世纪，与以前商业领域的对外投资不同的是，农业、矿业和制造业开始出现对外直接投资。到19世纪90年代初，美国大型制造业公司，如歌手缝纫机（Singer Sewing Machines，第一大跨国公司）、美国贝尔、通用电气以及标准石油公司都拥有了大量的对外投资。研究表明，美国对外直接投资到1914年估计已达到265亿美元，占那个时期美国国民生产总值的7%。④

---

① 10%的临界点被经合组织作为衡量对外直接投资的标准所采用。不幸的是，只有美国和日本遵守经合组织标准。See DeAnne Julius, Global Companies and Public Policy: The Growing Challenge of Foreign Direct Investment (London, UK: Royal Institute of International Affairs, 1990), 16.

② Edward M. Graham and Paul R. Krugman, Foreign Direct Investment in the United States, 3rd ed. (Washington, D.C.: Institute for International Economics, 1999), 9–11.

③ 这一章主要着重谈论在发达市场经济体的外国直接投资。参见第八章对北南关系中投资问题的讨论。

④ Mira Wilkins, The Emergence of Multinational Enterprise: American Business Abroad from the Colonial Era to 1914 (Cambridge, Mass.: Harvard University Press, 1970), 201; Alfred D. Chandler Jr., The Visible Hand: The Managerial Revolution in American Business (Cambridge, Mass.: The Belknap Press of Harvard University Press, 1977), and Alfred D. Chandler, Scale and Scope: The Dynamics of Industrial Capitalism (Cambridge, Mass.: The Belknap Press of Harvard University Press, 19900).

从另一种意义上说,对外直接投资又是一种新现象。1945年后,国际商业的性质和范围发生了显著的变化。第二次世界大战后以及布雷顿森林体系期间,美国企业在海外的投资经历了重大扩张。与以前的投资主要集中在农业、银行业、零售业和原材料领域相比,新的投资倾向于流向制造业。美国跨国活动的这种扩张直到布雷顿森林体系时期的结束才受到严重质疑。

美国的跨国公司活动成为相互依存时期大量政治辩论的焦点。为了应对美国跨国公司日益增长的力量,拉丁美洲多次采取措施试图对这种趋势加以管制。20世纪70年代,拉丁美洲和欧佩克国家经历了原材料跨国公司**国有化**(nationalization)的浪潮(参见第八章)。欧洲、日本和新兴工业化国家的政府对美国跨国公司不断增长的实力做出的主要反应是支持本土跨国公司的成长。在此期间,对外直接投资流动以及跨国公司和跨国公司子公司的数量保持快速增长。

全球化时期的一个显著特点就是跨国公司向之前没有建立自己的跨国公司或者从来没有接受过跨国公司子公司的许多国家扩散。母公司所在国和海外公司所在国的数量以及跨国公司的数量和种类都显著增加。例如,1994年,3.7万个跨国公司的母公司控制着20万个外国分公司。[①] 到2006年,7.8万个跨国公司拥有了78万个海外分公司。[②] 1989年后,前共产主义国家也采取措施促进对外直接投资的流入。导致的结果是不同国家全球性的跨国公司在世界经济中的影响力与日俱增。

在全球化时期,围绕跨国公司的争议倾向于集中在这些公司是作为全球化的代理人而不是美国帝国主义目标的促进者。来自欧洲和东亚的跨国公司开始在许多高科技产业上挑战美国的跨国公司。中国和印度作为全球性跨国公司母公司所在国和海外公司所在国的地位也变得更加重要。总部位于墨西哥、巴西、中国以及印度的跨国公司开始向国外投资。虽然

[①] UNCTAD, World Investment Report 1994 (New York, N.Y.: United Nations, 1994); and Transnational Corporations, Employment and the Workplace (New York, N.Y.: United Nations, 1994), 3.

[②] World Investment Report 2007 (Geneva, Switzerland: UNCTAD, 2007), 12.

全球政治体系仍然主要保持在民族国家政府的控制之下,但是随着各个地区企业的定位越来越面向全球,"谁将调节谁"以及"怎样调节"已经成为一个重要的政治问题。

商业的全球化在某种程度上始于区域扩张,因此与建设更强大的区域货币和贸易集团联系在一起(参见第二、三章)。如果国内定位的公司不再能够成功地与全球定位的公司竞争,那么弱小民族国家的企业应对全球化的一个方法就是推动区域经济一体化。然而,鼓励区域市场一体化而不愿意最终降低与世界其他地方贸易和投资壁垒的国家政府采取措施促进区域化而不是全球化。① 因此,正如做交易一样,人们担心各国会在区域化和全球化之间做出可能的折中。

在本章中,我们将集中讨论影响全球对外直接投资流动以及跨国公司活动扩大的因素。最大的对外直接投资流动主要发生在发达国家之间,因此本章的大部分将致力于讨论这类国家。在本书的第八章,我们将讨论从工业化国家流向发展中国家对外直接投资是如何增长的以及发展中国家的人民和政府如何处理这一问题。

跨国公司的共同特征

跨国公司的范围包括从原材料提炼公司到生产像宽体飞机这样的高科技产品公司以及提供保险和银行等金融服务的公司。这些跨国公司不仅在"做什么"上表现不同,而且在"怎样做"上也情况各异,包括不同的技术水平、组织结构以及产品的市场结构。然而,某些共同特征可以用来识别跨国公司重要性的增长所带来的问题。

---

① Alan Rugman makes this argument in The End of Globalization: Why Global Strategy is a Myth and How to Profit from the Realities of Regional Markets(New York, N.Y.: AMACOM, 2000).

表 4.1　2006 年收入排名前 50 名的跨国公司

公司名称	行业	本土国	资产价值（10亿美元）
沃尔玛	零售	美国	352
埃克森美孚	石油	美国	347
荷兰皇家壳牌	石油	荷兰	319
英国石油公司	石油	英国	274
通用汽车	汽车	美国	207
丰田汽车	汽车	日本	205
雪佛龙	石油	美国	201
戴姆勒-克莱斯勒	汽车	德国	190
康菲	石油	美国	172
道达尔	石油	法国	168
通用电气	重型机械	美国US	168
福特汽车	汽车	美国	160
荷兰国际集团	保险	荷兰	158
花旗集团	银行	美国	147
安盛	保险	法国	140
大众汽车	汽车	德国	132
中国石化	石油	中国	132
法国农业银行	银行	法国	128
安联	保险	德国	125
富通银行	银行	比利时/荷兰	121
美国银行	银行	美国	117
汇丰控股	银行	英国	115
美国国际集团	保险	美国	113
中国石油天然气集团	石油	中国	110
法国巴黎银行	银行	法国	109
埃尼集团	石油	意大利	109
瑞银	银行	瑞士	107
西门子	信息技术	德国	107

续表

公司名称	行业	本土国	资产价值（10亿美元）
国家电网	公用事业	中国	107
忠利保险公司	保险	意大利	102
摩根大通	银行	美国	100
家乐福	零售	法国	99
伯克希尔-哈撒韦公司	保险	美国	99
墨西哥国家石油公司		墨西哥	97
德意志银行	银行	德国	96
比利时德克夏银行集团	银行	比利时	96
本田	汽车	日本	95
麦克森	零售	美国	94
威瑞森电信	电信	美国	93
日本电报电话公司	电信	日本	92
惠普	信息技术	美国	92
国际商业机器公司	信息技术	美国	91
瓦莱罗能源	石油	美国	91
家得宝	零售业	美国	91
日产	汽车	日本	90
三星	消费电子产品	韩国	89
瑞士信贷银行	银行	瑞士	89
日立	信息技术	日本	88
法国兴业银行	银行	法国	84
英杰华集团	保险	英国	83

资料来源：2007年财富全球500强，http://money.cnn.com/2007/07/09/magazines/fortune/Explanations_footnotes.fortune/index.ht。

跨国公司位于世界上最大的公司之列。2006年，排名前50位的跨国公司收入都超过800亿美元。沃尔玛作为最大的跨国公司，2006年的收入超过3500亿美元（表4.1）。2006年，前10大跨国公司的收入都超过1680亿美元,最少超过140个国家的**国内生产总值**(gross domestic product)。^①事实上,2006年沃尔玛的收入比世界上21个最大经济体之外的任何国家的国内生产总值都要大,也位于丹麦、挪威、沙特阿拉伯和波兰之前。这些企业巨头还倾向于在寡头垄断市场开展竞争。一些跨国公司因为它们庞大的规模能够主导市场,另外一些跨国公司(甚至中小规模公司)因为能获得金融资源、控制专利技术以及(或者)拥有特殊的、差异化的产品能够主导市场。^②

跨国公司不是简单地在国外营销它们的产品;它们还派出一揽子资本、技术、管理人才和营销技巧以便在国外进行生产和销售。在很多情况下,跨国公司的生产是真正全球性的,因为它们往往将不同阶段的生产安排在世界上不同的地区。销售经常也是全球性的。跨国公司生产的商品和服务也经常被售往世界各地。最后,最大的跨国公司还倾向于在很多国家建立分公司或者经营业务。一位分析师将跨国公司定义为在6个或更多的国家拥有投资,并发现这些公司占到了美国主要跨国公司的所有外国子公司总数目的80%。^③

对于那些想在国外做生意但又不能是国外子公司唯一所有者的跨国公司来说,建立合资企业和获得许可经营是可行的选择。在合资企业中,各种合作伙伴拥有合资公司不到100%的股权。在一个合资企业中或许会有多数股股东持有公司50%以上的股权,也或许所有的股东都是少数

---

① 在这里我们使用世界银行2006年国家GDP数字作比较。see http://siteresources.worldbank.org/DATASTATISTICS/Resources/GDP.pdf. 将跨国公司的销售或者收入与民族国家的GDP做比较不是必然有效的。马丁·沃尔夫(Martin Wolf)认为将跨国公司的增值与GDP比较更合适并认为这样做会减少跨国公司的相对规模。See Martin Wolf,"Countries Still Rule the World," Financial Times,February 5,2002,http://www.ft.com; and Paul de Grauwe and Filip Camerman,How Big Are the Multinationals? January 2002,http://www.econ.kuleuven.be/ew/academic/intecon/Degrauwe/PDG-papers/Recently_published_articles/How%20big%20are%20the%20big%20multinational%20companies. pdf.

② See Stephen Hymer and Robert Rowthorn,"Multinational Corporations and International Oligopoly:The Non-American Challenge," in Charles P. Kindleberger,ed.,The International Corporation(Cambridge,Mass.:MIT Press,1971),57–91.

③ Raymond Vernon,Sovereignty at Bay:The Multinational Spread of U.S. Enterprises (New York,N.Y.:Basic Books,19710),11.

股股东。合资企业的所有者通常会选择一个由所有者公司代表组成的管理团队来经营该合资企业。许可经营涉及授予**专利**（patent）、版权和**商标**（trademarks）等知识产权的使用权来换取某种形式的付款。在有些国家，由于外国公司所在国政府对投资流入实行的限制性政策，因此建立合资企业和获得许可经营是跨国公司参与本地经济活动的唯一方法。

　跨国公司的另外一种选择是结成**战略联盟**（strategic alliance）。战略联盟是由独立的、有时是彼此竞争的公司结成的伙伴关系。如果结盟的公司来自不同的国家，它们被称为国际战略联盟。由于彼此需要对方的技术、技能以及设备，不同的公司因此走到一起；然而，它们关系的范围被严格地界定，允许它们在联盟关系之外开展自由竞争。战略联盟可能是以建立合资企业的形式得到批准，但是不同的公司越来越多地采取其他方法寻求与别的公司的合作。这些联盟以对彼此有利和减少风险的方式开展，包括从联合研发到设计行业标准和共享分布或营销网络。促使不同公司之间达成这种结盟安排的催化剂是技术的迅速变化和研发成本的急剧增加，尤其是在高科技行业。导致不同公司结盟的另一个因素是它们认为需要弥补单个公司在与规模更大的、更加一体化的公司或者公司联盟之间开展竞争时所面临的劣势。①

---

①　On joint ventures, see Bruce Kogut, "Joint Ventures: Theoretical and Empirical Perspectives," Strategic Management Journal, 9（July/August 1988）:319–332; and Richard E. Caves, Multinational Enterprise and Economic Analysis, 3rd edition（Cambridge, England: Cambridge University Press, 2007）, 91–100. On strategic alliances, see Gary Hamel, "Competition for Competence and Interpartner Learning within Strategic Alliances," Strategic Management Journal, 12（1991）: 83–103; John Child and David Faulkner, Strategies of Cooperation: Managing Alliances, Networks, and Joint Ventures（New York, N.Y.: Oxford University Press, 1998）; Yves L. Doz and Gary Hamel, Alliance Advantage: The Art of Creating Value Through Partnering（Boston, Mass.: Harvard Business School Press, 1998）; Michael Y. Yoshino and U. Srinivasa Rangan, Strategic Alliances: An Entrepreneurial Approach to Globalization（Boston, Mass.: Harvard Business School Press, 1995）; Bernard M. Gilroy, Networking in Multinational Enterprises: The Importance of Strategic Alliances（Colombia, South Carolina: University of South Carolina Press, 1993）; Peter F. Cowhey and Jonathan D. Aronson, Managing the World Economy: The Consequences of Corporate Alliances（New York, N.Y.: Council on Foreign Relations Press, 1993）; and Lynn K. Mytelka, ed., Strategic Partnerships: States, Firms and International Competition（Rutherford, N.J.: Fairleigh Dickinson University Press, 1991）.

　　虽然不同的公司有着不同的管理结构,但是跨国公司的决策倾向于集中化。当一个公司的国际业务变得很重要时,其政策控制往往来自母公司。国际投资的典型演变是从半独立的国外业务发展到在一个独立的国际部门管理下的国际业务的一体化,再到整个公司内部的国际业务的一体化。因此,尽管跨国公司将很多决策下放到当地部门,但是涉及国外活动,如生产设施的位置、销售和品牌战略、研发设施的位置、长期规划,尤其是资本投资等关键决定往往由母公司做出。①

　　跨国公司的另一个组织特点是在国际规模的基础上推行生产和销售的一体化。生产可能发生在多个不同国家的不同的阶段,但最终的产品可能被售往其他国家。例如,欧洲产的福特福睿斯(Ford Escort),其零部件来自15个不同国家,但是却在英国和德国组装,然后在整个欧洲销售。苹果的iPad是在美国设计,但是在中国组装。iPad的零部件来自美国、中国台湾、韩国和日本,但是在其他地方销售。② 现代计算和通信技术的发展为分散在世界各地的跨国公司活动实行集中控制和管理提供了方便。

　　跨国公司往往具有机动性和灵活性。一些跨国公司由于需要获得特定的资产,如需要某种特定种类的原材料,或者由于不能轻易将大额资本支出转移到其他地方(如位于主要油田附近的油井和炼油厂)而与特定的国家捆绑在一起。然而,其他跨国公司为了利润最大化、市场份额、安全或者生存的目的,往往能够在需要时轻易地转移它们的业务。作为超越国界努力的一部分,许多跨国公司极力创建一支从许多国家招聘但服务于其他

---

① Louis T. Wells, Jr., "The Multinational Enterprise: What Kind of International Organization?" in Robert O. Keohane and Joseph S. Nye, Jr., eds., Transnational Relations and World Politics(Cambridge, Mass.: Harvard University Press, 1972), 97–114; John M. Stopford and Louis T. Wells Jr., Managing the Multinational Enterprise: Organization of the Firm and Ownership of the Subsidiaries(New York, N.Y.: Basic Books, 1972); Yves Doz, Strategic Management in Multinational Companies(New York, N.Y.: Pergamon Press, 1986), 399–450; and John Dunning, The Globalization of Business(New York, N.Y.: Routledge, 1993).

② Greg Linden, Kenneth L. Kraemer, and Jason Dedrick, Who Captures Value in a Global Innovation System? The Case of the iPod, Personal Computing Industry Center, University of California, Irvine, California, June 2007.

国家的全球员工队伍。为了在具有战略重要性的地区获取和保护它们的知识,只要发现合适的目标,这些公司都会招聘技能型人才和建立公司联盟。机动性和灵活性因此越来越成为全球定位的跨国公司在与地区或者国内定位的公司比较时所具有的优势。

跨国公司特殊的特征可能与国家政府产生冲突,因为政府在领土和政治上都有责任致力于捍卫本国公民的利益,而跨国公司在领土和法律上没有义务捍卫股东或者利益相关者的利益。最重要的是,从它们自身的国际角度来看,跨国公司追求的目标或遵循的政策可能是有效的,但是如果从国家的角度来看,这些政策和目标不是必然令人满意的。[①] 当代一个重要的例子是沃尔玛。沃尔玛通过在中国组装或生产获取产品,然后将产品售给如美国这样高工资国家的消费者。出于这个原因,沃尔玛推动其在美国的生产供应商将生产搬迁至中国,尽管这一做法对美国低技能工人产生的后果可能是相当负面的。因此,跨国公司的政策和目标可能与它们的业务所在国的政策和目标是相互冲突的。

跨国公司也面临相关的管辖权问题。由于跨国公司在许多国家都经营业务,因此它们受到许多不同的法律管辖。因为没有一个国家负责整个的法律管辖,也因为法律管辖的界定可能模糊不清,一个特定的跨国公司可能面临类似于需要遵守什么样的法律以及需要在哪里遵守等问题。美国等一些国家的政府努力规范本国公民和位于本国的公司在国外的活动。例如,美国政府通过立法反对通过贿赂外国官员来获得合同。[②] 这种监管的法律名称叫**"治外法权"**(extraterritoriality),它也是外国政府经常大量批评美国政府的主题。由于一些明显的原因,跨国公司整体上反对"治外法权"。[③]

---

① See Vernon,Sovereignty at Bay.

② 我们这里指的是1977年的《外国腐败行为法案》。

③ Douglas E. Rosenthal and William M. Knighton,National Laws and International Commerce:The Problem of Extraterritoriality(London,UK:Routledge and Kegan Paul,1982);and International Chamber of Commerce,"Extraterritoriality is Thwarting Worldwide Business," September 7,2006,http://www.iccwbo.org/iccifgi/index.html.

对外直接投资趋势及其他跨国公司活动

跨国公司尤其是美国跨国公司的快速蔓延是当代世界经济的重要特征。从1971年至2006年,美国在国外拥有的对外直接投资账面价值从862亿美元增长到2.4万亿美元。其他国家的对外直接投资虽然小于美国,但也显著增长。从1971年到2006年,德国的对外直接投资存量从73亿美元上升到1万亿美元,英国同一时期的对外直接投资存量从162亿美元上升到1.5万亿美元,而日本在同一时期的对外直接投资存量从44亿美元上升到4500亿美元(图4.1)。2006年世界范围内的对外直接投资存量超过12万亿美元。[①]

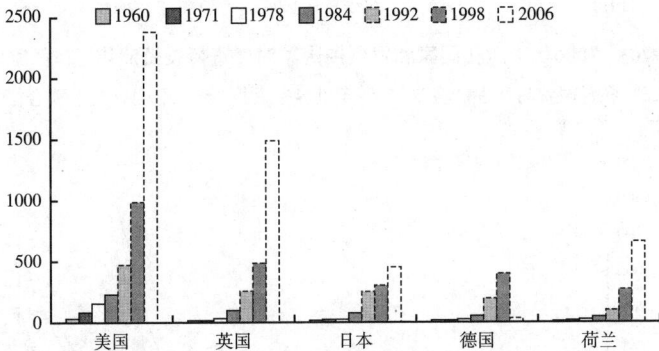

图4.1　1960—2006年对外直接投资存量(10亿美元)

资料来源:联合国跨国公司中心《世界发展中的跨国公司》(纽约州纽约:联合国,1988年);联合国贸易和发展会议《世界投资报告》(瑞士日内瓦:联合国贸发会议,1999年和2007年)。

---

①　World Investment Report 2007. 注意这些数字引用的都是账面及价值,这意味着它们所代表的是历史价值,也就是它们在收购时的花费没有考虑之后的通胀调整或者市场价值的变化。这意味着美国整体上在早些时候做出的投资价值上都被低估了。虽然其他国家对外直接投资的增长很大,但是如果所有投资都以当前的市场价值来衡量的话,这种对比就不会显得很明显。

　　每年的对外直接投资总流出从1970年的大约120亿美元上升到2006年的1.2万亿美元（图4.2）。20世纪80年代初世界债务危机加深后,全球对外直接投资的增长逐渐减少,但是危机缓解后,对外直接投资的增长得以恢复,直到2000年对外直接投资流出和流入都遭受大幅下降并持续了数年。20世纪八九十年代对外直接投资流出和流入的年平均增长率都超过了18%。① 在大多数情况下,全球对外直接投资流入的整个趋势反映了全球对外直接投资流出的趋势（图4.3）。尽管工业化国家迄今为止依然是对外

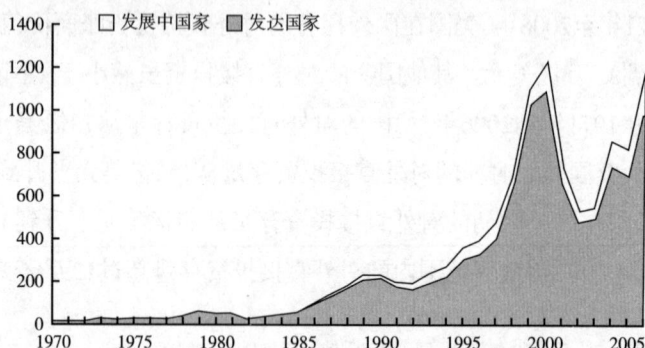

图4.2　1970—2006年工业化国家和发展中国家对外直接投资流出（10亿美元,现价）

资料来源:联合国贸易和发展会议《2007年世界投资报告》（瑞士日内瓦:联合国贸发会议,2007年）。

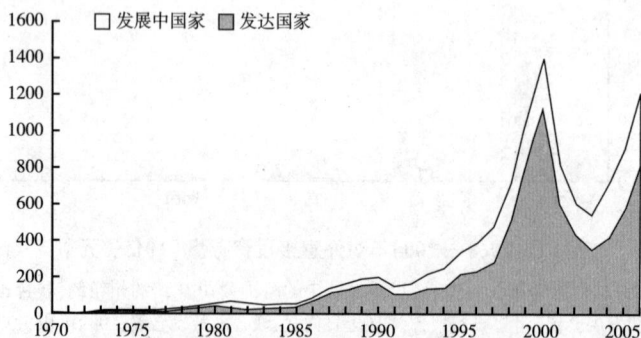

图4.3　1970—2006年工业化国家和发展中国家对外直接投资流入（10亿美元,现价）

资料来源:联合国贸易和发展会议:《2007年世界投资报告》（瑞士日内瓦:联合国贸发会议,2007年）。

---

① 这是作者基于《世界投资报告》数据的计算。平均每年的商品和服务出口增长在同一时期仅仅为6%左右。

直接投资流出的主要来源地和对外直接投资流入的主要目的地,发展中国家在全球对外直接投资流入和流出量的份额也在稳步增长(图4.2和图4.3)。

　　到20世纪90年代末期,全球500强跨国公司拥有超过全球对外直接投资的90%以及超过世界贸易的一半。全球500强跨国公司中有441个跨国公司的总部坐落在北美、西欧发达国家和日本。[①] 跨国公司国外分公司的销售总额大于世界出口总额,这意味着在满足海外对它们的产品和服务需求时,跨国公司使用对外直接投资如同它们使用对外出口同样多、甚至更多。此外,2006年,对外直接投资流入代表了全球固定资本形成总值的12.6%,而这一比例在1990年和1980年分别仅仅为5%和2%,这表明对外直接投资在世界经济中的重要性不断增长。[②]

　　近年来,全球五个最大工业化经济体的对外直接投资流出和流入均经历了大幅波动。在20世纪80年代,所有五大工业化经济体的对外直接投资流出都呈现了迅速增长。日本的对外直接投资流出在80年代增长尤其迅速,但是在20世纪90年代初快速下降(图4.4)。与其他工业化国家相比,流入到日本的对外直接投资处于较低水平,而流入到美国的对外直接投资

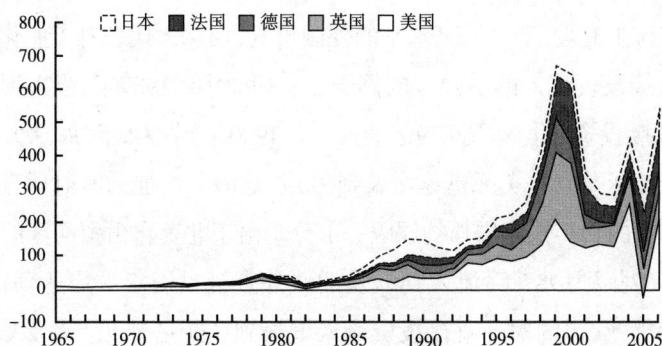

图4.4　1965—2006年五大工业化国家对外直接投资流出(10亿美元,现价)

资料来源:世界银行《1994年世界数据光盘》(华盛顿特区:世界银行,1994年);联合国贸发会议《世界投资报告》(瑞士日内瓦:联合国贸发会议,2007年)。

---

①　Alan Rugman, The End of Globalization, 3–8.

②　World Investment Report 2007.

在20世纪80年代迅速增长,这反映出在世界贸易体系向更加区域化发展的时期,欧洲和日本公司努力在北美建立自己的经济桥头堡。某种程度上由于弱势美元的结果,对外直接投资流出和流入在21世纪的第一个10年又重新上涨(图4.5)。

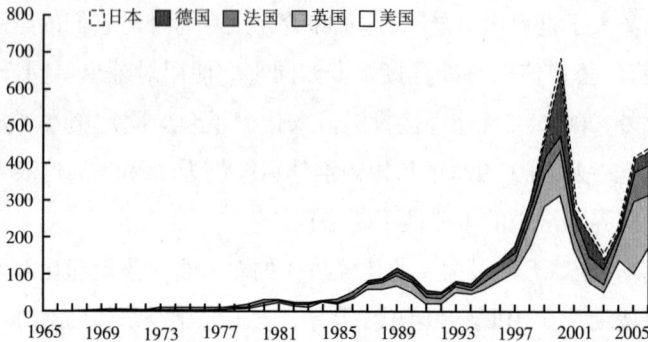

图4.5　1965—2006年流入到全球五大工业化国家的对外直接投资(10亿美元,现价)

资料来源:世界银行《1994年世界数据光盘》(华盛顿特区:世界银行,1994年);联合国贸发会议《世界投资报告》(瑞士日内瓦:联合国贸发会议,2007年)。

因传统上有着广泛的、高水平的外国投资,加拿大代表着工业化国家依赖对外直接投资流入的最极端的例子。从1982年到1987年,流入到加拿大的对外直接投资年均达到9.79亿美元。从1990年到2006年,加拿大的对外直接投资流入从76亿美元迅速增长到690亿美元。[①] 加拿大对外直接投资流入在过去的15年快速增长的原因一部分是由于北美自由贸易区的形成。

从1982年到1987年,流入到欧盟的对外直接投资年平均达到190亿美元。1990年,欧盟的对外直接投资流入增长到1090亿美元。[②] 2006年,欧盟的对外直接投资流入量达到5660亿美元的水平。[③] 尽管美国是非欧洲对外直接投资流入的最大接收国,但是在20世纪80年代美国的对外直接投

① UNCTAD, World Investment Report 2007.

② UNCTAD, World Investment Report 1994, 409.

③ UNCTAD, World Investment Report 2001 (New York, N.Y.: UN, 2001).

资流入份额呈现稳步下降的态势,而日本持有的份额却迅速上升。^①

　　欧洲和日本公司对美国的投资在20世纪80年代大幅增加。然而,在20世纪60年代初期,在美国的外国直接投资存量可以忽略不计。到1980年,美国吸收了大约830亿美元的对外直接投资,而到1992年,这一数额增长到4200亿美元。流入到美国的对外直接投资存量在1970年仅仅为其对外直接投资流出量的20%左右。到1992年,这一比例增长到86%左右。^② 在美国的外国资产价值在20世纪80年代初期开始超过其在国外的资产价值(图4.6),这一趋势一直持续到现在,尽管其间经历了一些变化。^③

　　外国公司对获取在美国投资机会兴趣的增加有多个原因。其中一个原

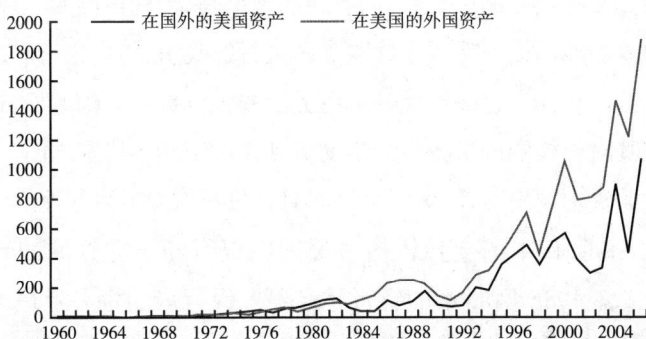

图4.6　1960—2006年美国在国外的资产与外国在美国的资产对比(10亿美元,现价)
资料来源:《2007年总统经济报告》(华盛顿特区:美国政府印刷局,2007年)。

---

① 　Lars Oxelheim and Parvez Ghauri,eds.,European Union and the Race for Foreign Direct Investment in Europe(London,UK:Pergamon,2003);V. N. Balasubramanyam and David Greenaway,"Economic Integration and Foreign Direct Investment:Japanese Investment in the EC," Journal of Common Market Studies,30(June 1992):175–193;Yoko Sazanami,"Determinants of Japanese Foreign Direct Investment:Locational Attractiveness of European Countries to Japanese Multinationals," Revue Économique. 43(July 1992):661–670;and Stephen Thomsen and Stephen Woolcock,Direct Investment and European Integration(London,UK:Royal Institute of International Affairs,1993),63–65.

② 　Survey of Current Business,August 1987,tables 9 and 10. 1992年的百分比是作者基于《1994年世界投资报告》计算得出的。

③ 　必须指出的是这些数字不是仅仅包含对外直接投资的流动,也包括地产和政府债券的持有额。

因是非美国公司规模及进取心的增长。例如,2000年全球500强跨国公司中有148个坐落在欧盟,107个坐落在日本。[①] 另一个原因是20世纪七八十年代以及21世纪前10年美元的下跌导致收购美国公司的成本下降,促使收购美国公司对外国公司更具有吸引力。同一时期,美国经历的大规模的企业重组和人员精简造成许多美国公司有待出售,而美国的贸易顺差伙伴国也正在努力为资金寻找安全的投资领域。在电气设备和汽车等脆弱的产业呈现出日益增长的贸易摩擦和保护主义压力是导致外国公司在美国投资的进一步激励因素。[②] 在美国生产会保证外国公司的产品继续获取美国巨大的国内市场。最后,美国相对的政治稳定也吸引了外国投资者进入美国市场。

外国投资在美国的一个新的、有趣的现象是,受到美国的客户、美国金融市场的盈利能力以及低成本收购美国银行的吸引,外国银行和证券公司开始涌入美国。20世纪80年代日本在美国的银行数量大幅增加,这与日本的商业及其对外投资的扩张是同步的。到20世纪80年代末之前,日本是世界上最大的资本输出国,而美国是日本对外投资偏爱的目的地之一。

在此期间,日本的金融机构对美国在银行和证券领域的霸主地位构成了挑战。1985年,日本的银行超过美国银行成为世界上最大的借贷方。[③] 1978年,按资产计算世界前10强银行中只有一家是日本银行,但是到1986年底,世界前14强银行中有12家是日本银行,[④] 以及按资本价值衡量世界排名前10的证券公司中有4家是日本的证券公司。[⑤] 日本银行占

① Rugman,The End of Globalization,8.

② See,for example,Ray Barrell and Nigel Pain,"Trade Restraints and Japanese Direct Investment Flows," European Economic Review,43(1999):29–45; and Rene A. Belderbos, "Antidumping and Tariff Jumping: Japanese Firms'DFI in the European Union and the United States," Weltwirtschaftliches Archiv,133(1997):419–457.

③ Randall Jones,"Japan's Role in World Financial Markets," JEI Report no. 42A (November 14, 1986).

④ "The Top 500 Banks in the World," American Banker(July 26, 1988):34; and United Nations,Transnational Corporations in World Development: Trends and Prospects(New York, N.Y.: United Nations,1988),114.

⑤ Transnational Corporations in World Development: Trends and Prospects(New York, N.Y.: United Nations,1988),119.

世界50家最大银行总资产的比例从1980年的25%增长到1989年的57%。[①]甚至在1991年日本经济泡沫破灭后,日本银行继续主导着世界上最大银行的名单。然而,全球贷款活动,特别是像在美国这样重要的海外市场上的贷款活动,在此期间却出现了回落。[②]

另一个更近点的趋势是与对外直接投资相联系的并购活动导致**私募股权**(private equity)融资的增长。私募股权包括没有在股票交易所公开交易的企业股票的发行。有多种方式可以使用私募股权为企业活动融资。其中一个更加古老的、令人更加熟悉的方法就是使用**风险资本**(venture capital)。在风险资本市场,富裕的个人或者富裕的群体可以向"创业公司"提供资金,但是会以股权的形式换取对"创业公司"的金融控制。硅谷的许多大型半导体公司开始都是从风险资本那里获得融资的。由于与创业企业相关的投资都是高风险投资,投资者往往要求他们的投资能获取高回报率。由于预期他们投资的许多企业将来都会失败,所以企业必须取得巨大的成功才能证明投资者投资的正当性。

另一种形式的私募股权是"**杠杆收购**"(leveraged buyout,LBO)。"杠杆收购"是通过购买控股权将公开交易的公司转化为私人控股公司的方法。富裕的个人或团体可以通过自身的经济实力或者通过银行贷款实施这种行为。这种做法的基本原理是,通过将一个公共公司转化为私有公司,购买者会提升这个公司资产的整体价值。受到"杠杆收购"的创新者如沃伦·巴菲特(Warren Buffett)成功的刺激,"杠杆收购"在20世纪80年代蓬勃发展。2002年旨在纠正美国公司治理问题的"萨班斯–奥克斯利法案"(Sarbanes–Oxley Act)的通过,以及金融去管制化的整体环境刺激了第三种私募股权即私募股权基金的增长。**私募股权基金**(private equity

① Martin Carnoy, "Multinationals in a Changing World Economy: Whither the Nation-State?" in Martin Carnoy, Manuel Castells, Stephen S. Cohen, and Fernando H. Cardoso, The New Global Economy in the Information Age: Reflections on Our Changing World (University Park, Pa.: Pennsylvania State University Press, 1993), 52.

② Joe Peek and Eris S. Rosengren, "Japanese Banking Problems: Implications for Lending in the United States," New England Economic Review (January 1999): 25–36.

fund)的创立是为了共同承担投资风险资本和"杠杆收购"市场所产生的风险。^① 到2006年,共有3560亿美元投资到私募股权基金市场,比上一年增长了25%。^② 私募股权基金的发展导致从2000年至2006年并购活动以及对外直接投资国际流动的增加。

拉丁美洲和亚洲是对外直接投资流入到发展中世界高度集中的地区。这两个地区占有经合组织成员国对非经合组织国家直接投资总量的三分之二。从1985年到2006年,拉丁美洲在发展中国家吸收对外直接投资流入总量的份额大幅减少,而亚洲的份额则大幅上升(图4.7)。2000年后,对外直接投资开始大量流入到一些前苏联集团的成员国。

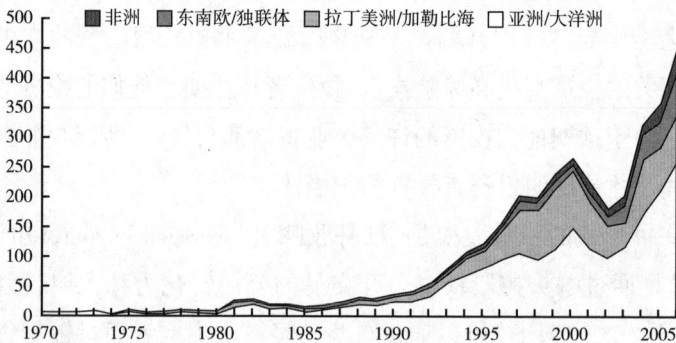

图4.7 1970—2006年流入到发展中经济体和转型经济体的对外直接投资(按地区划分;10亿美元)

资料来源:联合国贸发会议《2007年世界投资报告》(瑞士日内瓦:联合国贸发会议,2007年)。

总而言之,相互依存时期的一个显著变化就是欧洲和日本在对外直接投资中作用的增加。所有三个主要工业化地区迅速增加了它们的对外直接投资,但是作为一个主要的工业化国家,日本在吸收对外直接投资方面明显低于其他两个地区。欧洲和美国认为这是日本阻止外国直接投资流入到日本的证据,虽然日本政府已经为对外直接投资的流入废除了大部分法律障碍。因此,在20世纪90年代,美国政府和欧盟对日本政府和行业组

---

① 读者应该注意私人股权基金与第二章讨论的抵押贷款支持证券崛起的联系。

② "Private Equity," Wikipedia, http://en.wikipedia.org/wiki/Private_equity.

织施加压力,要求日本经济对外国直接投资开放。^①

在全球化时期,对外直接投资流动的最大变化与来自发展中世界(尤其是东亚)跨国公司的快速增长、日本经济泡沫和互联网泡沫引发的临时性经济衰退,以及私募股权基金的崛起联系在一起。对外直接投资流动整体增长的趋势并没有因为缺少多边贸易体制而受到妨碍,也没有因为"乌拉圭回合"达成的《与贸易有关的知识产权协议》而得到多少帮助。其他一些因素正驱使着对外直接投资流动大幅增长。

跨国公司活动增加的原因

有许多理论对导致跨国公司活动在过去30年大幅扩张的原因做出解释。技术和组织复杂性的变化使跨国公司活动的扩张成为可能。新的通信技术的发展,更廉价和更可靠的交通网络以及创新的管理和组织技巧,使得成功的跨国公司所具备的主要特征的集中化、一体化以及灵活性成为可能。然而,这些因素仅仅是跨国公司活动大幅增加的促成因素。问题是为什么我们自第二次世界大战结束后见到跨国公司活动如此大规模的扩张?

一种答案是强调政府政策的重要性。^②一些政府,特别那些强有力

---

① On this topic, see Dennis Encarnation, Rivals Beyond Trade: America versus Japan in Global Competition(Ithaca, N.Y.: Cornell University Press, 1992); and Mark Mason, American Multinationals and Japan: The Political Economy of Japanese Capital Controls, 1899–1980 (Cambridge, Mass.: Harvard University Press, 1992).

② For a general analysis, see Thomas L. Brewer, "Government Policies, Market Imperfections, and Foreign Direct Investment," Journal of International Business Studies, 24 (First Quarter 1993):101–120. See also Alan Rugman, "Globalization and Regional International Production," in John Ravenhill, ed., Global Political Economy(New York, N.Y.: Oxford University Press, 2005); and United Nations Center on Transnational Corporations, Government Policies and Foreign Direct Investment, UNCTC current studies, series A, no. 17(New York, N.Y.: United Nations, 1991).

的政府,如美国政府,积极鼓励跨国扩张。对资本流动约束的逐步消除使得扩大直接投资成为可能。关税的削减使得直接投资更具有吸引力。政府通过为国际投资提供各种形式的保险以对本国公司的对外直接投资直接实行补贴。例如,美国1961年创建**海外私人投资公司**(Overseas Private Investment Corporation,OPIC)为参与海外直接投资的美国公司面临的一些风险投保。[1] 加拿大和欧洲也设立激励机制吸引外国投资的流入。[2] 虽然美国联邦政府没有正式讨好外国投资者,但是一些州和地方社区近年来带头这样做,甚至开展相互竞争来吸引外国的制造业工厂。[3]

然而,单单政府政策的变化还不足以导致如前文描述的跨国公司活动的扩张。毕竟对外投资活动主要是由单个公司自己决策的结果。任何对公司自身的对外投资动力不加以考虑的理论都无益于解释上文所描述的投资趋势的变化。因此,我们有必要求助于一套理论来解决这个问题。

水平型和垂直型对外直接投资和KK模型

在有关跨国公司的经济学文献中,水平型对外直接投资和垂直型对外直接投资有着关键的差别。**水平型对外直接投资**(horizontal FDI)是将母公司所在国的投资活动复制到海外公司所在国。水平型对外直接投资的目的是通过对外直接投资进入通过其他方式所不能进入的当地市场。垂

---

[1] Charles Lipson,Standing Guard: Protecting Foreign Capital in the Nineteenth and Twentieth Centuries(Berkeley and Los Angeles,Calif.: University of California Press,1985),242–248.

[2] For national incentives,see Stephen E. Guisinger,Investment Incentives and Performance Requirements(New York,N.Y.: Praeger,1985); Earl H. Fry,The Politics of International Investment(New York,N.Y.: McGraw–Hill,1983),127–160; and Organization for Economic Cooperation and Development,Investment Incentives and Disincentives and the International Investment Process(Paris,France: OECD,1983).

[3] Susan and Martin Tolchin,Buying into America: How Foreign Money Is Changing the Face of Our Nation(New York,N.Y.: Times Books,1988); and James Moses,State Investment Incentives in the USA(London,UK: Economist Publications,1985).

直型对外直接投资（vertical FDI）是将生产分散在不同的国家并根据**生产要素**（factors of production）相对充足度的差异为不同的生产任务确定地点。因此，将熟练劳动密集型生产活动安排在熟练劳动富裕的地区，而将非熟练劳动密集型生产活动安排在非熟练劳动密集型的地区，诸如此类。在这里，对外直接投资的目的是实现生产成本的最小化以使公司在多个市场具有国际竞争力。[①] 水平型对外直接投资倾向于流向世界相对富裕的地区，而垂直型对外直接投资则倾向于流向具有丰富的劳动力、低工资或者具有丰富的原材料和能源等生产要素优势的其他发展中国家。

由于大多数对外直接投资流动发生在工业化国家之间以及小部分对外直接投资流动发生在工业化国家与发展中国家之间，由此产生的一个重要的理论问题是：为什么水平型对外直接投资多于垂直型对外直接投资？试图解释这个问题的一个理论是詹姆斯·马库森的知识—资本即KK模型。[②]

内部化理论

内部化理论主张，企业应该通过对外直接投资向国外扩张以便在存在市场缺陷时使投资活动"内部化"，正如由于类似的原因企业通过建立多个工厂或办公室在国内实行扩张一样。造成企业追求内部化动力的特定市场缺陷促使它们有愿望减少交易成本。当各种不完善导致市场产生不良的后果时，**交易成本**（transaction costs）开始呈现。例如，当与外部公司缔

---

① James R. Markusen and Keith E. Maskus, "Discriminating among Alternative Theories of the Multinational Enterprise," Review of International Economics, 10（2002）:694; and Giorgio Barba Navaretti and Anthony J. Venables, Multinational Firms in the World Economy（Princeton, N.J.: Princeton University Press, 2004）, chs. 3–4.

② James R. Markusen, "Multinationals, Multi-Plant Economies, and the Gains from Trade," Journal of International Economics, 16（1984）:205–226. See also Henrik Braconier, Pehr-Johan Nörback, and Dieter Urban, "Reconciling the Evidence on the Knowledge-Capital Model," Review of International Economics, 13（2005）:770–786; and Ronald B. Davies, "Hunting High and Low for Vertical FDI." Review of International Economics, 16（2008）:250–267.

结一项长期合同的成本高于为了相同的目的建立一个新的内部企业的成本时,那么就可以说这个长期合同市场是不完善的、高交易成本的市场。[①]

市场不完善既有自然的原因也有人为的原因。长期合同市场具有固有的难以组织且交易成本高昂等特点。同样地,在对技术发放许可证或者将它们转移给其他公司时,经常难以对这些技术进行准确的定价。买卖双方信息不对称的问题使得这些市场具有臭名昭著的欺诈性。通常卖家在解释技术具有什么功能之前,要求买家签署"保密协议"来保护自己对该技术的知识产权。难怪买家通常抱怨这些交易的高成本,因此有时会极力通过创建自己的技术或者通过收购那些拥有自己需要的技术的公司(两种内部化形式)来避免这些交易。卖家也是同样谨慎的,主要是因为它们不希望对那些可能为自己提供重要竞争优势的知识失去控制。

这类市场缺陷可能在某种程度上被认为是人为造成的,最少部分地反映政府政策的结果。信息市场错误百出,但是贸易壁垒或者在知识产权上宽松的政府执法也会为那些考虑寻求对外直接投资替代品的公司带来高于正常的交易成本,从而可能有助于激励它们通过在国外投资实现这些成本的内部化。[②]

OLI 模式

约翰·邓宁(John Dunning)拓展了内部化理论,建议外国公司在与本地公司展开竞争之前必须要满足三个条件以克服非本地劣势:(1)必须拥有源于一些专业知识所形成的市场力;(2)必须认为相比于其他地方,包括自己国家的市场,特定的外国场所对自己的新投资是有利的;(3)必须偏爱对外直接投资而不是一般内部化逻辑下的出口和许可证贸易。这种

---

① Oliver Williamson, Markets and Hierarchies: Analysis and Antitrust Implications (New York, N.Y.: The Free Press, 1975).

② Brewer, "Government Policies, Market Imperfections, and Foreign Direct Investment," 104.

对内部化理论的拓展被称为OLI模式,其中OLI代表着所有权(ownership)、位置(location)和内部化(internalization)。[①]

OLI模式是受到最广泛接受的对外直接投资理论之一。[②] 然而,也有一些别的理论试图解释跨国公司行为和(或)跨国公司与其所在国之间的关系,而这种关系在某种程度上不同于KK或者OLI模式,而且也与它们完全不相容。

产品周期理论

产品周期理论认为企业的主要产品在国内市场变得成熟时,它们会向国外扩张。在产品商业化初始或快速增长阶段,公司主要是对国内需求做出反应。随着国内需求增长逐渐减弱,公司或许会在出口市场寻找新的需求源。最终,随着市场趋向饱和,国内需求开始下降,新的公司开始挑战前期的市场进入者,原来的公司通过在要素成本较低的地方建立子公司来保持它们在本国市场的竞争力或者通过获取更好的外国市场准入作为保护其收入和利润的方法。随着对产品的总体需求趋于零,原来的公司将极力转向新的产品或者试图通过改变既有的产品以创造新的优势(图4.8)[③] 产品周期理论的创立是旨在解释随着时间的推移制造业企业对外直接投资的变化,但是从来没有被当成跨国公司或者对外直接投资的一般理论提出。然而,通过假定特定公司的所有权优势随着时间的推移发生变化的原因,该理论给OLI理论增添了一些新的内容。

---

① Dunning, Multinational Enterprises and the Global Economy, ch. 4.

② See, for example, Wilfred J. Ethier, "The Multinational Firm," Quarterly Journal of Economics 101 (November 1986):805–833.

③ Vernon, Sovereignty at Bay, 65–77; and Raymond Vernon, "The Product Cycle Hypothesis in a New International Environment," Oxford Bulletin of Economics and Statistics 41 (1979):255–267.

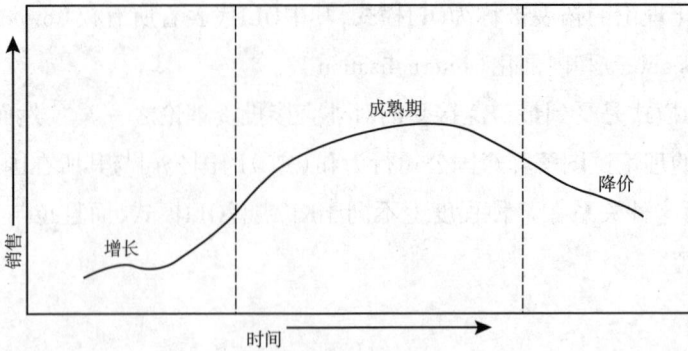

图4.8　产品周期理论

资料来源：雷蒙德·弗农：《产品周期中的国际投资和国际贸易》，载于《经济学季刊》第80期（1966年5月），第190—207页。

议价实力衰减理论

与产品周期理论密切相关的一个理论是议价实力衰减理论。在议价实力衰减理论中，跨国公司由于所在国享有卓越的技术、资本市场准入及最终产品的市场准入等特定的优势，在与所在国政府交往中一开始享有良好的议价地位。一个典型的例子是在20世纪20年代美国石油公司与中东的所在国政府之间的初期谈判。美国石油公司能够获取在该地区新油田开采石油权利的有利"让步"。然而，一旦美国石油公司做出了投资，它享有的议价优势就慢慢转移到所在国政府了。随着其技术逐渐成熟以及更容易被所在国的公司所掌握，所在国可能学会如何更好地进入全球资本市场和最终产品市场，然后寻求与其他外国投资者谈判更有利的条款。①

---

①　Raymond Vernon, Sovereignty at Bay; and Theodore H. Moran, Multinational Corporations and the Politics of Dependence: Copper in Chile（Princeton, N.J.: Princeton University Press, 1974）.

寡头垄断理论

有关对外投资的寡头垄断理论认为,公司之所以搬迁到国外是为了通过它们独特的产品、营销技术、对技术和管理技能的控制或者对资本的获取等要素来利用它们拥有的**垄断**(monopoly)权。[①] 为了争夺利润和市场份额,从事寡头竞争的公司可能将迁往国外视为它们总体竞争战略的一个组成部分。它们可能会积极地开发新的国外市场,希望这一行动会给自己带来相比于竞争对手的永久优势。相反,当自己的竞争对手刚刚进入外国市场时,公司可能为了阻止对手的移动或至少阻止竞争者获得生死攸关的优势,被迫以防守的姿态采取国际化战略。

寡头垄断理论与OLI模式的观点是一致的,因为OLI模式认为公司必须具备来源于特定优势(往往基于自己的专门知识)的某种市场力。存在于许多寡头垄断行业的正是这种类型的公司。寡头垄断理论为OLI模式增添了一种观念,即认为一个公司进入特定外国市场的时间可能取决于其竞争对手进入该市场的时间。

关税规避假说

关于对外直接投资流动的另外一个重要的假说涉及跨国公司通过建立外国子公司来规避关税和非关税壁垒的图谋。关税规避假说最近被用来解释日本和美国跨国公司为了获取西欧的市场准入,表现出更多的意愿在爱尔兰和英国进行投资。由于爱尔兰和英国都是欧盟成员国,在这两个

---

① See Stephen H. Hymer, The International Operations of National Firms: A Study of Direct Foreign Investment (Cambridge, Mass.: MIT Press, 1976); and Charles P. Kindleberger, American Business Abroad: Six Lectures on Direct Investment (New Haven, Conn.: Yale University Press, 1969), 1–36.

国家的投资可能会增加对欧盟所有成员国的投资准入。结果,数据表明非欧洲跨国公司似乎比平常更有兴趣在这两个国家投资。关税规避假说也与OLI 模式一致,因为欧盟对外实行高关税而对内实行低关税的做法给予欧盟内部相对低工资的国家一定的区域优势。[①]

壁垒规避也为从日本流向美国的对外直接投资的快速增长做出了很好的解释。在日本对美国汽车生产的投资上,情况尤其如此。日本对美国汽车生产直接投资的大幅增长发生在1981年,也就是两国通过谈判达成《自愿出口限制》以限制日本对美国出口的那一年。日本对美国投资在20世纪80年代持续增长,这种增长是基于这样的假设,认为除非日本产品在美国实行本土生产,否则美国市场将会关闭从日本的进口。结果,日本在美国的汽车生产能力从1980年的零增长到2004年的大约每年280万辆。[②]

母公司所在国的重要性

有关跨国公司行为更近些的理论强调母公司所在国的重要性。拿日本和美国的公司来说,它们与不同的母公司所在国之间显著不同的行为标志着这些国家构建国内经济方式对国内公司采取什么样的方式

---

① P. Nicolaides and S. Thomsen, "Can Protectionism Explain Direct Investment? " Journal of Common Market Studies, 29 (1991):635-643; M. Motta, "Multinational Firms and the Tariff-Jumping Argument: A Game Theoretic Analysis with Some Uncoventional Conclusion," European Economic Review, 36 (1992):1557-1571; John Lunn, "Determinants of U.S. Direct Investment in the E.E.C.," European Economic Review, 13(January 1980):93-101; Claudy G. Culem, "The Locational Determinants of Direct Investments Among the Industrialized Countries," European Economic Review, 32 (April 1988):885-904; and Patrick J. O'Sullivan, "An Assessment of Ireland's Export-Led Growth Strategy via Foreign Direct Investment," Weltwirtschaftliches Archiv, 129 (1993):139-158.

② Ryuhei Wakasugi, "Is Japanese Foreign Investment a Substitute for International Trade? " Japan and the World Economy, 6 (1994):45-52; and "Japan Auto Trends," at http://www.jama.org/autoTrends/detail408e.html? id=295.

来推行它们业务行为的国际化会产生重要的影响,尽管关于跨国公司行为的大部分经济理论似乎暗示母公司所在国环境在很大程度上是无关紧要的。虽然随着时间的推移,来自不同国家的公司在处理组织出口活动、本地生产、研发以及营销策略等问题上有一定程度的相同,[①] 但是不同国籍的公司仍然保留了它们受所在国环境强烈影响的重要的、显著的特征。

例如,日本公司属于称之为**企业集团**(keiretsu)的结盟公司联合会。当日本公司走出国门时,它们试图维持与国内外其他企业集团公司的关系,即使从短期的经济角度来看,这种做法可能不完全是理性的。[②] 与之形成鲜明对比的是,美国公司不像日本公司那样乐意与其他公司发展短期关系,即使它们很愿意培育短期的伙伴关系。美国公司与亚洲公司其他系统性的不同还包括不同的海外资产收益率以及不同的债务/股权比率。例如,日本和韩国公司的海外资产收益率比美国公司低,但是其债务/股权比率却比美国公司的要高。[③]

[①]　Evidence for this convergence in the behavior of foreign MNCs in the United States can be found in Edward M. Graham and Paul R. Krugman, Foreign Direct Investment in the United States, 3rd ed.(Washington, D.C.: Institute for International Economics, 1995).

[②]　Robert Z. Lawrence, "Efficient or Exclusionist? The Import Behavior of Japanese Corporate Groups," Brookings Papers on Economic Activity, 1 (1991): 311–341; Richard Florida and Martin Kenney, "Transplanted Organizations: The Transfer of Japanese Industrial Organization to the United States," American Sociological Review, 56 (June 1991):381–398; and Michelle Gittelman and Edward Graham, "The Performance and Structure of Japanese Affiliates in the European Community," in Mark Mason and Dennis Encarnation, eds., Does Ownership Matter? Japanese Multinationals in Europe(Oxford, England: Clarendon Press, 1994).

[③]　Alan Rugman, The End of Globalization, 3; Gregory W. Noble and John Ravenhill, "The Good, the Bad, and the Ugly?: Korea, Taiwan and the Asian Financial Crisis," in Gregory W. Noble and John Ravenhill, eds., The Asian Financial Crisis and the Architecture of Global Finance(New York, N.Y.: Cambridge University Press, 2000), 85.

跨国公司活动的后果

现代政府都优先重视能促进**经济效率**（economic efficiency）、增长和改善生活水平的公共政策目标。在评估跨国公司对发达市场经济体的影响和确定跨国公司提出的治理问题时，我们必须评估这些跨国公司对经济业绩的影响。然而，这不是一个简单的任务，因为将对外直接投资和其他跨国公司活动对特定国家的经济业绩产生的影响与其他变量对该国经济业绩产生的影响分离出来是有些困难的。例如，对于大多数宏观经济学家来说，资本投资仅仅就是资本投资，无论谁拥有它或者它来自哪里。很明显，对外直接投资给全球投资增添了可获得的资本。许多实证研究表明，对外直接投资流动的增长与众多不同类型国家的经济增长之间有着积极的关系。① 然而，有关对外直接投资流入的增长对接受国经济产生影响的实证研究必须考虑在没有对外直接投资流入增长的情况下，该国国内投资水平可能发生的变化。对新技术的转移或提高当地跨国公司员工技能水平的努力，也可能得出同样的观点。②

跨国公司的支持者认为对外直接投资是增加企业生产力和刺激增长的一种机制。通过转移资本、技术和技能以及通过调动闲置的国内资源，（跨

---

① See, for example, Lewis R. DeMello, "Foreign Direct Investment–Led Growth: Evidence form Time Series and Panel Data," Oxford Economic Papers, 51 (1999): 133–15; and Eduardo Borenzstein, José de Gregorio, and Jong–Wha Lee, "How Does Foreign Investment Affect Economic Growth?" Journal of International Economics, 45 (1998): 115–135. 更近的一项研究表明对外直接投资不直接对增长做出贡献，参见Maria Carkovic and Ross Levine, "Does Foreign Direct Investment Accelerate Growth?" in Theodore H. Moran, Edward M. Graham, and Magnus Blomstrom, eds., Does Foreign Direct Investment Promote Development? (Washington, D.C.: Peterson Institute, 2005).

② On this point, see Dunning, Multinational Enterprises and the Global Economy, 281–283.

国公司的支持者认为）跨国公司能提升生产力、促进增长从而提高福利。①
具体地说,对外直接投资的潜在收益可分为三种类型。第一,对外直接投资
可以通过从事国际**公司内贸易**（intrafirm trade）允许公司弥补市场的不足,
从而促进商品和服务贸易。第二,对外直接投资可以增加直接从事对外直
接投资的公司,特别是那些从对外直接投资流入中收益的公司的生产力。
第三,对外直接投资可以产生积极的**外部经济性**（external economies）,从而
有利于没有直接从事对外直接投资的公司和其他经济参与者。②

有很强的迹象表明,对外直接投资流动的增加与贸易水平的上升有
关,即对外直接投资不是贸易的替代品,而实际上有助于贸易的产生。例
如,即使当跨国公司投资于海外生产设施、服务于外国市场时,它们的海外
投资也会产生从母公司所在国的进口需求。一个假想的例子是美国的跨
国公司打算在比利时建立一个汽车组装厂。这家美国公司很可能为了比
利时的业务继续从美国其他公司购买零部件,直到它发现比利时（或者欧
洲）的汽车部件供应商。即使当地供应商代替了最初进口的零部件,该美
国公司会认为它还有一些商品和服务只能从美国本土获取。

换句话说,创造对外直接投资动力的同样因素也创造了公司内贸易的
动力。例如,1988年,位于美国的日本子公司从日本的母公司购买了它们
四分之三的进口,并向母公司出口了它们五分之三的出口。同一年,美国
母公司与它们的外国子公司之间的贸易占到了美国整个进口的五分之二
以上以及整个出口的三分之一以上。③ 作为对外直接投资流动和跨国公
司活动增加的结果,世界制成品贸易的很大比例（或许达到50%）都属于
公司内贸易且该比例不断增长。④

---

① See Harry G. Johnson, "The Efficiency and Welfare Implications of the International Corporation," in Kindleberger, The International Corporation, 35–56; Kindleberger, American Business Abroad.

② Graham and Krugman, Foreign Direct Investment in the United States, 57.

③ Encarnation, Rivals Beyond Trade, 28.

④ Dunning, Multinational Enterprises and the Global Economy, 386, 408–411. 关于美国商务部测量美国公司的公司内贸易的努力,参见William J. Zeile, "U.S. Intrafirm Trade in Goods," Survey of Current Business（February 1997）.

然而，既然对外直接投资产生的海外生产和销售的增长快于其带来的出口增长（有一些明显的例外），外部经济活动有可能比贸易产生的收益更重要。由于测量外部经济活动的程度是困难的，因此在这一领域没有太多的研究。一个已经运用的方法是在国外公司进入后检查本土定位的国内公司在生产力、出口业绩和研究力度方面的变化。[①] 关于外部性收益的一些额外线索可从对流入到具体国家和产业的对外直接投资的分析中得到。

例如，假设日本从来没有对在美国的汽车本地化生产做出投资，以及为了减少来自日本的竞争，美国汽车公司成功地获得较高的反对日本公司的贸易壁垒。那么美国消费者将因无法购买日本公司生产的价格相对低廉且高质量的汽车而受到经济损失，而且美国公司将不会为了寻求与日本汽车生产商相匹配而被迫升级它们的产品质量和提升它们工厂的效率。[②] 最终的结果将是美国汽车产业总体国际竞争力的下降。因此，20世纪80年代日本的对外直接投资流入到美国的汽车产业可能有利于美国的竞争力。这种现象被称为外国直接投资的**"示范效应"**（demonstration effect），因为外国公司的存在会以不同的方式展示它们组织生产的优势。

然而，有一点值得强调的是，美国整体上是一个低贸易壁垒的国家。结果，位于美国的公司比位于高贸易壁垒国家的公司有着更大的动力提高自己的国际竞争力。因此，人们不会期望对外直接投入流入到后者能对它们提高国际竞争力产生积极影响。同样地，人们也不期望对外直接投资流入到人力资本发展水平较低的国家与流入到如美国等人力资本发展水平较高的国家产生同样多的外部好处。[③] 这表明有更多的理由担忧对外直

---

① An example of this sort of work is Ann Harrison, "The Role of Multinationals in Economic Development: The Benefits of FDI," Columbia Journal of World Business, 29（Winter 1994）: 7–11. The work reported was done in developing countries but could have been done as easily in industrialized countries.

② Graham and Krugman, Foreign Direct Investment in the United States, 59; and James P. Womack, Daniel T. Jones, and Daniel Roos, The Machine That Changed the World: The Story of Lean Production（New York, N.Y.: Rawson Associates, 1990）, especially 86.

③ Borenzstein, de Gregorio, and Lee, "How Does Foreign Direct Investment Affect Economic Growth?"

接投资流入到发展中国家而不是工业化国家带来可能的负面效果(参见第八章)。然而,即使在工业化国家也有很多对跨国公司活动效果的担心。

跨国公司的批评者认为对外直接投资的流入可能会减少效率以及抑制所在国的经济增长。由于跨国公司往往是寡头垄断的,因此它们可能会早于所在国国内公司的成立、限制后者的生产、人为地维持高价格,因此获取**寡头垄断租金**(oligopoly rents)。如果跨国公司赚取的租金不是用于本地再投资,而是通过利润汇回国内,那么限制跨国公司的进入或者限制它们的**利润汇回**(repatriation of profits)对所在国可能会更有利,因为相比跨国公司,国内企业更有可能将赚取的租金用于国内再投资。此外,批评者认为跨国公司通过吸纳本地资本而不是提供新的资本、通过应用不恰当的技术、通过创造"坏"(低技术、低工资)的工作而不是"好"(高技术、高工资)的工作、通过在母公司所在国而不是在海外公司所在国做研究以及通过雇佣外侨而不是当地经理,可能事实上阻碍海外公司所在国的增长和经济繁荣。大多数类似的批评被证明是经验主义的,且多数证据表明这些批评是不正确的,但是在一些领域,类似的批评似乎有一定的正确性。①

多年来,大量研究致力于证实对外直接投资对特定国家或地区的经济表现到底产生什么样的效果。② 大多数研究认为跨国公司对所在的发达市场经济体的经济影响总体是积极的。1981年欧共体议会采纳的"卡本报告"(Caborn report)呼吁对跨国公司实施更大的管理,认为跨国公司提升了世界经济活动的水平,"对生产力、经济增长率和总体就业水平以及对新产品、它们的进程和管理知识的传播有着有利的效果"。③ 在对单个欧洲

---

① See Stephen Hymer, "The Efficiency(Contradictions) of Multinational Corporations," American Economic Review, 60 (May 1970), 441–448; Graham and Krugman, Foreign Direct Investment in the United States, 59–66.

② A good summary can be found in Dunning, Multinational Enterprises and the Global Economy, chs. 10–16.

③ (Caborn Report) European Communities, European Parliament, Working Documents 1981–1982, Report on Enterprises and Governments in Economic Activity, Doc. 1–169/81 (May 15, 1981), 5.

经济体的研究中,提及的跨国公司对所在国的其他好处还包括改善国际收支、提高研发水平、提升技术水平以及增加活力。[1]

跨国公司可能产生的负面效果

尽管有迹象表明跨国公司能带来总体上的好处,但是跨国公司投资对所在国来说不是没有成本的。成本的产生是由于对跨国公司做出理性的行为可能不那么有利于其海外公司所在国。有关这个问题的公共和私人研究多次揭示了类似的担忧。[2] 其中之一是对跨国公司**技术依赖**(technological dependence)的担心。虽然对发达的所在国来说,接近跨国公司的先进技术是跨国公司对它们的主要经济好处,但是这种先进技术获得的方式也扼杀了它们自己的技术研究和发展。技术研发集中在跨国公司的母公司所在国可能阻碍了其海外公司所在国的技术研发活动,从而导致后者从属于国外控制的技术。相关的担忧也认为跨国公司的海外公司所在国可能不得不为进口技术支付过多的成本,因为跨国公司对技术的控制使它的母公司能够为技术的使用索取垄断性**租金**(rent)。[3] 类似的担

---

① Giles Y. Bertin, "Foreign Investment in France," in Isaiah A. Litvak and Christopher J. Maule, eds., Foreign Investment: The Experience of Host Countries (New York, N.Y.: Praeger, 1970), 105–122; Dunning, Multinational Enterprises and Nation States, 406–408; John H. Dunning, "The Role of American Investment in the British Economy," Political and Economic Planning, Broadsheet No. 508 (February 1969); and Stephen Young, Foreign Multinationals and the British Economy (New York, N.Y.: Croom Helm, 1988).

② See Task Force, Foreign Ownership and the Structure of Canadian Industry, and Foreign Direct Investment in Canada; United Nations, Transnational Corporations in World Development; Jack N. Behrman, National Interests and the Multinational Enterprise: Tensions Among the North Atlantic Countries (Englewood Cliffs, N.J.: Prentice-Hall, 1970), 32–84; Jean-Jacques Servan-Schreiber, The American Challenge (New York, N.Y.: Atheneum, 1968); and Susan and Martin Tolchin, Buying into America.

③ On this point, see Harry G. Johnson, "The Efficiency and Welfare Implications of the International Corporation" in Kindleberger, The International Corporation, 35–56.

忧也出现在管理技能上。向海外公司所在国转移管理人才能成为效率和经济增长的源泉，但是外国经理的使用可能相当于拒绝给所在国的国民使用和发展他们自己技能的机会。

另一个担忧来自跨国公司寡头垄断的特征。外国竞争者的进入可能刺激国内竞争，鼓励高效率，但是这也可能减少市场竞争，威胁现存的国内产业。如果跨国公司对市场的主导地位能带来新技术和其他经济效率，那么这种对市场的主导也可能是有益的。但是，如果跨国公司不引进技术和改进效率，它就可能导致效率的下降。当跨国公司收购它们现有的国家公司时，被收购公司所在国呈现了特别的担忧。收购可能会使被收购公司获得资本、技术和其他资源，从而改善其业绩，但是收购可能仅仅是所有权的一种转让，并没有增添新的效率。

一些国家对跨国公司的进口定位也表达了担忧。一份被称为"戈瑞报告"（Gray report）的加拿大官方研究发现，在加拿大的子公司喜欢在公司内而不是在加拿大国内寻求供应和服务。这种从母公司进口的偏好可能提供最好质量的商品和服务，但是也妨碍了加拿大制造和服务业的发展，因此限制了外国投资对加拿大经济其他领域产生的"溢出效应"。[①]跨国公司的出口政策也引起其子公司所在国的担忧。虽然有证据表明跨国公司与它们的国内同行相比有着相同甚至更好的出口记录，但是限制出口及限制子公司的出口市场的做法在跨国公司不是鲜见的。最后，对跨国公司的担忧还与其收支平衡的影响有关。经济学家的共识是跨国公司收支平衡的影响相比于经济增长率、汇率的变化等宏观经济因素要小，但是批评人士继续认为，与国内公司相比，跨国公司更加偏爱进口它们需要的投入，因此造成所在国的贸易赤字。[②]

跨国公司对其海外公司所在国的经济影响总体上是积极的，而且公众也总体上认可这种积极影响。但是在一些特定领域也存在着对跨国公司

---

① Task Force, Foreign Direct Investment in Canada, 183-211.

② See Eduardo Borensztein, José de Gregorio, and Jong-Wha Lee, "How Does Foreign Investment Affect Growth? " Journal of International Economics, 45（1998）:115-135.

的担忧。对发达所在国来说,最重要的问题不是外国投资在经济上是否值得,而是对外直接投资流入是否能增加它们的经济实惠和减少成本。

在20世纪六七十年代的大部分时间内,对跨国公司影响的审视主要集中在对其海外公司所在国的影响,其中暗含的假设是其母公司所在国总是经济好处的受益者。在过去的二十年里,这种假设受到了炮轰。美国一些分析人士和有影响的利益集团,特别是工会代表,认为美国的对外直接投资对美国经济产生了负面影响,因为该政策通过支持美国对外投资而不是支持外国在美国投资和生产、通过出口工作而不是出口商品、通过允许税收逃避以及通过向国外输送资本而不是在国内使用这些资本而损害了美国国内的经济发展。虽然这些观点产生了不断增长的政治影响,但是关于对外投资对美国经济影响的多个研究都揭示了这些投资的发生并没有以牺牲美国国内投资、贸易或者就业为代价。①

工业化国家内的跨国公司政治确实越来越集中在应该采取何种措施支持国内的跨国公司具有更大国际竞争力的争论。一些政治人物支持政府施加广泛的干预来促进特定的公司和产业——有时被称为"产业政策",但是当涉及对新技术的创建和商业化提供更多的支持时,这种干预也指的是"技术政策"。这些支持者经常赞成采取干预措施来反击其他国家跨国公司尤其是日本和亚洲跨国公司的产业政策。然而,其他人则反对这

---

① See Cooper, The Economics of Interdependence, 98–103; and Robert G. Gilpin, Jr., U.S. Power and the Multinational Corporation: The Political Economy of Foreign Direct Investment (New York, N.Y.: Basic Books, 1975). 有关评估美国跨国公司海外活动对美国的影响,参见C. Fred Bergsten, Thomas Horst, and Theodore Moran, American Multinationals and American Interests (Washington, D.C.: Brookings Institution, 1978); Robert Stobaugh et al., Nine Investments Abroad and Their Impact at Home (Boston, Mass.: Division of Research, Harvard Graduate School of Business Administration, 1976); Richard T. Frank and Richard T. Freeman, Distributional Consequences of Direct Foreign Investment (New York, N.Y.: Academic Press, 1978); and AFL–CIO, 16th Constitutional Convention, Resolution on International Trade and Investment, October 1985. 马丁·费尔德斯坦(Martin Feldstein)做的更近的一项研究表明每一美元的对外直接投资流出会减少一美元国内投资以及20到38美分的国内资本存量。See Martin Feldstein, The Effects of Outbound Foreign Investment on the Domestic Capital Stock, National Bureau of Economic Research Working Paper #4668, March 1994.

种干预,认为这种做法违背了多边贸易体系准则,且在新的全球化的世界经济中难以实行,因为跨国公司的国家身份正变得不那么清晰,而且在促进特定国家的利益上总体上是无效的。

国家经济控制

跨国公司与发达国家政府之间潜在冲突的另外一个领域是跨国公司对政府实行国家经济控制的干涉。随着发达国家努力管理它们的经济以提高经济效率、增长和福利时,有关跨国公司对政府的这种控制施加外部约束的担忧开始呈现出来。

有关精英和公众对外国投资态度的研究清楚地揭示了人们对跨国公司干预国家控制的担忧。在一份对欧洲民意的调查中,对跨国公司的负面看法大多数集中在害怕它们可能会腐蚀国家对经济的控制。[1] 许多受访者看到了美国和欧洲的跨国公司之间的主要差异:总部位于美国的跨国公司被认为是典型强大的、有活力的且组织良好的,但是也是无法控制的和道德可疑的;而总部位于欧洲的跨国公司作为商业伙伴被认为是具有社会责任的、人道的和忠诚的。[2] 各种对加拿大人态度的研究显示对跨国公司最不利的感觉涉及跨国公司会导致国家对经济失去控制。加拿大人总体认为跨国公司带来的经济好处与跨国公司对一国控制国家事务造成的不利影响之间有着一种平衡。[3]

这种对国家失去对经济控制的担心在某种程度上仅仅是一种无形的

---

[1]　Peninou et al., Who's Afraid of the Multinationals? 59–62. See also Joseph La Palombara and Stephen Blank, Multinational Corporations in Comparative Perspective (New York, N.Y.: The Conference Board, 1977), 6–8.

[2]　Peninou et al., Who's Afraid of the Multinationals? 69–70.

[3]　J. Alex Murray and Lawrence Le Duc, "Changing Attitudes Toward Foreign Investment in Canada," in John Fayerweather, Host National Attitudes Toward Multinational Corporations (New York, N.Y.: Praeger, 1982), 216–235.

感觉,即认为由于外国投资的原因,对一个国家经济上至关重要的决定往往是在该国之外制定的。这种认识不是认为所有决定都是对该国不利,而是认为这些决定是在该国之外的其他地方做出的。跨国公司由母公司集中做出决定的趋势表明对决策从海外公司所在国转移到投资国的担心经常是有道理的。有趣的是,对失去决策的无形担忧可能与外国投资的水平无关。有着大量外国投资的加拿大人并不比接受外国投资少得多的英国人有着更多的担心。另一方面,外国投资水平低的法国人也显示了高度的担忧。对失去国家控制的担心似乎更多地是与国家对独立的不同预期相关,而不是与对国家独立的这种实际威胁相关。①

失去能对敏感产业施加控制的担忧尤其强烈。一些国家,包括美国,总是担忧在通信、交通和金融等产业有着外国所有权。公共官员越来越认为汽车和石油产业等对国民经济有着重要影响的产业或者那些在科技发展方面处于先驱地位的产业,如计算机和电子产业,应该保持在国家的控制之下。② 当1987年日本的富士通有限公司极力收购因困难时期处于衰落状态的仙童半导体公司(曾经是半导体产业的先驱公司以及美国军方计算机芯片的主要供应商)80%的份额时,美国也表达了类似的担忧。各种各样的美国政府官员强烈认为,出于国家安全的理由,该公司的股份的出售应该被阻止。具有讽刺意味的是,富士通提议购买的80%股份已经属于另一个外国公司,即法国的斯伦贝谢有限公司。很显然,美国政府官员担心的不是简单的有外国人想购买仙童半导体公司,而是与美国半导体竞争尤为激烈的日本人想购买仙童半导体公司。在该问题上存在的争议促使富士通最终撤回其报价。从那以后,随着在美国的外国投资的增加,美国公共舆论对外国投资者,尤其是对在敏感的高科技产业的投资者,一直保持着谨慎。

---

① John Fayerweather, "Elite Attitudes Toward Multinational Firms: A Study of Britain, Canada, and France," International Studies Quarterly, 16 (December 1972): 472–490.

② For example, see the analysis of French attitudes toward sensitive industries in Allan W. Johnstone, United States Direct Investment in France: An Investigation of the French Charges (Cambridge, Mass.: MIT Press, 1965), 32–34.

尽管跨国公司在实现国家目标中经常扮演着重要角色,但是也有担心认为,跨国公司没有主要在国内市场运行的国内公司那样对国家经济计划做出较快响应。[1] 主要担忧如下:首先,对国际公司来讲是理性的行为可能不符合所在国的国民经济计划;其次,跨国公司有能力规避为实现国家计划而制定的机制。由于跨国公司能够获得外部融资,所以它们不像国内产业那样依赖于国家政府财政,因此不对政府为鼓励在某些行业或者某些地区投资而采取的激励政策和措施做出反应。因为跨国公司与国家经济及政体联系较少,因此有担心认为它们不太可能主动配合所在国的计划目标。

例如,"戈瑞报告"(Gray report)对跨国公司可能干涉加拿大政府增加对制造业投资以及抑制资源过度开采的目标表达了担忧。报告指出,为了获得安全的自然资源供应而实行向后垂直一体化的外国制造业公司不太可能对加拿大的需求和经济能力做出反应,因为它们的存在理由严重地被它们在其他地方承诺的投资所改变。[2]

更大的担忧还在于跨国公司可能逃避所在国的国内征税。虽然跨国公司对定价实行集中控制,但是它们在低税收的国家可以实现利润,而在高税收的国家则避免显示所得的利润以逃避纳税。因为同一个跨国公司的子公司之间的交易不是公平的市场交易,即不是由市场价格自由决定,中央决策部门往往为这些交易人为地定价。这些所谓的**"转让价格"**(transfer prices)能被跨国公司操纵以实现它们税收的最小化。[3] 例如,跨国公司能在其附属公司之间抬高进口的价格或者减少出口的价值以达到在高税收国家的子公司收入最小化,从而达到为其减少税负的目的。当美国某些州建议使用**单一税收**(unitary tax)公式计算跨国公司的国家税

---

[1]　See Behrman, National Interests and the Multinational Enterprise, 69–84.

[2]　Task Force, Foreign Direct Investment in Canada, 428.

[3]　Organization for Economic Cooperation and Development, Transfer Pricing and Multinational Enterprises: Three Taxation Issues (Paris, France: OECD, 1984); Alan M. Rugman and Lorraine Eden, eds., Multinationals and Transfer Pricing (New York, N.Y.: St. Martin's Press, 1985); and Roger Y. W. Tang, Transfer Pricing in the 1990s: Tax and Management Perspectives (Westport, Conn.: Quorum Books, 1993).

收时,这种问题就开始在美国呈现了。单一税收的目的是为了防止跨国公司为了自身利益来操纵"转让价格"策略。这些州打算根据跨国公司全球的收益制定一个复杂的税收公式来征税,而不是按照跨国公司在该州的收入来征税。该税收计划激起了跨国公司,尤其是日本和英国公司的强烈反应,它们威胁停止在使用单一税收公式的美国各州做出投资。[①]

加利福尼亚州的单一税收引发的争议导致美国最高法院1994年对英国巴克莱银行1984年的起诉和高露洁公司1986年的起诉做出裁定,这两项起诉认为加利福尼亚州的这项税收体制是违反宪法的。1994年6月20日,美国最高法院以7:2的投票结果支持加利福尼亚州保持单一税收的权利。如果美国最高法院做出反对加利福尼亚州的裁定,加利福尼亚州将不得不退还在该项税收政策下已经征收的大约20亿到40亿美元的税款,并重新执行基于跨国公司母公司与当地子公司之间有着"公平交易"的假定之上制定的税收体制。

加利福尼亚州立法机构在1986年和1993年决定对单一税收法做出修改,目的是使该税法具有选择性。州当局意识到该项税收体系抑制了新的对外直接投资的流入,承认因不同国家会计实践的巨大不同、国际汇率的浮动以及在税务审计方面缺乏外国跨国公司的全面合作,对该项税收体制的执行很难管理。[②] 因此当美国联邦最高法院的裁定为其他州采取单一税收制铺平道路时,加利福尼亚州正慢慢地、但是坚定地放弃这个想法。

跨国公司对国家控制实行干预的另外一个维度是对被一个作者称为的"国家秩序"的干预。[③] 该作者指责跨国公司很少受到国家社会准则和

---

① Dunning, Multinational Enterprises and the Global Economy, 509.

② George Graham, "U.S. Tax Move Alarms Multinational Groups," Financial Times, August 15, 1995, 4; Jonathan Schwarz, "Survey of World Taxation," Financial Times, February 24, 1995, 35; and "The Unitary Tax Escape," The Fresno Bee, July 6, 1994. On the difficulty of administering the California unitary tax, see General Accounting Office, Tax Policy and Administration: California Taxes on Multinational Corporations and Related Federal Issues (Washington, D.C.: Government Printing Office, August 10, 1995).

③ Behrman, National Interests and the Multinational Enterprise, 73–76.

经济关系的约束。因此,存在于欧洲和日本并被当作国家经济管理工具的企业与政府之间的联系在国家政府与跨国公司之间可能是更脆弱的和不那么有效的。①

国家秩序的另外一个维度是劳企关系。外国跨国公司被认为遵循对所在国劳动政策有害的劳动政策。例如,外国跨国公司被指控比国内公司更愿意解雇员工,在制定影响员工利益的政策时更不愿意与员工协商。②由于对劳工权利及就业保护的承诺,欧洲对这种现象尤其敏感,但是这些担忧在美国也浮出水面。1988年,英国比泽建筑公司(Beazer)竭力收购总部位于美国匹兹堡的建筑材料和化学品公司科佩斯(Koppers)。为了激起公众对这起收购的反对,科佩斯公司的管理层通过声称比泽公司是一家麻木不仁的外国公司,在收购后将会关闭美国的工厂或解雇当地工人,成功放大了公众对这起收购的担忧。

母公司所在国政府的干预

对一国的国家控制实行干预的另外一个维度不是来自跨国公司自身的威胁,而是来自跨国公司母公司所在国对其海外公司所在国的威胁,主要是美国对其跨国公司所在国的威胁。当美国的法律通过跨国公司的子公司运用到美国领土之外时,这样的治外法权干涉就发生了。③

美国实施治外法权干涉的一个方式是通过应用美国的出口控制。1917年的《与敌人贸易法案》、1947年的《出口管制法案》以及它的继任者1969年和1979年的《出口管理法案》被美国政府用来对美国公司的外国子

---

① See Hart, Rival Capitalists, especially chs. 2 and 3.

② See Wolfgang Streeck, "Lean Production in the German Automobile Industry? A Test Case," in Suzanne Berger and Ronald Dore, eds., Convergence or Diversity? National Models of Production and Distribution in a Global Economy(Ithaca, N.Y.: Cornell University Press, 1996).

③ See Behrman, National Interests and the Multinational Enterprise, 88–127.

公司的交往实行控制。① 《与敌人贸易法案》授予总统在战争时期或者国家紧急状态下管理美国公民与外国政府或公民所有商业和金融交易的权力。该法案被用来禁止与古巴、朝鲜等国的贸易。《出口管制法案》与《出口管理法案》授予美国行政部门以国家安全、外交政策或者供不应求等理由"禁止或者缩减"美国公司或者它们的外国子公司向共产主义或其他特定国家所有的商业出口,包括专有技术的出口。因为美国法院规定母公司对它们的外国分支机构的行为负有法律责任,美国的跨国公司有很大的动力配合美国的这些法律规定。

发生过美国极力阻止其跨国公司的子公司在国外交易的事件,尽管这些交易行为符合子公司所在国的法律。作为一个高度政治化的事件,美国1982年下令美国在海外的跨国公司遵守美国对苏联实行的高科技产品的出口禁运,以阻止它们的出口用于从苏联到西欧的天然气管道建设。该项制裁在波兰执行戒严后于1981年12月颁布,并于1982年6月扩展到美国海外公司的子公司以及获得美国经营许可证的外国公司。在美国没有对出口实行控制时,该禁运还适用于已经购买的技术。该事件激起了美国与欧洲盟友的严重冲突,因为欧洲国家视美国的这一行动为其治外法权的单方面的、追溯性应用。一些欧洲政府发布正式命令,要求所在地常驻公司遵守合同,当这些公司遵守合同时,美国却对它们施加处罚,包括撤销它们所有的出口许可证。②

---

① See, for example, Richard Cupit, Reluctant Champions: U.S. Presidential Policy and Strategic Export Controls(New York, N.Y.: Routledge, 2000); Michael Mastanduno, Economic Containment: CoCom and the Politics of East-West Trade(Ithaca, N.Y.: Cornell University Press, 1992); and William J. Long, U.S. Export Control Policy: Executive Autonomy versus Congressional Reform(New York, N.Y.: Columbia University Press, 1989).

② Jonathan P. Stern, The Future of Russian Gas and Gazprom(New York, N.Y.: Oxford University Press, 2005); Bruce Jentleson, Pipeline Politics: The Complex Political Economy of East-West Energy Trade(Ithaca, N.Y.: Cornell University Press, 1986); Beverly Crawford, Economic Vulnerability in International Relations: East-West Trade, Investment, and Finance (New York, N.Y.: Columbia University Press, 1993), ch. 5; and Angela Stent, From Embargo to Ostpolitik: The Political German-Soviet Relations Economy of West(New York, N.Y.: Cambridge University Press, 1981).

然而,美国政府并不总是能获得胜利。法国政府和法院的抵制导致美国不得不撤销禁止一家美国驻法国公司向中国出口卡车的限制。五个月后当北约组织(North Atlantic Treaty Organization,NATO)盟国同意研究东西方贸易时,美国决定撤销其之前向美国跨国公司的外国子公司以及拥有美国经营许可证的外国公司颁布的针对苏联管道出口的禁令。多起其他案例也表明当外国政府坚持的时候,美国政府经常愿意做出让步。①

美国实施治外法权干涉的另外一个领域是制定反垄断立法。《谢尔曼/克莱顿反托拉斯法》就是美国寻求既在国内又在对外进出口贸易中防止对竞争的约束。美国法院为这些法律规定了广泛的治外法权管辖,包括将这些法律应用到美国跨国公司的子公司。美国公司是外国子公司的母公司这一事实就足以让美国法院有理由对这些子公司实行域外管辖。在此基础上,美国政府还试图强迫外国子公司进行信息披露,尽管这种做法不总是能取得成功。美国政府还迫使美国母公司剥离自己的外国附属公司或者改变附属公司的行为,即使这些附属公司的所有权或行为符合所在国的法律。例如,美国法院强迫一家美国啤酒公司出售其在加拿大的子公司,以及迫使美国母公司命令它们的子公司停止在加拿大的一家广播卡特尔的业务,尽管这家广播卡特尔得到加拿大总府的批准。

在另一起案件中,美国法院声称对一起私人针对外国公司加入美国之外的一家铀卡特尔的反垄断起诉拥有管辖权,而这些外国公司是在得到它们各自政府明确的同意后才加入这家铀垄断集团的。然而,不是这些被告公司,而是加拿大和英国等相关国家政府出现在了法庭上并声称美国对这起案件不能行使管辖权。它们的理由如下:美国禁止在国内的核反应堆中使用外国生产铀的做法激怒了这家铀卡特尔;该铀垄断集团是由于政府政策的原因得以创建的;美国之外的法律不认为建立卡特尔是非法的。美国法院不但驳回了这些辩解,而且还批评这些政府代替本国公司出现在法庭上的行为。主要是作为对这起铀案件的反应,英国颁布了立法阻止外国政

---

① Behrman,National Interests and the Multinational Enterprise,104–113.

府采取这样的行动。^①

最后，美国还通过收支平衡政策实施治外法权的干预。在20世纪60年代，美国政府通过要求美国公司限制在发达国家的新投资、增加通过国外融资手段做出的对外投资数量以及从外国附属公司增加收益和短期资产返回国内等措施努力改善其收支平衡。这些要求对美国的对外投资，尤其在欧洲的投资，产生了严重的影响，因为当这些政策导致美国公司在当地资本市场而不是在美国市场融资时，它就会抑制欧洲的经济增长、伤害欧洲的收支平衡以及吸干欧洲的资本市场。随着浮动汇率的出现以及美国收支状况的改善，该项资本约束措施在20世纪70年代终结。考虑到20世纪80年代资本市场的国际化，类似的资本控制不太可能在今天再重新实行。^②

美国政府还利用美国跨国公司的附属公司对南非施压使其结束**种族隔离**（apartheid）政策。1986年的《全面反种族隔离法》防止美国公司和它们的外国分支机构向南非政府提供新的贷款或者在南非进行新的投资。加拿大、欧洲共同体、英联邦国家和北欧国家也通过了类似的法律禁止在南非新的投资，澳大利亚、加拿大和北欧国家不允许对南非新增银行贷款。美国国会考虑制定更加严格的立法（尽管没有制定），如要求美国跨国公司强制从南非收回投资或者对南非施加全面的贸易抵制。

除了用于结束南非种族隔离制度的联邦政府行动外，美国许多州和地方政府通过制定部分或者全部收回投资的政策、禁止国有资金对在南非做生意的公司投资，或者拒绝从在南非做生意的公司采购或者给予它们合同等措施，采取了强烈的态度反对南非的种族隔离制度。虽然美国州和地方政府不能够要求美国公司从南非撤出，但是它们的法律迫使跨国公司不得不在美国市场与南非市场之间做出选择。

---

① Mark R. Joelson, "International Antitrust: Problems and Defenses," Law and Policy in International Business, 2（Summer 1970）: 1121–1134.

② John B. Goodman and Louis W. Pauly, "The Obsolescence of Capital Controls? Economic Management in an Age of Global Markets," World Politics, 36（October 1993）: 50–82; and John Conybeare, U.S. Foreign Economic Policy and the International Capital Markets: The Case of Capital Export Controls, 1963–74（New York, N.Y.: Garland, 1988）.

联邦、州和地方法律在促使美国公司离开南非方面获得了成功。例如,从1984年到1988年,141家美国公司从南非撤回了它们的股权投资(虽然一些公司还保持了与南非其他形式的经济联系)。虽然美国或者其他支持对南非的种族隔离制度采取经济禁运国家的行为本身不可能对结束种族隔离负责,但是重要的一点是,纳尔逊·曼德拉(Nelson Mandela)在当选为后种族隔离时代的总统后很快承认这种政策的重要性。同时,值得注意的是,如此众多的政府都认为操纵本国跨国公司的做法是破坏南非种族隔离制度的合法手段。①

总之,母公司所在国干预其跨国公司国外活动的潜在性是非常真实的。然而,如果考虑到跨国公司实施的交易量,母公司所在国实施这种干预的现实威胁的数量则相对较小。母公司所在工业化国家的政府似乎已经采纳了一项政策,即除了在特殊情况下,将避免对它们跨国公司附属公司的活动实行干预。

跨国公司和国家政治进程

跨国公司可能干预的最后的、但也是重要的一个领域是对母公司及海外公司所在国政治的干预。如母公司或海外公司所在国的任何一家公司一样,跨国公司是一位能够影响或者有时寻求影响法律、公共政策和政治环境的潜在强大的政治参与者。跨国公司对发达国家政治影响的性质和重要性是还没有得到充分研究或者公众对其知之甚少。

跨国公司有多种方法可能影响所在国的政治。在最极端的情况下,它们可能推翻不友好的政府或者保持友好的政权在位。它们通过合法的或者非法的选举捐献或者采取行动支持或反对特定的公共政策来干预所

---

① A general work on the effectiveness of economic sanctions is Gary C. Hufbauer, Jeffrey J. Schott, Kimberly A. Elliott, and Barbara Oegg, Economic Sanctions Reconsidered, 3rd edition (Washington, D.C.: Peterson Institute, 2008).

在国的选举。最后,跨国公司可能影响所在国的政治文化,也就是塑造当地公众的政治价值观和态度。在所有的这些行为中,跨国公司可能自行其是,也可能在母公司所在国政府的煽动或者支持下采取行动。[①]

具体到加拿大,对这些可能性都有所考虑的"戈瑞报告"认为跨国公司对加拿大的公共政策很少产生直接影响。这份研究报告认为,外国投资的影响在于给加拿大决策者提供可用的选择。例如,由于加拿大的产业结构以及一些加拿大公司受外资控制的现实,加拿大公共政策在促使产业合理化方面影响有限。[②] 美国参议院跨国公司小组委员会发现跨国公司在发达国家从事合法和非法的支付,但该委员会并没有表明此类支付如何影响所在国的公共政策。[③]

跨国公司可能也影响其母公司所在国的公共政策。一项对美国外交政策的研究发现,任何特定公司的直接影响都可能会被制衡力所抵消,即使企业集团可能塑造国家政策。该研究认为跨国公司最重要的影响是其总体影响美国外交政策的形成所需要的政治共识的能力。国际经济关系中自由主义观点占主导地位证明了跨国公司发挥着这种无形的、但是重大的影响。[④]

在参议院跨国公司小组委员会1975年举行的系列听证会上,出现了与此有些不同的观点。这些听证会表明,通过表达要求、提供信息以及有时在政策执行方面予以合作,跨国公司有时成为美国外交决策能力的一个重要组成部分。另一个印象是,跨国公司有时会遵循独立于可能违背官方的

---

① See similar possibilities outlined in Task Force, Foreign Direct Investment in Canada, 301–306; Pat Choate, Agents of Influence: How Japan Manipulates America's Political and Economic System (New York, N.Y.: Simon and Schuster, 1990).

② Task Force, Foreign Direct Investment in Canada, 305–307.

③ See U.S. Senate, 93rd Cong., 1st and 2nd sess., and 94th Cong., 1st and 2nd sess., Multinational Corporations and United States Foreign Policy, hearings before the Subcommittee on Multinational Corporations of the Committee on Foreign Relations (Washington, D.C.: U.S. Government Printing Office, 1975).

④ Dennis M. Ray, "Corporations and American Foreign Relations," The Annals, 403 (September 1972), 80–92.

政府政策。①

　　跨国公司对国家政治另外一个方面的影响是通过它们对社会结构的影响产生的。研究表明，跨国公司正在改变国家和国际阶级结构以及创造新的社会、经济和政治分割。该研究表明，一个由支持自由的国际经济秩序的跨国管理阶层组成的新的阶级结构正在形成；一个庞大的在当地社区具有安全的就业和地位，且已经成为社会立法和经济管理的基本对象和受益人的劳动阶级已经建立；同时还存在着一群没有融入到新的工业社会且饱受体制的社会成本之苦的边缘化人士。该研究发现，由跨国企业塑造的这种新的阶级结构将带来新的社会冲突，且这种冲突不适合被已经建立的制度所控制。②

　　总之，围绕跨国公司问题产生了很多担忧和冲突。然而，在西方体制里对跨国公司的管理不像在第三世界那样成为高度政治化的、富有争议的问题，特别是在布雷顿森林体系时期结束后。其中的一个原因是因为西欧、日本和新型工业化国家采取了鼓励国内拥有的跨国公司成长的政策。虽然一些西方人士认为对跨国公司的管理应该实现利益最大化，但是他们对国际投资的重要性和保持对其他工业化国家竞争力的必要性有着总体的认识。加拿大前总理皮埃尔·特鲁多（Pierre Trudeau）提供了这样的解释：

　　我不担心某种程度上是必然的东西，我认为经济控制的问题某种程度上是必然的，不仅仅是美国对加拿大而且或许是美国对欧洲国家的经济控制……这些是生活中的事实，因为它们没有让我担心。我想确定的是这种经济存在，正如我说的那样，不会导致我们国家身份的真正削弱。我也使

　　① For a discussion of International Telephone & Telegraph, see U.S. Senate, Multinational Corporations and United States Foreign Policy; see also Paul Sigmund, The Overthrow of Allende and the Politics of Chile, 1964–1976 (Pittsburgh, Pa.: University of Pittsburgh Press, 1978); and Jerome Levinson, "The Transnational Corporations and the Home Country," in Conference on the Regulation of Transnational Corporations, February 26, 1976 (New York, N.Y.: Columbia Journal of Transnational Law Association, 1976): 17–22.

　　② Robert W. Cox, "Labor and the Multinationals," Foreign Affairs, 54 (January 1976): 344–365.

用那种通用表达。我那样做的方式就是尝试及权衡利弊。很明显,如果我们将资本和技术拒之门外,我们将不能开发我们的资源,为了产生储蓄以用于我们自己的投资等等,我们将不得不削减我们的消费标准……从法律术语的角度来说,每个国家都想保持自己的身份和主权。它必须立即做出评估,当我们做出评估时,它将尝试并选择对我们的独立以及对我们的身份重要的那些领域。①

然而,在全球化时期,西方世界的左派和环境主义者将重新看待跨国公司,并试图使跨国公司成为他们反对全球化的一部分。

对外直接投资的国际体制

与对资金和贸易的控制相比,对外直接投资的国际治理一直是极其有限且相对非正式的。② 其中的一个原因是构建对外直接投资的国际体制直到最近才成为国际经济关系中的一个问题。由于20世纪30年代的经济危机,世界对货币和贸易秩序的需要变得尤为明显,这也成为战后经济体制成立的关键动力。然而,在对外直接投资方面,西方世界没有经历类似的国际危机,也没有达成相关共识。直到20世纪60年代,跨国公司才成为国际政治中的一个问题。即使在那时,跨国公司对北南政治比跨国公司对

---

① In John Fayerweather, Foreign Investment in Canada: Prospects for National Policy (White Plains, N.Y.: International Arts and Sciences Press, 1973), 32.

② See Charles Lipson, Standing Guard: Protecting Foreign Capital in the Nineteenth and Twentieth Centuries (Berkeley and Los Angeles, Calif.: University of California Press, 1985); Nathan M. Jensen, Nation–States and the Multinational Corporation: A Political Economy of Foreign Direct Investment (Princeton, N.J.: Princeton University Press, 2008); and Louis T. Wells and Rafiq Ahmed, Making Foreign Investment Safe: Property Rights and National Sovereignty (New York, N.Y.: Oxford University Press, 2006).

工业化国家之间的关系更为重要（参见第八章）。工业化国家对由对外直接投资的增长导致经济成本的增加和失去对国家控制的担忧在很大程度上被它们对跨国公司带来经济效益的认识所抵消。

塑造对跨国公司总体积极认识的因素之一是工业化国家政府中占支配地位的自由主义思想以及它们全球定位的商业利益。像其他国际金融流动和国际贸易一样，对外直接投资被这些个体视为经济上是理性且有益的。在国内公司扮演着与大公司同样角色的国家，大公司在其政治上的角色被视为无危险的。对国际资本的总体接受性影响它们对跨国公司的态度。主要的异议来自劳工领导人及法国和日本政府，因为日本与法国接受对外直接投资的思想缓慢，而且在寻求国家经济发展时往往更注重于积极促进政府和国内企业之间的合作关系。①

认为跨国公司带来的威胁是有限的另外一个原因是跨国公司与发达国家政府之间的权力关系。在发达国家，跨国公司没有被视为对政府的权力构成主要威胁。尽管跨国公司影响一国的经济业绩、干涉它的经济管理，但是跨国公司却不能破坏强大的、富有经验的政府的权威。虽然跨国公司控制着敏感产业，但是它们在国家经济中并没有重要到让所在国政府感觉到必须默许它们的力量，当然加拿大除外。此外，西方政府不仅仅拥有专门律师、会计师、经济学家和商务专家等专门的知识来调控跨国公司，而且还有信心本国能设计出控制跨国公司的手段。

同时，西方认为跨国公司带来危险是有限的另外一个原因是，几乎所有工业化地区都有自己的跨国公司。发达市场经济体既是跨国公司母公司所在国又是跨国公司海外公司所在国，因此这些国家的政府没有太多的欲望限制跨国公司，因为任何这样的限制都将限制它们自己的跨国公司的扩张。20世纪70年代末80年代初，这种对外国投资持有限担忧的加强在西方世界成为一种令人烦恼的经济景象，由此带来的一个更加突出的特点是新的资本形成的下降。因此，相关国家不愿意对任何新的资本投资来源提出质疑。

---

① 　See Hart, Rival Capitalists, chs. 2 and 3.

认为跨国公司带来有限威胁及缺少对跨国公司国际控制的最后一个因素是美国缺乏对跨国公司进行管理的兴趣。美国对外国投资特别是对日本投资的担心一直在增长。然而，在美国并没有形成统一的看法，认为有必要对跨国公司在国际投资领域进行管理，而这样的看法对发展正式的跨国公司管理制度至关重要。美国政治和经济体制中没有出现突出的问题、缺少主导性的自由主义的意识形态以及大的跨国公司缺乏对美国政治的重要性，都使得美国领导层更有兴趣促进而不是控制外国投资。

随着跨国公司变得更加重要以及更好地被理解，对跨国公司实现自由化管理的趋势在美国北部各州得到了响应，正如我们在下文中对跨国公司有关国家、区域和国际管理的讨论中所见。

国家治理

在现行的国际体制中对跨国公司实行控制的大多数行为发生在跨国公司的海外公司所在国。虽然发达市场经济体对外国投资一直采取欢迎的政策，但是它们也尝试着管理外国公司以达到本国经济利益的最大化和控制成本的最小化。

对跨国公司实行管制的最重要的形式是对初始资本投资的控制。各国极力将关键产业限制为国家投资，在对外国投资开放的产业也极力调控外国所有或控制的程度。虽然所有国家都对关键产业施加某种形式的控制，如交通、通信和国防一般都是限制外国投资的产业，但是很少有发达市场经济体专门针对外国投资制定综合性规定或清晰的国家政策。[1]

---

[1]　For a good summary of national approaches to the management of foreign direct investment, see Linda M. Spencer, American Assets: An Examination of Foreign Investment in the United States(Arlington, Va.; Congressional Economic Leadership Institute, 1988), 19—27. See also Earl H. Fry, op. cit., and OECD, Investment Incentives and Disincentives.

多年来,日本对外国投资执行了全面、严格的政策。[①] 在投资及贸易方面,日本的公共哲学和政府政策不同于其他西方国家。日本战后的政策最初建立在1949年的《外汇管制法》(Foreign Exchange Control Law)和1950年的《外国投资法》(Foreign Investment Law)的基础之上。为了限制外国投资及防止外国投资者将受益和资本汇回国内,这两项法律授予日本政府对所有外国新的投资进行筛查的权力。政府政策具有高度的约束性。新的外国投资被限制在少数几个产业,而且即使在这些产业,外国所有权也被限制为不超过49%。当购买现有的产业时,外国人在不受限制的领域被限制最多拥有20%的所有权,而在许多受到限制的领域则被限制拥有不超过15%的股份。

在对外国直接投资设限时,日本极力通过与跨国公司签署《许可证协定》购买先进的技术而不是通过外国公司对自己的控制来获取技术作为从跨国公司得到好处的方法。由于这些全面的、限制性政策,流入日本的外国直接投资一直维持在相当低的水平(图4.5)。同时,大多数外国跨国公司在日本的子公司都是外国合作伙伴被要求持有不超过50%股份的合资企业。

随着从1967年开始日本的国际收支平衡得到加强以及外国对投资自由化的压力增加,日本的政策呈现了某种变化。1973年五月,日本减少了对外国投资设限的行业数量,许多行业允许外国投资持有100%的所有权。1980年日本政府通过了一项新的《外汇管制法》。该项法案放松了对外汇的管制,废除了对外国直接投资市场准入的正式限制(但是22个产业除外,其中包括农业、林业、矿业、石油和皮革制造等),通过新的外国投资或

---

① See M. Y. Yoshino, "Japan As Host to the International Corporation," in Kindleberger, The International Corporation, 345–369; Lawrence B. Krause, "Evolution of Foreign Direct Investment: The United States and Japan," in Jerome B. Cohen, ed., Pacific Partnership: United States–Japan Trade: Prospects and Recommendations for the Seventies (Lexington, Mass.: Lexington Books for Japan Society, 1972), 149–176; Noritake Kobayashi, "Foreign Investment in Japan," in Litvak and Maule, eds., Foreign Investment: The Experience of Host Countries, 123–160; Mark Mason, American Multinationals and Japan: The Political Economy of Japanese Capital Controls, 1899–1990 (Cambridge, Mass.: Harvard University Press, 1992); and Dennis J. Encarnation, Rivals Beyond Trade: America versus Japan in Global Competition (Ithaca, N.Y.: Cornell University Press, 1992).

收购允许外资实行100%的股权控制。

20世纪80年代中,日本放松了对金融服务产业的控制,允许外国机构获得证券和信托类银行许可证,以及鼓励东京证券交易所对外国人开放会员身份。日本财政部下的外汇与其他交易委员会仍然保留着对外资的审查过程,该委员会根据相关标准,包括对国家安全的影响、对同一行业或相关行业国内企业的影响、国民经济的平稳表现以及需要对资本出口交易的批准等,对外国投资进行评估。对外国投资最有效的障碍之一是"企业集团制度",该制度能有效地限制外国直接投资的流入。作为对"集团公司"义务的一部分,许多日本金融和工业企业持有对方股票,该政策是第二次世界大战后由日本政府推动的、旨在防止任何形式的恶意收购,包括外国的收购。[①] 最后,尽管日本政府允许某种程度的投资自由化,但它一直保留着自己的权力以便根据自由裁量在任何时候对外国投资进行限制。

另一方面,日本贸易振兴机构(Japan External Trade Organization,JETO),即日本曾经的出口促进组织,已经演变为投资吸引组织;日本开发银行正在向外国投资者提供优惠的贷款利率。由于对外国投资实行了自由化,在日本的外国投资保持上升,虽然与其他经合组织成员国相比,日本的外国直接投资流入仍然处在很低的水平(图4.5)。[②] 同样地,日本的经济产业省(Ministry of Economy, Trade, and Industry, METI)已经成为日本经济"国际化"的守卫者,尽管它仍然是日本企业在世界贸易中利益的促进者。日本经济产业省明白,为了从长期上扩大出口和对外直接投资,日本将不得不对进口和外国直接投资进一步开放。因此,经济产业省推动日本商业和

---

① Robert Z. Lawrence, "Japan's Low Level of Inward Investment: The Role of Inhibitions on Acquisitions," in Kenneth A. Froot, ed., Foreign Direct Investment(Chicago, Ill.: University of Chicago Press, 1993).

② See Japan Economic Institute, "Recent Trends in U.S. Direct Investment in Japan," Report No. 23A(June 15, 1984), and "Foreign Direct Investment in Japan" Annual Updates for 1985(August 16, 1985), 1986(October 10, 1986) and 1987(April 17, 1987), JEI Report(Japan Economic Institute, Washington). See also Dennis Encarnation, "American-Japanese Cross-Investment: A Second Front of Economic Rivalry" in Thomas McCraw, ed., America versus Japan(Boston, Mass.: Harvard Business School Press, 1986).

政府其他方面向前发展,以便非日本公司和个人更加容易在日本开展商业活动。[①]

近年来,有证据表明日本贸易振兴机构和经济产业省鼓励外资流入的努力取得了成功。流入日本的外国直接投资从1995年的零增长到1999年高峰时的127亿美元,但又回落到2000年的82亿美元。[②] 从2001年到2005年,对外直接投资流入平均每年达到大约60亿美元。当1999年日产陷入财务困境时,法国汽车制造商雷诺通过股票交换安排以及与日产谈判结盟,包括在日产的营销支持下对日本进行新的投资以生产和销售雷诺车型,将自己在日产公司的持股比例提高到36.8%。1999年所罗门美邦(Salomon Smith Barney)购买了日兴证券(Nikko Securities)——日本第三大证券公司——20%的股份,并与日兴证券成立了一家名叫日兴所罗门美邦的合资企业,把所罗门的东京业务与股票、固定收益与日兴的研究和投资银行板块结合起来。一家名叫波石控股(Ripplewood)的美国公司组织财团购买因不良贷款而崩溃的日本长期信贷银行(Long-Term Credit Bank)。[③] 当三菱汽车在2000年3月遭遇了一些偿债问题时,戴姆勒-克莱斯勒购买了其三分之一股权份额。博姿(英国连锁药店)和家乐福(法国连锁百货商店)也是在这一时期第一次进入日本的零售业市场。因此,部分程度上是因为泡沫经济的原因,日本到20世纪90年代末对外国投资变得更加开放。

在20世纪70年代,加拿大也起草了一份政策草案,试图对外国资本的流入进行调节。1972年加拿大的《外国投资审查法》(Foreign Investment Review Act)建立了**外国投资审查局**(Foreign Investment Review Agency, FIRA),筛查所有在加拿大的新的外国直接投资。外国投资审查局的业务覆盖全面(包括新业务),包含大多数并购、现有的外资企业向非相关企业扩张以及外国所有权的改变等。由于国家政策的原因,外国投资审查局拒

[①] 1995年7月,美国和日本签署了一个投资协定,日本同意通过给予外国投资者进入日本政府金融以及促进准入区和共同研究设施,促进对外直接投资流入。

[②] World Investment Report 2001.

[③] Jon Choy, "Tokyo Gives Foreign Group First Shot at Failed Long-Term Credit Bank," JEI Report, no. 37(October 1, 1999).

绝外资对广播、铁路和航空运输、报纸、核能和银行业的收购。评估外国投资对加拿大的好处是由对外资对就业的贡献、新的投资、出口、原材料加工、在加拿大的供应购买、有利于加拿大对先进技术的获取、生产率的提高和竞争以及加拿大的股权参与度等标准决定的。

外国投资审查局还坚持认为外国投资者必须履行业绩要求以换取在加拿大的投资许可。这些承诺包括进口替代需求、出口目标、在加拿大花费的研究和发展支出、当地股权参与担保以及在加拿大单独的生产安排。这些要求阻止了许多投资者向外国投资审查机构提交申请。[1] 其他一些投资者遵守了这些要求。但是外国投资审查局的限制措施引发了来自美国的负面反应。1982年,美国向《关贸总协定》递交了诉讼,指控加拿大外国投资审查局的业绩要求是非法的。1983年《关贸总协定》小组发现加拿大政府迫使在加拿大投资的外国公司在加拿大购买一定比例的商品和服务的要求在《关贸总协定》下是违法的,但认为其出口业绩要求与《关贸总协定》条款相一致。[2]

1984年《外国投资审查法》被《加拿大投资法》(Investment Canada Act)所替代。《加拿大投资法》旨在促进而不是阻止外国投资。尽管外国投资仍然受到审查,但只有那些超过500万加元的直接投资和间接投资分别接受筛查程序,这大大减少了必须接受审查的外国投资的数量。审查声称是为了确保外国投资"给加拿大带来净利益"。[3] 在1989年美国和加拿大签署的《美加自由贸易协定》下,美国公司被给予在加拿大更大的投资

---

[1] 外国投资审查机构在1974年至1985年之间仅仅拒绝了向其提交的、需要审查的建议的10%。但是如果考虑到在提交之前就已经撤出的建议或者那些被阻止进入该程序的公司数量,其建议的拒绝率可能接近25%。参见Rod B. McNaughton,"U.S. Foreign Direct Investment in Canada,1985–1989," The Canadian Geographer,36(Summer 1992):181–189.

[2] See Safarian,Governments and Multinationals,14–20. For a critical review of FIRA,see Christopher C. Beckman,The Foreign Investment Review Agency: Images and Realities(Ottawa,ON: Canadian Conference Board,1984).

[3] On the Investment Canada Act,see Investment Canada,Annual Report 1986–87(Minister of Supply and Services Canada,1987); and Thorne,Ernst and Whinney,Canada's Investment Canada Act: An Executive Summary(Toronto,ON: Thorne,Ernst and Whinney,1986). FIRA was renamed Investment Canada.

机会,因为间接收购将最终免受任何审查,而且对直接收购审查的门槛也将提高。^①尽管希望在加拿大做出重大投资的美国公司仍然必须接受对它们投资计划的审查(在美国投资的加拿大公司没有面临类似的情况),但是它们被拒绝的可能性继续减少。随着1992年《北美自由贸易协定》的签署,这些发展得到了强化并将墨西哥也纳入进来。

其他国家也对外国投资的流入进行审查。英国和法国依靠一个特别的考虑来处理新的外国直接投资的申请。那些可以导致外国支配国内重要的经济部门、损害国家研究和发展、干扰官方的产业合理化计划或者导致过分集中的外国投资都会受到适当的部门或机构的审核。除了国家反垄断法和竞争性法律,^②各国没有用于评估外国投资的正式法定指南,但在实践中,它们往往倾向于支持有利于就业、国际收支平衡、研发和出口的投资;倾向于创造新的企业而不是收购现存的公司;倾向于鼓励既在国家层面又在母公司层面的国家管理;倾向于与政府的产业重组计划相一致。

总体来说,20世纪60年代中期的投资政策是限制性的,但是从那以后许多国家对外国投资具有高度的接纳性。^③例如,英国从传统上一直支持外国投资,并在1979年后的保守党政府任期内放弃了任何的政府规划角色,而更愿意让投资活动由市场自由决定。1985年英国政府允许直升机制造商韦斯特兰公司与美国联合技术公司合并,尽管英国面临强大的压力要求支持欧洲联合企业的发展以加强欧洲航空工业合作。尽管面对强烈

① See A. E. Safarian, "The Canada–U.S. Free Trade Agreement and Foreign Direct Investment," Trade Monitor, no. 3, May 1988, C.D. Howe Institute, 16ff.; Earl Fry and Lee H. Radebaugh, The Canada/U.S. Free Trade Agreement: The Impact on Service Industries(Provo, Ut.: Brigham Young University, 1988); Jeffrey Atik, "Fairness and Managed Foreign Direct Investment," Columbia Journal of Transnational Law, 32 (1994):1–42; and The Canada–U.S. Free Trade Agreement(Ottawa, ON: Department of External Affairs, 1987).

② On the role of the British Monopolies and Mergers Commission in approving foreign acquisitions, see Edward Graham and Michael Ebert, "Foreign Direct Investment and U.S. National Security: Fixing Exon–Florio," The World Economy, 14 (September 1991):256–261.

③ Charles Torem and William Laurence Craig, "Developments in the Control of Foreign Investment in France," Michigan Law Review, 70 (December 1971):285–336; Safarian, Governments and Multinationals, 20–24.

的民族主义抗议,1988年,瑞士的巧克力公司雀巢被允许购买朗特里(英国的一家糖果生产商)。然而,即使是在一个完全自由化的环境下,如在英国的自由化环境下,对在某些行业保持国家存在甚至**国家冠军**(national champion)地位的欲望还不时占据上风。当英国喀里多尼亚航空公司在1987年有待出售时,斯堪的纳维亚航空公司和英国航空公司对该收购展开了争夺。英国政府通过拒绝保证保留飞行路线许可证巧妙地阻止了斯堪的纳维亚航空公司的竞标;英国航空公司的竞标成功使该公司大幅扩大了其规模和路线能力,并为英格兰在1992年后的国内航空市场的竞争提供了一家强有力的国家航空公司。

美国对外国投资的控制在传统上是受到1976年的《国际投资和服务贸易法案》(International Investment and Trade in Services Act, IITSA)以及1977年的《国际紧急经济权力法案》(International Emergency Economic Powers Act)的影响。《国际投资和服务贸易法案》为美国建立了监督外国投资的机制,而《国际紧急经济权力法案》则赋予总统阻止外资收购美国公司或强迫剥离已收购的国内公司的权力,如果总统确定该项收购对美国的国家安全、外交政策或经济构成不同凡响的威胁。其他各种产业控制还在航空、原子能和通信等领域限制外国投资。

随着20世纪80年代外国投资在美国的显著增加,对外资的监管也受到越来越多的关注。1988年的《综合贸易法案科比修正案》(Bryant Amendment to the Omnibus Trade Bill)要求外国投资者向商务部归档某些专有资料以备公共信息披露,但该修正案没有获得通过。《1950年国防产品法修正案》(因支持者詹姆斯·埃克森和詹姆斯·弗罗里奥被称为**《埃克森-弗罗里奥修正案》**)将《国际投资和服务贸易法案》的使用范围扩大以禁止外国股份对美国公司的合并、收购或接管,特别当这样的行为被认为是对美国国家安全的威胁时。因为技术方面的原因,在1990年的秋天失效后,《埃克森-弗罗里奥修正案》的效力于1991年8月恢复并成为美国法律的永久一部分。①

---

① Graham and Krugman, Foreign Investment in the United States, 126.

执行《埃克森–弗罗里奥修正案》的工作是由被称为**美国外国投资委员会**（Committee on Foreign Investment in the United States，CFIUS）的一个跨部门委员会负责，该委员会由财政部长主持，由来自国务院、国防部、商务部、司法部以及预算管理办公室、美国贸易代表办公室和白宫经济顾问委员会的代表组成。美国外国投资委员会将调查任何《埃克森–弗罗里奥修正案》的任何交易，然后向总统提供建议，总统然后做出是否援引该法律的最后决定。

在《埃克森–弗罗里奥修正案》下发起的第一个美国外国投资委员会的调查是在1988年底和1999年初。该项调查涉及德国化学公司胡尔斯公司（Hüls AG）对孟山都公司（Monsanto Corporation）硅晶片业务拟议中的收购。当美国外国投资委员会的一些成员想阻止这项收购时，美国政府与胡尔斯公司谈判达成一项协议，同意如果胡尔斯同意在美国维持晶片生产和保持研发，该项收购将被批准。

从1988年至2005年，美国外国投资委员会共收到1500个交易通知，但仅仅对25项交易做出调查。在审核期间，13项建议被撤出，包括对名为发那科（FANUC）的一家主要日本公司对美国一家机床制造商拟议收购的建议，12项建议被递交到总统那里做最终决定。总统只对一个交易下令剥离。[1] 一个特别有争议的案例是日本酸素公司（Nippon Sanso）对美国一家名为半气体公司（Semi–Gas）的收购，这家美国公司生产用于半导体制造的超纯工业气。[2] 这笔交易特别敏感，因为半气体公司一直是美国半导体和电子公司在一家名为"半导体制造技术战略联盟"（Sematech or semiconductor manufacturing technology）的研发企业联盟[3] 的合作者。"半导体制造技术战略联盟"一直是美国在半导体技术领域重建领导地位努

---

[1]　James K. Jackson，"The Exon–Florio National Security Test for Foreign Investment，" Congressional Research Service Roport for Congress，updated February 23，2006.

[2]　Graham and Krugman，129–130.

[3]　研发企业联盟通常是有政府与众多该联盟成员的私人公司出资分担发展新的商业技术成本的努力。日本开拓了这种形式的合作研究，并在1976年至1979年间的半导体产业VLSI（very large scale integrated［circuits］）计划上取得了特别的成功。

力的一部分,而美国在20世纪80年代早期在一些关键半导体领域失去了对日本的优势。困扰很多美国人的是,美国纳税人的钱已经被用于提高像半气体这样公司的技术能力,因此允许日本企业从中获益似乎没有意义。

1993年美国对《埃克森-弗罗里奥修正案》做进一步修订以防止:(1)与美国国防部及能源部签订合同金额超过5亿美元的美国公司被外国收购;(2)将涉及最高机密的美国政府合同授予外国政府控制的公司。新修正案还授权美国外国投资委员会和其他政府机构拥有对被认为不但对美国国家安全而且对美国竞争力至关重要的高科技领域的投资建议进行审查的权力。这些规定不受限制的性质使美国政府开始对更广泛的外国直接投资流入进行筛查成为可能。

2006年2月,迪拜港口世界集团(Dubai Ports World,DPW)试图收购美国纽瓦克港和新泽西港等六大港口设施。尽管美国外国投资委员会已经批准了该笔交易,但这笔交易又一次遭到国会两党议员的强烈反对。这次他们的反对是因为害怕总部设在阿拉伯联合酋长国的迪拜港口世界集团可能会被向美国走私大规模杀伤性武器的恐怖分子的意图所渗透。总统个人支持这项兼并,但是阻止这项兼并计划的议会立法却说服了迪拜港口世界集团放弃这项交易并向美国国际集团(AIG)(一家美国保险公司)出售其持有的美国股份。[1]

作为围绕中海油以及迪拜港口世界集团收购案争议的结果,国会2007年通过了《外国投资和国家安全法案》(Foreign Investment and National Security Act,FINSA)。除了编纂先前的实践,该法案将国家安全的概念扩大到包括对关键基础设施和技术的并购。该法案还对**国有企业**(state-owned enterprises)的并购设定更密切的审查。此外,美国外国投资委员会还被授权与收购公司协商安排,减轻由并购带来的任何对美国国家安全的

---

① Neil King Jr. and Greg Hitt, "Dubai Ports World Sells U.S. Assets," The Wall Street Journal, December 12, 2006.

威胁。[1]

这些近期的激励性努力增加了美国的经济民族主义。在美国,越来越多的人对过分依赖外国资本促进增长的做法表示担忧,甚至有少数人呼吁对外国投资实行更严格的限制。[2] 然而,主流观点仍然捍卫外国投资给美国带来的好处,并希望为外国投资创造一个更加自由的国内外经济环境。美国大多数州的行动表明它们对外国投资仍然是高度欢迎的。为了吸引外国制造业工厂,各州州长之间有时开展了激烈的竞争。为了换取新工厂带来的就业和经济刺激,他们愿意提供税收激励、放松监管以及其他激励措施。这些优惠政策甚至达到了让美国国内公司愤愤不平的地步,使它们认为自己受到美国地方政府的歧视,认为地方政府支持外国公司、允许外国公司在美国生产比国内公司价格低得多的产品。这两种对立观点中哪一种占据上风还有待观察。但是毫无疑问,美国政府正面临重要的、新的贸易保护主义和经济民族主义浪潮,且这种浪潮不太可能在不久的将来消失。

除了实施准入要求,各国也试图管理跨国公司在本国已经实施的经济行为。控制跨国公司行为的能力对管理跨国公司至关重要,因为它涉及影响国家经济表现和国家控制的活动,如税收、劳动政策、资本流动以及竞争政策。事实上,发达国家政府对在本国境内运行的国内和跨国公司实行严密的管理。然而,除了一些例外,发达国家政府并没有寻求对跨国公司的业务施加特殊或差异化的调节。例如,对公司内资本流动和公司内收费的控制是难以实施的且可能会引发报复,而且还可能会阻碍被视为发挥积极作用的外国投资进入发达市场经济体。此外,发达国家政府通过立法、监管和行政实践拥有对跨国公司控制的行政和法律能力,并将这种能力应用到对国内及外国公司的管理中。最后,**国民待遇**(national treatment)原则,即规定外资企业享受不低于国内企业优惠待遇的一项《关贸总协定》规

---

① Skadden Arps, "President Signs Legislation Reforming U.S. National Security Reviews of Foreign Investments in U.S. Companies," July 6, 2007, http://www.skadden.com/content/Publications/Publications1292_0.pdf.

② See Tolchin, Buying into America and Robert B. Reich, "Corporation and Nation," The Atlantic, May 1988, 76.

则,阻止了对外国公司实行的歧视。虽然国民待遇原则没有被普遍接受而且也没有得到始终如一的贯彻,但它体现在美国与其他国家签订的某些双边条约,如友谊、商业和航行条约以及经合组织的多边准则中,因此对政府政策形成了某种约束。国民待遇的例外情况确实存在于政府补贴、政府采购、工作许可和移民政策以及参与制定行业政策的行业组织等领域。

各国政府还对外国公司施加非正式压力,要求它们在工厂或出口扩张等领域履行业绩要求并遵守国家劳动实践。它们仔细监督外国投资者对国家税收立法和外汇法律的遵守情况。随着各国政府特别是欧洲政府通过立法和规定扩大对国民经济的干预,外国投资者日益被迫采取与所在国相一致的做法,如相同的劳动关系政策。最后,在发生跨国公司海外公司所在国与母公司所在国之间的法律或政策冲突时,就像美国对出口控制实行的治外法权一样,跨国公司海外公司所在国政府会坚持对居住地的跨国公司实施管辖权。正如我们已经讨论的,多个欧洲国家要求居住地公司忽略美国限制它们向苏联出口管道的要求。[①]

最后,跨国公司母公司主要所在国,即美国,在调节本国跨国公司方面做出越来越多的尝试。例如,对收支赤字的担忧导致对资本管制的实行;劳工组织对跨国公司的就业出口及享受的税收"漏洞"表达了担忧;参议院跨国公司小组委员会在20世纪70年代中期揭示了跨国公司所带来的一系列潜在的外交政策问题。1977年,美国国会颁布了立法禁止美国在国外的公司出于政治目的的使用贿赂及非法支付。为了筹集新的收入以及抵消跨国公司选择税收最低的州或国家,20世纪70年代末80年代初,美国多个州颁布了单一税收立法,按照国外和国内公司在世界范围内的收入而不是在特定国家内的收入对它们征税。这一做法引起日本和欧洲的强烈抗议,声称该做法违反了取消双重征税的税务条约。

因为工业化国家一直不愿意对跨国公司实行过于严厉的限制,许多

---

① See Cynthia Day Wallace, Legal Control of the Multinational Enterprise (The Hague, The Netherlands: Martinus Nijhoff, 1982); and John Robinson, Multinationals and Political Control (New York, N.Y.: St. Martin's Press, 1983).

国家尝试着以其他方法减少成本。许多工业化国家设法加强国内公司的实力以便它们拥有对外国跨国公司更大的竞争力。作为本国广泛的产业政策的一部分,这些政策包括政府鼓励和支持产业集中以及国家产业的合理化、研发、对关键行业或公司的维护以及发展国家资本市场和国家管理技能。方法包括政府财政资助、税收优惠、政府参与产业、鼓励并购、对研究和培训项目的融资以及"购买国货"的采购政策。这样的政策很多在欧盟内部是非法的,因此抑制了国家标杆企业的增长。然而,在某些行业,如在国防上,强大的国内供应商获得直接补贴和(或者)在国际竞争中受到庇护,如英国的马克罗尼公司(GEC-Marconi)或法国的马特拉(Matra)。更常见的做法是允许欧洲公司之间的合并使它们在没有实质性地失去国家或地区特性的情况下提高国际竞争力。例如,为了防止非西班牙银行在国内市场占据主导地位,西班牙政府1992年后鼓励西班牙银行之间实行合并。① 但是,欧盟内部的重点是促进具有竞争力的泛欧洲"朝阳"产业的发展以对抗美国和日本的经济支配地位(参见下文的"地区治理"部分)。

地区治理

区域共同市场和自由贸易区为跨国公司的区域治理提供了新的机遇。在众多协定被签署的背景下,存在着对投资政策实行实质性控制或者放松的空间。对跨国公司多边治理的一个潜在的重要地区论坛是欧盟。② 对欧盟的地区政策出现过两种不同的看法。在20世纪70年代流行的第一种看法是发展欧盟的规章制度,在劳动关系等一些频繁造成国家冲突的领域限制跨国公司的自主权。另外一种看法是鼓励发展有能力与美国和日

---

① Sofia Perez, Banking on Privilege: The Politics of Spanish Financial Reform(Ithaca, N.Y.: Cornell University Press, 1997).

② See Servan-Schreiber, The American Challenge.

本高科技领域的跨国公司竞争的大型欧洲公司。欧盟的"控制性"功能没有像期望的那样发展,这部分是因为在20世纪80年代欧洲存在着自由化的、亲商业的氛围。为了在1992年其内部市场形成前缩小与美国和日本的高科技差距,欧盟结果将重点放在第二种方法上。然而,对跨国公司施加"控制"有可能作为优先任务在欧洲重新出现,特别是如果政治左派在欧洲发展壮大之时。

欧洲区域治理面临着一些主要障碍。[1] 除了在一些问题上遭遇政治反对外,一个更基本的问题涉及欧盟是否享有对成员国施加有约束力的规定的权力。欧盟成员国一直拒绝将制定国家产业政策的权力转移到欧盟。1965年法国建议对外国投资实行管理的提议被反对限制性政策的其他欧盟成员国所拒绝。1973年,欧盟委员会递交了一系列有关跨国公司的条例,包括在公司被收购时及配合对跨国公司的活动进行监督情况下对员工的保护条例。欧洲议会1981年通过的《卡本报告》,呼吁"通过立法、指导方针、规范和多边协定以及通过国家间更大的合作与交流在国际层面上建立一个适当的权力抗衡框架",以最大化跨国公司的积极效果,最小化它们的负面效果。[2] 具体地说,该报告建议在信息披露、转让定价和并购控制等领域实行约束性的欧盟条例。

虽然直到1993年欧盟才通过针对非欧盟投资的具体指令(见下文),但是欧盟在其他多个指令的制定上取得进展,而这些指令将塑造欧盟公司的实践及解决《卡本报告》提及的问题。最重要的领域是关于会计、信息披露和反垄断政策,尤其是关于合并控制的政策。在公司法领域方面的众多指令(欧盟的立法形式)是旨在提高大型跨国公司活动的透明度。1983年通过的《公司法第七号指令》呼吁公司加强财务报告,以便能对其业务

① See J. J. Boddewyn, "Western European Policies Toward U.S. Investors," The Bulletin (March 1974):45-63; Raymond Vernon, "Enterprise and Government in Western Europe," in Raymond Vernon, ed., Big Business and the State: Changing Relations in Western Europe (Cambridge, Mass.: Harvard University Press, 1974), 3-24; and Behrman, National Interests and the Multinational Enterprise, 161-172.

② Caborn report, 7.

整体进行公平的审查。第一号、第四号指令详细规定了需要在公共公司的账户上公布的信息类型。《第九号指令》草案将约束公司集团界定和公布其母公司与子公司的关系以及增加子公司对母公司的权利。《第十三号指令》草案将制定收购行为规则，特别是关于信息披露的规则。

　　另一个被关注的领域是促进公司员工更大的参与和协商权。拟议中的旨在协调欧盟公共公司结构的《公司法第五号指令》包含了规定员工在董事会层面参与公司事务的一个条款。被称之为**范德林提案**（Vredeling proposal）的另外一个拟议中的指令，呼吁管理层与员工在公司政策和计划管理方面加强协商。^① 虽然对这些拟议中的法律的兴趣在20世纪80年代初期因自由化和去管制化而停滞不前，但是在1993年后它们又重新复活。

　　欧盟的产业政策在20世纪80年代大大加强。欧盟的产业政策最初设计为建立欧盟的产业冠军以对抗美国和日本的产业和技术优势。1986年签署的《单一欧洲法案》在《罗马条约》中增添了"研究和技术开发"一章，阐述了"共同体的目标是加强欧洲产业的科技基础，鼓励欧洲产业在国际层面具有更大的竞争力"。^② 这项目标将通过欧盟对基础研发的金融支持、开放国家公共部门的采购合同、技术标准化以及废除对合资企业和其他形式合作的财政和法律障碍来实现。结果，在电信、制造技术和信息技术领域建立了很多合资的研究财团，欧洲内兼并与建立合资企业的数量也开始出现稳定增长。然后，情况不久变得很明了，即为了使自己具有全球竞争力，欧洲跨国公司需要与非欧洲公司在某些领域构建联盟。20世纪90

---

　　① For an analysis that argues that the EC has imposed significant controls on MNCs, see Robinson, Multinationals and Political Control. For a survey of European Community initiatives and their status, see Business Guide to EC Initiatives（Brussels, Belgium: American Chamber of Commerce in Belgium, 1988）. See also, R. Blancpain, F. Blanquet, F. Herman, and A. Mouty, The Vredeling Proposal: Information and Consultation of Employees in Multinational Enterprises（Boston, Mass.: Kluwer, 1983）; and Ton DeVos, Multinational Corporations in Democratic Host Countries: U.S. Multinationals and the Vredeling Proposal（Aldershot, England: Dartmouth, 1989）.

　　② Article 130f（1）, "Treaty Establishing the European Economic Community（as amended by the Single European Act, July 1, 1987）," Treaties Establishing the European Communities（Luxembourg: Office for Official Publications of the European Communities, 1987）, 239.

年代的欧洲法律与实践反映了这种现实。

欧盟态度很明确，即尽管它希望维持自由的贸易和外国投资政策，但它并没有打算允许外国公司从其统一的内部市场获取最大的收益。这意味着欧盟对欧洲公司的偏爱将继续占据主流，以及外国跨国公司对欧盟项目无法享有相同的市场准入，除非这些跨国公司的母公司所在国与欧盟实现了互惠原则。这项政策是随着"半导体制造技术战略联盟"、高清电视大联盟、美国显示器联盟等研发企业联盟的成立，由美国在20世纪80年代末和90年代初提出的。在这一时期，日本甚至开始邀请外国跨国公司参与其先进的研发工作。①

欧盟没有制定针对外国投资流入的专门政策，尽管单个的欧盟成员国在这个方面有自己的规定。然而，欧盟可以采取联合行动禁止国家采取金融优惠政策对外国投资者补贴，或者拒绝不具有本地接受内容的商品在欧盟自由流通。这将减少所谓"螺丝刀工厂"（screwdriver plants）的操作，即简单地在欧盟内组装外国制造的零部件从而达到避免外部关税的目的。例如，1988年，法国获得欧盟的许可阻止由日本公司生产但在欧盟组装的30万台电视机的进口。法国宣称，这些电视机因为拥有很高的外国成分而不符合成为欧洲产品的标准。

并购和建立合资企业在欧洲的竞争法律下是被允许的。1989年后，欧洲有两个单独的法律（即《罗马条约》第五十八条和1989年的《欧盟并购规则》）管理合资企业。《并购规则》管理着能对市场结构产生重大影响的合资企业，而《罗马条约》第五十八条则覆盖所有其他的合资企业。在《欧盟并购规则》通过之前，跨国公司在欧洲设立合资企业方面没有受到法律上的限制。然而，1989年后，所有新的合资企业，包括涉及非欧洲跨国公司的合资企业，都必须得到欧洲委员会的批准。②

---

① Glenn Fong, "Follower at the Frontier: International Competition and Japanese Industrial Policy," International Studies Quarterly, 42（1998）:339-366.

② Alyssa A. Grikscheit, "Are We Compatible? Current European Community Law on the Compatibility of Joint Ventures with the Common Market and Possibilities for Future Development," Michigan Law Review, 92（February 1994）:968-1033.

　　欧洲的另一个区域管理问题是关于欧洲工作委员会的欧洲委员会指令。在这个指令下，所有在欧洲经营且在单个欧盟国家拥有1000或者以上工人的跨国公司被要求建立泛欧洲工作委员会，以便在关键决定上通知或者咨询当地员工。当《马斯特里赫特条约》1993年11月1日生效时，欧洲立法可能再也不会在欧洲议会内被单个成员国否决，相反，任何否决需要三个成员国政府的同意。到那时为止，英国通过行使否决权阻止了该指令。按照欧洲雇主联盟（European Employers' Union，UNICE）发表的一项研究，大约1200家公司会受到影响。大多数外国和一些欧洲跨国公司以增加成本和减少管理的灵活性为理由反对这项立法。然而，欧洲工会及一些欧洲跨国公司支持这项措施。法国布尔机器公司（Compagnie des Machines Bull）、汤姆森CSF公司（Thomson CSF）、德国根德股份公司（Grundig AG）、迪吉多公司（Digital Equipment Corporation）、施乐公司（Xerox Corporation）以及国际商业机器公司（IBM）都建立了某种形式的信息和咨询程序以期待新法律的诞生。[①]

　　除了通过欧盟（即现存的最著名、最复杂的区域内部市场）来实现区域管理，相关国家还采取步骤创建其他地区贸易和投资自由化区域。新西兰和澳大利亚已经有了多年的自由贸易区，并通过签订包含投资自由化和监管障碍协调化的《更紧密的经济伙伴关系协定》（Closer Economic Relationship agreement）以加强该自由贸易区。[②]《北美自由贸易协定》以及《美加自由贸易协定》（U.S.–Canada Free Trade Agreement）也制定了相似条款，通过消除大部分关税以及使银行和保险公司等服务行业能够直接在三国参与业务竞争来增加制造业的跨境竞争。例如，在之前，美国金融机构不允许持有加拿大联邦调控及控制的金融机构25%以上的股份，加拿大公司也不允许在美国提供加拿大政府债券。这两项政策在《美加自由贸易协定》下都得到了改变。

---

　　① 　Denise Claveloux,"Pending Social Legislation Means Big Changes to How EC Does Business," Electronics, November 8, 1993, 13; and "Unions Love Maastricht," The Economist, December 4, 1993, 54.

　　② 　For a copy of the agreement, see http://www.mfat.govt.nz/Trade–and–Economic–Relations/Trade–Agreements/Australia/index.php.

国际治理

国际法规和协定鼓励了对外直接投资的增长以及跨国公司经营范围的扩大。二战前制定的西方国际法为对外投资提供了一些保护。传统的法律规定在国有化及在专利和版权公约下所得到的及时、充足和有效的补偿就是为了这个目的而制定,而战后其他协定的签署则加强了这种总体趋势。[1] 国际货币基金组织关于货币可自由兑换的规定允许将资本和收入汇回本土国,从而促进了资本的国际流动。《关贸总协定》的关税削减促进了跨国公司之间的国际生产和转移。此外,经合组织《资本流动及当前无形贸易自由化准则》(Codes on Liberalization of Capital Movements and of Current Invisible Operations)为一国内的外国公司与国内投资者自由设立合资企业及自由资金转移建立了非歧视准则。

虽然一些国家在规范跨国公司行为方面做出一些尝试,[2] 但是直到20世纪70年代在国际层面很少有尝试创建跨国公司治理结构的努力,而且大部分这样的努力都宣告失败。其中的一次努力与《哈瓦那宪章》(Havana Charter)一同流产。[3] 对国际投资的管理还没有成为美国战后经济秩序规划的一部分。具有讽刺意味的是,为了应对来自美国商业团体的强大压力,1947年美国日内瓦代表团递交了一份关于外国投资的条款草案。该条款旨在将西方对外国投资流行的自由主义态度以及资本出口国的权利编成法规,以提供免受国有化和歧视的保护。然而,一旦这个问题被列入谈判议程,它的特点很快就发生了变化。为了保护资本进口国而不是资本出口国,以拉丁美洲为主的欠发达国家对这个建议中的条款进行了重

---

① See Lipson, Standing Guard, 132–133.

② 国际民用航空组织(ICAO),国际劳工组织(ILO)和世界卫生组织(WHO)都见证了在这一方面做出的尝试。

③ See Clair Wilcox, A Charter for World Trade(New York, N.Y.: Macmillan, 1949), 145–148.

新界定。《哈瓦那宪章》条款允许资本进口国对现存及未来的外国投资的所有权设定国家要求,并决定进一步的投资条件。这些投资条款是美国商界反对《哈瓦那宪章》及《哈瓦那宪章》最终失败的主要原因。作为《哈瓦那宪章》的继任者,《关贸总协定》没有包含这样的投资条款。然而,在《与贸易有关的投资措施》上达成一致意见是"乌拉圭回合"谈判的一部分(参见第三章)。

在整个20世纪50年代及60年代初期,无为的态度占据上风。编写国际对外投资法律的尝试,如20世纪50年代联合国经济及社会理事会以及1960年《关贸总协定》在限制性商业实践上做出的努力,开始呈现,但都无果而终。[1] 随着担忧的增加,对外国投资实行国际控制制度的更加全面的建议在20世纪60年代末得以起草。影响最深远的提案呼吁成立一个国际法机构,在其之下允许跨国公司特许建立并对其进行管理,并呼吁成立一个国际组织来执行这些规定。[2] 其他建议倡导发展投资领域的《关贸总协定》。[3] 这种政府间总协定将包括关于国际共识的内容和程序的一些基本概念,以及将成立一个机构对规则的创建和违反进行调查和提出建议(正如《关贸总协定》所做的一样)。这个机构不具有强制性权威,但是它有权公开调查结果并征求公共意见。

虽然建立这样一个全面的、自给自足的超国家机构甚至类似于《关贸总协定》的投资规范看上去不大可能的,但是还有一些其他方法可供选择,包括修改现行的世界贸易组织协定、起草一个独立的协定约束签约国以便将世界贸易组织原则应用到投资领域,或者为了建立覆盖投资问题的先例,通过世界贸易组织争端解决框架起诉与贸易相关的投资问题。美国参加了

---

[1]　United Nations Economic and Social Council, Report of the Ad Hoc Committee on Restrictive Business Practices (New York, N.Y.: United Nations, 1953); and General Agreement on Tariffs and Trade, Decisions of the Seventeenth Session (Geneva, Switzerland: GATT, December 5, 1960), 17.

[2]　See George W. Ball, "Cosmocorp: The Importance of Being Stateless," Columbia Journal of World Business, 2 (November–December 1967): 25–30.

[3]　Paul M. Goldberg and Charles Kindleberger, "Toward a GATT for Investment: A Proposal for Supervision of the International Corporation," Law and Policy in International Business, 2 (Summer 1970): 195–323.

处理《与贸易相关的投资措施》的"乌拉圭回合协议"（参见第三章）。尽管作用有限，《与贸易相关的投资措施》协定是在多边投资管理方面的一个里程碑式的协定，不但因为该协定将投资问题融入到新的世界贸易组织中，而且因为该协定的重点是鼓励投资流动。该协定包括本地内容要求、当地股权要求、技术转让或出口要求、汇款限制以及激励因素等一系列条款。

经合组织治理

经合组织是设计国际投资体制的另外一个论坛。在1961年通过的《资本流动及当前无形贸易自由化准则》中，成员国同意"减少或废除商品和服务交换及当前支付的障碍，维护和扩展资本流动的自由化"。《资本流动及当前无形贸易自由化准则》签约国承诺自己不建立任何新的资本流动管制、通知经合组织它们现有的限制资本流动的措施并努力以非歧视的方式减少限制。该准则覆盖了所有资本流动，从每日货币交易到长期的对外直接投资。在《资本流动及当前无形贸易自由化准则》中，经合组织成员国同意实行服务贸易（也称之为无形贸易）自由化。

首先，经合组织成员国仅仅实行了长期资本流动的自由化。直到20世纪80年代它们才开始放松对短期资本流动的限制。英国率先在1979年实行所有短期资本流动自由化。到20世纪90年代初期，没有一个经合组织成员国维持任何意义的资本管制。[1]

1976年，经合组织成员国通过了《国际投资和跨国公司宣言》。该《宣言》包含四个要素：

■ 跨国企业指导方针：跨国公司自愿行为准则。

■ 国民待遇：在这个原则下，经合组织成员国将"给予本土内的外国企业优惠待遇不少于在同一情况下给予国内企业的"。

■ 冲突性要求：成员国承诺相互合作避免对跨国公司施加冲突性要求。

---

① See http://www.oecd.org/document/6/0,3343,en_2649_34887_1838086_1_1_1_1,00.html.

■ 国际投资的激励和抑制因素:在创建激励和抑制因素时,成员国承认应考虑其他经合组织成员国的利益,并承诺使这些措施"尽可能透明"。[①]

导致《国际投资和跨国公司宣言》通过的一个因素是美国政府和美国企业对制定这样的国际准则表现出新的兴趣。公司贿赂和非法政治活动的公开披露导致美国政府面临调节美国公司的国内压力。美国公司试图通过国际协定来阻止国会立法及促使施加于它们身上的任何约束国际化。

《国际投资和跨国公司宣言》宣称的目标是促使国际投资最大化。它为公司的行为提供了建议性指导方针,如更多的信息披露、与母公司所在国的法律和政策合作、减少反竞争性行为以及减少不正确的政治活动、尊重雇员加入工会的权利以及在起草公司行为自愿指导方针时与政府合作等。作为《宣言》的一部分,经合组织国家就跨国公司政府政策指导方针进一步达成一致,包括对外国公司非歧视待遇、国际法下的公平待遇、尊重合同以及政府合作避免以邻为壑的贸易政策。最后,经合组织国家同意建立协商程序监督和审查已经同意的指导方针。虽然经合组织准则是自愿的且指导方针经常故意是含糊不清的,但是它意味着朝着国际规范的制定和执行迈出了一步。[②]

1979年经合组织在处理转移定价的《税收协定范本》上达成了一致。该协定范本试图建立"公平交易原则"以防止通过将利润转移到避税场所——远低于平均税收水平的地理区域——来利用避税场所实行转移定价。该"公平交易原则"将公司内部交易价格与不相关公司之间的交易价格作比较。如果二者之间有着主要的差异,那么公司内部交易价格就违反

---

① See http://www.oecd.org/document/53/0,3343,en_2649_34887_1933109_1_1_1_1,00.html.

② Organization for Economic Cooperation and Development, International Investment and Multinational Enterprises (Paris, France: OECD, 1976). 经合组织指导方针的经历到目前表明这些方针真正对成员国的跨国公司业务产生某种影响。See, for example, R. Blancpain, The Badger Case and the OECD Guidelines for Multinational Enterprises (Deventer, the Netherlands: Kluwer, 1977). For OECD reviews, see OECD, National Treatment for Foreign Controlled Enterprises in OECD Member Countries (Paris, France: OECD, 1978); OECD, International Direct Investment: Policies, Procedures and Practices in OECD Member Countries (Paris, France: OECD, 1979); and OECD, Controls and Impediments Affecting Inward Direct Investments in OECD Countries (Paris, France: OECD, 1987).

了"公平交易原则"。尽管这绝不是转移定价所呈现出问题的完美解决方法,但它可能有利于防止最露骨的转移定价的滥用。在1994年发表的一份报告里,经合组织重申了对"公平交易原则"的承诺。①

1986年,"成立权原则"成为经合组织《无形贸易自由化法典》(Code on the Liberalization of Current Invisible Operations)的一部分。在这个原则下,如果成立办公室、分支机构或者子公司成为在国外做生意的必要条件,那么法典的签约国同意在"非歧视"原则的基础上给予其他签约国在自己本土上建立这些设施的同样权利。

从2006年开始,经合组织就围绕投资自由、国家安全和"战略安全"召开了一系列会议。目的是讨论经合组织成员身份内的现有实践和在可能减少"不必要的限制性政策,实现安全目标……"等原则上达成共识。②

联合国治理

另一个有限的国际解决方案是由联合国提供。很大程度上是由于来自第三世界国家的压力,1974年和1975年两个新的组织在联合国体系下建立起来,分别是**联合国跨国公司中心**(Center on Transnational Corporations,CTC),负责收集和产生跨国公司的信息,和政府间的**联合国跨国公司委员会**(United Nations Commission on Transnational Corporations,UNCTC),担任着考虑跨国公司有关问题,进行调查及监督联合国跨国公司中心的角色。联合国跨国公司委员会的活动集中于发展跨国公司国际行为准则。由于该委员会是一个庞大的政府间论坛,也因为成员国的立场往往相左(33个发展中国家,5个社会主义国家以及10个发达市场经济体),委员会内部讨价

---

① Organization for Economic Cooperation and Development, Transfer Pricing Guidelines for Multinational Enterprises and Tax Administrations(Paris,France: OECD,1994).

② International Investment Perspectives: Freedom of Investment in a Changing World, 2007 Edition(Paris,France: OECD,2007):57.

还价的过程往往是冗长乏味且经常对抗的。10多年后,在很多问题上行为准则的谈判依然陷入僵局。最棘手的问题是对跨国公司的界定,因为发达市场国家想将东方国家的国有跨国公司纳入到跨国公司的范畴,而社会主义国家则不接受这种界定,同时,发达市场经济体要求跨国公司海外公司所在国政府对跨国公司的待遇做出保证以换取它们在治理跨国公司行为问题上的让步。随着20世纪80年代各国的兴趣从对外国投资的控制转变为对外国投资的鼓励,有关跨国公司行为准则的谈判更是裹足不前。

联合国跨国公司中心通过研究跨国公司的业务和效果、向成员国提供技术意见以及向联合国跨国公司委员会提供政策建议试图弥补有关跨国公司信息的缺乏。在此过程中,联合国跨国公司中心委托编制跨国公司信息,并向那些对跨国公司信息匮乏而且这种匮乏有可能使其在与外国公司谈判中处于不利地位的国家提供尽可能的服务。[1] 当联合国在20世纪90年代重组时,联合国跨国公司委员会宣告解散。[2]

在联合国内部,还采取了其他步骤调节跨国公司的各种活动。1980年,**联合国贸易和发展会议**(United Nations Conference on Trade and Development,UNCTAD)制定了限制性商业实践准则,为控制滥用市场权力或者对竞争施加约束等反竞争行为建立了原则和规则。各国还达成了有关消费者保护和跨境数据流动的其他协定。同时,各国还在联合国体制内就技术转移和国际专利协议领域的各个方面举行谈判。[3]

---

[1]　For a compendium of the center's publications, see United Nations, Center on Transnational Corporations, Bibliography on Transnational Corporations (New York, N.Y.: United Nations, 1988). The center's periodical, CTC Reporter, carries summaries and announcements of the center's work.

[2]　位于纽约的联合国跨国公司中心被吸纳进在日内瓦的联合国贸发会议。所幸,联合国贸发会议继续公布以前由联合国跨国公司中心公布的对外直接投资和多国公司活动数据。

[3]　Black, Blank, and Hanson, Multinationals in Contention, 221–225; Werner Feld, Multinational Corporations and U.N. Politics: The Quest for Codes of Conduct (Elmsford, N.Y.: Pergamon Press, 1980); Debra Lynn Miller, "Panacea or Problem? The Proposed International Code of Conduct for Technology Transfer," Journal of International Affairs (Spring–Summer 1979): 43–62.

双边和小范围治理

跨国公司国际治理的最后一种形式涉及的不是统一的、集中的秩序，而是可能导致在具体问题上达成一系列协定或者制定出调停冲突方法的国家间复杂的双边或多边谈判体系。在税收、反垄断调节、专利、出口管制以及收支平衡控制等问题上冲突性的国家法律可能通过这样的谈判而得到协调。例如，在税收领域，经合组织编写了包含对许多税收问题提出建议的公约草案。尽管该条约从来没有得到执行，但是却指导了发达市场经济体之间随后的双边谈判和条约。[①]

另一种双边的方法可能是建立与规章相伴随的，或者在规则不能达成一致时代替规章的仲裁、裁决或者简单的咨询程序。1966年，世界银行建立了**国际投资争端解决中心**（International Center for the Settlement of

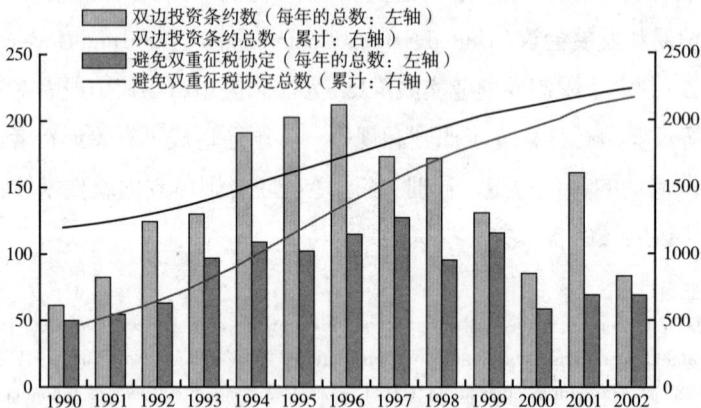

图4.9　1990—2002年每年以及累计签订的双边投资条约数和避免双重征税协定数
　　数据来源：http://www.unctad.org。

---

① See Seymour J. Rubin,"The International Firm and the National Jurisdiction," in Kindleberger, ed., The International Corporation, 179–204 and 475–488.

Investment Disputes, ICSID）来从事这项工作。到2007年, 144个国家成为该中心的成员。[①] 截至2007年11月, 世界银行国际投资争端解决中心解决了134例案件, 并有另外125例案件有待解决。[②]

创建国家或渴望获得解决方案的公司和国家所能依靠的双边或者小范围的机构或过程也是可能的。社会主义国家存在着类似的委员会来管理国家与公司之间的纠纷。《北美自由贸易协定》和《美加自由贸易协定》包含了为争端解决小组提供解决贸易争端及继续审查每个国家贸易救济法律的规定。

国际投资协定

国际投资协定大多数是双边协定, 往往包括三种类型：**双边投资条约**、避免双重征税协定以及处理其他经济活动（如贸易）但同时也包含投资条款的协定。到2006年末, 国际投资协定的总数达到5500个（图4.9）。双边投资条约是为了保证**征用**发生时的透明度以及辨别愿意采取措施避免征用的跨国公司海外公司所在国。最多的双边投资条约是由发达国家与发展中国家签订, 虽然发达国家与发展中国家之间最近的双边投资条约出现增长。从跨国公司海外公司所在国的立场来看, 双边投资条约的目的是制造更多的外国投资流入。[③] 从跨国公司母公司所在国的立场来看, 双边投资条约的目的是减少与对外投资有关的不确定性。[④]

---

① ICSID Annual Report 2007, accessed at http://www.worldbank.org/icsid/.

② ICSID website at http://www.worldbank.org/icsid/.

③ Zachary Elkins, Andrew T. Guzman, and Beth A. Simmons, "Competing for Capital: The Diffusion of Bilateral Investment Treaties, 1960–2000," International Organization, 60（Fall 2006）: 811–846.

④ See Peter Egger and Valeria Merlo, "The Impact of Bilateral Investment Treaties on FDI Dynamics," The World Economy,（2007）: 1536–1549 for information about the effects of BITs on FDI flows.

多边投资协定

1995年,25个经合组织国家开始商谈被称为《**多边投资协定**》(Multilateral Agreement on Investment, MAI)的国际投资新规则。该协定旨在通过明确外国投资者的权利、消除投资壁垒以及创造争端解决地点来增加投资流动。经合组织成员要求非经合组织国家考虑加入该协定。①

1997年2月,《多边投资协定》草案的文本被泄露给了公共公民(Public Citizen),也就是以拉尔夫·纳德(Ralph Nader)为首的位于华盛顿特区的一个组织,该组织反对《北美自由贸易协定》、"乌拉圭回合"以及"快轨道"谈判授权。"公共公民"在互联网上贴出了草案及许多反对《多边投资协定》的言论。② 不久,各种各样的反全球化团体也决定反对《多边投资协定》。它们提供的原因有时是有问题的。它们声称《多边投资协定》将结束平权法案(affirmative action)和其他平等机会就业计划,还认为《多边投资协定》将破坏环境法规及威胁国家主权,甚至在美国也不例外。对《多边投资协定》持反对立场的各种团体包括劳联—产联、塞拉俱乐部、西部州长协会等等。1998年4月,经合组织宣布暂缓《多边投资协定》谈判六个月,此举有效地扼杀了《多边投资协定》。③

然而,比发生在巴黎的反《多边投资协定》示威更严重的是该协定自身存在的问题。在《多边投资协定》谈判期间许多例外被写进条款,以致该协定越来越成为"谈判国家之间现存法律、政策及惯例的汇编"。此外,

① Stephen Kobrin, "The MAI and the Clash of Globalizations," Foreign Policy, No.112 (Autumn 1998):97–109; David Henderson, The MAI Affair: A Story and Its Lessons (London, UK: The Royal Institute of International Affairs, 1999), 1–2; and Edward M. Graham, Fighting the Wrong Enemy: Antiglobal Activists and Multinational Enterprises (Washington, D.C.: Institute for International Economics, 2000).

② 在该草案泄露后,经合组织在其网站公开了草案。参见http://www1.oecd.org/daf/mai/htm/2.htm。

③ Marcus Noland, "Learning to Love the WTO," Foreign Affairs (September/October 1999), 87.

一些谈判者认为在漫长的谈判期间增加的一些措施实际上贬损了促进投资政策进一步自由化的总体目标。①

1998年《多边投资协定》的挫败经常被当作全球化措施在20世纪90年代末经历的一连串挫败的第一次挫败被提及。正如针对世界贸易组织的"决战西雅图"（参见第三章）一样，人们高估了反全球化的示威者和低估了其他重要的因素，如主要工业化国家之间缺少的共识。不过，有清晰的证据表明对阻止或至少延缓世界经济全球化发展政治目标的支持在增长。在这些多样化的运动中一个非常重要的主题就是对跨国公司动机的怀疑。

在布雷顿森林体系期间，跨国公司的国家、地区及国际治理主要集中在促进而不是管制对外直接投资。直到20世纪70年代才出现了建立跨国公司行为规则的一些重要尝试，但是那时的政治动力大部分来自发展中国家。尽管在相互依存时期在对待跨国公司问题上存在着一些国际紧张及国家不安，但是在工业化国家之间还没有出现要对跨国公司施加限制的绝对认识和共同兴趣，特别是在当时可能要动员国家制度来采取共同行动的美国。在20世纪90年代的全球化时期，反全球化势力有效表达了对国民待遇、成立权、反征用保障以及为投资争端的解决创建国际论坛等跨国公司全球治理的一些关键目标实行制度化的抵制。发展中国家对高技术公司努力在世界贸易组织框架内界定知识产权保护新体制的做法保持了相当的怀疑（参见第三章）。但是发展中国家也怀疑反全球化非政府间组织的动机，主要是因为这些非政府间组织基本上都在工业化国家。跨国公司的国际治理将继续维持有限，直到在这些问题上形成更大的共识。因此，在未来几年，对外直接投资政治可能会集中在国家、双边和地区治理中而不是国际治理中。

---

① Edward Graham, Fighting the Wrong Enemy, 7.

第三部分　北南机制

第五章　北南体制及变化的可能性

北南体制的治理问题与西方体制的治理问题有很大不同。对发达市场经济体体制而言，关键的问题是在推行自从第二次世界大战后就已经存在的国际经济形势的现代化（虽然不是剧烈改变）时，是否可能在国家、地区及全球层面取得政治能力以确保国际经济关系继续产生互利的效果。北南体制虽然独立于西方体制，但是也嵌入到西方体制中。北南体制的独立存在是因为它反映了发展中国家低得多的收入水平和资源基础。北南体制嵌入到西方体制之中是因为北方工业化国家对该体制的重要变化持有否决权。北南体制的主要问题是该体制是否可能得到改变以便不仅仅是少数发展中国家从中受益。

在西方体制中，相关国家享有的共同利益有助于对该体制的控制。而在北南体制中，各方在共同利益上存在较少的认识。发达市场经济体认为北南体制虽然不够完美，但是是合法的，因为它们能从中获益而且享有重要的决策权。南方国家倾向于认为西方体制和北南体制都是非法的，因为它们没有充分分享到这些体制带来的经济收益。从南方国家的观点看，没有哪个体制充分促进了它们的经济发展。而且，南方国家还认为这些国际经济体制没有正确地代表它们的利益。

南方国家对北南体制抱怨的一个关键原因是在平均收入上它们无力缩小与北方国家的差距。2006年，以国民生产总值（gross national income，GNI）按照总人口划分得出高收入国家的平均收入为25639美元，中等收入国家为5137美元，而低收入国家为421美元（图5.1）。2005年，低收入国家的人口为24亿，中等收入国家的人口为31亿，高收入国家的人口为

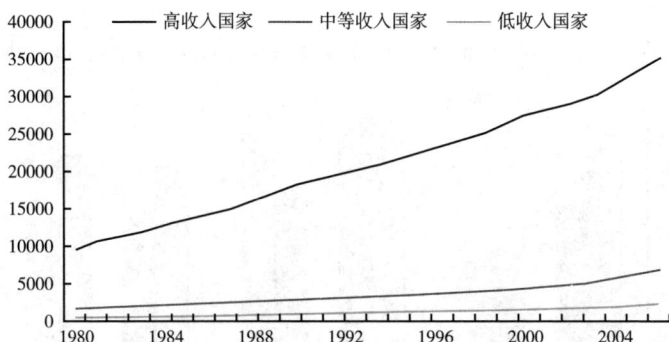

图5.1　1980—2006年高收入、中等收入和低收入国家人均国民生产总值和购买力平价方法（美元）

资料来源：世界银行《2008年世界发展指标》，在线数据。

10亿。[①]

　　全球收入分配非常不均，而且这种不均可能正在增加。高收入国家与其他国家人均收入的绝对差距在1980年至2006年期间保持了二战后的显著增长势头。[②] 从2001年至2006年的五年间，低收入国家人均收入平均增长了6.1%，而中等收入国家和高收入国家在同一时期分别增长了5.6%和2.2%。从1991年至2000年，低收入国家的人均GDP 年增长率为4.6%，中等收入国家和高收入国家人均GDP年增长率在同一时期分别为3.8%和2.5%（图5.2）。尽管在过去40年里南方国家的平均经济增长率高于北方国家，但是人口的高增长使得南方国家的大多数人的平均收入增长不大，当然一小部分经济增长非常快的发展中国家除外。当然，一个可喜的迹象是，两个最大的低收入国家——中国和印度——近10年来经历了经济快速增长。[③]

---

　　① 　World Bank Statistics，http://siteresources.worldbank.org/DATASTATISTICS/Resources/table2_1.pdf。

　　② 　保罗·贝洛赫（Paul Bairoch）认为过去40年北南之间收入差距的扩大是开始于18世纪初双方之间不断增长的不平等的延续。参见Paul Bairoch，"International Industrialization Levels from 1750 to 1980," Journal of European Economic History，2（1982）:268–333.

　　③ 　Branko Milanovic，Worlds Apart：Measuring International and Global Equality（Princeton，N.J.： Princeton University Press，2005），see p.2 especially.

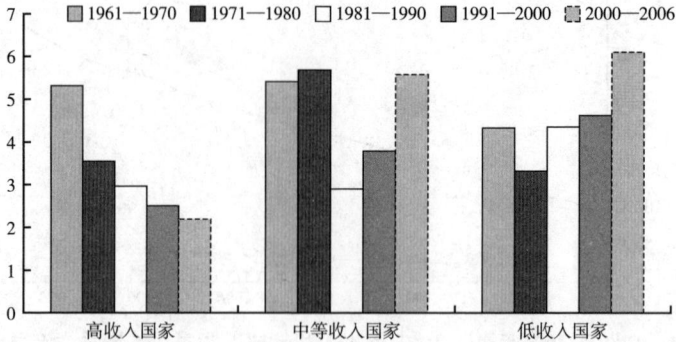

图5.2　1961—2006年名义GDP年平均增长（百分比）

资料来源：世界银行《2008年世界发展指标》，在线数据。

　　有各种各样的方法来衡量国家内部以及国家之间的差距程度。一个
常用的测算方法是**不平等基尼系数**（GINI coefficient of inequality）。基
尼系数是根据**劳伦茨曲线**（Lorenz curve）所定义的判断收入分配公平程
度的指标。它是一种比例数值，是国际上用来综合考察居民内部收入分
配差异状况的一个重要分析指标（图5.3）。基尼系数的区间从0（完全
平等）到1（完全不平等）。经济学家试图从较长的时间内衡量收入不
平等。这些努力得出了一致的发现，即收入不平等从1820年到1970年稳
步增长，但是从1970年后又开始下降。[①] 从1820年到1998年，以衡量不同
国家人均GDP的全球收入不平等的基尼系数在0.5至0.65之间变化，而大多
数国家国内收入不平等的基尼系数主要在0.3至0.4之间变动。[②] 简而言之，
关于收入不平等的实验性证据不能支持批评者认为1989年后全球化的加强
导致全球收入和国内收入不平等增加的观点。相反，实验性证据表明每天生

[①]　François Bourguignon and Christian Morrison, "Inequality Among World Citizens：
1980–1992," American Economic Review, 92（September 2002）:727–744; and Xavier Salai–
Martin, "The World Distribution of Income," NBER Working Paper 8933, May 2002. Branko
Milanovic offers a somewhat skeptical view of these findings in Worlds Apart.

[②]　World Development Report 2006（Washington, D.C.：World Bank, 2006）, 7.

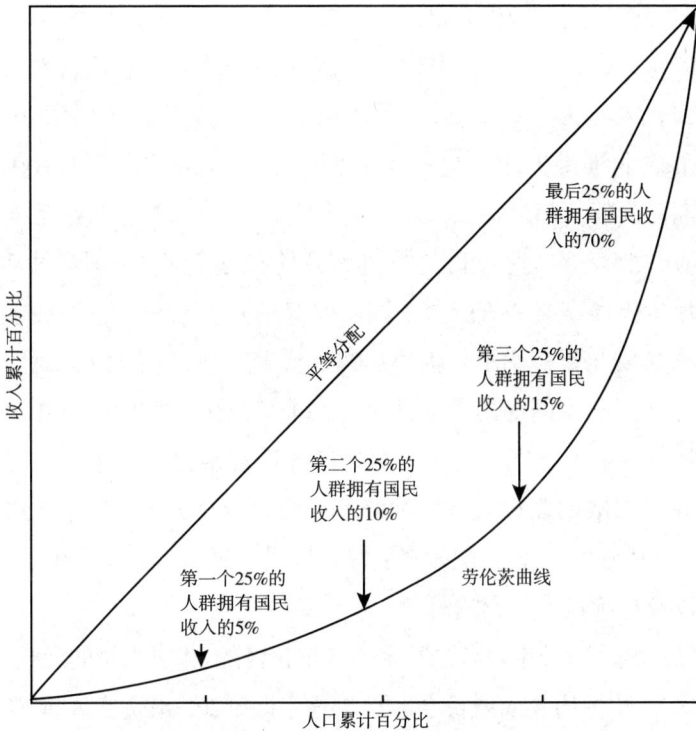

图5.3 基尼系数:使用劳伦茨曲线衡量收入不平等

活不到一美元的人数及反映"绝对贫困"的其他指标均出现了显著下降。[①] 近年来全球收入不平等的大比例下降是由于中国和印度的高经济增长率的结果。[②]

尽管如此,地球上仍有超过10亿人没有从全球化中受益。他们大多数生活在低人均收入和低增长率的国家。他们经常是疾病和暴力的受害者,可能因这些条件的相互加强而陷入贫困的循环。疟疾提供了一个范例:"疟疾使一些国家贫穷,因为这些贫穷使它们投入疫苗的潜在市场无法保

---

① The Millennium Development Goals Report 2007(New York,N.Y.: United Nations,2007),4.

② Glenn Firebaugh and Brian Goesling,"Accounting for the Recent Decline in Global Income Inequality,"American Journal of Sociology,110(September 2004):283–312.

证制药公司在研究上做出必要的巨大投资。"①

2007年,发展中国家中每四个穷人中就有三个居住在农村地区——他们中的21亿人每天生活不到2美元,8.8亿人每天生活不足1美元——大多数人依靠农业维持生计。② 每天生活不足1美元的人很多生活在撒哈拉以南非洲和南亚。超过16亿人缺乏基本的卫生设施,11亿人缺乏安全饮用水的供应,7.75亿多人是文盲。③ 世界最贫穷的五分之一国家每日卡路里摄入量比世界最富裕的五分之一国家要低三分之一。④ 世界最富裕的五分之一国家婴儿死亡率平均为每1000个新生儿中有4个死亡,而世界最贫穷的五分之一国家同等的数字是每1000个新出生人口中就有200个死亡。在这些国家中有1.7亿至4亿儿童感染了肠道寄生虫。每年大约有12万个新出生儿童因缺碘而患有智力缺陷和麻痹。维生素A的缺乏导致每年约800万名儿童死亡。总之,全球不平等对世界上最贫穷人口产生了多重的、强化的以及持续负面的影响。

更高的经济增长率对减少贫困会产生积极的、相对直接的影响。例如,一个国家1%的平均收入增长会转换成这个国家20%最贫穷人口1%的收入增长。10%的收入增长导致婴儿死亡率减少6%。如果非洲1990年的增长率比20世纪80年代高出1.5%,那么这一年非洲50万的儿童死亡就可以避免。⑤

尽管经济发展不能单纯地以经济增长来界定,但是鉴于经济增长能带来的改善型效果,南方国家对提高经济增长的专注是可以理解的。这也是

---

① Paul Collier, The Bottom Billion: Why the Poorest Countries Are Failing and What Can Be Done About It(New York, N.Y.: Oxford University Press, 2007), 5. Collier is referring here the arguments of economist Jeffrey Sachs in The End of Poverty: Economic Possibilities for Our Time (New York, N.Y.: Penguin, 2005). The latter was adapted from a report to the United Nations in 2005 from the UN Millennium Project(a project directed by Sachs) which resulted in the adoption of the Millennium Development Goals(see text below).

② World Development Report 2008 (Washington, D.C.: World Bank, 2008), 1.

③ UNESCO, online data at http://www.uis.unesco.org.

④ William Easterly, The Elusive Quest for Growth: Economists' Adventures and Misadventures in the Tropics(Cambridge, Mass.: MIT Press, 2002), 11.

⑤ 出处同上,8—14。

为什么有关经济增长的各种理论产生了众多争论。在经济学中,有关积累的物质资本相比较于人力资本和(或)技术能力对产生高增长率的相对重要性近年来有着激烈的辩论。[①]在政治学中,特别是冷战结束以后,争论的主要焦点集中在政策和政治制度,即集中在对持续的增长有必要的治理上。[②]

北南经济关系的治理与西方体制的治理有着相当的不同。在西方,有一个由国际组织、精英网络、谈判流程、商定的准则及游戏规则组成的相对高度制度化的体制。虽然权力分配在西方表现了不均,但是所有成员均有获得接触正式和非正式管理体系的机会。相比较下,北南关系没有能为所有国家提供完善的制度参与。南方国家被规律性地排除在正式和非正式的制度管理过程之外。许多南方国家无法成为国际经济治理完全的伙伴。对最贫穷的南方国家来说,派代表参加各种国际经济论坛所需要的花费太高,参加国也往往没有做充分准备为会议进程提供有用的投入。结果,北南关系主要作为西方体制的附属被北方国家控制着。所以,很容易理解为什么北方国家视这种结构为合法的,而南方国家总体上视这种结构为非法的。

自从第二次世界大战后,发展中国家一直致力于改变它们在国际经济关系中的依附角色。正如我们即将讨论的,它们增强经济增长和增加进入全球决策机制的努力随着时间的推移在不同国家间呈现了变化。南方国家的战略主要有下列三种类型:(1)试图将自己与国际经济体制的某些方面脱离开来;(2)试图改变国际经济秩序本身;(3)试图融入到现行体制以获取利益最大化。在现行的国际经济体制内是否能够保证它们取得经济增长或者发展等主要问题在很大程度上塑造了南方国家的这些战略。占主导地位的自由主义观点认为,南方国家的这些战略在自由的经济体制下

---

① See Easterly, The Elusive Quest for Growth; Paul Romer, "Endogenous Technological Change," Journal of Political Economy, 98(1990): S71–S102; and Robert J. Barro, Determinants of Economic Growth: A Cross–Country Empirical Study(Cambridge, Mass.: MIT Press, 1997).

② 试图回答这个问题的学者人数也有着显著的增长。例如,参见Dani Rodrik, One Economics, Many Recipes: Globalization, Institutions and Economic Growth(Princeton, N.J.: Princeton University Press, 2007).

不仅是可能的,而且是很有可能的。其他两种竞争性的观点,即马克思主义理论和**结构主义**(structuralism),对自由主义主义观点提出了挑战,认为这种体制本身是造成发展问题的根源。

经济发展的自由主义理论

自由主义,特别是体现在古典和新古典经济学中的自由主义,是现行国际经济体制的主导理论。经济发展的自由主义理论认为现有的国际市场结构为南方的经济发展提供了最好的框架。[①] 按照这种观点,发展的主要问题是由发展中国家的国内经济政策造成的,因为这些政策导致和加

① 有关经济增长和发展的自由主义理论的例子,参见Evsey Domar, Essays in the Theory of Economic Growth(Oxford, England: Oxford University Press, 1957); Gottfried Haberler, International Trade and Economic Development(Cairo, Egypt: National Bank of Egypt, 1959); Ragnar Nurkse, Equilibrium and Growth in the World Economy(Cambridge, Mass. Harvard University Press, 1961); Walt W. Rostow, The Stages of Economic Growth: A Non-Communist Manifesto(Cambridge, England: Cambridge University Press, 1962); Walt W. Rostow, Politics and the Stages of Growth(Cambridge, England: Cambridge University Press, 1972); Gerald M. Meier, International Trade and Development(New York, N.Y.: Harper and Row, 1963); Gerald M. Meier, ed., Pioneers in Development(New York, N.Y.: Oxford University Press, 1984); Harry G. Johnson, Economic Policies Toward Less Developed Countries(New York, N.Y.: Praeger, 1967); Jagdish Bhagwati, Essays in Development Economics: Wealth and Poverty, vol. 1, and Dependence and Interdependence, vol. 2 (Cambridge, Mass.: MIT Press, 1985); Robert J. Barro and Xavier Sala-i-Martin, Economic Growth(New York, N.Y.: McGraw Hill, 1995); and Amartya K. Sen, Development as Freedom(New York, N.Y.: Random House, 1999). 有关这个文献的各种概述,参见Easterly, The Elusive Quest for Growth和Walt W. Rostow, Theorists of Economic Growth from David Hume to the Present(New York, N.Y.: Oxford University Press, 1990). 这个传统在处理经济发展的经济学分支领域,即发展经济学领域,继续存在。An example of a textbook that provides an overview is Gerald M. Meier and Jamese E. Rouch, Leading Issues in Economic Development, 8th edition(New York, N.Y.: Oxford University Press, 2005).

重了市场的不完善,减少了土地、劳动和资本的生产力,强化了社会和政治的僵化。自由主义者认为,矫正这些弱点的最好方法是通过实行市场导向的国内改革。如果给予适当的国内政策,再加上通过贸易、对外投资及对外援助的增加,国际体制就能为更快的增长和经济发展提供基础。

按照自由主义的分析,贸易是经济增长的发动机。与国家**比较优势**(comparative advantages)相一致的专业化会提升所有参与自由或相对开放贸易的国家的收入水平。在生产要素相对丰富的领域的专业化能促进资源更有效的配置、允许经济参与者更有效地运用他们的技术和管理技能。专业化还通过国内金融体制鼓励更高水平的资本形成和和对外直接投资流入的增加。来自发达国家的私人资金流可以为基础设施和生产设施投资提供急需的资金。此外,发达市场经济体的对外援助,例如通过提供资本、技术和教育,被认为有助于填补发展中国家的资源差距。最后,专业化加上适当的反垄断执法的配合可以同时刺激国内竞争、提高国际竞争力。

自由主义观点认为,实行正确的国际南方经济发展战略会有利于培植提高对外贸易、外国投资流入和国内公司的国际竞争力所必需的国内变化。这在实践上意味着废除高关税、限制外国投资流入等妨碍贸易和投资流动的政策,以及通过国有企业的私有化、放松对市场的过度监管和其他国内改革来实行有利于提高国内竞争水平的政策措施。①

马克思主义和新马克思主义的发展理论

马克思主义和新马克思主义理论对自由主义观点提出了强烈的批

---

①　有关很清晰地阐述自由主义理论家所建议的政策类型,参见 John Williamson, "What Should the World Bank Think About the Washington Consensus," The World Bank Research Observer, 15(August 2000):251–254.

判。① 该理论认为南方国家的贫穷和受剥削根源不是因为它们没有实行自由主义的政策,而是因为它们一直附属于世界资本主义制度造成的。只要南方国家的这种从属性质不变,它们的贫困和受剥削状况将会持续很久。国际市场在垄断资本主义的控制之下,而垄断资本主义的经济基础是发达经济体。自由主义非常渴望的贸易和投资的自由流动使发达国家和不发达国家的资产阶级能够榨取不发达国家的经济财富为己所用。结果是导致大多数第三世界国家的贫穷。

北南贸易是一种不平等交换,在此过程中来自发达资本主义国家的垄断或者寡头对国际市场的控制导致南方国家生产的原材料价格下降而北方国家生产的工业品价格上升。**贸易条件**(terms of trade),即出口价格除

① 有关马克思主义和新马克思主义观点的例子,参见Samir Amin, Accumulation on a World Scale (New York, N.Y.: Monthly Review Press, 1974); Samir Amin, Unequal Development: An Essay on the Social Formations of Peripheral Capitalism (New York, N.Y.: Monthly Review Press, 1976); Paul A. Baran, The Political Economy of Growth (New York, N.Y.: Monthly Review Press, 1968); Fernando Henrique Cardoso and Enzo Faletto, Dependency and Development in Latin America, transl. Marjory Mattingly Urquidi (Berkeley and Los Angeles, Calif.: University of California Press, 1979); Arghiri Emmanuel, Unequal Exchange: A Study of the Imperialism of Trade (New York, N.Y.: Monthly Review Press, 1972); Andre Gunder Frank, Capitalism and Underdevelopment in Latin America, rev. ed. (New York, N.Y.: Monthly Review Press, 1969); Harry Magdoff, Imperialism: From the Colonial Age to the Present (New York, N.Y.: Monthly Review Press, 1978); Dan W. Nabudere, The Political Economy of Imperialism (London, UK: Zed Press, 1977); Theotonio Dos Santos, "The Structure of Dependence," in K. T. Fann and Donald C. Hodges, eds., Readings in U.S. Imperialism (Boston, Mass.: Porter Sargent, 1971); and Immanuel Wallerstein, The Capitalist World Economy (Cambridge, England: Cambridge University Press, 1979). See also "Facing the 1980s: New Directions in the Theory of Imperialism," a special issue of the Review of Radical Political Economics, 11 (Winter 1979). For more recent works in this traditions, see David Gordon, "The Global Economy: New Edifice or Crumbling Foundations? ", New Left Review, 168 (1988):24–64; Giovanni Arrighi, The Long Twentieth Century: Money, Power, and the Origins of Our Times (London, UK: Verso Books, 1994); David L. Blaney, "Reconceptualizing Autonomy: The Difference Dependency Theory Makes," Review of International Political Economy, 3 (1996):459–97; and Samir Amin, Capitalism in the Age of Globalization: The Management of Contemporary Society, various translators, (London, UK: Zed, 1997). A more recent effort to revive this tradition is Michael Hardt and Antonio Negri, Empire (Cambridge, Mass.: Harvard University Press, 2001).

以进口价格,呈现了对南方国家不利的情况发展。^① 此外,国际贸易也鼓励南方国家集中于发展阻碍它们发展的、落后的生产形式。自由贸易主义者所使用的"**比较优势**"说辞掩饰了他们维持对南方国家不利的**国际劳动分工**(international division of labor)的欲望。

通过利润汇回本国、版税以及许可证,外国投资常常控制着当地最具活力的产业、征用这些产业的经济过剩。这种做法进一步阻碍和扭曲了南方国家的发展。许多马克思主义者认为,资本出现了从南方国家向北方国家的净流出。此外,通过建立资本密集型生产、加剧收入分配不均、替代本地资本和本地企业、增加对出口生产的强调以及促进不良的消费格局等做法,外国投资反而导致所在国失业的增加。

资本主义造就南方不发达以及这种不发达现状长期化的另外一个因素是现行的国际金融体制。贸易和投资导致资本从南方流出、迫使南方国家从北方公共和私人金融机构借贷。但是**债务偿还**(debt service)进一步损耗了第三世界的财富。最后,外国援助通过促进以牺牲当地国家的真正发展为代价的外国投资和贸易,以及通过债务偿还榨取所在国的财富,加强了第三世界的发展扭曲。一些马克思主义者和新马克思主义认为,加强它们对外部市场依赖结构的恰恰是不发达国家内部的社会客户阶层。在这种支配结构中拥有既得利益且垄断着国内权力的本地精英与国际资本主义精英合作,力图使国际资本主义制度永久化。

由于国际市场运行和客户精英努力延续不发达国家的这种依赖性,国际资本主义制度下的任何发展都是不均匀的、扭曲的以及片面的。对马克思主义者和新马克思主义来说,南方国家唯一合适的发展战略就是革命,即完全摧毁国际资本主义体制,以国际社会主义体制取而代之。尽管一些马克思和新马克思主义者之间在是否可能在国家的层面取得这个革命性的目标或者革命是否有必要成为全球性意见表现不一,但是他们都认同革

---

① 这也是非马克思主义理论家持有的观点。参见下一节有关结构主义的方法。

命性变革是实现南方真正发展的唯一方法。[①]

结构主义学派

对南方国家的国际经济政策产生重要影响的**结构主义理论**（Structural theory）介于自由主义与马克思主义之间。[②] 像马克思主义分析一样，结

[①] 这个简短的总结对马克思主义和新马克思主义学派观点的丰富性和多样性造成很大的暴力。有关更多细微差别的总结，参见Fernando Henrique Cardoso，"The Consumption of Dependency Theory in the United States，" Latin American Research Review，7（Fall 1977）：7–24；Raymond Duvall，"Dependence and Dependencia Theory，" International Organization，32（Winter 1978）：51–78；Ronald Chilcote，"Dependence：A Critical Synthesis of the Literature，" Latin American Perspectives，1（Spring 1974）：4–29；Gabriel Palma，"Dependency：A Formal Theory of Underdevelopment or a Methodology for the Analysis of Concrete Situations of Underdevelopment，" World Development，6（1978）：881–924；and David Blaney，"Reconceptualizing Autonomy."

[②] For examples of structuralist theory，see Gunnar Myrdal，Rich Lands and Poor：The Road to World Prosperity（New York，N.Y.：Harper and Row，1957）；Raúl Prebisch，"Commercial Policy in the Underdeveloped Countries，" American Economic Review，49（May 1959）：251–273；Raúl Prebisch，The Economic Development of Latin America and Its Principal Problems（New York，N.Y.：United Nations，1950）；W. Arthur Lewis，The Evolution of the International Economic Order（Princeton，N.J.：Princeton University Press，1978）；and Johan Galtung，"A Structural Theory of Imperialism，" Journal of Peace Research，8（1971）：81–117. See also Bill Gibson，"An Essay on Late Structuralism，" in Amitava K. Dutt and Jaime Ros，eds.，Economic Development and Structuralist Macroeconomics（Northampton，Mass.：Edward Elgar，2002）. This volume is a tribute to the work of Lance Taylor who was a major advocate of structuralism in economics. Taylor summarized his thinking on this topic in Reconstructing Macroeconomics：Structuralist Proposals and Critiques of the Mainstream（Cambridge，Mass.：Harvard University Press，2004）. 结构主义思想流派最近转变到全球化研究的分领域，而该领域关键的问题是发展中国家在积极响应全球化的机遇和挑战时，是怎样受到约束的。One early example is Dani Rodrik，Has Globalization Gone Too Far?（Washington，D.C.：Institute for International Economics，1997）.

构主义分析认为国际市场结构使南方的落后和从属地位永久化并鼓励北方的支配地位。按照这种观点,市场往往惠顾已经享有发展优势的国家而阻碍欠发达国家。除非伴随着国家和国际层面的改革,否则不受管制的国际贸易和资本流动只会是加强而不是减少国际的不平等。

这种学术流派认为,国际市场的结构性偏见很大程度上在于国际贸易体制的不平等。贸易不像自由主义者所宣称的那样是经济增长的发动机,而是实际加大了北南差距。该流派认为国际贸易体制恶化了南方的贸易条件(图5.4)。对来自欠发达国家初级产品需求的非弹性(即北方国家收入的增加没有导致从南方国家进口需求的增加)以及这些产品面临国际市场的竞争导致第三世界国家商品出口价格的走低。同时,北方市场的垄断结构以及对制成品不断增长的需求导致北方工业品价格不断走高。因此,在正常的市场条件下,国际贸易实际上是将收入从南方转移到北方。[①]

结构主义者也认为国际贸易创造了不合理的**双重经济**(dual economy)。专业化以及基于它们的农业比较优势或对原材料的提取而导致的南方经

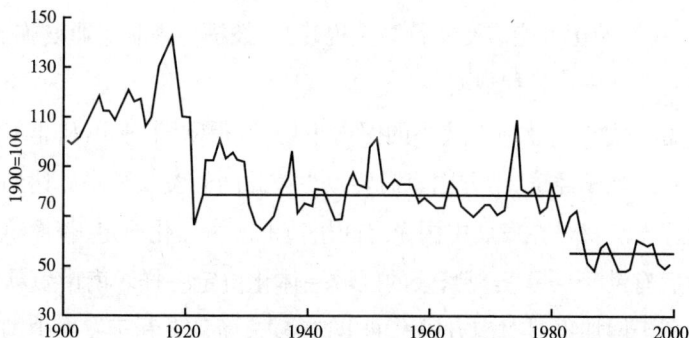

图5.4 1900—2000年发展中国家(不包括石油出口国)的贸易条件

资料来源: José Antonio Ocampo and María Angel Parra, "The Commodity Terms of Trade and Their Strategic Implications for Development," March 2004, http://129.3.20.41/econ-wp/it/papers/0403/0403001.pdf.

① 这在本质上是由结构主义观点最具影响的倡导者之一劳尔·普雷维什提出的观点。参见 Joseph L. Love, "Raúl Prebisch and the Origins of the Doctrine of Unequal Exchange," Latin American Research Review, 15(1980):45-72.

济体集中于出口产业并没有像自由主义者预测的那样会促进它们其他经济产业的发展。相反,贸易给这些国家带来了对其他经济领域很少或没有动态影响且消耗其他经济领域资源的出口产业。因此,贸易在造就一个发达、独立的出口产业的同时也造成南方国家总体经济不发达的状况。

作为结构性歧视的第二部分,外国投资往往避免流向利润和安全性都比发达市场经济体低的南方国家。即使部分投资流向南方,它们也倾向于集中在南方国家的出口产业,因此加重了它们的双重经济特性以及贸易的负面效果。最后,外国投资导致利润和利息净流向经济发达和资本出口的北方国家。

结构主义为促进南方经济发展提供的药方集中在四种类型的政策变化:(1)**进口替代型工业化**(import-substituting industrialization);(2)增加**南南贸易和投资**(South-South trade and investment);(3)**区域一体化**(regional integration);(4)**人口控制**(population control)。结构主义者认为第三世界国家原材料和农业商品生产和出口的专门化伤害了它们自己在世界贸易中的地位,因为这些产品面临下降的贸易条件。因此,南方国家需要从集中于农业和原材料的生产和贸易中摆脱出来,发展制造业和服务活动。为此目的,它们最初可能需要实行高关税政策,鼓励国内制造业设施的成立。这在实质上是进口替代战略。

为了补偿它们总体上狭小的国内市场,取得欧洲、亚洲和北美工业化国家享有的规模经济,南方国家需要减少彼此间的贸易壁垒。达到这个目标的最好方法就是在发展中国家之间培植地区一体化协定,就像第二次世界大战后有助于西欧实现繁荣的区域一体化协定一样。南南贸易的增加不仅有利于增加世界对南方国家的出口需求,而且有利于发展中国家发展适合南方国家的技术,以对抗北方跨国公司的力量,增加位于南方国家的企业的总体竞争力。

最后,结构主义者如劳尔·普雷维什(Raúl Prebisch)和威廉·阿瑟·刘易斯(W. Arthur Lewis)承认必须要解决的一个关键问题是快速的人口增长对第三世界工人平均工资的抑制效果。如果人口增长因合适的人口控制政策而减少,那么为南方贫穷的大多数人口提高生活标准则相对容易一些。这是结构主义政策议程在政治上最不受欢迎的部分,但它近年来已经引起了更多的注意。①

对比马克思主义和结构主义观点

虽然国际市场的结构主义分析在强调发展中国家贸易条件的恶化带来的负面效果与马克思主义所分析的相似,但是这两种理论在关键观点上存在着分歧。结构主义理论认为能对国际制度进行改革,而且认为改革的自然过程能被改变。尽管各种理论学家在对外援助、贸易保护以及北方市场的准入等优先改革目标问题上持有不同意见,但是他们都相信工业化能在国际经济体系的改革中得到实现,而且相信工业化将缩小世界发展的差距。

另一方面,马克思主义理论声称资本主义制度是不能改变的,而且资本主义制度能够实现自我维护。他们认为根本改变资本主义制度的唯一方法是通过革命来实现,即摧毁国际资本主义制度,以国际社会主义制度取而代之。马克思主义理论者用两种方法解释改革的不可能性。

第一种解释是认为发达的资本主义经济体不能吸纳资本主义的生产体系生产出来的经济盈余或利润。② 由于工人收入没有与资本主义利润保持同步增长,资本主义国家不能通过消费吸收国内日益增长的盈余。为

---

① 有关人口的增长会负面地影响南方国家经济增长观点的有趣反驳,参见William Easterly,The Elusive Quest for Growth,ch. 5.

② Paul A. Baran and Paul M. Sweezy,Monopoly Capital:An Essay on the American Economic and Social Order(New York,N.Y.:Monthly Review Press,1966). 这些作者将经济剩余定义为"社会生产的产品与生产这些产品的成本之间的区别"(p.9). 有关这个概念的关键分析,参见F Benjamin J. Cohen,The Question of Imperialism:The Political Economy of Dominance and Dependence(New York,N.Y.:Basic Books,1973):104–121. The latest effort to revive imperialism theory can be found in Hardt and Negri,Empire.

了防止失业和因生产过剩及消费不足导致的必然危机,发达经济体向发展中国家投资过剩资本以及向它们出口过剩生产。一些马克思主义理论者认为吸纳日益增长的过剩和防止资本主义危机的另一种方法是投资国内军事,这反过来又产生对外扩张的压力。通过吸纳经济过剩和对外扩张防止或者至少延缓了资本主义制度的崩溃。因此,获取支配地位、依赖及帝国主义是资本主义的本质的、必然的结果。

对帝国主义在资本主义世界经济中的必要性的第二种解释源自北方国家对南方原材料的需要。[①] 这种观点认为,资本主义经济体依赖从南方进口至关重要的原材料,它们控制这些原料供应渠道的欲望导致北方的支配地位。

三种观点的缺陷

实证主义检验揭示了这三种观点都存在着一些重要的弱点。我们首先从马克思主义者的观点分析。虽然与南方国家维持经济关系对发达国家比较重要,但是这种经济关系对北方的经济在大多数情况下不是决定性的。事实上,如我们将要讨论的,欠发达国家的主要问题可能是它们对北方没有足够的重要性。

首先,马克思主义者"消费不足"的论断说服力不足,因为大多数发达市场经济体都能吸纳它们自己的经济过剩。尽管发达经济体将总需求维持在可接受的水平面临着困难,但是它们通过现代经济政策,如收入再分配、财政和货币政策、公共和社会支出等,对该国内问题进行管理,这一形势后来被称为"福利国家"。虽然发达国家面临一些严重的经济问题,如缓慢增长、

---

① See, for example, Pierre Jalée, Imperialism in the Seventies, trans. R. and M. Sokolov (New York, N.Y.: Third World Press, 1972).

工业能力过剩和通胀,但是"消费不足理论"不能充分地解释这些问题。

其次,对外投资,特别是在欠发达市场的投资,对发达市场经济体并不是至关重要的,作为对外主要投资者的美国的情况可以说明这点。对外投资在美国总投资中占据相对较小的比例。1998年,美国对外直接投资达1310亿美元,占其同一年固定资本总投资的7.8%(图5.5)。2006年,美国对外直接投资共2160亿美元,约占其固定资本投资的10%。此外,南方国家不是美国对外投资的主要地区,而且事实上南方国家在工业化国家对外投资中的重要性在下降。从1989年至1994年,发展中国家每年平均占美国对外直接投资存量的30%。到1999年,该比例下降到21%,2006年又上升

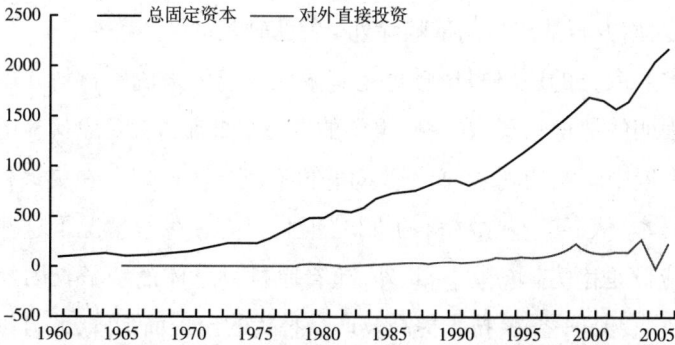

图5.5　1960—2006年美国总的固定资本形成与对外直接投资(10亿美元,现价)

资料来源:《世界投资报告2007》和《总统经济报告2008》。

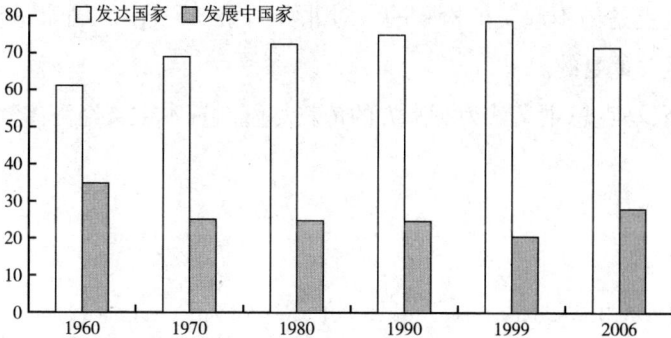

图5.6　1960—2006年美国在发达国家和发展中国家对外直接投资存量的百分比

资料来源:《美国统计摘要》(多年)。

到28%（图5.6）。[①]

第三、四章的数据显示世界贸易和投资流动主要在发达国家之间进行，发达国家与发展中国家之间的贸易和投资流动规模仍然相对较小。随着中国和印度的快速增长以及跨国公司生产的进一步全球化，北南贸易和投资呈现了一些变化，但是它们之间总体的贸易和投资格局仍然维持没变。

总之，依赖南方国家作为资本主义生产剩余的必要出口是不可持续的。尽管发展中国家为跨国公司和发达经济体提供重要收入且成为它们重要的投资和出口渠道，但是它们对北方国家的生存并不是至关重要的。目前的数据显示南方对北方经济的重要性在二战后的几十年里呈现了下降，北方对南方石油出口的依赖除外（参见第九章）。

北方对南方的原材料依赖也是有限的。总体来说原材料并不像马克思理论表明的那样重要，在一些重要的领域（如石油），对原材料的依赖可能损害发展中国家的利益，而不是对它们有利。美国以及在更大程度上的欧洲和日本，依靠某些原材料的进口，但是只有在少数情况下这些材料的主要供应商是南方国家。[②] 此外，随着原材料总体消费增长因经济增长格局的改变、保护主义、技术提高及产品替代的出现而下降，北方国家在原材料上的对外依赖也开始下降。

总之，认为对南方的支配地位和剥削在整体上对资本主义经济是必要的这一观点是经不起实证检验的。对北方国家来说，南方国家是重要的，但不是至关重要的。

然而，马克思主义认为对南方的依赖尽管对资本主义经济体整体而言

[①] UNCTAD, World Investment Report 2001 (New York, N.Y.: United Nations, 2001).

[②] United State Geological Survey, Mineral Commodity Summaries (Washington, D.C.: USGPO, 2007).

并不重要,但对控制经济和政体的资本家阶级是必要的。[①] 按照这些理论,资本主义团体,特别是那些管理跨国公司的团体,在追求利润的过程中极力对不发达国家施加控制。由于这些团体控制着发达国家的政府,因此它们能利用政府工具为其阶级利益服务。

为了对这种理论做出评估,有必要确定资本家阶级作为一个整体是否对不发达国家有着共同的兴趣,即使大多数资本家如显示的那样并没有从对外贸易和投资中获利。亚瑟·麦克艾文(Arthur MacEwan)认为整个资本家阶级对获得支配地位及对外扩张有着兴趣,包括那些与对外扩张没有关系或者不从中获益的资本家阶级。[②] 他解释说这是因为资本家阶级对能维持资本主义总体制度的对外扩张感兴趣。然而,之前对第三世界宏观经济重要性的分析表明欠发达国家对北方经济并不是必要的,而且一些北方集团,如石油产业,享有与南方维持经济关系带来的大部分好处。因此,资本家阶级作为一个整体对南方以及它们自己的支配地位并没有兴趣,因为只有一小部分资本家阶级能从这种支配地位中获益,也因为资本主义制度本身不依赖于其支配地位。

一个更有力的观点认为,一些强大的资本家,如跨国公司经理,在南方国家以及在保持北方的支配地位上存在着关键利益。显然,某些公司和某些团体从国际市场现有的结构中获利。问题是这些公司和团体在北方政府政策中扮演着什么样的角色。当然,对北方经济的支配地位感兴趣的团体能影响发达国家的对外政策。[③] 但是它们不是必然控制着发达市场经济体的对外政策。例如,尽管石油收入和石油在中东的重要性,但是美国

---

① See Arthur MacEwan, "Capitalist Expansion, Ideology and Intervention," Review of Radical Political Economics, 4 (spring 1972), 36–58; and Thomas Weisskopf, "Theories of American Imperialism: A Critical Evaluation," Review of Radical Political Economics, 6 (fall 1974), 41–60.

② MacEwan, "Capitalist Expansion."

③ See U.S. Senate, Multinational Corporations and United States Foreign Policy, hearings before the Subcommittee on Multinational Corporations of the Committee on Foreign Relations, 93rd Cong., 2nd sess. (Washington, D.C.: U.S. Government Printing Office, 1975).

对外政策并不总是能反映美国石油公司在该地区的利益。[①]

总的说来,支配地位对发达市场经济体是重要的,尤其对这些经济体的某些团体尤为重要。但是支配地位既不是必要的也不是必然的。在正确的政治形势下,变化是可能的。问题是南方国家只有有限的能力要求北方国家做出改变。由于经济上的不发达以及政治上的碎片化,南方只能对北方施加有限的影响。正如我们将要讨论的,由于南方对北方不是至关重要的,发达国家没有必要对南方国家做出改变的要求做出回应。

在如何将理论与证据调和起来这一问题上,马克思主义观点不是面临困难的唯一流派。自由主义观点在解释众多实证异常方面也面临着麻烦。例如,体现在**国际贸易赫克歇尔–俄林(Heckscher-Ohlin(H-O)theory)理论**中的新古典贸易理论,解释了各国贸易比较优势的差异。比较优势是由关键的**生产要素**(factors of production)(如劳动、土地和资本)的相对富裕或缺乏决定的。然而,"近一半的全球贸易是由要素禀赋相似的工业化国家之间的贸易构成的"。[②] 如果"赫克歇尔–俄林理论"是正确的,那么世界上的大部分贸易是北南贸易而不是北北贸易。

新古典主义理论试图解决这个异常现象的方法之一就是通过检验贸

① On this question, see Stephen Krasner, Defending the National Interest (Princeton, N. J.: Princeton University Press, 1978); G. John Ikenberry, Reasons of State: Oil Politics and the Capacities of American Government (Ithaca, N.Y.: Cornell University Press, 1988); and Daniel Yergin, The Prize: The Epic Quest for Oil, Money, and Power (New York, N.Y.: Simon and Schuster, 1991). 一些批评者认为美国介入伊拉克的主要目的是为了获取伊拉克的油田。鉴于2003年入侵伊拉克后美国迅速在伊拉克部署军队以及2008年跨国公司竞标服务合同,这种观点有一定的证据支撑,参见Dilip Hero, Blood of the Earth: The Battle for the World's Vanishing Oil Resources (New York, N.Y.: Nation Books, 2006); and Michael Klare, Blood & Oil: The Dangers and Consequences of America's Growing Dependency on Imported Petroleum (New York, N.Y.: Metropolitan Books, 2005).

② Elhanan Helpman and Paul Krugman, Increasing Returns, Imperfect Markets, and International Trade (Cambridge, Mass.: MIT Press, 1985), 2.

易壁垒对北南贸易的影响。[1] 另一个方法是放松对"赫克歇尔-俄林理论"有关**规模回报下降**（declining returns to scale）和竞争性市场存在的设想。[2] 然而，另一个视角是对产业间和产业内贸易提供独立的解释。[3] 尽管每个方法都有各自的优点，但是仍然没有一个包罗万象的理论能令人满意地解释近期的世界贸易格局。

此外，自由主义者不能解释为什么日本和韩国等具有强烈干预政府的国家在促进出口方面做得很好。自由主义的正统观点认为，以不干涉的方式促进国际竞争力的国家政府比那些具有干涉主义政府的国家更可能最终拥有国际竞争力的公司。

最后，尽管十几年来自由主义观点认为发展中国家的贸易条件不应该呈现长期下降的趋势，但是证据似乎恰恰支持马克思主义者和结构主义学派认为这样的趋势事实存在的论断。[4]

除了刚才提到的缺少确凿的证据来支持"发展中国家贸易条件下降"的理论，对结构主义学派的主要批评还与进口替代作为一种发展战略相对无效和不受欢迎有关。在下一章节我们将涉及这种批评。

[1]　See, for example, James R. Markusen and Randall M. Wigle, "Explaining the Volume of North-South Trade," Economic Journal, 100 (December 1990): 1206-1215.

[2]　这是由埃尔普曼（Helpman）和克鲁格曼（Krugman）的著作以及其他战略贸易理论家建议的方法。

[3]　See Edward E. Leamer, Sources of International Comparative Advantage: Theory and Evidence (Cambridge, Mass.: MIT Press, 1984).

[4]　See, for example, Harry Bloch and David Sapsford, "Whither the Terms of Trade? An Elaboration of the Prebisch-Singer Hypothesis," Cambridge Journal of Economics, 24 (2000): 461-481; James M. Cypher and James L. Dietz, "Static and Dynamic Comparative Advantage: A Multi-Period Analysis with Declining Terms of Trade," Journal of Economic Issues, 32 (June 1998): 305-314; and E. R. Grilli and M. C. Yang, "Primary Commodity Prices, Manufactured Good Prices, and Terms of Trade of Developing Countries," World Bank Economic Review, 2 (1988): 1-48. A more recent review of the literature is José Antonio Ocampo and María Angel Parra, "The Commodity Terms of Trade and Their Strategic Implications for Development," March 2004, http://129.3.20.41/eps/it/papers/0403/0403001. pdf. 文献似乎表明像20世纪70年代的油价上涨或者像当今的油价和食品价格上涨那样的价格冲击能短期中断这种向下的趋势。

依 赖

第二次世界大战结束后,发展中国家奉行多种不同的战略努力以改变它们对发达国家的依赖。在金融、贸易、投资及商品领域,它们极力从更多的参与国际经济体制中寻求更多的回报。多年来,这些战略在寻求改变国际经济体制和寻求适应这种体制之间交替变化。

在布雷顿森林体系时代,发展中国家依赖发达的北方国家,并寻求旨在使自己隔离于国际经济体制或在国际经济体制中保护自己的国家战略。在布雷顿森林体系的形成时期,那些独立的发展中国家——主要是拉丁美洲国家——试图将它们的经济发展目标以及对国际发展战略的合适看法融入到北方对国际经济新秩序的计划中。发展中世界那一时期的政治和经济弱点注定了它们这些努力的失败。在布雷顿森林体系内,它们极力确保在新的国际复兴开发银行的活动中,发展(不但工业国家的发展而且发展中国家的发展)和重建具有相同的优先地位。在哈瓦那,它们主张修改自由贸易制度、主张拥有通过进口配额等贸易限制保护**新生产业**(infant industries)的权利、主张通过商品协议获得允许稳定和确保最低的商品价格。一些欠发达国家的利益,如形成商品协议和建立地区偏好体制以促进发展的权利,事实上包含在《哈瓦那宪章》内。但是当《哈瓦那宪章》没有得到批准《关贸总协定》取而代之时,这些条款也随之消失。[①] 结果,许多发展中国家,包括阿根廷、牙买加、韩国、墨西哥和委内瑞拉,拒绝加入《关贸总协定》。[②]

[①] See Richard Gardner, Sterling Dollar Diplomacy(Oxford, England: Clarendon Press, 1956); Robert Hudec, The GATT Legal System and World Trade Diplomacy(New York, N.Y.: Praeger, 1975); and Janette Mark and Ann Weston, "The Havana Charter Experience: Lessons for Developing Countries," in John Whalley, ed., Developing Countries and the Global Trading System, vol. 1, Thematic Studies for a Ford Foundation Project(Ann Arbor, Mich.: University of Michigan Press, 1989).

[②] 有关《关贸总协定》成员国名单以及它们加入的日期,参见http://www.wto.org/english/thewto_e/gattmem_e.htm.

20世纪五六十年代,发展中国家放弃它们第一次试图塑造国际体系的努力,转而面向国内。面对一个它们认为不考虑它们的利益并将它们排除在管理之外的国际体制,发展中国家转向多样化的政策并通过进口替代寻求工业化。对去殖民地化的全神贯注以及相信殖民政治剥削的结束将促进经济发展加强了发展中国家对工业化的强调。

在这一时期,发展中国家的主要发展战略是进口替代战略。发展中国家通过关税、数量控制和多重汇率来保护本土产业,而且更多地支持促进当地消费的生产而不是促进出口的生产。发展中国家政府主要通过将资源引导到制造业等方式积极介入到经济发展。在很多情况下,这些产业是由国家拥有。进口替代战略并不意味着发展中国家完全孤立于国际体系之外。它们与北方国家的贸易继续流动。发展中国家也鼓励外国直接投资的流入,特别是流入到本国的制造业,作为培育国内生产能力的一种方法。因此,在这一时期跨国公司也大量地进入发展中国家。欠发达国家还尝试说服发达国家为本国的发展提供外援,并取得了一些成功。随着去殖民化席卷第三世界以及与苏联的竞争转移到南方国家,对外援助成为冷战时期有用的政治工具以及殖民国家保留与前殖民地联系的方法。在这一时期,援助成为北南关系的常规特征。

到这一时段的末期,发展中国家的进口替代战略逐渐被认为是失败的。由于来自那些想维持高壁垒的国内利益集团的成功游说,开始被视为临时性的高关税壁垒或多或少地变成了永久性措施。在削弱传统出口的同时,进口替代战略也制造了一些不具有竞争力的产业。规避第三世界高关税壁垒的外国投资逐渐被视为对它们主权和发展的威胁。外国援助和地区一体化被证明不足以确保发展中国家的经济增长。

对　抗

在相互依存时期,发展中国家基于国内变化的发展战略出现转变,开始认为只有国际体系的变化才能促进本国的发展。随着越来越多的发展中国家赢得独立,它们开始相互接触、制订改变现行国际经济体制的计划。它们希望这些共同的行动能增加南方国家的谈判筹码,使欠发达国家能够与北方国家谈判国际体系的变化。

早在20世纪60年代,发展中国家就逐渐开始共同努力推动国际体系的变化。它们创建了**七十七集团**(Group of Seventy-Seven,G77)作为在联合国论坛代表发展中国家利益的一个永久性的政治集团。在第三世界会议和南方国家占据多数的联合国论坛里,七十七国集团促成通过了经济改革的宣言、建议及决定。[①]

发展中国家取得了一些主要程序上的变化。它们说服了《关贸总协定》将经济发展列为其目标之一。联合国成立了联合国贸易和发展会议(United Nations Conference on Trade and Development,UNCTAD),南方国家意图将其变成自己的国际经济论坛。联合国贸发会议向发展中国家提供了奉行结构主义学派思想的新经济学说。联合国贸发会议的第一任秘书长劳尔·普雷维什认为世界资源需要重新分配,即贸易的重组、对跨国公司的控制和更多的援助以帮助南方国家。

随着南方国家呼吁建立**国际经济新秩序**(New International Economic Order,NIEO),发展中国家寻求改变国际体系的战略在20世纪70年代达到了顶峰。[②]建立国际经济新秩序的呼声产生于20世纪70年代危机的威胁

---

① Branislav Gosovic and John G. Ruggie, "On the Creation of the New International Economic Order," International Organization, 30(spring 1976): 309–346; Robert A. Mortimer, The Third World Coalition in International Politics, 2nd ed.(Boulder, Colo.: Westview, 1984), ch. 3; and Marc Williams, Third World Cooperation: The Group of 77 in UNCTAD(New York, N.Y.: St. Martin's Press, 1991), 78.

② Robert Rothstein, Global Bargaining: UNCTAD and the Quest for a New International Economic Order(Princeton, N.J.: Princeton University Press, 1979); Jeffrey Hart, The New International Economic Order: Conflict and Co-operation in North–South Economic Relations 1974–77(New York, N.Y.: St. Martin's Press, 1983); Craig Murphy, The Emergence of the NIEO Ideology(Boulder, Colo.: Westview, 1984); and Stephen D. Krasner, Structural Conflict: The Third World Against Global Liberalism(Berkeley and Los Angeles, Calif.: University of California Press, 1985).

和征兆。食品的短缺、油价的快速上涨以及发达国家的衰退共同破坏了南方大部分国家的经济增长预期,使发展中国家迫切需要变革国际经济体系。与此同时,石油生产国和输出国迫使石油政治经济变化的成功使发展中国家抱有希望利用自身新的影响力。发展中国家极力利用自己的商品力、将自己的利益与石油输出国组织及七十七国集团其他成员国联系起来,要求全球经济体制做出改变。国际经济新秩序包括北方在对外援助和新的对外援助形式上做出更大的承诺、对跨国公司更多的控制及跨国公司对发展中国家提供更多的技术转移,以及推行包括减少发达国家关税壁垒及签订国际商品协定在内的贸易改革。

国际经济新秩序的成功取决于南方的团结、商品威胁的可信度以及北方对它们自身脆弱性的看法。然而,在所有这三个方面,建立国际经济新秩序的努力都遭遇了失败。南方的团结因食品、能源和衰退危机对发展中国家的不同影响、新兴工业化国家与最不发达国家之间不断扩大的差距以及传统的地区和政治冲突而削弱。商品威胁的可信度因发展中国家无力发展其他石油输出国组织,石油输出国组织不愿意以有意义的方式将石油威胁与七十七国集团的需求联系起来,以及北方国家对南方原材料需求的下降而逐渐被损害。最后,北方国家没有看到它们在面对南方威胁时的重大弱点。北方国家愿意就改变国际经济体制进行对话,正如1975年至1977年举行的**国际经济合作会议**(Conference on International Economic Cooperation, CIEC),但是它们不愿意做出实质性的改变。

到20世纪80年代,发展中国家有效放弃了改革国际体制的希望,不得不再一次依赖自身的资源。20世纪80年代的经济衰退及**债务重组**(debt restructurings)使工业化国家更不愿意回应发展中国家改革国际体制的呼声,也更不愿意对外提供援助。国际经济新秩序的失败导致发展中国家寻求其他的发展路线。

七十七国集团作为一个谈判组织在联合国得以幸存下来,但是南方的团结变得越来越与大部分南方国家的发展战略不相关。发展中国家变得越来越分散化。许多亚洲国家主要通过融入到国际体制、欢迎外国投资以及向发达国家出口制造品取得了快速增长。其他先进的发展中国家,如巴西和墨西哥,则依靠相对封闭的内部市场。① 这些国家的利益越来越脱离那些穷国,特别是那些生活在贫困线附近、依赖外国援助生存的非洲国家。甚至新兴工业化国家也出现了分裂。一些亚洲国家担心美国的贸易保护主义,其他一些国家,特别是从商业银行大量借款的拉丁美洲国家,则面临债务危机,还有一些国家,如墨西哥和委内瑞拉,则面临油价崩盘及与石油输出国组织日益增长的冲突。

全球化

20世纪八九十年代,发展中国家再次转变其发展战略,积极融入到全球经济体制中来。20世纪80年代的债务危机在发展中国家重新思考本国的发展战略中扮演着重要作用。创造新的出口源头以偿还20世纪70年代积累的债务的需要极大地激励了发展中国家采取出口导向型发展战略,抛弃或至少大幅修改过去的进口替代政策。无法增加出口的负债国家不得不采取政府紧缩措施,而这一措施总体上对本国最贫困人口造成最多伤害。亚洲新兴工业化国家的成功、保护主义和集权政策的失败导致了发展中国家重新思考有效的发展战略以及实行自由的国内、国际经济政策。

20世纪90年代,许多维持在《关贸总协定》之外的发展中国家加入该协定及其继任者世界贸易组织。这些国家积极参加多边贸易谈判,如"乌拉圭回合"谈判,并在农业和纺织品等问题上取得了一些进展。许多发展中国家寻求签署地区贸易和投资协定,如南美洲的南方共同市场或亚洲的

① Stephan Haggard, Pathways from the Periphery (Ithaca, N.Y.: Cornell University Press, 1990); Alice H. Amsden, Asia's Next Giant: South Korea and Late Industrialization (New York, N.Y.: Oxford, 1989); and Robert Wade, Governing the Market: Economic Theory and the Role of Government in East Asian Industrialization (Princeton, N.J.: Princeton University Press, 1990).

东盟。其他一些发展中国家与发达国家正式签订了自由贸易协定。美国、加拿大和墨西哥建立了《北美自由贸易协定》,日本与新加坡和韩国达成了自由贸易协议,欧盟与许多地中海盆地国家协商签署了自由贸易协议。作为国际协定的一部分或者作为单方面的举措,发展中国家开始在国内降低进口壁垒、促进出口产业以及开放资本市场。

虽然各国在推行国内经济体制自由化及废除限制国际贸易和投资的规则上采取很多措施,但是最少这些措施的一部分是来自国际货币基金组织、世界银行及一些区域发展银行的压力和建议。[①] 作为再融资和债务重组谈判的一部分,20世纪80年代在管理外债方面陷入困境的国家经常处于这种压力之下(参见第六章)。

总结这一新的自由化趋势的一种方式是宣告一个新的共识即"**华盛顿共识**"(Washington Consensus)的出现,该共识包含十个基本原则:

1.财政自律。

2.集中于在公共产品上的公共开支,包括在教育、健康和基础设施上的公共开支。

3.旨在扩大税基及温和的边际税率的税制改革。

4.市场决定的、正的利率。

5.竞争性汇率。

6.贸易自由化。

7.对外国直接投资开放。

8.国有企业的私有化。

9.去管制化——废除妨碍市场进入或限制竞争的规定,为了安全、环境或者消费者保护理由以及对金融机构实施谨慎监督的规定除外。

10.财产权的法律安全[②]。

---

① See, especially, Beth A. Simmons, Frank Dobbin, and Geoffrey Garrett, "Introduction: The International Diffusion of Liberalism," International Organization, 60(Fall 2006):781–810.

② John G. Williamson, "What Washington Means by Policy Reform," in John G. Williamson, ed., Latin American Readjustment: How Much Has Happened(Washington, D.C.: Institute for International Economics, 1989).

发展中国家的自由化并不都是在受到威迫的情况下完成的。南方共同市场原有的四个成员国（阿根廷、巴西、智利和乌拉圭）就是第三世界国家政府决定单方面减少贸易和投资壁垒的例子。智利是最早加入南方共同市场的国家。20世纪70年代，作为更广泛经济改革的一部分，智利政府实行了统一的关税削减政策。[①] 当其他三个国家1991年加入进来与智利一道组建南方共同市场时，它们承诺向世界其他国家实行共同的较低外部关税，且不要求其他国家做出互惠举措。尽管它们关税减少的路径有时不同，但是它们的关税水平总体上保持向下的趋势。[②]

对一些发展中国家来说，接受全球化的战略到目前为止发挥着作用。接受全球化带来积极面的例子首先是亚洲四小龙——中国台湾、韩国、中国香港和新加坡。所有四个经济体在成功实行出口导向的发展模式后，它们的人均收入都实现了稳步增长（图5.7）。然而，其他发展中国家仍然陷在债务的泥潭里（参见第六章），缺少对外国投资有吸引力的市场或用于出口的产品。这些国家继续遭受低增长率甚至负增长率的困扰。

最近，中国和印度的崛起突出了发展中国家与全球经济自由化互动的潜在好处以及一些挑战。中国实行了贸易和投资自由化，利用其低工资水平和压低的汇率成为全球制造业大国。印度也实行了贸易与投资流动的自由化，能够利用过去的人力资本投资成为全球的服务提供商。结果，这两个国家的人均国内生产总值经历了快速增长（图5.8）。

大多数发达国家在21世纪初的问题与它们在1945年遇到的问题没有多大的不同，即是否可能在现行的体制内取得经济增长和发展，如果能的话，通过何种方式。虽然北方国家还没有准备在现行的国际体制中做出重大改变以帮助南方国家，但它们愿意转移用于发展的公共基金、投资于一些南方市场、为一些发展中国家的出口提供市场准入以及为市场自由化的

---

① WTO Press Release for the September 1997 Trade Policy Review for Chile, PRESS/TRPB/60, 10 September 1997, at http://www.wto.org/english/tratop_e/tpr_e/tp60_e.htm.

② See WTO Press Releases for Argentina's Trade Policy Review, PRESS/TPRB/100, 13 January 1998 and Brazil's, PRESS/TPRB/140, 1 November 2000.

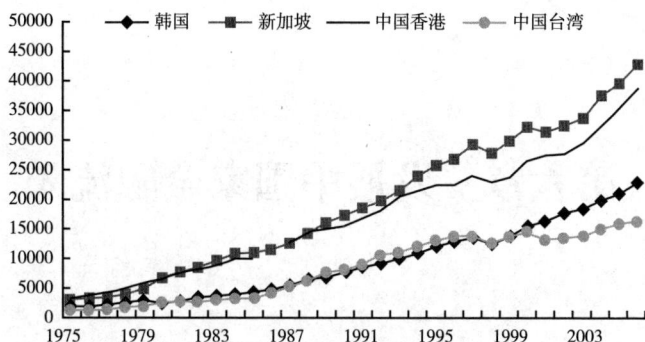

图5.7 1975—2006年亚洲四小龙人均收入（美元）

资料来源：《2008年世界发展指数》；（仅仅台湾地区）《台湾经济统计6》（2008年5月）。台湾地区的数据仅仅为其人均国民生产总值数据；其他地区人均国内生产总值数据为购买力平价数据。

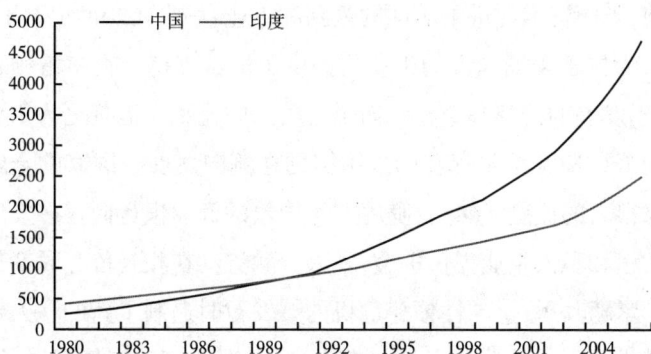

图5.8 1980—2006年中国和印度的人均收入（美元）

资料来源：《2008年世界发展指数》。

政策提供建议和鼓励。此外，北方对南方的市场越来越感兴趣，越来越关注发展中国家对全球金融稳定性的影响，以及担心从发展中国家流向发达国家的非法移民。北方的这些关注是否足以克服与南方深深的分歧仍有待观察。

第六章　发展中国家金融流入

　　南方国家努力获取金融资本以谋求发展是北南关系的一个中心主题。由于缺乏自己的资金,发展中国家传统上是以银行借贷和购买债券的形式向资本盈余的国家获取私人资金用于基础设施和生产设施的建设。例如,在19世纪,英国资本促进了美国的铁路和工业发展,在20世纪上半叶,外国资本流入为拉丁美洲国家的工业化提供了资金支持。在布雷顿森林体系时代,用于发展的公共基金在北南金融关系中比私人借贷更为重要。第二次世界大战以前几乎不存在的外国援助在流向发展中国家的金融资金中逐渐占据很大的比例。然后,随着发达国家的商业银行向很多发展中国家的公共工程和私人企业提供资金,私人金融流动在相互依存时期也重新呈现起来。紧随其后,全球性债务危机的爆发暂时遏制了新的私人银行贷款流向第三世界。在这次债务危机期间,公共资金流动恢复了增长,这在一定程度上弥补了私人资金流动的中断。全球化期间,私人投资(包括对外直接投资和更多的短期资本)开始流向信誉可靠的发展中国家。在这一时期,私人银行贷款没有像在20世纪70年代一样扮演的同样大的角色。相反,有很大一部分流向南方国家的私人资本来自跨国公司的对外直接投资和新的私人资金来源,如国际共同基金、私募股权基金和主权财富基金。信任评级低的发展中国家不得不继续严重依赖公共资金的流入。在这一章节,我们将研究在北南关系中金融流动的演变,既包括公共金融流动也包括民间金融流动的演变。

布雷顿森林体系和对外援助

最初的布雷顿森林体系

虽然在布雷顿森林体系时代,对外援助是北南关系中最富有创新性的发展之一,但它却不是发达国家战后最初的愿景之一。世界银行作为布雷顿森林体系的两个国际机构之一与国际货币基金组织一同成立,然而,世界银行的初始目的不是帮助发展中国家,而是为遭受战争破坏的经济体的重建以及为该银行成员国的发展提供资金支持。由于拥有成员国提供的资本,世界银行可以从私人资本市场借款,然后以市场利率发放贷款以满足借款国的外汇需求。

第二次世界大战后,欠发达国家极力确保发展问题享有与战后重建问题同样的优先权,并能从世界银行获得金融支持。然而,主导世界银行的发达国家一致同意欧洲的战后重建是世界银行的第一优先任务,拒绝了发展中国家认为经济发展需要公共资本的观点。按照北方国家的看法,国内资本与由贸易扩展带来的新资金的结合是促进经济增长的合适路线。它们认为在必要时,外部资本也必须是来自私人的。在少数情况下,公共的外部融资可能成为合适的方法,但是在融资数量上也是有限的,并按照市场苛刻的、非优惠条款或软的条款进行。[①] 因此,在其成立的最初五年内,世界银行一半的借款都流向欧洲国家用于它们的战后重建和发展,另一半借款则以苛刻的条款提供给发展中国家。[②]

北方国家关于双边援助的政策与在国际论坛里提供的援助政策非常

[①]　有关世界银行早期的融资优先项目,参见Henry J. Bitterman,"Negotiation of the Articles of Agreement of the International Bank for Reconstruction and Development," The International Lawyer, 5（January 1971）:59–88；and Edward S. Mason and Robert E. Asher, The World Bank Since Bretton Woods（Washington, D.C.：Brookings Institution, 1973）, 1–35.

[②]　Mason and Asher, World Bank Since Bretton Woods, 178–179.

相似,其重点是强调自我帮助。它们认为,当一国需要外部资本时,这种资本也主要是私人形式的,而当私人资本无法获得时,外部融资主要来源于世界银行。美国是唯一一个能够向发展中国家转移资源的国家,但是它的对外经济援助是非常有限的。从1950年至1955年,从所有发达市场国家流出的双边海外发展援助(也就是直接从一个国家转移到另一个国家的公共资金)平均每年达到18亿美元,多边资金每年达到1亿美元。[1]

援助和外交政策之间的联系

20世纪50年代中,北方国家的这种政策出现了转变。其中的一个原因就是欠发达国家在国际关系中日益崛起并扮演积极的角色,尽管仍然较弱。在第二次世界大战结束后的头20年里,大多数非洲和亚洲国家赢得了政治独立。到1965年,在联合国118个成员国中有85个国家都是发展中国家。随着欠发达国家越来越多,它们在要求国际经济改革方面,包括要求更多的外国援助问题上,也变得更加坦率、更加团结和更加具体。新独立的国家逐渐开始在联合国体制内协调彼此的政策,在发展中国家的国际会议场合碰头,表达对北方国家的共同需求。

当美国和苏联决定将发展中国家转变成它们冷战竞争的舞台时,新的第三世界的地位变得重要起来。随着1949年共产主义在中国获取政权以及1950年朝鲜冲突的爆发,美国开始向与苏联和中华人民共和国接壤的发展中国家及部分中东国家提供了一项军事援助计划。[2] 1953年斯

---

[1] Goran Ohlin, Foreign Aid Policies Reconsidered (Paris, France: Organization for Economic Cooperation and Development, 1966), 66.

[2] See Military Assistance and the Security of the United States, 1947–1956: a study prepared by the Institute of War and Peace Studies of Columbia University, in U.S. Senate, Foreign Aid Program, a compilation of studies and surveys under the direction of the Special Committee to Study the Foreign Aid Program, 85th Cong., 1st sess. (Washington, D.C.: U.S. Government Printing Office, 1957), 903–969.

大林逝世后,苏联第一次向联合国捐献技术援助项目、与南方国家正式达成贸易协议并向埃及、印度、叙利亚、印度尼西亚以及阿富汗提供金融援助。然后,在1956年,苏联总理赫鲁晓夫宣布与西方的竞争将扩展到欠发达国家。[①]

苏联对西方在发展中国家主导地位的威胁使美国首次断定,对南方国家的经济援助可以成为冷战时期一个强大的工具。[②] 根据当时的经济分析,欠发达国家的经济增长主要受到有形资本投资不足的制约,而有形资本投资反过来受到储蓄和(或)外汇不足的限制。美国认为外部金融援助将填补它们的资源缺口。资本流动加上旨在提高它们国内外资本使用率的技术援助将为欠发达国家自我维持经济增长创造条件。经济增长反过来将为民族主义提供一个建设性的发泄口,并促进社会进步、发展政治领导以及鼓励对民主进程的信心。[③] 对外援助将服务于美国外交政策,因为它"帮助世界社会或由于自己的内部动力或因为还没有足够强大到成为其他国家利用的工具,而以不威胁我们安全的方式发展"。[④] 作为美国政治和安全政策的一部分,这种对对外援助的关注在整个二战后时期成为美国援助政策的中心主题。

出于对安全的担忧以及在希望与前殖民地保持政治和经济关系愿望

①　See Marshall I. Goldman, Soviet Foreign Aid(New York, N.Y.: Praeger, 1967), 60–167; and Robert S. Walters, American and Soviet Aid: A Comparative Analysis(Pittsburgh, Pa.: University of Pittsburgh Press 1970), 26–48.

②　这一时期的多个官方和非官方报告显示美国的安全与南方国家的经济发展有着联系。参见 Report to the President on Foreign Economic Policies(Washington, D.C.: Government Printing Office, 1950); International Development Advisory Board, Partners in Progress: A Report to the President(March 1951); U.S. Mutual Security Agency, Advisory Committee on Underdeveloped Areas, Economic Strength for the Free World: Principles of a U.S. Foreign Development Program, a report to the director for mutual security(Washington, D.C.: Government Printing Office, 1953).

③　See Max F. Millikan and Walt W. Rostow, A Proposal: Key to an Effective Foreign Policy(New York, N.Y.: Harper, 1957), 34–38.

④　出处同上,第39页。有关对援助在政治发展中扮演何种角色的分析,参见Robert A. Packenham, Liberal America and the Third World: Political Development Ideas in Foreign Aid and Social Science(Princeton, N.J.: Princeton University Press, 1973).

的驱使下,法国和英国采取了与美国类似的政策。[①] 结果,两国的双边对外援助计划显著扩大。美国的对外援助从1956年的20亿美元增加到1963年的37亿美元。[②] 英国的对外援助从1956年的2.05亿美元翻番到1963年的4.14亿美元,而法国的对外援助从1956年的6.48亿美元增长到1963年的8.63亿美元。[③] 从1960年至1962年,加拿大、日本、英国、丹麦、瑞典和挪威都建立了新的对外发展援助机构。

多边对外援助在这一时期也呈现了增长。随着欧洲从二战中恢复,世界银行的借贷开始转向发展中国家,并增加了可以用于更多借贷的资本。1956年,世界银行成员国创建了分支机构**国际金融公司**(International Finance Corporation, IFC),以促进面向发展中国家的私人投资。1960年,**国际开发署**(International Development Agency, IDA)作为与世界银行紧密融合在一起的一个独立机构成立,该开发署被授权发放软贷款或高度**优惠贷款**(concessional loan)。1958年,美国改变其长期的反对,同意成立**美洲开发银行**(Inter-American Development Bank)并向改行提供其10亿美元初始资本的3.5亿美元。[④] 非洲和亚洲开放银行也相继于1964年和1966年成立。

因此,对外援助作为国际经济互动的一种新的形式在20世纪五六十年代兴起。历史上从来没有哪个国家主动以优惠条款将资金转移给别的国家,也从来没有哪个多边机构在经济关系中扮演着这样的角色。尽管对外援助迎来了一种新的国际关系的形式,但是正如我们将要阐述的,它并没有改变北南之间的经济力量平衡。

---

① See Ohlin, Foreign Aid Policies Reconsidered, 27–36. See also Teresa Hayter, French Aid(London, UK: Overseas Development Institute, 1966); and Overseas Development Institute, British Aid–A Factual Survey(London, UK: Overseas Development Institute, 1963–1964).

② Organization for Economic Cooperation and Development, Flow of Financial Resources to Less-Developed Countries, 1956–1963(Paris, France: OECD, 1964), 19.

③ 出处同上。

④ David A. Baldwin, Economic Development and American Foreign Policy(Chicago, Ill.: University of Chicago Press, 1966), 204.

援助的停滞

虽然援助成为北南经济关系的常规特征,但是对向南方提供公共财政援助的政治支持在北方国家是不均匀的,这种援助的流向也被证明是无规则的。从1960年至1980年,从所有工业化国家流出的援助按实际价格计算总体维持不变(图6.1)。[①] 大多数欧洲国家随着经济的好转增加了定期对外援助。在20世纪50年代末和60年代,德国和日本成为对外援助的主要捐助者,部分原因是两国的战后赔偿支付,也是作为两国国内高增长率的反映。出于一种道德责任感的动机,北欧国家和荷兰的对外援助在整个20世纪60、70年代也呈现了显著增长。

然而,来自美国、英国和法国的对外官方援助却出现了下降。例如,美国的对外援助从1967年的35亿美元下降到1973年的30亿美元,如果以1967

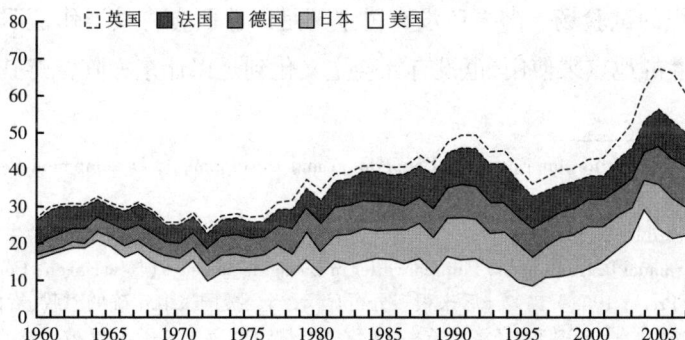

图6.1 1960—2007年五国集团每年的双边官方开发援助(10亿美元,2006年不变价格)

资料来源:《经合组织在线统计数据》。

---

① See Walt W. Rostow, Eisenhower, Kennedy, and Foreign Aid (Austin, Tex.: University of Texas Press, 1985), 88–89.

年的不变价格计算则下降到20亿美元。[①] 1973年,如果以现价美元计算,美国的海外发展援助下降到二战后历史最低水平的29.7亿美元。[②]

美国对外援助政策转变的一个原因是其对援助与外交政策之间的联系保持一段时期的高期望后期望的破灭。美国援助计划过分地强调对外援助的外交政策收益导致其在经济援助的政治和经济目标没有实现时的失望。长期且令人沮丧的越南战争在美国的这种不满中起到了重要作用。援助并不像之前预测的那样,导致经济发展、民主政府以及政治稳定。增长不均衡、不稳定也似乎随着经济的发展而增长,援助没有必然地为美国赢得了朋友或者影响人们对美国的看法。[③] 同时,援助的成本在增加,并在面临不断增长的对外支付、财政赤字以及越南战争带来的成本增加时,美国承担援助成本的意愿也在下降。[④]

南方国家对美国政治和军事的重要性也在减弱。随着美国与苏联的战略趋于稳定以及超级大国之间的冲突趋于缓和,虽然"赢得"或者"失去"第三世界对美苏两国依然重要,但是两国发现很难通过经济援助为自己赢得朋友。南方国家也开始看上去不太适应自己被当作对立的政治和经济组织的试验场。南方还没有民主到足以让西方将其当作证明民主制度可行性的地点来使用,也没有社会主义化到足以让东方阵营将其当作社

---

① Organization for Economic Cooperation and Development, Development Cooperation 1974 Review(Paris, France: OECD, 1974).

② 出处同上,第133页。

③ Samuel P. Huntington, Political Order in Changing Societies(New Haven, Conn.: Yale University Press, 1968),1–92. 后来很多分析显示,当受援国采取正确的财政、货币和贸易政策时,援助水平与它们的经济增长率之间有着积极的关系。一个经常被提及的发现是,出于政治或战略原因给予的援助往往不能取得与其他类型的援助同样理想的经济效果,这部分是因为这样的援助不是以受援国良好的政策为前提的。这类援助倾向于促进受援国政府开支的增加而不是投资的增加,因此减少了受援国对经济增长的潜在效果。参见Craig Burnside and David Dollar,"Aid, Policies, and Growth," American Economic Review, 90(September 2000): 847–868.

④ See Samuel P. Huntington, "Foreign Aid for What and for Whom," Foreign Policy, 1(Winter 1970–1971):161–189; and Samuel P. Huntington, "Does Foreign Aid Have a Future?" Foreign Policy,2(Spring 1971):114–134.

会主义（socialism）来展示。美国不断缩小的对外援助的很大比例投向了一些军事上具有战略重要性的国家，如20世纪70年代初期的印度、南越和印度尼西亚，20世纪80年代的埃及、以色列和中美洲，"9·11"事件的阿富汗以及2003年入侵后的伊拉克。同时，美国流向贫穷但是战略上不太重要国家的对外发展援助越来越少。

对外援助与外交政策之间的联系对法国和英国也变得不太重要。[①]尽管撒哈拉以南的非洲地区对法国的声誉和经济利益依然重要，但是该地区对法国安全的重要性却消失了，而且在法国外交政策中的作用总体也呈现了下降。同样地，当英国削减对苏伊士运河以东地区的军事承诺以及实行更加面向大西洋的外交政策时，英国对英联邦成员国提供政治和安全援助的动机开始消退。

随着欧洲共同体和日本对外援助的增加被美国、英国和法国对外援助的减少所抵消，发达国家的总体对外援助在20世纪60年代陷入了停滞。此外，1960年后南方国家越来越多地背负着因早期的公共金融流入而产生的债务偿还。1965年至1969年，80个欠发达国家的官方贷款及官方担保的贷款需要承担的债务偿还的增加超过了新的资本援助总量的增加。结果，资源净转移在这一时期略有下降。[②]

外国援助的停滞或者在某些情况下的下降使南方国家政府的幻想破灭。一些发展中国家，如缅甸，拒绝外国援助，进而转向其他自助政策。[③]

---

① 有关法国和英国在这一时期的援助，参见see Teresa Hayter, French Aid（London, UK：Overseas Development Institute, 1966）, and Bruce Dinwiddy, ed., European Development Policies：The United Kingdom, Sweden, France, EEC and Multilateral Organizations（London, UK：Praeger Publishers for the Overseas Development Institute, 1973）.

② United Nations Conference on Trade and Development, Debt Problems of Developing Countries（New York, N.Y.：United Nations, 1972）, 1.

③ See "The Policy of Self-Reliance：Excerpts from Part III of the Arusha Declaration of February 5, 1967," Africa Report, 12（March 1967）：11-13; and Henry Bienen, "An Ideology for Africa," Foreign Affairs, 47（April 1969）：545-559. On Burma, see Mya Maung, Burma and Pakistan：A Comparative Study of Development（New York, N.Y.：Praeger Publishers, 1971）; and David I. Steinberg, Burma：A Socialist Nation in Southeast Asia（Boulder, Colo.：Westview Press, 1982）.

大多数发展中国家试图通过联合行动与发达国家谈判,增加外国援助数量以及改善外国援助的条件。20世纪60年代初,它们通过成立统一的南方集团,即**七十七国集团**(G77)来扩大彼此间的早期协调,以便在推动国际经济体制做出改变上彼此拥有共同的要求和主张,作为提高它们的谈判地位以及增强与北方国家对抗的资本(见第五、七章)。[①] 七十七国集团主要在联合国内行动,试图通过压迫北方国家向发展中国家首先转移各自国民生产总值的1.0%,然后转移国民生产总值的0.7%。它们还建议发达国家改善援助条件,如更多的软贷款和补助、更长的贷款周期、减缓债务负担以及结束将援助与购买援助国的商品挂钩的政策。[②] 最后,七十七国集团还设法通过增加援助的多边成分以及使援助转移具有更多的自动化而限制北方对它们的控制。其中的一个建议是向不发达国家、国际开发署和地区开发银行分配更多的"特别提款权"(Special Drawing Rights)。[③]

"南方的团结"战略在很大程度上是不成功的。虽然北方国家(美国除外)最终同意向发展中国家转移0.7%的国民生产总值作为援助,但是除了一部分富裕小国之外,没有哪个发达国家满足了这个目标。对南方来说不幸的是,没有任何大的援助国的对外援助接近它们国民生产总值0.7%的目标(图6.1)。发达国家还拒绝了发展中国的"特别提款权"以及取消将对外援助与购买援助国的商品相联系等其他改革建议。

[①] On the Group of 77, see Karl P. Sauvant, Group of 77: Evolution, Structure, Organization (New York, N.Y.: Oceana, 1980); and Marc Williams, Third World Cooperation: The Group of 77 in UNCTAD (London, UK: Pinter, 1991).

[②] United Nations Conference on Trade and Development, Towards a New Trade Policy for Development (New York, N.Y.: United Nations, 1964), 79–89; and United Nations Conference on Trade and Development, Towards a Global Strategy of Development (New York, N.Y.: United Nations, 1968), 32–44.

[③] See Y. S. Park, The Link Between Special Drawing Rights and Development Finance (Princeton, N.J.: Princeton University, Department of Economics, International Finance Section, September 1973).

相互依存时代的金融流动

对抗和国际经济新秩序

随着南方国家在20世纪70年代向发达国家提出建立国际经济新秩序的要求,援助问题变得高度政治化。政治对抗的背景是20世纪70年代早期粮食和石油价格的快速上涨。这些问题对南方经济构成了重大威胁,而且还削弱了南方解决这种威胁的能力,因为它们以不同的方式影响着南方国家,从而加重了发展中国家之间的分歧。

粮食危机的根源在于战后工业化战略。发展基金被引导到工业领域,农产品价格被保持低位以供养不断增长的城市人口。结果,南方国家的食品生产没有跟上快速扩张的人口。[①] 许多发展中国家不得不依赖农产品进口,这导致了它们收支平衡的紧张。

直到20世纪70年代,北方国家食品生产和国际粮食援助的大幅增加帮助发展中国家填补了食品供应和外汇缺口。但是,70年代初北方国家粮食产量的下降导致世界粮食价格的急剧上升、严重的食物短缺、北方粮食援助的下降以及许多南方国家出现了收支平衡危机。在南方很多地方,农业生产和外国粮食援助的改善被它们的人口增长所抵消。

20世纪70年代南方国家经历的第二个危机是石油和能源危机。油价从1971年的每桶1.80美元上涨到1981年的35美元以上,使没有石油资源的国家发展受到威胁,并在南方的石油出口国与进口国之间以及能够获得商业贷款的石油进口国与那些依靠援助的石油进口国之间造成新的裂痕。石油以及与石油相关产品的价格上涨,如石油化肥价格的上涨,与北方的

---

① On the food crisis, see Raymond Hopkins and Donald Puchala, eds. "The Global Political Economy of Food," International Organization, 32（summer 1978）, entire issue; and World Bank, World Development Report 1986, ch.4.

经济衰退结合在一起,导致欠发达石油进口国的经常项目赤字从1973年的113亿美元上升到1980年的890亿美元。[①] 中等收入石油进口国通过从私人商业银行借款向经常项目赤字提供资金和维持增长。对那些低收入国家,石油成本的增加和经济衰退耗尽了它们的外汇储备,迫使它们削减了经济发展和生存所必要的石油进口。

面对这些危机,南方国家极力增加流向发展中国家的公共金融资金,并设法使这些金融资金更加自动地流入。南方国家在20世纪70年代采取的主要战略是"南方的团结"以及与北方国家的对抗。20世纪60年代,发展中国家通过以集体的身份开展与发达国家的谈判,设法增加它们对发达国家的谈判筹码并从北方国家获取更多的让步,但是这一策略很少取得成功。随着20世纪70年代石油危机的开始,南方国家认为自己获得了与北方国家谈判的新的影响力,并设法利用这种影响力获得各种结构性变化,包括更多具有优惠条件的援助。

具有讽刺意味的是,对南方国家构成严重威胁的石油生产国的行动也作为一种力量促进了南方的团结和合作。其中的一种效果是心理上的。统一的**石油输出国组织**(Organization of Petroleum Exporting Countries,OPEC)从北方获取重要回报的能力展示了南方国家的团结在与北方谈判中的潜在有效性。这种效果还最少暂时造成了的南方国家的团结意识。

石油危机也使南方国家对获取新的谈判筹码抱有希望。石油生产国通过拒绝石油出口或者抬高石油价格能对北方国家造成伤害,或者能给北方国家提供能源协定或者能源对话等一些诱惑。如果石油生产国维持成为南方集团的一部分,那么石油大棒或者石油胡萝卜就能与国际体制改革的要求联系起来,国际势力平衡也就能改变。一些石油生产国,特别是委内瑞拉和阿尔及利亚,鼓励将南方国家的发展需求与原材料的威胁或者诱惑联系起来。然而,其他国家,特别是波斯湾国家,在南方国家集团中扮演着较小或者没有扮演角色,它们没有兴趣利用本国的石油武器实现更广泛的目的。

---

①   International Monetary Fund, Annual Report, 1983 (Washington, D.C.: IMF, 1983), 33.

在石油输出国组织初步的成功带来兴奋的日子里,南方国家大胆地尝试对北方国家施压也迫使它们对国际体系做出系统性改革。1974年春天,七十七国集团发出建立国际经济新秩序的呼吁,包括呼吁改变金融流动体制(参见第五、七章)。《关于国际经济新秩序的宣言和行动计划》号召“特别提款权”的分配与发展金融之间的联系,号召联合国执行工业国家对外援助占其国民生产总值0.7%的目标,以及号召欠发达国家更多地参与世界银行和国际货币基金组织的决策。[1] 在整个20世纪70年代,发展中国家在与发达国家的多边贸易谈判中始终敦促后者实现国际经济新秩序。

作为能源和衰退危机的受害者,北方国家坚决抵制南方国家创建国家经济新秩序的努力。南方国家的强烈呼吁与北方国家的抵制增加了这一时期国际关系中的争论。南方国家能够迫使北方国家在联合国和其他多边论坛中讨论改革的概念,但是却无法使北方国家真正商谈国际体系的系统性变化,也不能打出石油牌迫使北方国家做出回应。石油输出国组织国家最终不愿意将石油的价格和可用性与国际经济新秩序的建立联系起来。

然而,由于南方国家的压力以及北方国家在20世纪70年代减缓危机的愿望,流向南方国家的金融流动,特别是多边金融流动,出现了一定程度的改善。对南方的食品援助也出现了增加。在国际货币基金组织内创建了多个临时机制,如1974年创立了石油贷款(oil facility)用以支付南方国家因石油价格上涨导致的支付赤字;出售国际货币基金组织黄金以便向信托基金(trust fund)提供资金支持;1979年设立了**补充贷款**(Supplementary Finance Facility)帮助减轻南方国家严重的收支失衡;以及实行扩大贷款(enlarged access policy)的政策,允许具有长期及结构性国际收支问题的南方国家从国际货币基金配额中得到更大比例的借款。国际货币基金组织也呈现了有利于发展中国家的永久变化,如1974年创立了国际货币基金组织**中期贷款**(Extended Fund Facility,也称为IMF扩张贷款),是为了提供比

---

① "Declaration and Action Programme on the Establishment of a New International Economic Order," in Guy F. Erb and Valeriana Kallab, eds., Beyond Dependency: The Developing World Speaks Out(New York, N.Y.: Praeger, 1975),193–194.

国际货币资金提款更长周期、更大数额的贷款;以及将旨在向初级商品价格遭受剧烈下跌的国家提供的**补偿贷款**(Compensatory Finance Facility)扩大和延伸到谷物进口。[①]

随着美国和其他发达国家越来越重视对外多边援助,世界银行在20世纪70年代也开始扩张。除了对基础项目提供传统的支持外,世界银行也开始向人类基本的需求项目提供贷款,包括对发展维持生计的农业、最基本的住房和基本的医疗卫生项目提供的贷款支持。[②] 20世纪70年代,世界银行增加了对能源发展项目的贷款。作为对第二次石油危机的应对,世界银行推出了**结构调整贷款**(structural adjustment lending),这是一种形式的中期收支平衡支持,使有关国家的生产结构适应当前的世界形势,特别是适应能源和食品成本的变化。[③] 最后,世界银行极力通过共同融资,如结合私人与世界银行资金贷款的混合项目,促进商业贷款流向发展中国家。[④]

20世纪70年代发展中国家的另一个成功是从石油出口国成功获取援助的尝试。由于主要石油生产国无法吸收本国的新增财富,因此它们提供开发融资援助变得相对容易。例如,国际货币基金组织新的贷款项目以及**国际农业发展基金**(International Fund for Agricultural Development,IFAD)

① See James M. Boughton, Silent Revolution: International Monetary Fund, 1979–1989 (Washington, D.C.: IMF, 2001); John Williamson, The Lending Policies of the International Monetary Fund (Washington, D.C.: Institute for International Economics, 1982); and Stephan Haggard, "The Politics of Adjustment: Lessons from the IMF's Extended Fund Facility," in Miles Kahler, ed., The Politics of International Debt (Ithaca, N.Y.: Cornell University Press, 1986).

② See Robert L. Ayres, Banking on the Poor (Washington, D.C.: Overseas Development Council, 1983). For a highly critical study of the World Bank, see Teresa Hayter, Aid as Imperialism (Harmondsworth, England: Penguin Books, 1971).

③ See G. K. Helleiner, "Policy–Based Program Lending: A Look at the Bank's New Role," in Richard E. Feinberg and Valeriana Kallab, eds., Between Two Worlds: The World Bank's Next Decade (New Bruswick, N.J.: Transaction Books, 1986); and Ed Brown, Structural Adjustment: Theory, Practice, and Impacts (New York, N.Y.: Routledge, 2000).

④ Richard E. Feinberg, "Bridging the Crisis: The World Bank and U.S. Interests in the 1980s," in Lewis and Kallab, eds., U.S. Foreign Policy and the Third World: Agenda 1983, 141–149.

就是部分地建立在从石油输出国组织成员国融资的基础上。^① 虽然南方国家无法实现建立国际经济新秩序的愿景,包括促进外国援助的增加及重大国际决策的变化,但是在20世纪70年代国际金融流动呈现了一些重要变化,如更多的优惠金融资金流向低收入的发展中国家、出现了更多的多边援助以及来自石油输出国组织的新的援助来源。

金融流动的私有化

20世纪70年代呈现另一个重要的趋势将一些发展中国家与北方国家相互依存的体制更紧密地联系起来。由于某些发展中国家可以从发达国家的私人商业银行借贷,所以流向南方国家的私人金融出现急剧的增长,北方国家对南方国家的援助份额在其总体的金融流动中出现了下降的趋势(图6.2)。

商业银行政策的改变使发展中国家新的借款成为可能。直到20世纪

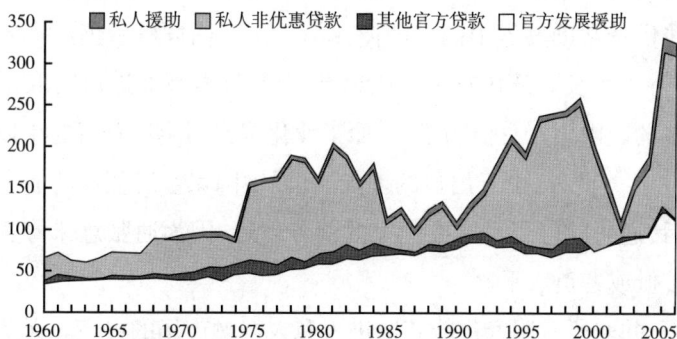

图6.2　1960—2006年发展援助委员会国家流向发展中国家的全部官方及私人资金(10亿美元,2006年不变价格)

资料来源:《经合组织在线数据》。

---

① See Shireen Hunter, OPEC and the Third World: Politics of Aid (Bloomington, Ind.: Indiana University Press, 1984).

60年代末,经历缓慢增长以及不良信任记录的欠发达国家对北方国家银行是不受欢迎的市场。因此,对发展中国家的银行借贷主要限制为短期的贸易金融。然而,在20世纪60年代末70年代初,经合组织国家的许多银行被国际市场上的利润所吸引。随着经济的快速增长以及出口的增加,许多发展中国家看上去有能力偿还本国增长的债务。因此,银行愿意将短期贸易金融扩大到长期项目借贷。银行对借贷给发展中国家的兴趣因1973年后的石油美元存款的流入而加强,因为石油美元存款的流入给银行提供了大量的可以用于借贷的资金,同时,仅仅限制对增长缓慢的发展中国家的借贷。最后,对流向发展中国家的银行借款也得到了发达国家政府的积极鼓励,因为它们视这种借款为石油美元再循环的机制(参见第二章)。

由于石油美元充足的储存供应、来自欠发达国家的大量需求以及经合组织政府的官方鼓励,流向欠发达国家银行贷款急剧增加。大额贷款都是按照银行间贷款利率百分比计算出来的浮动汇率提供并组成财团或者在许多银行之间划分。从1973年至1981年,石油进口发展中国家每年从私人金融机构的借贷从65亿美元增加到2930亿美元。[①]

20世纪70年代银行借贷的快速增长没有为发展中国家借款人带来问题。这些借贷帮助发展中国家即使在第一次石油危机后仍然扩大了生产能力,维持了增长。从1973年至1980年,中等收入石油进口国取得了平均每年5.7%的国内生产总值的增长,而工业化国家国生产总值的年均增长率仅为2.8%。[②] 此外,由于出口的增加,发展中国家偿还债务的能力保持强劲。最后,通胀减轻了发展中国家的债务偿还,因为通胀意味着实际利率维持在较低或者负水平。

然而,并非所有国家都能获取进入私人金融市场的渠道。无法从银行借款的低收入发展中国家仍然依靠优惠的资金流入。幸运的是,虽然第一

---

① World Bank, World Debt Tables: External Debt of Developing Countries (Washington, D.C.: World Bank, 1983), xiii.

② World Bank, World Development Report 1988 (New York, N.Y.: Oxford University Press, 1988), 37.

次石油危机后低收入国家接受的援助总体没有大幅增长（图6.3），但是流向它们的资金，特别是从多边机构和石油输出国组织流入的资金，经历了增长并帮助它们抵消了油价上涨的负面后果。

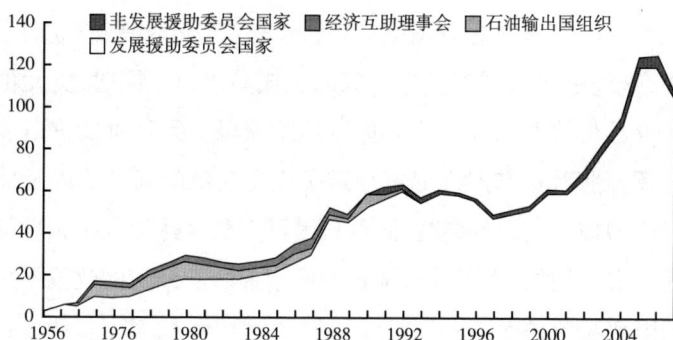

图6.3　1956—2007年来自发展援助委员会国家、石油输出国组织、经济互助理事会以及非发展援助委员会国家的官方开发援助（10亿美元，现价）

资料来源：《经合组织在线统计》。

20世纪80年代援助的下降

尽管对发展中国家公共和私人金融资金流入的承诺在20世纪70年代末是美好的，但是到80年代中期这种承诺已经变质了。20世纪80年代初期北方经济的衰退和新保守主义政府的结合增加了它们对非优惠贷款和私人市场解决方案的关注，因此减少了对发展中国家的资金援助。从1979年至1981年，两次新的外部危机给发展中国家带来了打击。首先，1978—1979年的第二次石油危机使油价急剧增长到1981年的35美元（参见第九章）。其次，发达国家的反通胀政策以及急剧的衰退（参见第二章）造成商品价格急剧下降以及欠发达国家贸易条件的不利转变（参见第二、七章）。与负债国相关的问题是国际利率的快速上涨，这是由于1979年后美联储努力减少美国的通胀。高利率意味着负债国不得不更加努力地偿还贷款的利息。总之,世界经济形势的一系列变化将私人银行资金转变成债务危机。结果,流入发展中国家的金融资金总量(优惠的和商业性的)在20世纪80年代初期出现了下降。

虽然少数发展中国家能增加对北方国家的制成品出口,但是对大多数南方国家产品的需求在北方国家却陷入了停滞。产业衰退也加强了保护主义压力,这进一步限制了南方国家的制成品出口。同时,美元价值的上涨减少了商品价格并增加了许多欠发达国家以美元计价的进口成本。发达国家的反通胀政策和财政赤字导致了史无前例的高利率以及债务偿还成本的相应增加。最后,这些国际危机因许多欠发达国家扩张性的国内经济政策而加重。例如,为了维持增长率而增加政府开支的政策恶化了欠发达国家的财政与贸易赤字。

这些危机的结果导致发展中国家的贸易赤字从1979年的222亿美元增长到1981年的916亿美元,贷款利息支付从1979年的243亿美元增长到1981年的418亿美元,经常账户赤字从1979年的313亿美元上升到1981年的1186亿美元。到1981年,发展中国家的贷款利息支付几乎抵消了新流入的私人借贷。到1982年债务危机发生时,发展中国家的贷款利息支出超过新流入的贷款35亿美元。[1]

随着20世纪80年代初期经济的不景气,对外援助支出遭遇的反对在北方国家国内开始上升。在国内失业率(至少美国国内的失业率)上升以及国内福利项目削减之际,增加对外援助支出(甚至保持对外援助支出不变)在政治上是不可能的。将经济援助视为发展的方法及外交政策的工具在观念上面临挑战使对外援助遭遇的反对在发达国家进一步强化。20世纪80年代美国和英国选举上台的保守派政府认为对外援助在发展过程中仅仅发挥有限的作用。按照里根和撒切尔政府的观点,发达国家和发展中国家的经济复苏和发展必须基于自由市场原则的回归。它们认为发展中国家尤其必须为国内和国外私营企业提供激励和商业机会。它们还坚

---

① World Bank, World Development Report 1983, 182; OECD, Development Cooperation: 1983 Review, 52.

持认为对外经济援助应该数量上有限且不要与私人援助相竞争,另外还应该以得到私人企业和自由市场的支持为主要目的。按照这种观点,大多数对外援助,特别是来自多边机构的对外援助,都不符合这些标准。

20世纪80年代,对外经济援助也失去了大部分政治法理的支持,至少在美国是如此。随着东西方国家之间树立了强烈的防务定位,里根政府对增加国防预算、提供军事援助而不是对外发展援助、给予双边援助而不是多边援助显示出更大的兴趣。

从1980年至1983年,这些经济和政治变化也导致了多边援助的下降,虽然这一时期的多边援助仍然比20世纪70年代晚期维持更高的水平。美国减少了对国际开发署的捐助,削减了对国际农业发展基金的承诺,抵制世界银行的资本增长,并拖延对国际货币基金组织配额的增加。美国还推动多边援助使用方式的变化。美国还否决了如政府对替代能源提供资金等类似项目的援助,认为这种项目可以通过私人渠道得到融资。美国认为像印度和中国这样的国家不应该从优惠贷款中获益,因为它们能从私人市场中获得资本。最后,美国在对外援助上设置条件以促进私人企业和投资资本的发展。在英国,撒切尔政府在同一时期也将对外双边和多边官方开发援助减少了近38%。

由于经济衰退的压力,来自经合组织国家对发展中国家的援助实际从1980年的273亿美元减少到1981年的256亿美元,然后又反弹到1982年的279亿美元。美国的对外援助从1980年的71亿美元下滑到1981年的58亿美元,然后又上涨到1982年的83亿美元。如果以不变价格计算,经合组织和美国的对外援助则持续下滑。[1]

当总体的对外援助陷入停滞之时,双边对外援助则越来越多地与防务而不是经济发展有关。1973年,美国双边对外援助的22%是用于政治或战略目的,78%是用于受援国的经济发展。然而,到了1985年,美国对外援

---

[1]　John W. Sewell and Christine E. Contee, "U.S. Foreign Aid in the 1980s: Reordering Priorities" in John W. Sewell, Richard E. Feinberg, and Valeriana Kallab, eds., U.S. Foreign Policy and the Third World: Agenda 1985–1986, 99.

助的67%是用于政治或战略目的,只有33%属于经济援助。[①] 石油政治经济的变化也逐渐削弱了石油输出国组织对援助的兴趣。从1980年开始,石油输出国组织的对外援助,不管是在国民生产总值的比例,还是在总体对外官方开发援助的比例,绝对数量都出现了下降。石油输出国组织的总体对外援助从1980年的78亿美元下降至1985年的30亿美元,下降了50%以上(再次参见图6.3)。

然而,到20世纪80年代中晚期,一些优惠援助又恢复了。日本等新的顺差国家开始向发展中国家提供更多的援助。随着日本的贸易和财政盈余急剧上升,日本面对美国要求将这些盈余部分再循环到发展中国家的压力。美国视这种做法为减轻美国对外援助压力的一种方法。同时,日本领导也力图为日本寻求更大的国际角色。他们认为在第三世界的领导是日本能承担的角色,而且这既不威胁美国的地位,又不必承担日本的宪法所禁止且日本公众不能接受的军事责任。因此,日本的对外援助从1981年的31亿美元显著增长到1993年的113亿美元,援助条款也变得轻松,受援国的范围也得到了扩大。[②]

1987年,日本宣布了一项援助计划,将其经常账户盈余的一部分通过双边贷款项目或者多边机构提供给发展中国家。这项于1992年6月结束的计划共支出了672亿美元的援助。1993年6月,一项名叫"发展项目基金"的新计划被建议替代1992年6月结束的援助计划。新计划的目标是在五年

---

① Organization for Economic Cooperation and Development, Development Cooperation: 1987 Review(Paris, France: OECD, 1987), 327.

② 关于日本贷款和援助的增加,参见Toshihiko Kinoshita, Japan's Current "Recycling Measures": Its Background, Performance, and Prospects, Export-Import Bank of Japan, 1988 (mimeo); Margee M. Ensign, Doing Good or Doing Well? Japan's Foreign Aid Program(New York, N.Y.: Columbia University Press, 1992); Alan Rix, Japan's Foreign Aid Challenge: Policy Reform and Aid Leadership(New York, N.Y.: Routledge, 1993); Robert M. Orr Jr., The Emergence of Japan's Foreign Aid Power(New York, N.Y.: Columbia University Press, 1990); and Shafiqul Islam, ed., Yen for Development: Japanese Foreign Aid and the Politics of Burden-Sharing(New York, N.Y.: Council on Foreign Relations, 1991). For an update on Japanese aid, see Carol Lancaster, Foreign Aid: Diplomacy, Development, Domestic Politics(Chicago, Ill: University of Chicago Press, 2007), ch. 4.

期间向南方国家提供1200亿美元至1250亿美元的官方资金。这两项计划通过日本进出口银行、经合组织的日元贷款渠道以及多边开发银行等筹集资金。①

尽管面临预算问题，但是美国对那些需要优惠资金贷款的需求，特别是撒哈拉以南遭受重创的非洲地区的贷款需求，也变得更容易接受，并将此作为在"**贝克计划**"（Baker Plan）下促进"调整下的增长"、走出经济危机的一种方法。在1985年宣布"贝克计划"后，美国批准了世界银行授权资本750亿美元的增长，同意投资成立新的世界银行机构——**多边投资担保机构**（Multilateral Investment Guarantee Agency，MIGA），为在发展中国家的对外直接投资投保，并为世界银行借贷优惠性的借贷分支机构即国际开发署提供新的资金。然而，美国倾向于向具有战略重要性的国家提供对外援助的政策并没有改变。

1996年，流向发展中国家的总的净资源达到3440亿美元的二战后的高峰水平（图6.2）。在经历了21世纪初期的巨大降幅后，这种对发展中国家的净资源流入到2006年又达到了这个水平。对外官方开发援助进入了平稳阶段后，在1987年至1999年盘旋在500亿美元至600亿美元之间，2000年又恢复了早期的上涨趋势。20世纪80年代期间，私人非优惠资金在绝对数量以及实际金额上均出现了下降，但是到80年代末期又呈现了上升。在再次开始上涨趋势之前，私人非优惠资金从1996年的2730亿美元急剧下降到2002年的70亿美元。

在相互依存和全球化时期一个重要的变化是来自西欧和日本的援助扮演着不断增长的重要性。1988年，日本超过美国成为世界最大的援助国。2000年，日本的官方开发援助达到131亿美元，而美国的官方开发援助则为96亿美元。主要援助国的援助接收国的分布情况反映了援助国的援助集中在特定地区。欧洲国家倾向于向前殖民地国家提供援助。欧洲国家的对外援助主要集中在非洲国家和前共产主义国家，美国是中东（主要是埃

---

①　World Bank, *World Debt Tables 1993–94: External Finance for Developing Countries*, vol. 1（Washington, D.C.: World Bank, 1993）, 16.

及和以色列）和拉美国家的主要援助国，而日本的对外援助则主要集中在亚洲地区（表6.1）。

表 6.1　1970—1994 年流向前殖民地的双边援助

捐赠国	前殖民地占总体援助中的份额（百分比）
葡萄牙	99.6
英国	78.0
法国	57.0
比利时	53.7
荷兰	17.1

资料来源：Alberto Alesina and David Dollar, "Who Gives Foreign Aid and Why?" Journal of Economic Growth, 5（March 2000）, p.37。

　　正如在第二次世界大战后的大部分时间里，美国在2007年成为世界上最大的单个官方开发援助的捐赠国（图6.4）。西欧国家的对外官方开发援助总量比美国的对外官方开发援助要多得多。日本的对外官方开发援助比其20世纪90年代的对外官方开发援助要低，但是总体上依然很大。石油输出国组织不再是主要的援助国。"9·11"恐怖袭击后，发达国家增加了它们对外援助的捐赠并重新将对外援助一定程度上集中在减少贫困上

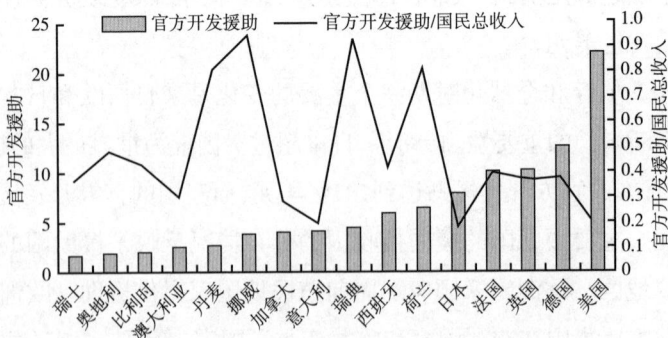

图6.4　2007年援助国的净对外官方开发援助（10亿美元，现价）以及官方开发援助与国民总收入的比率

资料来源：《经合组织在线统计》。

（更多这方面的阐述见下文）。然而，发达国家很大比例的对外援助仍然受政治和战略因素而不是经济因素的驱使，它们将援助与其他条件挂钩以及将援助视为外交工具的习惯做法仍然保持未变。

20世纪80年代的债务危机

20世纪80年代的主要变化之一是债务危机导致私人资金流动的显著变化。石油价格的上涨（参见第九章）以及主要工业国家执行的限制性的货币政策使实际利率和世界衰退达到有史以来的高水平。结果，欠发达债务国面临着恶化的贸易条件，如商品价格的急剧下跌、油价的三倍上涨以及出口额的下降。

到1982年，欠发达国家的对外债务比1975年的水平高出264%。到1982年，高负债国家，包括（按照债务暴露出来的顺序排列）巴西、墨西哥、阿根廷、委内瑞拉、尼日利亚、菲律宾、南斯拉夫、摩洛哥、智利、秘鲁、哥伦比亚、象牙海岸、厄瓜多尔、玻利维亚、哥斯达黎加、牙买加和乌拉圭，未偿还的债务水平比1975年高出305%。[1] 高负债率国家从私人商业源头获得的贷款占它们总债务的比例不断增加（图6.5），从1975年的60%上升到1982年的76%。

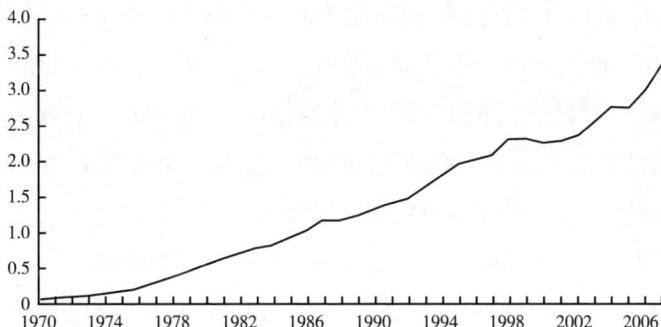

图6.5　1970—2006年中低收入国家未偿还的长期债务（万亿美元，现价）

资料来源：世界银行《世界发展指标》。

---

① 　World Bank, World Debt Tables（Washington, D.C.: World Bank, 1988）, 5, 30.

因为利率的上升,发展中国家在偿还本国大量增加的债务方面也面临着成本的急剧增加。到1982年,**债务偿还率**(debt service ratio),即以利息和本金分期偿还支付的美元价值对出口的美元价值的百分比,在所有发展中国家债务国上升到21%(图6.6),而在高负债的发展中国家则上升到38.8%。^①

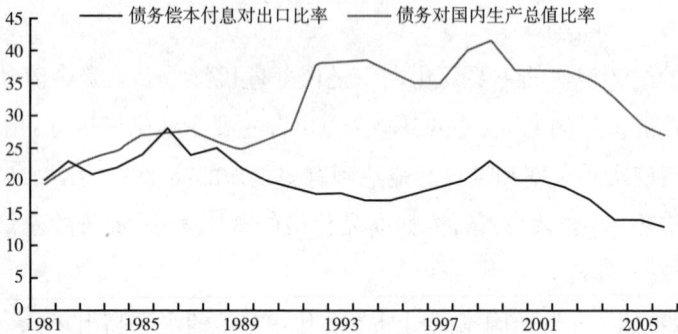

图6.6　1981—2006年新兴国家和发展中国家的债务对国内生产总值以及债务偿本付息对商品和服务出口的比率

资料来源:世界银行《世界发展指标》;国际货币基金组织《世界经济展望数据库》(2008年4月)。债务偿本付息数据是中低收入国家的数据。

1979年以前,借款一般都是三至五年相对较长的时期。但是随着贷款方在1979年至1981年期间变得谨慎,它们越来越多地转向**短期信贷**(short-term credit),这使得借款方更容易受到银行继续放贷意愿变化的影响。重要的是,在大多数情况下,尽管不是全部情况下,这种新的贷款是用于发展中国家的消费而不是用于增加它们的生产能力。在阿根廷、委内瑞拉和墨西哥等一些国家,一些贷款在资本外逃时也随之消散。

国际债务日益脆弱的结构的第一个迹象随着阿根廷在1982年与英国的马岛战争中失败后决定暂停支付本国370亿美元的外债降低了对资本市场的信心而显露出来。1992年8月,墨西哥政府也随之宣布本国将无法

---

① World Bank, World Development Report(New York, N.Y.: Oxford University Press, 1988), 31.

偿还其对外债务。墨西哥雄心勃勃的经济增长政策导致经济过热、通胀的不断上涨以及预算和国际收支赤字的飙升（图6.6、图6.7）。世界石油市场的疲软（参见第九章）减少了占墨西哥总出口收入四分之三的石油出口额；更高的利率和不断增长的债务也使墨西哥每年的债务偿还成本增加；比索价值的大大高估导致墨西哥的进口激增；这种形势因**资本外逃**（capital flight）而加剧。[①] 即将到来的总统选举使得墨西哥政府特别不愿意采取意义深远的措施来避免危机。在1982年7月选举后的一个月，金融恐慌最终在墨西哥爆发。

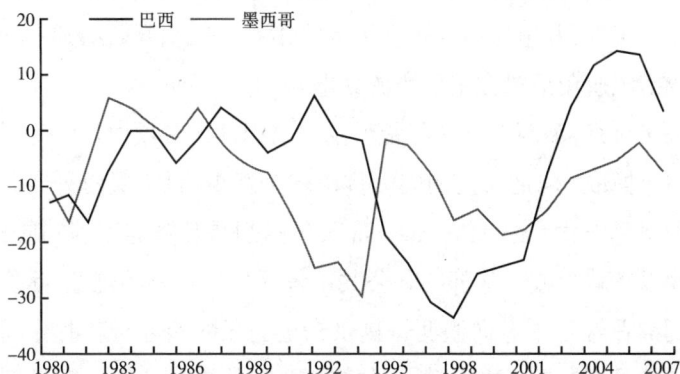

图6.7　1980—2007年巴西和墨西哥的经常账户余额（10亿美元，现价）

资料来源：国际货币基金组织《世界经济展望数据库》（2008年4月）。

1982年墨西哥债务危机对世界金融体系构成了重大挑战。在此之前，像墨西哥那样的外债问题是很少见的，而且总体上涉及相对较少的商业银行借款。相比之下，墨西哥的外债总额超过850亿美元，包括在1982年占美

---

① William R. Cline, "Mexico's Crisis, the World's Peril," Foreign Policy no. 49（winter 1982–1983）: 107–120; Jeffry Frieden, Debt, Development and Democracy: Modern Political Economy and Latin America, 1965–1985（Princeton, N.J.: Princeton University Press, 1991）, ch. 6; and Robert R. Kaufman, Carlos Bazdresch, and Blanca Heredia, "Mexico: Radical Reform in a Dominant Party System," in Stephan Haggard and Steven B. Webb, eds., Voting for Reform: Democracy, Political Liberalization, and Economic Adjustment（New York, N.Y.: Oxford University Press for the World Bank, 1994）.

国最大的银行资本比例很大部分的贷款。而且,墨西哥仅仅是冰山一角。在1982年底,仅仅阿根廷、巴西、墨西哥、委内瑞拉和智利的贷款就已经超过2600亿美元。[①] 世界上主要的私人银行,尤其是美国的私人银行,在这些国家都涉足很深。[②]

欠发达国家的债务危机在发达国家主要被视为对国际金融体系的威胁。债务国的违约可能导致对国际银行系统信心的崩溃、可能的流动性不足或银行破产、危险的金融市场中断以及(也是最坏的结果)世界经济的衰退或萧条。[③]

美国向墨西哥提供20亿美元,帮助墨西哥从一些中央银行获得10亿美元的过渡性贷款,并迫使墨西哥和国际货币基金组织开始谈判一项长期安排。这些措施避免危机在墨西哥的立即爆发。

1982年11月,墨西哥与国际货币基金组织达成一项协议。为了从1983年至1985年换取38.4亿美元的国际货币基金组织信贷,墨西哥当局同意实施严格的**紧缩方案**(austerity program),包括削减预算赤字、限制公共部门外部借款以及减少或消除补贴和公共工程项目。重要的是,国际货币基金组织直到商业银行同意向墨西哥提供50亿美元的额外贷款时才同意订立该协议。这是国际基金组织第一次坚持要求从银行获得大额融资作为国际货币基金组织贷款协议中一个至关重要的要素。同时,代表所有墨西哥借款人和私人债权人的墨西哥政府同意就推迟债务偿还和延长还款时间表举行谈判。[④]

① World Bank, World Debt Tables 1985–1986 (Washington, D.C.: World Bank, 1985), 254, 274, 278, 326, 358.

② For statistical evidence about bank exposure, see data from an IBCA Banking Analysis as cited in the Financial Times, January 5, 1989, 15.

③ On systemic problems, see Jack M. Guttentag and Richard Herring, The Lender of Last Resort Function in an International Context, Essays in International Finance (Princeton, N.J.: International Finance Section, Princeton University, 1983).

④ "Mexico under the IMF," The Economist, August 20, 1983, 19–20. See also Karin Lissakers, "Dateline Wall Street: Faustian Finance," Foreign Policy no. 51 (Summer 1983): 160–175; and M. S. Mendelsohn, Commercial Banks and the Restructuring of Cross-Border Debt (New York, N.Y.: Group of Thirty, 1983).

当流向发展中国家的银行贷款在1982年8月后突然停止时,债务危机迅速在拉丁美洲以及整个发展中世界的其他地方蔓延。到1982年12月,背负着910亿美元外债的巴西陷入了困境。到1983年底,巴西、几乎所有的其他拉美国家以及许多非洲国家重新安排了本国的债务偿还时间表。[1] 到1983年底,共拥有2000多亿美元未偿还银行债务的世界各地超过25个国家陷入了债务拖欠。

债务危机管理

墨西哥成为管理这些债务危机的模范。虽然不同国家危机管理的过程不同,但是危机管理的模式开始呈现。主要的焦点是与国际货币基金组织达成一项协议,以便在实行**结构调整计划**(structural adjustment program)的前提下从国际货币基金组织获得新贷款。此项结构调整计划是一项政府改革计划,通常包括减少公共开支。虽然与其总负债相比,国际货币基金组织的贷款额相对较小,但是国际货币基金组织的**设定条件**(conditionality)为实施和测量被认为对债务偿还所必需的国家经济政策提供了的一种媒介。为了促进国际货币基金组织向发展中债务国发放贷款,国际货币基金组织成员国于1983年同意将国际货币基金组织配额增加50%左右,十国集团于1983年2月同意将《**借款总安排**》(General Arrangements to Borrow,GAB)从60亿美元特别提款权增加到170亿美元特别提款权,并允许非成员国进入该项借款安排。[2]

在与国际货币基金组织达成协议后,债权银行和债务国政府之间将开展

① R. C. Williams, Eduard H. Brau, Peter Keller, and M. Nowak, Recent Multilateral Debt Restructuring with Official and Bank Creditors(Washington, D.C.: International Monetary Fund, December 1983).

② International Monetary Fund, The General Arrangements to Borrow(GAB); The New Arrangements to Borrow(NAB): A Factsheet, August 2001 at http://www.imf.org/ external/np/exr/facts/gabnab.htm.

谈判。债务人与债权人协议延长了还款时间表、给予本金偿还一定的宽限期并调整利率。但是债务人总是被期望完全地偿还债务,不享受减少利率或本金等债务减免。此外,相关中央银行和国际货币基金组织实际上要求私人信贷银行向债务国提供额外的资金。[①] 最后,在债务国享有未偿还贷款的出口信贷机构等债权国政府的各种贷出机构也通过巴黎政府债权人俱乐部重新安排它们的债务偿还时间,并作为一个整体与债务国进行协商。[②]

从1982年到1984年,通过紧缩、偿债时间重新安排以及新的借贷等措施实行的债务管理战略似乎起到了作用。执行债务管理体制关键各方之间的合作避免了担忧中的世界金融危机的发生,并使借款方能够偿还它们的债务。尽管取得了这些成功,但是这种战略实际上逐渐削弱了负债国的偿还债务的长期能力。紧缩政策极大地降低了债务国国内需求和进口,同时也使其经济增长陷入了停顿。投资和进口的削减使债务国增长失去了催化剂。意在改善债务国国际收支平衡的货币贬值使本地货币在偿还外债方面付出更大的代价,并加剧了债务国政府的财政问题,因为政府为偿还债务不得不购买外汇。

一些债务国,特别是韩国和土耳其,进行迅速的结构调整并恢复了增长。然而,大多数其他债务国却陷入了经济衰退。高负债国家遭受最严重的影响。高负债国家的实际国民生产总值的增长在1982年下降了0.4%,1983年下降了2.9%,然后在1984年又上涨了1.9%(这样的增长率为它们在

---

① See Jack Guttentag and Richard Herring, The Current Crisis in International Banking (Philadelphia, Pa.: University of Pennsylvania, Wharton Program in International Banking and Finance, October 1983); Charles Lipson, "Bankers' Dilemma: Private Cooperation in Rescheduling Sovereign Debts," in Kenneth A. Oye, ed., Cooperation Under Anarchy(Princeton, N.J.: Princeton University Press, 1986); and Charles Lipson, "International Debt and International Institutions," in Miles Kahler, ed., The Politics of International Debt(Ithaca, N.Y.: Cornell University Press, 1986).

② 巴黎俱乐部有着自己的网址:http://www.clubdeparis.org. See also David Sevigny, The Paris Club: An Inside View(Ottawa, ON: North-South Institute, 1990); and Alexis Riefel, The Role of the Paris Club in Managing Debt Problems(Princeton, N.J.: International Finance Section, Department of Economics, Princeton University, 1985).

20世纪六七十年代增长率的一半,勉强快于它们的人口增长)。[1]

由于国民生产总值和出口增长缓慢或者根本没有增长,主要国家的债务偿还能力并没有提高。此外,由于新的私人部门借贷以及从国际货币基金组织和世界银行贷款的增加,长期未偿还债务从1982年的7910亿美元进一步增长到1985年的9240亿美元(再次参见图6.5)。高负债国家的债务与国民生产总值的比率从1982年的32.4%增长到1985年的49.5%。很明显这些国家的债务危机不仅仅是暂时的流动性问题。

1985年9月,美国财政部部长詹姆斯·贝克(James Baker)提出了一个由三部分组成的计划,以帮助15个负债最严重的国家恢复经济增长并作为目前各国债务重组工作的补充。首先,该计划要求债务国政府实施以市场为导向的结构变化,包括减少关税和配额;推行金融自由化,如增加外国直接投资的市场准入;推行去管制化,包括减少补贴、利率控制和外汇管制;推行国有企业私有化。其次,"贝克计划"号召商业银行在三年内提供200亿美元的新贷款,多边开发银行,特别是世界银行,每年增加30亿美元的支付,以促进债务国的经济改革。按照"贝克计划"的预想,实行经济改革和新的金融流动等政策组合有望导致发展中国家产出和出口的增长,最终恢复它们的偿付能力和获取信贷市场的渠道。

然而,"贝克计划"没有导致债务国经济增长的复苏。虽然一些国家,如墨西哥、智利、乌拉圭等寻求改革,但是大多数债务国在政治上难以实现重大经济变化。经济现实也给政策回旋留下很小的空间。因受到不充分的税收体制和庞大的公共部门赤字的影响,债务国政府仍然面临巨大的债务负担。

发达国家的经济增长也开始放缓;非石油商品价格持续疲软;石油输出国组织的动荡导致油价在1985年之后急剧下跌。结果,总体贸易条件在1985年至1987年期间向严重不利于主要债务国的方向发展,年均下降6.7%。[2] 工业国家的低通胀、低利率都不足以抵消贸易条件的下降。

最后,"贝克计划"开出的金融流入的药方并没有很快兑现。到1988

---

① World Bank, *World Debt Tables* (Washington, D.C.: World Bank, 1988), xvii.

② 出处同上,第192页。

年,商业银行大部分实现了"贝克计划"设定的200亿美元的新的贷款目标。然而,由于欠发达国家的债务偿还能力不足,商业银行流向债务国家的净贷款实际上为负数。尽管世界银行对高负债国家的承诺显著增加,但是它对这些国家的净支付转移没有达到"贝克计划"设定的目标,并在1987年实际为负。

随着债务国偿还国际货币基金组织的贷款,国际货币基金组织流向高负债国家的净资金呈现了下降。尽管1985年后情况得到一些改善,但是"贝克计划"仍然没有实现主要债务国取得持续增长的目标。从1985年至1988年,主要债务国实际国内生产总值的年均增长仅仅为2.4%。它们的人均增长率更低,平均每年为1%。它们的人均消费水平出现下降,而贫困水平却上升。

为了改进"贝克计划"的效力,有关各方对该计划做出了一些修改。1988年授权的世界银行资本的增加是旨在使银行能够保持或者可能增加资金流动。各种各样的金融技术也得到了发展。**二级债券市场**(secondary debt markets)的发展使债权人彼此之间能够交换债务作为平衡它们在某些国家商业风险的一种方法或平衡债务期限。在二级市场上以打折价格出售债务是银行在不需要注销贷款总额时处置不良贷款的一种方法。这种**债务—股权交换**(debt-equity swaps)涉及在债务国以贴现银行债务换取股权投资。通过这种交换,商业银行可以因卖出债务或者将债务转为真正的资产而减少债务;债务国可以降低本国的债务,促进新投资;投资者可以为它们的投资获得有利的融资条件。其他的金融技术包括发展**退出债券**(exit bonds),该债券给债权人较低的利率,但是作为**债务重组**(debt restructuring)的一部分允许债权人不必提供新的资金。总的来说,这些金融技术的发展有助于债务国减少债务偿还的负担,但是这些仅仅停留在债权人的利润层面。尽管"贝克计划"的实行以及后来在执行选项上的一些修改,债务国的经济增长依然陷入停滞,国际体系持续在一个又一个危机中蹒跚前进。

债务疲劳

到20世纪80年代中期,债务危机已进入以债务疲劳以及参与者之间的合作瓦解为特点的一个新阶段。随着经济缓慢增长或者无增长的形势持续以及债务负担增加,债务国内部的社会和政治紧张上升,对国际体制的不满也开始呈现。随着从信贷市场获得资金成为难以实现的目标,旨在满足债权人的经济上痛苦和政治上困难的政策在债务国变得不像以前那样令人接受。1984年,阿根廷新当选政府抵制了国际货币基金组织建议中的一项财政紧缩计划,并拒绝支付债务利息。一些较小的债务国暂停支付,巴西也尝试着暂停对债务的偿还,但未能取得成功。债权国和银行共同抵制债务人协调彼此之间相对于债权人的政策努力。

债权银行之间也出现了难以驾驭的政策。尽管债务方之间呈现分裂,债权方从一开始就通过咨询委员会保持着团结,这是债权方卡特尔组织的一种形式。现在,债权方的这种团结开始减弱。小的地区银行,甚至在债务国没有长期未来业务的一些更大的银行,设法限制或减少对欠发达债务国的贷款。主要债权银行和政府也越来越难以说服这些银行提供新的资金作为债务重组计划的一部分。大型银行面临的压力也在增加,这种压力不仅来自于不情愿的债权方和贷款价值被明显打折的二级市场,还来自面临债务风险的发展中国家的主要银行在股票市场上的价值由于欠发达国家的债务积压而受到压制。更多的银行对减少给欠发达的债务国的贷款感兴趣,许多主要银行在二级市场开始出售债务。

最后,不同国家的银行在债务重组谈判中采取了不同的立场。例如,不同的国家在监管和税收待遇处理上的差异导致银行之间在建立储备以防止在欠发达国家贷款上的潜在损失上采取不同的立场,这导致它们在对债务国让步方面产生了对立观点。由于各银行之间的业务划分,债务重组方案的谈判变得更加难以进行,因此引发了对总体新的贷款流动会出现下降的担忧。

尽管面临不断增长的压力,美国继续坚持认为"贝克计划"具有可行性,因此反对任何形式的债务减免。其他工业国家在支持美国政府方面也开始变得犹豫不决。英国、法国和德国支持对主要是政府债务的非洲最贫穷债务国的债务减免。1987年,在美国的默许下,三国批准在国际货币基金组织下创立一项"**结构调整扩大基金**"(Expanded Structural Adjustment Fund),向最不发达国家提供更多的资金以帮助它们适应市场的变化。尽管来自美国的反对,三国首脑在1988年的多伦多峰会上同意一项计划,为更加贫穷的撒哈拉以南非洲国家减轻债务偿还负担。这项计划给予这些债务国降低利率、延长还款周期以及发达国家政府实际的债务豁免等各种选项。这是发达国家第一次承认需要对发展中国家进行债务减免。

美国总统乔治·布什的新政府首先的举措之一就是面对这些新的现实。1988年12月,美国当选总统布什建议美国对世界上债务国的政策要有一个"全新的面貌"。[①] 当布什致力于发展一种新方法时,墨西哥新总统在他的1月份就职演讲中呼吁发达国家减少对发展中国家的债务。然后,在新当选的委内瑞拉政府实行紧缩的财政措施后,3月委内瑞拉爆发了暴乱,导致了数百人死亡,明显显示紧缩财政带来的政治威胁。[②]

1989年3月,美国财政部长尼古拉斯·布雷迪(Nicholas Brady)宣布了对欠发达国家实行一项新的债务战略。[③] 该项战略号召银行将重点从提供新的贷款转向债务减少,并认为世界银行和国际货币基金组织的资源应该为实行稳健经济改革政策的国家所用,以鼓励它们的债务减少。美国建议将旧的债务大部分自愿交换成新的债券(后来被称为**布雷迪债券**,Brady bonds)。这些债券要么是以市场利率支付,但是以折扣价交换成银行贷款

---

① "Bush Backs U.S. Shift on World Debt," New York Times, December 20, 1989, B10.

② 示威两年后发生了一次不成功的政变,参见 Andrés Serbin, Andrés Stambouli, Jennifer McCoy, and William Smith, eds., Venezuela: La democracia bajo presión (Caracas, Venezuela: Editorial Nueva Sociedad, 1993).

③ "Statement of the Honorable Nicholas F. Brady to the Brookings Institution and the Bretton Woods Committee Conference on Third World Debt," Treasury News (Washington, D.C., March 10, 1989).

的债券,要么是以明显降低的利率支付,但是以票面价值交换的债券。该建议设想新债券的本金以及最少一年期的利息将从一个国家的现有储备或国际货币基金组织的基金或世界银行的贷款中获得。美国财政部的建议还展望了国际金融机构对相关国家提供借贷以便以二级市场的价格买回债务。

布雷迪计划(Brady initiative)的执行有待银行和特定债务国之间的谈判。在墨西哥债务问题上的谈判为该方案提供了第一个检验案例。经过几个月停滞不前的谈判,墨西哥与银行代表们在美国财政部长布雷迪的压力以及美国官员的支持下,于1989年7月后期达成了一项新的债务减少协定。该协定遵守了布雷迪同一年早期为解决债务所阐明的主要要点。该协定覆盖了墨西哥所欠私人银行690亿美元债务的540亿美元。墨西哥计划为银行明确列出了三个选择:(1)将旧的贷款换成30年期债券,以支付旧的贷款相同的利率支付,但是以低于旧的贷款35%的价值定价;(2)将旧的贷款以相同价值换成30年期债券,但是以较低的固定的利率支付;(3)在数量上以银行风险25%的水平同意借出新的资金(或者重复利用从墨西哥获得的利息)四年。作为回报,该协定要求18个月的债券利息支付担保,由国际货币基金组织、世界银行、墨西哥和日本的基金提供。 [①]

墨西哥协定被许多人视为对以前债务偿还模式的一个新的偏离,因为它第一次意味着私人银行接受**债务豁免**(debt forgiveness),自愿降低债务水平。在墨西哥事件之后,许多其他债务国重组了它们的商业银行债务,发行了布雷迪债券。银行债务重组与宏观经济稳定以及债务国广泛的结构改革联系在一起。在美国和其他双边银行的强烈支持下,国际货币基金组织和世界银行将它们的借贷建立在有关国家是否采取赤字减少等稳健的宏观经济政策以及有关国家是否推行经济结构调整计划,包括国内放松管制、私有化、贸易自由和更加开放的投资政策之上。 [②]

---

①　"Relief from Washington as Brady Plan Passes Its Test," Financial Times, July 25, 1989, p.3.　See also "Brady's Mexican Hat-Trick," The Economist, July 29, 1989, 61–62.

②　For more on the Baker and Brady Plans, see James M. Boughton, Silent Revolution：The International Monetary Fund 1979–1989(Washington, D.C.：International Monetary Fund, 2001), chapters 9–11.

发展中国家的长期债务总额从1985年的9240亿美元稳步上升到2007年的3.36万亿美元（图6.5）。债务在国民生产总值的比例在下降之前从1981年的19%增长到1990年的27.8%。债务偿还作为在出口中的百分比在下降之前于1999年达到41.6%的峰值（图6.6）。减少发展中国家总体债务负担的目标在21世纪的头10年最终得以实现，但是低收入发展中国家仍然面临沉重的债务负担。对债务给最贫穷的国家带来负面影响的担忧导致在全球化时期发起了支持债务减免的政治运动。

全球化

新兴市场

20世纪90年代，许多发展中国家成为新的全球金融体系的参与者，该体系使它们从债务国成为全球**新兴市场**（emerging markets）。[①] 宏观经济和结构调整政策的成功执行以及债务重组使很多这些国家恢复了信誉。一些人口众多的国家，如拉丁美洲的阿根廷、巴西和墨西哥，亚洲的中国、印度和印度尼西亚，都被包含在新兴市场的名单里。[②] 同时，随着越来越多的国家尝试建立它们自己的股票交易和债券市场，发展中国家的证券市场迅速增长并变得更具有全球性（参见第二章）。

然而，在相互依存的时期，只有银行借款给发展中国家，而在全球化的时期，证券投资者也参与了新兴市场的投资。从20世纪90年代开始，共同基金、保险公司、养老基金以及工业化国家的私有股权基金的职业经理

---

① 应该注意的是这个术语的定义有点模糊。国际货币基金组织用这个术语指所有的发展中国家和过渡经济体。其他组织用这个术语指这个群体里经济增长较快和信誉更高的国家。这个话题的更多讨论参见第七章。

② 最近，分析者关注于BRIC，即巴西、俄罗斯、印度和中国首各英语字母的缩写，因为这四个大的新兴经济体高速的增长率。相关的更多谈论，参见第七章。

人越来越愿意在海外投资,以增加他们的投资收益和投资多元化。增长迅速、信誉良好的新兴市场国家成为对投资有吸引力的目的地。这些国家正处在推行国有企业私有化、创建或扩大国内股票市场以及放松对投资流入控制的过程中。亚洲和拉丁美洲新兴市场的股票和债券在全球金融市场发行、销售和交易。例如,1987年,只有0.5%的工业国家的证券投资流向新兴市场;到1993年,这一比例上升到16%。1990年,所有发展中国家的净证券投资仅仅为62亿美元;从1992年至2000年,新兴市场和发展中国家的净证券投资平均每年达到612亿美元。2000年后,发展中国家的净证券投资流动主要为负数。例如,2006年,新兴国家和发展中国家的净证券投资流出为190亿美元。①

20世纪90年代的金融危机

20世纪90年代流向新兴市场的净私人资本资金主要有两种类型:对外直接投资和证券投资。流向新兴市场的净贷款从90年代初期不同程度的正值转变为90年代末的负值。这主要是因为一系列与债务有关的金融危机在这一时期的爆发以及流向新兴市场新的贷款增长速度放缓。

从1994至1999年,一系列金融危机在发展中国家爆发,大部分在新兴市场爆发。金融市场的全球化使得许多发展中国家更容易获得外国投资资金。这些资金的相当一部分是短期投资,要么以货币的形式,要么以股票、债券或者共同基金的形式,因此对目的地国的宏观经济形式的小幅波动都高度敏感。尽管许多发展中国家在这一时期对国内资本市场实行了自由化,但是它们并不总是能迅速提高调节国内金融市场的能力,因此为金融企业和机构的经理们的无能和腐败行为留下了一道口子。即使在具

---

① International Monetary Fund, International Capital Markets Developments: Prospects and Key Policy Issues (Washington, D.C.: May 8, 1995), 5–6; and International Monetary Fund, World Economic Outlook 2005, Table 1.2.

有健全的监管体系的国家,变化的迅速也使政府在面对高度动荡的市场时措手不及,有时是毫无防备的。国际金融机构,如世界银行和国际货币基金组织,面临与以前不同的金融危机。它们因采取不恰当或不灵活的应对新危机的措施而受到越来越多的批评。①

下面的段落将关注在20世纪90年代发生在四个国家的情况:墨西哥、印度尼西亚、韩国和阿根廷。② 这些国家都有大量的人口,在危机爆发前经济都经历了快速增长。在每个国家,汇率稳定性的问题都开始呈现。国际金融机构在解决每一个危机中都发挥了重要作用,虽然围绕这些机构的政策是否增强或者妨碍危机的解决这一问题上仍然存在着一些争议。

墨西哥 拉丁美洲最重要的新兴市场是墨西哥。从1982年至1988年,墨西哥经济遭遇了滞胀:经济上的实际零增长和高通胀。然而,从1988年至1992年,墨西哥经济以年均3.5%的速度增长,到1992年通胀下降到15%,政府通过国有企业私有化成功减少了开支,并增加了收入。墨西哥1996年加入了《关贸总协定》,随后减少了进口关税和非关税壁垒作为其出口导向的发展战略的一部分。比索以固定汇率与美元挂钩的做法标志着墨西哥政府控制通货膨胀和减少与北美货币汇率不确定性的意图。宣布《北美自由贸易协定》的签署和批准加强了国内外投资者对墨西哥经济整体健康的信心。从1990年至1993年,墨西哥获得了940亿美元的净资本流入,大约占所有发展中国家净资本流入的五分之一。③ 这些投资资本使墨西哥能够增加外汇储备,并为墨西哥股票市场带来了繁荣。外资流入也使墨西哥政府能够维持比索与美元之间的固定汇率,这既是对抗通胀的一种方法也是墨西哥经济整体实力的一个标志。

---

① The most prominent example is Joseph E. Stiglitz, Globalization and Its Discontents (New York, N.Y.: Norton, 2003).

② 我们将在第十章谈论俄罗斯危机。

③ World Bank, Global Development Finance 2001, 380.

1994年，一系列经济和政治事件的共同作用结束了墨西哥政府维持比索兑美元固定汇率的能力。对墨西哥的信心因其政治不稳定的迹象逐渐受到破坏。1994年1月，墨西哥南部的恰帕斯州爆发了动乱，并在全年间歇性地加剧。在离总统选举只有五个月的3月份，执政的墨西哥革命制度党（Partido Revolucionario Institucional，PRI）候选人被暗杀。9月份，也就是革命制度党新的候选人埃内斯托·塞迪略（Ernesto Zedillo）当选总统后的一个月，当政治形势似乎趋于稳定之际，革命制度党的秘书长遇刺身亡。

与此同时，世界资本市场的情况也在发生变化。随着美联储提高利率以防止通胀，在美国的投资变得更加具有吸引力。1994年，流入墨西哥的净证券投资从一年前的143亿美元下降到45亿美元。结果，墨西哥政府为财政和贸易赤字融资变得更加困难，付出的成本也更高。由于不能再以比索为其赤字融资，也由于不愿在关键的总统选举前改变经济政策，墨西哥开始发行墨西哥**国债**（tesobonos），即以比索计价，但是与美元指数挂钩的一种短期债券。为了维持被认为象征墨西哥经济和政治力量的东西，墨西哥政府逐渐耗尽外汇储备而没有使比索贬值，但是结果是徒劳的。

到1994年底，墨西哥形势变得难以维持。曾经倾心于墨西哥作为一个新兴市场的证券投资者大量地离开。利率急剧上升，股票价格暴跌，比索兑美元汇率面临相当大的下行压力。1994年12月4日，墨西哥政府对比索贬值，12月22日允许比索兑美元汇率浮动。比索危机立即影响了其他拉丁美洲国家的股票市场，特别是阿根廷和巴西的股票市场，给它们的货币造成了投机压力。

美国政府很快意识到比索危机不仅给国际金融市场和国际货币体系，而且给墨西哥自身的经济政治体系带来威胁。美国因此在国际救援方案的动员中扮演领导角色，以期稳定墨西哥经济，从而稳定国际金融体系。援助的第一步是成立180亿美元的一项国际信贷计划，包括美国的90亿美元，随后墨西哥又宣布一项稳定计划。然而，墨西哥市场继续恶化。克林顿政府然后提出了一项贷款担保项目，但是当遭遇到新当选的共和党控制的国会的反对时，又被迫撤回了这一建议。最后，美国领导制定了一项500

亿美元的一揽子贷款方案,包括美国高达200亿美元的贷款和担保以及国际货币基金组织的180亿美元。

这个贷款方案宣布后,墨西哥政府制订了一项新的经济发展计划,包括大幅增加政府收入、削减支出和限制工资增长。正如在20世纪80年代的情况,墨西哥发现自己不得不再一次实行财政紧缩方案,该项政策在提振金融市场信心的同时,也在国内造成了严重的经济衰退。到1995年底,墨西哥金融形势几乎恢复到正常。墨西哥稳定计划的成功加上世界银行和国际货币基金组织的贷款帮助阿根廷和巴西稳定了金融混乱。①

墨西哥危机后,美国领导的七国集团国家努力设计方法,以防止和管理同样规模的危机在未来的爆发。七国集团从墨西哥危机的经历中认识到防止危机最好的方式就是借贷国奉行适当的国家政策,因此同意国际货币基金组织应该通过增强监测,即增强对国家政策的评估和批评,发展早期预警制度。七国集团成员国一致认为应该对公众及时公布更多的信息,以帮助金融市场有效地运行。它们还同意在国际货币基金组织内创建一个紧急借贷方案,并同意在危机发生时扩大《借款总安排》内可获得的资源。最后,与20世纪80年代的债务危机不同的是,当国际货币基金组织和债权国政府与借贷银行和债务国政府一道努力重组贷款时,国际金融机构和债权国政府意识到它们没有机制对由数百万拥有债务国和债务公司发行的证券的投资者持有的债务进行重组。因此,它们同意探索怎样可能在未来调整或计划出这样的债务。

在1995年夏天举行的哈利法克斯峰会上美国主导对墨西哥的支持后,市场保持稳定但仍然维持谨慎的。墨西哥使用从美国借来的资金偿还到期的短期债券。最后,这股潮流得到遏制,墨西哥又能在国际资本市场借

---

① Riordan Roett, ed., The Mexican Peso Crisis: International Perspectives (Boulder, Colo.: Lynne Rienner, 1996); Nora Lustig, Mexico: The Remaking of an Economy, 2nd edition (Washington, D.C.: Brookings Institution, 1998); and Gary C. Hufbauer and Jeffrey Schott, NAFTA Revisited: Achievements and Challenges (Washington, D.C.: Institute for International Economics, 2005). See also interviews with Robert Rubin, Laura d'Andrea Tyson, and Bill Clinton in the video series "The Commanding Heights" at http://www.pbs.org/wgbh/ commandingheights/.

到钱,尽管不得不支付更高的利率。墨西哥危机说明了因流向新兴市场资本的迅速增长而有可能利用新的金融资源的国家面临的希望和危险。由于资本的迅速外流,那些严重借债但没有同时奉行适当的国内政策的国家处在严重危险之中。

阿根廷,部分I 1994年12月墨西哥比索贬值后,阿根廷比索变成了**投机资本攻击**(speculative attack)的目标。投机攻击发生在一国的货币资产被国内外投资者抛售之时。当猜测该国货币处在贬值的边缘时,这种情况通常会发生。[①] 1995年,阿根廷银行的存款下降了大约18%,国内生产总值下降8%,失业率从1994年的12%上升到1995年5月的18.6%。尽管面临这些压力,阿根廷当局仍然保持比索兑美元的平价,总统卡洛斯·梅内姆1995年5月再次当选开始其第二个任期。这种在当时被认为是阿根廷对货币稳定的态度可能成为其他发展中国家采取同样行为模式的证据。

阿根廷这种对货币的态度出自早期的一场债务危机。当总统梅内姆1989年第一次当选时,阿根廷的外债达到610亿美元,国家处在恶性通胀时期的中期。梅内姆1991年4月任命在哈佛受训的博士、经济学家多明戈·卡瓦罗(Domingo Cavallo)为他的经济部长。卡瓦罗设计了一种可兑换计划,结束了阿根廷的经济萧条。1992年1月,阿根廷之前的货币奥斯特拉尔(austral)走向终结,被比索以10000奥斯特拉尔兑换1比索所取代。阿根廷政府致力于以1比索兑换1美元的价格维护比索兑美元的平价。从那以后阿根廷政府支持所有比索流通,而美元作为储备保留。立法机关授权商业银行向个人和公司发行以美元计价的存款。阿根廷政府对许多国家企业实行私人化,以便为政府运行筹集资金。在"布雷迪计划"之下的债务重组协定于1993年开始谈判,要求适度的减记贷款以换取在以美元计价的特

---

① Barry Eichengreen, Andrew K. Rose, Charles Wyplosz, Bernard Dumas, and Axel Weber, "Exchange Market Mayhem: The Antecedents and Aftermath of Speculative Attacks," Economic Policy, 21 (October 1995): 249–312; and Maurice Obstfeld, "Models of Currency Crises with Self-Fulfilling Features," European Economic Review, 40 (April 1996): 1037–1047.

别国债(布雷迪债券)支持下的美国担保。

阿根廷的美元兑比索平价和以美元计价银行存款的政策组合被称为**美元化**(dollarization)。美元化本质上意味着阿根廷放弃了对其货币的国家控制以及依赖美联储制定国家的货币政策。这就像虽然有一个**货币委员会**(currency board)但实际上没有这样的委员会一样。[①] 到1995年底,阿根廷大约一半的商业银行存款是以美元计价的。外国投资开始以史无前例的速度流入阿根廷。墨西哥危机后阿根廷政府保持稳定货币的能力被认为是美元化的胜利。

印度尼西亚 在印度尼西亚1997年金融危机之前,印度尼西亚经济以令人印象深刻的速度增长,这部分是基于印度尼西亚石油收入的增长,也因为其作为石油出口国能广泛地从国际资本市场借贷。印度尼西亚金融危机是更大范围亚洲金融危机的一部分(参见第二章),但一定程度上也是其特定的国内问题的结果。印度尼西亚经济遭受了高水平的政府腐败和后来被一些人称为的"裙带资本主义",即政府所有或控股的银行向在任政客政治上强大的朋友发放贷款。泰铢贬值后,印度尼西亚的货币卢比突然在1997年8月开始贬值。1997年10月,印度尼西亚政府宣布关闭16家商业银行以换取国际货币基金组织230亿美元的援助。国际货币基金组织建议印度尼西亚提高利率以遏制通胀和稳定汇率。不幸的是,这些标准的政策未能产生理想的效果。[②]

1997年11月,苏哈托总统背弃改革银行业的诺言,允许上述16家银行中的一家在其儿子的管理下重新开放。有关苏哈托健康不佳和在其统治下腐败猖獗的谣言鼓励投机者采取措施防止货币大幅贬值。1998年1月8日,卢

---

① 有关货币委员会和美元化的详细讨论,参见 J. Benjamin Cohen, The Geography of Money(Ithaca, N.Y.: Cornell University Press, 1998)。货币委员会正如央行一样决定国内货币供应量的增减。然而,和央行不一样的是,货币委员会是"以真正的固定汇率和按需求发行可兑换成外国锚货币或商品(也称为储备货币)的货币当局"。与央行不一样的是正统的货币委员会局通常不接受存款。

② 该救助计划后来增长到大约370亿美元。

比开始自由落体,导致印度尼西亚总体经济恐慌、银行挤兑以及普遍的食物囤积。在1998年的头几个月里,事情变得日益恶化。尽管国际货币基金组织的拨款两次增加,汽油价格和公交票价的上涨仍然引发了骚乱。当军队在特利沙克蒂大学(Trisakti University)的示威中打死很多学生后,骚乱开始蔓延。暴徒针对在雅加达和其他地方的印度尼西亚籍华人。1998年3月6日,国际货币基金组织暂停支付对印度尼西亚30亿美元的救助贷款。世界银行和亚洲开发银行也跟着暂停对印度尼西亚的援助。

苏哈托于1998年5月21日辞职,宣布他的门生即副总统B. J.哈比比(B. J. Habibie)取而代之。哈比比上任后宣布将在1999年6月举行选举,但是抗议活动继续进行,更多的杀戮持续发生。1999年3月13日,印度尼西亚政府宣布关闭38家银行以及被称为"印尼银行重组机构"(Indonesian Bank Restructuring Agency, IBRA)的新政府机构接管另外七家银行。不幸的是,印尼银行重组机构并没有将所要求的监管约束强加于私人银行。印度尼西亚政府做得太少而且太迟了。

1998年,印度尼西亚实际国内生产总值下降了13.7%,通胀以每年60%的速度增长,国内利率迅速上升,公司开始债务违约。结果是印度尼西亚银行投资组合的不良贷款出现大幅上升。印尼银行重组机构(在苏哈托政权的全力支持下)没有通过注销不良贷款的价值和接受银行倒闭而承认当前的现实,而是选择对银行予以全力援助。根本的问题是印度尼西亚银行是由苏哈托和他的家族控制的更大的政治惠顾体系的一部分。在苏哈托努力维护政治权力的过程中,财政救助比审慎的银行政策看起来是一个更好的选择。这种选择的结果是推迟但是也可能延长和加深与解决银行业危机相关的疼痛。

在1999年6月的大选中,梅加瓦蒂·苏加诺普特丽(Megawati Sukarno-putri)领导的反对党赢得了相对多数的票。1999年10月,新议会召开,但政府继续由苏哈托的亲信控制。于当月晚些时候举行的总统选举导致阿卜杜拉赫曼·瓦希德(Abdurrahman Wahid)当选为总统,梅加瓦蒂当选为副总统。危机及其后果导致苏哈托长期政治统治的结束。[①]

韩国 正如印度尼西亚金融危机一样,韩国的金融危机也是构成更广泛的亚洲危机的一部分。1997年7月的泰铢崩盘后,韩国并没有立即遭遇汇率问题。韩国的股票市场遭受了突然下跌,但是韩国货币韩元在危机开始后依然保持数月的强劲。然而,当1997年11月韩国央行放弃了保卫韩元时,韩元在外汇市场的价值迅速下跌。由国际货币基金组织经济学家组成的小组被邀请到韩国为该国的补救措施提供建议。该小组建议了一系列稳定货币和重建经济稳定的措施,包括常用的提升利率和削减政府开支等措施。不仅如此,国际货币基金组织的经济学家们还进一步建议韩国重组银行体系以及放松对外国投资国内金融业的限制。他们的建议在1997年12月3日被韩国中央银行行长和财政部长正式接受。国际货币基金组织第二天批准了一项备用贷款安排,世界银行也宣布了一项约560亿美元的救助计划,前提是韩国必须在金融治理体制上做出变化,包括向外国投资开放国内金融市场。韩国此时正处在总统选举过程中。在12月8日脱颖而出的总统候选人金大中宣布支持国际货币基金组织的协定,承诺"将开放市场……以使外国投资者有信心在韩国投资……"[②]

韩国从危机中恢复得相对较快。虽然许多韩国公司被迫关闭或者重组,大量的韩国人失去工作,但是韩国政府做出对更多的外国投资开放等

---

① Kimberly J. Niles, "Indonesia: Cronyism, Economic Meltdown and Political Stalemate," in Shale Horowitz and Uk Heo, eds., The Political Economy of International Financial Crisis: Interest Groups, Ideologies, and Institutions (Lanham, Md.: Rowman & Littlefield, 2001); Andrew MacIntyre, "Political Institutions and the Economic Crisis in Thailand and Indonesia," in T. J. Pempel, ed., The Politics of the Asian Economic Crisis (Ithaca, N.Y.: Cornell University Press, 1999); Stephan Haggard, The Political Economy of the Asian Financial Crisis (Washington, D.C.: Institute for International Economics, 2000), 65-70; and Natasha Hamilton-Hart, "Indonesia: Reforming the Institutions of Financial Governance?" in Gregory W. Noble and John Ravenhill, eds., The Asian Financial Crisis and the Architecture of Global Finance (New York, N.Y.: Cambridge University Press, 2000).

② Michel Chossudovsky, "The IMF Korea Bailout," http://www.kimsoft.com/1997/sk-imfc.hjtm.

必要的改革意愿,这些措施有助于韩元贬值后减少韩国经济衰退的时间长度。就像韩国股票市场的股票价值一样,韩元本身也恢复了之前下跌导致的部分损失。

阿根廷,部分Ⅱ 1997年亚洲危机后,阿根廷的美元化政策使货币交易员和投资者认为巴西比阿根廷更有可能贬值本国货币。当巴西最终在1999年1月实行货币浮动时,阿根廷比索保持了稳定。结果,阿根廷对巴西的出口下降,巴西对阿根廷的出口则快速上升。即使经济增长放缓,国际收支赤字增加以及外国直接投资在一段时间内停止流入,阿根廷政府仍然坚持美元化政策。阿根廷在偿还外债上开始经历严峻的困难。

1999年12月,费尔南多·德拉鲁阿(Fernando de la Rua)宣誓就职阿根廷总统。德拉鲁阿立即面临预计约5亿美元的预算赤字。由于被批评没有充分解决政府赤字问题,德拉鲁阿的第一经济部长于2001年3月2日辞职。他的继任者宣布了一项财政紧缩计划,大幅削减教育开支,但是在其他政府官员抗议他建议的政策后,也于三天后辞职。2001年3月20日,德拉鲁阿任命上一任政府的经济部长多明戈·卡瓦罗管理经济部。卡瓦罗被阿根廷国会授予处理危机的特殊权力,并开始实行一套政策,希望借此能使国家有可能偿还约1320亿美元的公共外债。

2001年12月1日,卡瓦罗告诉阿根廷公民,为了防止银行挤兑,他要限制阿根廷公民从自己的银行账户里支取现金的数量。国际货币基金组织之前批准了卡瓦罗的各种紧缩的措施,但现在宣布阿根廷仅仅采取这些措施还不够,并扣留了对阿根廷13亿美元的贷款以显示对阿根廷的不满。到11月中旬,阿根廷的失业率达到18.3%。阿根廷工会号召总罢工,暴力抗议在许多城市发生。2001年12月19日,阿根廷总府宣布紧急状态以对付暴力事件。随后,阿根廷国会撤销之前授予卡瓦罗的特殊权力。2001年12月20日,德拉鲁阿和卡瓦罗各自辞去自己的职位。2002年1月2日,爱德华多·杜阿尔德(Eduardo Duhalde)总统下的阿根廷看守政府就职。2002年1月11日,比索被允许对美元实行汇率浮动。

共同的原因,不同的结果

20世纪90年代发生在阿根廷、印度尼西亚、墨西哥和韩国的危机具有一些共同特征。这些危机都涉及在一段时间内对各国货币价值的猜测,紧随其后是货币的贬值以及短期外国投资的大量流出。在这方面,危机反映了北南投资更多地转向短期投资的变化。在上述四个国家,危机都导致了增长率的下降和失业的上升。危机之前都出现了或危机都导致了各国政府的更迭。因此,危机证明了国际投资流动不断增长的波动性以及投资接受国对外国投资日益增长的经济和政治依赖性。

然而,这些相似性掩饰了四国之间重要的差异。例如,墨西哥和韩国在危机发生后一两年内就得以恢复,而阿根廷和印度尼西亚却遭受长期的困难。当墨西哥、韩国和阿根廷迅速采取财政紧缩方案实行经济改革时,印度尼西亚却没有采取同样的做法。一些观察人士批评国际货币基金组织和世界银行在亚洲国家经历危机期间对它们施加过多的财政紧缩要求,他们尤其将马来西亚当作一个例子列出,认为马来西亚在危机期间没有像其他国家一样遵循国际货币基金组织和世界银行的建议,但经济增长也没有像其他国家一样遭遇大幅下降。其他观察人士则认为国际货币基金组织超越该组织通常的宏观经济紧缩的要求,要求危机发生国做出与危机本身没有必然联系的金融和政治体制变革。[①]

尽管不同时期的不同变化以及经历了20世纪90年代危机期间的困难,整个国际体系从来没有面临真正倒塌的危险。国际货币基金组织和世界银行等国际经济机构尽管因这一时期的表现而受到诸多批评,但它们仍然维持完好无损的,而且为了预测和阻止未来的危机承担了对快速增长的发

---

①　See especially Joseph Stiglitz, Globalization and Its Discontents; and Martin Feldstein, "Refocusing the IMF," Foreign Affairs, March–April 1998, 20–33.

展中国家实施经济监督的任务。[1] 这一时期的主要受害者是对"美元化"想法的短暂兴趣,即用硬外国货币(如美元)取代国内货币作为鼓励外资流入的一个永久的解决方案。阿根廷比索的崩溃,正如之前的墨西哥和俄罗斯危机一样,为这种想法敲响了丧钟。[2]

流向最贫穷发展中国家的金融资金

到20世纪末,发展中世界增长率的不均匀导致发展中国家之间财富和收入出现了更大分化。在新兴市场国家中,**新兴工业化国家**(newly industrializing countries,NICs)因经历了非凡的经济增长而成为世界经济舞台上的重要成员。众多因素导致**亚洲四小龙**(four Asian tigers)(韩国、中国台湾、中国香港和新加坡)以及(较小程度上)墨西哥和巴西经历了自我维持的经济增长。到20世纪70年代,这些国家或经济体已经从仅仅利用优惠资金流入升级到能够利用私人资本市场。其他快速发展的发展中国家,包括阿根廷、智利、印度尼西亚和马来西亚,已经加入了**新兴市场**(emerging markets)国家群体,不再仅仅依靠优惠的资金流入而是从私人资本市场中能够获得发展所需的资金。较小的石油出口国在人均收入方面也弥合了与它们的发展差距。占发展中国家三分之二人口的中国和印度进行了重大的经济改革,因此在经济增长和公共福利指标上取得重要的成功并吸引了大量的金融资金流入。[3]

---

[1] International Monetary Fund,"Early Warning System Models: The Next Step Forward," Global Financial Stability Report,March 2002; and Andrew Berg,Eduardo Borensztein,and Catherine Pattillo,"Assessing Early Warning Systems: How Have They Worked in Practice?" IMF Working Paper,WP 04/52,2004.

[2] See,especially,Nouriel Roubini,"The Case Against Currency Boards," http://www. geocities.com/Eureka/Concourse/8751/jurus/vs-cbs.htm.

[3] On China,see David Shambaugh,Power Shift: China and Asia's New Dynamics (Berkeley and Los Angeles, Calif.: University of California Press,2006); on India, see Arvind Panagariya,India: The Emerging Giant(New York,N.Y.: Oxford University Press,2008).

然而,其他发展中国家,包括许多撒哈拉以南非洲国家和其他国家如缅甸、孟加拉国和海地,却经历了微不足道的增长或者比以前的发展情况更糟。20世纪70年代的食品和能源价格上涨、80年代的债务危机、90年代向先进技术产品转变的贸易趋势以及21世纪初期石油和大宗商品价格的上涨对低收入国家的打击最为严重。此外,这些国家几乎没有任何渠道获取商业信贷,这使得它们几乎完全依靠外部援助。

20世纪90年代,当新兴市场国家面临私人资本流动的波动时,最贫穷的发展中国家也在自身不断增长的债务负担中挣扎。大多数最贫穷国家的债务是欠外国政府和多边金融机构的债务,而不是欠私人贷款人的债务。正如我们所见,巴黎俱乐部的成立是为了重组发展中国家所欠外国政府的债务,但是发展中国家所欠世界银行、国际货币基金组织和地区开发银行的债务从来没有被重组过。20世纪90年代,国际体系的成员最终解决了最贫穷的发展中国家所欠多边金融机构的债务问题。

1996年,国际货币基金组织和世界银行发起了针对**重债穷国**(Heavily Indebted Poor Countries, HIPC)的一项债务减免倡议。该项倡议的目标是减少参与国的债务,使更多的钱用于它们的贫穷减免。要想成为该项目的一员,一个国家必须被世界银行正式列为国际开发署的借款人、必须实行国际货币基金组织的结构调整计划、必须与巴黎俱乐部重新安排优惠条款债务的偿还时间。在取得合格资格后,项目参与国将进入参与的第一阶段,在此阶段,它们必须建立一个有关国际货币基金组织和世界银行项目的三年良好还款记录、准备《减贫战略文件》(Poverty Reduction Strategy Paper, PRSP),并提交一份由世界银行做出的债务可持续性分析。在第二阶段,项目参与国将试图建立一个由债务减免措施释放出来的资金使用的实际减贫记录,在此之后,它们会很快从多边和双边债权人那里获得额外的援助。

国际货币基金组织多年来扩大和增强了《重债穷国倡议》。在2005年峰会上,八国集团领导人建议国际货币基金组织和世界银行通过采取使合格的国家有可能获得它们的债务减免,并将这些资金用于国内发展目标的《多边债务减免倡议》(Multilateral Debt Relief Initiatives)而扩大《重债穷国倡议》。这种债务减免的方法开始于20世纪90年代,是建立在对具有良好国内政策的援助接受国实施更大的援助计划的一部分。最终,超过30个国家减少了对世界银行和国际货币基金组织的债务,并将这些本来用于偿还债务的资金用在扶贫和经济发展上。[①]

20世纪90年代末,公众对最贫穷国家困境的更广泛的意识导致民间社会团体卷入到援助和债务问题中来。其中的一个例子是"2000年千禧年运动"(Jubilee 2000),即1997年成立于英国的一场支持债务减免的国际政治运动。该团体的目标是到2000年底将最贫穷国家所欠900亿美元的债务减少到370亿美元。其最初的核心支持者由福音派基督徒、梵蒂冈、英国工会、英国医学协会以及众多的名人组成。到2000年,这个支持同盟里有来自166个国家的团体。

在八国集团的伯明翰会议(1998年)、科隆会议(1999年)、冲绳会议(2000年)以及热那亚会议(2001年)上,当八国集团代表讨论各种债务减免措施时,"2000年千禧年运动"成员(与其他许多政治团体)举行了示威。[②] "2000年千禧年运动"等新的民间社会组织的成立给予八国集团领导人国内政治原因在21世纪推动一些新的项目以解决最贫困国家的问题。

---

① International Development Association and International Monetary Fund, Heavily Indebted Poor Countries(HIPC)Initiative and Multilateral Debt Relief Initiative(MDRI-Status of Implementation(Washington, D.C.: September 27, 2007)).

② 虽然在热那亚峰会后"2000年千禧年运动"解散了,但是该运动以另外一个名称"千禧年债务运动"(Jubilee Debt Campaign)继续存在。有关"2000年千禧年运动"的历史,参见Ann Pettifor, "The Jubilee 2000 Campaign: A Brief Overview," in Chris Jochnick and Fraser A. Preston, eds., Sovereign Debt at the Crossroads: Challenges and Proposals for Resolving the Third World Debt Crisis(New York, N.Y.: Oxford University Press, 2006). See also Unfinished Business: Ten Years of Dropping the Debt(London, UK: Jubilee Debt Campaign, 2008). The British website for Make Poverty History is http://www.makepovertyhistory.org/. The U.S. partner's website is at http://www.one.org.

21世纪的金融流动

在21世纪初,影响援助和私人资本流动的新兴力量开始兴起。由于来自双边援助国和多边机构的压力以及他们自己认为没有单个种类的金融流动能解决全球贫困和不平等问题的认识,南方国家的领导人开始做出反应。许多南方国家领导人开始专注于将国内经济改革与更多地强调出口以及减少对援助和贷款的依赖相结合的战略(参见第七章)。例如,印度等一些国家进行了国有企业私有化、资本市场自由化和开放贸易等国内经济改革。

表 6.2　2004 年美国对外援助项目

部门	项目名称	百万美元
国 务 院	难民项目	756
	国际组织和计划	320
	紧急支持计划	3263
	新独立国家的支持计划	584
	种子计划	442
	艾滋病防治计划	488
	安第斯防毒品计划	727
财政部	对国际机构的捐赠	1383
	债务减免	94
农业部	PL–480 II(budget)	1185
美国国际开发署	发展援助、儿童生存和灾难	4511
千年挑战账户		994
伊拉克重建		18439
其他		1000 — 1500

资料来源 Carol Lancaster and Ann Van Dusen,Organizing U.S. Foreign Aid(Washington,D.C.:Brookings Institution,2005),第14页。

随着发展中国家对本国经济和金融市场实行自由化,流向它们的金融和直接投资的私人资本急剧增加,但是主要流向快速增长的发展中国家。与此同时,大多数发达国家的援助预算面临压力。扣除价格因素的援助总体减少了(图6.1)。此外,大量的优惠援助仍然流向对援助国具有重要战略意义的国家。例如,表6.2显示了2004年美国的援助预算拨款。超过184亿美元被用于伊拉克重建(实际的数额要低得多)。这种类型的援助通常不受任何形式的前提条件制约,因此对减少贫困或不平等产生很小的影响。然而,在其他地方,援助国越来越将受援国的国内改革视为对其援助的前提条件(参见下文有关具体的例子)。

尽管受到预算和政治的约束,北方国家对最不发达国家大量贫困人口令人绝望的困境也有着越来越多的认识。基地组织和其他极端主义组织轻易地从阿富汗和巴基斯坦的这些人口中招募武装分子的能力对北方来说是特别深刻的、引以为戒的一个教训。艾滋病以及HIV病毒在撒哈拉以南非洲贫穷国家的蔓延在20世纪90年代达到了危机的程度。2000年,300万非洲人死于艾滋病,其中240万人住在撒哈拉以南非洲。1200万非洲儿童因艾滋病成为孤儿。如果不采取有效的措施遏制这一疾病的蔓延,到2010年这一数字将增加到4000万。[①] 既然艾滋病传染病影响到世界上的每一个国家,人们不可能忽视对非洲困境的忽略给全球公共健康造成的危险。最后,部分是因为使经济全球化成为可能的交通网络的发展,南方国家越来越多的贫困人口向北方流动的趋势不断提醒人们有必要减少北南之间经济机会的不平等。

北方和南方越来越意识到有必要更好地管理全球资源和全球环境是在千年之交北南关系中另一个让人充满希望的方面。在21世纪的初期,资源稀缺以及能源、商品和食品的价格上涨不仅影响着北方国家也影响着南

---

① Macroeconomics and Health:Investing in Health for Economic Development,Report of the Commission on Macronomics and Health,Chaired by Jeffrey D. Sachs(Geneva, Switzerland:World Health Organization,2001),47.

方国家。全球对保护环境、应对气候变化以及对全球变暖的威胁投以更多的关注促使人们呼吁改善北南合作和增加对南方的援助,旨在鼓励南方国家实施更好的环境和能源实践。例如,世界银行和《北美自由贸易协定》创建了新的援助项目,以帮助解决南方的环境问题。有关新的气候变化协定的谈判也可能支持南方国家获得新的绿色技术。随着时间的推移,南方国家越来越认识到没有南方的合作,北方国家无法解决许多环境和气候问题,并可能从这种认识中最终获益。然而,南方国家只有在显示比以前更多的意愿来推行环保实践时,才能获得更多的、立即的援助。

千年发展目标

关于发展、贫困和全球性问题的新思维反映在联合国"千年发展目标"中。2000年9月,联合国举行由150个世界领导人,包括100个国家领导人、47个政府领导人和8000多个其他代表参加的千年峰会。这次会议的主要成果之一就是达成一项协定通过"联合国千年宣言",该宣言包含八个"千年发展目标"和21个小"目标"或"次目标"(图6.3)。"千年发展目标"反映了新的、更完全的扶贫方法,包括改善教育、性别平等和环境可持续性。"千年发展目标"其中有三个目标关注健康问题。

"千年发展目标"的通过是联合国秘书长安南说服联合国成员国将发展的努力集中于能反映全球经济新现实的目标的有效结果。安南在联合国框架内创建了一个称为"千年发展项目"(Millenium Development Project)的新实体,以监督"千年发展目标"的进展情况。该项目收集数据支持更加具体的"次目标"、创建使用量化指标监测进展的机制并发表情况报告,包括2005年的具有高度影响力的一个报告。[1]

---

① Millennium Project, Report to the UN Secretary-General, Investing in Development: A Practical Plan to Achieve the Millennium Development Goals(Sterling, Virgina: EarthScan, 2005).

表 6.3 千年发展目标

1	消除极端贫困和饥饿
2	实现普遍的基础教育
3	促进性别平等和给予妇女权力
4	减少儿童死亡率
5	改善产妇保健
6	抗击HIV/AID、疟疾和其他疾病
7	确保环境的可持续性
8	发展全球发展伙伴关系

资料来源：http://www.unmillenniumproject.org/goals/index.htm。

虽然雄心勃勃的"千年发展目标"并没有导致对外援助的大幅增长，但是这些年来却影响了对外援助计划的议程。在"千年峰会"的一次后续会议上，即在纽约举行的联合国2005年世界首脑会议上，联合国191个成员国的领导人聚集在一起讨论"千年发展目标"及其他议题。联合国秘书长提交了"千年发展目标"进展情况的第一个年度报告。①

英国首相托尼·布莱尔使"千年发展目标"以及对非洲援助成为在苏格兰的格伦伊格尔斯举行的2005年八国集团峰会的中心议题。在这次会议上，八国集团同意到2010年之前将对非洲的援助增加一倍。美国总统乔治·W.布什在2007年的国情咨文中也承诺增加对最贫穷国家，特别是非洲最贫穷国家的援助。尽管发达国家的对外援助政策并没有因为这些决定在一夜之间改变，但是在发达国家呈现了一个明确的趋势，即越来越多地将对外援助投入到最贫穷国家的疾病预防和扶贫上。

美国政策转变的一个例子是实行了"总统防治艾滋病紧急救援计划"（President's Emergency Program For AIDs Relief，PEPFAR）。在该项救援计划下，美国承诺从2003年至2008年的五年内花费150亿美元用于贫穷国家

---

① 关于"千年发展目标"进展情况的报告和其他信息可以在以下网址中发现：http://www.un.org/millenniumgoals/。

的抗击艾滋病疫情。该计划的目的是向200万艾滋病病毒感染者提供抗逆反录病毒治疗、防止700万新的感染以及支持向1000万个人提供照顾（"2-7-10目标"）。2008年，该计划得到重新授权延长五年。目标是将项目扩大到治疗300万例患者、防止1200万新的感染和支持向1200万个人提供照顾。①

2002年，美国政府宣布建立一个新的双边发展基金，即"千年挑战账户"（Millennium Challenge Account, MCA），由千年挑战公司（Millennium Challenge Corporation, MCC）经营，以促进发展中国家的企业家精神。千年挑战公司于2004年开始运行。美国国会被要求每年向"千年挑战账户"授权大约30亿美元，但实际资金仅仅接近20亿美元。为了从千年挑战公司获得资金，潜在的接受者必须满足一套标准，涉及人权、教育和扶贫投资以及经济自由。2006年，加入了涉及环境政策和性别政策的附加标准。大多数"千年挑战账户"的接受国都是撒哈拉以南的非洲国家。

改变发展政策的另一个例子是成立"全球抗击艾滋病、结核和疟疾基金"，以及多边机构、政府和私人基金会成为该基金的合作伙伴和资助者。该基金成立于2002年，作为2001年八国集团热那亚峰会决策的一个结果。尽管美国向该基金捐献了仅仅7亿美元，欧盟在2005年八国集团格伦伊格尔斯峰会上承诺捐赠24亿多美元。比尔和梅林达·盖茨基金会（Bill and Melinda Gates Foundation）2006年向该基金捐赠了5亿美元，由摇滚明星波诺（Bono）同年发起的"产品红色运动"（Product Red campaign）的收益也捐献给了该基金。"全球抗击艾滋病，结核和疟疾基金"在日内瓦成立了秘书处，负责对资金申请的审查。2002年至2008年该基金在130多个国家花费了70多亿美元。②

---

① "总统防治艾滋病紧急救援计划"的网址是：http://www.pepfar.gov. See also Board on Global Health, PEPFAR Implementation: Progress and Promise（Washington, D.C.: National Academies Press, 2007）。

② "全球基金"的网址是：http://www.theglobalfund.org. See also Chelsea Clinton, The Global Fund to Fight AIDS, TB, and Malaria, M. Phil Thesis, University of Oxford, 2003。

金融流动的影响

对金融资金流向发展中国家所产生影响的评估已做出多次尝试。[1]
评估总体上是积极的,但是也发出重要的警告和限定条件。尽管具有上
述波动性的特点,金融流动数量总体上升的趋势导致接受国的经济增长
更加迅速。[2] 因为直到20世纪90年代私人金融资金的流动主要集中在
少数(但是重要)的一些中等收入国家,这些资金对减少全球贫困和不
平等并没有产生过多的影响。[3] 公共金融资金的流动,特别是20世纪90

---

[1]　See Robert Cassen and Associates, Does Aid Work? Report to an Intergovernmental Task
Force (Oxford, England: Clarendon Press, 1986); John P. Lewis and Valeriana Kallab, eds.,
Development Strategies Reconsidered (New Brunswick, N.J.: Transaction Books, 1986); Sarah J.
Tisch and Michael B. Wallace, Dilemmas of Development Assistance: The What, Why, and Who
of Foreign Aid (Boulder, Colo.: Westview, 1994); Joan M. Nelson, Global Goals, Contentious
Means: Issues of Multiple Aid Conditionality (Washington, D.C.: Overseas Development
Council, 1992); Joan M. Nelson and Stephanie J. Eglinton, Encouraging Democracy: What Role
for Conditional Aid? (Washington, D.C.: Overseas Development Council, 1992); Tony Killick,
Aid and the Political Economy of Policy Change (London, UK: Routledge, 1998); and Stephen
Browne, Foreign Aid in Practice (New York, N.Y.: New York University Press, 1990). For a
critical view of the role of aid, see Peter Bauer, Equality, the Third World, and Economic Illusion
(Cambridge, Mass.: Harvard University Press, 1981) and William Easterly, The White Man's
Burden: Why the West's Efforts to Aid the Rest Have Done So Much Ill and So Little Good (New
York, N.Y.: Penguin, 2006).

[2]　Eduardo Borenzstein, José de Gregorio, and Jon-Wha Lee, "How Does Foreign
Investment Affect Economic Growth?" Journal of International Economics, 45 (1998): 115–
135; Bichaka Fayissa and Mahammed I. El-Kaissy, "Foreign Aid and the Economic Growth
of Developing Countries (LDCs): Further Evidence," Studies in Comparative International
Development, (Fall 1999): 37–50; Craig Burnside and David Dollar, "Aid, Policies, and
Growth," American Economic Review, 90 (September 2000): 847–868; and Henrik Hansen
and Finn Tarp, "Aid and Growth Regressions," Journal of Development Economics, 64 (2001):
547–570.

[3]　Robert Lensink and Howard White, "Does the Revival of International Private Capital
Flows Mean the End of Aid?: An Analysis of Developing Countries' Access to Private Capital,"
World Development, 26 (1998): 1221–1234.

年代后,越来越集中在最贫穷的国家,但是金额太低或者其他限定因素阻碍了这些资金对减少贫穷产生重大的影响。大多数学者认为贸易和私人投资在促进经济发展方面比公共资金更有效,但是也仅仅局限于那些能够放弃过去的失败政策并总体上能够推行经济自由化政策和做法的发展中国家。

在21世纪初,穷国与富国之间仍然存在着巨大的收入差距(图5.1)。不过,南方国家的生活水平有所提高。重要的是,它们的平均寿命开始增加,婴儿死亡率显著降低。儿童营养不良的比例从1990年至1992年期间的20%下降到2001年至2003年期间的17%。教育和识字率也出现了增长。学龄儿童入学的百分比从1991年的80.2%增加到2005年的87.9%。此外,每天不到一美元收入的人口比例从1990年的31.6%下降到2004年的19.2%。[①] 虽然有充足的证据表明近期全球扶贫成功的相当比例是由于采取了出口导向的发展战略,但是这使得将发展中国家经济发展的成功归因于外国援助水平的增加更加困难。

有关援助对受援国经济造成的影响一直存在着很大争议。一些实证研究表明援助能显著增加单个国家的增长,特别是伴随着其他合适的政策。例如,一项研究估计,合理有效地利用大量的援助可以给发展中国家的年增长率带来0.6%至1.5%的提高。[②] 与此相反的是,一些学者认为援助能给受援国带来负面效果。例如,援助能让受援国政府推迟发展所必需的关键改革。特别是腐败、专制的政府可能错用援助基金或将援助资金移作其他用途,而没有为穷人带来积极的好处。一位经济学家认为有一个主要的或附属的问题与援助有关:援助官员有动力满足发达国家的资金需求……内部的官僚动机……支持宏大的全球计划而不是让小人物得到他想得到的东西。[③]

大量的实证研究表明援助的有效性依赖于受援国良好的治理、放弃进

---

① United Nations, Millennium Development Goals Report 2007.

② Cassen, Does Aid Work, 24–25.

③ Willam Easterly, The White Man's Burden, 167.

口替代政策以及没有内乱和腐败。[①] 这些条件在许多发展中国家并不存在。然而,也有证据表明援助对世界某些地区的经济增长和贫困减少做出了积极贡献。

例如,援助对一些国家和地区的经济增长,如冷战期间获得大规模援助资金的韩国和中国台湾,在一些重要的方面做出贡献。然而,即使在这种情况下,援助也是因为有效的私人投资活动等其他因素对当地经济增长产生了积极影响。[②] 在过去数十年里,援助主要关注于解决特定问题并偶尔取得了成功。例如,美国对尼日利亚的援助帮助后者消灭了牛瘟,即一种袭击牛的疾病。对秘鲁的援助帮助秘鲁渔民更有效率地捕鱼。美国消除天花的努力也是成功的,拯救了多达4500万人的生命。另一方面,在一些国家,如墨西哥和泰国,在没有大量援助的情况下经历了经济增长。[③] 最后,在埃及、巴基斯坦和孟加拉国等一些国家,尽管在收到大量外国援助的情况下,它们的经济增长速度仍然远低于发展中国家的平均水平。在这个方面更近的一个例子是美国在2003年入侵对伊拉克后对伊拉

---

① William R. Cline and John Williamson, "Fostering Development," in Fred Bergsten, ed., The United States and the World Economy: Foreign Economic Policy for the Next Decade (Washington, D.C.: Institute for International Eocnomics, 2005), pp. 419–413. See also David Roodman, The Anarchy of Numbers: Aid, Development, and Cross-Country Empirics, Center for Global Development Working Paper 32 (Washington, D.C.: Center for Global Development, 2003); William Easterly, "Can Foreign Aid Buy Growth?" Journal of Economic Perspectives, 17 (2003):23–48; Michael Clemens, Steven Radelet, and Rikhil Bhavnani, Counting Chickens When They Hatch: The Short-Term Effects of Aid on Growth, Center for Global Development Working Paper 44 (Washington, D.C.: Center for Global Development, 2004); and Raghuram G. Rajan and Arvind Subramanian, What Undermines Aid's Impact on Growth? IMF Working Paper 126 (Washington, D.C.: International Monetary Fund, 2005).

② Irving Brecher and S. A. Abbas, Foreign Aid and Industrial Development in Pakistan (Cambridge, Mass.: Harvard University Press, 1972); Gustav F. Papenek, Pakistan and Development: Social Goals and Private Incentive (Cambridge, Mass.: Harvard University Press, 1967); Irma Adelman, ed., Practical Approaches to Development Planning: Korea's Second Five-Year Plan (Baltimore, Md.: Johns Hopkins University Press, 1969); and Neil H. Jacoby, U.S. Aid to Taiwan (New York, N.Y.: Praeger, 1966).

③ Roger D. Hansen, Mexican Economic Development: The Roots of Rapid Growth (Washington, D.C.: National Planning Association, 1971).

克的援助。①

如果没有实质性的医疗和扶贫援助,大多数发展中国家的生活质量,包括它们的健康水平,肯定会更糟。在许多情况下,援助一直有利于接受国真正的健康和福利的提高。不幸的是,在某些情况下援助只不过是仅仅阻止坏的情况变得更糟而已。总体来说,随着援助国对发展有了更多的认识,它们的援助战略也得以改进。早期许多令人失望的援助事件导致援助国后来制定更加成熟、现实和精心策划的援助战略。例如,早期的援助强调工业化的快速发展,但是后来被更多地强调农业在发展中的地位所取代。早期对受援国总体经济增长的强调因对扶贫、满足人权需求及平等的强调所缓和。与此同时,单个项目的贷款被全面的结构性贷款以及更多地强调自由市场解决方案所补充。最近,援助规划者已经认识到分析新项目对环境产生影响的重要性。②

最后,援助既产生政治影响也产生经济影响。大多数北方国家的援助政策都加强了它们与受援国的经济联系,偶尔还给予它们在与南方国家的关系中享有额外的影响力。例如,美国利用对外援助阻止其现有的海外投资被受援国征用。1962年《对外援助法案》修正案规定,美国的对外援助在本国海外投资被受援国国有化或征收而没有得到及时的、充足的和有效的补偿时必须被扣留。③ 许多援助国还通过提供信息、分享投资调查成本以及担保投资风险等措施鼓励新的对外投资。通过鼓励使用援助国的商品,特别是通过附带条件的援助,援助还支持了援助国与受援国的贸易联系。④

---

① 有关美国对伊拉克援助的官方信息,参见http://www.usaid.gov/iraq/。

② John P. Lewis, "Overview: Development Promotion: A Time for Regrouping," in Lewis and Kallab, Development Strategies Reconsidered, 3–46.

③ 这个修正案被称为《希肯路伯修正案》。See Paul Sigmund, Multinationals in Latin America: The Politics of Nationalization (Madison, Wis.: University of Wisconsin Press, 1980), 8–10.

④ See Joan M. Nelson, Aid, Influence, and Foreign Policy (New York, N.Y.: Macmillan, 1968), 69–90. On aid tying, see Organization for Economic Cooperation and Development, "Aid Tying and Mixed Credits," in Twenty-five Years of Development Cooperation (Paris, France: OECD, 1985), 241–250.

援助被频繁地运用来影响受援国的经济政策。[①] 例如,美国将对外援助附带了一些经济条件,目的是影响受援国的货币和财政政策、投资政策以及国际经济政策,如汇率和国有化政策。通过对援助项目的监督,所有国家的援助机构都介入受援国的决策过程。这样的经济影响也发生在多边援助项目上。例如,世界银行利用自己的对外援助促进发展中国家推行市场化改革。[②]

援助也可以用来支持受援国政府偏爱的对内和对外政策。例如,美国在1987年给予菲律宾,在1982年、1988年和1995年给予墨西哥的经济危机紧急支持。另外,撤出或者威胁撤出援助也被用来表达对受援国国内外政策的不满或反对。美国1987年拒绝给予海地援助,1988年拒绝给予巴拿马援助,1994年拒绝给予尼日利亚援助。而且,美国的援助作为反映其政治和(或)安全焦点的对外援助项目,被用来促进其对外政策的实施,如给予受援国基本的权利和支持与苏联冲突的国家(如在巴基斯坦)、支持中东的和平进程(如在埃及)、减少国际毒品贩卖(如在哥伦比亚)以及最近的对打击恐怖主义的支持(如在阿富汗)。[③]

援助并不总是能增强北方国家的谈判能力。通过援助北方国家获得的优势程度不仅在其影响力的一些"客观"测量上有所不同,而且在旁观者的眼里也表现得不同。北方学者在援助是否出自于利他主义的原因且没有附带任何政治条件或是否为了政治或战略原因也呈现出争论。这两

---

① 有关这个主题的早期讨论,参见Klaus Knorr,The Power of Nations(New York,N.Y.: Basic Books,1975),ch. 16.

② See Gerald K. Helleiner, "Policy-Based Program Lending," and Joan M. Nelson, "The Diplomacy of Policy-Based Lending," in Feinberg and Kallab,Between Two Worlds; and Miles Kahler, "External Influence,Conditionality,and the Politics of Adjustment," in Stephan Haggard and Robert R. Kaufman,eds.,The Politics of Economic Adjustment:International Constraints, Distributive Conflicts,and the State(Princeton,N.J.: Princeton University Press,1992).

③ Howard Wriggins, "Political Outcomes of Foreign Assistance:Influence, Involvement, or Intervention?" Journal of International Affairs,22(1968):217–230; and Joan M. Nelson and Stephanie J. Eglinton,Encouraging Democracy:What Role for Conditional Aid?(Washington, D.C.: Overseas Development Council,1992).

种观点都有证据支撑。其他一些学者认为援助对受援国的影响微乎其微甚至产生反作用。另一方面,受援国经常认为外国援助对本国没有产生影响,而是对本国的政策构成不需要的干涉。①

金融流动的未来

自第二次世界大战结束以来,流向发展中国家的金融资金发生了重大变化。在布雷顿森林体系期间,流向发展中国家的私人资本相对较小,援助资金流入量最初也不是很大。由于超级大国追求各自的冷战目标,流向发展中国家的援助资金在20世纪60年代开始迅速增长。在相互依存的时代,流向第三世界的私人资本,特别是以银行贷款的形式,开始增加,尽管总体援助水平趋于稳定,但是援助者变得更加多样化。在全球化时期,随着许多发展中国家实行自由化以及北方投资者努力从新兴市场的快速增长中获利,以证券投资和直接投资形式的私人金融资金流向发展中国的数量急剧增加。与此同时,从北方国家政府和多边机构流向最贫穷国家的优惠资金仍然有限。

南方世界在增长快速与增长缓慢的经济体之间也越来越产生了分化。快速增长且对外开放市场的国家比其他国家更容易获得私人资本的青睐。因此,私人资本流动强化了南方国家的日益分化。例如一些第三世界国家和地区,看上去比以前更可能缩小自己与北方国家的经济差距,将自己升级为全面工业化经济体的地位。韩国和墨西哥实际已经成为经合组织的

---

① Carol Lancaster, Foreign Aid; International Monetary Fund, World Economic Outlook (Washington, D.C.: IMF, April 1984), 205; David H. Lumsdaine, Moral Vision in International Politics: The Foreign Aid Regime 1949–1989 (Princeton, N.J.: Princeton University Press, 1993); Brian Smith, More Than Altruism: The Politics of Private Foreign Aid (Princeton, N.J.: Princeton University Press, 1990); and Sarah J. Tisch and Michael B. Wallace, Dilemmas of Development Assistance: The What, Why, and Who of Foreign Aid (Boulder, Colo.: Westview, 1994), ch. 3.

成员。中国已经开始在发达国家投资,既通过本国的主权财富基金直接投资又通过其庞大的跨国公司和国有企业间接投资。像日本之前做的那样,中国购买美国国债以平衡其庞大的对美国双边经常账户的盈余。但是众多其他发展中国家继续处于落后的地位。

发展中国家之间增长率的分化产生的一个重要后果就是"**第四世界**"(Fourth World)的出现,即仍然依赖优惠的资金流入且本国人口经常遭受疾病、饥饿和其他极端贫困特征的完全不同的、更加贫穷和更低经济增长的国家群体。发达国家对第四世界国家的援助资金从2000年后开始增加,而且越来越专注于对更穷国家的最贫穷人口的援助。而且,在它们的对外援助中,发达国家也对追求具体的、能测量的援助效果,或者对支持寻求适当的发展政策的政府有着新的强调。正如在联合国"千年发展目标"中所表述的,增加对减轻全球贫困的政治支持成为国内政治、发达国家政策以及多边机构政策更重要的变化之一。然而,援助和资本流动的增加、对减少贫困赋予的新的关注以及"千年发展目标"的实行能否产生预期效果仍然需要拭目以待。

第七章 贸易和发展战略

大多数南方经济体高度依赖于与北方国家的贸易。出口收入构成了南方国家国民生产总值的很大份额,商品进口对它们的发展也至关重要。发展中国家的很多人认为融入世界经济体系并没有促进本国的发展,他们仍然被排斥在由北方国家建立的贸易治理体制之外。本章将考察发展中国家为实现发展和进入全球贸易治理体系而寻求的战略。

布雷顿森林体系:从贸易秩序中孤立

进口替代

在布雷顿森林体系的早期,大多数独立的发展中国家被排除在贸易决策和国际贸易本身的很多方面之外。因此,很多南方国家都推行**进口替代**(import substitution)战略并设立保护墙(高关税)以促进国内产业发展。这种发展政策的经济原理是在第五章概述的结构主义方法。结构主义方法建议进口替代与区域一体化相结合,将仅仅依靠农业和原材料的生产转变为生产的多样化以及寻求与制造业和服务业的共同发展目标相结合。

因此,在《哈瓦那宪章》达成之前的谈判中,南方国家极力寻求免受新的规定的约束,包括使用进口配额和关税来保护本国新兴产业、建立新的优惠交易体系以及正式达成商品协定以稳定和确保本国商品最低价格的能力。① 因为北方国家需要南方国家对新的贸易宪章的批准,南方国家能够推动对《哈瓦那宪章》——对发展中国家的特殊需要予以承认的最著名的新宪章——做出一些有限的修改。②

然而,取代《哈瓦那宪章》成为新的贸易秩序宪法的《关贸总协定》是被由发达国家构成的北方国家所支配。被设计为临时性措施的《关贸总协定》没有包含南方国家努力纳入《哈瓦那宪章》的有关发展的任何条款。所剩下的仅仅是授权一国在一定的限制条件下使用关税和数量限制以帮助本国经济发展或处理收支失衡的《关贸总协定》的一个条款。③

尽管几乎所有的发达国家都加入了《关贸总协定》,但是许多发展中国家并没有加入。《关贸总协定》的谈判过程将发展中国家排除在国际贸易治理之外。《关贸总协定》的互惠规则规定所有的贸易让步必须是相互的。然而,由于本国的市场规模较小,南方国家很少有东西拿来交换对本国有利的让步。在《关贸总协定》下,贸易让步是由特定商品的进口国和主要供应国之间的谈判而做出的。因为没有主要的供应国,原材料等很多发展中国家感兴趣的产品都被排除在《关贸总协定》的谈判之外。甚至当发展中国家成为主要供应国时,它们也无法将自己感兴趣的产品或者问题带到议事日程上,因为南方仅仅代表《关贸总协定》的少数成员国和权力。发展中国家也因为缺乏工作人员和资源来维持与强大的发达国家进行困

---

① Clair Wilcox, A Charter for World Trade (New York, N.Y.: Macmillan, 1949); and Williams Adams Brown, Jr., The United States and the Restoration of World Trade (Washington, D.C.: Brookings Institution, 1950), 97–104, 152–158.

② Wilcox, A Charter for World Trade, 140–167; and Brown, The United States, 178–180, 203–211, 217–222.

③ 只有四个欠发达国家——锡兰(斯里兰卡)、古巴、海地和印度——寻求并获准在《关贸总协定》第十八章下实施数量限制。然而,缔约方施加的这些限制破坏了这些措施的使用带来的很多好处。第十八章于1995年被修订,为撤销或修改以前做出的让步提供了更大的可能性,以及可以使用数量限制以达到收支平衡。但是,该条款包含的许多保障措施使该条款对南方国家没有多大用处。Sidney Wells, "The Developing Countries, GATT and UNCTAD," International Affairs, 45 (January 1969): 65–67; and Karin Kock, International Trade Policy and the GATT, 1947–1967 (Stockholm, Sweden: Almqvist and Wiksell, 1969), 227–232.

难和复杂的贸易谈判而受到妨碍。

由于被孤立于国际贸易体制之外,发展中国家试图通过高水平的国内产业保护,如通过征收百分之几百甚至更高的关税、汇率控制、不同的产品实行不同的汇率、进口许可以及完全禁止国内生产的产品进口,来发展内部市场。[①] 通过提供一个确定的市场以及通过提高产业利润将国内储蓄引导到国内工业,产业保护政策提供了强大的动力,用以发展本地生产来替代进口。[②]

进口替代在某种程度上促进了工业化,但是往往也付出高昂的代价。新产业往往效率低下,而且产出昂贵和没有竞争力。面对狭小的国内市场、不成功的区域一体化的努力和激烈的国外竞争,大多数发展中国家无法实现足够的生产规模来构建高效的产业。此外,鼓励资本密集型生产技术进口的政策阻碍了它们对劳动力需求的增长,因此对就业水平仅仅产生较小的影响。

进口替代战略还经常制造了国际收支赤字。国内高成本的制造品生产是以牺牲出口导向型制造业和传统的农产品出口为代价的。此外,制成品进口的高关税壁垒并不必然减少进口总额,相反改变了进口的构成。南方国家现在进口的是原材料、零部件和资本货物而不是进口制成品。[③] 新的许可证和外汇控制体制造成了南方经济的僵化,这妨碍了它们的竞争、促进了低效率。[④] 外国跨国公司试图通过在当地为自己组装的产品

---

① 虽然这种做法在《关贸总协定》框架下是不被允许的,南方国家在《关贸总协定》的规则下能够奉行保护主义的政策,允许它们为了收支平衡的原因,或在《关贸总协定》豁免权下,或因为它们不是《关贸总协定》的成员国,而实施数量限制的做法。

② Little et al., Industry and Trade in Some Developing Countries, 1–29. For the Latin American experience with protection, see Economic Commission for Latin America, The Process of Industrial Development in Latin America(New York, N.Y.: United Nations, 1966), 21–35.

③ For the limits of import substitution, see Little et al., Industry and Trade, 1–29; and United Nations Conference on Trade and Development, Toward a New Trade Policy for Development, Report by the Secretary-General(New York, N.Y.: United Nations, 1964), 21–22.

④ Anne O. Krueger and Constantine Michalopoulos, "Developing-Country Trade Policies and the International Economic System," in Ernest H. Preeg, ed., Hard Bargaining Ahead: U.S. Trade Policy and Developing Countries(New Brunswick, N.J.: Transaction Books, 1985), 40–45.

成立组装厂来规避高关税壁垒,这种做法往往会增加组件的进口而没有扩大出口。

通过进口替代战略实现的工业化也损害了南方国家的农业。对农业新的投资数额有限;随着工业利润上升,农业的实际收入在下降;农业与工业之间的收入不平等加剧。结果,人们开始离开农村走向城镇,但是城市的新产业不能吸收迅速增长的城市人口。因此失业和收入不平等呈现恶化趋势。[①]

贸易扩张和贸易条件的恶化

正如自由主义者一直主张的那样,到20世纪50年代末,很多南方国家开始相信,出口增长与国内市场保护相结合的政策可以使生产效率最大化并可以增加收入和外汇用于发展。发展中国家很多有影响力的发言人,最著名的是劳尔·普雷维什(Raúl Prebisch),认为没有国际贸易体制的重组,这样的好处不可能发生,这是因为现有的贸易体制对南方国家的出口有偏见,也因为南方国家依赖于农产品和原材料的出口。首先,普雷维什认为,南方的贸易条件长期恶化。[②] 发展中国家出口的原材料价格与从发达国家进口的制成品价格相比呈现下降。由于发达市场经济体的工会作用和市场垄断,北方制造业生产力的提高被国内的高工资和利润所吸收,因此并没有导致制成品价格的下降。另一方面,由于发展中国家的失

---

① World Bank, World Development Report, 1986 (New York, N.Y.: Oxford University Press, 1986), ch. 4.

② See United Nations Conference on Trade and Development, Toward a New Trade Policy for Development. For a summary of Prebisch's argument and the arguments of the critics of the theory of declining terms of trade, see Alfred S. Friedeberg, The United Nations Conference on Trade and Development of 1964: The Theory of the Peripheral Economy at the Centre of International Political Discussions (Rotterdam, the Netherlands: Rotterdam University Press, 1969), 33–67.

业率和缺乏工人组织,以及南方的原材料面临竞争性的国际市场,南方国家**初级产品**(primary products)生产力的提高没有导致它们工资或利润的增长,但是却导致它们价格的下降。

贸易条件也变得对南方不利,这是因为与它们的收入相比,北方国家对南方初级产品的需求是非弹性的,所以南方原材料生产的增加导致价格的下降而不是消费的增加。最后,由于人工合成和替代品生产在北方的增加,如涤纶面料代替棉布,南方产品的价格也趋于下降。北方的保护主义政策以及商品价格固有的不稳定性加剧了初级生产者贸易条件结构性的下降。发展中国家认为,商品价格以及出口收入的波动阻碍了它们的投资并干扰了它们的发展计划。

有关南方国家贸易条件恶化观点的实验证据是各种各样的。普雷维什和同伴们的原始研究因使用不恰当的贸易条件测量方法和依赖于很可能产生预期效果的时间段而在20世纪五六十年代受到严重挑战。相对于那些交易的制成品而言,随后对主要初级商品(包括燃料)相对价格的研究表明从1900年至1986年它们的长期价格大约下降了36%,或者经历每年约0.5%的下降。[①] 仅仅为了证明,图5.6显示了非石油出口发展中国家从1900年至2000年的平均贸易条件。长期来看,发展中国家的贸易条件趋势总体是轻微向下的,中间穿插着一些短期的上升。

尽管贸易条件恶化的理论在证据上存在一些问题,但毫无疑问,很大程度上依赖农业和原材料生产的国家通常比已经实现制造业和服务业多样化的国家更缺少能力摆脱贫困(图7.1)。在下文中我们将看到,发展中国家的这种经济多样化与它们从全球化中得益的能力之间总体上有着积极的关系。

最后,南方国家认为它们出口制成品的真正潜力被北方国家对国际市场的支配地位所约束。发达国家受益于它们固有的地位,而北方的保护政

---

① David Sapsford, Prabirjit Sarkar, and Hans W. Singer, "The Prebisch–Singer Terms of Trade Controversy Revisited," Journal of International Development, 4 (May–June 1992): 318. See also Chapter 5, f. 35.

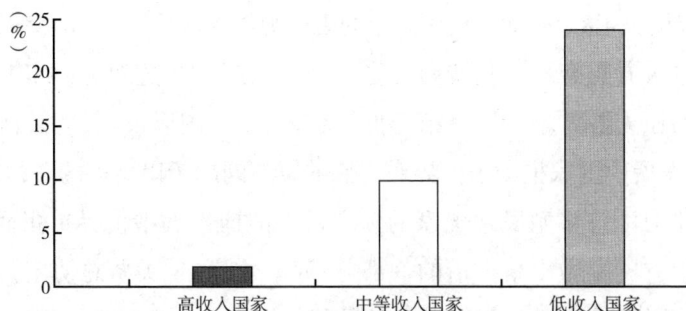

图7.1 2000年对农业的依赖,以农业收入水平占国内生产总值的比例

资料来源:世界可持续发展工商理事会,http://www.wbcsd.org/web/doingbiz.htm。

策则防止了南方国家制成品出口的扩张。**关税的升级**(escalated tariffs)支持北方国家从发展中国家进口原材料,阻止进口加工品或半加工产品,因此阻碍了南方的工业发展。异乎寻常的高关税或进口配额施加到与北方产业形成有效竞争的很多南方国家制成品上,如纺织品、鞋类和皮革制品。在没有关税和数量限制的领域,北方国家经常对南方国家施加《自愿出口限制协定》。[①] 卫生标准、标签要求和海关手续等一些非关税壁垒给缺乏营销专业知识和经验的南方国家带来了一些难以克服的障碍。[②]

对发展中国家出口的这些限制反映在南方国家在国际贸易中作用的减弱。南方在世界出口中的份额从1950年的31.6%下降到1960年的21.4%。同一时期,发达市场经济体的贸易从占世界总出口的60.4%增长到66.8%,社会主义国家所占的比例从8.0%上升到11.8%。从1950年至1960年,来自发达国

---

① 限制性出口协定最臭名昭著的一个例子是在《关贸总协定》之下谈判签署的《国际棉纺织品贸易长期安排》(Long-Term Arrangement Regarding International Trade in Cotton Textiles)。北方国家,尤其是美国,以其他选择措施——国家立方机构强加的国家进口配额——相威胁,强迫欠发达国家(以及日本)同意"自愿地"限制它们的棉纺织品出口。后来,该棉纺织品协定被扩大成为《多种纤维协定》。

② For the Southern view of trade barriers, see United Nations Conference on Trade and Development, Toward a New Trade Policy for Development; and United Nations Conference on Trade and Development, Toward a Global Strategy of Development (New York, N.Y.: United Nations, 1968). For other analyses, see Harry G. Johnson, Economic Policies Toward Less Developed Countries (New York, N.Y.: Praeger, 1967), 78–110; and Alexander J. Yeats, Trade Barriers Facing Developing Countries (London, UK: Macmillan, 1979).

家的出口增长了8.7%,而发展中国家的出口则仅仅增长了3.5%。[①]

随着南方国家从孤立转向贸易扩张,南方要求《关贸总协定》做出改变的政治压力开始增加。在第三世界会议、联合国以及《关贸总协定》自身内部,发展中国家推动了世界对它们的贸易问题予以更多的考虑。来自南方的压力因许多殖民地国家的独立及冷战向发展中世界扩张而加强。作为在南方国家做出新举措的一部分,苏联建议在《关贸总协定》之外召开一个国际贸易会议和创建一个世界贸易组织。北方国家说服南方拒绝苏联的建议而支持在《关贸总协定》内部做出改革。

对于发达国家来说,改革《关贸总协定》意味着需要研究发展中国家的问题。《关贸总协定》成员国任命的一个专家小组建议成立《关贸总协定》委员会考虑南方国家初级产品和制成品的问题。发展中国家使用这个新委员会和进行中的贸易回合谈判,通过发展中国家单方面的让步,包括暂停南方国家的出口关税和非关税壁垒、取消与《关贸总协定》规则不一致的数量限制、热带产品免税入境、取消对发展中国家贸易重要的初级产品关税、减少和废除南方半加工及加工产品出口关税以及减少主要或者全部在南方生产的北方产品的内部税和收入税,推动它们更好进入北方市场。然而,北方国家准备仅仅同意一组目标,而不是政策承诺。[②] 发展中国家对贸易的现实和治理结构感觉沮丧,转而求助于新的战略:不是从内部而是通过从外部发动攻势寻求改变《关贸总协定》。

团结和对抗

从1961年开始,南方国家发展了统一战线对北方国家压迫以求改变贸易治理以及国际贸易体系的运行。在南方国家占据多数的第三世界会议以

[①]　Economic Commission for Latin America, Economic Survey 1969 (New York, N.Y.: United Nations, 1969), 61–62.

[②]　Kock, International Trade Policy, 235–244; and Hudec, Developing Countries, 39–46.

及联合国大会上,发展中国家极力使它们要求贸易和其他经济改革的需求获得通过。南方国家这种平台的一个关键支架是呼吁成立国际贸易和发展会议。面对南方国家的坚持、日益增长的统一以及对联合国大会不断增长的国家数量控制,北方国家不得不于1964年同意召开联合国贸易和发展会议(United Nations Conference on Trade and Development, UNCTAD)。[1]

南方国家然后专注于通过联合国贸发会议实现贸易改革。它们成立了"七十七国集团",该集团是以在1963年联合国大会通过的《发展中国家联合宣言》共同提案国的数目命名的。[2]《宣言》第一次详细说明了南方国家对贸易改革的共同目标:

世界贸易现行的原则和格局仍然主要有利于世界上先进的国家。当前的世界贸易趋势阻碍了发展中国家实现快速增长的努力,而不是帮助它们促进经济发展和多样化。这些趋势必须改变。[3]

为了使国际贸易成为经济发展"一个更强大的工具和媒介",[4] 七十七国集团为联合国贸发会议提供了一系列目标,从制度安排的提高到逐步减少和尽早废除所有妨碍南方国家出口(不是在相互让步的基础上)的障碍和限制、向发达国家增加初级产品出口以及稳定和建立公平的价格。[5] 即

---

[1] For a history of events leading up to UNCTAD I, see Diego Cordovez, "The Making of UNCTAD"; Friedeberg, The United Nations Conference on Trade and Development of 1964; and Charles L. Robertson, "The Creation of UNCTAD," in Robert W. Cox, ed., International Organization: World Politics(London, UK: Macmillan, 1969), 258–274. 联合国贸发会议的网址是: http//www.unctad.org.

[2] 有关七十七国集团的分析,参见Branislav Gosovic, UNCTAD, Conflict and Compromise: The Third World's Quest for an Equitable World Economic Order Through the United Nations(Leiden, the Netherlands: A. W. Sijthoff, 1972), 271–292. 有关在七十七国集团和联合国贸发会议内南方国家之间团结的讨论,参见Robert L. Rothstein, Global Bargaining: UNCTAD and the Quest for a New International Economic Order(Princeton, N.J.: Princeton University Press, 1979), 118–122; and Jeffrey A. Hart, The New International Economic Order(New York, N.Y.: St. Martin's Press, 1983), 145–146.

[3] United Nations General Assembly, Official Records: Eighteenth Session, Supplement No. 7(A 5507), 24.

[4] 出处同上。

[5] 出处同上,第25页。

使到2008年发展到130个成员国，[①] 七十七国集团仍然保留了最初的名称并在联合国体系内成为代表南方利益的永久性的一个政治团体。

联合国贸发会议也于1964年成为一个永久性的联合国组织。[②] 联合国贸发会议的教义作为七十七国集团团结一致行动的基础，是由其第一任秘书长劳尔·普雷维什（Raúl Prebisch）提出来的。[③] 在联合国贸发会议对北南关系的结构主义分析中，世界被划分成一个中心（发达国家）和一个外围（发展中国家）。因为南方国家贸易条件呈现长期的、结构性恶化，以及北方采取了对南方国家出口歧视性的保护主义政策，市场变得对发展中国家不利。结果，南方国家面临着被普雷维什称为"贸易差"的"长期的外部失衡趋势"。联合国贸发会议认为，除非采取措施抵消对南方的这种结构歧视及填补这样的"贸易差"，否则不发达国家就不能实现合理的增长目标。

南方国家团结一致的对外立场并没有多大程度上改变世界贸易的治理或改变国际市场的运行。南方国家也因不同的政治、意识形态、不同的发展水平以及与北方国家不同的关系而被划分为不同的板块。尽管它们在共同的总体目标上达成一致，这些不同使得南方国家很难在具体的短期政策上达成一致。这些分歧也阻止了七十七国集团确定优先目标并促使它们需求的积累和升级，这使得它们与北方的冲突和对抗政治化并阻止了彼此之间过多的讨价还价。[④] 南方的能力也因北方国家对创建一个强大

---

① 有关现在成员国的名单，参见http://www.g77.org/doc/members.html。

② Gosovic, UNCTAD, Conflict and Compromise, 271. On UNCTAD see Joseph S. Nye, "UNCTAD: Poor Nations' Pressure Group," in Robert W. Cox and Harold K. Jacobson, The Anatomy of Influence: Decision Making in International Organization (New Haven, Conn.: Yale University Press, 1973), 348–349.

③ 有关联合国贸发会议学说的阐述，参见United Nations Conference on Trade and Development, Toward a New Trade Policy for Development and Toward a Global Strategy of Development.

④ See Gosovic, UNCTAD, Conflict and Compromise, 279–286, on Southern cleavages and 293–301, for the Northern bloc within UNCTAD. 还有另外一个由东欧社会主义国家组成的集团，被称为"集团D"。For an analysis of bargaining within the Northern bloc over commodity issues, see Rothstein, Global Bargaining, 123–125.

的联合国贸发会议一致的反对以及北方坚持在《关贸总结定》的框架内解决贸易问题而削弱。南方微不足道的经济重要性、作为超级大国竞争区域重要性的下降以及自身的内部分裂使得北方国家能够挫败、削弱或者忽视南方国家提出的建议。

然而,联合国贸发会议成为联合国永久性的一个组织,尽管没有谈判权。北方国家也同意在《关贸总协定》中增加新的贸易和发展章节。于1965年实施且不具有约束力[1]的《关贸总协定》第四部分呼吁国家避免对发展中国家特殊关注的产品增加贸易壁垒、优先减少和消除这种壁垒并停止对热带产品实行国内税。更重要的是,《关贸总协定》第四部分为发展中国家的自由贸易规则提供了例外:它消除了贸易谈判中的互惠原则,并接受旨在稳定并确保更公平价格的商品协定。最后,这一新的章节呼吁采取联合行动以促进贸易和发展,此条款成为在《关贸总协定》内建立致力于消除和减少贸易壁垒的贸易和发展委员会的基础。

发展中国家在《关贸总协定》中持续的劣势也体现在1964年至1967年举行的"肯尼迪回合"谈判中(《关贸总协定》第四部分执行后的第一个贸易谈判)。虽然发展中国家第一次积极参与该回合谈判,但是谈判的结果微乎其微。对南方国家制成品的限制,如对纺织品和服装的限制,仍然比规定的标准要高;农业保护主义,包括对热带产品的保护主义,仍然保持完好无损;数量限制和非关税壁垒继续限制南方国家总体的出口。[2]

南方国家取得了一个较小的成功,即从发达国家获得面向发展中国家

---

[1] On the addition of Part IV generally, see Kenneth W. Dam, The GATT: Law and International Economic Organization (Chicago, Ill.: University of Chicago Press, 1970), 236–244; and Hudec, Developing Countries in the GATT Legal System, 56–60.

[2] United Nations Conference on Trade and Development, The Kennedy Round, Estimated Effects on Tariff Barriers: Report by the Secretary General of UNCTAD, Parts I and II (New York, N.Y.: United Nations, 1968); and International Bank for Reconstruction and Development and International Development Agency, Annual Report 1968 (New York, N.Y.: IBRD and IDA, 1968), 33–34.

工业品的优惠市场准入。南方认为,这种优惠将帮助南方国家的工业克服新兴产业面临的初期高成本的问题,以及通过进一步开放市场,将使它们能够实现规模经济、降低成本以及最终在没有优先权的情况下开展在世界市场上的竞争。[①]

在**普遍优惠制**(generalized system of preferences,GSP)的概念上经过几年的冲突后,相关国家1968年在建立一个优惠计划的原则上达成一致,1971年《关贸总协定》批准该优惠方案。然而,北方国家为普惠制方案的执行设定了一些重要限制。[②] 因为北方国家无法在共同的通用体制上取得一致意见,所以不同国家实行了相似但是不同的优惠制方案。这些单个的优惠制方案是临时的、受到进口数量和价值上限的约束以及排除了南方国家享有相对优势的许多进口敏感性的货物。[③] 此外,有证据表明,仅有少数国家或经济体,包括韩国和中国香港,得益于普惠制,而且即使在不享

[①]　United Nations Conference on Trade and Development, Toward a New Trade Policy for Development, 65–75.

[②]　For the details of the various preference schemes, see United Nations Conference on Trade and Development, Operations and Effects of the Generalized System of Preferences: Fourth Review(New York, N.Y.: United Nations, 1979).

[③]　United Nations Conference on Trade and Development, Proceedings of the United Nations Conference on Trade and Development, Third Session(April 13 to May 21, 1972), vol. 2, Merchandise Trade(New York, N.Y.: United Nations, 1973), 104–140; Tracy Murray, "How Helpful Is the Generalized System of Preferences to Developing Countries?" Economic Journal, 83(June 1973): 449–455; U.S. Code, Congressional and Administrative News, 93rd Cong., 2nd sess., 1974, vol. 2, (St. Paul, Minn.: West Publishing, 1975), 2398–2399; U.S. House of Representatives, Committee on Ways and Means, 98th Cong., 2nd sess., Summary of Provisions of H.R. 3398, Trade and Tariff Act of 1984(Washington, D.C.: Government Printing Office, 1984); U.S. Congress, House, Committee on Ways and Means, Report to the Congress on the First Five Years' Operation of the U.S. Generalized System of Preferences(GSP), 96th Cong., 2nd sess.(Washington, D.C.: Government Printing Office, 1980). See also, Pitou van Dijck, "Toward a Global System of Trade Preferences among Developing Countries," in Hans Linnemann, ed., South–South Trade Preferences: The GSTP and Trade in Manufactures(London, UK: Sage, 1992), 53–60; and John Madeley, Trade and the Poor: The Impact of International Trade on the Developing Countries(New York, N.Y.: St. Martin's Press, 1993), 61–63. The GSTP is the Global System of Trade Preferences.

有优惠制的情况下,它们也能参与国际市场的竞争。[①]

有关大宗商品计划的战略也是南方国家的第三个需求,但是经历得更短也更不成功。[②] 大宗商品和原材料以前代表南方国家出口和外汇收入的一个很大份额。例如,1962年,南方出口收入的80%以上来源于原材料和大宗商品;到2005年,只有40%的出口属于这一种类(图7.2)。发展中国家仍然高度依赖原材料和大宗商品出口,但是制成品和服务出口在价值上比初级产品的增长要快,尤其是来自亚洲国家的出口。

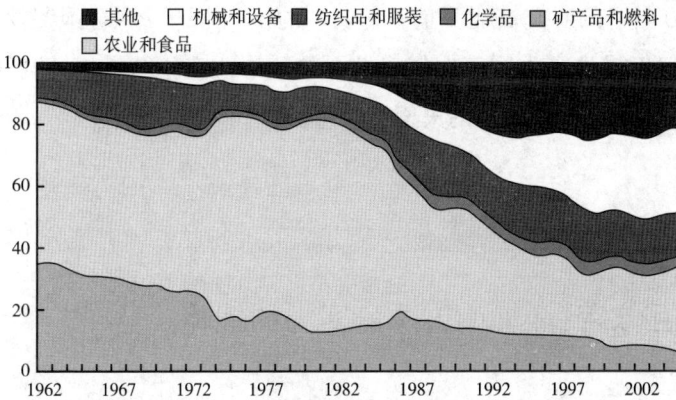

图7.2　1962—2005年以广泛的商品类别计算的发展中国家的出口份额(百分比)

资料来源:世界银行世界贸易整合解决方案(World Bank World Integrated Trade Solution WITS)。

---

① Rolf J. Langhammer and André Sapir, Economic Impact of Generalized Tariff Preferences(London, UK: Trade Policy Research Centre, 1987). For an analysis of the effects of tariff reductions on GSP, see Thomas B. Birnberg, "Trade Reform Options: Economic Effects on Developing and Developed Countries," in William R. Cline, ed., Policy Alternatives for a New International Economic Order: An Economic Analysis(New York, N.Y.: Praeger, 1979), 234–239.

② For histories of the commodity issue, see Gosovic, UNCTAD, Conflict and Compromise, 93–114; Carmine Nappi, Commodity Market Controls: A Historical Analysis(Lexington, Mass.: Heath, 1979); F. Gerard Adams and Jere R. Behrman, Commodity Exports and Economic Development(Lexington, Mass.: Lexington Books, 1982); and Alfred Maizels, Commodities in Crisis: The Commodity Crisis of the 1980s and the Political Economy of International Commodity Policies(Oxford, England: Clarendon Press, 1992).

大宗商品贸易面临着很多问题,如影响外汇收入的价格波动、面临北方保护主义和歧视性的税收政策及来自合成品和替代品的竞争等。[①] 南方国家对联合国贸发会议的建议同样也很多,如签订大宗商品协定以稳定物价及建立补偿性和公平的价格、执行缓解收入波动的补偿性的财政计划、放松北方国家对南方商品的保护以及对面临替代品和合成品竞争的产品实行援助等。然而,北方国家成功地抵制了南方国家的这些建议。[②]

总之,在没有进一步影响力的情况下,南方国家彼此之间的团结及寻求与北方国家的对抗被证明是一种弱小的谈判筹码。联合国贸发会议的"胜利"仅仅导致南方国家在依赖性上的微小改变。结果是,发展中世界对现行的体制表达了更多的失望和敌意。

相互依存:增加南方国家实力的战略

大宗商品的威力和国际经济新秩序

20世纪70年代,南方国家发现了一个工具可用作与北方国家谈判的筹码:大宗商品的威力。北方国家越来越依赖于从南方进口各种各样的原材料。随着整体消费量的上升,很多材料的高档供应在北方正在耗尽,而继续提取变得日益昂贵。由于发展中国家的原料供应充足而且生产成本低

---

① For background on the problems the commodity market poses for developing countries, see Paul Collier and Jan W. Gunning and Associates, Trade Shocks in Developing Countries (New York, N.Y.: Oxford University Press, 1999); David L. McNicol, Commodity Agreements and Price Stabilization (Lexington, Mass.: Heath, 1978), 15–24; and Alton D. Law, International Commodity Agreements (Lexington, Mass.: Heath, 1975), ch. 1.

② Gosovic, UNCTAD, Conflict and Compromise, 99–101.

廉,所以从发展中国家进口原材料的需求出现增长。 [①]

20世纪60年代末和70年代初发达国家的经济繁荣导致北方国家从发展中国家进口原料的需求显著增长。通胀和浮动汇率的不确定性促使投机资金流向大宗商品,这进一步造成了对大宗商品需求的增加、价格的上涨和供应的短缺。此外,如石油危机揭示的那样,北方国家通过政治和军事行动确保获取大宗商品供应的能力因殖民主义的结束和西方对第三世界政府影响力的下降而减弱。突然地,石油输出国组织在20世纪70年代早期控制国际石油体制的能力表明南方原料生产商通过抵制或者威胁抵制原料供应可能对北方构成严重的威胁(参见第九章)。毫不奇怪,许多发展中国家认为北方国家现在很容易受到大宗商品的威胁。

这种威胁因南方国家对原料的控制日益增长的能力而加强。南方国家新的熟练干部已获取有关原材料行业以及世界大宗商品市场形势和操作的专业知识(参见第八章)。南方国家对原料生产的进一步控制有利于它们对原料供应的控制。而且,随着对北方国家的失望与日俱增,南方国家的政治领导人也越来越愿意使用这些新的技巧来操纵原料供应。

南方国家联合起来积极使用大宗商品武器和其他可支配的经济和政治资源劝说北方国家改革国际经济体系(参见第九章)。在1974年、1975年和1976年第三世界会议上,七十七国集团起草了国际经济新秩序的协调计划。南方国家做出如下声明:

发展中世界已经成为在国际活动的各个领域都产生影响的强大因素。世界上各种力量关系之间这些不可逆转的变化使得发展中国家积极、充分和平等地参与所有关系国际社会的决定的制定和应用成为必要。 [②]

---

① World Bank, Commodity Trade and Price Index 1986 (New York, N.Y.: Oxford University Press, 1986), tables 5 and 16.

② "Declaration and Action Programme on the Establishment of a New International Economic Order," in Guy F. Erb and Valeriana Kallab, Beyond Dependency: The Developing World Speaks Out (Washington, D.C.: Overseas Development Council, 1975), 186. For another summary of NIEO proposals, see Branislav Gosovic and John G. Ruggie, "On the Creation of a New International Economic Order," International Organization, 30 (Spring 1976): 309–345.

尽管南方国家提出国际经济新秩序的计划触及国际经济互动的所有领域，但是它们将特别的重点放在贸易改革上。南方国家呼吁北方在非互惠的基础上减少关税壁垒、改进发达国家实行的优惠方案、签署国际商品协定以及制定由一个国际机构和60亿美元共同基金组成的一项商品综合方案来支持十大商品的价格。[①]

发展中国家改变旧的经济秩序的能力部分地依赖于南方国家的内部团结。如果能将各种各样潜在的大宗商品威胁与第三世界需求联系起来，将石油威胁、签订石油价格国际协定的诱因或者石油输出国组织强大的金融力与第三世界需求联系起来，南方国家就会面临更好的机会迫使北方国家做出让步。然而，将这群完全不同的国家群体统一起来仍旧是一项艰巨的任务。油价上涨对依赖石油进口的发展中国家的影响以及新兴工业化国家与其他发展中国家之间不断扩大的经济分歧尤其造成了南方国家之间的分裂。

南方国家最初展示了令人惊讶程度的凝聚力。十年多的共同行动使得南方国家理解如何更好地开展国际谈判。一些石油生产国，尤其是阿尔及利亚和委内瑞拉，在动员南方国家采取协调一致的对外立场以及在将石油问题与第三世界需求联系起来等方面发挥了领导角色。在当时，大多数资源类经济学家都预测，由于耐用品消费的迅速增长以及已知矿产资源的枯竭，北方国家对发展中国家的原料需求将增长，这种预测加强了南方国家可以对北方造成威胁的可信度。[②] 由于对大宗商品威胁的严重性的感

---

① 增加和稳定价格的机制包括：缓冲存货、为这样的存货提供资金的共同基金、特定商品的多边购买和供应协定以及补偿性财政。有关《商品综合方案》的细节，参见United Nations Conference on Trade and Development, "An Integrated Programme for Commodities and Indexation of Prices," in Karl P. Sauvant and Hajo Hasenpflug, eds., The New International Economic Order: Confrontation or Cooperation Between North and South? (Boulder, Colo.: Westview, 1977), 85–102. 有关围绕该方案的谈判分析，参见Rothstein, Global Bargaining, part I; and Hart, The New International Economic Order, 36–40.

② See, for example, C. Fred Bergsten, "The Threat from the Third World," Foreign Policy, 11 (Summer 1973): 102–124; C. Fred Bergsten, "The New Era in World Commodity Markets," Challenge, 17 (September–October 1974): 34–42; and Donella H. Meadows et al., The Limits to Growth: A Report for the Club of Rome's Project on the Predicament of Mankind (New York, N.Y.: Universe Books, 1972).

知,加上对北方与发展中国家不断增长的金融联系的担忧、具有资本盈余的石油出口国强大的金融力以及对南方市场日益增长的兴趣,发达国家同意召开多次联合国大会特别会议讨论国际经济新秩序,并支持特殊的生产国与消费国之间的谈判。

更容易受到大宗商品供应中断影响的欧洲国家最容易接受南方国家国际经济新秩序的要求。例如,欧共体同意与46个关联的**非加太国家**（ACP）签订第一个**洛美协定**（Lomé Convention）。[①] 该协定增加了对非加太国家的援助并在援助治理中给予它们更大的发言权;向非加太国家产品提供进入欧共体市场的优惠准入而不要求它们给予欧共体产品同样的互惠待遇;创建补偿性的财政方案,即**"出口收入稳定制度"**（STABEX）,以稳定关联国家的12种关键大宗商品的出口收入。[②]

比欧共体多一些自给自足、因此较少受到外部大宗商品供应控制影响的美国认为发达市场经济体不应该基于它们看到的暂时不利的情况做出与南方国家鲁莽的谈判。在美国决策者看来,唯一的威胁来自石油生产国。当南方的石油消费者意识到石油输出国组织正破坏他们的经济时,美国认为他们会对石油生产国发起攻击。导致北方临时脆弱性的循环因素将最终消失,大宗商品价格将会下跌。

随着20世纪70年代慢慢过去,北方国家开始感觉没有像以前那样的脆弱。石油生产国,特别是海湾石油国家,不愿意代表发展中国家使用它们

---

① 到2000年,有15个欧盟成员国和71个非洲、加勒比和太平洋国家集团国家签约了《洛美协定》。See Richard Gibb, "Post-Lomé: The European Union and the South," Third World Quarterly, 21（2000）: 457–481.

② 第一个《洛美协定》于1979年续签并于1984年修订。第四个《洛美协定》的谈判开始于1990年。See Isebill V. Gruhn, "The Lomé Convention: Inching Toward Interdependence," International Organization, 30（Spring 1976）: 240–262; and John Ravenhill, "What Is to Be Done for the Third World Commodity Exporters? An Evaluation of the STABEX Scheme," International Organization, 38（Summer 1984）: 537–574. For background on Lomé II, see Carol C. Twitchett, "Lomé II Signed," Atlantic Community Quarterly, 18（Spring 1980）: 85–89; and Jonathan Fryer, "The New Lomé Convention: Marriage on the Rocks but No Separation," International Development Review, 1（1980）: 53–54.

的石油影响力。此外,随着原料价格开始下降,很明显,20世纪70年代大宗商品的价格上涨是一个周期性而不是结构性的现象。最后,发展中国家无法创立类似于石油输出国组织那样的"卡特尔"组织。

（70年代）建立国际经济新秩序的各种努力揭示了南方国家实力的有限性。从1975年至1977年召开的**国际经济合作会议**（Conference on International Economic Cooperation, CIEC）的结果微乎其微:原则上达成一项协定,为大宗商品价格稳定建立一项共同基金;北方国家承诺将加大努力实现对外援助占国民生产总值0.7%的目标;以及北方国家承诺向最不发达国家提供10亿美元援助。公同基金最终于1980年被联合国贸发会议采用,但由于批准国家的数量不够,从来没有得到执行。对外援助占国民生产总值0.7%的目标也没有达到。向最不发达国家提供10亿美元援助的承诺,总体上已经得到履行。[1]

联合国贸发会议创建《商品综合方案》（Integrated Programme on Commodities）的努力也是不成功的。联合国贸发会议呼吁举行对发展中国家重要的、有关原料出口的**《国际商品协定》**（international commodity agreements, ICAs）的谈判以及呼吁建立共同基金稳定发展中国家的大宗商品价格。

《国际商品协定》是生产者与消费者之间达成的旨在稳定或增加特定商品价格的协定。《国际商品协定》可能有三种类型或其中的组合:（1）**缓冲存货计划**（buffer-stock schemes）,如《国际锡协议》（International Tin Agreement）采取的那样,即在波动过多时,价格由来自中央基金的采购或销售来管理;（2）出口配额,比如《国际咖啡协定》（International Coffee Agreement）实行的那样,将产量配额分配给参与国以控制供应来实行价格管理;（3）多边合同,即当产品在世界市场的价格跌到低于特定价格时,进口国签订合同同意以这个特定的低价购买一定数量的产品,而当产品的世界市场价格超过最大值时,出口国同意以固定价格出售一定数量的产品。

联合国贸发会议执行国际商品协定的努力因《国际商品协定》面临的

---

[1]　For details of this analysis, see Jahangir Amuzegar, "Requiem for the North-South Conference," Foreign Affairs, 56 (October 1977): 136–159.

一些传统问题而搁浅。想利用《国际商品协定》提高价格的生产者与仅仅希望价格稳定的消费者往往在具体目标上难以达成一致。即使他们能够达成一致,《国际商品协定》也一直受到一些其他问题的困扰,如价格上涨时面临欺骗的诱惑、不同品质的相同商品在价格和供应上的变化、鼓励使用替代品、实施大幅减少生产或出口的难度、缓冲存货融资的高昂成本以及在商品价格面临长期下降的趋势时管理《国际商品协定》的政治和财政困难。此外,大多数北方国家政府以《国际商品协定》缺乏效率、鼓励浪费和资源的错配、仅仅对少数发展中国家有利以及在价格上涨时实际上损害其他发展中国家而反对该协定。[1] 尽管联合国贸发会议的努力,有关《国际商品协定》的谈判,如锡、糖、咖啡、可可、天然橡胶以及热带木材等商品协定的谈判很少得以举行。大多数这些商品协定的谈判都追溯到20世纪60年代,而不是联合国贸发会议努力的结果。只有《橡胶协定》和《热带木材协定》在联合国贸发会议下正式签署,而《热带木材协定》只是在产品和市场开放、保护和植树造林上,而不是在稳定价格上,提供合作和协商。[2]

联合国贸发会议的共同基金也从来没有诞生。[3] 尽管南方国家对

---

[1]　Johnson, Economic Policies Toward Less Developed Countries, 137–149. For a more recent work on international commodity agreements, see Christopher L. Gilbert, "International Commodity Agreements," in William A. Kerr and James D. Gaisford, eds., Handbook on International Trade Policy(Northampton, Mass.: Edward Elgar, 2008).

[2]　1985年,当锡缓冲存货用完资金时,作为最有效、最长期的《国际商品协定》之一的《国际锡协定》崩塌。有关各种《国际商品协定》的背景,参见 Gilbert, "International Commodity Agreements;" and Nappi, Commodity Market Controls, 61–83. On the International Rubber Agreement, see Ursula Wassermann, "UNCTAD: International Rubber Agreement, 1979," Journal of World Trade Law, 14(May–June 1980): 246–248; and UN Report(January 20, 1984), 5–6.

[3]　For background on the common fund, see Nappi, Commodity Market Controls, ch. 6; Paul D. Reynolds, International Commodity Agreements and the Common Fund(Lexington, Mass.: Heath, 1978); Jock A. Finlayson and Mark W. Zacher, Managing International Markets: Developing Countries and the Commodity Trade Regime(New York, N.Y.: Columbia University Press, 1988), ch. 2; and Gamani Corea, Taming Commodity Markets: The Integrated Program and the Common Fund in UNCTAD(New York, N.Y.: St. Martin's Press for Manchester University Press, 1992).

国际经济新秩序的愿景从未实现,但在20世纪70年代也取得了一些少许的成绩。国际货币基金组织和欧洲经济共同体都建立了补偿融资贷款(compensatory financing facilities),即当某一商品的价格下跌导致发展中国家出口收入减少时试图通过借钱给它们以稳定或增加它们的出口收入。①

在1975年至1979年《关贸总协定》"东京回合"多边贸易谈判期间,发展中国家获得了"特殊和差别化的待遇"。该待遇免除发展中国家受到《关贸总协定》互惠和最惠国义务规则的约束、给予发展中国家之间"一般特惠制"永久性立法授权及贸易优先权以及给予最不发达国家授权的特别优惠待遇。②

作为回报,发达国家坚持将"毕业条款"(graduation clause)纳入《关贸总协定》的条款里。"毕业条款"设定原则,规定当南方国家达到更高的发展水平时,它们所享受的优惠待遇将被撤销,它们应该承担《关贸总协定》的全部权利和义务。③ "毕业条款"留下的一个问题是该条款没有对"毕业"设置准则和标准。

到20世纪70年代末期,南方国家基于团结、大宗商品力以及国际经济新秩序的战略已经进入了一个死胡同。尽管七十七国集团在联合国以及联合国贸发会议上继续呼吁其建立国际经济新秩序的愿景,但是国际

---

① John Ravenhill, Collective Clientelism: The Lomé Convention and North-South Relations(New York, N.Y.: Columbia University Press, 1985).

② For background on the Southern countries and the Tokyo Round, see Bela Belassa, "The Developing Countries and the Tokyo Round," Journal of World Trade Law, 14(March-April 1980): 93-118; Thomas R. Graham, "Revolution in Trade Politics," Foreign Policy, 36(Fall 1979): 49-63; Stephen D. Krasner, "The Tokyo Round: Particularistic Interests and Prospects for Stability in the Global Trading System," International Studies Quarterly, 23(December 1979): 491-531; Robert Hudec, Developing Countries in the GATT Legal System, 71-102; General Agreement on Tariffs and Trade, The Tokyo Round: Report by the Director-General of GATT(Geneva, Switzerland: GATT, 1979); and Robert Hudec, Developing Countries in the GATT Legal System(London, UK: Trade Policy Research Center, 1987), 85.

③ On the graduation issue, see Isaiah Frank, "The Graduation Issue for the Less Developed Countries," Journal of World Trade Law, 13(July-August 1979): 289-302.

市场的发展正在改变南方国家的议价能力并创建了一个完全不同的经济秩序。

出口导向型增长

到20世纪80年代,大宗商品力已经被证明是一种错觉。尽管专家预测世界面临着原材料不断萎缩的未来,但是70年代中期大宗商品价格的飙升被证明仅仅是一个周期性的现象。如果有什么不同的话,世界对原材料需求的长期趋势似乎在下降,而不是增加。20世纪七八十年代,发达国家的国民生产总值增长率从60年代的快速增长开始下降,因此降低了对大宗商品的需求。北方国家的产值从制造业向使用更少原材料的服务业转变,也导致了它们对大宗商品需求的下降(参见第三章)。70年代价格的急剧上升鼓励了原材料保护、更多的循环利用以及运用人工合成材料或者通过技术和能源密集型材料来替代传统原材料。需求增长的这种下降,加上70年代商品短缺时期的投资带来的新的产能,导致很多大宗商品的产能过剩、供过于求以及价格疲软。①

表 7.1　2003—2005 年低收入国家总出口中的非石油商品份额

国　家	份额(%)	哪些关注商品是重要的?
布隆迪	93.76	咖啡
马里	89.32	棉花
坦桑尼亚联合共和国	85.18	(黄金)棉花、咖啡和烟草
马拉维	85.00	烟草
布基纳法索	84.24	棉花

① Raymond F. Mikesell, "The Changing Demand for Industrial Raw Materials," in John W. Sewell, Stuart K. Tucker, and contributors, Growth, Exports, and Jobs in a Changing World Economy: Agenda 1988 (New Brunswick, N.J.: Transaction Books, 1988), 139–166.

国　家	份额（%）	哪些关注商品是重要的？
加纳	83.22	（黄金）可可
卢旺达	82.01	咖啡
贝宁	81.40	棉花
尼加拉瓜	74.54	咖啡
津巴布韦	73.71	烟草和棉花
埃塞俄比亚	73.61	咖啡
乌干达	72.07	咖啡
洪都拉斯	63.35	咖啡
科特迪瓦	59.15	可可、咖啡和棉花
多哥	58.47	可可、咖啡和棉花
肯尼亚	51.40	茶叶

资料来源：Colin Poulton, "Bulk Export Commodities: Trends and Challenges," Background Paper for the World Development Report 2008, p.7。

　　从1980年至1986年，发展中国家的非石油商品价格下跌了24%。此后价格有所恢复，并在1986年至1988年期间增长了14%，但在随后的1989年至1993年间再次下跌了16.6%。[1] 从1985年到1992年，低收入发展中国家的贸易条件下降了10%，而中低收入和中上收入发展中国家的贸易条件分别下降了4.2%和0%。[2] 在1982年至1991年期间，工业国家的贸易条件每年平均提高了0.9%，而从1992年至2001年平均每年仅仅增长了0.1%。[3]

　　大宗商品价格的下降严重影响了依然依赖大宗商品出口的最贫穷的

---

[1]　International Monetary Fund, World Economic Outlook 1988 (Washington, D.C.: International Monetary Fund, 1988), 141; and United Nations, World Economic and Social Survey 1994 (New York, N.Y.: United Nations, 1974), 72–73.

[2]　World Bank, World Development Report 1994 (Washington, D.C.: World Bank, 1994), 186–187.

[3]　International Monetary Fund, World Economic Outlook 2000 (Washington, D.C.: IMF, 2000).

发展中国家。例如,铜出口占其出口份额90%以上的赞比亚的出口值在1980年至1985年期间下降了一半以上。同一时期,主要来自铁矿石和橡胶出口的利比里亚的出口收入,以及大部分来自锡出口的玻利维亚的出口收入下降了近40%。[①] 表7.1显示了各个低收入国家对特定的非石油商品,如咖啡、茶、可可、棉花、烟草和黄金出口的依赖。表7.2说明了像咖啡和可可等大宗商品价格在过去十年的下降。虽然茶叶等一些大宗商品的价格后来有所上升,但上升的幅度是有限的。

表 7.2　1993/95—2003/05 年以单位价格变化排名的选定的大宗商品贸易

商　品	1993/95—2003/05年贸易量的变化（％）	1993/95—2003/05年贸易值的变化（％）	1993/95—2003/05年单位价格变化（％）	1993—1995年贸易的平均值（10亿美元）	2003—2005年贸易的平均值（10亿美元）
新鲜和冷冻蔬菜	69.7	106.8	17.5	3.2	6.7
大豆	99.9	118.9	9.5	7.1	15.5
香蕉	39.7	43.4	3.1	3.5	5
茶叶	54	65.4	3	1.8	3
棉花	48.3	51.1	1.9	5.4	8.1
牛肉	21.5	23.4	1.6	14.9	18.4
玉米	25.6	21.5	−0.3	9.3	11.3
可可	44.3	38.3	−4.2	2.5	3.5
鲜切花	72.9	48.7	−4.4	3.4	5.1
天然橡胶	45.2	38.6	−4.5	5.4	7.5
热带原木	−12.6	−20.8	−9.3	2.3	1.8
热带/亚热带树木	−5.1	−15.9	−11.5	2.9	2.4
糖	38.8	14.6	−17.7	9.2	10.5

[①] 　Mikesell, "The Changing Demand for Industrial Raw Materials," 140, 155; and Finlayson and Zacher, Managing International Markets, 4–5.

续表

商　品	1993/95—2003/05年贸易量的变化（%）	1993/95—2003/05年贸易值的变化（%）	1993/95—2003/05年单位价格变化（%）	1993—1995年贸易的平均值（10亿美元）	2003—2005年贸易的平均值（10亿美元）
鸡肉	97.8	61.3	−18.4	6.9	11.1
大米	67.5	41.7	−18.4	5.2	7.4
咖啡	16.9	−32	−41.9	8.6	5.9
海鲜	n/a	47.8	n/a	31.1	46

资料来源：Colin Poulton, "Bulk Export Commodities: Trends and Challenges," Background Paper for the World Development Report 2008, p. 4.

当许多最贫穷的发展中国家陷入大宗商品价格的崩溃时，其他发展中国家正发展强大的制造业能力以及增加它们的制成品出口。20世纪70年代，许多发展中国家的出口导向型工业化政策开始产生效果。纺织品和鞋类等劳动密集型产业的较低劳动力成本、从北方国家收购或者改编而成的生产创新，如在钢铁领域、消费性电子产品以及半导体产业实现的那样，使某些发展中国家成功地在北方国家市场开展了竞争。**大型零售商**（big-box retailers）凯马特和沃尔玛开始选择出口导向型发展中国家的制造商作为廉价消费品的供应商。[①]

从1970年至1990年，发展中国家的制成品出口份额翻了一番，从1970年的占其出口总额的23.7%上升到1990年的57.5%。到1993年，南方国家的制成品出口占到世界制成品出口的27%。到2003年，该份额几乎达到45%。[②] 南方国家的制成品也占据了北方国家进口的很大比例。南方的制成品在工业国家制成品进口的份额从1963年的4%增长到1987年的

[①]　On this point, see Gary Gereffi and Miguel Korzeniewicz, Commodity Chains and Global Capitalism(Westport, Conn.: Praeger, 1994).

[②]　World Development Report 1993, 14; and World Bank, World Integrated Trade Solution database.

13%。^① 到1990年,美国32 %的制成品进口来自发展中国家,而这一比例在1972年仅仅为15%。日本从南方国家进口制成品的份额从1972年的18%上升到1990年的44%。^② 发达国家从发展中国家的制成品进口继续快速增长(图7.3)。

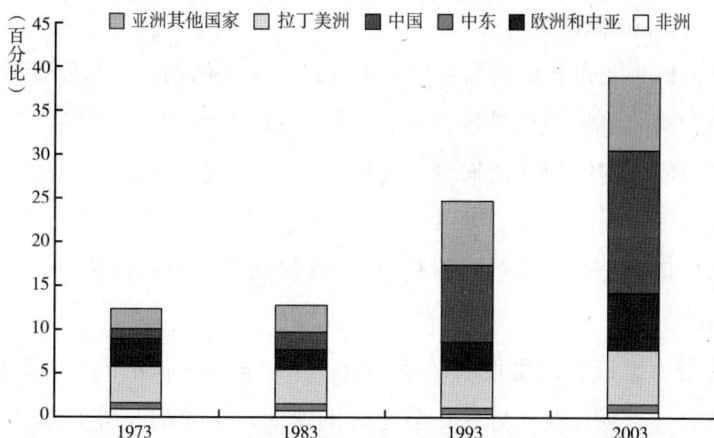

图7.3 1973—2003年发达国家从发展中国家的制成品进口
资料来源:世界贸易组织。

贸易结构这种变化的主要受益者是新兴工业化经济体,特别是亚洲四小龙——韩国、中国台湾、新加坡和中国香港。^③ 20世纪50年代以及60年代初期,东亚新兴工业化经济体,除香港外,都实行了成功的进口替代政

① General Agreement on Trade and Tariffs, International Trade 1987–1988 (Geneva, Switzerland: GATT, 1988), table AC3.

② GATT, International Trade, various issues.

③ See Organization for Economic Cooperation and Development, The Newly Industrializing Countries: Challenge and Opportunity for OECD Countries (Paris, France: OECD, 1988); Lawrence B. Krause, Introduction to Foreign Trade and Investment: Economic Growth in the Newly Industrializing Asian Countries (Madison, Wis.: University of Wisconsin Press, 1985), 22; Neil McMullen and Louis Turner, with Colin L. Bradford, The Newly Industrializing Countries: Trade and Adjustment (London, UK: Allen and Unwin, 1982); and David Yoffie, Power and Protectionism: Strategies of the Newly Industrializing Countries (New York, N.Y.: Columbia University Press, 1983).

策。国内生产非耐用消费品代替了进口,导致了一段时期的快速增长。然而,到20世纪六七十年代,进口替代战略显示了其局限性。进口替代政策扩大到机械和耐用消费品领域需要将贸易保护和投资延伸到更多的资本密集型行业。这些经济体内部市场的狭小导致它们加深进口替代政策的成本很高。如果不通过出口扩张到外部市场,这些经济体的国内产业就无法利用规模经济效应。

亚洲四小龙也意识到需要外汇收入进口必要的商品,包括原料。韩国和中国台湾收到广泛的外国援助,因此对它们来说,出口收入将最终代替外国援助成为它们的资金来源。然而,进口替代战略对出口企业造成了歧视。贸易保护提高了许多出口产业所必要的进口投入的成本,从而降低了它们的出口竞争力。此外,进口替代通常伴随着货币的高估,这会导致出口价格的上升。

转变为**出口导向型增长政策**(export-led growth policies)并不意味着消除所有的贸易保护。除中国香港外的亚洲四小龙都保留了进口关税和数量限制。外向型政策意味着消除对出口的偏见,如维持对出口没有歧视的现实汇率、减少对出口业投入的进口壁垒以及删除其他任何对出口的抑制因素如出口税。在韩国和新加坡,外向型政策还涉及政府通过为出口商提供有利的信贷条件、税收刺激、降低出口价格的汇率低估政策、鼓励出口行业的外国投资以及对目标行业的直接补贴等措施促进出口。亚洲四小龙经济体政府由于优惠政策仅仅针对部分行业而受到批评,如在韩国,重工业和化学工业受到优惠政策待遇,而这些行业与其他由市场"选择"的行业相比并不太成功。然而,总体的出口激励明显增强了新兴工业化国家的竞争力。通过"海外组装"或"采购"安排,即鼓励跨国公司进行出口投资,这些经济体也增加了出口(参见第八章)。[1]

这些战略导致出口的急剧增加。亚洲四小龙在世界的出口份额从1960年的2%增长到2006年的10.5%。[2] 2000年,亚洲四小龙占到了发展中

① The key works are cited in Chapter 5, note 30.

② World Trade Organization, International Trade Statistics 2007.

国家大约四分之一的制成品出口份额。随着多个其他中等收入国家如巴西、墨西哥和阿根廷的纳入,新兴工业化国家在发展中国家制成品出口的份额1998年几乎达到了70%。[①] 亚洲四小龙在经合组织制成品进口中的份额也从 1964年的1.3%上升到2000年的5.6%。[②] 更重要的是,外向型战略比内向型政策带来了更高的经济增长率。[③]

出口导向型增长的理论争议

发展经济学专家对"亚洲四小龙"成功的原因彼此之间存在着争议。一些人强调市场自由化政策的重要性,而另外一些人则强调政府通过产业政策介入的重要性。持前种立场的人士包括世界银行和国际货币基金组织的分析家。[④] 持后一种立场的主要包括学院派的经济学家和政治学

[①]　IMF, World Economic Outlook 1988, 80; and calculated by the authors from IMF, Direction of Trade Statistics 2001.

[②]　OECD, The Newly Industrializing Countries, 19; and World Bank, World Development Report 1995, 193.

[③]　其他因素对东亚新兴工业化国家的成功至关重要。亚洲四小龙都有受过高等教育和熟练的劳动力,而且他们都高度地遵守纪律且具有上进心。亚洲四小龙也都有高储蓄率,这为它们的投资提供了信贷,使它们避免过多的外部借款。即使在某种程度上它们也依靠外国借贷,但这些借款通常被引到为偿还债务提供外汇的出口行业。此外,在它们工业化的早期阶段,韩国、新加坡的独裁政府给予政治精英们决定经济政策更大的自由,导致更大的经济政策的连续性。这些经济体要么经历了土地改革,要么从未有过地主阶级,因此它们没有来自根深蒂固的特权阶层的政治压力。此外,这些政府的政治合法性严重依赖于经济成功。经济增长导致了它们绝对贫困人口的减少、更公平的收入分配以及生活条件的改善,这些成绩缓解了它们的政治压力,促进了韩国的重要民主化。这些政府也有被共产主义包围所带来的不安全感,相信经济实力将会增加它们的独立性和安全性。此外,在独裁政府之下,工会讨价还价的权力有限,最低工资的实行也受到阻滞,这阻碍了工资大幅上涨。参见 Stephan Haggard, Pathways from the Periphery (Ithaca, N.Y.: Cornell University Press, 1990).

[④]　World Bank, The East Asian Economic Miracle: Economic Growth and Public Policy (Washington, D.C.: The World Bank, 1993); Deepak Lal, The Poverty of Development Economics (London, UK: The Institute of Economic Affairs, 1983); and Ian Little, Economic Development (New York, N.Y.: Basic Books, 1982).

家。① 前一种观点与"华盛顿共识"相一致（参见第六章），后来逐渐被称为**新自由主义**。后一种观点后来被认为是提倡**发展型国家**（developmental state）——积极并成功地促进经济发展的国家——思想学派的倡导者。这是一个重要的辩论，因为它将有助于在全球化时期塑造政府和国际组织的政策。

许多经济学家对"发展型国家"思想流派认为产业政策导致亚洲四小龙经济快速增长的说法持怀疑态度。② 他们试图提出尽可能的强烈建议，呼吁发展中国家有必要减少对市场的人为限制以及开放贸易和投资流动。他们的研究集中在开放与经济增长之间强大的相关性，并淡化政府政策或政府机构在确保经济开放将会取得理想效果中所扮演的角色。他们总体上认为国家是问题的一部分，因此不能成为解决方案的一部分。

来自各个学科，包括来自政治学、社会学以及经济学的政治经济学家，相反则认为正是合适的政府政策和制度的存在使亚洲四小龙实现了从进口替代到出口拉动增长的艰难转型。没有这些政策和制度的开放可能已经导致或将会导致坏的结果。

当世界银行和国际货币基金组织使用结构调整计划强迫之前实行进口替代政策的发展中国家实行开放政策后，结果有时是非常负面的，至少在短期内如此。例如，作为进口提替代政策的一部分，牙买加对进口实行的高关税使其农业和食品加工产业在20世纪70年代已经成长。当这些关

---

① See, for example, Dani Rodrik, One Economics Many Recipes: Globalization, Institutions, and Economic Growth (Princeton, N.J.: Princeton University Press, 2007), especially ch. 4; Peter Evans, Embedded Autonomy: States and Industrial Transformation (Princeton, N.J.: Princeton University Press, 1995); Alice H. Amsden, Asia's Next Giant: South Korea and Late Industrialization (New York, N.Y.: Oxford University Press, 1989); Stephan Haggard, Pathways from the Periphery; and Robert Wade, Governing the Market (Princeton, N.J.: Princeton University Press, 1997).

② See, for example, Paul Krugman, "The Myth of Asia's Miracle: A Cautionary Fable," Foreign Affairs, 73 (November/December 1994): 62–78; and Marcus Noland and Howard Pack, Industrial Policy in an Era of Globalization: Lessons from Asia (Washington, D.C.: Institute for International Economics, 2003).

税取消后,许多农民和食品加工商陷入失业。牙买加城市居民受益于商店内较低的食品价格,但是牙买加农村居民因此遭受巨大的损失。当外国投资壁垒被消除时,一些跨国公司开始投资于出口加工区内要求低技能劳动的产品制造。只要工资上涨,它们就将投资转移到低工资国家。全球化的反对者们抓住这种产业转移的做法,以作为在他们对进一步开放贸易和投资流动的反对。①

北南贸易中新的保护主义压力

然而,亚洲四小龙的成功给北方国家带来了强大的贸易保护压力。20世纪80年代,美国废除了对这些经济体实行的"一般特惠制",限制从它们的纺织品、鞋类、钢铁和其他商品的进口,并压迫亚洲新型工业化国家允许本币对美元的升值。② 美国还施压韩国废除贸易保护及对美国的商品和服务开放市场。20世纪90年代,这种压力转向了中国等同样经历快速出口增长的其他亚洲国家。

亚洲新兴工业化国家的贸易问题总体上是北南贸易关系的一大特色。对南方国家制成品的进口给北方国家就业集中的重要工业产业带来了重大威胁,因此引发了强大的贸易保护的政治压力。结果,北南之间制成品贸易越来越受制于贸易壁垒,特别是《自愿出口限制》的约束。

典型的例子是纺织业。③ 南方国家在纺织业的很多领域,即劳动密集型和需求简单技术纺织品领域,拥有一定的比较优势。然而,纺织业的这些同样的领域代表了发达国家国内生产总值和就业的重要份额。此外,

---

① 这种特殊案例在史提芬妮·黑导演的《生活和债务》的一部纪录片中得到证明。可以通过网址http://www.lifeanddebt.org/ 观看这部纪录片。

② GATT, International Trade 1987–1988, tables A14–A17.

③ Martin Wolf, "Managed Trade in Practice: Implications of the Textile Arrangements," in William R. Cline, ed., Trade Policy in the 1980s (Washington, D.C.: Institute for International Economics, 1983), 455–482.

纺织业往往是地理上集中、政治上组织良好的产业,因此成为所有发达国家国内贸易政策的一支强大力量。

随着一些欠发达国家在北方国家的纺织品市场变得有竞争力,1962年,《关贸总协定》成员国谈判签署了关于棉纺织品国际贸易的《长期安排》(Long-Term Arrangement, LTA),允许一些背离《关贸总协定》规则的做法,如实行纺织品进口配额和市场份额监管。一些限制性的双边协定随后在《长期安排》的框架内谈判签署。① 当欠发达国家在人造纤维和羊毛业变得具有竞争力时,《关贸总协定》合约方于1974年签订了《国际纺织品贸易协定》(Arrangement Regarding International Trade in Textiles),又称《多种纤维协定》(Multi-Fiber Arrangement, MFA)。该协定创建了限制纺织品贸易的一个多边框架,在此框架下开展具体的双边控制谈判。为了扩大其覆盖面以及降低欠发达国家市场份额的增长,多年来,《多种纤维协定》被定期延伸,变得更加具有限制性。到1986年,南方国家纺织纱线、织物出口的61%以及和服装出口的78%都受到北方国家的进口限制。② 最初作为临时性保障措施的纺织品协定在制度上牢牢地确定起来,因此极大地限制了欠发达国家的纺织品出口。③

纺织业的案例以不太全面但同样有害的方式在许多其他领域重复出现。《自愿出口限制》越来越多地限制了南方国家在北方国家的市场准入。例如,1987年47%的出口限制安排都适用于发展中国家的出口。④

由于制成品新的重要性以及新的保护主义形式的出现,欠发达国家的贸易政策越来越关注于对发达国家的市场准入,尤其是关注于控制《自愿

① Niels Blokker, International Regulation of World Trade in Textiles (Berlin, Germany: Springer, 1989).

② World Bank, World Development Report 1987 (New York, N.Y.: Oxford University Press, 1987), 142.

③ Wolf, "Managed Trade in Practice," 468-469. The MFA ended in 2004 with the creation of the World Trade Organization and was replaced with the Agreement on Textiles and Clothing.

④ United Nations, World Economic Survey 1988 (New York, N.Y.: United Nations, 1988), 34.

出口限制》。《关贸总协定》中新的保障协定成为"乌拉圭回合"谈判中高度优先的关注点。南方国家制成品出口日益增长的重要性也提出了它们的"毕业"问题。随着新型工业化国家在众多的制成品领域更有竞争力,北方国家政府声称它们不再享有"一般特惠制"等特权或享有在《关贸总协定》中的特殊与差别化的待遇。在多个场合,北方国家开始要求新型工业化国家"毕业"及在国际贸易体系中承担与发达国家同样的承诺与责任。

20世纪70年代,南方国家不仅成为北方重要的制成品出口方,而且也成为发达国家更重要的市场。从1973年至2000年,发展中国家占发达国家产品出口的份额从17%增长到28%。[①] 2006年,48.2%的美国出口流向发展中国家,而这一比例在1980年和1973年分别为37%和29%。[②]

欠发达国家的债务危机表明了与南方国家的贸易对北方国家的重要性。为了产生外汇以偿还债务,发展中国家通过紧缩政策、外汇配给和进口限制等措施减少进口。高负债国家的进口在1970年至1980年期间平均每年增长了5.5%,但是从1980年至1987年平均每年又下降了6.3%。[③] 1980年至1987年,美国的出口总额增长了8%,但其对拉丁美洲的出口下降了19%。美国制成品的全球出口下降了23%,但其对拉丁美洲的制成品出口下降了32%。[④] 与此同时,为了增加外汇收入,债务国试图向北方国家出口更多的商品,从而加剧了北方国家贸易保护主义的压力。从1980年至1987年,美国从高负债国家的进口增加了18%。[⑤]

---

① GATT, International Trade 1987–1988, table AA10; and International Trade 1990–1991, table A2; and IMF, Direction of Trade Statistics 2001.

② Economic Report of the President 1988 (Washington, D.C.: Government Printing Office, 1988), 367; and WTO, International Trade Statistics 2007.

③ World Bank, World Development Report 1988, 197.

④ U.S. Department of Commerce, Highlights of U.S. Export and Import Trade (Washington, D.C.: Government Printing Office, various issues).

⑤ GATT, International Trade 1987–1988, table AA–7.

新务实主义

20世纪80年代的新的现实改变了发展中国家的贸易战略。大宗商品力的崩溃,包括石油输出国组织威胁的不复存在、随着一些先进的发展中国家融入到现存的国际经济秩序导致七十七国集成员国之间的团结出现深深裂隙、南方国家经济地位的削弱,特别是它们的债务危机,使南方国家对国际经济新秩序的需求受到破坏。与此同时,北方国家在国内变得更加坚持保护主义的,在国外更加坚持以市场为导向的政策。正如我们所见,北方国家对发展中债务国政策的主要元素之一是实行市场化的国内改革以及推行国际自由化(参见第六章)。在这种情况下,南方国家的主要谈判筹码是说服北方国家相信维护世界经济稳定和繁荣依赖于改善发展中国家的命运。

20世纪80年代新的势力的兴起也对南方国家偏爱的治理机制,特别是联合国贸发会议以及联合国的有效性产生质疑。虽然南方国家继续利用这些场合号召建立国际经济新秩序,但是在联合国体制内的北南对话越来越成为"聋子的对话"。

随着与北方对抗的战略以及建立国际经济新秩序的努力倒塌,发展中国家将它们的注意力转向《关贸总协定》。这种转变的一个原因是来自发达国家,尤其是来自美国举行新一轮多边谈判的压力(参见第三章)。发达国家需要一个新的多边贸易回合谈判,以便将农业和所谓"新"的贸易领域(服务、知识产权和投资)置于《关贸总协定》的规则之下。在世界贸易组织规则之外以及违背世界贸易组织规则的贸易保护主义措施的扩散也引起日益增加的恐慌感。美国尤其变得确信,若果《关贸总协定》的规则和程序不进行重大的改革,《关贸总协定》体制将变得越来越脱离经济现实并最终走向崩溃。

新兴工业化国家戏剧性的出口成功是推动新的多边贸易回合谈判的另外一个动力。随着对新兴工业化国家向欧美市场加深渗透的担忧增加,工业化国家指责新兴工业化国家在国际体系内"搭便车",认为后者继续利用由《关贸总协定》和"一般特惠制"计划给予发展中国家的特殊待遇,尽管有压倒性的证据表明它们已经成为具有国际竞争力的出口商。工业化国家坚持认为新兴工业化国家应该从发展中国家地位(以及伴随的福利)"毕业"及充分融入到《关贸总协定》体系中,从而需要承担与它们新的经济地位相一致的义务的时机已经到来。作为推动新兴工业化国家这种"毕业"努力的一部分,1989年1月美国将亚洲四小龙从有资格享受"一般特惠制"特权国家的名单中移除。

工业化国家也抱怨新兴工业化国家从事不公平的贸易行为,从出口补贴、倾销到限制外国进口和直接投资。发达国家,尤其是美国,还批评新兴工业化国家维持货币的低估以促进出口。因此,双边贸易纠纷以及由美国和欧共体成员国对这些国家发起的单边贸易措施的数量大幅上升。

尽管大多数关注集中在新兴工业化国家,发达国家也增加了对非新兴工业化国家开放国内贸易和经济体制的压力,认为贸易保护主义政策和"特殊和差别化的待遇"的要求很少有经济意义。这个方法最明显的变化是日益强调世界银行和国际货币基金组织需要发展中国家同意进行"结构性"的、以市场为导向的经济改革。一个并行的方法是美国显而易见的决心,运用新一轮贸易回合谈判限制"特殊和差别化待遇"的定义及其应用、改革《关贸总协定》中允许发展中国家以"收支平衡"的理由实行贸易限制的条款,以及说服发展中国家限制(或许减少)它们关税清单中的大部分关税。

与此同时,发展中国家对从先前贸易回合谈判中得到被认为是微薄的收益也越来越感到不满。虽然正如前面所讨论的,一些发展中国家参与了《关贸总协定》的谈判,但是大多数国家选择了被动的角色,主要是因为它们确信,《关贸总协定》作为"富人俱乐部"能够给没有实质性政治和经济影响力的国家提供的东西太少。既然《关贸总协定》所同意的关税削减能在"最惠国待遇"的基础上得到应用,发展中国家觉得它们能够获得《关贸总协定》谈判带来的好处,而没有必要必然参与这些谈判。此外,由于大多数发展中国家在国际贸易中扮演着很小的角色,它们很少有动力参与务实的谈判,因此如本章前文阐述的那样,愿意做出表现为北南对峙的意识形态的立场。

然而,到20世纪80年代末期,发展中国家已经比以往任何时候都更依赖贸易,它们在维护自由的国际贸易体制中的利益已成比例上升。1970年,发展中国家平均贸易与国内生产总值的比率为10%。到2006年,该比率上升到35%。[①] 新兴工业化国家等少数国家在相对较短的时间内成为高度成功的出口商,其他发展中国家也渴望跟随它们的脚步。考虑到过去的内向型经济政策的失败、新兴工业化国家出口导向型增长的成功例子以及持续的商品和债务危机,发展中国家被迫重新评估它们的发展战略。许多发展中国家开始慢慢改革它们的国内经济政策、放开它们的贸易体制并转向更具有出口导向型的增长战略。[②]

积极参与《关贸总协定》的重要性因对发展中国家不断上升的贸易保护主义而得到加强。欧共体、日本以及美国共同增加了"核心"非关税壁垒在从发展中国家进口中的应用,从1981年占它们进口的19%增长到1986年的21%,而同一时期在它们从其他工业化国家的进口中类似非关税壁垒的应用比例从13%增长到16%。对单个出口行业来说,这些数据更具有说服力。工业市场经济体将非关税壁垒应用到它们从发展中国家55%的钢铁进口以及31%的制成品(非化学品)进口,包括80%的服装进口和27%的鞋类进口。[③]

因此,市场准入成为发展中国家在20世纪八九十年代优先考虑的贸

---

① World Bank, World Development Indicators 2007.

② 然而,这种转变是渐进的,而不是戏剧性的,这是因为出口产业虽然在整个十年里维持增长,但在大多数国家,出口产业的国内政治影响仍然保持最低限度的。正如一位分析师所说的,贸易自由化和贸易保护主义势力之间的政治平衡是国家贸易政策所依赖的至关重要的"刀刃"。

③ UNCTAD Database on Trade Control Measures, http://r0.unctad.org/ trains_new/database.shtm..

易问题。尽管在日本和欧洲也面临着市场准入问题,但是对市场准入的这种担忧主要集中在迄今为止仍然是许多发展中国家最大出口市场的美国。随着美国继续加强贸易法律,其非关税壁垒继续以倍数效应增加,因此许多发展中国家逐渐将《关贸总协定》视为对美国的贸易政策施加约束,以确保它们持续进入美国市场的唯一机会。这一观点因《北美自由贸易协定》的谈判而加强,因为一些国家将《北美自由贸易协定》视为美国将远离多边主义的象征。1985年后欧共体实现完全经济一体化的重新努力同样引起了对《关贸总协定》体系有可能瓦解成为具有保护主义的地区和双边贸易集团的担忧。发展中国家也希望"乌拉圭回合"将迫使日本提供更多的市场准入。

最后,到20世纪80年代中,发展中国家利益的多样性以及传统的集团方式为发展中国家与北方的关系带来的问题已得到更多的认识。在一端的是似乎处在加入排他性的工业化国家俱乐部边缘的一些新兴工业化国家。在另一端的是仍然紧紧抓住国际贸易体系磨损边缘的最贫穷的发展中国家。而存在中间的是许多不同经济发展水平的国家,它们在出口依赖度、比较优势以及政治和社会目标上均有着差异。面对这样的多样性,许多发展中国家逐渐相信,对《关贸总协定》谈判持有务实的而不是意识形态的或者集团化的态度将最好地符合它们的利益。

全球化:加入贸易体制

乌拉圭回合

发展中国家最初对发达国家举行新的贸易回合谈判的呼吁保持抵制,认为《关贸总协定》不应该讨论新问题,而应该关注于老的、未解决的问题。例如,巴西建议解决关税壁垒的消除《多种纤维协定》、热带产品贸易自由化、约束反倾销和补贴行为以及提高争端解决机制等问题。① 欠发达国家以不参加这一回合谈判相威胁，试图迫使北方国家对南方国家关心的问题投以更多的关注，并从北方国家得到了一些让步，如成立一个特殊的谈判小组，承诺尽早签署热带产品协定。获得这些让步后，欠发达国家在1986年协议中同意启动"乌拉圭回合"，进入谈判并决定成为《关贸总协定》谈判过程中的积极参与者。尽管在1987年之前的20年里只有17个发展中国家加入了《关贸总协定》，但是在1987年至1994年期间，又有另外29个发展中国家加入了该组织。到2008年，接近100个发展中国家成为世界贸易组织的成员国。②

在谈判中最活跃的发展中国家是那些相信这些谈判与它们很多利益密切相关的国家，即中等收入发展中国家以及所谓的新兴低收入经济体，如中国和印度。少数国家选择了寻求强硬的立场，如坚持七十七国集团应该享受"特殊和差别化待遇"的传统要求。奉行强硬立场的国家以巴西和印度为代表，它们有着巨大的国内市场，并认为过快的经济自由化将使它们遭受损失。

尽管许多发展中国家在国际场合不愿意损害南方国家之间"团结"的外表，但是它们在国内、双边以及地区政策上经常选择寻求更加务实的战略。由于相信只有参与游戏的国家才有机会赢得让步，它们选择与发展中国家和工业化国家一道，努力争取在对它们至关重要的问题上达成协议。因此，尽管工业化国家与发展中国家在问题的优先性上有着明确的不同，但是"乌拉圭回合"谈判并没有沿北南界线出现分裂。相反，与早期的回合谈判形成鲜明对比的是，在一些问题上产生了一些经常既包括工业化国家又

① Carlos Luiz Marone and Carlos Alberto Primo Braga, "Brazil and the Uruguay Round" (paper presented at the Conference on the Multilateral Trade Negotiations and Developing Countries, Washington, September 15–18, 1988).

② See http://www.wto.org/english/thewto_e/gattmem_e.htm for a list of GATT members as of 1994 and http://www.wto.org/english/thewto_e/whatis_e/tif_e/ org6_e.htm for a current list of WTO members.世贸组织内的国家决定它们是否需要被认为是发展中国家，但是这种需求可能受到其他国家的挑战，如果后者认为某特定国家不符合享有发展中国家的特权。

包括发展中国家的国家联盟。一个关键的联盟是由14个农业出口国（其中九个是发展中国家）于1986年组成的所谓的"凯恩斯集团"（Cairns group），该集团的成立是为了向美国和欧盟施压，寻找解决生产过剩以及农产品补贴问题。[①] 在一系列如非关税壁垒、争端解决程序、服务业贸易以及热带产品等问题的谈判过程中，北南之间许多其他非正式团体也发展了起来。

由于发展中国家最重要的目标是增加对发达国家的市场准入，因此它们倾向于将在"乌拉圭回合"谈判中的努力集中在谈判刚开始时所同意的一些问题，如停止和削弱贸易保护主义措施的执行、将农业和纺织品置于《关贸总协定》的约束之下、加强对"灰色地带"措施的保障和约束、消除非关税贸易壁垒、加强《关贸总协定》规则（如反倾销法则）以限制发达国家援引本国贸易法律反对被认为是冒犯国的能力以及改革争端解决机制以及《关贸总协定》其他程序以提高其监督和执行的能力。发展中国家继续坚持要求获得特殊待遇以承认它们的发展需要，虽然它们中的很多国家表示愿意在特殊待遇的具体表现形式上可以表现得更加灵活。

务实的接触战略导致发展中国家在"乌拉圭回合"谈判中取得了重要成果（参见第三章）。[②] 91个发展中国家参与了此轮谈判，远比前几轮的发展中国家参与国要多，而且它们比以往任何时候参与得都更积极、更广泛。结果，它们在获取市场准入的目标上做出了重要进展。例如，"乌拉圭回合"协议规定在10年内消除《多种纤维协定》协商的纺织品配额，从而结束了在纺织品领域30多年的有管理的贸易。将农业纳入贸易自由化体系的新的农产品贸易体制反映了"凯恩斯集团"发展中国家成员的努力。各种热带和基于自然资源之上的工业产品的关税削减使发展中国家从中受益。[③]

发展中国家也受益于新的贸易规则的发展。《自愿出口限制》和通过

---

① Diana Tussie, "Holding the Balance: The Cairns Group in the Uruguay Round," in Diana Tussie and David Glover, eds., The Developing Countries in World Trade（Boulder, Colo.: Lynne Rienner, 1993）.

② See also International Monetary Fund, The Uruguay Round: Economic Implications （Washington, D.C.: IMF, July 15, 1994）.

③ IMF, The Uruguay Round, 6, 9.

保障法典实行的进口监视措施的取消是一项重大的成就。1992年,欠发达国家对发达国家出口的近10%都被这些"灰色地带"措施所覆盖。[①] 另外,有关反倾销的新的规则可能有利于经常成为反倾销对象的发展中国家。最后,发展中国家能够获得特殊待遇,使它们能够继续使用补贴用于发展。

发展中国家在"乌拉圭回合"《农业协议》方面也取得了一些进展。工业化国家同意到2000年减少20%的农业补贴对南方国家来说是一个主要的胜利。此外,《农业协议》主要通过非关税壁垒的"关税化",呼吁将应用到制成品贸易中的约束措施同样应用到农业领域(参见第三章)。不幸的是,发达国家和发展中国家均将农产品领域的关税维持在比其他领域实际或者应用的关税高得多的水平。

至于在谈判下出现的所谓"新"的问题(服务业、知识产权和投资),大多数发展中国家或者不够热情或者持有敌意。它们视服务业、知识产权和投资领域的谈判为试图改变发展中国家还没有被《关贸总协定》正确覆盖领域的政策。只有少数经济体(如亚洲四小龙)表示在有条件的情况下同意考虑在这些话题上正式达成协议——这主要因为它们怀疑它们正式达成多边协议会比受到来自发达国家,尤其是美国的双边压力要更好。

那些参与新的问题协议的发展中国家避免了不得不向许多发达国家的要求屈服。例如,它们在知识产权规则执行上坚持要求并实现了长期分阶段实施的目标,因此抵制了大幅开放国内金融服务市场的压力。所有的发展中国家坚持认为,它们在"新"的问题上的任何让步将与它们在对它们重要的、更加传统的问题上取得进展相联系。

总之,尽管发展中国家在"乌拉圭回合"谈判中取得了重要收获,但是它们在获得对发达国家更多的市场准入以迎接国际市场挑战等问题上仍有未了的任务。尽管面临着这些限制,"乌拉圭回合"谈判在扩大发展中国家在国际贸易体系中的角色上仍然是一个里程碑式的事件。由于认为传统的进口替代战略和北南对峙带来很少的具体好处,发展中国家奉行了

---

① IMF, The Uruguay Round, 6,第10页。

更加务实的政策,寻求更多地参与国际贸易。传统上受到南方国家偏爱的多边机构如联合国贸发会议在与北方国家的谈判中越来越成为不相关的焦点。南方国家将注意力转移到新成立的世界贸易组织上。以前非《关贸总协定》的成员,包括中国大陆、中国台湾和越南,开始就世贸组织成员国身份进行谈判。由于发展中国家在"乌拉圭回合"谈判中取得的成绩,它们在该回合的成功执行上有着更大的利益。特别是发展中国家成为主张利用世界贸易组织新的规则和争端解决机制作为抵制北方贸易保护主义工具的强劲倡导者。

《马拉喀什条约》签署后,发展中国家开始要求完成"东京和乌拉圭回合"留下来的"未了的事业"。例如,联合国贸发会议秘书长呼吁给予发展中国家的商品和服务更多的市场准入,给予发展中国家更多的"**绿地投资**"(greenfield investment),^① 结束对鞋、服装和纺织品工业不断升级的关税,限制工业化国家滥用反倾销法,利用世界贸易组织争端解决机制帮助发展中国家发展所需的技术和技能,为发展中国家的发展需求提供更多的资金以及北方方国家对发展中国家努力寻求它们自己的发展道路持有更加同情和更加灵活的态度。^② 总的来说,发展中国家努力为它们的制成品和农产品更多地寻求进入发达国家的市场准入。具体地说,它们压迫工业化国家遵守"乌拉圭回合"有关减少农产品补贴的承诺。

金砖四国的崛起

20世纪90年代末,许多国家开始以经济的快速增长与亚洲四小龙形成竞争。这类国家中最大的四个为巴西、俄罗斯、印度和中国——即**金砖四**

---

① "绿地投资"是一种全新的物理设施的投资,通常是在以前没有用于任何生产目的的地点投资。相比之下,"褐地投资"是指用于现代化或升级之前存在的设施的投资或将其改变为另一种用途的投资。读者应该注意到,"褐地"也指的是一种环境恶化的设施。

② Chakarvarthi Ragavan, "New Round Should Addresss 'Unfinished Business'," Third World Network, at http://www.twnside.org.sg/title/unfin-cn.htm.

国（BRIC）。[①] 金砖四国是被称为包括快速增长的发展中国家和前共产主义国家（也称**过渡经济体，**transition economies）的新兴市场国家的一小部分代表。[②] 和亚洲四小龙不同的是金砖四国在人口规模上要大得多，因此有可能代替亚洲四小龙成为贸易和投资的主要目的地和来源国。

中国的情况尤其重要。中国的出口从1998年的1840亿美元增长到2007年的1.2万亿美元（图7.4）。中国的贸易顺差也从1998年的440亿美元增长到2007年的2620亿美元，因此招致来自美国和欧盟日益增长的压力，要求中国对人民币进行升值。

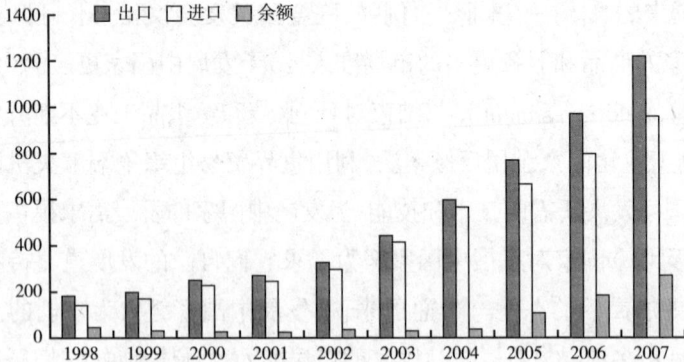

图7.4　1998—2007年中国的贸易进口、出口和余额（10亿美元）

资料来源：美国贸易委员会、美国商务部以及美国人口普查局。

到20世纪90年代末，巴西和印度放弃了进口替代战略的最后印记，像亚洲四小龙一样开始为本国的出口更多地寻求进入工业化市场。20世纪90年代中期，巴西迅速减少了慢性高通胀。1994年，巴西政府采取了稳定雷亚尔（巴西货币）的计划，减少了通胀并允许减少国家的外债。由于努

---

①　金砖四国的首字母缩写是由高盛投资公司的吉姆·奥尼尔在其题为"打造更好的全球经济金砖"的报告里首先炮制而出的。Global Economics Paper（New York, N.Y.: Goldman Sachs, November 30, 2001）.

②　高盛分析师认为，需要观察的主要新兴国家是N-11成员国家：孟加拉国、埃及、印度尼西亚、墨西哥、尼日利亚、巴基斯坦、菲律宾、韩国、土耳其和越南。

力减少政府开支赤字,巴西经济年平均增长从之前的大约5%下降到2003年至2007年期间的大约2.3%。国家继续经历与低储蓄和投资率、低公共教育投资以及高犯罪和高腐败水平相关的问题。政府在一些行业维持树立了几十年的贸易和投资壁垒。巴西的国家冠军企业,如巴西石油公司(Petrobras)和巴西航空工业公司(Embraer)(参见第八章),继续得到优惠待遇。然而,公共政策以更有利于巴西经济融入世界经济的方向改变。巴西民主体制的稳定性、负责任的宏观经济政策、国内市场巨大的潜在规模以及向其他拉丁美洲国家增加出口的成功,使巴西成为有吸引力的一个新的投资目的地。[①]

在印度,1991年实施的改革将其平均高达200%的关税壁垒降至15%以下。金融部门的改革使印度的银行可以在更少的限制下运行。如巴西一样,印度政府采取了降低通胀的宏观经济政策,并开始减少政府开支赤字。与巴西不同的是,印度没有积累高额外债,因此没有面临债务偿还的主要问题。2000年后,印度发起了基础设施重大投资计划,尤其是建设新的国家高速公路网络,并努力改善互联网的访问。人们开始从贫困的农村地区涌入到有更大的机会维持家庭生活的主要城市。

印度仍然面临与巴西非常相似的问题,如不充分的教育体系、太多的官场繁文缛节(所谓的"许可证制度"的副产品)以及较低的储蓄和投资水平。然而,印度经历了平均约8%的经济增长率。[②]过去20年里印度的生活水平出现了重大改善。印度的整体贫困水平下降、入学率增加、城乡和性别差距减少。[③]

第一届金砖四国外长会议于2008年3月16日在俄罗斯的叶卡捷琳堡举行,会议表明四国领导人开始认识到它们在世界经济中的潜在力量,并思

[①]　Goldman Sachs Global Economics Group, BRICs and Beyond (New York, N.Y.: Goldman Sachs Group, 2007), ch. 5.

[②]　出处同上,第一章; and Arvind Panagariya, India: The Emerging Giant (New York, N.Y.: Oxford University Press, 2008), chs. 4–5. 阿尔温德·帕纳格里亚认为"隐性自由化"发生在1981—1988年期间,其为20世纪90年代清晰的自由化政策奠定了基础。

[③]　Panagariya, India, ch. 7. For detailed discussion of Russia and China, see Chapter 10.

考如何定义和追求它们的共同利益。① 所有金砖四国都是G20集团的成员,其中三个国家在"多哈回合"中扮演着关键角色。

多哈回合

在马拉喀什举行的"乌拉圭回合"结束时,世贸组织成员国同意在被它们称为内置的议程内寻求未来的谈判。内置的议程项目包括农业、贸易服务、反倾销、海关估价、争端解决、进口许可证、原产地规则、卫生和植物检疫措施、保障措施、补贴和反补贴措施、贸易技术壁垒、纺织品和服装《与贸易有关的知识产权协议》《与贸易有关的投资措施协议》以及贸易政策审议机制。这些谈判中的一些议程,如《服务贸易总协定》(GATS),在"乌拉圭回合"谈判结束后立即恢复。电信和金融服务贸易谈判在1997年成功结束。

然而,南方国家和一些工业化国家抵制了美国在20世纪90年代末开始的新一轮多边贸易谈判的努力。在1999年的"西雅图回合"和2001年的"多哈回合"上(参见第三章),发展中国家认为它们在"乌拉圭回合"谈判中得到的好处很少,而在服务贸易和知识产权问题上对发达国做出了重要和昂贵的让步,因此寻找下一个回合谈判来弥补失去的时间。南方国家强烈反对在老问题得到令人满意地解决之前将四个"新问题",即贸易和投资、竞争政策、政府采购透明度以及贸易便利化,纳入下一轮回合谈判。

在1996年新加坡举行的世界贸易组织第一届部长会议上,工业化国家试图将这些问题置于谈判桌上的做法被一些关键的南方国家坚决拒绝了。然而,在新加坡的贸易部长们同意成立四个工作组来谈论新的问题。在1998年的日内瓦第二次部长会议上,美国提出世界贸易组织为电子商务负责的问题。南方国家再一次反对增添这个新的问题,直到老问题得到妥善的解决。

在2001年12月多哈举行的第四次部长会议上,贸易部长们同意继续举

① Carl Mortished, "Russia Shows Its Political Clout by Hosting BRIC Summit," The Times, May 16, 2008.

行于2000年开始的农业和服务谈判,并开始在有关其他的19个问题,包括内置议程问题、电子商务以及所谓的新问题上举行会谈。他们将2005年1月1日确定为除了两个会谈之外的所有会谈的完成日期。[①] 正如第三章讨论的,这个目标没有实现。谈判于2006年7月、2007年6月破裂,并于2008年7月再一次破裂。直到2009年美国新总统就职后,谈判才有可能恢复。

亚洲四小龙和金砖四国在"多哈回合"中发挥了突出的角色。金砖四国和亚洲四小龙面临发达国家要求它们向外国贸易和投资开放本国经济,以换取保持它们的制成品获得发达国家市场准入的压力。它们想要确保任何在"非农市场准入"(NAMA)做出的让步都需要在另一端得到平衡。

在农业问题上,金砖四国立场不一。印度和中国担心农业贸易自由化对本国农民的影响。相比之下,巴西看到发达国家减少对农民的补贴,尤其是减少在棉花和生物燃料上的补贴,给本国国内农产品出口商带来巨大的潜在收益。因此,巴西支持美国政府于2008年8月提出的一项协定,但印度和中国坚持建立"特殊的保障机制"的要求使"多哈回合"不可能成功结束。

从发展中国家的角度来看,"多哈回合"的重要性在于这一次发达国家不可能将自己的议程强加于世界其他各国。谈判于2008年崩塌,不是因为发达国家彼此之间意见分歧,而是因为发达国家无法说服一些日益强大和快速增长的发展中国家在农业贸易上做出的让步是值得需要交换的让步。中国和印度带领发展中世界的其他各国对这项交易说"不"。[②]

重返地区主义 在缺少新的多边贸易协定的情况下,南方国家将被迫通过双边和地区协定保护它们的贸易利益安全。20世纪90年代,南方国家政府开始尝试推行新的区域一体化的形式,作为促进出口、增加区域性跨国公司国际竞争力的方法。然而,主要是因为进口替代政策,直到20世纪90年代,南方国家的区域一体化在大多数情况下并没有导致区域内贸易的

---

① http://www.wto.org/english/tratop_e/dda_e/dda_e.htm#dohadeclaration.

② 中国2001年成为世界贸易组织成员国。在为其生物燃料获得更好地进入发达国家市场准入的保证后,巴西与中国和印度分裂,转而于2008年7月支持该项交易。俄罗斯还没有加入世界贸易组织。

大量增长（表7.3和图7.5）。图7.5显示北北地区协定比南南地区协定产生了更高水平的区域内贸易，而北南协定如《北美自由贸易区协定》位于两者之间。然而，20世纪90年代，随着发展中国家为了扩大出口开始减少关税，有时是单方面地减少关税，南南贸易的地区战略看上去更有前途。

表 7.3　重要的地区贸易协定

地区	名称	首字母缩写
欧洲	欧盟	EU
	《欧洲自由贸易联盟》	EFTA
北美	《北美自由贸易协定》	NAFTA
拉丁美洲	拉丁美洲一体化协会	LAIA
加勒比地区	安第斯共同市场	ANCOM
	中美洲共同市场	CACM
	南方共同市场	Mercosur
	加勒比共同体	CARICOM
非洲	阿拉伯马格里布联盟	UMA
	中非国家经济共同体	ECCAS
	中非关税和经济同盟	CACEU
	西非国家经济共同体	ECOWAS
	西非经济共同体	CEAO
	南部非洲发展共同体	SADC
亚洲	东南亚国家联盟	ASEAN
	亚太经合组织	APEC
	经济合作组织	ECO
	南亚区域合作联盟	SAARC
中东	海湾合作委员会	GCC

　　这种新的地区贸易战略的一个例子是由阿根廷、巴西、巴拉圭和乌拉圭1991年成立的被称为南方共同市场（即Mercosul，葡萄牙语）的关税联盟。

智利1996年加入了南方共同市场,委内瑞拉2006年加入。2007年南方共同市场国家的总人口规模达到2.5亿,国内生产总值大约为1.1万亿美元。该关税联盟的主要目的是减少内部关税,对外实行统一关税。南方共同市场是建立在阿根廷和巴西单方面承诺降低关税的基础之上。两国做出这样的承诺是因为它们之间形成新的共识,认为进口替代战略无法发挥作用,也因为智利政府通过单方面的减少关税使得智利经济更具有国际竞争力。

南方共同市场的形成导致了区域内贸易的快速增长。在1984年至1986年期间,区域内贸易仅仅占地区贸易总额的6.7%。到1994年,该比例则上升到大约20%,但是到2003年又下降到大约17%(图7.5)。[1] 南方共同市场成员国之间的出口从1991年的40亿美元上升到2006年的260亿美元。[2]

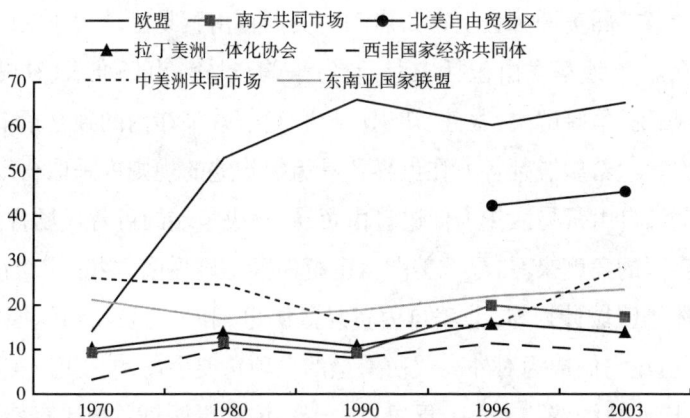

图例:
— 欧盟 ■ 南方共同市场 ● 北美自由贸易区
▲ 拉丁美洲一体化协会 - - 西非国家经济共同体
· · · · 中美洲共同市场 —— 东南亚国家联盟

图7.5 1970—2003年地区内贸易占地区经济组织成员国总贸易的比率

资料来源:联合国贸易和发展会议、1993年、1997年《国际贸易和发展统计手册》(瑞士日内瓦:联合国贸发会议,1993年、1997年),《2007年世贸组织国际贸易统计》。

---

[1] Alexander J. Yeats, "Does Mercosur's Trade Performance Raise Concerns about the Effects of Regional Trade Agreements?" The World Bank Economic Review, 12(1998): 1–28.

[2] WTO International Trade Statistics 2007. See also Riordan Roett, ed., Mercosur: Regional Integration World Markets(Boulder, Colo.: Lynne Rienner, 1999); Rafael A. Porrata-Doria, Jr., Mercosur: The Common Market of the Southern Cone(Durham, N.C.: Carolina Academic Press, 2005); and Francisco Duina, The Social Construction of Free Trade(Princeton, N.J.: Princeton University Press, 2006).

安第斯共同市场（Andean Common Market, ANCOM）[1]是南美地区贸易战略的另一个例子。安第斯共同市场由五个国家组成，即玻利维亚、哥伦比亚、厄瓜多尔、秘鲁和委内瑞拉。2000年，这五个国家的总人口是1.13亿，国内生产总值约为2700亿美元。尽管共同市场自2000年才开始存在，但在此之前的安第斯共同体随着《卡塔赫纳协定》的签署于1969年就已经形成。自由贸易区成立于1993年，共同对外关税成立于1995年，而安第斯共同体和南方共同市场之间的谈判框架则成立于1998年。[2] 区域内贸易从1990年的5.53亿美元增加到2006年的50亿美元。[3]

在1994年的迈阿密美洲峰会上，包括美国和加拿大在内的美洲国家同意开始讨论旨在到2005年成立美洲自由贸易区（Free Trade Area of the Americas, FTAA）的计划。美洲自由贸易区谈判于1998年4月在智利圣地亚哥举行的第二届美洲峰会上正式启动。美洲自由贸易区草案于2001年7月公之于众。[4] 该草案由包括农业、政府采购、投资、市场准入、补贴、反倾销、反补贴税、争端解决、服务、知识产权和竞争政策在内的独立章节组成。草案多次表示希望谈判各方在世界贸易组织建立的规则内采取行动，但是也利用美洲自由贸易区作为促进自由贸易、解决争端的可替代场合。[5]

从美国的角度来看，寻求美洲自由贸易区是确保南方共同市场和安第斯共同体等区域计划与《北美自由贸易区协定》和世界贸易组织原则的相一致，并避免它们成为对外高关税壁垒的一项重要手段。一些拉美国家领导人，如巴西总统费尔南多·恩里克·卡多佐和墨西哥总统比森特·福克斯，认为如果没有美国的坚定承诺降低从本地区的进口壁垒，美洲自由贸易区将是无用的。这些领导人不相信美国很快做出这样的承诺，所以他们

---

[1] The Spanish name of the organization is La Comunidad Andina de Naciones（CAN）.

[2] http://www.comunidadandina.org/.

[3] WTO International Trade Statistics 2007.

[4] http://www.ftaa-alca.org.

[5] FTAA.TNC/w/133/Rev. 1, July 3, 2001, http://www.ftaa-alca.org/ftaadraft/ eng/draft_e.doc.

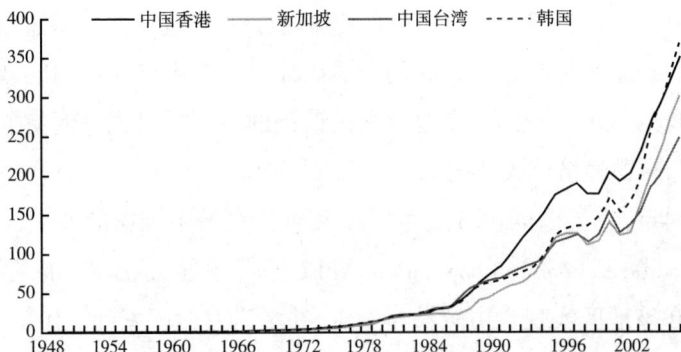

图7.6　1948—2007年亚洲四小龙的商品出口（10亿美元，现价）

资料来源：世界贸易组织《2007年国际贸易统计》。

对美洲自由贸易区的愿望持有怀疑态度。^①因此，在2005年阿根廷举行的美洲自由贸易区最后一次峰会上，各方没有达成任何协议，而且进一步的讨论也不可能举行。

形成新的区域贸易协定的努力在太平洋地区也得到加强。东南亚国家联盟（Association of South-East Asian Nations, ASEAN）成员国于1992年同意成立**东盟自由贸易区**（ASEAN Free Trade Area, AFTA），目标是到2008年消除壁垒，实现自由贸易。^②**共同有效优惠关税**（Common Effective Preferential Tariff, CEPT）协议呼吁东盟自由贸易区将区域内的某些交易产品关税削减到0至5%的水平。对这些产品的数量限制也将被废除。1997年亚洲金融危机后，东盟自贸区的完成时间表得到加速，被定为到2002年之前而不是2008年之前完成。平均关税从1993年的12.76%减少到2000年的3.87%。区域内出口从1990年的290亿美元增加到2006年的1930亿美元，约占东盟对世界出口总额的25%。^③

---

① Henry Kissinger, "Brazil's 'Destiny: ' An Obstacle to Free Trade," Los Angeles Times, May 15, 2001, p. A17; and Robin Wright, "Bush Says Free Trade is Key in Meeting the Needs of the Poor," Los Angeles Times, April 22, 2001, p. A6.

② 东盟最初的六个成员国为文莱、印度尼西亚、马来西亚、菲律宾、新加坡和泰国。越南于1996年加入，老挝人民民主共和国和缅甸于1997年加入，柬埔寨于1999年加入。

③ Megawati Soekarnoputri, keynote address at the AFTA 2002 Conference, Jakarat, Indonesia, January 31, 2002; and WTO International Trade Statistics 2007.

2001年11月,东盟和中国的领导人同意开始启动中国—东盟自由贸易区谈判。这是东盟自由贸易区的自然延伸以及对中国在亚洲区域经济重要性增长的认可。中国—东盟自贸区谈判的一个后果就是促使了日本重启加强与东盟经济体关系的努力。④

1994年,成员国既包含发达国家又包含发展中国家的亚太经合组织(Asia-Pacific Economic Cooperation, APEC)⑤领导人在印度尼西亚的茂物同意在该地区实现自由贸易和投资,并承诺发达国家到2010年,发展中国家到2020年实现这一目标(参见第三章)。⑥亚太经合组织组成立各种论坛和工作组,其中很多是用于处理贸易问题。例如,市场准入小组(Market Access Group, MAG)的成立是旨在处理贸易和投资委员会关于关税和非关税措施的工作。⑦

20世纪90年代末,欧盟与非加太国家重新协商签署区域贸易协定。世界贸易组织争端解决小组1997年做出的有关欧盟与非加太国家香蕉**贸易优惠**(trade preferences)的不利裁决迫使两者重新协商它们的早期协定。鉴于第四个《洛美协定》(Lomé Convention)将于2000年2月到期,所以该两个国家组织于1998年9月开始谈判后洛美时代的伙伴关系。2000年6月23日,欧盟与非加太国家集团在贝宁的科托努签署了一项新的协定,后来

---

④　George Yeo, "Building an ASEAN Economic Community," keynote address at the AFTA 2002 Conference in Jakarta, Indonesia, January 31, 2002; and Jing-dong Yuan, China-ASEAN Relations: Perspectives, Prospects, and Implications for U.S. Interests (Carlisle, Pa.: Strategic Studies Institute of the U.S. Army War College, October 2006).

⑤　亚太经合组织的成员包括澳大利亚、文莱、加拿大、智利、中国、香港、印尼、日本、韩国、马来西亚、墨西哥、新西兰、巴布亚新几内亚、秘鲁、菲律宾、俄罗斯、新加坡、中国台湾、泰国、美国和越南。

⑥　APEC Economic Leaders' Declaration of Common Resolve, November 15, 1994, http://www.apecsec.org.sg/.

⑦　http://www.apecsec.org.sg/. See also Richard E. Feinberg, ed., APEC as an Institution: Multilateral Governance in the Asia-Pacific (Singapore: Institute of Southeast Asian Studies, 2003); and Charles Morrison and Eduardo Pedrosa, eds., An APEC Trade Agenda? The Political Economy of a Free Trade Area of the Asia-Pacific (Singapore: Institute of Southeast Asian Studies, 2007).

被称为《科托努协定》。该协定清晰地承认《洛美协定》在增加非加太国家对欧盟的市场准入、减少该地区贫困方面的失败。《科托努协定》设定新的减贫目标,专注于增加对受援国的援助水平以交换它们的国内政治和经济改革。[①] 该协定于2005年修订,以引进《千年发展目标》的特定参考、提供新的扶贫措施、促进非加太国家信息和通信技术(ICTS)的发展、将非国家行为体纳入相关项目及加强对岛国的特殊规定。[②]

尽管双边和区域贸易协定对北南贸易和南南贸易可能产生的积极影响,但是它们无法替代多边协定。多个以及重叠的双边和区域协定很容易在规则制度上产生令人混乱的"意大利面碗"(spaghetti bowl)现象,从而破坏在最贫穷的发展中国家减少贫困的努力。[③]

21世纪的北南贸易

随着南方国家试图说服北方国家相信,做出有利于发展中国家增加出口、赚取更多收入、偿还债务以及为北方产品提供市场的改变符合工业化国家的自身利益,南方国家在所有这些机制内寻找增加对北方国家讨价还价谈判筹码的努力将继续经受考验。传统制造业和农业领域强大的贸易保护主义压力使北方政府很难对南方国家的需求做出可信的回应,虽然做出这种回应不是没有可能的。对南方国家来说,服务于全球市场的北方跨

---

① http://europa.eu.int/comm/development/cotonou/lome_history_en.htm. See also Clara Mira Salama and Stephen J. H. Dearden, "The Cotonou Agreement," DSA European Development Policy Study Group, Discussion Paper No. 20, February 2001 at http://www.edpsg.org/index.pl.

② European Commission, Development and Relations with the African, Caribbean, and Pacific States, "Revision of the Agreement 2005," http://ec.europa.eu/ development/geographical/ cotonou/cotonou2005_en.cfm.

③ Kimberly Ann Elliott as cited in Robert McMahon and Lee Hudson Teslik, "The Doha Trade Talks," Council on Foreign Relations Backgrounder, http://www. cfr.org/publication/10555/. See also Jagdish Bhagwati, Termites in the Trading System: How Preferential Agreements Undermine Free Trade(New York, N.Y.: Oxford University Press, 2008).

国公司在南方国家的业务对这些公司日益增长的重要性使这项任务实施起来变得相对容易（参见第八章）。

随着发展中国家寻求与北方国家的接触及贸易自由化，第三世界与第四世界的差异变得尤为明显。一些发展中经济体快速增长到接近北方的收入水平。例如，从20世纪60年代至新千年伊始，新加坡、韩国人均收入经历了稳步增长。其他发展中经济体，如从较低人均收入起步的中国和印度，在20世纪90年代也开始快速增长。一些高增长的发展中国家加入了像经合组织和世界贸易组织这样的组织，以承认它们新的地位。[①] 然而，随着中等收入发展中国家的数量增加，许多其他发展中国家仍然受困于债务、依赖农产品和原材料出口以及在贫困中挣扎。因此，这一时期在"乌拉圭回合"谈判之外的一个主要问题是能够做些什么来帮助这些国家摆脱贫困的恶性循环。在新千年的第一个十年里，贸易与发展之间的联系将继续是北南经济关系的核心。制造这种联系以减少全球不平等现象的成功或失败将深刻地影响国际体系的未来。

---

① Mexico joined the OECD in 1994 and Korea in 1996.

第八章　第三世界的跨国公司

在发展中国家的跨国公司和外国直接投资的性质在战后三个时期里经历了显著的变化,正如政府政策和公众对跨国公司的态度发生的变化一样。布雷顿森林体系时期,大多数流向第三世界的外国直接投资的目的是为了向原材料的提炼或农产品的种植和加工提供资金。许多这些投资是基于殖民关系,如英法与非洲和亚洲的前殖民地国的关系,或者基于政治和经济势力范围,如美国在拉丁美洲的势力范围。20世纪五六十年代,作为世界经济的主导国家,美国率先在发展中国家开展对外直接投资,而发展中国家总体上视这些投资为本国经济发展的路线加以欢迎。

到相互依存时期,流向南方国家的对外直接投资开始反映制造业活动空间的扩散,而这种扩散因更低廉的交通和通信成本以及贸易和投资壁垒的减少成为可能。在第四章引入术语的"垂直型对外直接投资"开始比以前更加重要,跨国公司开始在发展中世界寻找更低的成本投入,特别是为简单的制造业寻找更低成本的劳动力。对外直接投资流动的来源也更加多样化。对外直接投资不再主要来自美国的跨国公司,西欧和日本的跨国公司也在第三世界进行重大投资。

20世纪70年代,随着对外投资的增长以及南方国家寻求纠正国际经济的不平衡,对跨国公司的批评开始在拉丁美洲出现并扩散到南方其他地区。正如我们将要看到的,批评者认为跨国公司扭曲了发展,使南方国家对北方的经济依赖永久化。政府通过国有化或者征用在本国领土内的外国公司业务、对外国投资施加多种规定以及寻求发展国际规则控制跨国公司等方法对这种批评做出回应。

然而，到20世纪80年代，发展中国家的态度再一次改变，开始接受外国直接投资和跨国公司活动可对本国经济发展有着积极的作用以及通过适当的监管战略能减少跨国公司的负面影响等可能性。许多发展中国家极力实行公共政策，以便转移感知到的跨国公司所在国政府与外国公司之间的权力不平衡，规范跨国公司以捕获更多的外国直接投资带来的好处。

发展中国家对外国直接投资更大的接受性使20世纪90年代及后来不断增长的**全球化**（globalization）成为可能。包括中国等许多第三世界国家欢迎跨国公司，但是又以利益最大化和成本最小化的方式接纳跨国公司。在20世纪70年代对外国拥有的原材料跨国公司的国有化和征用导致在第三世界创建了大型国有或者国家管理的私人公司。到全球化时代的开始之时，一些快速增长的、中等收入的发展中国家拥有了与在发达国家成立的跨国公司几乎一样大型的、强大的制造业跨国公司。这些第三世界的跨国公司开始像北方的跨国公司那样行事。

随着许多发展中国家变得更容易接受外国投资，对跨国公司的批评转移到了北方国家。北方国家的工会和非政府组织批评跨国公司出口工作以及从事可疑的劳工和环境实践。这些跨国公司的北方批评者构成了20世纪90年代末以及21世纪初期反全球化运动的一个重要派别。

跨国公司及对外直接投资在南方的角色

对外直接投资（FDI）在南方国家的重要性因不同国家而有差异。在一些国家，外国直接投资显得相对无关紧要，但是在另外一些国家，外国直接投资又发挥着关键角色。跨国公司倾向于将投资集中在少数发展中国家。2004年，接受对外直接投资最多的前20个发展中国家或地区占所有流向南方的外国私人投资的67%,以及所有对外直接投资存量的66%。虽然没有前几十年那样集中,对外直接投资仍然倾向于主要流向数量有限的国家(表8.1)。①

表 8.1 接受对外直接投资最多的前 20 位发展中国家或地区及 2006 年外国直接投资存量(单位：10 亿美元)

中国香港	769	马来西亚	54
中国	293	印度	50
墨西哥	228	中国台湾	50
巴西	222	委内瑞拉	45
新加坡	210	哥伦比亚	45
智利	81	尼日利亚	40
南非	77	埃及	39
韩国	71	越南	33
泰国	68	摩洛哥	30
阿根廷	59	突尼斯	22

资料来源:《2007年世界投资报告》。

流入发展中国家的对外直接投资往往不成比例地流向亚洲和拉丁美洲(图8.1)。流向亚洲的对外直接投资在20世纪80年代末和90年代初开始加速。这些投资主要流向马来西亚、新加坡和中国(图8.2)。从1992年以后,中国是对外直接投资流向发展中世界最大的单个接受国。在拉丁美洲,对外直接投资流入的主要目的地是该地区三个最大的经济体——阿根廷、巴西和墨西哥(图8.3)。在20世纪90年代末阿根廷经济危机期间,流

---

① Theodore H. Moran, Harnessing Foreign Direct Investment for Development: Policies for Developed and Developing Countries (Washington, D.C.: Center for Global Development, 2006), 47–48. For comparisons with 1994, see United Nations Conference on Trade and Development, World Investment Report 1994: Transnational Corporations, Employment and the Workplace (New York: United Nations, 1994), 14.

入的外国直接投资急剧下降。尽管近年来对外直接投资流入迅速增加,流向亚洲四小龙其中的两个经济体系,即韩国等国的对外直接投资比流向中国和拉丁美洲三个最大接受国的对外直接投资历史上都要低。这是因为这两个经济体在它们的发展政策中都强烈支持国内企业而不是跨国公司(表8.1和图8.4)。

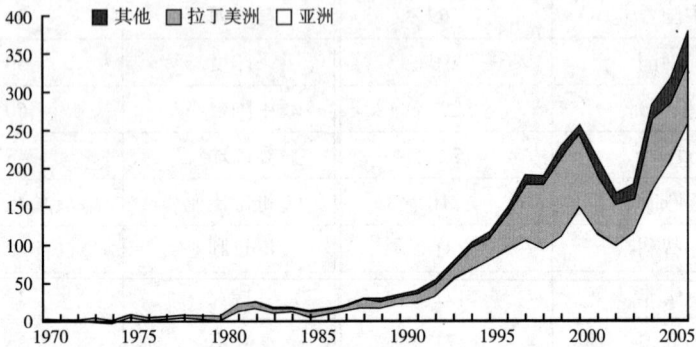

图8.1　1970—2006年以地区为单位计算出的、流入发展中国家的对外直接投资(10亿美元,现价)

资料来源:联合国贸发会议《2007年世界投资报告》。

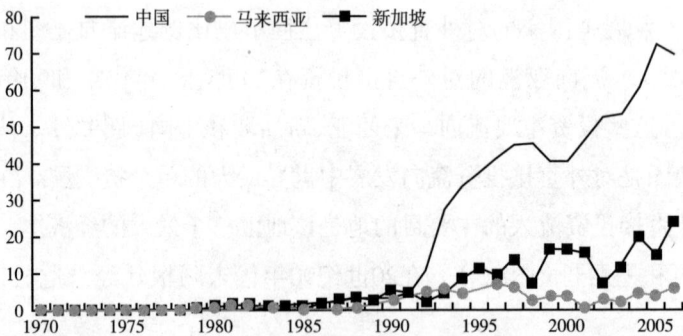

图8.2　1970—2006年流入中国、马来西亚和新加坡的外国直接投资(10亿美元,现价)

资料来源:联合国贸发会议《2007年世界投资报告》。

　　跨国公司的力量源于它们在许多相对弱小以及不发达的南方国家经济体中的结构性位置。由于农业仍然占据较贫穷发展中国家国民生产总值的大部分,跨国公司在这些国家总的国民生产总值中可能仅仅占有相对较小的部分。不过,外国投资往往在这些国家的采掘、制造以及服务活动中占有很大的部分。

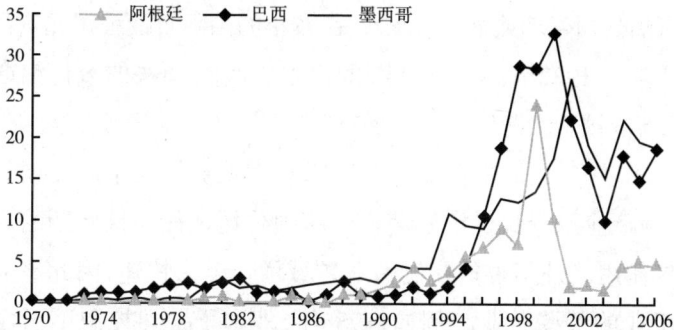

图8.3　1970—2006年流入到阿根廷、巴西和墨西哥的净对外直接投资（10亿美元,现价）

资料来源:联合国贸发会议《2007年世界投资报告》。

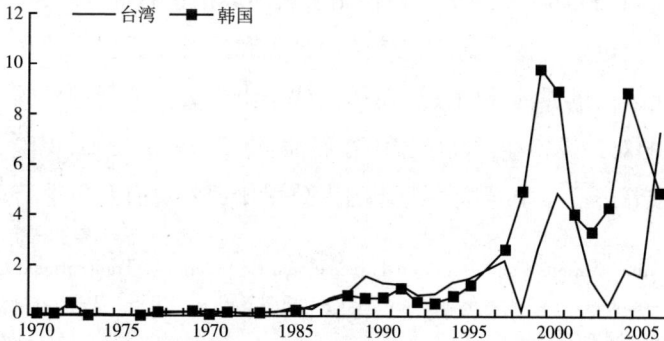

图8.4　1970—2006年流入到中国台湾和韩国的净对外直接投资（10亿美元,现价）

资料来源:联合国贸发会议《2007年世界投资报告》。

从历史上看,北方公司控制了南方的采掘行业,这是它们长期发展的关键。例如,跨国公司控制中东的石油,智利和赞比亚的铜,牙买加和圭亚那的铝土矿。在很多情况下,即使生产的所有权和控制权从跨国公司转移到本地的国有企业,发展中国家往往仍然依赖于跨国公司进行原材料的处理、运输、营销和分配。例如,尽管发展中国家在1980年普遍实行了石油工业的国有化,在北美和社会主义国家之外生产的原油的43%都是由七个主要国际石油公司生产或购买,24%是由较小的国际石油公司或贸易公司生产或购买。[①] 1982年,世界上46%的铝土矿产能、50%的氧化铝产能以及45%的铝产能被六大跨国公司所拥有。[②]

自二战以来,发展中国家一直寻求扩大工业作为本国发展的主要手段,并为制造业投资提供激励因素。跨国公司往往在这些新的增长行业起着领先作用。外国投资在制造业领域增长最为快速,因此努力控制南方新的工业的某些企业。例如,1988年,外国子公司控制了巴西制造业32%的生产、32%的出口以及23%的就业。在新加坡,外国子公司控制了其制造业63%的生产、90%的出口以及55%的就业。[③] 到1996年,外国子公司控制巴西机动车产业72%的附加值、65%的药品以及65%的电子和通信业。到1999年,外国子公司控制了新加坡销售总额的81%。[④]

外国公司也占据了南方经济体中最大和最有实力公司的很大一部分比例。在第三世界的外国投资总体上位于由少数大公司主导的产业。例如,美国的对外投资经常高度集中在石油、化工、医药、交通、保险、食品、电子和机械等产业。主导这些行业的大公司比那些更有竞争性行业的公司

① United Nations Commission on Transnational Corporations, Transnational Corporations in World Development: Third Survey(New York: United Nations, 1983), 197.

② 出处同上,第210页。

③ United Nations Commission on Transnational Corporations, Transnational Corporations in World Development: Trends and Prospects,(New York: United Nations, 1988), 159.

④ Eliane Franco and Ruy de Quadros Carvalho, "Technological Strategies of Transnational Corporations Affiliates in Brazil," Brazilian Administrative Review, 1(July/December 2004): 16-33; and UNCTAD, Transnational Corporations and Foreign Affiliates(Geneva, Switzerland: UNCTAD, 2004), 45, http://www.unctad.org/en/docs/gdscsir20041c3_en.pdf.

更有实力控制产品的供应和价格。因此,许多跨国公司市场的**寡头垄断结构**(oligopolistic structure)意味着巨大的经济实力集中在一些大型外国公司手中。[1]

获取更大控制权的谈判

然而,跨国公司的这种经济主导并不意味着跨国公司所在国失去了对决策权的国家控制。原则上,南方国家政府能保留对国内决策所需的控制。跨国公司所在国能通过法律的制定管理跨国公司,当投资协定谈判正在进行时,跨国公司所在国政府能对跨国公司施加限制。在施加这种控制时,南方国家政府可以使用它们拥有的重要的谈判优势,如控制跨国公司对本国领土和市场的准入。[2]对跨国公司需要的资源进行控制,即对本国原材料、劳动力和市场的控制,可以被发展中国家用作对外国投资者实

[1]　Gary Gereffi and Richard S. Newfarmer, "International Oligopoly and Uneven Development: Some Lessons from Industrial Case Studies," in Richard S. Newfarmer, ed., Profits, Progress and Poverty: Case Studies of International Industries in Latin America (Notre Dame, Ind.: University of Notre Dame Press, 1985), 385–442. 过去三十年外国直接投资的扩张,以及美国之外跨国公司数量的增长都意味着跨国公司现在更可能参与竞争性行业。跨国公司倾向于金钟在在寡头垄断产业的观点首先是由斯蒂芬·海默(Stephen Hymer)提出。有关海默的观点及随后对他的方法提出问题的谈论,请参见Mohammad Yamin, "A Critical Re-Evaluation of Hymer's Contribution to the Theory of the Transnational Corporation," in Christo N. Pitelis and Roger Sugden, eds., The Nature of the Transnational Firm, 2nd edition (New York: Routledge, 2000). 更近的理论表明,跨国公司往往是在"无形的、企业特定资产重要的产业"。参见James R. Markusen, Multinational Firms and the Theory of International Trade (Cambridge, Mass.: MIT Press, 2002), ch. 1.

[2]　For an analysis of control over access, see Samuel Huntington, "Transnational Organizations in World Politics," World Politics, 25 (April 1973): 333–368. 西奥多认为跨国公司所在的发展中国家能比其他国家更好地控制一些类型的投资准入。参见Theodore H. Moran, "How Does FDI Affect Host Country Development? Using Industry Case Studies to Make Reliable Generalizations," in Theodore H. Moran, Edward M. Graham, and Magnus Blomström, eds., Does Foreign Direct Investment Promote Development? (Washington, D.C.: Institute for International Economics, 2005).

施控制的手段。

然而,在实践中,发展中国家这种对资源控制的谈判优势被跨国公司谈判的工具所抵消。外国投资者常常控制着资金、技术和技能等资源以及发展中国家发展所需的外国市场准入。南方国家获取外国直接投资益处,如获取利用有价值的原材料储备的能力或者可能通过新工厂扩大本国工业化的愿望,为本国决策者带来了两难困境。一方面,发展中国家官员想对跨国公司进行管理以实现国家利益最大化和国家成本最小化。另一方面,他们又不想这种管理具有太多的使潜在投资者望而却步的限制性。

与对跨国公司调控的愿望以及对过度调控的害怕相关的是不确定性的问题。[①] 在实际做出对外投资之前,潜在投资者对项目的最终成功和最终成本是不确定的。例如,提出在一个发展中国家勘探和开发石油的公司不能确定项目的最终成功,直到它勘查到石油和增强了提炼能力,也即是直到它确定是否发现石油和以什么代价发现石油之时。同样地,建议为本地外国市场生产个人电脑的一个公司可能无法确定市场的潜力以及最终的生产成本。跨国公司面临的另外一个风险是第三世界政治的不稳定、政治变化效果的不确定以及可能的投资混乱。对外国投资者来说,这样的不确定性会减少当地生产要素及当地市场的吸引力,因此会削弱跨国公司所在国的调控之手(参见第四章有关过时的谈判筹码的讨论)。

削弱发展中国家谈判能力的另外一个因素是缺乏对投资机会的竞争力。原材料替代来源的可获得性以及其他地方的廉价劳动力减少了任何

---

① See Raymond Vernon, "Long-Run Trends in Concession Contracts," Proceedings of the American Society for International Law, sixty-first annual meeting (Washington: American Society for International Law, 1967), 81-90; Theodore H. Moran, Multinational Corporations and the Politics of Dependence: Copper in Chile (Princeton, N.J.: Princeton University Press, 1974), 157-162; and Theodore H. Moran, "How Does FDI Affect Host Country Development?".

一个南方国家讨价还价的能力。有时,跨国公司的寡头垄断性质,即少数公司主导产业并彼此勾结起来以减少竞争的特性,也削弱了发展中国家的调控之手。①

此外,即使一国解决了有利于调控的两难困境,该国执行调控政策的能力仍然受到约束。南方国家政府控制跨国公司的能力是由它们是否拥有起草和执行法律、谈判协定管理外国投资所需的技术人员而决定的。没有熟练的律师、财务专家以及国家试图调控的特定领域的专家,许多第三世界国家政府根本不是跨国公司的对手。

发展中国家政府面临的另一问题是跨国公司干预所在国的国内政治进程、促进自身企业利益的能力。跨国公司能够以合法或者非法活动使用所在国的资源。它们可利用的策略包括公关活动、政治捐献以及经济抵制。在干预所在国国内政治的能力方面,跨国公司从某种意义上与所在国的国家公司没有区别。它们带来的问题不在外国投资的领域,而在它们作为私人机构影响所在国政府的能力上。

然而,跨国公司有多项特征与所在国的国家公司不同,这使得跨国公司参与所在国的政治成为南方国家的一个问题。因为跨国公司是外国拥有的,因此它们不被所在国视为国家政治进程的合法参与者。跨国公司的利益可能不是必然与所在国的利益相一致。它们的政策在不同程度上反映了自身的公司利益或者母公司所在国的利益。由于这些原因,许多国家都禁止外国公司参与本国的政治活动。跨国公司的政治参与具有挑战所在国国家主权的内涵,有时甚至变成现实。另外,跨国公司为自己的政治活动带来很多资源。它们的金融资源和国际结构能成为强大的政治工具。

跨国公司巨大的实力也来源于它们与**母公司所在国政府**(home government),即与母公司总部坐落的国家政府之间的关系。跨国公司对南方国家的投资倾向于按照与母公司所在国的关系情况高度集中。例如,美

① 这种情况特别适用于国际主要石油公司的串谋。参见第九章。

国的对外投资主要集中在拉丁美洲,而法国的对外投资主要集中在撒哈拉沙漠以南非洲的前法国殖民地国家。[①] 在母公司所在国,这些大公司经常扮演着强大的政治角色。跨国公司压迫母公司所在国政府采取某些行动以及奉行特定的外交政策以影响后者的能力增加了南方国家政府与跨国公司之间的不平衡。[②]

总之,由于在第三世界经济体中以及在与第三世界国家政府对抗时强大的地位,跨国公司能够影响南方所在国的政治。关键的问题是这些跨国公司会在什么时候以及怎样行使它们的这些权力?

影响对外直接投资位置的政治因素

跨国公司在发展中世界的投资受到影响它们在发达国家投资同样重要变量的影响(参见第四章)。**引力方程**(gravity equation)往往是对双边投资模式进行经济分析的起点。[③] 在引力方程下,投资水平的关键因素是投资源头经济体和目的地经济体的规模。因此,两个大的经济体最可能交换投资,而两个小的经济体最不可能这样做,其他别的可能性位于这两者之间。影响投资的另一个关键的决定性因素是地理位置,即两国之间的距离成为决定投资的主要因素,因为距离不仅造成沟通和交通成本,而且还带来协调成本。一个简单的引力模型仅仅包含这些变量,而且通常能解释回归方程方差的很大比例。

为了测试变量的影响,学者们通常将其他变量添加到引力模型里以确

① UNCTC, Transnational Corporations in World Development: Third Survey, 336–342.

② See Dennis M. Ray, "Corporations and American Foreign Relations," in David H. Blake, ed., The Annals of the American Academy of Political and Social Science: The MNC (Philadelphia: 1972), 80–92.

③ Robert Feenstra, "Gravity Equation," in Steven M. Durlauf and Lawrence E. Blume, eds., The New Palgrave Dictionary of Economics(New York: Palgrave Macmillan, 2008).

定这些变化是否具有统计意义上的重要性。通过对这个问题几十年的研究,人们对以下经济变量产生的影响取得了共识:(1)目的地国家经济增长率;(2)过去的外国直接投资流入水平;(3)人均国内生产总值;(4)过去的贸易水平。[①] 文化上的变量似乎也提供额外的解释力。例如,主要语言相同的国家之间的贸易和投资水平倾向于比主要语言不相同的国家之间的贸易和投资水平要高。实际上,国家间的文化差异产生了类似于国家间地理上的距离所造成的一种距离感。[②]

政治上的变量对外国投资也是重要的。因为外国投资通常反映的是跨国公司与所在国之间的长期关系,跨国公司通常关心这种关系所涉及的风险。如果所在国出现与战争和国内动荡有关的政治变动时,在其国内进行投资的风险就会增加。当政府大肆或者以不受任何约束的方式采取对跨国公司的利益不利的行动时,如采取增加税收、武断地使用许可证和贸易壁垒、资本限制、汇率的快速变化以及(最终威胁)无偿征用等措施时,跨国投资的风险也会增加。跨国公司仍然愿意在有风险的地方进行投资,但是投资回报率必须高到能解释要承担这样额外风险的合理性。鉴于投资收益率的不确定性,跨国公司一般选择低风险地区进行投资。

有许多研究表明,跨国公司更喜欢政治稳定、实行联邦民主制度以及采取有利于跨国公司政策的所在国进行投资。一个令人吃惊的研究结果是,跨国公司不是必然喜欢低税率和低政府支出的国家,因为这些国家也往往倾向于有着低水平的健康、基础设施和人力资本投资。[③]

---

①　Nathan M. Jensen, Nation-States and the Multinational Corporation (Princeton, N.J.: Princeton University Press, 2006), p. 45.

②　Jean-François Hennart and Jorma Larimo, "The Impact of Culture on the Strategy of Multinational Enterprises: Does National Origin Affect Ownership Decisions?" Journal of International Business Studies, 29(1998): 515–538.

③　Nathan Jensen, Nation-States and the Multinational Corporation, chs. 4–6.

有关跨国公司对经济发展积极影响的争论

支持者认为外国投资对南方国家的经济发展有着积极的影响。[①] 这些投资被认为填补了发展中国家的资源缺口,提高了它们的生产要素质量。其中一个最重要的贡献是资本。跨国公司通过自身的资本以及它们对国际资本市场的进入将本来不能利用的金融资源引入南方国家。流向发展中国家私人资本中日益重要的份额来自外国投资。20世纪六七十年代,外国直接投资占发展中国家资本流入总量的近15%,平均每年达到70亿美元。一部分是由于其他形式的外国投资流入,流入到发展中国家的外国直接投资在80年代早期呈现了下降(参见第六章)。然而,在20世纪90年代末和21世纪的第一个十年,发展中国家的外国直接投资净流入量平均每年超过2000亿美元并成为它们资本流入的主要来源(参见图4.3和图6.2)。[②]

外国直接投资流入通常会增加接受国的国内投资的总体水平。通过对69个发展中国家的跨国研究发现,20世纪90年代,每增加1美元的外国投资会导致接受国总投资增长1.50至2.30美元。[③] 2006年,对外直接投资流

---

① See, for example, Harry G. Johnson, "The Efficiency and Welfare Implications of the International Corporation," in Charles P. Kindleberger, ed., The International Corporation: A Symposium (Cambridge, Mass.: MIT Press, 1970), 35–56; Lester B. Pearson, Partners in Development: Report of the Commission on International Development (New York: Praeger, 1969), 99–123; United Nations Conference on Trade and Development, The Role of Private Enterprise in Investment and Promotion of Exports in Developing Countries, report prepared by Dirk U. Stikker (New York: United Nations, 1968); and Herbert K. May, The Effects of United States and Other Foreign Investment in Latin America (New York: Council for Latin America, 1970).

② Organization for Economic Cooperation and Development, Development Cooperation 1993: Efforts and Policies of the Members of the Development Assistance Committee (Paris: OECD, 1993), 65.联合国贸发会议对1992年流入到发展中国家的对外直接投资的估计要高得多,其估值为515亿美元。参见UNCTAD, World Investment Report 1994 (New York: United Nations, 1994), 409.

③ Eduardo Borenzstein, José de Gregorio, and Jong-Wha Lee, "How Does Foreign Investment Affect Economic Growth?" Journal of International Economics, 45 (1998): 115–135.

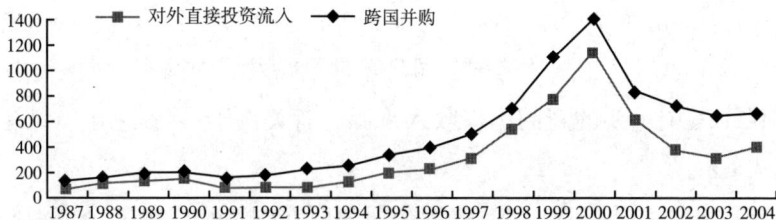

图8.5　1987—2004年企业并购与对外直接投资流入总额（10亿美元）

资料来源：联合国贸发会议，2005年对外直接投资/跨国公司数据库和跨国并购数据库（www.unctad.org/fdistatistics）。

入占发展中国家总资本形成的26.7%。[1]　正如在发达国家一样，国内储蓄和投资是总资本形成的主要来源，尤其在较大的发展中国家。[2]　流入发展中国家（以及发达国家）的外国直接投资的很大一部分采取收购它们现有企业的形式（图8.5）。[3]

　　跨国公司还通过贸易效应向发展中世界贡献了重要的外汇收入。首先，跨国公司的支持者认为，跨国公司的国外市场营销技能和知识以及它们的竞争性产品产生了出口，从而增加了所在国的外汇收入。跨国公司的外国子公司对发展中国家在世界贸易中日益增长的角色做出了贡献（参见第七章）。例如，美国公司在发展中国家的外国子公司在世界贸易中的份额从1966年至1983年增加了一倍多。在拉丁美洲，美国子公司作为出口商比本地公司表现得更为出色。[4]　在中国，外国子公司的出口2005年达到4440亿美元，占中国出口总额的58%。[5]　有充足的证据表明，跨国公司将对外直接投资当作它们向国外出售商品和服务整体战略的一部分。如果没有对外直接投资流入，发展中国家的对外出口将会低得多。

---

[1]　UNCTAD, World Investment Report 2007, annex tables.

[2]　Peter Nunnenkamp, "To What Extent Can Foreign Direct Investment Help Achieve International Development Goals?" World Economy, 27（May 2004），660.

[3]　For data on this issue see UNCTAD, World Investment Report 2007, annex tables.

[4]　UNCTC, Transnational Corporations in World Development：Third Survey, 161–162. For a careful review of this subject, see Sheila Page, How Developing Countries Trade（New York：Routledge, 1994），ch. 6.

[5]　UNCTAD, World Investment Report 2007, annex tables.

此外,在本地市场生产本来需要进口的产品也为跨国公司所在国节省了宝贵的外汇。越来越多的跨国公司将总部设在发展中国家的做法为所在国提供了一个重要的新的出口收入来源。有关例子,请参见本章结尾部分的表8.2。

跨国公司的支持者认为,跨国公司为所在国填补的第二个资源缺口是技术方面。对发展中国家来说,渴望获得现代技术可能是外国投资最重要的吸引力。跨国公司允许南方国家从自己做出的复杂的研发中获利,并获得它们本来无法获得的技术。外国公司培训当地员工、刺激当地的科技活动并将技术转让贯穿于当地经济之中。技术转让和新技术的示范效应改善了发展中国家的全要素生产率,因此增强了它们的国际经济竞争力。

支持者认为,外国投资提高了南方国家的劳动技能水平。外国投资提供了所在国接触世界级管理技术的机会,为受训的工人创造了待遇丰厚的工作。随着时间的推移,跨国公司变得不那么依赖外国劳动力,特别是在建立了良好教育制度的发展中国家,并为本地专业人员管理和运营设备提供了更多机会。尤其是服务业的快速增长促进了当地劳动力高水平技能的发展。

最后,支持者认为,跨国公司对当地福利的提升起着积极的影响。新的以及待遇更好工作机会的创造、新的更好产品和服务的提供、具有竞争力的价格以及为本地雇员改善健康、住房、教育和当地社区的计划都改善了第三世界的生活标准。[①]

20世纪70年代对跨国公司在经济发展中角色的批评

对跨国公司在本地经济增长、效率以及福利的积极评价在20世纪70年

---

① On wages paid to developing country employees, see Theodore Moran, Harnessing Foreign Direct Investment, pp. 61–65.

代受到批评者的挑战。分析跨国公司影响的一个新的机构也在同一时期出现。该机构认为,鼓励外国直接投资流入的政策不一定有利于跨国公司所在国的居民,而且跨国公司盘剥了发展中国家,使它们对北方国家的依赖永久化。[①]

这一时期跨国公司的批评者认为,跨国公司并没有带来像它们的支持者宣称的那样多的外国资本。外国投资的融资主要在跨国公司所在国获得,而不是从外国资本中获得。[②] 例如,从1958年至1968年,美国在拉丁美洲的制造业子公司通过借贷或子公司收益在本地获得80%的融资。[③] 此外,批评者认为,跨国公司的实力决定了它们往往优先获得当地资本并

[①] Leading critics include Celso Furtado, Obstacles to Development in Latin America (Garden City, N.Y.: Doubleday, 1970); Stephen Hymer, "The Multinational Corporation and the Law of Uneven Development," in Jagdish N. Bhagwati, ed., Economics and World Order: From the 1970s to the 1990s (New York: Macmillan, 1972), 113–140; Ronald Muller and Richard J. Barnet, Global Reach: The Power of the Multinational Corporations (New York: Simon and Schuster, 1974); Constantine V. Vaitsos, Intercountry Income Distribution and Transnational Enterprises (Oxford, England: Clarendon Press, 1974); and Fernando Henrique Cardoso and Enzo Faletto, Dependencia and Development in Latin America (Berkeley and Los Angeles: University of California Press, 1979). An excellent summary of both critical and "neoconventional" perspectives on multinational corporations, as well as a case study of the Nigerian experience, is Thomas Biersteker, Distortion or Development? Contending Perspectives on the Multinational Corporation (Cambridge, Mass.: MIT Press, 1978) . See also Theodore H. Moran, "Multinational Corporations and Dependency: A Dialogue for Dependistas and Non–Dependentistas," International Organization, 32 (Winter 1978): 79–100.

[②] Sidney M. Robbins and Robert Stobaugh, Money in the Multinational Enterprise: A Study of Financial Policy (New York: Basic Books, 1972), 63–71; R. David Belli, "Sources and Uses of Funds of Foreign Affiliates of U.S. Firms, 1967–68," Survey of Current Business (November 1970): 14–19; Grant L. Reuber, Private Foreign Investment in Development (Oxford, England: Clarendon Press, 1973), 67; Sanjaya Lall and Paul Streeten, Foreign Investment, Transnationals and Developing Countries (London: Macmillan, 1977); and L. E. Westphal, Y. W. Ree, and G. Pursell, "Foreign Influences on Korean Industrial Development," Oxford Bulletin of Economics and Statistics, 41 (November 1979): 359–388.

[③] Ronald J. Muller, "Poverty Is the Product," Foreign Policy, 13 (Winter 1973–1974): 85–88.

能够在与本地企业家的竞争中胜出,从而抑制了本地企业家的发展。批评者认为这样的本地化融资经常被运用于收购当地现存的国有公司。墨西哥经济的一项研究表明,43%的美国跨国公司通过收购现存的墨西哥公司进入墨西哥,而这些公司的81%以前都是由墨西哥人拥有。① 在巴西,33%的美国跨国公司通过收购当地公司开始经营业务。在20世纪60年代末70年代初,收购占据了在巴西的新的跨国分公司业务的50%,而这些业务的63%以前都是由巴西人拥有。②

批评者认为在发展中国家的外国投资实际上导致了它们的净资本流出。通过利润汇回本国、债务偿还、专利使用费和其他费用的支付以及对进口和出口价格的非法操纵,资本从南方国家流向北方国家。资本的这种逆向流动本身不是不寻常和不正确的。事实上,跨国公司投资的原因是为了赚钱。然而,批评者认为这样的资本回流量高得不合理。他们指出,在20世纪70年代,资本在发展中国家的利润大大高于在发达市场经济体的利润。从1975年至1978年,美国对外直接投资的平均账面价值回报为12.1%,而在发展中国家的平均回报则高达25.8%。③

此外,批评者认为,利润仅仅代表了有效返还母公司资本的一小部分。真正资本返还的很大一部分是来自子公司使用由母公司控制的技术而必须向母公司支付的许可证费用和专利使用费。1972年,外国子公司因使用这样的技术而支付的费用占美国跨国公司总体红利收入的30%,以及占美国母公司收到的所有制造业收入的60%。④ 批评者并不是认为子公司不应该向母公司支付子公司最终受益但是由母公司承当的研发成本,而是认为发展中国家的子公司为技术支付了不合理的高额代价,且承担了不合理的研发成本比例。跨国公司对技术的垄断性控制使母公司能够向子公司

---

① Newfarmer and Mueller, *Multinational Corporations in Brazil and Mexico*, 67–72.

② 出处同上,第121—125页。

③ Survey of Current Business, 57（August 1977）: 39; Survey of Current Business, 59（August 1979）: 22.

④ Newfarmer and Mueller, *Multinational Corporations in Brazil and Mexico*, 17.

索要到垄断租金。[①] 批评者认为,母公司选择使用这种权力并索要过多的费用和专利使用费,以隐瞒它们的高利润,从而避免为这些利润交付地方税。

批评者认为贸易是跨国公司隐瞒利润和逃避税收的另一种资本外流的机制。位于发展中国家的跨国子公司贸易的大部分都是公司内贸易。通常情况下,位于发展中国家的子公司与母公司订立协议,约束其从母公司购买供应并向母公司销售产品的义务。[②] 母公司因此能够操纵公司内的进口和出口价格,即转移价格,以促进公司的利益(参见第四章有关这个话题的讨论)。跨国公司的批评者认为,跨国公司利用这种转移价格对出口低定价而对进口高定价,从而以看不见的方式将利润从南方国家转移到北方国家。[③] 一项极端的案例研究显示,对哥伦比亚药品进口的过高定价就达到30亿美元。[④]

如果跨国公司在移除资本的过程中对本地发展做出重要贡献的话,那么这种去资本化的负面影响将是有限的。批评者认为跨国公司的这种贡献是有限甚至负面的。他们认为,跨国公司的技术不像其支持者表明的那样是对南方国家的恩惠。技术的高成本频繁地被提及。另一种批评认为技术的进口阻碍了本地技术能力的发展。[⑤] 另一个问题是技术的适当性(appropriateness of technology)。虽然有些外国投资为了利用南方国家丰

① See Johnson, "The Efficiency and Welfare Implications of the International Corporation"; Walter A. Chudson, The International Transfer of Commercial Technology to Developing Countries(New York: United Nations Institute for Training and Research, 1971); and Lynn K. Mytelka, "Technological Dependence in the Andean Group," International Organization, 32(Winter 1978): 101–139.

② Vaitsos, Intercountry Income Distribution and Transnational Enterprises, 42–43.

③ 出处同上,第44—54页。

④ 有关转移价格的泛泛而论,参见本书第189页注释1引用的来源。

⑤ Constantine V. Vaitsos, "Foreign Investment Policies and Economic Development in Latin America," Journal of World Trade Law, 7(November–December 1973): 639; and Albert O. Hirschman, How to Divest in Latin America and Why, Essays in International Finance(Princeton, N.J.: International Finance Section, Department of Economics, Princeton University, November 1969), 5–6.

富的劳动力而进入南方国家,并促进了它们的发展,但是一些跨国公司带来在发达国家发展并使用的先进的、资本密集型技术并没有帮助解决发展中国家的失业问题。[①] 从北方国家进口的能源密集型技术可能有利于第三世界能源进口国的收支平衡,但也会加重现有的污染和资源枯竭问题。

批评者还认为跨国公司并没有使南方国家的劳动者收益。跨国公司对当地的就业仅仅做出很小的贡献,而且通过收购当地现有企业、通过使用外籍经理而不是培训当地公民以及通过雇佣当地的熟练工人,跨国公司成功地在当地资本市场与本地企业家开展竞争并使后者感到气馁。[②] 最后,批评者认为,跨国公司带来的贸易好处也因限制性的商业做法而受到限制。母公司与子公司之间的书面协议可能包括限制子公司出口并要求子公司仅仅为本地市场生产的条款。跨国公司的管理政策同样可能抑制子公司的生产和营销。[③]

总之,批评者认为,跨国公司创造了一种扭曲的、不合需要的增长形式。跨国公司通常创造了高度发达的但是并没有促进本地经济更大扩张的投资飞地。这些飞地使用资本密集型和能源密集型技术而很少雇佣当地居民、从国外而不是从当地获得供应、使用转移价格和转移技术协定以

① For a Mexican case study, see Fernando Fajnzylber and Trinidad Mart í nez Tarragó, Las empresas transnacionales: expansión a nivel mundial y proyección en la in–dustria mexicana (Mexico City: Fondo de Cultura Económica, 1976).

② 国际劳工组织委托进行了关于外国直接投资对投资接受过国就业影响的研究。例如,参见Norman Girvan, The Impact of Multinational Enterprises on Employment and Income in Jamaica (Geneva, Switzerland: International Labor Office, 1976); Juan Sourrouille, The Impact of Transnational Enterprises on Employment and Income: The Case of Argentina (Geneva, Switzerland: International Labor Office, 1976); Sung–Hwan Jo, The Impact of Multinational Firms on Employment and Income: The Case Study of South Korea (Geneva, Switzerland: International Labor Office, 1976); and Technology Choice and Employment Generation by Multinational Enterprises in Developing Countries (Geneva, Switzerland: International Labor Office, 1984).

③ United Nations, Multinational Corporations in World Development: Third Survey, 195; Vaitsos, Intercountry Income Distribution and Transnational Enterprises, 54–59; and United Nations Conference on Trade and Development, Restrictive Business Practices (New York: United Nations, December 1969), 4–6.

避免纳税以及将大部分所得利润转移到国内。在福利方面,这些飞地带来的好处也主要归于母公司所在国以及与公司结盟的子公司所在国的一小部分人口。

批评者认为,飞地不但没有对当地发展做出贡献,而且还经常妨碍了当地发展。[①] 换言之,依赖跨国公司的经济发展是以本地经济的发展及本地的福利为代价的。跨国公司吸收了当地资本,将资本从所在国转移,摧毁了当地的企业家并创造了将生产从经济和社会理想的模式转移开的不恰当的消费需求。

跨国公司在发展中世界的经济影响:实证研究

对跨国公司对发展中国家产生经济影响的实证研究似乎表明,尽管外国直接投资流入对所在国经济增长总体上有着积极的影响,但是这种影响的程度取决于其他变量。外国投资的影响在不同国家、不同产业、不同公司以及不同项目之间都有着差异。在国家层面上影响外国直接投资总体影响的一个重要变量是跨国公司所在国人力资本水平的发展。外国直接投资对在教育和职工培训方面做出重大投资国家的经济增长比没有在这方面做出重大投资国家的经济增长有着更加积极的影响。[②] 最后,实验性证据表明,除非在跨国公司能够保持对子公司至少多数的控制,并组织位于不同国家的子公司开展相互间贸易的情况下,跨国公司对发展中国家真正的技术转让都是有限的。这个研究发现表明,发展中国家政府如果想获得跨国公司技术转让带来的好处,那么要求跨国公司对国内合资企业的

①　有关这种效果的统计证据,参见Michael B. Dolan and Brian W. Tomlin, "First World–Third World Linkages: External Relations and Economic Development," International Organization, 34 (Winter 1980): 41–64.

②　Borensztein, De Gregorio, and Lee, "How Does Foreign Direct Investment Affect Economic Growth?", 12.

伙伴放弃对子公司的多数控制权是不明智的。①

近年来,学者们试图系统地研究跨国公司培植前向和后向联系以及在所在国产生溢出效应的能力。**后向或者上游联系**(backward or upstream linkage)是指跨国公司与本地供应商公司之间的关系。**前向或者下游联系**(forward or downstream linkage)指的是跨国公司与本地客户之间的关系。如果跨国公司与本地公司之间享有越多的后向和前向联系,与此有关的外国直接投资就越有可能对本地发展产生积极的影响。

溢出效应(spillover)是一些有价值的东西从跨国公司向当地经济蔓延。溢出效应有三种类型:工资、技术和生产力。如果跨国公司对本地员工支付的高工资导致本地的竞争性公司也对员工支付高工资,那么跨国公司的工资溢出效应就产生了。如果跨国公司使用的技术也被本地公司采用或者复制,那么就产生了技术溢出效应。当跨国公司的存在不但提升与公司有关联的工人和资本的生产力而且还提升当地公司的生产力时,其生产力的溢出效应就产生了。

关于生产关联的实验性证据表明,当跨国公司所在国已经取得了一定程度的技术成熟,以及当跨国公司采用使其外国子公司成为国际公司间网络一部分的战略以便为全球市场生产有竞争力的产品和服务时,这种关联是最广泛存在的。如果跨国公司只是想服务于当地市场,而且当地市场受到高关税壁垒的保护,正如采取进口替代战略的国家通常采取的那样,这些关联往往是名义上的。

关于溢出效应的证据是多样的。很多国家都经历过工资的溢出效应,但是在那些努力进行国内投资以提高国内劳动技能水平的国家最为明显。而且,可以预测的是,技术工人比非技术工人会享有更大的工资溢出效应。

---

① Gerald K. Helleiner, "The Role of Multinational Corporations in the Less Developed Countries' Trade in Technology," in Edward K. Y. Chen, ed., Technology Transfer to Developing Countries (New York: Routledge for UNCTAD, 1994), 52; and Ann Harrison, "The Role of Multinationals in Economic Development," Columbia Journal of World Business, 29 (Winter 1994): 7—11. 西奥多·莫兰认为,全资子公司比部分拥有的子公司更可能转移技术和培训员工。参见西奥多·莫兰:《利用外国投资》,第12—15页。

技术溢出效应在那些已经达到一定技术先进性水平的国家最为普遍。虽然很难对生产力的溢出效应做出实证研究,但是证据表明生产力的溢出效应最有可能发生在那些已经采取了出口带动的经济增长战略并在教育和研究发展上做出投资的国家。[①]

跨国公司对国家政治的干预:实证研究

证据表明跨国公司有时会干预第三世界的公司所在国的政治进程。虽然大多数外国投资者没有积极参与被投资国的政治,但是一些跨国公司已经在所在国采取了合法的和非法的行动,以支持对其友好的政府,反对不友好的政府,从而达到为公司获得优惠待遇、阻止那些限制公司活动的措施的目的。跨国公司从事一些如向政党做出捐献、游说地方精英以及开展公共关系运动等法律活动。[②] 它们还从事一些非法活动(向政党做出非法捐献)、[③] 贿赂当地官员[④] 及拒绝遵守所在国的法律和法规。[⑤] 跨国公司甚

[①]　We are summarizing here the arguments of the authors of Chapters 2–7 and 11 in Theodore H. Moran, Edward M. Graham, and Magnus Blomström, eds., Does Foreign Direct Investment Promote Development?.

[②]　For interesting case studies, see Adalberto J. Piñelo, The Multinational Corporation As a Force in Latin American Politics: A Case Study of the International Petroleum Company in Peru(New York: Praeger, 1973); Franklin Tugwell, The Politics of Oil in Venezuela(Stanford: Stanford University Press, 1975); Paul E. Sigmund, Multinationals in Latin America: The Politics of Nationalization(Madison: University of Wisconsin Press, 1980); and Benjamin F. Bobo, Rich Country, Poor Country: The Multinational as Change Agent(Westport, Conn.: Praeger, 2005).

[③]　例如,海湾石油对韩国非法捐献400万美元,参见《纽约时报》1975年5月17日。

[④]　例如,联合商标(United Brands)为了税收优惠待遇在洪都拉斯进行了贿赂,诺斯罗普公司(Northrop Corporation)为了在沙特和巴西的武器和飞机销售,实施了贿赂。参见See Yerachmiel Kugel and Gladys Gruenberg, International Payoffs: Dilemma for Business(Lexington, Mass.: Heath, 1977)。

[⑤]　See, for example, Piñelo, The Multinational Corporation, 17–25; and Neil H. Jacoby, Peter Nehemkis, and Richard Eells, Bribery and Extortion in World Business(New York: Macmillan, 1977)。

至还使用不受法律支配的方法如国际抵制以向不友好的政府施压。①

跨国公司还使用在母公司所在国政治上的权力来获得对公司利益有利外交政策的实行。它们帮助塑造美国政府自从二战后一直试图实现，并支持对外直接投资的自由主义的世界愿景。跨国公司为特定的立法做出努力，如**"海肯鲁普修正案"**（Hickenlooper Amendment），该修正案授权美国政府切断对那些在没有赔偿的情况下对美国的投资实行国有化的国家的援助；**"冈萨雷斯修正案"**（Gonzalez amendment），要求美国投票反对向实施国有化的国家提供多边贷款；海外私人投资公司（Overseas Private Investment Corporation，OPIC），对在很多南方国家的外国投资进行投保；以及撤销对征用美国公司且没有支付赔偿的任何国家实行"普遍优惠制"（generalized system of preferences，GSP）关税好处的贸易立法。② 有时，跨国公司的行为影响超越了立法，如让政府支持它们反对特定所在国对己不利的政权。③

跨国公司不但寻求塑造母公司所在国的政府政策，而且还扮演着这种政策的工具。例如，1988年，美国利用跨国公司对曼努埃尔·诺列加

---

① 例如，国际主要石油公司对国际市场的控制使得它们1951年至1953年对伊朗的抵制成为可能，这促使了伊朗总理穆罕默德·摩萨台（Muhammed Mossadegh）的垮台。

② "冈萨雷斯修正案"1964年10月通过（Public Law 88–633, 78 Stat. 1009, Sec. 301）。"冈萨雷斯修正案"作为多边银行综合拨款法案的一部分于1974年1月通过。On the Overseas Private Investment Corporation, see U.S. Senate, 93rd Cong., 1st sess., The Overseas Private Investment Corporation: A Report to the Committee on Foreign Relations, United States Subcommittee on Multinational Corporations, October 17, 1973（Washington, D.C.: U.S. Government Printing Office, 1973）.

③ See, for example, accounts of the role of the United Fruit Company in the United States in the overthrow of President Jacobo Arbenz of Guatemala, in Richard J. Barnet, Intervention and Revolution: The United States in the Third World（New York: World Publishing, 1968）, 229–232; David Wise and Thomas B. Ross, The Invisible Government（New York: Random House, 1964）, 165–183; U.S. Senate, Committee on Foreign Relations, Subcommittee on Multinational Corporations, 93rd Cong., 1st sess., The Overseas Private Investment Corporation, A Report with Additional Views（Washington, D.C.: Government Printing Office, 1974）; and the careful analysis of the role of U.S. multinationals in the ouster of President Salvador Allende of Chile in Paul E. Sigmund, Multinationals in Latin America: The Politics of Nationalization, ch. 5.

（Manuel Noriega）将军的巴拿马政府施压,主要是通过禁止美国公司的子公司和分支机构向诺列加政府发放任何直接或间接的支付。随着牙买加总理爱德华·西加（Edward Seaga）将牙买加从限制性变为更加开放的国家后,20世纪80年代,美国又鼓励其对外投资转向牙买加。然而,跨国公司不是必然地推进母公司所在国政府的对外政策。例如,在安哥拉经营的外国石油公司积极反对美国对安哥拉政府的制裁,因为这些制裁与它们自己的利益相冲突。

跨国公司干涉所在国政治最臭名昭著的例子之一是美国国际电话电报公司（International Telephone & Telegraph Company, ITT）为了防止其盈利的智利子公司被国有化在20世纪70年代初期对智利的干预。[①] 从1970年至1972年,国际电话电报公司首先积极寻求防止萨尔瓦多·阿连德（Salvador Allende）当选智利总统,在阿连德当选总统后,又极力策划对阿连德政权的颠覆。在这个过程中,国际电话电报公司不仅自己采用了各种非法或法律管辖之外的活动,而且还极力让美国政府介入到反对阿连德的公开和秘密活动中,并被美国政府将其作为政策的代理人加以利用。

国际电话电报公司对智利政治的干预并不是跨国公司在第三世界典型行为的一个例子。大多数跨国公司不寻求这种赤裸裸的政治干预。历史记录表明,跨国公司很少对南方国家的独立政治进程构成威胁。

相互依存

20世纪70年代发展中国家对外国直接投资流入的管理

20世纪五六十年代,大多数发展中国家政府都鼓励外国投资的进入并

---

① Sigmund, *Multinationals in Latin America*, ch. 5.

对在本国的外国投资者制定了新的限制措施。总的来说,发展中国家接受了建立于国民待遇之上的现行的国际自由体制;在征用外国投资时会对它们提供及时、足够及有效的补偿;以及确保外国投资者向自己国家的政府请求援助的权利。拉丁美洲国家是个例外。20世纪初以来,拉美国家坚持**卡尔沃主义**(Calvo doctrine),坚持认为投资所在国有权对外国投资实行国有化并自己确定什么是公平的补偿。因此这些国家拒绝了外国投资者享有向自己国家政府请求援助的权利。甚至在外国直接投资在拉美受到积极鼓励的时期,卡尔沃主义仍然得以保持。①

20世纪70年代,拉美国家对待跨国公司的态度和政策呈现了显著变化。如上文讨论的那样,对跨国公司的批评从拉丁美洲蔓延到整个第三世界,许多南方国家政府也因此改变了它们的门户开放政策。这种批评产生的主要影响至少在一段时间内改变了在发展中国家外国投资的政治现实。20世纪70年代后,大多数第三世界国家政府不再认为外国投资能自动地促进本地发展。结果,这些国家努力对外国投资进行管理,以使外国投资的回报最大化以及成本最小化。②

发展中国家公众对外国投资态度的改变是这种变化背后的一个重要因素。随着民族主义情绪在20世纪50年代末和60年代的发展,跨国公司逐渐被视为对经济和政治独立的一个威胁。③ 此外,发展中国家的发展进

---

① Sigmund, Multinationals in Latin America, 20–23.

② For analyses of recent empirical studies see UNCTC, Transnational Corporations in World Development, 132–237; and Theodore H. Moran, ed., Multinational Corporations: The Political Economy of Foreign Direct Investment(Lexington, Mass.: Lexington Books, 1985).

③ For an analysis of economic nationalism, see Harry G. Johnson, "A Theoretical Model of Economic Nationalism in New and Developing States," Political Science Quarterly 80 (June 1965): 169–185. See criticism by Vaitsos, "Foreign Investment Policies," 632. For evidence of this rising nationalism, see Jorge Domínguez, "National and Multinational Business and the State in Latin America"(paper pre-sented at the annual meeting of the American Political Science Association, Washington, D.C. 1979). See also Richard L. Sklar, Corporate Power in an African State: The Political Impact of Multinational Mining Companies in Zambia(Berkeley and Los Angeles: University of California Press, 1975).

程增加了它们对改进经济福利、住房、交通和工作的需求。[①] 为了满足这些新的压力和保持自己的政治权力，一些南方国家精英转而反对跨国公司。[②] 对这些精英来说，对跨国公司的反对成为政治上有用且强大的平台。

20世纪70年代，跨国公司对南方国家政治干预的暴露使南方国家的公众感到愤怒，并导致了反跨国公司舆论的新一轮爆发。丑闻在调集舆论反对跨国公司方面扮演了催化剂的角色。该丑闻最初的揭露导致美国参议院对跨国公司整体上展开调查，结果揭示了它们干预所在国政治的其他事例。[③] 关于国际电话电报公司对智利政治干预的宣传也促使南方国家形成对跨国公司一致的声讨，并促使联合国对跨国公司展开调查。[④]

指出外国投资有害效果的新的关键的经济分析也导致了发展中国家公众对跨国公司态度的变化。正如跨国公司的一个批评者做出如下观察：

严肃和有能力的经济学家可以强烈反对对外国私人投资持有允许的态度，从而使最初对跨国公司欠考虑的、情绪化的反应受到尊敬[⑤]。

对跨国公司实行新的政策背后的第二个因素是权力从跨国公司向所在国政府转移。这种权力关系变化的一个原因是一个分析师称之为的**"学习曲线"**（learning curve）。[⑥] 多年来，跨国公司所在国政府在监督和管理外国投资方面发展了重要的专门知识。它们培训了管理外国子公司所需的懂法律、金融和商业技巧的干部。沿着这一"学习曲线"向上的运动使跨国公司

① Samuel P. Huntington, Political Order in Changing Societies (New Haven, Conn.: Yale University Press, 1968).

② Moran, Multinational Corporations and the Politics of Dependence: Copper in Chile, 164–166.

③ See U.S. Senate, Multinational Corporations and United States Foreign Policy.

④ See United Nations, Multinational Corporations in World Development and Report of the Group of Eminent Persons to Study the Impact of Multinational Corporations on Development and on International Relations (New York: United Nations, 1974).

⑤ Edith Penrose, "The State and the Multinational Enterprise in Less-Developed Countries," in John Dunning, ed., The Multinational Enterprise (London: Allen and Unwin, 1971), 230. For the role of the new economic analysis in Chile, see Moran, Multinational Corporations and the Politics of Dependence: Copper in Chile, 57–88.

⑥ Moran, Multinational Corporations and the Politics of Dependence: Copper in Chile, 164.

所在国政府有可能制定法律和官僚结构来管理跨国公司。[①]

出于同样的原因,跨国公司也开始学习如何与第三世界的所在国相处,以便应对自己最初谈判优势的丧失。为了应对当地民族主义势力的运动,跨国公司与当地的企业家创建合资企业、开始组建符合当地爱好的新项目、与当地资本共同为新的投资提供资金以及对当地政治制度进行更多的了解等等。这些反制措施尽管在很多情况下有用,但是常常不足以阻止或者减缓所在国民族主义联盟政治势力的增长。

不确定性的减少也导致跨国公司与所在国政府之间权力的转移。分析者指出,所在国对潜在投资者的谈判地位与所在国对在本国已经做出重大且成功投资的投资者的谈判地位之间的差别必须区别对待。[②] 当一个国家寻求外国投资时,它会处在一个相对较弱势的谈判地位。外国投资者对所建议投资的成功性及最终的成本感到不确定。为了克服这些不确定性以及吸引投资,所在国必须对外国投资奉行允许的政策。但是,一旦外国投资已经做出并获得成功,它们之间的谈判关系就会改变,所在国的权力也会随之增加。所在国现在对有价值的跨国资产有着管辖权。随着不确定性的减少,所在国逐渐后悔并怨恨早期对外国投资实行的允许政策和协定。外国投资者投资项目的成功导致所在国寻求修改与外国投资者签订的协议,而外国公司的财务承诺和利益会削弱其抵制签署新的项目条款的谈判地位和能力。

导致跨国公司与所在国之间权力转移的第三个因素是获取在南方国家的投资机会面临日益增长的竞争。拥有跨国公司的国家越来越多意味着南方国家在选择外国投资者时有着更多的替代选择。这些替代选择在个人投资层面很重要,因为它们为投资所在国带来更大的竞争及更好的条款。这些替代选择的重要性还在于它们使南方国家从依赖传统上占主导

---

① Ibid.; and Alfred Stepan, The State and Society: Peru in Comparative Perspective (Princeton, N.J.: Princeton University Press, 1978), 235.

② Vernon, "Long-Run Trends in Concession Contracts"; and Moran, Multinational Corporations and the Politics of Dependence: Copper in Chile, 157–162.

地位的某个北方国家的投资转向依赖投资多元化。例如，日本的跨国公司作为在拉美的美国公司替的代选择而呈现，美国公司反过来崛起为在非洲的法国公司的替代选择。[①]

从外国投资者向投资所在国政府的权力转移在原材料方面变得明显，如在铜和石油等方面。一旦外国投资获得成功后，投资所在国政府的政策就从旨在吸引投资的宽松政策转变到对本地法律更加严格的应用，如在税收和劳动政策等领域，到最终的对股票所有权或者在价格或供应等问题上商业决策的直接介入。[②] 这种权力的转移是否适用于制造业还不太清晰。一些分析者认为，发展中国家在控制世界范围内生产和营销的全球性制造业公司时面临更多困难，因为本国子公司在供给、资本、技术和市场方面仍然依赖母公司。[③]

20世纪70年代，这些不同的变化力量促使南方国家重新试图管理跨国公司。正如之前讨论的，南方国家在联合国内发起了这样的努力，但无果而终（参见第四章）。南方国家建立**国际经济新秩序**（New International Economic Order，NIEO）的部分计划就是试图将跨国公司纳入国际控制之下。1974年，联合国就国际经济新秩序发表了两个主要声明：《建立国际经济新秩序宣言》（Declaration of the Establishment of the New International Economic Order）和《各国经济权利和义务宪章》（Charter of Economic Rights and Duties of States）。两个文件都宣称每个国家对本国的自然资源和所有经济活动，包括国有化的权利，拥有完全的主权。《建立国际经济新秩序宣言》没有提及任何补偿，《各国经济权利和义务宪章》仅仅简单地阐述任何补偿应该是"恰当的"。虽然联合国建立了"跨国公司中心"（Center

---

① UNCTC, Transnational Corporations in World Development: Third Survey, 18–19.

② Vernon, "Long-Run Trends in Concession Contracts."

③ See Gary Gereffi and Richard S. Newfarmer, "International Oligopoly and Uneven Development: Some Lessons from Industrial Case Studies," in Newfarmer, Progress, Profits, and Poverty, 432. See also Newfarmer and Mueller on Mexico, in their Multinational Corporations in Brazil and Mexico, 59. 此外，跨国公司一旦在所在国经济体中建立，就会与当地团体结盟，从而提高它们对当地政府讨价还价的地位。

on Transnational Corporations），但试图绘制一个国际行为准则被证明是不可能的。控制跨国公司的真正努力主要是在国家层面上。就原始成员包括玻利维亚、智利、哥伦比亚、厄瓜多尔、秘鲁和委内瑞拉的安第斯共同市场来说，这样的努力是发生在地区层面上。[①]

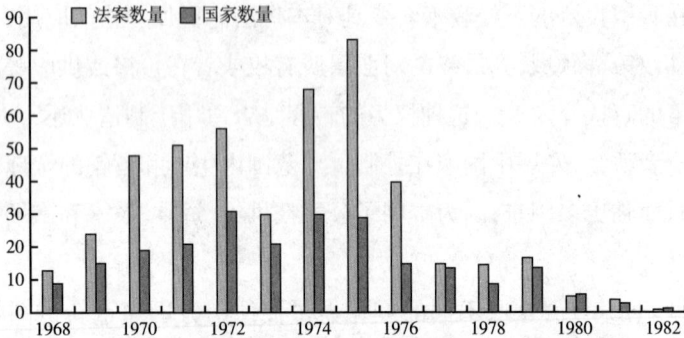

图8.6 1968—1982年期间每年征用法案的数量

资料来源：联合国跨国公司中心记者，No. 25，引用于约翰·马德赖的《贸易与穷人》（纽约：圣马丁出版社，1993年版），第91页。

南方国家管理跨国公司最公开的政策是对外国子公司的国有化和征用。例如，秘鲁政府将国际石油公司、各类银行以及鱼粉和鱼油工业进行国有化。[②] 智利和赞比亚接管了它们的铜产业，[③] 许多石油生产国对它们的石油产业实行国有化收购。[④] 虽然具有高度的可见性，征用不是

---

① 甚至安第斯共同体的决议必须在全国范围内实施。参见第七章有关安第斯共同体的进一步讨论。

② On International Petroleum Corporation, see Piñelo, The Multinational Corporation.

③ Moran, Multinational Corporations; and Sklar, Corporate Power in an African State.

④ For oil and other minerals, see Raymond F. Mikesell, ed., Foreign Investment in the Petroleum and Mineral Industries: Case Studies of Investor-Host Country Relations (Baltimore, Md.: Johns Hopkins University Press, 1971). Two interesting studies of nationalizations in developing countries are by Stephen J. Kobrin, "Foreign Enterprise and Forced Divestment in LDCs," International Organization, 34 (Winter 1980): 65–88; and David A. Jodice, "Sources of Change in Third World Regimes for Foreign Direct Investment, 1968–1976," International Organization, 34 (Spring 1980): 177–206.

南方国家管理跨国公司的主要方法或者不是南方试图控制跨国公司的主流趋势。事实上,当1975年达到高峰后,国有化浪潮呈现急剧下降(图8.6)。[①]

比引人注目的国有化更重要的是旨在加强政府控制和提高投资所在国从外国投资中得到经济回报的新的税法、法规和官僚结构。[②] 试图通过这些法律和政策来管理跨国公司的做法在不同国家以及国家内不同的产业之间都有所不同。然而,管理跨国公司的某些趋势还是出现了。

南方国家政府经常对进入本国的新的投资施加严格的限制。许多国家颁布了投资法律限制外国投资涉及的行业。银行、通信、运输和公用事业通常被保留为国家所有。外国人允许持有当地公司股票的数量也受到严格的限制。例如,1973年墨西哥外商投资法律禁止在以上提及的领域允许外国投资,而且在其他领域,包括矿产开发、汽车制造和石油化工副产品,允许外国持有股权或者管理控制权的比例不超过49%。只有为数有限的行业允许外国投资持有百分之百的所有权,如非电气设备和机械、电子、机床、电子机械和电器、生物技术、运输设备、化学产品和酒店。[③] 多个国家还控制跨国公司对国有公司的接管。例如,墨西哥规定,外国投资者在被允许收购本国资本存量的25%或者国有公司固定资产的49%之前,必须得到墨西哥事先的授权,而且还给予墨西哥投资者代替外国投资者进行收

①　UNCTC, Transnational Corporations in World Development: Trends and Prospects, 315.

②　For a summary of the policies of various developing host countries toward foreign investment, see UNCTC, Transnational Corporations in World Development: Trends and Prospects, 261–298. A good summary of the problems that developing countries face in controlling foreign enterprises and a case study of Peru is in Stepan, The State and Society: Peru in Comparative Perspective, 230–289.

③　Rosemary R. Williams, "Has Mexico Kept the Promise of 1984? A Look at Foreign Investment Under Mexico's Recent Guidelines," Texas International Law Journal, 23 (1988): 417–441. See also Sandra F. Maviglia, "Mexico's Guidelines for Foreign Investment: The Selective Promotion of Necessary Industries," The American Journal of International Law, 80 (1986): 281–304. For a review of Venezuelan foreign investment regulations, see Robert J. Radway and Franklin T. Hoet-Linares, "Venezuela Revisited: Foreign Investment, Technology and Related Issues," Vanderbilt Journal of Transnational Law, 15 (Winter 1982): 1–45.

购的机会。1989年,墨西哥放松了对外国投资的限制。[1]

一些国家极力减少现有的外国投资水平,并取得了不同程度的成功。《安第斯共同市场外国投资统一准则》(ANCOM Uniform Code on Foreign Investment)不仅对新的外国投资而且对现有的外国投资关闭国内的保留产业。该准则还规定,在保留产业经营的外国公司需将它们股票的80%售给本地投资者。[2] 由于成员国之间的冲突和实现这种严格的剥离程序的困难,安第斯共同市场努力最终以失败告终。相比较而言,印度的这种剥离努力取得了更多的成功。从1977年至1980年,印度通过要求外国公司向印度民众发行股票,减少了近400家公司的外国所有权。[3]

通过这些部门和股权限制以及强化执行这些限制的能力,发展中国家政府试图鼓励新的外国投资参与的形式,如合资公司、许可证协议、管理合同以及立即可以使用的安排等,以代替完全或者多数所有权的外国投资。这种政策的目标是将外国投资进行拆分,即将技术、管理技能和市场准入从股权和控制中分离开来。[4] 结果,建立合资企业、生产共享和签署技术援助协议变得更为常见,许多跨国公司不得不接受自己拥有在发展中国家的子公司少于多数的所有权。[5] 到20世纪70年代,位于美国的跨国公司在发展中国家的子公司的38%都是共同拥有或者是较少拥有的。位于其

---

[1]　Ana María Pérez Gabriel, "Mexican Legislation Affecting the Maquiladora Industry," in Khosrow Fatemi, ed., The Maquiladora Industry: Economic Solution or Problem? (New York: Praeger, 1990), 214–216; and Patricia A. Wilson, Exports and Local Development: Mexico's New Maquiladoras (Austin: University of Texas Press, 1990), ch. 1.

[2]　智利在1976年退出安第斯共体而不是限制外国投资。See Dale B. Furnish, "The Andean Common Market's Common Regime for Foreign Investments," Vanderbilt Journal of Transnational Law, 5 (Spring 1972): 313–339; Robert Black, Stephen Blank, and Elizabeth C. Hanson, Multinationals in Contention: Responses at Governmental and International Levels (New York: Conference Board, 1978): 174–184; and Roger Fontaine, "The Andean Pact: A Political Analysis," The Washington Papers 5, no. 45 (Beverly Hills, Calif.: Sage, 1977).

[3]　United Nations, Transnational Corporations: Third Survey, 60–61.

[4]　Charles Oman, New Forms of International Investment in Developing Countries (Paris: OECD, 1983).

[5]　United Nations, Transnational Corporations: Third Survey, 102–122.

他国家的跨国公司显示了更多的灵活性：到20世纪60年代末，位于欧洲跨国公司的子公司少数拥有的比例为49%，其他地区跨国公司（主要是日本公司）的这种比例为82%。 ①

发展中国家也试图规范跨国公司进入本国后的行为。限制**利润和资本汇回**（profit and capital repatriation）母公司所在国在发展中世界被广泛地实行。例如，安第斯集团将外国投资的利润和资本汇回母公司所在国限制到注册投资的20%以内。墨西哥等许多国家对技术和许可证协议进行监督。 ② 一些国家要求外商投资进行信息登记或更多的信息披露，如在资本结构、技术的使用及对技术使用的限制以及再投资政策等信息。 ③

控制外国投资的一种额外技巧不是依赖于限制而是依赖于积极的激励。税收优惠或免受进口限制等一些激励因素被用来鼓励外国公司投资新的领域或使用新的技术、投资所在国的出口行业和发展中地区以及被用来鼓励外国公司提高行业的竞争。巴西依赖这些积极的公共政策工具来管理跨国公司。20世纪70年代，巴西工业发展理事会（Brazilian Industrial Development Council）向外国投资者提供激励措施，以对它们进行更好的调节并将它们的投资引导到需要的经济行业。 ④

控制外国投资的另一种技巧是支持国有公司。在对外资进入有着高壁垒的许多产业，**国有企业**（state-owned enterprise）是唯一可行的对外国投资进行替代的国家选择。例如，墨西哥和巴西在一些基础产业如石油、钢铁、金融、公用事业、交通运输等领域建立了国有公司。 ⑤ 重要的是，作

---

① United Nations, Transnational Corporations: Third Survey, 229.

② Lacey and Garza, "Mexico—Are the Rules Really Changing?" 572–573.

③ 出处同上。

④ See, for example, Business International Corporation, Investment, Licensing and Trading Conditions Abroad: Brazil（New York: Business International, 1973）.

⑤ Newfarmer and Mueller, Multinational Corporations in Brazil and Mexico, 55, 112, 150; Peter Evans, Dependent Development: The Alliance of Multinational, State, and Local Capital in Brazil（Princeton, N.J.: Princeton University Press, 1979）; and Peter Evans, Embedded Autonomy: States and Industrial Transformation（Princeton, N.J.: Princeton University Press, 1995）.

为对外国投资进行平衡的一种的战略,对国有产业的强调造成了向外国商业银行更多的借款以用于对民族产业的投资。①

对外资控制的最后一个方法是建立**生产者卡特尔**(参见第九章)。各种原材料出口商,尤其是石油、铜和铝土矿出口商,极力通过合作提高价格以及提高国家利润和国家所有权份额,来管理跨国公司。直到现在,只有石油输出国组织成功地使用了这种外资控制技巧。即使是石油输出国组织也并不总是成功地控制石油产量和价格。

新实用主义

20世纪80年代,南方国家对跨国公司的战略从控制和对抗再一次转向,这次转向更加务实的政策。虽然发展中国家继续密切监督和控制外国投资者的活动,跨国公司逐渐不再被视为威胁,而更多的是被视为能促进经济增长和发展的潜在机会。②

新实用主义是多个力量汇集的结果。债务危机期间流入拉丁美洲发展中国家对外直接投资的下降发挥了重要作用。20世纪六七十年代限制性政策的颁布阻止了一些直接投资,并导致外国投资者转向非股权安排作为进入欠发达国家市场的一种方法。③对潜在外国投资者来说,令人特别讨厌的是发展中国家对它们将利润汇回国内实施的控制。20世纪80年代期间,大多数发展中国家萧条的经济形势和低回报率是外国投资流入

① Jeffry Frieden, "Third World Indebted Industrialization: International Finance and State Capitalism in Mexico, Brazil, Algeria and South Korea," International Organization, 35(Summer 1981): 407–431.

② UNCTAD, World Investment Report 1994, pp. xxviii–xxxiv. For a skeptical view on this, see Alvin G. Wint, "Liberalizing Foreign Direct Investment Regimes: The Vestigial Screen," World Development, 20(October 1992): 1515–1529.

③ UNCTC, Transnational Corporations in World Development: Trends and Prospects, 67–71.

下降的一个重要因素。例如,美国在拉丁美洲的直接投资回报率从1980年的18.8%下降到1983年的2.4%,尽管又上升到1985年的10.8%。美国在其他发展中国家的投资回报率从1980年的41.3%下降到1983年的22.5%以及1985年的18.6%。[1] 由于债务危机使资本从许多发展中国家汇回国内变得困难或者不可能,因此进一步抑制了外国投资。发展中国家的这些不利条件与许多发展国家的快速增长、回报率上升以及很少对外国投资施加限制形成了鲜明对比。

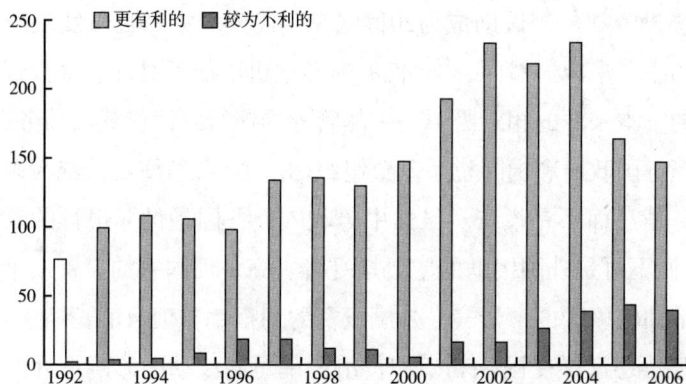

图8.7 1992—2006年对外国直接投资有利和不利的管制政策的变化

资料来源:联合国贸发会议《2007年世界投资报告》,第14页。

因此,跨国公司将它们的投资从发展中国家转向发达国家。从1982年至1989年,流向发展中国家的对外直接投资份额从约30%下降到14%。南方国家在对外直接投资流动中的份额在20世纪90年代迅速增长到约40%的峰值,但是在比索和亚洲危机后又再次回落。[2]

拉丁美洲在南方国家对外直接投资流入中的份额从1980年的约85%下降到1993年的约20%,在亚洲金融危机后又扩大到1999年的45%以上。

---

[1] UNCTC, Transnational Corporations in World Development: Trends and Prospects, 82.

[2] 南方国家的份额在21世纪的头十年再一次平均增长到30%以上。

但是到2006年,拉丁美洲的份额再次下降到22%(图8.1)。①

20世纪80年代,亚洲成为外国直接投资的一个主要焦点。中国、印度尼西亚和泰国等国家庞大的国内市场,马来西亚、新加坡熟练的廉价劳动力和发达的出口导向型制造业基础设施,印度尼西亚和马来西亚的石油和其他自然资源以及总体对外国投资更加有利的政策,都吸引了外国投资者(图8.7)。②

20世纪70年代唾手可得的贷款资金使发展中国家对外国投资采取了限制性政策,导致它们在80年代外国直接投资流入的下降。商业银行贷款取代直接投资和外国援助成为20世纪70年代许多中等收入发展中国家发展资金的主要来源。然而,80年代的债务危机增加了对外直接投资作为经济增长的资本来源的相对吸引力。尽管外国银行继续借钱给债务国,但是通常在债务国政府和国际货币基金组织的压力下,新增贷款绝大多数都致力于债务偿还而不是投资。虽然中等收入债务国是世界银行的重要借款人,但它们不再是外国援助的主要接受者。高负债国家的投资水平和经济增长率都面临极大的不景气。外国投资的回报率与项目的长期成功有关,不像债务偿还那样受国际利率和货币汇率短期波动的影响。外国直接投资者比外国借贷银行或者证券投资人更有可能拥有长时间的投资期限。因此,外国直接投资逐渐成为需要的外国资本流入的最理想来源。

对外国投资采取更乐于接受的政策也是发达国家和多边机构解决债务危机处方的一部分。为外直接投资增加准入是"贝克计划"的支柱之一。世界银行业也对外国投资采取了更加积极的态度。世界银行的贷款结构调整鼓励放松对外国投资的限制,而且世界银行还建立了一个"多边投资担保机构"(Multilateral Investment Guaranty Agency, MIGA),投保并从而促进发展中国家的直接投资。在巴基斯坦和其他国家,世界银行鼓励政府允许外国私人投资者建造和运营主要基础设施,如发电厂和高速公路。这些项目偶尔甚至被外国投资者拥有,但是它们的最终所有权和运营权被

---

① 这些数字是基于图8.1中的数据。
② 出处同上,82-83.

转移回政府或当地的民营企业。此外,作为减少商业银行债务计划一部分的债转股涉及将金融债务换成股权投资。

同时,发达国家在对外投资进入发展中国家市场的问题上普遍采取了更为积极的态度。例如,美国《1984年贸易和关税法案》(Trade and Tariff Act of 1984)将市场准入壁垒的定义扩大为包括投资及贸易壁垒,美国使用这种贸易方法来推动美国企业在发展中国家的市场准入。此外,发达国家还推动制定新的投资条款作为"乌拉圭回合"的一部分(参见第三、七章)。

鼓励南方国家开放本国政策、对外国投资采取更加乐于接受的态度与南方许多国家发展战略的变化非常相匹配。20世纪80年代,许多发展中国家从进口替代政策以及在钢铁和电信上等一些基本产业上对国有企业的支持,转变为强调私人所有权和投资的优势以及强调对世界经济更多的开放。在拉丁美洲这种新的方法最明显的表现是智利、墨西哥和阿根廷等发展中国家所采取的政策。为了促进更高效和更有竞争力的产业的发展,减少政府预算的财政负担,许多发展中国家将国有企业出售给私人投资者。这些投资者有时是国内公司,但通常情况下都是外资跨国公司。

私有化政策是对重新强调出口导向型增长的一种补充。正如第七章所讨论的,许多发展中国家在这一时期转向亚洲新兴工业化国家已经取得成功的出口导向性发展战略。多个新型工业化国家将促进外商在出口产业的投资视为它们出口导向型增长战略的一部分。这些国家通过建立**出口加工区**(export processing zones,EPZs)或者通过按合约要求外国公司对外出口以换取投资权来吸引外国直接投资(参见下文)。与重新强调出口导向型增长有关的是发展中国家对获取新技术日益增长的兴趣。对先进产品和服务的全球需求的增加提升了欠发达国家对跨国公司作为这些技术的主要持有者的接受程度。

这些不同的力量共同汇集导致发展中国家对外国直接投资采取了更加自由的政策。新实用主义并没有颠覆它们以前采取的限制性政策。发展中国家继续控制外国投资者的进入和操作;大多数国家对外国投资实行控制的法律、法规和制度依然存在。尽管很多国家开放了本国的出口或高科技产业等一些产业,但是它们在其他产业(如服务业)上仍然保持紧闭的政策。自由化的趋势更适用于亚洲和非洲而不是拉丁美洲,因为拉丁美洲对外商投资导致它们对技术依赖的长期担心抑制了其政策变化。然而,该地区也出现了明确的鼓励外国直接投资的趋势,如通过减少对跨国公司的进入和经营施加的限制、简化程序以及为外国投资者提供激励因素等(图8.7)。

20世纪80年代发展中国家采取的新的投资法律和政策废除了它们对外国投资者施加的限制。许多发展中国家,包括韩国、墨西哥以及安第斯共同体成员国,都增加了向外国投资开放的产业数量。对外资的这种开放还向高科技或出口导向型产业发展。在一些国家,现存的法律以更灵活的形式执行。例如,为了在本国建立一个生产微处理器的全资子公司,墨西哥给予国际商业机器公司(IBM)免受其对外国控制本国信息产业施加严格限制的约束。作为回报,国际商业机器公司也接受了许多义务,例如关于在墨西哥建立研发地点以及从墨西哥出口等。[①] 同样地,在巴西,将外国公司从国内小型计算机市场排除的政府信息产业政策在20世纪80年代也受到攻击和极大的削弱。[②] 私有化行动也涉及外国投资者,而且也频繁地涉及债转股。阿根廷允许外国私人参与本国的石油开采和电信产业。在电信产业,外资的参与部分地是从债转股中获得资金。巴西将部分钢铁产业出售给外国股份。智利允许外国投资者使用债转股购买国家控股公司的股票。菲律宾允许外资银行将贷款风险转化成国家钢铁公司的股

---

① Theodore Moran, Harnessing Foreign Direct Investment, p. 39; and Van R. Whiting, Jr., The Political Economy of Foreign Investment in Mexico: Nationalism, Liberalism, and Constraints on Choice(Baltimore, Md.: Johns Hopkins University Press, 1992), ch. 8.

② Jorg Meyer-Stamer, "The End of Brazil's Informatics Policy," Science and Public Policy, 19(April 1992): 99–110; Emanuel Adler, The Power of Ideology: The Quest for Technological Autonomy in Argentina and Brazil(Berkeley and Los Angeles: University of California Press, 1987), ch. 10; and Evans, Embedded Autonomy.

权。①

对外国投资经营施加的控制在许多发展中国家得到缓解。例如,阿尔及利亚废除了要求当地合作伙伴实施控制的条款,安第斯共同市场废除了对外国投资者利润汇出的限制。例如,墨西哥和安第斯共同市场放松了要求外资逐步剥离的政策。在某些优先产业,对外资运营的限制也得到放松。例如,委内瑞拉和其他一些国家给予在电子、信息和生物技术产业的外国投资免受利润再投资、汇款、资本汇回本国以及剥离要求的限制。②许多发展中国家,如阿尔及利亚、印度、印度尼西亚、韩国、墨西哥和菲律宾,还简化了批准外国直接投资的行政程序。最后,一些社会主义国家,如埃塞俄比亚、莫桑比克、朝鲜和中国,通过新的法律,主要是通过合资企业的形式使外国投资成为可能。中国的自由化政策最为引人注目。中国1979年从头开始,建立了一套外国投资机制,并实施了一项吸引众多外国公司进入的政策。③

许多其他发展中国家建立了出口加工区,通过使进出口免受关税或其他贸易约束,以及通过为制造业基础设施提供技能和通过提供精简的监管和行政程序,来鼓励出口商品的生产投资。这些方法的使用近年来大幅增加。尽管在1970年,只有10个发展中国家建立了出口加工区,但是到2006年,最少130个南方国家拥有了出口加工区。④虽然出口加工区是为国内外生产者设计的,许多外国公司都在出口加工区进行投资,作为为生产电

---

① UNCTC, Transnational Corporations in World Development: Trends and Prospects, 264–265.

② Ibid., 269.

③ Jean-Pierre Singa Boyenge, ILO Database on Export Processing Zones (Revised), Working Paper 251 (Geneva, Switzerland: International Labor Office, April 2007) .应该提及的是,出口加工区没有导致那些继续实施进口替代政策以及不试图升级本国制造业劳动力技能的国家经历长期的发展。On this question, see Moran, p. 55.

④ John Madeley, Trade and the Poor: The Impact of International Trade on Developing Countries (New York: St. Martin's Press, 1993), p. 68; and Ana T. Romero, Export Processing Zones: Addressing the Social and Labor Issues (Geneva, Switzerland: International Labor Office, 1995) .

子和纺织品等劳动密集型产品获取廉价劳动力的方法。出口加工区明显促进了南方国家工业制成品的出口,尽管有时是以恶劣的工作条件和环境恶化为代价的。[5]

随着国家政策变得更具有包容性,控制跨国公司的国际努力也从以前的敌意转向更多的合作。这种变化的一个重要的促进因素是新兴工业化国家,特别是亚洲新兴工业化国家,对外直接投资的兴起。[6] 到20世纪90年代初期,一些发展中国家在确保它们的跨国公司进入其他市场方面有着不断增长的利益。越来越多的南方国家,主要是非洲和南亚国家,与发达国家签署了双边投资条约(BITs)。这些条约旨在通过提供一定的保护以及可预见的外国投资体制来确保外国投资。条约总体制定了外国投资进入条款、外国投资享受国民待遇或者最惠国待遇的基本标准、国有化的条件和赔偿形式、利润转移及资本汇回规则以及争端解决机制。[7] "多边投资担保机构"在世界银行之下建立起来,担保在发展中国家的私人投资免遭货币转移、征用、合同违反、战争以及国内动乱等非商业性风险(参见第四章)。这种担保的运用视"多边投资担保机构"对经济稳健性、投资发展的正确性以及投资所在国政府的批准等判断情况而定。[8]

与此同时,最初构思于建立国际经济新秩序努力时期的《**联合国跨国公司准则**》(United Nations Code on Transnational Corporations)的谈判没有取得任何进展,而且似乎变得越来越无关紧要。随着对外国投资的态度发生变化,南方国家对该准则的兴趣开始下降。发达国家仍然坚决反对该准则,取而代之的是努力推动在《关贸总协定》下的投资谈判(参见第三、

---

[5]　Moran, pp. 40–41 and 53–56; Madeley, Trade and the Poor, p. 68; and Jeffrey A. Hart, "Maquiladorization as a Global Process," in Steve Chan, ed., Foreign Direct Investment in a Changing Global Economy(New York: Macmillan, 1995).

[6]　Hans Jansson, Transnational Corporations in Southeast Asia: An Institutional Approach to Industrial Organization (Brookfield, Vt.: Edward Elgar, 1994); and Sanjaya Lall, ed., New Multinationals: The Spread of Third World Enterprises(London: Wiley, 1983).

[7]　UNCTC, Transnational Corporations in World Development: Trends and Prospects, 332–337.

[8]　出处同上,第348页。

七章）。然而,发展中国家仍然想保护国家主权以及控制外国投资者的进入和经营,因此强烈反对投资问题谈判,即在"乌拉圭回合"下所谓的《与贸易有关的投资措施》(trade-related investment measures,TRIMs)的谈判。最后,发展中国家勉强接受"与贸易有关的投资措施",因为这些措施是包括工业化国家在农业、纺织品和保障措施上让步在内的一揽子交易的一部分。在"多哈回合"谈判中,发展中国家要求免受《与贸易有关的投资措施》的约束或延迟它的实行。

全球化

在南方国家的外国直接投资在全球化时代迅速增长,虽然投资仍然高度集中在一些较先进的发展中国家。流入南方国家的对外直接投资总量从1990年的360亿美元增长到2006年的3790亿美元（图4.3）。如前文所述,发展中国家有着不断增长的外国投资以及对跨国公司的存在有着增加的接受性。北美自由贸易区、东盟自由贸易区、亚太经合组织以及南方共同市场等新的区域贸易组织都旨在鼓励跨国公司将新的分支机构设在南方国家。例如,北美自由贸易区向投资者保证将给予他们国民待遇并迅速解决争端。[①] 20世纪90年代的危机导致韩国等一些国家对外国直接投资持有更大的接受性,部分原因是因为从北方国家流出的短期投资出现了中断（参见第七章）,也因为工业化国家更加要求韩国对外国跨国公司开放电子和金融服务等各种产业。随着亚洲四小龙收入和工资的增长,许多当地所有的公司将劳动密集型工作外包给中国等低收入水平的亚洲国家。

---

① T. Leigh Anenson, "Defining State Responsibility Under NAFTA Chapter Eleven: Measures 'Relating To' Foreign Investors," *Virginia Journal of International Law* 45 (2005): 675–735.

对外直接投资流出继续了20世纪80年开始的这一趋势并主要流向亚洲和中国,这主要是因为投资者认为,即使在90年代末的亚洲危机后,这些地区的经济增长前景仍然好过第三世界其他地区。流向中国和韩国的对外直接投资经历了显著的增长(图8.2、图8.4)。虽然流入第三世界其他国家的对外直接投资也出现增长,但是它们并没有像流向中国和韩国的对外直接投资那样增长迅速。

在拉丁美洲一些重要的新兴国家,如委内瑞拉和玻利维亚,对跨国公司仍然持有高度怀疑并在政治上存在分歧。当1999年乌戈·查韦斯(Hugo Chávez)当选为委内瑞拉总统时,他立即关注跨国公司在石油行业的活动,着眼于扭转他的前任实行的私有化和亲外国直接投资的政策。他停止了铝和石油行业的私有化计划,并开始攻击委内瑞拉国有石油公司的领导,指责它通过雪铁戈子公司在国外花费太多的费用收购下游销售渠道。2007年,查韦斯宣布将对在奥里诺科地区的石油项目国有化。当埃克森美孚决定通过请求美国、英国、荷兰以及荷兰安的列斯群岛法院并收到它们的指令冻结委内瑞拉的国外资产以期对委内瑞拉的这一做法提出挑战时,查韦斯威胁停止对美国的石油出口。①

当埃沃·莫拉莱斯(Evo Morales)2006年当选为玻利维亚总统时,他首先采取的措施之一就是推行国家天然气储备的国有化。莫拉莱斯指示玻利维亚军队和国有石油公司,即玻利维亚石油矿藏管理局的工程师占领外国公司的天然气设施,并给那些外国公司六个月的期限与玻利维亚政府重新谈判合同,否则将面临被驱逐。巴西石油跨国公司,即巴西石油(Petrobras),是受此举影响的公司之一。受此影响的还有埃克森美孚(Exxon Mobil)、法国道达尔(Total)和其他一些欧洲公司。②

查韦斯和莫拉莱斯对拉丁美洲和发展中世界其他地方的统治是个例外。大多数发展中国家的领导逐渐接受跨国公司潜在的积极作用,争取为本国公民谈判到可能最好的交易,而不是从事国有化和勒索战术。

---

① "Exxon's Wrathful Tiger Takes On Hugo Chavez," The Economist, February 14, 2008.

② "Bolivia Gas Under State Control," BBC News, May 2, 2006.

国际生产网络的兴起

全球化时期,随着发展中国家之间的竞争加剧以及世界其他地方对贸易和投资变得更加开放,跨国公司的生产组织形式经历了重大转变。为了在世界各地尽可能利用低成本投入,跨国公司开始以国际视野重新组织它们的整个**价值链**(value chain),即从研发、产品的定义和设计以及生产到最终的营销。由于交通运输成本的降低,在价值链活动非常分散的地方组织和管理跨国生产网络在经济上变得可行。①

价值链重组的一个很好的例子是计算机磁盘驱动器的制造。磁盘驱动器最初是由美国和日本的独立公司在20世纪80年代开发和制造,然后出售给计算机装配商。当新加坡发展了组装磁盘驱动器必要的专业知识后,装配过程被搬到新加坡,即使研发仍然主要保留在美国和日本。美国和日本公司在新加坡设立了子公司以保持对技术的控制,但也与当地承包商开展合作。随着新加坡获取磁盘驱动工程方面的专门知识,一些以前只能在日本和美国制造的组件开始在新加坡翻造。随着新加坡的工资水平上涨,一些劳动密集型生产转移到本地区低收入国家,如马来西亚、菲律宾等。②

生产的全球化与发达国家零售业经历的重大变化,即支持大型零售商

---

① For an overview of the literature, see Michael Borrus, Dieter Ernst, and Stephan Haggard, "Cross-Border Production Networks and the Industrial Integration of the Asia-Pacific Region," in Michael Borrus, Dieter Ernst, and Stephan Haggard, eds., International Production Networks in Asia: Rivalry or Riches? (New York: Routledge, 2000). See also Dieter Ernst, "The New Mobility of Knowledge: Digital Information Systems and Global Production Networks," in Robert Latham and Saskia Sassen, eds., Digital Formations: IT and New Architectures in the Global Realm (Princeton, N.J.: Princeton University Press, 2005).

② Peter Gourevitch, Roger E. Bohn, and D. McKendrick, Who is Us? The Nationality of Production in the Hard Disk Drive Industry, Information Storage Industry Center Paper No. 97-01, University of California at San Diego, March 1997; and Greg Linden, "China Standard Time: A Study in Strategic Industrial Policy," Business and Politics, 6 (2004).

店的创建,同时发生。[①] 凯马特(Kmart)、塔吉特(Target)和沃尔玛(Wal-Mart)等美国的大型折扣店以及像电路城(Circuit City)和百思买(Best Buy)等这样的电子商店发展迅速,并经常寻找更便宜的商品以提供给消费者。它们利用能大量购买并在店内提供优先货架空间的能力与那些急于、有时渴望成为它们供应商的消费品制造商有效地谈判。它们最初销售的许多商品都是在发达国家生产的名牌产品。随着时间的推移,这些零售商在要求制造商对产品的质量负责的同时,还鼓励后者将劳动密集型活动转移到低工资国家。这迫使制造商在发达国家之外寻找低成本的生产基地,然后确保海外工厂和承包商使用在国内同样使用的质量控制方法。

零售业的这种变化与首先在"亚洲四小龙"以及后来在墨西哥、中国和印度等新兴国家经历的出口导向型发展战略的转变在同一时间发生。不久在零售商店很难发现来自发达国家的服装和鞋子。这种情况也同样适用于彩电、录像机、电冰箱和其他低端消费品。到21世纪的第一个10年,增长最快的发展中国家的公司开始进入高端消费市场,如笔记本电脑、平板电视机、第三代移动电话以及高清摄像机。[②]

由于新的全球生产网络的发展,20世纪90年代初对《北美自由贸易协定》签署后低工资工作从美国流向墨西哥的担心,演变为更普遍地害怕发达国家因**离岸生产**(offshoring)和**外包**(outsourcing)将失去不仅制造业还有服务业工作。离岸生产指的是将一部分业务活动转移到海外,而外包指

---

① See Robert C. Feenstra and Gary Hamilton, Emergent Economies, Divergent Paths: Economy Organization and International Trade in South Korea and Taiwan(New York: Cambridge University Press, 2006), pp. 218–238.

② See chapters by Dieter Ernst on Taiwan, Yougsoo Kim on Korea, and Pokkam Wong on Singapore in Michael Borrus, et al., International Production Networks in Asia; Thomas P. Murtha, Stefanie Ann Lenway, and Jeffrey A. Hart, Managing New Industry Creation: Global Knowledge Formation and Entrepreneurship in High Technology(Stanford, Calif.: Stanford University Press, 2002); and Jeffrey Macher and David Mowery, eds., Running Faster To Keep Up: Globalization of Innovation in U.S. High-Technology Industries(Washington, D.C.: National Academy Press, 2008).

的是使用国内或外国承包商从事最初由公司内部自己做的工作。[①] 显然，制造业工作几十年来一直流向海外。然而，在20世纪90年代以及21世纪初，计算和信息技术的发展使人们也可能将服务业工作转移到离岸进行。新的技术使发达国家的跨国公司能够在发展中国家获得高技能但低工资的工人。例如，印度的程序员和工程师能为软件行业提供服务；会说英语的工人能被安排在印度、牙买加和菲律宾的客服中心和求助台。位于南方国家的业务流程外包公司，如印度的印孚瑟斯（Infosys）和维布络（Wipro）公司，提供能与发达国家的中高工资工人有效竞争的服务。渐渐地，常规建筑、审计甚至阅读X射线等医疗服务都可以离岸处理。因此，发达国家更广泛的工作都面临国际竞争的挑战。

第三世界跨国公司

到20世纪90年代，有相当数量的大型跨国供公司总部位于发展中国家。这些公司中的一些是为了管理20世纪70年代被国有化或者被征用的原材料公司而成立的；另外一些主要是在中等收入发展中国家成立的制造业公司或者银行，作为在经历了发展中国家进口替代战略后加深工业化或者从进口替代向出口导向发展政策转变的一部分。还有其他公司，如消费电子产品、计算机和业务流程外包公司，代表了南方跨国公司在高技术产业不断增长的成熟度。

来自发展中世界的跨国公司不断增长成熟度的一个例子是中国的联

---

① Catherine Mann, "Offshore Outsourcing and the Globalization of US Services: Why Now, How Important and What Policy Implications," in C. Fred Bergsten, ed., The United States and the World Economy (Washington, D.C.: Institute for International Economics, 2005); Ron Hira and Anil Hira, Outsourcing America: What's Behind Our National Crisis and How Can We Reclaim American Jobs (New York: AMACOM, 2005); and Ashok Deo Bardham, Dwight M. Jaffee, and Cynthia Kroll, Globalization and a High Tech Economy: California, the United States, and Beyond (Berlin: Springer, 2004).

想公司。联想与IBM合作生产廉价的笔记本电脑和个人电脑,并最终成为IBM电脑组装业务的主要场所。当IBM决定退出个人电脑业时,它向联想出售了一些专有技术,使后者成为具有全球竞争力的个人电脑公司。

另一个例子是迪拜港口世界集团(Dubai Ports World,DPW)。迪拜港口世界集团是总部设在阿拉伯联合酋长国的一家国有企业,在29个国家拥有并经营45个港口设施。迪拜港口世界集团专门处理集装箱船货物,在一般及散货业务上也有专门知识。我们在第四章讨论了围绕迪拜港口世界集团试图收购美国多个港口业务所出现的争议。

随着2006年6月阿塞洛与欧洲的一家名叫米塔尔的公司合并,由印度的一个家庭控制的跨国公司,即阿塞洛米塔尔钢铁集团,成为世界上最大的钢铁公司。尽管欧盟内对这个合并存在着争论,但该笔交易最终顺利通过。

表8.2提供了第三世界主要跨国公司的名单,包括总部设在哪里以及参与什么行业等之类的信息。该名单只包含相对大型的企业,不包括在中国台湾、中国香港、印度、哥斯达黎加和毛里求斯等经济体且参与如服装和鞋类等不太集中的产业的较小企业。

第三世界国家管理自己跨国公司的经验促进了跨国公司得到普遍的接受。国有公司倾向于像私人公司的管理方式那样受到管理。因为对教育的投资以及科技孵化器、风险资本市场以及科学园区等支持机构的创建,韩国、中国台湾和印度等这样的经济体能够参与电子和软件等高科技产业。

跨国公司和反全球化运动

随着外国直接投资问题在南方国家变得不像以前那么政治化时,跨国公司的活动受到北方国家日益严格的审查。工业化国家的工会不仅担忧本国的工作机会流向发展中国家,还担忧本国的工作机会流向没有或者不执行环境或工人,尤其是儿童权益保护法律的国家。例如,工会对《北美自由贸易协定》的反对主要集中在控诉该协定会导致工作从美国向墨西哥输出,因为后者不但有着低成本的劳动力而且还很少有限制性的劳动和环境法规。

20世纪90年代开始,由于跨国公司在发展中国家的业务蓬勃发展,各种大型的、总部设在北方国家的跨国公司不仅面临来自劳工组织,还面临来自学生和环保组织的严格审查。工业化国家的私人公民组织批评跨国公司在第三世界的劳工和环境做法,并加入到抵制全球化的运动。这些团体使用抗议、抵制以及公共关系运动来批评和施压麦当劳、可口可乐、耐克、星巴克、沃尔玛及李维斯等一些跨国公司。这些消费品企业依靠品牌的声誉,希望在消费者眼里被视为社会上负责任的形象。因此,对它们品牌和声誉的一致攻击尤其具有损害性。品牌本身成为全球化的批评人士攻击的目标,主要是因为其与跨国公司力量的联系,也因有指控认为跨国公司的广告和其他品牌活动正在渗透和腐蚀当地的文化。①

表 8.2 第三世界跨国公司

行业	公司	总部
石油	委内瑞拉国家石油公司	委内瑞拉
	阿美石油公司	沙特
	阿根廷石油公司	阿根廷
	巴西石油	巴西
	墨西哥石油公司	墨西哥
	伊朗国家石油公司	伊朗
	台湾中油集团	中国台湾
	科威特国家石油公司	科威特
	菲律宾国家石油运输公司	菲律宾
	巴基斯坦国家石油公司	巴基斯坦
	哥伦比亚国家石油公司	哥伦比亚
	泰国国家石油管理局	泰国
	马来西亚国家石油公司	马来西亚
	印尼国家石油公司	印度尼西亚

---

① The best example of this is Naomi Klein, No Space No Choice No Jobs No Logo (New York: Picador, 2002).

续表

行业	公司	总部
造船业	现代集团	韩国
	中国船舶重工集团公司	中国
工程	塔塔集团	印度
	南亚塑料	中国台湾
	韩国现代	韩国
钢铁业	塔塔钢铁	印度
	安塞尔米塔尔	印度
	墨西哥伊姆萨钢铁公司	墨西哥
	浦项钢铁公司	韩国
	南非钢铁工业有限公司	南非
	宝钢集团	中国
	巴西国家黑色冶金公司	巴西
汽车	韩国现代	韩国
	起亚集团	韩国
	大宇集团	韩国
	马恒达	印度
	塔塔汽车	印度
	奇瑞	中国
电子产品	伟创力	新加坡
	韩国现代	韩国
	韩国LG集团	韩国
	三星	韩国
	宏碁	中国台湾
	大同股份有限公司	中国台湾
	联想	中国
	海信	中国
业务加工外包	印孚瑟斯技术有限公司	印度
	威普罗科技公司	印度
	塔塔咨询服务公司	印度

续表

行业	公司	总部
白色家电	海尔	中国
	海信	中国
航空航天	巴西航空工业公司	巴西
	台湾航太工业发展公司	中国台湾
水泥	西麦斯	墨西哥
药品	雷迪博士实验室	印度

资料来源:莱斯利·斯克莱尔(LeslieSklair)、彼得·T. 罗宾斯:《全球资本主义及第三世界主要公司》,《第三世界季刊》第23期(2002年),第81—100页;《新兴市场跨国公司:挑战者》,《经济学人》(2008年1月10日)。

例如,一个曾参加1998年西雅图抗议活动、名叫"学生反对血汗工厂"(Students Against Sweatshops)的团体,明确组织起来抗议使用血汗工厂劳动力生产具有第三世界学院和大学标志的服装。另一个名叫"越南劳工监督"(Vietnam Labor Watch)的组织成立起来调查有关耐克在越南的鞋业的报告。[①] 在对越南鞋厂的参观发现了有违反劳动法的证据、糟糕的工作条件和性骚扰后,该组织于1997年发表了一份报告。耐克被迫回应并承诺纠正这种情况。耐克公司开始向名叫"全球工人和社区联盟"(Global Alliance for Workers and Communities)[②] 的一个组织提供资金,并与其他的鞋和服装生产商加入了"公平劳动协会"(Fair Labor Association),以表明自己在避免血汗工厂劳动实践方面的诚信。

一个名为"雨林联盟"(Rainforest Alliance)的组织也发起过一次类似的运动,反对类似于"山姆俱乐部"(Sam's Club)(沃尔玛的一个子公司)和星巴克这样的公司从破坏环境的农民手里购买咖啡。"雨林联盟"敦促消费者只购买那些显示"雨林联盟认证认可"标志的咖啡产品。一个公司只有在购买一定比例的、以使用可持续的农业技术和综合病虫管理等对

---

① See http://www.saigon.com/~nike/report.html.

② See http://www.theglobalalliance.org.

社会负责任的方式种植的咖啡,才能显示这样的认可标志。[1] 环保主义批评人士认为很容易获取这样的认可标志,而像"消费者报告"(Consumer Reports)等支持者则赞扬该组织在代表咖啡工人和环境组织消费者活动方面做出开拓性的努力。

未来:合作或冲突?

到20世纪90年代,南方国家对跨国公司的态度呈现了明显的转变。发展中国家对跨国公司减少了对抗,而是更多地关心怎样促进本国需要的投资形式。到20世纪末,大多数发展中国家与外国投资取得了和平相处,并寻求获得更多的投资以作为它们新的、更加开放的发展战略的一部分。尽管如此,对于许多发展中国家,尤其是拉丁美洲和南亚的发展中国家来说,它们对外国投资产生的经济和政治后果仍然持有深深的担忧。[2]

北方国家的投资持续流向众多的发展中国家。然而,对工业化国家的很多投资者来说,发展中国家,尤其是那些贫穷国家的投资环境,继续看上去条件恶劣、有过多的风险或者在经济上缺乏吸引力。尽管发展中国家对外商投资采取了自由化的政策,对外国投资者来说,这些国家对外国投资的市场准入以及业务仍然施加过多的约束。渐渐地,发展中国家不得不与前共产主义国家争夺可用的外国直接投资。在一些情况下,如在印度和中国的对比中,共产主义国家比非共产主义国家更能说服潜在的投资者相信它们将对外国投资实行更少的限制。由债务和货币危机带来经济衰退的风险减少了外国直接投资向特定接受国的流入。当亚洲和拉丁美洲经济

---

[1] See http://www.rainforest-alliance.org/.

[2] On Indian attitudes toward FDI, see Peter Evans, Embedded Autonomy; and Joseph M. Grieco, Between Dependency and Autonomy: India's Experience with the International Computer Industry(Berkeley and Los Angeles: University of California Press, 1984). Indian attitudes toward FDI changed dramatically in the 1980s. See Arvind Panagariya, India: The Emerging Giant (New York: Oxford University Press, 2008).

快速增长的国家对外国投资的兴趣保持高昂的时候,第三世界大部分其他国家萧条的经济形势对外国直接投资仍然是一个阻碍。

具有讽刺意味的是,正当第三世界似乎对跨国公司的扩张表现得接受时,离岸生产在北方国家开始上升为政治问题,工业化国家的一些私人团体开始对跨国公司在第三世界的活动表达不满。在21世纪,劳工和环境问题似乎与主权和发展问题一道成为对外直接投资政治的一部分。

第九章　石油和政治

由于作为现代工业经济和军事力量燃料的重要性,石油一直是国内和国际政治的主题。多年来,各国一直试图控制石油资源以及管理这些资源的使用以促进本国的政治、军事和经济利益。从19世纪的里海战争到2003年的伊拉克战争,石油一直成为无数军事冲突的战利品。自从1900年石油成为现代工业的重要组成部分以来,跨国公司和石油进出口国家都努力创建能允许它们管理石油供给和需求的国际经济治理体系,但结果都徒劳无益。

在布雷顿森林体系期间,石油产业是被大部分总部设在美国的一小群跨国公司所控制。为了保护国内石油生产商的利益,美国政府对石油进口实施了配额限制。美国对石油供应的人为限制给20世纪70年代石油价格的上涨带来了巨大的压力。

在相互依存时期,几个生产和出口石油的发展中国家设法获取了对国际石油体系的控制,并限制供应以获得更高的油价带来的好处。它们的团结和对石油的控制模式似乎在一段时间内不仅能改变国际石油体制,而且还作为改变总体国际经济体系的一种模式和有效杠杆。但是这仅仅是一种错觉。石油出口国不拥有改变世界的必要手段。事实上,它们甚至没有必要的手段改变本国的经济。到20世纪90年代,国内经济的低增长率与稳定或下降的世界油价结合在一起,使得即使是最富裕的石油出口国也不可能考虑通过减少石油产量来提高价格。 ①

---

① Edward L. Morse, "A New Political Economy of Oil?" Journal of International Affairs, 53 (Fall 1999) : 1–29; Terry Lynn Karl, "The Perils of the Petro–State: Reflections on the Paradox of Plenty," Journal of International Affairs, 53 (Fall 1999) : 31–48; and Jahangir Amuzegar, "OPEC as Omen: A Warning to the Caspian," Foreign Affairs, 77 (November/December 1998) : 95–112.

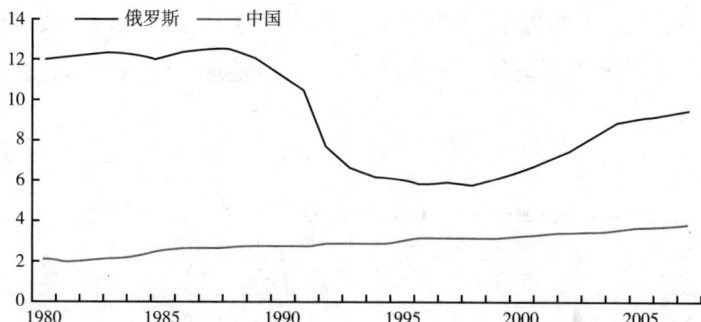

图9.1　1980—2007年苏联/俄罗斯和中国的石油产量（百万桶/每天）
资料来源：能源部和能源信息署《国际能源年报》（多年）。

　　全球化时期见证了石油政治的重要变化。首先，一些新的国家（前共产主义国家）作为买家和卖家进入了世界石油市场。苏联曾是苏维埃集团的一个主要石油生产国。经过苏联解体后10年的向资本主义过渡的困难时期，俄罗斯已经成为世界石油市场的一个关键成员（图9.1）。

　　新独立的里海地区国家，即哈萨克斯坦、土库曼斯坦和乌兹别克斯坦，开始开发本国的石油和天然气储存。然而，要做到这一点，它们需要铺设管道，因此它们开始寻找合作伙伴来提供资金。它们有多种铺设管道的路线。一些管道可以通过俄罗斯，一些可以通过伊朗，还有一些可以通过中国和巴基斯坦（经过阿富汗）。因此，欧亚大陆中部地区成为地缘政治的学生和从业者一个新的兴趣区域。

　　随着战争和冲突的爆发，20世纪90年代以后石油的供应出现了不同程度的波动，导致了油价出现临时的波动，尽管不像相互依存时期波动的幅度那么大（图9.2），但仍然令人担忧。美国1991年参与海湾战争、2003年入侵伊拉克以及随后对伊拉克的占领，最少都是部分地受对伊拉克控制中东石油担忧的激发。

　　21世纪的第一个10年见证了中国和印度等快速增长的大国消费的快速增长，全球石油需求的大幅上升。然而，全球石油供应无法跟上需求的增长导致了油价在2005年至2008年期间显著上涨。

简而言之,石油政治是全球经济参与者在这三个时期的主要担忧。尽管各国不时做出建立国际石油体制的努力,但是这一领域并不存在真正的全球治理。

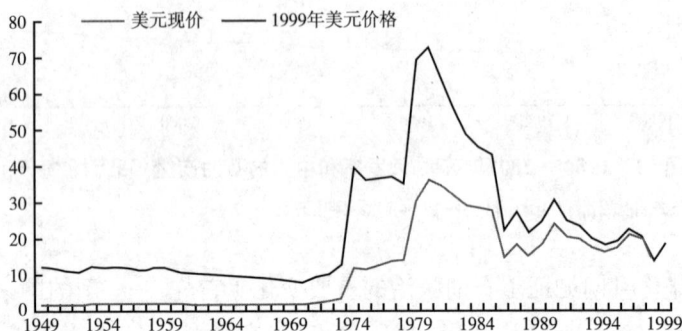

图9.2 1949—1999年阿拉伯轻石油(腊斯塔努腊港口)的公布价格(现价和1999年不变美元价格/每桶)

资料来源:能源部和能源信息署《国际能源年报》(多年)。

公司寡头垄断

"七姊妹"

在20世纪的大部分时间内,国际石油体制由总部位于美国、英国以及荷兰的国际石油公司寡头所控制。这些被称为**"七姊妹"**(Seven Sister)[①]的石油公司通过垂直整合,也就是控制供应、运输、炼油、销售以及勘探和精炼技术,来控制本国石油市场。它们还通过将竞争对手排除在外,从事一系列合作项目如签署共同生产和炼油安排及长期供应协议以及避免价

---

① "七姊妹"包括埃克森、美孚、波斯石油公司、加利福尼亚标准石油、德士古公司、壳牌公司以及英国石油。See Anthony Sampson, The Seven Sisters: The Great Oil Companies and the World They Made(London, UK: Hodder and Stoughton, 1975).

格竞争等共同努力控制国际石油供应。

在19世纪晚期,这些石油公司开始走向国外并以极为有利的条件获得对外国石油供应的控制。[1] 第一次世界大战后,"七姊妹"组成了共同的合作项目以勘探外国油田,并最终在20世纪20年代开始通过明确的协定划分石油供应资源。它们因此能够划分市场、决定世界价格以及歧视外来者。[2] 北方国家在产油区如在中东、印度尼西亚和拉丁美洲的政治支配地位促进了这些石油公司在这些地区的活动。有关政府提供了有利的政治和军事环境并积极支持本国国民拥有的石油公司。

在与这些石油公司讨价还价的过程中,石油输出国往往面临由强大的北方国家政府支持的石油寡头以及面临对石油勘探成功和围绕石油供应替代资源可获得的不确定性。因此,"七姊妹"获得使它们能够对世界大部分石油的生产和销售实施控制的让步协定,但作为交换,仅仅向所在国支付少量的固定特许权使用费这一做法是不令人奇怪的。[3]

尽管"七姊妹"做出稳定石油市场的努力,但是石油价格从20世纪20

---

[1]　See Zuhayr Mikdashi, A Financial Analysis of Middle Eastern Oil Concessions: 1901–1965 (New York, N.Y.: Praeger, 1966) ; Charles Issawi and Mohammed Yeganeh, The Economics of Middle Eastern Oil (New York, N.Y.: Praeger, 1962) , 24–40; and Daniel Yergin, The Prize: The Epic Quest for Oil, Money, and Power (New York, N.Y.: Simon and Schuster, 1991) , chs. 1–6.

[2]　例如,1928年壳牌、标准石油公司以及英国波斯湾石油公司(英国石油公司的前身)为了从疲软和动荡的市场中建立秩序,缔结了《"按现状"协定》("As Is")即《阿奇纳卡里协定》("Achnacarry"),划分世界市场以及稳定或确定世界石油价格。同年,英国、荷兰、美国和法国公司在《红线协定》(The Red Line Agreement)中同意分割古奥斯曼帝国。同样重要的是在不同地点设立了共同价格基点的定价体系,即价格基点和标准,而不是从基点到目的地的实际运费。这种定价体系是旨在防止低成本生产商通过削价来扩大它们的市场份额。参见 Penrose, The Large International Firm, 180–183. Apparently, there is some controversy about the success of the Achnacarry Agreement: see Yergin, The Prize, 264–265.

[3]　See Mikdashi, A Financial Analysis; Issawi and Yeganeh, The Economics of Middle Eastern Oil; Gertrude G. Edwards, "Foreign Petroleum Companies and the State in Venezuela," in Raymond F. Mikesell et al., eds., Foreign Investment in the Petroleum and Mineral Industries (Baltimore, Md.: Johns Hopkins University Press, 1971) , 101– 128; Franklin Tugwell, The Politics of Oil in Venezuela (Stanford, Calif.: Stanford University Press, 1975) ; and Donald A. Wells, "Aramco: The Evolution of an Oil Concession," in Mikesell et al., Foreign Investment in the Petroleum and Mineral Industries, 216–236.

年代末开始出现下跌并持续到整个大萧条时期。在那时,美国是世界最大的产油国,并向欧洲及其他地方出口石油。在调节石油生产以控制油价方面,美国政府的努力(不仅包括美国联邦政府的努力,更重要的是,包括其最大的得克萨斯州的努力)取得"七姊妹"不能取得的成功。因此,得克萨斯州铁路委员会崛起成为国际石油行业单个的最重要的政治力量。①

石油体制的这种变化在第二次世界大战后开始呈现。20世纪50年代,相对廉价的进口石油成为发达国家的主要能源来源。由于没有自己的石油供应,西欧和日本成为重要的石油进口国。1950年,美国因石油消费超过其庞大的国内生产而成为石油净进口国。在石油公司所在国,日益增长的民族主义加上在石油勘探技术上取得的巨大成功,导致它们对以前签署的让步协议感到不满,因此促使它们采取了更加进取性的政策。在这些年里,"七姊妹"所在国政府成功地修改了战前通过谈判签署的让步协议。它们重新定义了特许权使用费支付的基础,制定了外国石油业务的收入税,制定原则以确定新的特许权使用费和税收加在一起将导致利润在石油公司与相应的所在国政府之间各占百分之五十的划分。② 结果,石油业务给所在国政府带来的利润大幅增长。

从石油井源到精炼、运输和销售,"七姊妹"继续控制着国际石油体制。它们通过与许多石油资源丰富的地区签订特许权协议以及通过要求石油发现和开采的长研制周期,以阻止其他企业进入原油勘探等上游业务。"七姊妹"还通过向原油索要高价限制下游业务的利润,来阻止在精炼、运输和营销业务等下游业务领域的竞争。

对石油的高度**非弹性需求**(inelastic demand)促进了对石油价格的管理。因为没有现成的替代品,也因为很难减少消费,所以石油价格的增长不会在短期内大大降低对石油的需求。因此,石油公司维持较高的石油价

---

① David Prindle, Petroleum Politics and the Texas Railroad Commission(Austin, Tex.: University of Texas Press, 1984).

② Wells, "Aramco: The Evolution of an Oil Concession." See also Anthony Cave Brown, Oil, God and Gold: The Story of Aramco and the Saudi Kings(New York, N.Y.: Houghton Mifflin, 1999).

格并不会导致它们失去石油销量,反而有利于它们获得高额利润。

"七姊妹"对石油价格的管理旨在保持石油价格在经济上具有吸引力,而且低到足够阻止竞争性能源产品的出现。发达国家政府对石油的这种价格管理也不加以抵制。为了保护政治上强大的国内煤炭行业,欧洲政府提高了石油税。美国也支持高油价以保护国内石油行业免受国际低价格的冲击。[①]

最后,"七姊妹"的支配地位受到政治干预的支持。一个极端的例子发生在20世纪50年代初,当时伊朗政府寻求与英国石油公司(British Petroleum)的前身,即英伊石油公司(Anglo-Iranian Oil Company)签署一项新的协议,以便将该公司在伊朗的资产国有化。英国政府积极介入谈判,对伊朗实行了经济禁运,并发出军事干预的威胁。在对英国和伊朗之间的调停未成功后,美国与反对党和伊朗国王共同推翻了伊朗政府。双方之间不久协商了新的让步,约定由美国公司取代英伊石油公司。[②]

寡头垄断的衰退

然而,随着时间的推移,国际石油行业、石油生产国以及发达的石油消费国经历的变化破坏了"七姊妹"在石油行业的支配地位。[③] 随着新石油公司在勘探和生产原油方面从现存以及阿尔及利亚、利比亚和尼日利亚等新的产油区获得让步,石油领域的上游竞争增强了。更多的炼油厂在

---

① See, for example, Robert Engler, The Politics of Oil: Private Power and Democratic Directions (Chicago, Ill.: University of Chicago Press, 1961).

② Stephen Kinzer, All the Shah's Men: An American Coup and the Roots of Middle East Terror (New York, N.Y.: Wiley, 2007); Benjamin Shwadran, The Middle East, Oil and the Great Powers (New York, N.Y.: Council for Middle Eastern Affairs, 1955), 103–152; J. C. Hurewitz, Middle East Politics: The Military Dimension (New York, N.Y.: Praeger, 1969), 281–282; and Yergin, The Prize, ch. 23.

③ See Penrose, The Large International Firm, 248–263; Adelman, The World Petroleum Market, 196–204; and Yergin, The Prize, chs. 35–36.

下游建造起来,成品油市场的竞争开始上升。1952年,"七姊妹"生产了北美和共产主义国家之外的90%的原油。而然,到1968年,这一比例下降到75%。[1]

结果,"七姊妹"不再能够限制石油供应以及维持油价。对从国外石油进口实施的配额切断了美国市场,并加剧了这一问题。配额制度是在1958年制定,表面上是为了国家安全的原因,如保护美国市场免受国外低油价的影响,以确保国内生产和国家自给自足。事实上,配额还帮助了没有保护就不能幸存下来的美国国内石油生产商。[2] 在1959、1960年,国际石油公司被迫降低原油报价(posted price),即用来计算税收的官方价格。这种行为是促使产油国政府对石油公司采取行动的一个关键催化剂。

产油国的这种变化也削弱了该石油公司卡特尔的力量。精英群体态度的改变、技能的提高、不确定因素的减少以及新的竞争对手的出现,都增加了"七姊妹"所在国政府的谈判实力。在与这些石油公司的谈判中,石油生产国获得了更大的收益比例以及规定石油公司放弃特殊经营权未开发部分的条款。[3] 结果,产油国政府,特别利比亚和沙特阿拉伯等大的产油国政府,增加了收入并开始积累大量的外汇储备。货币储备进一步加强了石油生产国的力量,使它们能够吸收因禁运或者为了增加石油价格或者获得其他让步而实施的产量下降所导致的任何短期收益的损失。

同时,石油生产国政府开始彼此合作。由于1959年和1960年石油价格的下降导致了它们收入的减少,伊拉克、科威特、沙特阿拉伯和委内瑞拉等五个主要石油输出国感到愤怒并于1960年举行会议,决定成立石油输出国组织(Organization of Petroleum Exporting Countries,OPEC),以保护石油价

---

[1]　Mira Wilkins, The Maturing of Multinational Enterprise: American Business Abroad from 1914 to 1970(Cambridge, Mass.: Harvard University Press, 1974), 386–387.

[2]　See, for example, Engler, The Politics of Oil.

[3]　See note 3.

格和它们的政府收入。[①] 在成立后的头10年,石油输出国组织的成员国从5个扩大到13个(表9.1),占到世界石油出口的85%。[②] 在成立后的初期,这个新成立的组织很少取得成功。石油输出国组织不能在生产减少计划上达成一致意见。不过,单个的产油国成功地增加了它们的收入,而且,原油报价之后再也没有被下调过。[③]

表 9.1　石油输出国组织成员国

国家	成员国加入年份
阿尔及利亚	1969
安哥拉	2007
厄瓜多尔	1973—1992,2007年重新加入
印度尼西亚	1962
伊朗	1960
伊拉克	1960
科威特	1960
利比亚	1962
尼日利亚	1971
卡塔尔	1961
沙特阿拉伯	1960
阿拉伯联合酋长国	1967
委内瑞拉	1960

---

① For a history of OPEC, see Zuhayr Mikdashi, The Community of Oil Exporting Countries: A Study in Governmental Cooperation (Ithaca, N.Y.: Cornell University Press, 1972). See also Mohammed E. Ahrari, OPEC: The Failing Giant (Louisville, Ky.: University of Kentucky Press, 1986) ; Wilfrid L. Kohl, After the Oil Price Collapse (Baltimore, Md.: Johns Hopkins University Press, 1991) ; and Nathan Citino, From Arab Nationalism to OPEC (Bloomington, Ind.: Indiana University Press, 2002) .

② Zuhayr Mikdashi, "The OPEC Process," Daedalus, 104 (Fall 1975) : 203. The new members were Algeria, Libya, Qatar, the United Arab Emirates, Nigeria, Ecuador, Indonesia, and Gabon.

③ Mikdashi, The Community of Oil Exporting Countries, 196–207.

最后,西方石油消费国容易受到石油供应中断或减少的威胁的伤害。随着石油成为能源的主要来源以及随着美国石油供应减少,发达市场经济体越来越依赖外国石油,特别是来自中东和北非的石油。到1972年,西欧60%的能源来自石油,而且几乎完全依赖进口。从国外进口的石油供应占据日本73%的能源需求。美国能源的46%来自石油,而且几乎三分之一依赖进口。到1972年,西欧和日本石油进口的80%来自中东和北非。到1972年,甚至美国石油进口的15%依赖中东和北非。[1] 这种经济的脆弱性因西方石油消费国在产油区下降的政治影响以及它们因缺乏单独或者共同的能源政策来对付石油供应的操纵而加重。

欧佩克体制

谈 判

这些变化使石油输出国组织在20世纪70年代能够控制石油价格和承担石油投资的所有权。石油输出国组织的革命是由利比亚引发。[2] 西欧石油进口的25%是由利比亚提供;独立的石油公司严重依赖利比亚的石油;利比亚拥有大量的官方外汇储备。1969年攫取政权后,穆阿迈尔·卡扎菲上校要求增加利比亚的石油报价和税收。当1970年与欧洲的石油公司的谈判陷入停滞时,利比亚政府威胁实行石油国有化和削减石油产量。利比

---

[1] Joel Darmstadter and Hans Landsberg, "The Economic Background," Daedalus, 104 (Fall 1975) : 21.

[2] On the evolution of events in Libya, see U.S. Senate Committee on Foreign Relations, Multinational Corporations and United States Foreign Policy: Multinational Petroleum Companies and Foreign Policy, hearings before the Subcommittee on Multinational Corporations, 93rd Cong., 1st and 2nd sess., Part 5 (Washington, D.C.: Government Printing Office, 1974) . See also Dirk Vandewalle, A History of Modern Libya (New York, N.Y.: Cambridge University Press, 2006), ch. 4.

亚政府针对的是脆弱的、完全依赖利比亚向欧洲市场供应的西方石油公司（Occidental Petroleum）。在实施减产后不久，西方石油公司因未能获得"七姊妹"和西方政府的支持不得不屈服，其他公司也被迫紧随其后。

1970年12月，石油输出国组织效仿利比亚的做法，呼吁提高石油报价并增加石油所得税。在石油消费国政府的支持下，石油公司同意与所有产油国谈判签署提高石油报价和石油所得税的长期协议。[①] 1971年2月，在收到产油国单方面颁布变更政策以及切断对石油公司的石油供应的威胁后，石油公司签署了一份为期五年的协议，将波斯湾地区的石油报价从1.80美元每桶提高到2.29美元每桶，同意每年增加油价以抵消通货膨胀以及每年增加政府的特许权使用费和税收。作为回报，石油公司在价格和政府收入方面得到了五年的承诺。1971年和1972年的美元贬值带动石油的真正价格下降后，石油生产国要求签署新的协议以提高石油报价并提供持续的调整以解释汇率变动的原因。波斯湾地区油价随后涨到2.48美元每桶。

石油的价格和收入问题刚一解决，石油输出国组织就请求召开一个新的会议讨论生产设施的国有化。1972年12月沙特阿拉伯、卡塔尔和阿布扎比与石油公司达成的一项协议提供了如下框架：政府的所有权将从25%开始逐渐增加到1982年的51%。单个国家然后与石油特许经营公司开始正式谈判。

尽管取得了成功，产油国仍然感到不满意。虽然攀升的石油需求推高了石油的市场价格，但是1972年签署的五年协议仍然使石油报价保持固定。因此，是石油公司，而不是石油生产国，从中得到实惠。此外，石油公司还以高于五年协议规定的价格投标产油国政府所有的石油。最后，西方国家上升的通货膨胀和持续的美元贬值降低了石油生产收益的真正价值。

---

① 发达市场国家举行了一些磋商。美国司法部在反垄断法下向石油公司下发了弃权证书，使它们能够在协商中通过合作拒绝提高价格的不合理要求。参见U.S. Senate, Multinational Corporations and United States Foreign Policy, Part 5, 145–173. 尼克松总统随后派遣副国务卿约翰·N. 欧文到中东鼓励中东国家政府正式与石油公司举行共同的协商。然而，欧文向伊朗国坚持举行单独谈判的要求屈服。

因为快速上涨的石油需求和供应的短缺,发达市场经济体很容易受到石油供应中断的影响。1973年10月8日,石油输出国组织和石油公司开始举行谈判。产油国要求大幅增加石油价格,而石油公司则刻意拖延;12月12日,石油公司要求会谈休会两周以便向本国政府咨询。然而,休会不仅仅持续两周,而是永远持续下去。

第一次石油危机:单方面的力量

政治和经济条件加强了最强大的产油国,即阿拉伯国家讨价还价的地位以及提升了它们的需求。第四次阿以战争(在以色列被称为"斋月战争")开始于1973年10月6日,即石油谈判开始的前两天。支持阿拉伯对抗以色列的共同利益以及阿拉伯国家的支持者使石油输出国组织的阿拉伯成员国在与西方的石油公司和消费者的对抗中形成了团结。10月16日,阿拉伯石油输出国组织(Organization of Arab Petroleum Exporting Countries,OAPEC)单方面将原油价格提升到5.12美元每桶。[1] 其他产油国随后效仿。12月23日,石油输出国组织单方面将波斯湾石油价格提高到11.65美元每桶。

1973年秋天后,油价被石油输出国组织控制住了。由于支配着供应有限且需求强劲的市场,产油国彼此协商决定石油报价和石油产量以限制石油供应、维护价格。减少石油供应的关键在于主要石油储备国和产油国的作用。沙特阿拉伯和科威特均愿意支持该石油组织,本身也承担了维护石油价格所必要的产量减少的很大部分。偏紧的石油市场意味着价格控制在必要时可以由减少产量来实施。价格之上的权力很快转化为对股权的控制。所有的主要产油国与石油公司签署了协议,确立了对石油公司位于

---

[1] 阿拉伯石油输出国组织1968年由三个阿拉伯国家,即科威特、利比亚以及沙特阿拉伯成立。1970年该组织扩大到包括阿尔及利亚、阿布达比酋长国、巴林、迪拜和卡塔尔。阿拉伯石油输出国组织的网站是http://www.oapecorg.org/。

这些国家的子公司拥有立即多数或全部的国家所有权。

石油输出国组织对石油的垄断控制、产油国的团结一致以及供不应求的市场条件逐渐削弱了石油公司的地位。此外，石油公司很少有动力抵制这种趋势。在大多数情况下，它们能将价格上涨转嫁给消费者，因此并没有因失去对价格的控制而遭受经济损失。虽然"七姊妹"不再是石油供应和价格的仲裁者，也不再是石油特许权开采的所有者，但是"七姊妹"以及它们许多较小的子公司仍然在国际石油市场中扮演着至关重要的角色。作为关键技术、全球销售网络以及重要的炼油能力的拥有者，它们为新的、强大的产油国政府所需要。随着它们在石油输出国组织国家的股份被国有化，"七姊妹"成为产油国至关重要的服务承包商。不过，这离"七姊妹"彼此之间将产油区域划分和获取对世界石油控制的那天仍然相差甚远。

随着"七姊妹"地位的下降，北方石油消费国政府极力对产油国达成共同政策，但是未能成功。美国敦促西欧和日本实行统一的政策以及通过经济或军事威胁形成反卡特尔联盟，以破坏产油国的团结。然而，对外国石油来源更多的依赖、对支持以色列不太感兴趣且对美国的支配地位有些害怕的欧洲和日本，则建议与产油国采取合作。1974年初召开的石油消费国会议没能就这些相反的观点达成和解。会议达成唯一的协议是成立国际能源署（International Energy Agency, IEA），以建立一项紧急石油共享计划和发展替代能源长期方案。作为美国方案最强烈反对者的法国拒绝加入国际能源署，相反敦促石油生产国与消费国举行对话。[①]

会议结束后，石油消费国政府按照自己的方法各行其是。美国通过继续推行石油消费国的团结以及促进国际能源署的发展试图破坏产油国之间的团结。欧洲国家试图与产油国建立特殊的双边政治和经济安排，并抵制消费国之间的"集团战略"（bloc strategies）。1974年末，美国和法国达

---

① 　国际能源署的网站是http://www.iea.org/。See also Richard Scott and Craig S. Bamberger, IEA, the First Twenty Years: The History of the International Energy Agency, 1974–1994（Paris, France: OECD/IEA, 2004）.

成妥协。美国获得法国对国际能源署的勉强接受,尽管法国仍然拒绝加入该组织,法国也获得了美国对举行产油国与消费国之间对话的勉强支持。国际经济合作会议以及建立产油国与消费国之间对话论坛的努力于1975年开始,并于1977年以失败告终(参见第七章)。

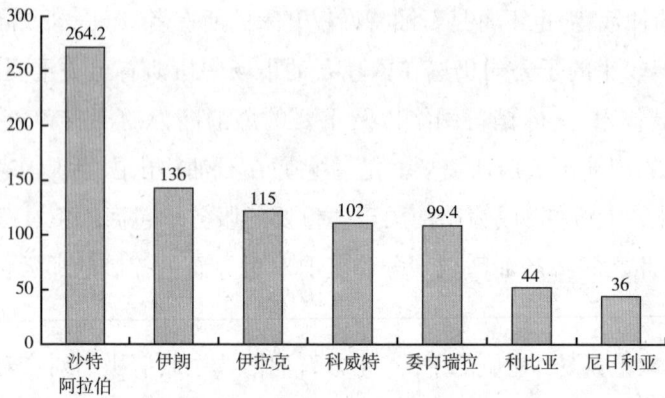

图9.3　2007年世界已探明原油储量最高的前8个国家(10亿桶)

资料来源:《年度统计公报》(奥地利维也纳:石油输出国组织,2007年)。

稳定的欧佩克管理

在沙特阿拉伯领导下的石油输出国组织对国际石油体系实行了五年的管理。沙特阿拉伯占石油输出国组织近三分之一的生产和出口、控制着最大的石油生产能力和世界上最大的石油储备并拥有大量的金融储备(图9.3)。

在石油供应过剩时期,沙特阿拉伯通过吸收必要的生产减产的很大份额来维持石油输出国的油价。由于其巨大的金融储备,也因为其雄心勃勃的经济发展和军事需求不是这种低水平的石油出口所能满足的,这种石油减产给沙特阿拉伯带来的负担是微不足道的。在石油供应偏紧时期,沙特阿拉伯增加了石油产量以避免价格的过度上涨。由于其人口规模小、工业发展的可能性有限以及拥有世界上最大的石油储备,沙特阿拉伯的未来严重依赖石油。此外,由于其财政储备大部分投资于发达国家,沙特阿拉伯的利益与国际经济体系的稳定密切相关。

　　因此,沙特阿拉伯和其他海湾国家不希望油价高到足以危及以石油为基础的能源体系的未来和世界经济的生存能力。沙特愿意而且能够威胁或实际提高石油产量来防止其他鹰派石油输出国组织成员国所需要的油价上涨。这些鹰派国家,包括伊朗、伊拉克、委内瑞拉和尼日利亚,有着庞大的人口、雄心勃勃的发展计划以及较小的储备,因此试图在短期内实现石油收入最大化。例如,沙特阿拉伯和阿拉伯联合酋长国1975年迫使石油输出国组织其他成员国限制建议中的油价上涨。1978年当石油市场供应缓解时,沙特阿拉伯通过承担大部分的石油生产、出口和收入削减来维持油价的稳定。当石油供应在1979年和1980年变得紧张时,沙特又增加了石油产量以防止油价爆炸性上涨(图9.4)。

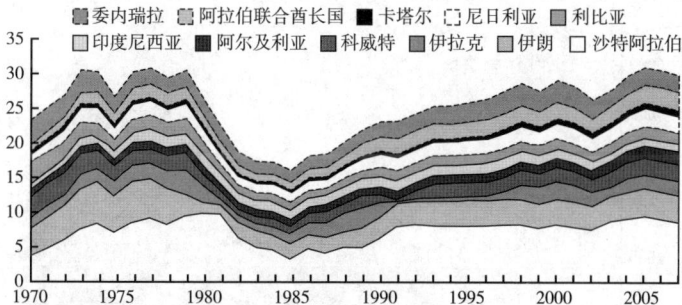

图9.4　1970—2007年欧佩克国家原油产量(百万桶/每天)

资料来源:美国能源部和能源信息署《国际能源年报》(多年)。

　　有利的环境也导致原油市场的稳定。20世纪70年代中,经合组织国家的衰退以及因价格上涨引发的能源保护的努力导致石油需求的稳定(图9.5)。同时,随着来自北海、阿拉斯加以及墨西哥的新的石油来源逐渐投产,石油的供应维持稳定水平甚至呈现增长(图9.6)。

　　政治因素也增强了原油市场的稳定性。由于追求雄心勃勃的经济发展计划,石油输出国组织国家的收入支出快速增长,因此它们有兴趣将本国的石油生产和收入维持在较高水平。对西方持友好态度的主要石油输出国组织成员国,尤其是沙特阿拉伯和伊朗,对因不负责任的石油价格和供应管理导致经济中断危险的担忧做出积极的回应。

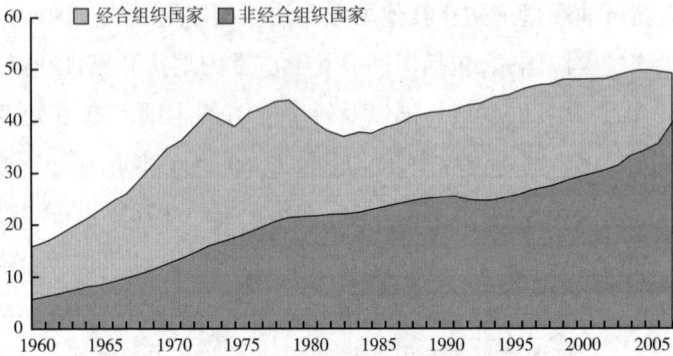

图9.5 1960—2007年世界石油消费(百万桶/每天)

资料来源:美国能源部和能源信息署《国际能源年报》(多年)。

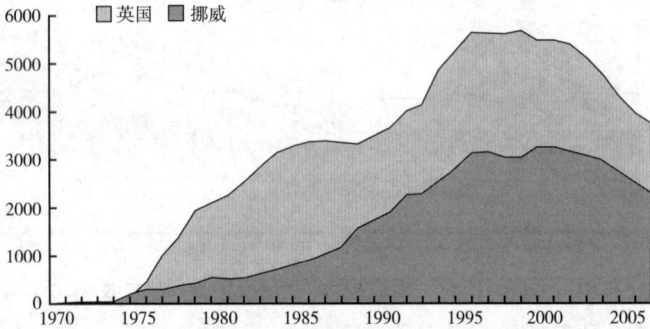

图9.6 1970—2007年英国和挪威的石油产量(千桶/每天)

资料来源:美国能源部和能源信息署《国际能源年报》(多年)。

西方国家仍然保持分裂的、默许的,而且随着时间的推移,越来越感到自满的态度。虽然它们无法对能源消费做出重大和迅速的调整,但是能源体系最终被稳定在一个可接受的价格和供应水平。此外,西方的外交政策,即美国寻求发展及依赖与沙特阿拉伯和伊朗的特殊关系,以及欧洲和日本总体支持产油国的政策,似乎预示了石油供应安全和价格稳定。事实上,随着石油输出国组织的油价周期性的上涨被通货膨胀所抵消,扣除物价因素的石油价格在1974年初以后实际下跌了(图9.2)。

第二次石油危机:失控了的体系

然而,到了1978年,政治和经济环境已经变得高度不稳定,沙特阿拉伯管理石油价格和确保石油供应的能力和意愿也已经下降。因为世界石油供应仅仅勉强足够,所以任何少量的供应下降或者需求增长都将导致世界石油的短缺并带来严重的价格上行的压力。如果供应减少或者需求增长是小规模的,沙特阿拉伯可以填补这一缺口以稳定石油系统。但是如果供应或者需求变化较大,即使是沙特阿拉伯也无力控制石油体系。

导致世界石油市场供应短缺和混乱的事件是1978年的伊朗革命。1978年初,伊朗每天出口5.4万桶石油,大约占石油输出国组织总石油出口的17%。1978年底,作为成功罢黜国王的手段之一,伊朗石油工人切断了国家的所有石油出口。到1979年春天,伊朗石油出口的减少给世界市场造成的损失在很大程度上被沙特阿拉伯等其他产油国的石油增产所抵消。[①] 然而,随着消费者极力增加储存以应对未来的石油供应短缺预期,该危机导致了石油需求的进一步扩大。相应的结果是世界石油市场的价格攀升及动荡升级。

1978年12月,石油输出国组织同意以高于西方预期的通胀率的幅度提高油价,这是五年内第一次真正的油价上涨。然而,新的油价没能把持住。伊朗革命引发了石油现货市场(spot market)的恐慌,其影响甚至波及长期的合同市场。大多数原油以石油输出国组织控制的价格通过长期合同的

---

① National Foreign Assessment Center, International Energy Statistical Review(Washington, D.C.: Central Intelligence Agency, November 28, 1979), 2.

形式在产油国与石油公司之间销售。不在长期合同下的石油则在现货市场出售，其价格根据市场情况波动。1978年和1979年，这些条件出现绷紧，在现货市场产生了严峻的价格上涨压力。1979年初，沙特阿拉伯的轻质原油，即沙特阿拉伯的交易石油的现货价格比石油输出国组织13.34美元的油价高出了8美元。长期合同下的石油输出国组织的原油价格与更高的现货价格之间的差距使石油公司从中受益，使它们可以以相对较低的价格购买合同石油。由于不愿意让石油公司得益于这种情况，许多欧佩克组织成员国在同意的长期合同油价之外加上附加费，甚至打破长期合同以便在现货市场出售石油。尽管其石油产量的增加和拒绝增加附加费，沙特阿拉伯本身无力恢复世界石油市场的秩序。

1979年3月，石油输出国组织宣布油价随后上涨14.5%，并让成员国对本国的石油征收附加费，这表明即使是石油输出国组织和沙特阿拉伯也无法控制石油的价格。1979年7月，石油输出国组织再次上调价格。正如沙特阿拉伯石油部长解释的那样，世界处在国际石油体系混战的边缘。[1]

到20世纪80年代中期，国际石油体系的混战似乎结束了。沙特阿拉伯高位的石油生产和稳定的世界消费导致石油市场紧张情势的缓解。在这种环境下，沙特阿拉伯和其他的欧佩克温和派试图重新控制价格、统一价格水平，以及发展稳定的价格增长的欧佩克长期战略以适应通货膨胀、汇率变化和发达国家需求的增长。

但是这一计划被伊拉克和伊朗之间战争的爆发所破坏。1980年12月，伊拉克对伊朗的产油区发起攻击，伊朗的空军也袭击了伊拉克的石油设施。这两个国家的石油出口因此停止了，世界市场的石油供应每天下降了350万桶，大约占世界石油出口的10%，因此现货市场的石油供应压力陡增。1980年12月，欧佩克成员国将石油的最高限价设定为33美元每桶，现货价格则达到每桶41美元。随着伊朗和伊拉克之间的战争继续进行，现货市场的石油价格保持上涨，给长期油价带来进一步的压力。此外，战争对

---

[1]　Anthony J. Paris, "OPEC Lifts Price 9%: At Least Five Members to Add Surcharges," New York Times, March 28, 1979, p. 1.

两国的石油生产和出口设施造成的损坏也对战争停止后两国的石油供应能力提出疑问。

随着市场条件的瓦解,西方的外交政策,尤其是美国的外交政策,被大大削弱。在伊朗国王统治下美国与伊朗建立的特殊关系在新的伊斯兰政府之下彼此持有敌意。甚至美国与沙特阿拉伯的关系也似乎受到了威胁。以色列与埃及之间的《戴维营协议》导致沙特阿拉伯与美国之间的关系降温。对沙特阿拉伯来说,伊朗国王的被推翻以及美国无法将他维持在位,甚至无力防止美国人质事件的发生,都对"美国支持"具有的价值和可靠性提出质疑。对沙特阿拉伯和美国来说,在伊朗发生的事件及1980年发生的麦加内部叛乱事件也增添了德黑兰正极力培植的内部政治不稳定。

不稳定的市场环境和政治不确定性引起了对石油供应长期短缺及周期性中断的普遍的、悲观的预测。[1] 少数观察人士预见这种深刻的变化将破坏欧佩克的石油管理体系。

其他的欧佩克组织?

20世纪70年代产油国的成功导致南方原料生产国的思想发生了革命性变化。原料生产国卡特尔似乎突然结束了它们对发达国家的依赖地位。1973年10月后,铜、铝土矿、铁矿石、香蕉以及咖啡的生产国组织也纷纷成立起来,或者呈现新的变化。在各种各样的联合国决议中,第三世界国家支持南方石油出口国拥有成立产油国协会的权利,并敦促北方国家"通过

---

① Edward L. Morse, "An Overview: Gains, Costs and Dilemmas," in Joan Pearce, ed., The Third Oil Shock: The Effects of Lower Oil Prices (London, UK: Royal Institute of International Affairs, 1983), 3.

避免运用限制性的经济和政治措施来尊重南方国家的这种权利"。[①]

然而,到20世纪70年代末,这些新的原料生产国卡特尔都失败了。在面对低迷的市场行情时,没有原料生产国卡特尔能成功地维持商品价格的上涨,大多数集团充满了内部纠纷,一些集团甚至从未取得过任何进展。与欧佩克相比,这些失败的卡特尔都缺乏多个本质的特征。

多个市场因素为欧佩克在20世纪70年代的成功打下了基础。石油进口的需求居高不下。石油进口作为能源的来源之一在北方扮演着重要和不断增长的角色。欧洲和日本依赖外国石油进口。甚至曾经自给自足的美国也越来越依赖石油进口。在中期内,对石油和石油进口的需求也显示出非弹性。在现代工业经济中,没有其他能源可以作为运输燃料替代石油,也没有办法大幅减少石油消费,除非石油价格大幅提高。因此,石油价格的上涨并不会立即导致需求的显著下降。

供给因素在中期内也有利于欧佩克。石油的供给在价格上显示刚性,也就是,价格的增长不会导致新的生产者迅速进入市场。开发新的石油资源需要大量的资本和多年时间。此外,**供应的非弹性**(supply inelasticity)并没有因石油的储存而缓解。1973年,发达国家甚至没有石油储备用于在短期内增加石油供给、缓解供应减少的影响。

最后,在欧佩克油价上涨时期,国际石油市场供应非常紧张。石油消费国快速上涨的需求没有得到产量增加的支撑。结果,一些重要的产油国,甚至一个主要产油国,就足以通过威胁限制供应来影响石油价格。消费国的这种经济脆弱性为欧佩克的行动提供了基础。然而,多个政治因素决定这些行动是否会发生,对利益集团这种行为的理解有助于解释石油生产国为提高石油价格采取联合行动的能力。[②]

首先,石油出口国的数量相对较少。当参与者的数量非常有限时,随

---

① Guy F. Erb and Valeriana Kallab, eds., Beyond Dependency: The Developing World Speaks Out(New York, N.Y.: Praeger, 1975), 206.

② 以下分析在很大程度上是由曼瑟·奥尔森的《集体行动的逻辑:公共产品和组织理论》(Cambridge, Mass.: Harvard University Press, 1965 and 1971)所影响。

着少数国家充分认识到它们的共同利益和好处来自共同的行动时,它们共同的政治行动就更有可能发生。

彼此之间超过10年的合作经历也有利于产油国。欧佩克极力鼓励一位分析师称之为的"团结和共同体意识"。[①] 欧佩克还引领产油国采取共同行动的经历。从1971年至1973年,石油生产国检验了它们的力量,看到了它们的共同行动带来的实实在在的效果,并获得了采取这样行动的信心。这种信心因主要石油生产国庞大的货币储备而增强。巨大的货币储备使它们采取减产或者实施禁运等共同的行动产生的经济风险最小化。这些储备是存在银行里的货币,也就是当提高石油价格的共同行动没有立即取得成功时,为必要的进口提供资金支持。一位分析师认为,这种储备使石油生产国在采取共同的政策时首先能够从长期的角度出发,并避免以后通过欺骗获取短期收益的诱惑。[②]

阿拉伯产油国在支持它们与以色列冲突的事业中展示出来的共同政治利益加强了它们在提高石油价格方面的共同经济利益。1973年战争的爆发极大地增强了阿拉伯国家的凝聚力,促使了欧佩克10月16日做出单方面提高油价的决定。

然而,群体理论(Group theory)表明,对共同利益的认识常常还不足以导致共同的行动。还需要一个领导或多个领导动员该群体其他成员以及承担群体行动的主要责任。领导角色对产油国的共同行动至关重要。1973年,阿拉伯国家单方面提高油价的行动使得其他产油国提高油价成为可能。1973年之后,沙特阿拉伯承担主要石油减产的意愿和能力决定了产油国维持更高价格的能力。

问题的本性促进了产油国的行动。由于石油是卖方市场(seller's market),操纵价格因此显得相对容易。鉴于市场吃紧,产油国没有必要大幅降低供应就能维持更高的价格。具有讽刺意味的是,国际石油公司还帮助产油国采取共同的行动。石油生产国能够通过向石油公司征税

---

① Mikdashi, The Community of Oil Exporting Countries, 196–207.

② Stephen D. Krasner, "Oil Is the Exception," Foreign Policy, 14(Spring 1974):78–79.

而提高油价。石油公司默许这种征税的做法，因为它们能够将税收转嫁给消费者。[1] 石油生产国也能通过简单地下令石油公司限制产量而减少石油供应。产油国政府对石油公司控制的增加有利于它们实行石油供应的减少。

最后，消费者制衡力的缺乏也确保了产油国的成功。石油公司和消费国政府的弱势在1970年利比亚的成功和随后的谈判中充分暴露出来。1973年石油公司和消费国政府的混乱和默许促进了产油国的成功。与产油国采取群体的行动形成鲜明对比的是，发达市场经济体无力采取联合对抗该产油国卡特尔。

欧佩克的成功后的多个因素似乎表明一些产油国卡特尔可能在短期内，也或许在中期内取得成功。在短期内，经济条件对许多大宗商品，特别是对那些消费国家高度依赖的商品有利。例如，美国依赖铝土矿、锡、香蕉和咖啡的进口。更加缺少原材料的西欧和日本也依赖铜、铁矿石和磷酸盐的进口。很多这些大宗商品，特别是重要的矿产品，如果出现供应中断，将会对发达市场经济产生灾难性的影响。

此外，从短期和中期而言，这些大宗商品的需求和供给在价格上是非弹性的。正如前文所述，除了少数例外的例子，这些材料价格的上涨不会被消费的减少所抵消，这将导致生产国总体收入的增加。同样地，当供给在价格上是非弹性的时，价格的上涨不会立即导致新的供应的出现，因为种植新的作物以及开采新的矿产资源需要时间。应该注意的是，一些关键的原材料的库存能缓解其供应的非弹性。为了战略的原因，发达国家积累了这样的供应。然而，尽管库存可以在短期内被用来抵制生产国卡特尔的共同行动，但是并不是所有的商品都适合储存。许多大宗商品的储存通常不足以填补数月的供应中断带来的供应缺口。

吃紧的市场行情在短时间内有利于石油生产国。正如产油国共同行动展示的那样，卖方市场通过使一个或者少数产油国能够提高价格促进了

---

[1]　See Raymond F. Mikesell, "More Third World Cartels Ahead?" Challenge, 17（November–December 1974）: 24–26, on the OPEC method of taxing multinational corporations.

共同的联合行动,如1973—1974年发生的那样。在那时,北方国家同时的经济繁荣以及不确定的货币市场刺激了大宗商品的投机,因此导致了商品短缺和价格剧增。发达国家尤其受到这种供应操纵的威胁,产油国处于发出这种威胁的非常强势的位置。例如,摩洛哥(磷酸盐)和牙买加(铝矾土)利用这种情况提高了价格。

除了这些经济因素,多个政治因素也有利于生产国在短期内采取共同的行动。对许多商品来说,如铝土矿、铜、磷酸盐、香蕉、可可、咖啡、天然橡胶以及茶叶,少数的几个南方生产国控制着出口市场,它们中的一些国家成立了旨在实行价格管理目标的行业协会。多种政治形势的发展使得20世纪70年代中期生产国之间的合作可能性更大。一种情况是生产国之间产生新的自信感。对其他商品生产国来说,欧佩克的经验表明,通过对北方国家至关重要的商品的控制,它们可能拥有一直寻求的对北方国家构成威胁的能力。因此,许多第三世界国家感觉它们可以对北方国家采取更加激进的政策。

另一种新情况不是来源于信心,而是来源于绝望。同时发生的能源、食品、衰退和通胀危机给大多数南方国家带来严重的国际收支平衡问题。一些国家可能感觉它们除了采取可能给本国带来短期的经济益处,但是在长期上不成功或者甚至破坏性的冒险措施外,别无其他选择。

经济绝望的加强是一种政治关切。政治领导人,特别是那些第三世界的政治领导人倾向于持有短期看法,这是因为他们权力的保持可能依赖于取得短期收益,尽管这种收益会导致不可避免的长期损失。[1] 然而,这个

---

① John E. Tilton, "Cartels in Metal Industries," Earth and Mineral Sciences, 44 (March 1975): 41–44. See also John Hillman, "Bolivia and the International Tin Cartel, 1893–1941." Journal of Latin American Studies, 20 (1987): 83–110; John Hillman, "Malaya and the International Tin Cartel," Modern Asian Studies, 22 (May 1988): 237–261; Stephen K. Holloway, The Aluminum Multinationals and the Bauxite Cartel (New York, N.Y.: St. Martin's Press, 1988); Helge Hveem, The Political Economy of Third World Producer Associations (New York, N.Y.: Columbia University Press, 1978); and Debora L. Spar, The Cooperative Edge: The International Politics of International Cartels (Ithaca, N.Y.: Cornell University Press, 1994).

论点与欧佩克建立一个成功的生产国卡特尔模式直接相反,而在生产国卡特尔中,大量的货币储备使生产国能够采取长期的角度,且能够为了长期的收益冒险承担短期的损失。在其他情况下,具有巨额国际收支赤字的生产国可能为了短期的收益被迫冒险承担长期的损失。如一直认为的那样,短期收入的最大化可能从长远的角度看是一种理性的行动,也就是说,如果生产者觉得它们的短期利润足以实现经济多样化和发展,它们可能会理性地追求短期收益。①

从生产国群体中崛起的领导是另一种新的情况。牙买加单方面提高铝土矿生产的税收和特许使用权费,以及摩洛哥单方面提高磷酸盐的价格改变了其他铝土矿和磷酸盐生产国的形势。

最后,价格和供应管理的性质使生产国之间的合作有时相对容易做到。在铝土矿和香蕉等一些大宗商品中,垂直一体化的寡头垄断跨国公司能根据欧佩克公式被征税。在这些以及其他商品的生产中,生产控制是通过增加政府监管或生产设施的所有权而得到促进。

由于所有这些因素都对生产国卡特尔的成功有利,那么为什么在1974年后原材料生产国协会变得如此不成功呢?这些生产国卡特尔面临问题的一些原因可以追溯到20世纪70年代晚期和80年代经济形势的不景气,而其他原因则更多地是一般的特性。

如我们之前论述的那样,虽然许多大宗商品的需求和供给从短期和中期而言在价格上是非弹性的,但是从长远来看,它们的需求和供给在价格上更具有弹性,因此,如20世纪80年代欧佩克的经历显示的那样,不利于生产国卡特尔的成功行动。价格的上涨超过一定水平总体上会导致需求转移到其他替代品。例如,铝将替代铜,咖啡将被茶所取代。随着时间的推移,许多大宗商品也有可能开发新的供应来源。可以种植新的咖啡树,也可以开发利用新的矿产资源,包括海底资源。当然,一些新的供应可能相对昂贵,这是因为新的生产经常不得不依赖昂贵的技术和低品质的矿石。

---

① Harry G. Johnson, Economic Policies Toward Less Developed Countries (New York, N.Y.: Praeger, 1967) , 136–162.

因此,值得注意的是,新的生产可能破坏原有的生产国卡特尔,但是它们可能对价格很少产生影响。

由于供给和需求具有长期的弹性,生产国卡特尔的成功存在通常取决于两个复杂的因素。首先,生产国卡特尔必须管理价格以使价格不会超过人们鼓励使用替代品的水平。这样的管理需要复杂的市场知识和预测能力。因为对许多生产国来说,门槛价格可能会低于它们的偏爱价格,因此它们彼此之间很难达成采取共同行动的协议。其次,同样困难的是必须对其他生产国的商品供应反应进行管理。目前,现有的生产国卡特尔总体上无力对价格或者供应实行成功管理:在同类的生产国卡特尔成员国之间降价变得非常普遍,很少有生产国同意实行供应控制。

尽管有一些存在合作的激励因素,但是在采取联合行动上仍然面临着一些主要问题。虽然许多大宗商品是由一些生产国提供,但是这些生产国经常发现它们之间的冲突比共同点更多。例如,铜的生产国因政治和经济上的差别而分裂。此外,尽管外汇危机可能会鼓励合作,但危机也可以促进消费者对消费的抵制。没有外汇储备以及外汇收入的大部分都依赖一种商品出口的生产国不能忍受跨国公司或者消费国政府长时间协调一致的抵制。此外,以牺牲长期收益为代价从协调一致的行动中获取短期利益的诱惑在国际收支平衡危机期间的诱惑性往往更大。虽然价格管理的任务在某些情况下可能相对容易,如当存在一个领导或者跨国公司时,但是许多大宗商品的生产国并不具有这样的优势。

阻碍生产国卡特尔成功的最大的障碍之一是如何进行有效的供应管理。很少有国家的生产份额以及金融储备大到足以承担像沙特阿拉伯那样的领导角色。没有一个国家或者小的国家集团能够承担起整个商品供应国供应减少的负担。

在没有市场供应偏紧的情况下,供应只能通过缓冲存货、出口或生产减少来控制,而这些都是政治上复杂、经济代价高昂的方法。许多商品容易腐烂,因此不能以缓冲存货的形式储存,而其他一些商品需要巨大的缓冲存货和资金来维持价格。出口和生产减少实现起来也同样困难。在没有生产控制情况下的出口减少面临着如缓冲存货面临的同样存储和资金问题。欧佩克的经验表明，生产国之间很难达成减产协议，而且任何这样的协议都可能付出高昂的就业代价。

对生产国协会最具毁灭性的打击或许是对它们商品需求的停滞或下降。随着工业化国家经济活动的下降，对工业原材料的需求在1974年和1975年出现急剧下降。面对对本国商品需求的减少或者缓慢增长，为了使价格保持在希望的水平，生产国协会唯一的希望是减少生产和供应。然而，正如我们已经指出的那样，大多数生产国发现无论在政治上或经济上都难以削减产量，而且许多卡特尔成员国为了增加自己的国际竞争力选择采取降低价格的措施。结果是，许多原材料总体上呈现供应过剩以及无法控制的价格下跌。

衰退中的欧佩克

20世纪80年代，欧佩克开始面临许多其他生产国卡特尔遭遇的问题。欧佩克的困难来自它的成功。由于欧佩克提高油价的能力，石油需求开始下降，非欧佩克成员国的生产开始增长，油价下跌，然后欧佩克管理油价变得越来越困难。按照一个专家的观点：

> 油价高且不稳定的原因是因为竞争的自动调温器已经断开。生产国不再彼此单独地设定产量，单个经营商的选择导致成本较高的生产不复存在。相反，低成本生产国卡特尔限制产量以支持价格。由于合作通常是困难、不情愿以及缓慢的，成员国的产量通常超过或者低于市场需求。价格变得不稳定不是由生产或消费的方法导致的，而是因为笨拙的生产国卡特尔的存在。①

---

① Morris A. Adelman, "World Oil Production and Prices, 1947–2000," The Quarterly Review of Economics and Finance, 42（2002）: 171.

高油价的影响

在经历了几乎持续几十年的增长后,工业国家的石油消费在20世纪80年代呈现大幅下降。[①] 消费国缓慢的经济增长率导致了它们石油需求的显著下滑。石油价格的上涨也对需求的下降起到了至关重要的作用。高油价导致了其他燃料如煤、天然气以及核能对石油的替代。高油价也刺激了能源保护和更有效的利用。政府政策也是导致石油需求下降的因素之一。在欧洲和日本,以及较小程度上在美国,政府政策鼓励了能源保护。在美国,价格管制的取消缓冲了价格上涨对美国的影响,促进了能源节约。[②]

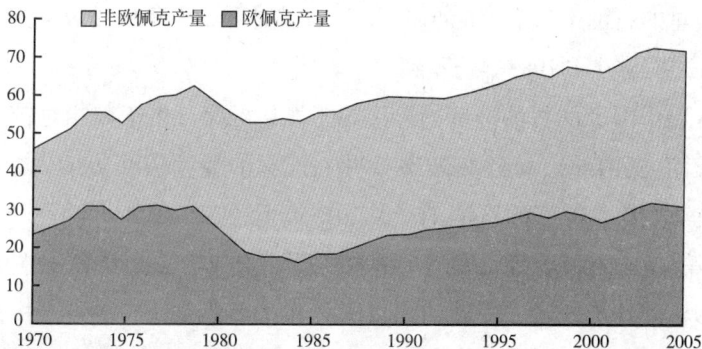

图9.7　1970—2007年欧佩克和非欧佩克的石油产量(百万桶/每天)
资料来源:美国能源部和能源信息署《国际能源年报》(多年)。

能源供应也增加了。油价的上涨吸引了新的供应商进入国际市场。由于欧佩克对非欧佩克失去了其在世界石油生产份额中的很大一部分,欧佩克对石油价格的管理变得比以前困难得多。欧佩克在世界石油市场的

---

①　International Monetary Fund, World Economic Outlook 1984: A Survey by the Staff of the International Monetary Fund (Washington, D.C.: IMF, April 1984) , 128.

②　Morse, "An Overview," 8.

份额从1973年的63%下降到1983年的30%左右,但之后又上升到2007年的43%(图9.7)。[1] 非欧佩克的石油产量稳步上升,从1970年的每天2250万桶上升到1988年的每天3830万桶,但在21世纪的第一个10年内维持在每天约4000万桶。

20世纪90年代,多家大型新的石油储存开始投入使用。北海油田的开发使挪威和英国成为国际石油市场的参与者(图9.6)。油价的上涨和美国对油价的控制促进了对石油行业更大的投资,鼓励新的石油公司进入这个市场,探索新的原油来源以及开发新的采购和输送线路。尽管美国的石油生产在此期间没有增加,但是如果没有这些新的投资,美国的产量可能出现下降(图9.8)。[2] 此外,为了增加本国的外汇收入,苏联增加了对非共产主义国家的石油出口。[3]

由于能源节约、调整以及国内生产的增长,非共产主义发达国家减少了它们总的石油进口需求的40%,将对外国的石油依赖从1979年占总消费的三分之二减少到1983年的不到一半。[4]

发展中国家的石油消费趋势不同于发达国家。由于其相对较高的经济增长率、国内油价普遍较低、缺少化石燃料的替代品以及有限的能源保护能力,发展中国家的石油消费从1973年至1979年每年大约增长了7%。然而,第二次石油危机后,发展中国家的石油消费增长比以前缓慢很多,且大多数消费增长来源于净石油出口国。[5] 一些石油进口的发展中国家能够扩大国内石油生产。从1973年至1983年,巴西的石油产量增长了50%,印度的石油产量在同一时期提高了五倍。中国和墨西哥也提高了它们的石油生产(图9.9)。

---

① IMF, World Economic Outlook 1984, 133.

② Morse, "An Overview," 4.

③ IMF, World Economic Outlook 1984, 130–133.

④ IMF, World Economic Outlook 1984, 128.

⑤ 出处同上,第129—131页。

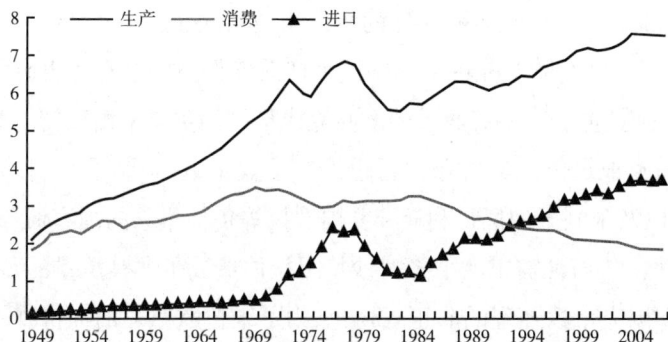

图9.8 1949—2007年美国的原油生产、消费和进口（百万桶/每天）

资料来源：美国能源部和能源信息署《国际能源年报》（多年）。

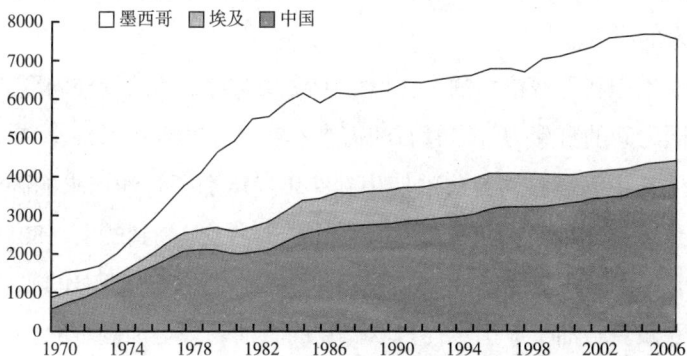

图9.9 1970—2000年墨西哥、中国和埃及的石油产量（千桶/每天）

资料来源：美国能源部和能源信息署《国际能源年报》（多年）。

　　石油需求的急剧下降及非欧佩克产量的增长带来的油价下行压力因国际石油公司石油库存史无前例的减少而加重。在1979年至1980年石油危机带来的不确定时期，石油公司将它们的储备库存提升到历史最高水平。油价的下降、高利率带来油库存成本的提高，最重要的是，越来越多的国家意识到世界对石油需求的缓慢增长是数量变化的结果而不仅仅是周期性现象，导致了石油库存的大幅减少。①

　　石油需求和供给的转换压制了油价上涨。在现货市场，油价从1980

---

① IMF, World Economic Outlook 1984, 134.

年的每桶40美元下降到1982年底的每桶30美元,这进一步降低了长期的合同价格。[①] 因此,欧佩克国家的国民生产总值作为一个整体也有所下降。虽然沙特阿拉伯和一些高收入的欧佩克成员国的贸易平衡保持正数,但是许多欧佩克成员国的经常账户再也没有了盈余,这限制了它们的发展计划、进口以及限制了如尼日利亚和委内瑞拉等负债累累的国家债务偿还义务的支付。[②] 石油需求的下降对沙特阿拉伯造成了尤其沉重的负担。作为担任欧佩克市场经理的非正式角色,为了维持欧佩克的油价,沙特阿拉伯不得不急剧减少本国的石油产量,从1980年每天990万桶的高峰减少到1985年的每天340万桶(图9.4)。沙特阿拉伯的石油收入从1981年高峰时的1010亿美元下降到1983年的370亿美元。海湾国家也同样遭遇了石油产量和收入的减少。[③]

石油生产和消费格局的变化增加了欧佩克对石油的管理问题,并削弱了成员国之间的凝聚力。尽管石油需求在20世纪70年代保持非弹性,但是石油节约和中间燃料油替代的使用到80年代增加了石油需求的弹性。尽管石油供应在20世纪70年代似乎显示出非弹性,但是到20世界80年代,新的石油来源的发现减少了欧佩克作为世界石油主要来源拥有的原始优势。新的非欧佩克石油供应国也使得欧佩克的石油管理更加困难的。最后,由于石油供应的紧张得以缓解,油价出现下跌,欧佩克内部的政治不同进一步削弱了其联合行动的能力。供应过剩在欧佩克内部引起了巨大的压力,这种困难加剧了那些试图取得短期收入最大化以提升进口和加速发展计划的欧佩克国家与那些试图通过限制油价上涨尽可能维持国外对欧佩克长期依赖的国家如沙特阿拉伯和海湾国家传统的冲突。

欧佩克最终成为经典的卡特尔问题,即欺骗的受害者。20世纪80年代,许多欧佩克成员国,特别是阿尔及利亚、伊朗、利比亚、委内瑞拉和尼日利亚,通过生产超过规定上限的产量、提供价格折扣以及通过延长信贷条款、

---

① IMF, World Economic Outlook 1984, 135.

② Morse, "An Overview," 14–15.

③ IMF, International Financial Statistics 1984(Washington, D.C.: IMF, August 1984).

易货交易及卖方承担运输成本等方式间接削价来削弱欧佩克的石油价格管理体系。只要沙特阿拉伯愿意通过约束自己的产量来支撑油价,这些国家虽然能够违反欧佩克的规则,但是无法导致价格的崩溃。然而,面对欧佩克其他成员国猖獗的欺骗,沙特阿拉伯越来越不愿意做出这样的牺牲。

现货市场扩大的石油交易量使得欧佩克更难以对成员国的石油交易实施监督,从而加剧了欧佩克的石油价格管理问题。随着新的非欧佩克石油供应来源的出现、来自欧佩克欺骗国更多的廉价石油、石油需求的放缓以及对油价上涨担忧的减少,石油公司感到没有必要签署长期的供应合同,而且更多地愿意通过现货市场来满足它们的供应需求。1973,超过95%的石油交易是通过长期合同完成的,然而到了1983年,至少20%的世界石油是通过现货市场实行交易。[①] 随着20世纪80年代下半叶石油需求的复苏,以及每个国家,包括沙特阿拉伯,都能提高生产,欧佩克成员国的情况有所改善(图9.4)。但是油价逐渐下降(为了对通货膨胀的控制),因此石油收入并没有像20世纪70年代经济复苏时期增长得那样迅速(图9.2)。

石油价格战争

20世纪80年代初期开始,欧佩克就发起了一场试图控制油价下降的战役,但是未能取得成功。1983年,欧佩克被迫采取有史以来的第一次降低油价。阿尔及利亚、利比亚、伊朗和尼日利亚以低于欧佩克34美元每桶的官方价格4美元销售石油。沙特阿拉伯与海湾盟国威胁降低它们自己的油价来与违规者开展竞争。现货市场价格下跌,石油公司开始用尽自己的石油库存,生产国受到越来越大的压力来减少它们的长期合同油价。因此,1983年3月,欧佩克将油价从34美元每桶降低到29美元每桶。为了保持这个价格,欧佩克成员国首次同意采取协调一致的生产减少计划来限制欧佩

---

① 　Louis Turner, "OPEC," in Pearce, The Third Oil Shock, 85.

克的石油产量,并在成员国之间分配生产。沙特阿拉伯正式接受"生产调节者"的角色,致力于调整本国的石油产量以支持新商定的价格。[1]

新的生产削减计划虽然放缓了,但并没有阻止欧佩克作为石油定价卡特尔权力的下降。需求疲弱和欧佩克以外产量的增加继续对石油价格造成下行的压力。国内经济问题和财政短缺诱惑欧佩克成员国不再保持对外一致,纷纷通过降低价格和扩大生产以获取更多收入。随着非欧佩克国家石油产量增长以及挪威和英国等非欧佩克生产国将石油价格降低到欧佩克的价格水平之下,欧佩克越来越难以在生产上限以及成员国之间的配额问题上达成协议。1984年,欧佩克将油价降低到28美元每桶,减少了生产上限,并降低了单个国家的生产配额。尽管制定了产量分配方案,欧佩克几乎所有的产量下降都被沙特阿拉伯所吸收。到1985年8月,沙特阿拉伯的石油产量减少到250万桶每天,不到其1980年至1981年产量的四分之一。[2] 沙特阿拉伯的外汇收入急剧下滑。

1985年下半年,沙特阿拉伯拒绝继续扮演"生产调节者"的角色。为了增加生产并恢复本国的市场份额,沙特阿拉伯放弃了在欧佩克官方价格的基础上出售原油,基于其石油精炼产品的价值制定了"净回"销售合同,即市场反应的价格公式。一旦这种情况发生,欧佩克再也无法对石油价格实行管理。1985年12月,欧佩克放弃了固定的官方石油售价体制以及共同的减产行动。自从"七姊妹"同意设定价格以来,欧佩克第一次同意允许油价格由市场决定。

很大程度上是由于沙特阿拉伯的产量大幅增加,欧佩克产量开始飙升,现货市场的石油价格从1985年11月的27美元至31美元每桶下跌到1986年7月的8美元至10美元每桶。[3] 结果,恢复共同减产及提高油价的压力在欧佩克内外开始集聚。1986年,欧佩克同意新的减产和配额计划,并制

---

① Louis Turner, "OPEC," in Pearce, The Third Oil Shock, 85.

② International Monetary Fund, World Economic Outlook 1986 (Washington, D.C.: IMF, April 1986), 151.

③ International Monetary Fund, World Economic Outlook 1987 (Washington, D.C.: IMF, April 1987), 98.

定了18美元每桶新的、固定的出口价格。欧佩克再次撤出了价格战,重新建立了市场纪律和价格,尽管将价格维持在一个较低的水平。

尽管如此,经济和政治冲突继续威胁着欧佩克实施共同减产的能力。在伊朗和伊拉克等试图寻求短期石油收益最大化的鹰派国家与沙特阿拉伯和海湾国家等试图寻求长期石油收益最大化的温和派国家之间仍然维持着传统的分裂。在配额分配问题上的内部冲突使这种经济和政治冲突更加复杂化。虽然许多欧佩克成员国都感到它们的配额分配是不公平的,但是欧佩克保持了令人无助的分裂,并无法对现行的配额协议做出修改。随着共同的石油供应约束减弱,油价又开始向下滑落。

两伊战争标志着石油市场的变化。伊拉克对伊朗油田发动的空袭使两国被排除在委员会之外,直到战争的结束。伊朗对伊拉克巴士拉油田的攻击严重减少了伊拉克的石油生产。[①] 尽管波斯湾的一些油田、油轮以及运输设施遭到了轰炸,但是油价在20世纪80年代期间并没有急剧上涨。其他欧佩克成员国和非欧佩克石油生产国闲置的产能、石油消费国公共的储存以及国际能源署的石油共享安排都对任何潜在的油价上涨威胁造成了缓冲。

1988年两伊战争的结束对油价构成了威胁。战争后,伊拉克开始大肆扩大其石油生产能力。在漫长的战争结束后,两国都面临更高的收入需求以重建和恢复经济发展,因为战后需要以及由于战争期间的石油减产,两国都感觉它们有增加石油生产的合理性。然而,由于战争带来的相互不信任和对立,欧佩克最初无法协商达成新的石油生产分配方案。为了迫使其他欧佩克成员国恢复纪律,沙特阿拉伯增加了本国的石油产量,制造了石油产量过剩并导致油价到1988年底下跌到13至14美元每桶。而且,实际油价低于1974年的水平(图9.2)。价格的下跌伤害了所有石油出口国的财政状况;给高负债的石油出口国如尼日利亚、墨西哥和委内瑞拉带来严重的压力;并导致了阿尔及利亚的政治不稳定。到1988年11月,沙特阿拉伯和科威特采取行动迫使欧佩克同意新的生产协议,以限制石油生产和将油

---

① Efraim Karsh, The Iran–Iraq War 1980–1988(Westminster, Md.: Osprey Publishing, 2002).

价提高到每桶18美元。伊朗得到原先的配额分配，并同意允许伊拉克拥有与自己相等的配额分配重返欧佩克体制。伊拉克生产配额的提高是以其他欧佩克成员，特别是沙特阿拉伯的配额减少为代价的。

在欧佩克戒律缺乏的情况下，一些欧佩克成员国试图通过购买主要石油消费国的炼油和营销业务而保护自己免受价格竞争的影响。20世纪80年代期间，许多欧佩克成员国，如委内瑞拉、利比亚、科威特、沙特阿拉伯和阿拉伯联合酋长国，收购了在美国和西欧的石油下游业务。例如，委内瑞拉国家石油公司在1985年购买了希戈石油公司（CITGO）50%的股份，在1990年又收购了其余的股份。希戈石油公司拥有并经营主要在北美的炼油厂和服务站。经营石油领域下游业务的目的是在油价下跌时保护原油出口国，因为它保证了石油销售出口，也因为成品油价格降幅往往小于原油价格的降幅。随着这些欧佩克成员国发展炼油及营销能力，它们的石油业务逐渐相像那些曾经主导石油体系的大型综合石油公司。这些欧佩克成员国发现自己处在与其他仍然依赖原油出口收入、因此在短期内追求收益最大化的欧佩克成员国更大的冲突中。因此，下游多元化战略进一步削弱了欧佩克的能力。

20世纪80年代发生的事件从而导致欧佩克作为石油定价卡特尔的权力的主要变化。需求疲弱、持续的供过于求、来自外部的竞争、通过降低价格和提高产量等自行其是的经济诱惑以及内部的政治冲突都削弱了欧佩克作为产油国卡特尔的角色。沙特阿拉伯虽然可以抵消其他欧佩克成员国的一些作弊行为，但是它不再愿意或者能够凭一己之力通过扮演"生产调节者"的角色而管理欧佩克。

全球化时代

在20世纪90年代及之后的时间里，石油仍然成为国际经济和国际关系的核心因素。然而,与早期不同的是,没有任何的单个力量,无论是欧佩克、石油公司抑或是消费者,能够管理国际石油体系。正如我们所见,欧佩克因新的非欧佩克石油资源和内部冲突而受到严重的削弱。碎片化的石油行业无法通过限制或提高供应而控制价格。因为石油过剩和20世纪80年代的低油价而自满的发达国家政府,实际上通过放宽管制以及未能制定全面的、长期的国家能源战略而减少了对能源市场的影响。

发达国家之间在石油问题上的合作仍然是脆弱和临时的。国际能源署从未表现得强大,而且在紧急情况下仍然仅仅局限于促进储备合作。然而,石油在北方国家的外交政策中发挥了重要作用。法国利用其外交主动性塑造与伊朗和伊拉克的关系。美国通过在中东扮演积极的作用以及保持与沙特阿拉伯的亲密关系保护本国的石油利益。在下面的章节中,我们将讨论石油在全球政治中扮演角色的两个重要的例子,即在1991年的海湾战争中,发达国家极力保护波斯湾的石油供应以及努力保证获取里海地区的石油。

海湾战争

1991年的海湾战争戏剧性地证明了欧佩克无力管理国际石油体系以及中东石油对北方国家的至关重要性。欧佩克成员国在石油价格和生产配额上的分歧是1990年8月伊拉克入侵科威特的一个主要因素。担心伊拉克入侵科威特对世界石油市场产生的后果是美国、沙特阿拉伯以及它们的盟友做出强烈反应的一个重要原因。

1989年和1990年,伊拉克和科威特处在欧佩克内部重大冲突的对立面。伊拉克在与1980年至1988年的伊朗战争中崛起,但其生产和出口石油的能力却面临严重的限制。巨额债务使伊拉克无法筹借资金来重建本国的石油生产和出口设施。这些约束加上令人绝望的金融状况导致伊拉克提倡通过更多的成员国内部纪律在欧佩克内推行维持高油价的政策。然而,科威特采取了相反的立场。科威特拥有每天250万桶的巨大生产能力以及1000亿桶的庞大石油储备,因此像沙特阿拉伯一样,提倡实行更低的价格作为抑制其他石油供应国的生产和替代性能源投资的方法。

因为不像沙特阿拉伯那样在欧佩克内部拥有重要影响力,因此科威特并没有感觉需要对欧佩克的有效性负责。因此,科威特在20世纪80年代末拒绝执行欧佩克分配给自己的生产配额。尽管欧佩克在1989年11月增加了科威特的配额,但是新的协议并没有维持多久,石油价格继续跌到每桶17美元以下。伊拉克越来越激烈地宣称,科威特通过石油的过度生产旨在故意破坏伊拉克的经济,除此之外,还声称科威特还从两国边界一个有争议的油田吸油。萨达姆·侯赛因总统开始在伊拉克与科威特的边境集结部队。欧佩克解决争端的最后努力于1990年7月崩溃,8月2日伊拉克入侵科威特。[①]

伊拉克入侵科威特导致油价到1990年10月飙升到接近40美元每桶。入侵也导致石油生产国和消费国的迅速反应。美国组成了一个包括沙特阿拉伯、许多中东国家、法国和英国的广泛的国际联盟。1990年10月,该联盟支持联合国通过决议授权对伊拉克实施禁运,对其出口关闭所有的世界石油市场。该禁运影响每天430万桶的石油流向世界市场,约占世界石油总量的7%。联合国行动加上欧佩克和非欧佩克石油生产国生产的提高有助于减少这种非常有效的禁运对世界其他地方造成的影响。此外,国际能源署石油消费国成员发布了它们的战略石油储备,以便缓冲联合国禁运对世界石油市场的冲击。[②]国际联盟然后向该地区派遣军队,并于1991年1月16日发起了一项解放科威特的军事行动,导致油价从33美元每桶创纪录地短期下跌到低于18美元每桶。[③]然而,盟军并没有成功地推翻伊拉克

---

① The First Oil War: Implications of the Gulf Crisis for the Oil Market (Oxford, England: Oxford Institute for Energy Studies, August 1990). See also Alistair Finlan, The Gulf War (Oxford, England: Osprey, 2003); and John Bulloch and Harvey Morris, The Gulf War: Its Origins, History, and Consequences (London, UK: Methuen, 1989).

② U.S. Department of Energy, Energy Information Agency, The U.S. Petroleum Industry: Past as Prologue, 1970–1992 (Washington, D.C.: Government Printing Office, October 1, 1993), 57. See also Bruce A. Beauboeuf, The Strategic Petroleum Reserve: U.S. Energy Security and Oil Politics, 1975–2005 (College Station, Tex.: Texas A&M Press, 2007), ch. 5.

③ http://www.eia.doe.gov/emeu/cabs/chron.html.

萨达姆政权。

虽然众多因素驱使美国及其盟国对伊拉克入侵科威特做出强烈反应，但是对石油的担心是最重要的因素之一。对科威特石油储备的控制将会使伊拉克控制总共2050亿桶石油，约占世界已探明石油储量的五分之一，并将使伊拉克处在能够主导已经削弱了的欧佩克的地位。[①] 此外，伊拉克与科威特结合在一起，每天的产油能力将达到大约550万桶，仍低于沙特阿拉伯的产油能力（850万桶），但是足以给予伊拉克政府重要的市场力量。此外，如果获取对科威特的战略军事位置的控制，再加上其庞大的军队，伊拉克将有能力威胁到该地区其他的关键产油国，包括沙特阿拉伯。单个国家对世界石油市场的这种支配地位对石油消费国和生产国都是不可接受的，这也解释了为什么会形成了反对萨达姆的独特联盟。

战争结束后，由于伊拉克持续尝试制造大规模杀伤性武器以及拒绝同意对其行为的有效监督，联合国维持所有对伊拉克的出口制裁，除了食品、医疗物资和其他人道主义需求。联合国还维持了对伊拉克石油出口的禁运。1995年，联合国在安理会"986号"决议下建立了"石油换食品计划"，旨在允许伊拉克在国际市场上出售石油以换取食物、药品和其他人道主义需求。克林顿政府引进该计划，是为了回应外在认为萨达姆将经济制裁的负担转移到伊拉克普通民众身上的批评。然而，该项目遭受腐败和滥用的困扰。当2003年美国及其盟国入侵伊拉克时，该计划宣告结束。[②]

里海地区的石油

苏联的解体释放了各种政治势力，包括对苏联地区石油资源的新的争夺。在俄罗斯国内，由于私有化努力的结果，叶利钦政府放弃对石油和天

---

① 　Morse，"A New Political Economy of Oil?"，23.

② 　"Oil for Food Programme，" Wikipedia，http://en.wikipedia.org/wiki/ Oil_for_Food_program.

然气行业的控制。新的私人所有者没有足够的资源投资于现有石油和天然气矿藏的勘探和开发。俄罗斯的石油投资和生产在20世纪90年代显著下降(图9.1)。叶利钦时代的很多寡头集团成员在新的私有化的石油和天然气企业拥有控股并公开反对普京在权力上的崛起,他们对政治过多的干预,再加上他们试图与外国能源公司谈判合作,给予普京需要的机会从俄罗斯私人能源所有者手中争夺对俄罗斯能源资源的控制。普京然后利用对石油和天然气公司以及管道设施重新获得的国家控制权来影响前苏联成员国(白俄罗斯、乌克兰、哈萨克斯坦和格鲁吉亚)的邻国的政治,以及更普遍地重新维护俄罗斯作为大国地位的角色。

20世纪90年代,位于里海地区的苏联国家,如阿塞拜疆、哈萨克斯坦和土库曼斯坦,发现了新的石油和天然气矿藏。俄罗斯和伊朗也与被内陆包围的里海毗邻,所有这五个国家都宣称拥有里海海底石油和天然气矿藏的

图9.10 里海地区石油管道

资料来源:http://www.eia.doe.gov/cabs/Caspian/Full.html。

权利。里海石油储量在2005年底估计大约为470亿桶,约占世界石油储量的3%,比沙特阿拉伯的石油储量少20%,但多于利比亚的石油储量。里海地区的天然气储量估计为6.6万亿立方米,其中最大的储藏位于哈萨克斯坦境内。[1]

里海油田的开发真正开始于1991年苏联解体之后。1993年4月,雪佛龙公司与哈萨克斯坦达成了200亿美元的历史性交易创建田吉兹雪弗龙公司(Tengizchevroil)合资企业[2]以开发田吉兹(Tengiz)和科洛夫(Korolev)油田。2008年中,田吉兹雪弗龙公司每天生产超过50万桶石油。[3]

将里海地区石油运输到世界市场的困难妨碍了里海地区石油和天然气产业的发展。1997年之前,里海石油的出口商只有一个主要管道可供选择,即从哈萨克斯坦到俄罗斯的阿特劳—萨马拉管道(Atyrau-Samara pipeline)。此外,少量的里海石油由铁路和驳船通过俄罗斯运出,以及通过第二个小型管道从哈萨克斯坦运到俄罗斯。里海地区与世界市场的相对隔绝以及缺乏输出选择抑制了该地区石油出口到苏联共和国之外的地方。

因此,为了使新开发的里海石油到达世界市场,有必要构建管道将石油从内陆的里海地区运输到新的外国市场。主要的选择包括:(1)巴库—第比利斯—杰伊汉输油管道(Baku-Tbilisi-Ceyhan,简称BTC);(2)巴库—第比利斯—苏普萨输油管道(Baku-Tbilisi-Supsa,简称BTS);(3)巴库—诺沃罗西斯克输油管道(Baku-Novorosiisk 或BN)(图9.10)。

巴库—第比利斯—杰伊汉输油管道是由里海管道财团(Caspian

---

[1] Bernard A. Gelb, Caspian Oil and Gas: Production and Prospects(Washington, D.C.: Congressional Research Service Report for Congress, updated September 8, 2006), p. 3.

[2] 共同组建这个合资项目的四大公司分别是雪佛龙(占25%的股份),埃克森美孚(占25%的股份),罗斯"LukArco"公司(占5%的股份)以及哈萨克斯坦油气公司(占20%的股份)、哈萨克斯坦国有企业。

[3] Eric Watkins, "Tengizchevroil Raises Production, Seeks Outlets," Oil and Gas Journal, September 25, 2008.

Pipeline Consortium）建造和经营，于2005年5月完成的。里海管道财团是由英国石油公司、康菲石油公司、雪佛龙德士古和埃克森美孚共同组成。巴库—第比利斯—杰伊汉输油管道从阿塞拜疆的巴库到格鲁吉亚的第比利斯再到土耳其博斯普鲁斯海峡的港口城市杰伊汉，因此完全绕开了俄罗斯。

巴库—第比利斯—苏普萨输油管道从巴库通向格罗吉亚在黑海的港口城市苏普萨。阿塞拜疆和格鲁吉亚政府之间有关建设该输油管道的谈判始于1994年。管道建造合同被授予名叫克雷默（Kraemer）的一家挪威公司，管道建设以大约5亿美元的成本于1998年完成。它本质上是通过一些新建的部分对苏联时代的管道进行翻新。巴库—第比利斯—苏普萨输油管道在2006年10月至2008年8月关闭进行维修。当2008年8月俄罗斯入侵格鲁吉亚时，一些俄罗斯炸弹掉落在该管道附近，因此管道在短时间内再次关闭。

巴库—诺沃罗西斯克输油管道从巴库通向俄罗斯在黑海的港口城市诺沃罗西斯克。该管道最初在苏联时代建造，在发现里海石油矿产后扩建。它只穿过阿塞拜疆和俄罗斯，因此是俄罗斯政府喜欢的里海能源流出的管线。巴库—诺沃罗西斯克输油管道的阿塞拜疆段是由阿塞拜疆共和国的国家石油公司（SOCAR）经营，俄罗斯段是由俄罗斯国有管道公司"俄罗斯石油运输公司"（Transneft）经营。

西方国家的主要目标是确保里海石油和天然气的出口有多条线路，以使没有一个国家有能力阻止该地区的石油和天然气出口或使用对运输线路的控制来提升本国的政治影响力。因此，西方国家制订了计划，建造额外的管道将里海地区石油和油田与巴基斯坦（经由阿富汗）、伊朗等国连接起来。里海地区的天然气储量与石油储量一样大甚至更大，因此西方国家在提到的石油管道之外又制订了额外的天然气管道项目建造计划。

一些观察人拿近期里海石油和天然气开发与早期的大国竞争，即有时被称之为的"大博弈"做比较。"大博弈"是英国和俄罗斯政府在1813年至1907年期间在中亚开展的霸权争夺。英国—阿富汗战争给了拉迪亚德·吉卜林（Rudyard Kiplin）写作短篇故事《霸王铁金刚》以及乔治·麦克唐纳·

弗雷泽（George MacDonald Fraser）写作小说《劣绅》（Flashman）的灵感。一些学者认为俄罗斯与美国当前在里海的竞争是一种新的"大博弈"。[①]虽然旧的"大博弈"是争夺对领土的控制,新的"大博弈"则完全是争夺对能源的控制。

20世纪末石油经济学的改变

到20世纪结束时,石油的经济和政治动能发生了转移。海湾战争表明,欧佩克再也不能管理石油体系。尽管沙特阿拉伯强有力的地位,欧佩克成员国之间的利益差异使得石油价格和生产管理越来越困难。正如我们将要看到的,随着油价下跌以及沙特阿拉伯的预算增长快于石油收入的增长,即使占主要地位的沙特阿拉伯也开始面临金融问题。

此外,由于欧佩克在世界石油市场的份额较小,价格管理越来越需要合非欧佩克石油生产国的合作。然而,这种合作得不到保证,这是因为许多非欧佩克产油国,如英国、挪威和墨西哥,继续追求独立的战略。在墨西哥,向外国投资开放其石油产业的《北美自由贸易协定》条约,加上1994年比索危机的余波,使得墨西哥政府很难考虑与欧佩克合作提高油价。欧佩克的弱点以及反对伊拉克联盟的成功使国际石油市场的动荡成为可能。

到20世纪末,石油市场已经逐渐与其他商品市场相似:高度不稳定、易受供给和需求波动的影响,但有时仍然受到少数产油国行动的影响。随着新油田的发现以及老油田通过技术改造更加具有生产力,世界面对的并不是石油的短缺问题。例如,石油的二次、三次开采都取得了技术进步。二

---

　　① Zbigniew Brzezinski, The Grand Chessboard: American Primacy and Its Geostrategic Imperatives（New York, N.Y.: Perseus Books, 1997）; see also Lutz Kleveman, The New Great Game: Blood and Oil in Central Asia（New York, N.Y.: Grove Press, 2004）.

次开采包括通过将水、气体或其他物质注入地层维持或加强储层的压力。三次开采包括为了降低黏度加热石油储集层的技术。尽管石油的二次、三次开采比初次开采更昂贵，但技术的改善可以减少在成本上的差异。[①]

海上钻探技术的进步大大减少了开采近海石油矿产的每桶成本。北海石油成本在20世纪90年代降低了多达80%，每桶成本下降到3美元每桶，使得北海原油几乎与来自中东的石油一样便宜。[②] 然而，尽管科技的进步，全球提取、精炼和分配石油的能力因多种原因受到约束。最重要的是，20世纪80年代和90年代初石油实际价格的下跌降低了各国在利用新的石油来源所需的提取、运输和炼油能力方面做出大规模投资的动力。

环境方面的法规也使石油投资复杂化。环境法规的实施是为了解决对石油泄漏和破坏野生动物栖息地的担忧，但也提高了美国和其他工业化国家能源公司的勘探和开发成本。能源公司还背负着与环境破坏效果广泛的旧的、废弃的地点的清理有关的费用。在美国，所谓的"超级基金计划"受到石油产业的特别关注。[③]

尽管石油投资出现了停滞，全球石油需求在20世纪90年代却稳步增长（图9.5）。由于20世纪80年代的石油过剩以及它们在海湾战争中的成功，北方国家对执行国家能源政策和管理国际石油体系的需要越来越感到得意。虽然欧洲和日本通过对石油消费征税鼓励石油节约，但是美国却拒绝实行这样的税收，仍然维持相对低廉的石油价格，鼓励高能耗汽车的使用以及高石油消费。

与此同时，为了促进经济发展，发展中国家消费的石油数量日益增加。从1960年至1999年，经合组织国家的石油消费平均每年增长约为3%，而发展中国家的石油消费平均每年增长为4.2%。从2000年至2007年，经合组

---

① Office of Natural Gas and Petroleum Technology, U.S. Department of Energy, Reservoir Life Extension Program（Washington, D.C.: 1999）, http://www.fossil. energy.gov/programs/oilgas/publications/programplans/1999/4life.pdf.

② Morse, "A New Political Economy of Oil?", 22.

③ 《1980年综合环境反应、赔偿与责任法案》（CERCLA）是《超级基金法案》的正式名称。See http:// www.epa.gov/superfund/policy/cercla.htm.

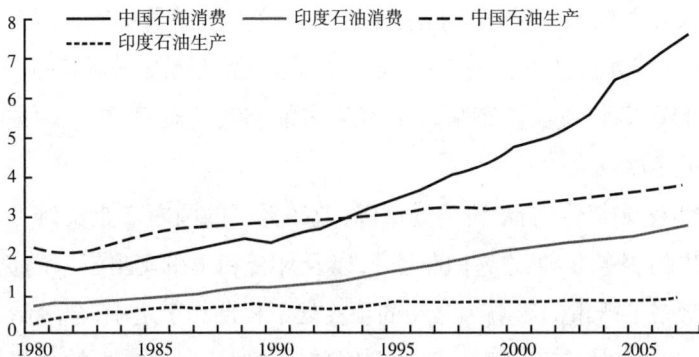

图9.11　1988—2007年中国和印度石油消费和生产（百万桶/每天）

资料来源:能源信息署和美国能源部,http://www.eia.doe.gov/emeu/international/ oilconsumption. html。

织国家的石油消费增长率为0.3%,而在世界其他地区增长率则为4.7%。[①]缺少油气资源的中国对世界石油构成特定的威胁。由于高速的经济增长,中国对化石燃料的需求迅速增加。中国成为继美国和日本之后的第三大石油消费国,并在1993年成为石油净进口国。从那以后,中国的国内石油生产和消费之间的差距急剧扩大。不断上升的能源需求加上供应的限制造成了石油市场的不稳定。在这样的市场环境下,欧佩克只能采取边缘行动,也只有当石油出口国绝望之时采取行动。在这个新的时期内影响欧佩克的关键因素之一是沙特阿拉伯角色的改变。要记住,沙特阿拉伯扮演"生产调节者"角色的能力和意愿在20世纪80年代被不断增长的非欧佩克石油生产和欧佩克内部纷争所削弱。20世纪90年代,一个新的因素,即沙特财政,介入了进来。

　　20世纪七八十年代,沙特使用其巨大的石油收入支持其经济、社会服务和外交政策,并积累大量的金融储备。沙特经济是建立在政府对工业拥有所有权的基础上,其社会和政治体制是建立在广泛的政府服务和保证就业的基础上。沙特领导人还使用石油收入支持昂贵的外交政策,其中包括在两伊战争期间对伊拉克重要的金融支持(估计为260亿美

　　[①]　作者从图9.5使用的数据中计算得出。

元），以及在海湾战争期间对持盟军打击伊拉克提供重要的金融支持（估计为600亿美元）。[①] 沙特政府还购买了大量的外国军事装备,主要来自美国的军事装备。沙特阿拉伯多年来能够支持这些开支而没有耗尽其庞大的金融储备。

20世纪90年代,石油价格的下降、效率低下的国内产业及为快速增长的人口提供服务业导致成本的上升,以及外交和军事支出带来的负担,都给沙特带来了严重的影响。沙特的预算处于长期赤字之中,金融储备急剧下降（图9.12）,国家不得不从国内和国外借债以支付其庞大的费用。为了避免金融枯竭,沙特领导人实施了有限的经济改革。然而,沙特不愿意进行会导致失业和政府失去对经济控制的重大的经济和预算改革,这反过来也削弱了对政府的国内政治支持。因此,沙特人对如何维持石油价格、如何维护他们的市场份额以及如何维护他们的石油收入越来越关心。[②]

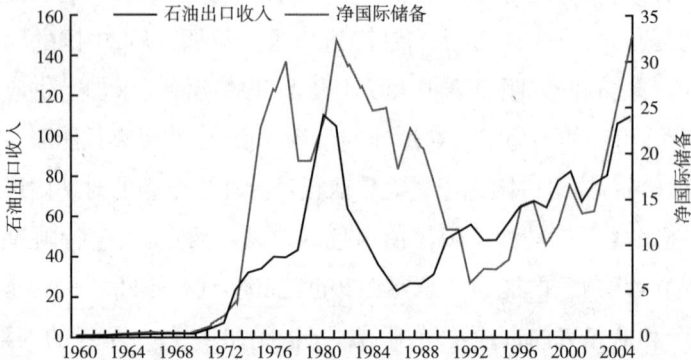

图9.12　1965—2005年沙特的石油出口收入和外汇储备（10亿现价美元）
资料来源:《2007世界发展指标》,沙特阿拉伯货币机构《年报》以及货币和银行统计数据。

---

① F. Gregory Gause III, "Saudi Arabia Over a Barrel," Foreign Affairs, 79 (May/June 2000) : 82; and Rick Atkinson, "Murky Ending Clouds Desert Storm Legacy," http://www.washingtonpost.com/wp-srv/inatl/longterm/fogofwar/intro.htm.

② Energy Information Administration, Department of Energy, "Saudi Arabia," January 2002, http://www.eia.doe.gov/emeu/cabs/saudi.html.

当石油价格1998年崩盘时,沙特阿拉伯处于明显的困境之中。1997年,尽管亚洲爆发了经济危机,欧佩克仍然增加了石油生产,导致油价下跌到12美元每桶。沙特阿拉伯此时也面临其他石油出口国面临的问题,如政府收入不足、无力满足社会和政治需求以及政治不稳定的威胁。在绝望中,沙特阿拉伯以及墨西哥、挪威和阿曼等其他欧佩克和非欧佩克产油国同意了生产削减计划。然而,1998年12月,油价仍然跌至每桶10美元以下。沙特阿拉伯然后领导欧佩克和非欧佩克成员国开展进一步削减生产的谈判。1999年3月23日,欧佩克宣布成员国已经同意减少每天共170万桶石油的生产配额。[①] 这些减产措施,加上亚洲经济复苏比预期的要快,促进了油价的稳定。

21世纪的石油

油价的上涨

在21世纪的开始时,油价就已经具备了大幅上涨及其附带后果的条件。由于工业化国家持续的经济增长、20世纪八九十年代期间的低石油成本(这种情况鼓励了石油消费和美国转向低节能汽车的使用),以及新兴市场快速的经济增长,尤其是像中国和印度这样大的发展中国家的快速增长,全球石油需求急剧增长。

以下几个原因导致石油供应跟不上需求的增长:(1)在炼油产能方面的低投资带来了供应链的瓶颈;(2)工业化国家新的环境法规使得炼油厂投资更加昂贵;(3)中东地区的战争(特别是海湾战争和伊拉克战争)以

---

① Energy Information Administration, Department of Energy, "OPEC Revenues Fact Sheet," December 2001, http://www.eia.doe.gov/emeu/cabs/ OPEC_Revenues/Factsheet.html.

及伊拉克叛乱减少了波斯湾地区的石油生产;(4)尼日利亚、委内瑞拉和墨西哥等欧佩克成员国石油生产的下降;(5)主要的非欧佩克石油来源如北海地区正经历石油生产的大幅下降(图9.6)。①

因此,很少出现能对付真正的、威胁性供应中断的石油生产和炼油能力过剩以对油价的上涨形成缓冲。一些事件如墨西哥湾飓风、尼日利亚的政治动荡、委内瑞拉的查韦斯政府将外国在石油产业的投资进行国有化的努力、对伊拉克石油设施的袭击、伊朗威胁中断石油通过霍尔木兹海峡运输以及炼油厂的故障导致石油价格的飙涨。这些重大的变化因21世纪商品繁荣时期金融市场上不断增长的油价投机而进一步加强。

欧佩克仍然保持软弱,其通过分配生产配额来管理石油价格的努力也未能获得成功。沙特阿拉伯不再能够对欧佩克其他成员国施加纪律约束。沙特没有控制炼油的能力,而这是维持对价格控制的关键。石油市场易受供应市场中断的影响。

2003年,油价开始再次攀升。油价在2005年再次上涨,然后在2007年底上涨加速(图9.13)。2008年3月油价第一次上涨到每桶100美元以上。到2008年夏末,油价升至每桶140美元以上,然后又跌至10月份的约80美元每桶。稳定的供应和不断增长的需求再次成为油价上涨的主要原因。2008年7月,沙特阿拉伯每天增产大约50万桶。沙特很乐于从油价的上涨中收获意外的收入,但是也担心全球需求趋缓的可能性。2008年秋天的油价下跌主要是被工业化国家需求的减少所驱动,这导致对全球经济衰退的害怕不断增长。在欧佩克内部,石油价格的鹰派,特别是伊朗和委内瑞拉,推动石油生产削减,而随着油价下跌,沙特阿拉伯则维持了现有的生产水平(高于本国的欧佩克配额)。

随着原油价格的上涨(图9.14),美国的汽油价格开始向上调整,并成为国内政治的一个重要问题,包括2008年的竞选活动。共和党人开始推动

---

① Daniel Yergin, "Oil at the Break Point," testimony at a hearing entitled "Oil Bubble or New Reality: How Will Skyrocketing Prices Affect the U.S. Economy," U.S. Congress, Joint Economic Committee, Washington, D.C., June 25, 2008.

更多的近海钻探以及阿拉斯加石油储量的开采。民主党开展还击,要求从战略石油储备中释放石油并提出保护化石燃料的新建议。其他人士则主张更多地使用核能、太阳能、风能、生物燃料以及其他可替代能源。消费者也对汽油价格的上涨做出反应,减少他们的驾驶里程,将他们耗油的SUV换成混合动力车和其他更省油的汽车。

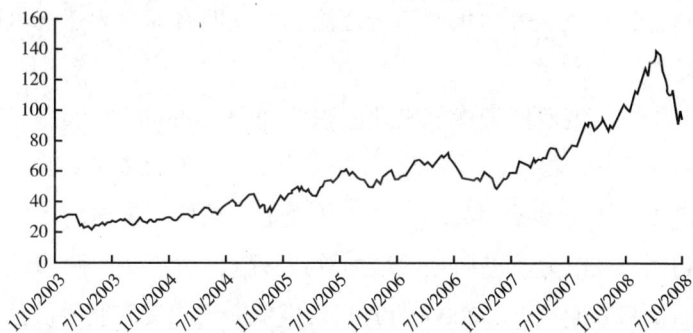

图9.13　以现价美元计价的石油出口额加权得出的所有国家每周石油离岸现货价格
资料来源:美国能源部,能源信息署。

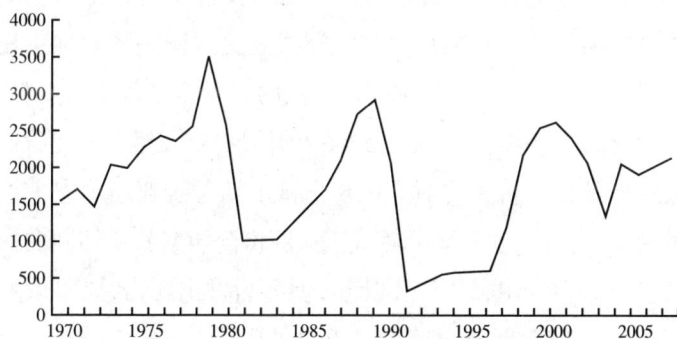

图9.14　1970—2007年伊拉克的原油生产(千桶/每天)
资料来源:能源信息署,美国能源部,http://www.eia.doe.gov/ipm/supply.html。

　　油价上涨对世界政治的影响是显著的。俄罗斯成为世界上最大的能源生产国,全球石油价格的上涨使俄罗斯在世界舞台上变得更加自信(参见第十章)。另一个主要的石油出口国——伊朗能够有底气对要求其停止核武器发展计划的国际压力不予理睬。伊朗继续向伊拉克的什叶派反叛分子、黎巴嫩真主党及加沙地带的哈马斯提供资金,并不时威胁中断来自海湾地区、通过由伊朗控制的霍尔木兹海峡运输到其他地方的世界石油供应。委内瑞拉挑战巴西在拉美地区的霸权。

因为西方经济体对石油和天然气的进口具有越来越多的依赖性,所以它们更容易受到石油供应中断威胁的影响。这一点可从2005年、2006年俄罗斯中断通过乌克兰和白俄罗斯管道流入西欧的石油和天然气供应事件中得到显示。

2005年3月,俄罗斯天然气工业股份公司(Gazprom)要求提高对乌克兰出口的天然气价格。此外,俄罗斯试图为本国天然气通过乌克兰管道运输到西欧支付更低的费用。乌克兰人传统上要求俄罗斯向乌克兰支付天然气价格的15%作为通过乌克兰境内管道运输的过境费。两国政府解决该分歧的谈判未能成功。2006年1月1日,俄罗斯天然气工业股份公司停止向乌克兰运输天然气。天然气运输三天后恢复,双方都声称达成一项令人满意的协议。欧洲和美国的观察人士猜测该争端的出现是由于俄罗斯不满"橙色革命"(Orange Revolution)的成功以及俄罗斯支持的总统候选人亚努科维奇2004年被主张乌克兰与欧洲建立更紧密关系的维克托·尤先科击败。俄罗斯和乌克兰后来都否认这是两国天然气争端的主要因素。

在白俄罗斯,类似的争端始于2006年当俄罗斯天然气工业股份公司要求增加天然气的出口价格之时。由于白俄罗斯总统亚历山大·卢卡申科拒绝支付更高的价格,俄罗斯天然气工业股份公司威胁要切断向白俄罗斯的天然气供应。卢卡申科不得不让步,但随后做出还击,要求俄罗斯增加其天然气经由白俄罗斯境内德鲁日巴输油管道(Druzhba pipeline)(由俄罗斯国有企业俄罗斯石油运输公司(Transneft)经营的一段石油管道)需要向白俄罗斯支付的过境费。当俄罗斯石油运输公司拒绝支付费用时,白俄罗斯政府开始从该管道中吸油。作为报复,俄罗斯石油运输公司完全关闭了该石油管道。因为大多数的石油经由德鲁日巴输油管道流向西欧,欧盟对该石油管道的关闭极力反对。三天后,俄罗斯与白俄罗斯通过谈判重新开放了该石油管道。

中国和印度等新兴国家急于获得外国的石油来源。中国发起了一场外交攻势,通过谈判与苏丹、索马里、埃塞俄比亚、肯尼亚和斯里兰卡等产油国签订了一系列供油协议。中国海洋石油总公司(Chinese National Overseas Oil Company, CNOOC)是2007、2008年与伊拉克国家石油公司签署服务合同的主要投标人之一。中海油和台湾中油股份有限公司(CPC Corporation)同意合作开发东海石油资源。

对石油的需求也驱使中国采取其他外交立场。例如,中国阻止了联合国在达尔富尔地区的人道主义危机干预行动,以免冒犯它的新的苏丹合作伙伴。

伊拉克战争

除了塑造各种各样的政治和外交关系,获取石油再一次成为战争与和平问题的一个因素。石油没有造成美国及其盟友2003年入侵伊拉克,但在带给伊拉克"和平与稳定"时石油确实成为一个重要因素,其对石油市场的影响远远超出了中东地区。.

如上所述,1991年海湾战争后,伊拉克萨达姆政权遭受联合国及其成员国意图结束伊拉克核武器发展计划的严厉制裁。20世纪90年代,美国的战略是通过在伊拉克北部设立"禁飞区"等制裁措施来抑制萨达姆政权。然而,乔治·W.布什(George W. Bush)当选为美国总统以及"9·11"恐怖袭击后,对伊拉克的核武器计划、其可能拥有的其他大规模杀伤性武器以及对萨达姆与基地组织所谓联系的担忧开始上升(特别是在美国和小布什政府内部)。情报信息(后来被证明是错误的)表明制裁并不能阻止萨达姆的核计划以及"9·11"恐怖分子在恐怖袭击前与伊拉克官员协商过。

尽管对伊拉克拥有大规模杀伤性武器(包括侯赛因拒绝允许联合国对伊拉克武器设施的检查)的担忧,以及尽管来自美国的强大压力,联合国并没有授权对萨达姆使用武力。取而代之,小布什政府说服了美国国会在2003年授权对伊拉克使用武力。尽管美国政府未能像它在1991年海湾战争中那样组建一个广泛的国际支持联盟(由于一些北约盟国包括法国和德国拒绝参与),但是英国、澳大利亚和波兰与美国一道在所谓的"意愿联盟"(Coalition of the Willing)中参与了2003年对伊拉克的入侵。[①]

主要的军事战斗很快结束,萨达姆·侯赛因最终被抓获并被处决。美国的军事干预然后变成了困难和漫长的占领,以及处理来自逊尼派和什叶派民兵以及对基地组织同情的极端伊斯兰组织的抵抗。什叶派与逊尼派之间的宗派暴力恶化了伊拉克的安全形势。

石油迅速成为伊拉克方程式中的一个因素。美国之前预期,石油收入将为伊拉克政府的运行提供资金,并认为在石油行业的新的投资将推动伊拉克的经济复苏和政治复兴。相反,伊拉克的油田和管道成为恐怖分子的主要目标。美国入侵后被解散的伊拉克军队以及弱小和无效的伊拉克警察无法保护伊拉克的油田和管道,因此,保护这些设施成为2003年美国军队的一大任务。

尽管有美国的军事保护,伊拉克的石油产量仍然出现下降(图9.14)。美国促使在伊拉克石油行业新的投资的努力磕磕碰碰。伊拉克政府无力通过谈判在主要政治派别之间达成协议也推迟了本国石油生产水平的恢复。结果,2003年以后伊拉克石油产量的下降导致了全球石油供应的混乱并促成了世界石油价格的上涨。

未来展望

石油政治的未来将由多种因素决定。供给和需求将继续决定石油的价格。未来的需求将取决于石油消费国的经济增长率。因为它们的快速

---

① 其他国家支持入侵但是没有参与。For details, see "Coaltion of the Willing," Perspectives on World History and Current Events, http://pwhce.org/willing.html.

增长,新兴经济体,尤其是中国和印度,将越来越多地决定全球石油的需求和价格。

　　21世纪的石油需求也将取决于发达国家和发展中国家是否决定通过投资节能技术和其他减少石油等化石燃料消耗的努力来解决气候变化问题。化石燃料(如石油、煤炭)的燃烧很大程度上促成了温室气体的积累,导致了全球变暖。因此,为了减少温室气体排放,发达国家和发展中国家将不得不通过创建和部署更有效的技术或转向使用其他能源来减少化石燃料的人均消费。其中的一个例子是1997年12月《京都议定书》的签署,呼吁国际合作创设和执行全球二氧化碳排放水平的上限。[①] 发达国家和发展中国家采取国家政策减少能源消耗以及达成未来的国际协议以减少温室气体的能力将是未来的石油政治经济学中的一个重要因素。

　　地缘政治力量,如政治动荡、战争和恐怖主义,也会影响21世纪的石油政治经济学。高油价将使俄罗斯和伊朗等主要石油生产国试图运用石油武器来实现本国的外交政策目标。如果石油供应短缺以及如果油价高企,恐怖分子继续威胁中断石油供应的能力将会增强。波斯湾或者里海地区战争可能威胁经济和政治稳定。因此,成为20世纪国际政治中关键因素的石油政治可能继续成为21世纪国际政治的关键因素。

---

① 　http://www.unfccc.int/resource/docs/convkp/kpeng.html.

第四部分　冷战结束后的影响

第十章　全球化和治理

　　本书主要集中讨论两个相互关联的主题,即政治因素对国家经济关系的影响以及第二次世界大战后世界经济治理。对过去60年里国际经济关系的回顾揭示了政治因素有很多方法决定经济结果。我们已经看到战后安全体系极大地影响着战后经济体系。冷战爆发后美国与苏联之间建立的两极外交—安全体系导致了东西方经济体系的分裂,并为美国在西方体系、苏联在东方体系中的主导地位提供了基础。冷战的结束反过来导致东西方经济分裂的结束以及前共产主义国家和中国融入到全球资本主义经济体系。

　　我们还看到国内决策对国际经济关系的影响。在政策制定中,政治上的担忧往往优先于经济上的考虑。例如,马歇尔计划既是一项安全政策也是一项经济计划。同样,冷战结束后西方对前共产主义国家的援助是由前者对安全问题的强烈担忧所导致,如为了防止核扩散及使重返共产主义尽可能变得没有吸引力。

　　此外,在货币、贸易和投资政策上的辩论一直受到利益集团游说的影响。例如,尽管有着美国制造业利益及政府行政部门的大力支持,有组织的劳工和环保团体仍然反对1993年批准的《北美自由贸易协定》,因为这些团体认为该协定将给美国带来工资和环境标准下降的压力。在20世纪90年代末,相同的劳工和环保组织还反对世界经济的进一步全球化。在前共产主义国家,一些政府官员和国有企业的经理在政治上组织起来反对经济改革,而另一些人则支持经济改革。在俄罗斯以及东欧民主化初期的国家,私人企业团体也组织起来有效影响选举结果。

最后,也是最重要的,国际经济关系本身已经成为政府和非国家行为体(如跨国公司和跨国环境组织)极力管理冲突以及寻求合作结果的一个政治舞台。这些行为体正在寻找管理全球经济的新方法。随着世界经济日益全球化,跨国公司和非政府组织在国内、国际政治中越来越多地发挥着它们的作用。经济全球化提出了全球治理问题以及如何使全球治理尽可能民主化。因此,经济全球化导致了国内政治的国际化。

国际经济治理的演变

我们对第二次世界大战后国际经济关系的回顾追溯到二战后立即建立起来的政治控制体系,从布雷顿森林时期(1945—1971)到相互依存时期(1971—1989)以及最终到全球化时期(1989年至今)。每一章都对特定领域经济治理的未来,如在货币、贸易和投资领域,尤其是北北关系、北南关系以及东西关系等子体系的未来提供了一些结论。这些子体系有一些自1945年以来发生了主要变化。南方是日益多元化的群体,其快速增长与增长缓慢的国家之间越来越呈现分裂。自从苏联解体和中国实行经济改革后,东西方体制不再具有它曾经具有的冷战的意识形态色彩。相反,资本主义无处不在。在这一章节,我们将总结之前章节的观点,然后从总体上展望该体系的未来,以便对怎样可能更好地处理我们时代的关键问题,即全球化的治理,提供一些答案。

表 10.1　三个子体系管理与治理的特征

子体系	布雷顿森林体系 （1945—1971）	相互依存体系 （1971—1989）	全球化体系 （1989—现在）
北北关系	美国霸权， 欧洲和日本 从二战中恢复	美国的相对下降， 欧洲和日本的上升	美国支配地位的恢复 欧洲货币联盟的形成 日本的经济衰退
	多边体系和规则的 创建：IMF,世界银行 和《关贸总协定》	国际经济体制 的演变：IMF改革, 十国集团,经济峰会 贸易回合谈判	国际经济体制的演变 WTO的创建 国内和国际方面 的自由化
	国际经济流动的许多 障碍逐渐减少： 货币可自由兑换， 关税削减	贸易、财政及经济 经济增长的自由化 国际经济流动的增长	快速增长的 国际经济流动
北南关系	殖民主义的结束 超级大国争夺 在第三世界的影响	努力团结和对抗 北方以取得更大 公正,欧佩克模式	除管制化、自由化 私有化的扩散
	南方的不发达及 对北方发达市场经济 体的依赖	新兴工业化国家 的快速增长,贸易、投资 及资本向新兴工业化国 家流动	更多地融入全球 经济:投资、金融 流动及贸易
	进口替代战略	第四世界 持续的滞胀	不稳定的资本流动, 国内政策与规章制度 的不足导致的不稳定
			中国和印度的崛起 第四世界持续的滞胀
东西关系	东西方独立的国际 经济体系的创建	通过东方政策、缓和 以及中国经济改革 建立与西方有限的经济 再联系	冷战的结束,苏联的解体
	国家领导的国内、 国际经济体	中央计划经济固有的 对经济增长的限制	俄罗斯加入七国集团 在俄罗斯和东欧:从共 产主义向资本主义以 及从独裁向民主过渡
	从二战中恢复和增长		在中国:成功的经济改革

国际货币、贸易以及投资治理体系以非常不同的方式演变。随着时间的推移,这些体系的发展反映了这三个不同的子体系在三个时期经历了不同的挑战(表10.1)。第二次世界大战后,大多数国际经济体系是在其他工业化资本主义国家的同意下由美国单独或者与英国共同创建的。第二次世界大战后,美国和英国政府主要关注货币与贸易问题,因为两国拥有共同的信念,认为货币事务的不稳定以及保护主义在第一次世界大战后独裁政权的崛起中发挥了关键作用。美国和英国的领导人认为,由黄金支持的固定货币汇率制和自由贸易秩序是反对法西斯主义和共产主义的最好保证。由他们1945年后建立起来的汇率制度随着时间的推移日渐削弱,而贸易体制则日渐强大。固定汇率证明是不可持续的,并在1973年由浮动利率所代替。最初的《关贸总协定》体系通过贸易自由化和新的规则的制定得以扩大,但是最终在1995年被更加雄心勃勃的世贸组织所取代。在这三个时期内,没有正式的体系管理投资流动。与贸易有关的投资措施在1995年被添加到世贸组织中来(表10.2),但是试图建立《多边投资协定》的努力于1998年失败。在上述三个领域,治理模式从霸权国家(美国)的管理向真正的多边治理转向。然而,这种演变的合法性越来越受到反全球化势力的挑战。

尽管国际经济体制的制度化呈现出不均衡发展,但是随着货币、商品和服务的跨国界流动变得更加容易,世界经济迅速增长。[①] 贸易增长快于国内生产总值的增长,对外直接投资的增长快于贸易的增长,但是金融流动和货币交易量的增长快于贸易或对外直接投资的增长,尤其是在第三个时期。

国际经济互动的增加部分原因是由技术变化所驱动。二战后,运输和通信成本大幅下降。新的计算和通信技术的结合降低了成本、增加了速度

---

① Robert O. Keohane and Joseph S. Nye, "Introduction," in Joseph S. Nye and John D. Donahue, eds., Governance in a Globalizing World (Washington, D.C.: Brookings Institution Press, 2000) .

以及改变了国际经济生产和交换的可能性。[①] 新的交通技术提高了贸易量和贸易速度,并加快了人员流动。美国进出口货物的海洋运输和港口费用从1920年的平均95美元每吨降至2000年的不到20美元。体积小、重量轻的产品越来越多地以与海洋运输相比有高度价格竞争力的通过宽体喷气式飞机运送。从纽约到伦敦的三分钟电话费用从1930年的317美元降至1996年的30美分(以1990年的美元不变价格计算)。卫星电视以及后来的互联网和万维网的使用使得对世界事件的文本、音频和视频图像沟通瞬时完成。通信和运输成本的降低增加了各行为主体跨国家合作的能力和意愿。[②]

政治选择也推动了国际经济互动的增长。布雷顿森林体系的创立是一个关键的政治决定。在布雷顿森林体系建立之时,贸易壁垒、投资限制以及资本控制导致工业化经济体的分裂。布雷顿森林体系创始国的共同目标是通过制度、规则以及自由化过程减少贸易和金融流动的壁垒,促进经济繁荣和政治稳定。这种自由化加上福利国家实行的国内补偿、放松管制以及私有化的国家政策最终导致世界经济中贸易、资本流动和直接投资更多的对外开放。[③] 到21世纪开始时,工业化国家通过货物、服务、资本、信息、想法以及人员的国际流动组成的"密集网络"联系在一起。这个网络被称为全球化。[④]

---

① Jeffry A. Frieden and Ronald Rogowski, "The Impact of the International Economy on National Policies," in Robert O. Keohane and Helen V. Milner, eds., Internationalization and Domestic Politics (New York, N.Y.: Cambridge University Press, 1996), 30.

② Taken from a presentation on globalization prepared by the staff of the World Bank. See also Matthias Busse, "Tariffs, Transport Costs, and the WTO Doha Round: The Case of Developing Countries," The Estey Center Journal of International Law and Trade Policy, 4 (Winter 2003): 15–31; Jeffrey Frankel, "Globalization of the Economy," in Keohane and Milner, eds., Internationalization and Domestic Politics; and Jonathan Aronson, "Global Networks and Their Impact," in James N. Rosenau and J. P. Singh, eds., Information Technologies and Global Politics: The Changing Scope of Power and Governance (Albany State University of New York Press, 2002).

③ John G. Ruggie, "International Regimes, Transactions, and Change: Embedded Liberalism in the Postwar Economic Order," International Organization, 36 (Spring 1982): 379–415.

④ Robert Keohane and Joseph Nye, "Introduction."

表 10.2　三个时期国际体系在货币事务、贸易和投资流动的变化摘要

体　系	布雷顿森林体系时期 （1945—1971）	相互依存时期 （1971—1989）	全球化时期 （1989—现在）
货币事务	美元的主导地位 具有可调节栓、 与美元相对固定的汇率	具有央行干预的 浮动汇率制 欧洲国家之间实行 固定汇率的努力	世界范围内金融流动的 增多，主要金融危机变 为全球性 欧盟的创建与欧元的 崛起
	向货币可兑换化发展 定期的货币危机及对 固定汇率的压力 国际货币基金组织与 美国是规定汇率体系 的管理者	不断增长的国际金融 流动带来的不稳定性 的增加：石油美元 再循环，第三世界 债务危机 国际货币基金组织对 发展中国家介入的增多 七国集团财长与央行 行长管理汇率制 与金融危机	国际货币基金组织和 世界银行与七国集团 一道成为危机的管理者
贸易	发达市场经济体之间 通过"乌拉圭回合" 实现关税的逐渐减少	东京回合：关税的大幅减 少和非关税壁垒的上升	乌拉圭回合： 覆盖服务、投资和 知识产权体系的 扩大，世界贸易组 织的创建和该贸易体系 的范围和权威的扩大
		北北贸易冲突的增加	中国加入世界贸易组织
			未完成的"多哈回合"
投资流动	除了先前存在的国 际法没有其他体系 管理外国投资	拉丁美洲与欧佩克的 国有化以及对跨国公 司其他的挑战	随着发达、发展中国家 寻求外国直接投资的流 入，跨国公司越来越得 到接受
			《与贸易有关的投资措 施协议》增加了世界贸 易组织的失败

发展中国家做出了不同的政治选择。第二次世界大战之后,发展中国家发现自己与强大、发达的北方国家形成了依赖关系。许多南方国家选择不参与布雷顿森林体系,而是通过进口替代的工业化政策寻求本国经济发展。在20世纪70年代,它们试图通过联合起来以及利用对石油等原材料的控制来提高它们的谈判地位及获取经济效益。到20世纪八九十年代,许多发展中国家发现孤立主义和对抗是一条死胡同,因此将本国的战略转向放松管制、私有化以及国际自由化。它们极力通过增加本国在贸易、对外投资以及其他国际资本流动的份额从融入到全球经济中获益。

政治决定也影响了苏联、中国和东欧共产主义国家与世界经济的互动。二战后,随着冷战的爆发,东方通过建立国家管理的经济模式以及创建一个独立的国际经济体系将自己孤立于西方的国际经济体系之外。西方国家受到政治激发设立的障碍加重了东方的孤立。当在20世纪结束时苏联和东欧的共产主义政权解体、中国和越南采取以市场为导向的经济政策,以及西方国家取消对东方的经济制裁,东西方之间的互动显著增多。在成功将自己融入到世界经济而没有放弃共产主义的中国,对西方的挑战主要是在鼓励和支持中国实行政治自由化的同时,思考如何接纳中国不断增长的经济实力。

全球治理的挑战

全球化显著改变在国际经济关系中实现合作和管理的条件。它改变了国家作为国际关系主要参与者的性质。国家主权、国家决策以及国家边界并没有消失,国家仍然扮演着国际经济关系的主要角色。然而,单个国家越来越多地对外开放和越来越多地受到外在的影响。例如,墨西哥比索和亚洲金融危机的影响波及全球,既扰乱了发达国家又扰乱了发展中国家的金融市场和国民经济。2001年美国经济增长的放缓深刻影响了亚洲、欧洲和美洲的经济表现。2008年的美国金融危机在被遏制之前迅速蔓延到其他国家。因此,不同国家开始实现重组以减少国际经济变化带来的影响以及快速适应它们依然面对的这些变化。①

另一个挑战集中在对治理体系内确立一个领导的持续需要。在整个20世纪后半期,美国与其他发达市场经济体一致行动引领全球经济体系。在20世纪,美国是全球化的主要受益者并在二战后以及1989年后崛起为世界超级大国。在21世纪,美国的领导地位仍然是必要的,但是也是有问题的。

美国领导地位面临的部分问题在于其对全球化的抵制。对全球化以及美国在国际经济管理中角色的争论和冲突在21世纪的开始之时出现加剧。就像布雷顿森林体系的决策者一样,美国全球化的倡导者指出了更多的贸易和金融流动带来的经济和政治利益,并支持持续的国家经济自由化和废除国际经济交流的障碍。这些倡导者承认全球化损害了国家政府管理经济的能力,支持建立多边机制来管理全球经济互动。②

美国全球化的批评者包括害怕在外国竞争中失去本国工作的工会、担心全球化会削弱国家环境法律和政策的环保人士,以及反对外国影响和多边决策的孤立主义者和新帝国主义者。持有左派倾向的批评者指出了全球化带来的不稳定和不公平现象。他们认为,国际贸易、国际投资以及国际金融有利于发达国家,却伤害了遭受金融危机以及国际金融机构尤其是国际货币基金组织的严厉政策之苦的发展中国家。持有右派倾向的批评

---

① Jeffrey A. Hart and Aseem Prakash, "Globalization, Governance, and Strategic Trade and Investment Policies," in Aseem Prakash and Jeffrey A. Hart, eds., Globalization and Governance (New York, N.Y.: Routledge, 1999).

② See, for example, Jagdish Bhagwati, Free Trade Today (Princeton, N.J.: Princeton University Press, 2002); Sylvia Ostry, "Convergence and Sovereignty: Policy Scope for Compromise?", in Aseem Prakash and Jeffrey A. Hart (eds.), Coping with Globalization, (New York, N.Y, 2000); and Douglas Irwin, Free Trade Under Fire (Princeton, N.J.: Princeton University Press, 2002).

者则关注全球化对国家主权和独立的影响。他们想树立新的贸易、资本和劳动力流动壁垒,声称现有的流动威胁了国家安全。全球化的左派和右派反对者都在政治上积极反对美国在国际经济自由化以及扩大多边经济机构和规则中的领导地位。[①]

在欧洲和日本,即美国在加强国际经济治理中的传统盟友,对全球化的争论与美国相似,而且这种争论因担心全球化成为美国主导地位的工具而强化。欧洲、拉丁美洲、非洲和亚洲各国政府形成了区域经济体系,也在全球治理中发挥了应有的作用。一些地区组织的成立,特别是欧盟和南方共同市场的成立,部分地是为了抵消美国的优势和提高它们的成员国在国际经济决策中的作用。

此外,主权国家不再是国际经济关系中的唯一参与者。各种各样跨国界活动的非国家主体也开始出现。除了跨国公司之外,工会、非政府组织和其他非政府跨国行为主体在全球治理中正扮演着越来越重要的角色。这些参与者们认为它们是类似于国内的政治利益集团,声称它们独立于政府之外以及能更好地代表特定政策领域公民的利益。然而,与国内利益集团不一样的是,它们试图既在国内又在国际层面影响决策。它们寻求改革国际制度以使这些制度更能满足非政府参与者的需求。要有效地做到这一点,它们不得不进行跨国政策沟通和协调与其他非政府参与者结成联盟。[②]

尽管国家政治制度为利益集团参与国内决策设计了各种各样的方式,

---

① Kevin Philips, Bad Money: Reckless Finance, Failed Politics, and the Global Crisis of American Capitalism (New York, N.Y.: Viking, 2008); Evan Osborne, The Rise of the Anti-Corporate Movement: Corporations and the People Who Hate Them (Westport, Conn.: Praeger, 2007); Sidney Tarrow, The New Transnational Activism (New York, N.Y.: Cambridge University Press, 2005); and Dani Rodrik, Has Globalization Gone Too Far? (Washington, D.C.: Institute for International Economics, 1997).

② See Ann Florini, The Coming Democracy: New Rules for Running a New World (Washington, D.C.: Brookings Institution, 2005); and Ann Florini, The Third Force: The Rise of Transnational Civil Society (Washington, D.C.: Carnegie Endowment for International Peace, 2000).

但是国际机构对利益集团参与其决策的大门基本关闭。大多数国际经济机构的决策过程都是基于政府间安排（intergovernmentalism）的想法，仅仅由政府官员参与，因此并不总是具有透明的决策机制。因此，全球治理的另一个挑战为是否及如何为非国家主体提供参与决策的途径。从长远来看，为非国家主体参与决策提供合适数量的途径及保持足够透明度的制度能力对增强全球治理的合法性和有效性至关重要。[①]

由于全球化的原因，传统上属于国家管理范围并深深嵌入到国家政策和实践中的相互作用也必须在许多领域受到管理。国际贸易中的公平竞争是由国家间的竞争政策所塑造。国际金融体系的稳定建立在安全与稳健的国家金融体系基础之上。俄罗斯和东欧从共产主义向资本主义的过渡既引起国际担忧又引起国家的担忧。

此外，社会目标正变得与全球治理联系起来。环保人士希望世贸组织在促进贸易自由化的同时，也包含保护环境的规则。《北美自由贸易区协定》包括了有关劳工标准和环境保护的单独附录。八国集团还考虑应对艾滋病流行病引发的全球性问题的方法，包括在鼓励制药公司研发新的治疗方法和可能的药剂时间，如何使低收入的个人以合理的价格得到价格昂贵的艾滋病药物。应对气候变化威胁的政策已经在联合国、八国集团和其他全球性论坛中得到讨论。

全球经济与传统的国家决策领域之间的这些联系导致了国家与国际决策之间明显的紧张。例如，世界贸易组织发现，在多个裁决中旨在控制使用酒精或赌博的国家政策，违反了国际贸易协定。同样地，随着金融市场在全球化时代的迅速增长，国家银行的监管结构越来越不足以确保全球市场的安全性和稳定性。然而，国家当局还没准备好或者无力创建全球的金融监管结构。面临的挑战是如何发展一种在解决全球治理需要的同时能保留民族国家主权的经济秩序。

[①]　Keohane and Nye, "Introduction."

新的治理体系的特征

未来的治理秩序将继续依靠强大的、核心发达国家的政治管理。发达经济体,尤其是"五大国",即美国、日本、德国、法国以及英国,仍将是国际治理体系的关键成员。五国的经济规模和活力将确保它们继续保持在全球治理中的领导角色。它们不断增长的相互依存将成为促进合作的力量。然而,"五大国"以及它们与世界其他地方的权力关系正在改变,这将影响世界的治理安排。

随着时间的推移,日本将在全球治理中寻求发挥更重要的作用。日本在全球各种经济体系中已经发挥了更大的作用,包括在世界银行和国际货币基金组织中扮演的角色。日本是世界贸易组织争端解决机制的主要使用者之一。[①] 日本在推动"多哈回合"中扮演着重要的角色。日本调整和振兴本国经济的能力将塑造能增加自己影响力的能力。同时,西欧三个主要大国——法国、德国和英国——主要通过欧洲一体化以及欧盟的扩大来继续增强它们的全球经济实力。欧盟实现货物、服务、资金和人员自由流动的共同经济制度目标的能力将决定其成员国在全球新的治理体制中的角色。

在一些领域内,治理机构必须扩大以反映新的权力中心的崛起。尤其是整体的治理机制,包括经济峰会,不得不考虑中国新的经济力量。作为国际贸易的主要成员以及由于其巨大的金融盈余带来的金融大国地位,中国在国内和国际经济政策中必须为整个治理体制承担更多的责任。

例如,欧佩克成员国以及俄罗斯等其他主要石油和天然气出口国在能源问题上将继续拥有重大的发言权。在贸易和对外投资领域,快速增长的

---

① Saadia Pekkanen, Japan's Aggressive Legalism: Law and Foreign Trade Politics Beyond the WTO (Stanford, Calif.: Stanford University Press, 2008).

发展中国家将发挥更大的作用。其贸易和投资对世界经济特别重要的巴西、中国、印度、墨西哥和韩国，将处在有利的位置要求及获得更多地参与全球治理机构。它们的观点将不得不受到其他国家的考虑，尤其是在贸易和投资体系的未来谈判中。

尽管一些发展中国家的政府将比现在更大程度上参与全球治理，但是南方其他国家政府在全球治理中的作用不太可能改变。较贫穷以及发展较慢的发展中国家不太可能在联合国体制之外的全球治理机构中发挥重要作用，但它们期待在未来的几年能够从当权者那里获得更多的关注。第四世界将得到南方的盟友以及能组织起来反对国际经济体制中不公平现象的北方非政府组织的帮助。北方的富裕国家正对第四世界投以更多的关注，因为它们将此视为对全球恐怖主义、艾滋病流行以及全球变暖带来挑战的回应。

最后，新的治理体系将需要继续促进俄罗斯和东欧的经济和政治改革，以便这些国家能融入到全球治理体系。俄罗斯加入了国际货币基金组织、世界银行和经济峰会，并应该将最终成为世界贸易组织的成员。东欧国家通过欧盟、经合组织、世界贸易组织、世界银行和国际货币基金组织，以及通过拥有北约的成员国身份，已经被纳入到全球治理体系之下。

围绕着强大的核心仍然存在着公认的共同利益群体。尽管存在着由经济变化，尤其是全球化引发的冲突，发达市场经济体仍然继续支持自由的、资本主义的全球经济。战后经验使它们更加相信需要通过合作来实现一个稳定繁荣的经济体系。对共同合作目标的坚持从工业化国家在20世纪90年代危机期间的行为以及"乌拉圭回合"的成功结束和世界贸易组织的成立中可以得到证明。21世纪初，强大的核心继续支持自由的、资本主义的能力将再次接受考验，尤其受到新的贸易和金融挑战（分别完成了"多哈回合"和解决了2008年全球金融危机）的考验。

有迹象表明，第二梯队的国家，如一些欧佩克成员国、"金砖国家"及其他国家，共同拥有当前由工业化国家持有的一些合作准则。许多发达国家在20世纪80年代及其他时间内采取更加务实的贸易和对外投资政策表明它们向达成更多的全球共识迈进。"亚洲四小龙"和"金砖国家"比南方其他国家更容易支持有效的全球经济治理,因为它们在全球治理体系中拥有更大的利益。它们寻求保护自由的贸易和投资体系,因为这些制度对它们出口导向发展战略的持续成功至关重要。

而且,北南紧张似乎很有可能会持续下去。尽管南方更加先进的国家与最不发达的国家之间有着不断增长的区别,但是较富裕的南方国家继续支持在扶贫和减少全球不平等方面做出更多的努力。它们在发达世界拥有以非政府组织形式存在的政治盟友。尽管产业的核心不拒绝"千年发展目标",但是该目标仍然没有被视为全球经济治理的主要目标或者被视为发达市场经济体需要承担的责任。尽管非政府组织和南方国家成功地将减少全球贫困和不平等纳入到全球治理议程,以及发达国家愿意支持一些援助计划(特别是对于人道主义紧急援助),但是到目前为止,北方国家仍然不愿意以再分配的方式明显改变现行治理体系的运行。

此外,北方的许多批评人士对欠发达国家要求公平是全球治理的合法目标提出质疑。他们当中的一些人认为,正在构思中的再分配将使欠发达国家人口中的一小部分阶层受益,而不是使贫穷国家中的最贫穷人口受益。北方和南方国家的许多人士都认为,如果欠发达国家不实行广泛的内部政治、社会和经济改革,国际社会促进它们再分配和发展的任何努力都将无功而返。在公平和再分配问题上的冲突可能会继续成为新的国际体系中的政治动能。

最后,新的国际经济制度将成为一种多边治理体系。在过去,单个的领导国家在很大程度上执行了对冲突和合作的管理。在19世纪,大英帝国就是这样的领导,在二战后,美国担起了这样的角色。然而,未来权力更均匀的分布需要强大国家联盟的积极参与,也就是需要集体的治理。

集体治理是困难的。纵观历史,在没有世界政府的情况下主权国家之间达成的协议被证明是困难的,而且通常也是不可能完成的任务。然而,多个因素会增强集体治理成功的可能。主要大国之间基本的共识成为一个重要的因素,也是二战以来合作的经验。在过去40年里,各种各样正式和非正式的方法促进了集体治理。二战后,这些合作机制相对先进和复杂的结构逐渐形成,而且使用这些机制的经验也在不断增长。然而,正如2008年的金融和经济危机证明的那样,这些机制可能不足以满足全球经济的需求。

然而,即使在集体的治理体系内,有一个领导角色也是重要的。如果没有担任领导地位的民族国家的补充性的行动,现有的国际机构是不足以支撑全球治理体系的。很多情况下,这样的领导角色都来自美国。除非欧盟在政治上变得统一以及欧盟和日本在世界事务中作出更加积极的姿态,否则美国庞大的经济规模决定了它将继续成为国际经济体系中最重要的一员。尽管美国自身将无法控制全球治理体系,但是没有美国的支持,全球治理体系的管理和改革将成为不可能的,而且,美国对改革全球治理的倡议和支持对改革的成功也将是至关重要的。

由于政治环境的影响以及任务本身的性质,国际经济改革将是一个缓慢的、渐进化的过程。改革的部分原因是由于多边贸易谈判等国际谈判的结果。改革因国际货币基金组织、世界银行和世界贸易组织等国际机构的谈判演变而向前推进。通过反复试错以及对问题和危机的特别应对而制定出的共同法律、规则和程序也将促成国际经济改革。通过七国集团央行行长和财政部长之间的协商而形成的国际货币管理将最有可能在这样的过程中演进。改革不仅将来自类似国际协议的达成以及有管理的改变,也来自不时发生的危机。20世纪60年代和70年代的货币危机,而不是国际协议,导致了浮动汇率制度的实行。委内瑞拉和墨西哥债务危机促使各国对债务问题采取了新的视角;1994—1995年的墨西哥比索危机、1997—1998年的亚洲金融危机以及1998年的俄罗斯危机导致了国际货币基金组织的改革。在缺乏一致同意的改革规则、结构和流程时,类似这样的干扰可能会增加。

最后,没有任何保证能显示主要工业化国家之间的多边合作将会继续或者将会成功。改革的进程在很多方面是不稳定的,因为在改革实现成功之前它都将依赖于主要大国之间的相互制约和相互合作。没有一致同意的规则、机构和程序,任何重大的经济危机都能损害它们之间的合作以及可能诱发经济战,正如在20世纪30年代发生的那样。没有如八国集团、世界贸易组织、国际货币基金组织和世界银行等强大的多边机构,世界可能会逐渐演变成一系列的经济集团,如以美国、加拿大和墨西哥为中心的西半球板块、基于欧盟的欧洲—非洲板块以及围绕日本建立的太平洋板块。如果多边体系受到削弱,地区管理将成为应对全球多边主义可能崩溃的缓冲。然而,最近的经验表明,寻找共同解决方案的意愿和能力以及各主要大国之间的合作将继续存在。

术 语 表

调整 旨在通过结束经济不平衡及改变结构使一国的生产结构能够适应现行的世界形势的宏观经济政策。这些政策通常涉及削减政府开支以减少外部账户的失衡（国际收支平衡）和国内预算；扩大可贸易货物的供应以改善贸易平衡；将公共部门拥有的公司私有化。

分公司 参见子公司。

非加太地区国家 非洲、加勒比和太平洋地区国家是《洛美协定》的签约国。

《保障措施协定》 在"乌拉圭回合"期间谈判签署的一个条约，允许一国在确定进口对其造成伤害的情况下可以限制进口。这种进口限制必须是在有限的时间内且是非歧视性的。

安第斯共同市场 参见安第斯共同体。

安第斯共同体 根据《安第斯条约》五个安第斯国家——玻利维亚、哥伦比亚、厄瓜多尔、秘鲁以及委内瑞拉——于1997年成立的一个组织。安第斯共同体规定了经济和社会一体化，包括区域贸易自由化、共同对外关税以及其他政策的协调。

反倾销请愿 国内生产商对正在遭受进口倾销的抱怨以及由此导致的调查和反倾销税的征收，如果倾销的行为能对国内生产商造成的伤害被证实的话。

种族隔离 对1948年后存在于南非的种族隔离制度的官方称呼。

技术的适当性 跨国公司批评者的一个担心是，当跨国公司应该使用对劳动力相对富裕而资本匮乏的发展中国家有利的技术时，它们却倾向于在发展中国家使用适合于资本丰富和劳动力缺乏的工业化国家的技术。

东盟自由贸易区　东盟国家1992年宣布成立的一个自由贸易区。该贸易区的目标是到2002年消除东盟最初六个成员国之间的关税清单。

亚洲四小龙　四个快速发展的东亚经济体：韩国、中国台湾、中国香港和新加坡。

亚太经合组织　1989年亚太地区国家成立的旨在促进公开贸易和切实的经济合作的一个组织。

东南亚国家联盟（同盟）　在东南亚促进经济、社会和文化发展以及地区和平与稳定的一个国家组织。1967年成立时由五个成员国组成，东盟到2000年7月时已经扩大到10个成员国。

紧缩方案　为了减少预算和收支赤字，制定一套旨在限制内需、政府开支和经济增长的政策。这些紧缩方案通常是为经历金融危机的国家开出的结构调整方案药方的一部分。

后相联系　公司与供应商之间有利于供应商的一种关系。

"贝克计划"　1985年12月由美国财政部长詹姆斯·贝克引进的旨在恢复大多数负债严重国家经济增长的一项计划。建议中的计划由三部分组成：（1）推行市场导向的结构变化以废除经济上的无效现象；（2）商业银行在三年内提供200亿美元新的贷款；（3）多边银行，尤其是世界银行，增加它们的支付数量。执行结构改革的努力受到政治约束的限制。在银行体系内债务融资领域不充分的税收制度和需求破坏了建议中的经济改革的成功。最后，发达国家经济的缓慢增长约束了它们提供"贝克计划"开出的金融流入的能力。

收支平衡　一国与世界其他国家之间所有经济交易的年度决算。经常账户收支平衡既包括衡量商品和一些服务业流动的贸易差额又包括衡量短期投资和支付流动的短期资本账户。

国际清算银行　总部位于瑞士巴塞尔的一个国际组织，在寻求货币和金融稳定时旨在培育央行与其他机构的合作。

"西雅图之战"　在1999年世界贸易组织西雅图部长级会议上由反全

球化的势力组织的抗议。

"大爆炸" 1986年在英国实施的集中于股票交易的改革。

大型零售商 因专注于大批量商品销售而向消费者提供打折价格的大型商店。

双边投资条约 两国之间签署的有关如何解决对外直接投资纠纷的协定。

布雷迪债券 美国财政部以零附息债券（和其他高级债券）抵押的债券，用于取代在发展中国家的私人银行贷款。布雷迪债券被用来实现布雷迪方案号召的债务减少和重组。

布雷迪计划 在"贝克计划"未能实现既定的目标后，1989年3月美国财政部长尼古拉斯·布雷迪引进的对付欠发达国家债务的一种战略。该项战略号召银行将重点从提供新的贷款转向债务减少，并号召世界银行和国际货币基金组织等多边发展银行的资源应该为实行稳健经济改革政策的国家所用，以鼓励它们的债务减少。就债务减少而言，该计划主动提出了一个选项菜单，包括自愿将旧的债务转换成新的债券。

布雷顿森林体系 二战后时期发展的一套旨在规范国际货币互动的规则、制度和程序。该体系是以1944年其协定签署所在地的美国新罕布什尔州的一个小镇布雷顿森林而命名。该体系塑造了战后国际货币关系，直到1972年美国暂停美元可自由兑换黄金，它是建立在三个政治基础之上：权力集中在少数国家手里；这些国家享有一系列共同的重要利益；存在一个有意愿也有能力承担领导角色的主导国家。布雷顿森林体系的参与国建立了国际货币基金组织和国际复兴开发银行（也称为世界银行）来管理汇率、确保国际流动性以及防止国际收支平衡危机。

金砖四国 指的是巴西、俄罗斯、印度和中国四个快速发展的经济体英文拼写首字母缩写。

"褐地投资" 用于改进或者升级现存设施的投资。"褐地投资"与"绿地投资"是相对立的。

缓冲存货 存储不易腐烂的商品以调节价格的波动。在缓冲存货下购买商品以减少商品的供给从而提高商品的价格,而出售商品以增加供应从而降低价格。

内置议程 世界贸易组织的谈判议程,包括授权完成农业和服务贸易自由化的谈判和到1999年前制定政府采购和补贴规则。

卡尔沃主义 以阿根廷外交官卡洛斯·卡尔沃(1824—1906)的名字命名的一项经济政策。卡尔沃主义坚持认为,投资所在国有权对外国投资实行国有化并自己确定什么是公平的补偿。因此,卡尔沃主义拒绝外国投资者主张外交保护或享有向自己国家政府请求援助的权利,因为这些被认为可能最终导致对所在国的领土主权和司法独立的违反。到20世纪末,卡尔沃主义成为拉美国家对跨国投资政策的主要指导原则。随着20世纪70年代南方国家公众对跨国公司态度的转变,许多南方国家政府采纳了拉美的这个立场,从而改变了它们的门户开放政策。

凯恩斯集团 由阿根廷、澳大利亚、玻利维亚、巴西、加拿大、智利、哥伦比亚、哥斯达黎加、危地马拉、印度尼西亚、马来西亚、新西兰、巴基斯坦、巴拉圭、秘鲁、菲律宾、南非、泰国和乌拉圭等19个农业出口国组成的一个贸易利益集团。

资本外逃 因为投资者担心将资本保持在一个国家带来的风险,投资资本匆忙离开该国。

资本形成 这个过程发生在当一个国家的资本存量因实物资本(工厂和设备)领域增加了新的投资而增长时。与资本形成总额不同的是,净资本形成考虑到了贬值和现有资本存量的修补。参见"人力资本形成"。

资本货物 被用来生产其他产品的制成品。

资本主义 以私人活动和生产要素的私人所有制为特征的社会经济制度。在这样的制度里,个人有权拥有和使用财富以赚取收入以及出售和购买劳动力的工资。此外,资本主义是建立在政府对经济的控制相对缺乏的基础之上。在资本主义制度下,调节经济的功能主要通过市场力量的运行来实现,而价格机制作为一个信号系统来决定资源的分配和使用。

资本市场 将长期投资基金引到商业和工业借款人的金融机构如银

行、保险公司和证券交易所。不像借贷通常是短期行为的资金市场,资本
市场典型的是向建筑和机械等固定投资项目提供融资。

卡特尔 寻求限制或消除成员间竞争的生产者组织,其成员通常通过
同意限制产量使价格高于竞争状态下的价格水平。卡特尔本质上具有不
稳定性,这是因为生产者具有潜在的背叛已达成的协议、通过以较低的价
格出售获取更大市场份额的可能。

联合国跨国公司中心 由于来自第三世界的压力,于1984年成立的旨
在研究跨国公司全球影响的一个联合国组织。

中央银行 发行国家货币、担任政府和私人银行的银行家以及监督金
融体系的银行。中央银行业管理国家货币政策,如使用其对货币供应及利
率的影响执行国家宏观经济政策。

《更紧密的经济伙伴关系协定》 澳大利亚与新西兰1983年签署的自
由贸易协定。作为最全面的双边自由贸易协定之一,该协定也是世界上第
一个将服务贸易包含进来的协定。

冷战 从第二次世界大战结束后到1991年的苏联解体之前的美国及
其盟友与苏联及其盟友之间一段时期的高度紧张。

商业化 将一种新的产品引入市场的过程。

二十国委员会 1972年在国际货币基金组织内部成立,旨在改革国际
货币体系。该委员会由十国集团成员国和发展中国家的10个代表国组成,
负责设计管理世界货币储备的方法、建立一个被广泛接受的货币并创建新
的调整机制。

美国外国投资委员会 由1988年《综合贸易法案》的《埃克森-弗罗里
奥修正案》授权成立的一个夸部门委员会。该委员会由财政部长主持,旨
在审查外国对美国公司的收购。其目的是在维护美国开放的投资政策的
可信度和保护外国投资者有信心他们将不会遭受报复性歧视的同时保护
国家安全。

共同农业政策 欧盟寻求主要通过稳定和提高农产品价格来合并单
个农业项目的法规。

共同有效优惠关税　在东盟自由贸易区内签署的一项协定,呼吁在东盟内将某些交易产品的关税削减至0到5%的水平。对这些产品的数量限制也将取消。

对外共同关税　所有的关税同盟成员国同意对从同盟外进口的产品实行单一的关税。

共同内部市场　在多个条约包括《单一欧洲法案》下,欧盟承担创建对资金、货物和人员流动不设障碍的一个内部市场的任务。

独联体　参与国为前苏联共和国的一个地区组织。

比较优势　这一学说由英国经济学家大卫·李嘉图(1772—1823)所阐述,是指一个国家在使用生产要素时以不同于其他贸易国的方法生产某种产品或服务的能力。比较优势在不同的国家是由关键生产要素(如劳动、土地和资本)的相对充足决定的。它解释了为什么能比其他国家以低廉的成本生产多种产品和服务的国家仍然应该集中于生产和交易它拥有比较优势的产品和服务,而让其他产品和服务的生产由其他国家来完成并通过贸易来获得这些产品和服务。比较优势的概念为国家的专业化以及自由贸易提供了理论基础。在纯粹的自由贸易体系下,每个国家只会专注于生产自己拥有比较优势的商品和服务,并将多余的产品以畅通无阻的方式交换自己缺少比较优势的商品和服务。按照这个理论,所有国家都将因此而变得富裕起来。

补偿贷款　试图减少出口不稳定对国家经济造成影响的一种贷款。

竞争性政策　旨在防止公司之间的勾结以及防止单个公司拥有过多市场力的政策。竞争性政策的主要形式包括对合并的监管、防止价格操纵和市场占有率。竞争性政策在美国被称为反托拉斯政策。

竞争力　一个实体与其他相似的实体相比能有效及富有成果地运行的能力。竞争力最近被用来描述一个国家的总体经济表现,特别是它的生产力水平、出口商品和服务的能力以及为不过公民维持高生活标准的能力。

优惠贷款　提供比市场利率低的贷款,因此优惠贷款拥有补贴的成本。

设定条件　国际金融机构、区域组织或捐赠国对贷款、债务减免、双边援助或加入国际组织设定的典型附加条件。

国际经济合作会议 1975年在巴黎举行的会议,作为建立国际经济新秩序谈判努力的一部分(参见国际经济新秩序)。

信心 储户和投资者认为金融体系整体是稳健的,没有崩溃的危险的一种认识。

可兑换性 货币持有者能自由将持有的货币兑换成另一种货币或黄金的货币属性。在某些国际货币危机的压力下,一些国家可能采取暂停本国货币的可兑换性,以确保本国货币的持有者在本国将货币消费。

版权 对创立的产品如书面作品、音频、视频、电影或软件的使用拥有获得收益和控制的法律权利。该权利通常在作者的生命之外再延长五十年。版权是知识产权的一种形式,而知识产权是《与贸易有关的知识产权协议》的一个主题。

《科托努协定》 欧盟与非加太地区国家于2000年在贝宁的科托努签署的一份合作协议,以代替《洛美协定》。该协定的主要目标是减少贫困。

裙带资本主义 银行、政府以及私人公司之间建立紧密联系的一种资本主义形式。

货币委员会 一种极端形式的固定汇率。在这个固定汇率制度下,汇率和货币供应的管理都不属于中央银行而是被授予一个发出指令支持每单位的国内货币与特定数量外币流通的机构。

关税联盟 两个或两个以上国家在同意废除彼此之间所有妨碍自由贸易的壁垒的同时,对其他国家建立一个共同对外关税的联盟。当这些国家在保留对非成员国实行独立的关税时,废除彼此之间的贸易壁垒,就形成了一个自由贸易区。

债务危机 许多新兴工业化国家,尤其是拉丁美洲的新兴工业化国家的大量借款导致了长期的金融危机,因为表明一些债务国可能无法继续支付它们贷款的证据越来越多。当大量高负债的国家,包括墨西哥、巴西、阿根廷和波兰宣布它们没有需要的现金流动性来支付债权人因此引起了它们拖欠贷款的担忧时,危机在1982年夏天被触发。债务危机不仅对债务国的发展和政治稳定也对国际金融体系本身构成威胁。

债务–股权交换　将债务交换成股权的一种行为,该行为给予贷方一定数量的所有权代替其持有的债务。这被当作解决债务危机的一种方法。

债务豁免　包含取消债务的一个政策选项。该选择被七国集团考虑用来处理非常贫穷国家的官方债务。

债务重组　借款人和贷款人协商初始的贷款条件以改变付款计划或债务偿还费用等新的债务偿还的过程。这种情况通常发生在债务国不能支付到期的债权人的借款。

债务偿还　在一个特定时期内需要偿还的到期本金和利息总额。

债务偿还率　一国的债务偿还支付与该国出口收入的比率。

《国际投资和跨国公司宣言》　1976年,经合组织成员国通过了一份文件。该文件定义了国民待遇原则、呼吁投资激励因素的透明度、要求经合组织国家避免对跨国公司做出冲突性要求以及制定出跨国公司自愿性的行为准则。

收益成比例下降　当某种产品的产量增长超过一定的临界值时导致其边际生产力的下降。

贸易条件恶化　参见贸易条件。

赤字　当一国的公共支出超出政府收入时就出现了国家预算赤字。当出口和由私人和官方转让产生的金融流入低于进口和转让流出的价值时,就会存在经常账户赤字。当商品和服务的进口超过出口时,贸易赤字就会产生。

民主　从字面意思理解,这个词意味着人民的力量的(结合希腊词"demos",即意思是"人民"和"kratien",即意思是"统治")。它通常是用来描述在一个政治制度内行使权力的合法性来源于人民的同意。因此,民主政体通常被认定为是宪政的存在,领导的权力受到抑制和约束;代表机构是基于自由的选举,为代表人民的权力提供一个程序性框架;存在竞争性的政党,而且执政的多数群体尊重和保障少数人的权利;赋予民众公民自由,如言论、出版、结社和宗教自由。

示范效应 从对别人某种行为的观察导致该行为在另一个行为体身上的复制。在消费行为上示范效应的一个例子发生在当有一定比例的邻居购买越野车时,人们也更有可能购买越野车。另外一个示范效应的例子是发生在当国内公司为了提高生产力复制外国公司本地子公司的做法之时。

依赖理论 认为发达资本主义社会与第三世界关系的剥削本质导致前者的发达和后者的不发达的一种理论。由于依赖外部需求和对外投资机会,西方资本主义几乎渗透到第三世界的所有地方,并最终为北方与南方的支配—依赖关系结构奠定了基础,这往往造成第三世界的不发达并使这种不发达永久化。根据这一理论,北方与南方之间的贸易、对外投资及援助等交换,是不对称的,倾向于抑制后者的发展及加强它们对北方的依赖。该理论还认为,在北方的这种支配结构以及本国国内权力垄断上拥有既得利益的南方国家精英与国际资本主义精英合作,试图使国际资本主义制度永久化。

萧条 国家商业活动持续的严重的下降,通常发生在几个财政年度。萧条的特征包括生产和资本投资率的急剧下降、信贷的迅速收缩、大规模失业和高比例的商业失败。

衍生物 其价值取决于标的资产的价格或一个特定的参考利率或股票市场指数的合同。

缓和 以前拥有冲突关系的两个或多个国家之间紧张的减轻。在本书中它主要指的是发生在20世纪70年代美国与苏联之间紧张关系的缓和。

发展型国家 指实行工业化较晚且自己引领工业化努力,也就是呈现发展型功能的国家。

争端解决机制 在《关贸总协定》和世界贸易组织之下解决贸易争端的方法。参见"争端解决谅解"。

《争端解决机制谅解》 在"乌拉圭回合"期间协商的一个条约,为世界贸易组织成员国彼此解决争端提供了一个程序,主要是通过一个三人小组听证贸易争端,然后发布一个报告供上诉机构审议。

"多哈回合" 作为多哈部长级会议的结果于2002年开始的多边贸易

谈判回合。

美元化 美元化产生在当一个国家的居民与国内货币并行或者取代国内货币广泛使用美元之时。美元化的产生可以是非正式的、没有正式的法律批准,也可以是随着一个国家停止发行本国货币、只使用美元而成为官方的。

下游 当一个公司接受另一个公司向其提供投入时,它就是另一个公司的下游公司。

双重经济 一国内部存在的两个独立的经济体系,有时指该经济体城市工业与农村农业之间的差距。

倾销 出口国以低于正常的市场价值或者以低于同一货物在国内出售的价格向国外出售商品的行为。当通过充斥的倾销商品将竞争对手赶出国际市场或者某一国家市场并建立垄断地位时,倾销就成为一种掠夺性的贸易实践。通常情况下,政府补贴被用来帮助临时吸纳这种掠夺性定价造成的损失,但也造成贸易伙伴之间的摩擦。倾销和掠夺性定价被认为是不公平的贸易行为,因此被许多国家的贸易法律所禁止。最常见的反倾销措施是征收一个能抵消"倾销幅度"的进口关税——国内价格或成本与出口价格之间的差异。

欧洲经济货币联盟 作为《马斯特里赫特条约》的一个结果于1999年成立的一个货币区。欧洲经济货币联盟成员国之间拥有共同的货币——欧元。

经济发展 一国通过增加生产力和经济效率来提高其社会繁荣和物质生活水平的过程。在工业化程度较低的地区,这一过程被认为可以通过工业生产的提高和农业生产重要性的下降来实现。

经济效率 以达到投入产出比率最小化且以最小资金和资源成本的方式组织的生产。这种情况通常发生在投入资金被用于最不昂贵的生产过程。

经济民族主义 在两次世界大战期间支配国际经济互动的一套实践,最终导致20世纪30年代国际货币体系的崩盘。其中最重要的实践是实施竞争性的汇率贬值、建立竞争性的货币集团、采取以邻为壑的贸易政策以及对国际合作规范的厌恶。

电子商务 通过互联网等电子手段实行商业的行为。

电子交易系统 使投资者能够直接进入市场从而消除或减少像传统的股票经纪公司这样的中间商角色的在线交易系统。

新兴市场 对发展中国家与从共产主义过渡的经济体的联合称呼。该称呼有时仅仅指这一群体中快速增长的国家。

加强倡议 美日之间就放松管制和协调竞争政策于1998年开始的会谈。

环境和劳工政策 关于环境保护或者工作人员权利的政策。该政策成为《北美自由贸易区协定》及有关中国的永久正常贸易关系谈判的一个主要问题。

环境倾销 将经济活动转移到那些对环境保护的法规比原始国宽松的国家。这是逐底竞争的一个例子。

关税的升级 关税随着最终产品加工程度的不同而变化的一种税收制度，从对原材料实行的零关税或者低关税到制成品的最高关税。

股权 一个公司的股票或股份。股权资本的所有权通常意味着投票权，而贷款或债券的所有权则没有这层含义。股权市场也被称为证券交易所。

欧元 1999年代替欧洲经济货币联盟12个成员国国家货币的一个共同货币。欧元硬币和纸币实际上在2002年1月1日才取代单个的国家货币，但是在此之前非现金交易以欧元计价，所有价格都必须以欧元和国家货币标记。

欧洲货币 在货币发行国之外持有的货币，例如在美国之外的银行，大部分在欧洲银行储存的美元（欧洲美元）。欧洲货币市场总体上免受大多数的国家控制，因此它们是存款的一个灵活出口，也是主要国际公司和各国政府的贷款来源。在松散控制的国际市场上发行的欧洲债券或证券也是如此。

欧洲复兴开发银行　1990年成立于欧洲的一个多边银行,旨在向俄罗斯、前苏联共和国以及东欧提供援助。

欧洲中央银行　欧元区——使用欧元作为它们共同货币的国家群体的中央银行。

欧洲货币单位　创建于1978年,能充当固定汇率、结算手段和潜在的未来储备资产基础的一篮子货币。

欧洲经济共同体　1957年比利时、法国、意大利、卢森堡、荷兰以及西德同意签署《罗马条约》后成立的经济集团。该组织现在被称为欧盟,拥有15个成员国。《罗马条约》的签署国同意努力逐渐实现完全的关税联盟;消除阻碍资本、劳动力及服务业自由流动的所有壁垒;以及协调彼此的农业、工业、贸易及运输政策。

欧洲货币体系　在一场金融危机期间在欧洲内部发起的始于1979年,结束于1992年的一项促进国际国币合作的雄心勃勃的努力。

欧洲中央银行系统　由欧盟15个成员国的央行和欧洲中央银行组成并决定欧洲货币政策的组织。

汇率　以其他货币或者黄金表现的一种货币的价格。当政府同意以提前确立的水平维持它们的货币价格时,固定汇率就会流行。这也被称为维持汇率平价。浮动汇率允许市场决定货币的相对价格。

汇率机制　欧洲货币体系成员国于1979年建立的同意将彼此之间的货币汇率维持在2.5%的浮动区间内的有限浮动汇率制。一些国家被允许更大的货币汇率浮动。该汇率机制结束于1992年欧洲货币体系的崩溃。

进出口银行　美国的进出口银行。

退出债券　不愿意参与向无力偿还的债务人提供新的贷款的银行通过债务人以优惠的折扣发行的债券代替它们旧债的方式选择退出。这种债券允许银行减少不良贷款而不必勾销整个不良贷款的数量。

《埃克森–弗罗里奥修正案》　1988年的《综合贸易法案修正案》,以修正案的支持者詹姆斯·埃克森和詹姆斯·弗罗里奥命名。该修正案将《国际投资和服务贸易法案》的使用范围扩大以监督在美国的外国投资并禁止外国股份对美国公司的合并、收购或接管,特别是当这样的行为被认为是对美国国家安全的威胁时。

"结构调整扩大基金" 世界银行和国际货币基金组织创立的旨在为结构调整项目提供资金的一项特殊基金。

出口管制 关于特定产品和技术向特定国家出口的法律和法规。出口管制曾被美国及其盟国用来防止武器和先进技术向苏联及其盟国的出口。出口管制现在被用来限制大规模杀伤性武器向伊拉克等国家的出口。

出口导向型增长 旨在通过提高一国的国外竞争力,即发展和增强国内出口产业,极力为其工业制成品扩大海外市场的发展战略。出口导向型发展的支柱不在于消除所有保护。相反,它是基于消除对出口的偏见:保持对出口不实行歧视的现实汇率;减少对出口产业投入的进口壁垒;以及废除出口税等其他对出口不利的因素。在许多国家,出口导向型增长包括政府通过为出口商提供有利的信贷条件、税收优惠、降低汇率以减少出口价格、鼓励在出口行业的外国投资以及为目标行业提供直接的补贴等促进出口。

出口导向型增长政策 参见出口导向型增长。

出口加工区 一国从本国划拨一个地理区域,通过向主要进行出口生产的企业提供更好的基础设施、降低税率以及其他激励措施以鼓励出口。

征用 一国政府为了公共的目的对私人财产的征收。参见国有化。

中期贷款 国际货币基金组织向总体运行三年以及旨在克服由宏观经济和结构问题导致收支困难的经济项目提供支持的一种融资贷款。

外部经济性或外在性 某一特定商品或者服务的生产者或购买者的私人成本或利益不同于该商品或服务在生产和消费过程中需要承担的总体社会成本或利益。

对外负债 一国政府欠外部借贷人总的资金金额。

治外法权 将一国的法律延伸到其在国外的公民,这种行为有时影响到其他国家的国家主权。

要素禀赋 生产其他商品所需要的最初的投入份额。这些投入或生产要素大致分为土地、劳动、资本和企业家精神。这些生产要素的可获得性帮助为国内使用及国际贸易的目的而生产的大宗商品设定价格以及决定它们的供应。

生产要素 在生产过程中使用的经济资源或投入。这些要素通常被划分为两大类:人力资源类和非人力资源类。人力资源类生产要素包括两个主要综合组成部分:劳动,包括在生产商品时运用的所有的人类体力、智力才能及努力,如体力劳动、管理和专业技能等;企业家精神或企业组织,包括所有有利于生产目的的综合性因素组织起来的能力,如创新、风险承担和应用分析;非人力资源类生产要素包括另外两个综合性组成部分:土地,包括一国的领土、矿藏、森林、领空、领海、水力、风力等等整个自然资源的综合;资本,包括为生产提供的所有人为援助,建筑、机械和运输设施。

快轨道授权 国会同意在具体的削减关税方面将谈判权转交给美国总统而不需要国会随后的批准。这项实践始于1934年,是旨在避免来自特殊利益集团要求保护的压力。在《关贸总协定》多面贸易谈判 "东京回合"和"乌拉圭回合"期间以及《北美自由贸易区协定》谈判期间,该项实践都被应用过。现在的术语是"贸易促进权"。

快轨道谈判授权 美国总统享有的谈判国会同意或者不同意但均不能修改或阻碍的协定的权威(也称贸易促进权)

美联储 美国的中央银行。

财政政策 作为凯恩斯主义经济学的分支,财政政策指的是使用政府的税收和支出政策已达到预期的宏观经济目标。因此,财政政策包括自由地调整政府税收和支出以促进经济激励的变化及稳定总需求的波动。这些在政府税收和支出水平方面自由的调整被认为带来总需求方面期望的变化,影响后续的就业水平、可支配收入以及消费和经济活动,消除名义国民生产总值的波动。财政政策可能是促进性和扩张性的,也可能是收缩性和限制性的。因此,预算赤字或减税被认为是刺激性的财政政策(即提供财政刺激),因为该政策被认为会促进国家财富和投资的增长。相比之下,通过增税带来的预算盈余被认为是紧缩的,因为该项政策被认为会导致总需求的减少。

固定汇率 当政府同意之前确立的水平保持本国货币对其他货币的价值时,固定汇率就得以盛行。这也被称为保持汇率平价。

浮动汇率 允许市场决定货币相对价值的汇率。

对外直接投资 跨国公司将金融资金从母公司所在国转移到海外公司所在国以支持其部分海外业务。当总部坐落于一国的公司通过购买一个现存的企业或者通过提供资本建立一个新的企业对位于另一国的公司进行投资时,就产生了对外直接投资。在进行有价证券投资时,外国投资者购买其他国家公司的股票或债券,但是不能对这些公司施加直接控制。

外国投资审查局 加拿大于1972年建立的旨在审查对外直接投资流入的机构。该机构于1984年被另外一个旨在促进对外直接投资流入的机构所代替。

堡垒欧洲 欧盟以地区贸易和投资壁垒取代国家贸易和投资壁垒的趋势。大多数欧洲国家否认这是它们行动的意图,而且大量的证据也支持它们的观点。

前向联系 公司与顾客之间有利于顾客的一种关系。

第四世界 成为全球减贫努力主要焦点的更加贫穷和发展更加缓慢的发展中国家。尽管世界其他地方的经济增长都得以增加,但是这些国家仍然依赖外部优惠的援助资金。它们的人口往往受到疾病、饥饿和其他极端贫困属性的困扰。

"美日新经济伙伴关系框架" 美国和日本1993年开始的谈判,旨在通过减少美国对日本的贸易和支付赤字解决美国的宏观经济、产业和结构调整问题。

自由贸易 当商品的国际交流既不受政府施加的贸易壁垒限制也不受其鼓励时所存在的一种贸易状况。随后,国际贸易的分布和水平留给市场的力量来决定。

美洲自由贸易区 西半球所有国家之间达成的旨在消除或者减少贸易壁垒的一项拟议中的协定。

《关贸总协定》体制职能　在"乌拉圭回合"期间发起的旨在加强《关贸总协定》体制的作用的改革谈判。

《关税及贸易总协定》　由国际贸易组织（International Trade Organization）意向成员国1948年正式达成的一项多边条约，其目的是在国际贸易组织监督下执行许多贸易规则及协商达成的关税削减。由于国际贸易组织的成立没有得到批准，《关贸总协定》成为调节贸易政策的主要机构直到1995年被纳入到世界贸易组织中。

《服务贸易总协定》　在"乌拉圭回合"期间协商签署的、旨在将国际服务贸易带入世贸组织范围内的一个协定。该协定规定各国应向外国服务供应商提供国民待遇及规定各国选择和协商由《服务贸易总协定》所覆盖的服务部门。

《借款总安排》　由十国集团1961年成立的旨在帮助管理汇率变化的大型基金。

普遍优惠制　在联合国贸易和发展会议的支持下谈判和引进的一种安排。按照该协定，工业化国家给予从发展中国家进口的制成品和半制成品一种优惠的税收待遇。该体制是旨在增加发展中国家的出口收入以及促进它们的经济增长和工业化。

不平等基尼系数　主要用来衡量收入分配或财富分配不平等的一种统计指标。

《格拉斯–斯蒂格尔法案》　美国国会针对被认为是诱发大萧条的权力滥用而于1933年颁布的立法。该法案禁止州际银行业务并在金融体系内不同的部门——商业银行、投资银行及保险公司——之间构建壁垒。

全球化　1989年后将世界联系起来的国际货物、服务、资本、信息、观念以及人员流动的密集网络。

金本位　某一货币的价值是以黄金来固定的国际货币体系。实行金本位制的国家的政府同意以实现确定的价格将本国货币转换成黄金。这会为国际收支创建一个自动调节的机制，因为收支失衡可以通过黄金的流入和流出得到矫正。

"冈萨雷斯修正案" 1974年1月通过的多边银行普遍拨款法案修正案。该修正案要求美国投票反对向实施国有化的国家提供多边银行贷款。

治理 通过成立和维持一些体制及机构达成集体行动问题的决议。治理包括政府和私人参与者的行动,它能发生在各个不同的层面,从小的团体到民族国家再到整个世界体系。

引力方程 代表经常受到检验的、关于投资目的地经济体的规模和距离在决定双边贸易和投资流动水平假设一个方程。

大萧条 在20世纪30年代,长期的负增长或低增长、竞争性的汇率贬值、货币集团间的竞争以及国际合作的缺乏大大促进了法西斯主义的崛起,并最终导致了第二次世界大战的爆发。

"绿地投资" 在以前没有设施的地方进行的一项投资。"绿地投资"与"褐地投资"是相对立的。

国内生产总值 通过使用一个特定国家边界内的生产要素,对给定的一年时间内生产的所有最终商品和服务进行总体货币价值的估计。

国民生产总值 一个国家一年内货物和服务总产出的货币价值。国民生产总值的要素成本是基于该国的所有生产要素(工资、租金、利息和利润)的总收益。国民生产总值的市场成本通过将该国的消费支出、国内和国外投资以及政府在货物和服务上的支出加在一起计算得出来的。

三国集团 美国、日本和德国。

五国集团 五个最大的工业国家,即英国、法国、德国、日本和美国。

七国集团 参加年度经济峰会的7个国家:英国、法国、德国、意大利、日本和美国。欧盟也派代表参加其年度峰会。

八国集团 七国集团加上俄罗斯。七国集团在2002年变成八国集团。

十国集团(G10) 1961年10个工业国家聚在一起创立了"借款总安排"(比利时、加拿大、法国、德国、意大利、日本、荷兰、瑞典、英国和美国)。

七十七国集团 联合国内部的发展中国家联盟,成立于第一届联合国贸发会议结束后的1964年,旨在阐述和促进成员国的集体经济利益以及增强它们的谈判能力。七十七国集团初始时具有77个成员国,到2002年增长到133个成员国。

硬货币　能被用于国际贸易融资的可自由兑换的货币,如国家外汇储备中持有的货币。软货币不能自由兑换,因此不能用作储备货币。

《哈瓦那宪章》　为从来没有执行的国际贸易组织制定的宪章。该宪章草案完成于1948年在古巴的哈瓦那举行的一个会议上。

《重债穷国计划》　该计划实行于1996年,旨在向符合条件的国家提供特别援助以减少它们的外债负担到可持续的水平,从而在不需要进一步减免它们的债务及伤害它们经济增长的情况下使这些外债能够偿还。该计划是包含多边、巴黎俱乐部和其他官方和双边债权人的一个全面的债务减免方法。

赫克歇尔–俄林（H–O）国际贸易理论　一种国际贸易理论,认为比较优势来源于各国之间资源禀赋的相对差异以及各个行业之间要素密集度的相对差异。

对冲基金　投资者希望通过灵活的使用期权、买进和卖出的选择权、期货市场、衍生品以及其他主要是短期金融工具来对冲市场的低迷从而从投资中获益的一种基金。

霸权稳定理论　认为国际经济体制和制度是由霸权国家（军事或经济占主导地位的国家）所创立,也会随着霸权国家地位的下降而削弱。

"海肯鲁普修正案"　美国国会1962年通过的一项立法,授予政府有权对那些对美国的投资进国有化且不提供赔偿的国家切断援助。

母公司所在国政府　跨国公司总部所在地国的政府。

水平型对外直接投资　跨国公司将其母公司所在国的投资模式复制到海外公司所在国以进入海外市场。

人力资本形成　导致人力技能和知识提高的教育和研究上的投资。

进口替代型产业化　旨在通过在保护墙之内建立国内产业以便生产以前进口的产品,从而达到减少进口的一种内向型发展战略。该战略包括实行保护主义的贸易政策（进口关税、定量控制、多重汇率等等）以允许"新生"产业发展和成长,以及鼓励对外直接投资的流入,尤其是流入到国内制造业。一旦新生产业发展阶段完成后，实行的贸易保护主义政策就会被废除，自由贸易也得以恢复。进口替代性产业化典型的是从消费品的生产开始，寄期望发展到中间产品，然后未来发展到资本货物。在大多数情况下，该策略无法产生足够的资本储蓄以财政支持从生产一种产品向生产另一种产品过渡。原因是在耐用消费品领域的替代通常会导致在生产消费品所需要的中间和资本货物领域进口的扩张。进口替代型产业化在削弱传统出口的同时，还可能导致一些没有国际竞争力的产业的创建。

进口替代 参见进口替代型产业化。

产业政策 旨在促进新的或现性产业发展的政策。这些政策有时也被称为供应端政策以有别于需求端政策，如那些被包含在财政政策范畴内的政策。

非弹性需求 不随着价格的变化而变化的需求。经常被用来与石油等关键资源的短期需求联系起来。

新生产业 处于发展早期、无法经受来自海外竞争对手竞争的产业。为了保证类似这样产业的成功和增长，多数分析人士认为需要实施关税、进口配额和其他国际贸易壁垒为该产业提供保护免受国际竞争，并允许该产业利用规模经济以及使用新的、能增强生产力的技术来获得成本优势。当在自由的贸易体系内该产业能与外国竞争对手开展竞争时，就意味着它已经走出了成长的初期阶段。

通货膨胀 商品和服务价格持续的向上运行，通常会导致一个国家货币购买力的下降。政府刺激经济的行为导致的通货膨胀被称为通货再膨胀。通货紧缩是能抵消前一轮物价上涨的工资和物价的向下运行。具备下列的条件之一（或组合），价格上的通胀将最有可能发生：（1）当劳动力供应紧张和工业产能充分利用时需求出现上升；（2）工资率的增长与生产力的增长之间缺乏一致性；（3）供应来源的急剧下降；（4）货币供应量的增长快于产出的增长。

基础设施 开展商业所需要的通信网络、交通系统和公共服务。这些通常被认为是公共或集体产品，因为个人和公司不会提供足够的数量，也因为它们是至少部分地由公共资金承担因此常常受到政府的监管。社会基础设施是指影响劳动力质量的教育和医疗等人文服务。

知识产权　为了促进艺术的创造性和经济的创新,将产权授予发明或体现在产品或生产技术想法的创造者。法律上批准的知识产权包括专利、版权、商标和半导体芯片设计。这些产权通常授予持有者对销售在讨论中项目的权力拥有一个暂时的垄断,允许他们为这些产权确定被认为能够为他们的创造性努力提供足够补偿的任何价格。

美洲开发银行　拉丁美洲的地区发展银行。

产业间贸易　发生在不同产业间、通常包括不同类型产品的贸易。

产业内贸易　发生在产业内,包括类似类型商品(如不同品牌汽车的交换)的贸易。

相互依存　相互依赖的一种关系,表现为有关各方相互敏感性和相互脆弱性。就其本身而言,相互依存的管理需要协调各国的经济政策以及在制定一直都是各国政府特权的政策时需要遵守一些国际纪律。经济上的相互依存导致发达国家的经济日益趋同。实物和人力资本的迅速积累、技术转让以及工资方面不断增长的相似性缩小了要素禀赋作为比较优势和贸易基础的差异。

利率　与资金需求和供给的变化相一致的资金成本波动(上升或下降)。此外,利率会随着贷款或存款的时间长短以及金融工具类型的变化而变化。

政府间组织　成员为国家政府、参与者及决策者为这些政府代表的组织。

中间投入　被用来生产制成品或最终产品的产品,如钢。中间投入的价值在计算国民生产总值时不直接计算在内。对这些中间产品投入的需求(派生需求)与对它们帮助生产的最终产品需求相关。

内部化理论　解释与出口及许可经营等其他的业务方法相比,公司为什么可能更喜欢对外直接投资的一种理论。所有权的位置和内部化理论认为,在因市场的不完善而导致的交易成本呈现时,公司往往会选择向国外扩张以寻求经营活动的内部化,正如它们为了类似的原因在国内扩张一样。由于本地公司在本国市场做生意总体上比外国公司付出的代价要低,因此,与在外国做生意相关的额外成本一定能被特定的外国公司可能拥有的优势所抵消(如管理或营销技巧或者新的生产工艺)。由于知识是一种公共产品,如果一个公司诉诸出口和许可经营等公开市场实践的方式,那么该公司从发展这种知识中得到的利润就不能最大化。因此,公司往往通过建立能确保对这种知识的使用最大化控制的一个外国子公司以寻求市场的内部化。

国际复兴开发银行 由布雷顿森林协议创建的旨在促进战后经济复苏的一个公共国际组织。国际复兴开发银行的资本由成员国提供,其目的是为了按照市场化的利率提供贷款以满足借贷国的外汇需求,从而使战后快速的复苏成为可能并促进经济发展。目前,国际复兴开发银行是世界上最重要的参与旨在培育发展中国家经济增长的外部融资项目的政府间组织。国际复兴开发银行以被称为世界银行而更有名。

国际投资争端解决中心 作为包括世界银行集团的五个机构之一,国际投资争端解决中心通过调解或者仲裁为外国投资者与他们所在国之间的投资争端提供解决机制。

《国际商品协定》 生产国与消费国之间签署的旨在稳定或增加特定产品价格的协定。《国际商品协定》可能有三种类型或其中的组合:缓冲存货计划,即在波动过多时,价格由来自中央基金的采购或销售来管理;出口配额,即将产量配额分配给参与国以控制供应来实行价格管理;多边合同,即当产品在世界市场的价格跌到低于特定价格时,进口国签订合同同意以这个特定的低价购买一定数量的产品,而当产品的世界市场价格超过最大值时,出口国同意以固定价格出售一定数量的产品。

国际开发署 构成世界银行集团的五个机构之一。国际开发署向最贫穷国家提供无息或者其他服务。

国际劳动分工 由生产的国际分布。参见"比较优势"。

国际经济体制 是旨在通过约束政府行为取得共同经济目标的规则、

规范、程序和机构。

国际能源署　石油危机后由经合组织在1974年成立的总部位于巴黎的一个政府间组织。

国际金融公司　构成世界银行集团的五个机构之一。国际金融公司通过向私人部门投资提供资金以及向政府和企业提供技术资助和意见促进发展中世界的经济增长。

国际农业发展基金　20世纪70年代石油价格上涨后主要由经合组织和石油出口国组织于1977年成立的一种面向最贫穷国家的基金。

国际货币基金组织　由《布雷顿森林协定》于1944年创建的一个公共国际组织,作为国际货币管理的主要工具。国际货币基金组织通过提供给有关国家信贷帮助它们解决支付赤字。最初,国际货币基金组织的批准是任何汇率变化的必要条件。它就影响货币体系的政策向有关管家提出建议。国际货币基金组织拥有由成员国以黄金及本国货币捐献组成的基金。加权投票制度允许美国在该机构中拥有压倒性的影响力。

国际贸易委员会　由美国国会建立的、用于管理国内利益集团贸易抱怨的准司法系统。

国际贸易组织　作为设想中对布雷顿森林体系——国际货币基金组织和世界银行——的一种补充,国际贸易组织旨在为贸易政策的使用提供国际约束。然而,美国国会没有批准国际贸易组织的《哈瓦那宪章》导致该倡议胎死腹中并被重要性持续的、不断增长的《关税总协定》所取代。

介入　一个或多个央行采取的旨在影响汇率的行动。自从转向浮动汇率制度以来,五国集团(美国、日本、法国、德国以及英国)通常通过买卖货币试图协调对外汇市场的干预,以期实现目标汇率。

公司内贸易　发生在同一公司的子公司之间的国际贸易。

产业内贸易　发生在不同国家间但是在同一个产业内部的贸易。例如,当国家X向国家Y出售汽车部件时,国家Y也向国家X出售汽车部件。这种类型的贸易在新赫克歇尔–俄林模型中没有得到很好的解释。

"看不见的手"理论　亚当·斯密在他的开创性的著作《国富论》

（1776）中提出的一个理论。该术语被用来解释"放任政策"作为最好的经济政策的基本原理。该理论认为，个人在寻求推进他们自身的利益时仿佛被"一只看不见的手"引领着为大家带来最后的东西。因此，政府对经济的干预将扭曲经济生活的自动的、自动调整的本质。由自私的动机激发不同个体之间的竞争将自动地进一步服务于社会总体的最大利益。

孤立主义 号召一国缩减国际关系、避免缔结纠缠不清的联盟关系的外交政策学说。孤立主义是美国外交政策的一个关键支架，在革命战争和第二次世界大战之间出现了一些短暂的偏差。这种不牵连的外交政策由美国地缘政治的超脱而成为可能。美国国会1945年对《联合国宪章》的批准开始了美国外交政策的国际主义时代，标志着美国避免对其他国家产生有约束力的政治义务的孤立主义的有效结束。事实上，现代贸易、通信技术和军事武器使我们这个时代的任何国家实行孤立主义事实上成为不可能。

"杰克逊–瓦尼克修正案"《1974年贸易法案》修正案，拒绝给予苏联（以及其他苏联集团国家）最惠国地位，因为苏联对移民权利的限制。

"J曲线效应" 一国货币贬值后，其经常项目收支状况反而会比原先恶化，进口增加而出口减少。

合资公司 由两个或者两个以上的母公司部分拥有的商业企业。例如，由IBM和东芝各拥有50%的股权组建的合资公司将由这两家公司以相同的比例持有。

企业集团 由联合的金融和工业公司组成的日本企业联盟。作为对联盟的义务之一，日本公司一般彼此持有股票。企业集团体系通过使外国公司很难收购该企业集团的成员公司而成为外国投资的一个有效壁垒。

凯恩斯主义 由英国的经济学家约翰·梅纳德·凯恩斯（1883—1946）理论贡献激发的一个经济学学派。凯恩斯认为政府开支和投资可以作为向经济中支付购买力的一种手段发挥作用，因此像私人投资一样影响对消费品的需求。他建议在通货紧缩时期增加政府支出，而在通货膨胀时期减少政府支出，作为影响总体支出和收入的一种手段。通过开出政府介入以维持足够的就业水平的处方,凯恩斯主义为福利国家在大萧条后的经济增长铺平了道路。

"学习曲线" 代表随着时间的推移一个演员学习的一个图表。如果学习曲线最初显示陡坡,意味着必须迅速学习而且常常付出高昂成本。平缓的学习曲线则暗示着学习能以较缓慢和渐进的方式进行。

杠杆收购 通过购买控股权将一个公开上市的公司转化为私人拥有的公司的方法。

自由主义 主要依赖自由市场,主张对私人贸易和资本流动保留障碍最小化的经济学流派。该经济学流派认为,第三世界的不发达源于发展中国家制定了突出市场缺陷、减少土地、劳动力及资本的生产力以及加强社会和政治僵化的国内经济政策。执行市场导向的国内政策是救治这些弱点的最佳方法。

许可 一个公司允许其他公司有权使用它的知识产权(如专利、版权和商标)以换取一笔费用。

流动性 能够给国家提供足够数量的货币或一些高价值的物质(如黄金)使其能够进行国际交往并可以进行账户结算。

火车头理论 呼吁国家间经济政策的协调以及倡导国际收支顺差的国家遵循能成为世界其他地方增长引擎的扩张性政策的一个经济理论。该理论于20世纪70年代末被卡特政府所采用作为美国全球经济增长战略的基础。

《洛美协议》 最初于1975年签署、旨在约束欧盟向非洲、加勒比和太平洋地区国家提供援助计划和优惠待遇的一个协定。《洛美协议》在2000年6月被《科托努协议》所取代。

伦敦俱乐部 由商业银行和其他私人银行组成的一个非正式组织,旨在寻求协调归属成员国的主权贷款的重新偿还安排。

《长期纺织品协定》 1962年签署的旨在解决日本棉花出口引起的一系列贸易冲突的一项协定。该协定于1974年被《多纤维安排》所取代。

劳伦茨曲线 一种表示概率分布的累积分布函数的图示;它是国际上

用来综合考察居民内部收入分配差异状况的一个重要分析指标。

《卢浮宫协议》 1987年在巴黎订立的一项协议。在协议中与会政府官员向世界宣布汇率已经进入正确的关系并承诺反对对这种关系做出进一步实质性改变及通过合作将汇率稳定在现有的水平。

《马斯特里赫特条约》 1991年欧盟成员国签署的约束它们朝着建立一个货币联盟或共同货币的方向努力的条约。该条约最终导致1999年欧元的采用。

宏观经济学 经济学的一个分支,旨在分析总体经济指标如国民生产、货币供应及收支平衡等模式的变化。政府试图通过执行宏观经济政策来影响这些指标。

有管理的贸易 当工业化国家在国内采取工业政策——不同形式的政府介入以便在国家内部将比较优势转移到高附加值或者高技术的生产——然后试图修改现行的国际贸易体制以防止工业政策的使用成为一种新的保护主义时,有管理的贸易体制开始出现。其中的一个例子是1986年的《美日半导体贸易协议》。

市场准入小组 亚太经合组织内关注市场准入问题的小组。

市场力量 当在特定的情况下企业之间的竞争决定结果以及在没有政府介入的情况下达成供需均衡时,市场的动力会发生。

市场开放产业细则谈判 美国与日本在20世纪80年代举行的旨在废除日本在特定产业的贸易和投资壁垒。1986年两国在该问题上签署了一个协定。

马歇尔计划（欧洲复兴计划） 二战后美国制定的援助西欧复兴的补助和贷款计划。该计划有两个主要目标:防止国际经济体系出现类似于两次世界大战期间的崩溃以及防止共产主义制度在西欧的形成。由于该计划允许美国在国际贸易融资、鼓励欧洲贸易的竞争力以及在欧洲促进区域贸易自由中发挥着关键作用,马歇尔计划最终成为美国维持在欧洲的领导地位的工具。

马克思主义（新马克思主义） 由卡尔·马克思的理论和哲学构想激

发的一种思想流派。马克思主义经济维度的基本组成是基于剩余价值理论。马克思认为,在资本主义制度下商品的价值取决于投入到生产这些商品的劳动。然而,工人的薪水只占商品价值的一小部分,仅仅使他们能够支付维持日常平均消费的商品。工人付出劳动的实际价值与他们获得的工资之间的差别就是剩余价值,即流向资本所有者的所有利润、租金和利息收入。这种制度因少付工人工资而多付资本家不可避免地会产生贫困。资本主义制度也容易受到周期性经济衰退和失业的困扰,因此会加剧贫困。马克思主义和新马克思主义还认为支配和剥削第三世界国家的帝国主义政策是资本主义所固有的。因此,该理论认为,第三世界国家的贫困和受剥削是因为它们在世界资本主义制度里是作为从属元素存在。这种情况将继续存在,只要第三世界国家保持为该制度的一部分。因此,第三世界发展的唯一合适战略就是革命,即消灭世界资本主义制度并用国际社会主义制度取而代之。

重商主义　起源于17世纪的一种理论,指的是一些贸易国将积累国家的经济财富,并反过来通过扩大出口和限制进口来积累本国国力作为它们的目标。一些分析人士和决策者指控,在20世纪和21世纪寻求保护主义贸易政策的国家正推行它们称之为"新重商主义"的相似战略。

南方共同市场　在阿根廷、巴西、巴拉圭以及乌拉圭之间建立的共同市场,被称为"南方共同市场"(Mercado Comun del Sur)。它是由1991年3月26日的《亚松森条约》(Treaty of Asuncion)创建而成,并于1996年和1997年分别增添智利和玻利维亚为准成员国。

《千年发展目标》　在2000年联合国千年发展峰会上采取的经济发展的八个目标。这些目标反映了在全球层面减少贫困的新的、更完全的视角。

货币政策(货币主义)　旨在以培育投资和经济增长的方式来管理国家的货币供应量大小的政策。这些政策通常受到将经济不稳定归结为货币部门的混乱这样货币理论的启发。因此,货币政策试图通过提高或降低利率以及通过控制货币供应来影响一些变量,如国际收支、货币汇率、通货膨胀和就业。

垄断　只有一个商品或服务的卖家与众多买家打交道的市场结构,导致潜在的竞争者无法进入特定的行业。结果,由于在市场上缺乏竞争性的商品供应,卖家通常对释放到市场上的商品数量有着完全的控制并有能力制定商品的销售价格。这会导致比在更大竞争市场状况下商品生产的水平较低而价格更高。

买方垄断　只有一个买家,因此有能力制定产品购买价格的市场结构。经典的例子包括在只有一个公司的城镇对劳动力的需求以及一个大型制造商从一些矿山购买所有的产量。

道德危险　在合约的情况下改变一方或者双方行为的风险。如果一方支付因另一方犯下的错误所产生的所有费用,那么第二方可能会承担着应该比双方共同分担的更多的风险。

最惠国原则　《关贸总协定》和世界贸易组织规定"缔约国一方对来源于或者流向于另一缔约方产品所给予的任何优势、恩惠、特权以及豁免应该立即、无条件地像它对来源于或者流向于其他所有缔约领土上的产品给予的优惠条件一样"的原则。这一原则保证了在贸易关系中的非歧视或平等待遇。

《多纤维安排》　发达国家进口国与发展中国家出口国达成的一项调节和限制纺织品和服装贸易数量的协议。该协定于1973年在《关贸总协定》的主持下作为对在其他方面实行的规则的一个临时性例外被签署,并在1995年被《纺织品与服装协议》所取代。

《多边投资协定》　旨在促进国际直接投资规则自由化的协定。该协定的谈判在经合组织内举行,但是由于来自公众不利的反应而从未完成或者采用。该协定的初始文本在1997年4月泄露到互联网,招致很多团体的反对。1998年11月该协定的谈判终止了。

《多边债务减免倡议》　八国集团2005年建立的、对先前的《重债穷国计划》的扩大版。

多边投资担保机构　构成世界银行集团的五个机构之一。多边投资担保机构帮助鼓励在发展中国家的外国投资。

多边贸易谈判 这是在《关贸总协定》和世界贸易组织框架下减少关税和非关税壁垒的主要方法,也被称为"贸易谈判"。《关贸总协定》和世界贸易组织被授权为目的此召开定期的谈判。

跨国公司 拥有海外直接投资且在一个国家以上拥有增值活动的商业企业。一个公司如果仅仅从事海外贸易或者仅仅成为外国公司的承包商,还不能称为跨国公司。跨国公司通常向国外输送资本、技术、管理人才以及营销技巧以便在外国进行生产。

国家冠军 受到特定国家政府保护和促进的一家公司。其中的一个例子是法国政府努力促进法国电信公司的成长。

国有化 国家政府对一个公司的没收导致该公司成为国有企业。国有化在国际法下不是都是非法的,如果赔偿及时而且足够的话。

国民待遇 《关贸总协定》旨在防止外国产品进入一个国家后遭受歧视的规则。该规则要求国家在税收、监管、运输和配送等领域给予进口商品与国内制造的商品同样的待遇。它还要求国家给予外资企业的优惠不得少于国内企业。

新自由主义 对古典自由主义重新崛起和再定义的一种称呼,常常强调对经济放松管制和减少贸易壁垒的必要性。

"新借款安排" 于1998年生效,允许25个成员国或者它们的金融机构在与"借款总安排"相似的条件下准备向国际货币基金组织提供贷款的安排。在墨西哥比索危机后国际货币基金组织执行董事会的决定使面临短期调整问题的国家可以获得这些新的贷款基金。

国际经济新秩序 欠发达国家及发展中国家主要在20世纪70年代倡导的观点,认为开放的货币、贸易及金融体系使它们的不发达状况和对发达国家的附属地位永久化。这些国家呼吁废除西方主导的国际经济秩序,以能更好地服务于第三世界国家利益的国际经济新体制取而代之。这些国家还在技术和资本转让、全球经济利益的再分配以及南方经济的快速发展等问题上寻求北南对话。

新兴工业化国家 具有高水平的经济增长和出口扩张,其发展超过欠发达国家但没有发达国家那样工业化的国家。中等收入国家如墨西哥、巴西和葡萄牙,如亚洲四小龙(中国香港、新加坡、韩国和中国台湾)一样,被认为是新兴工业化国家。在新兴工业化国家工业化的初期阶段,政府政策发挥了重要作用。通过进口保护、税收激励以及补贴实现了目标产业的发展。

非优惠贷款　由市场确定条款的贷款,因此利率和付款时间表都是由投资基金的相对供给决定的,也称为"硬贷款"。优惠贷款,也称为"软贷款",提供比在市场上盛行的贷款更宽松的条款。

非政府组织　国内或国际政治中在政府之外的有组织的参与者,如劳工组织、环保组织、政党或私人公司。

非关税壁垒　这些措施的设计是为了在不通过直接对进口商品征税的情况下排斥进口,或者对出口提供援助,因此会产生贸易扭曲性的后果。非关税壁垒措施包括配额,即一国政府决定能进口的某种商品的数量、采购政策、海关手续、农业政策、健康和卫生法规、国家消费和环境标准、自愿限制协议及其他广泛的法律和法规将该国国内经济从国际竞争中隔离开来。《关贸总协定》成功地消除配额和关税也带来了一些意想不到的后果,即导致了通过增加使用非关税壁垒这种"新保护主义"的呈现。与配额和关税的管制及废除不同的是,非关税壁垒不会轻易地受到国际控制。它们通常是国家经济和社会政策的一个组成部分,因此被认为是国际监管之外的国家特权。

《北美自由贸易区协定》　美国、加拿大和墨西哥之间签署的成立自由贸易区的协定,于1994年1月1日生效。

议价实力衰减理论　解释跨国公司活动动力的一种理论。该理论认为,跨国公司由于与所在国政府相比享有卓越的技术等优势导致其刚开始拥有良好的议价地位,这促使跨国公司愿意在外国投资。然而,一旦跨国公司做出了投资,开始拥有的这种议价优势可能逐渐转移到所在国政府手中。所在国然后试图与该跨国公司投资者谈判对自己更有利的条款。这种情况的发生是因为随着技术逐渐成熟以及更容易被所在国的公司所掌握,所在国可能学会如何更好地进入全球资本市场和最终的产品市场。

境外生产　将一些商业活动转移到海外。

OLI模式　约翰·邓宁所开创的有关对外直接投资模式的一种理论。其中"O"代表着"所有权","L"代表着"位置","I"代表着"内部化"。

寡头垄断结构　市场或者产业由一小部分销售者(市场供应垄断者)支配的市场形态。

寡头垄断　少数公司支配某个产业的一种市场结构。这种集中常常会导致生产商之间的相互串通,以使产品的价格是由它们之间的协议而不是由供给和需求之间的运行机制而定。这些少数公司不需要控制某个特定商品或者服务的所有生产或销售就能使寡头垄断得以存在。它们只需要控制总生产或销售的重要份额就能达到这样的目的。正如垄断一样,只要对新的竞争者保持重要的进入壁垒,寡头垄断就能保持。显然,某一行业相对较少数公司的存在并没有否定竞争的存在。现有的少数公司可能仍然独立行事,即使它们在价格上互相勾结。在寡头垄断市场,竞争往往采取在市场营销和广告上增加支出的形式以赢得品牌忠诚度,而不是降低价格或提高产品的质量。

寡头垄断租金　归于寡头垄断成员的经济租金。寡头垄断租金类似于垄断租金,但总体上比后者低,因为寡头垄断内部有限的竞争使得不同的公司不可能就限制总体供应达成一致意见。

寡头垄断理论　提出解释跨国投资起源的一个理论。该理论认为,由于渴望利用它们对独特的产品、营销技术、控制技术和管理技能或资本等要素拥有的市场控制力,公司往往愿意走出国门。对全球市场份额的寡头垄断竞争使得有关公司在进入新的外国市场时彼此之间寻求匹配的举措。

阿拉伯石油输出国组织　石油输出国组织的阿拉伯成员。

石油输出国组织　包括许多但不是所有最大的石油出口国的一群国家组成的一个组织。石油输出国组织的目的是调节石油供应从而稳定(经常提升)石油价格。参见石油卡特尔。

外包　使用承包商执行一些最初在公司内部完成的任务。

跨国公司母公司所在国　在其他国家具有子公司的跨国公司所在国。

母公司 在其他地方拥有子公司或者合资企业的公司的总部。

巴黎俱乐部 非正式的政府组织,其作用是为出现收支困难的债务国寻找协调和可持续的解决办法。

平价 一个特定货币相对于其固定或挂钩货币的中间价值。

专利 一种能保证一个发明者拥有短期垄断利用他或她发明的知识产权。授予专利是为了激励创新。参见版权、许可以及商标。

业绩要求 各国政府对跨国公司的外国子公司施加的要求,包括出口的最低水平、雇佣本地居民的最低限度以及和利润汇回本国的限制。

盗版 在没有为私人所得支付赔偿的情况下对私人财产的攫取。传统意义上,海盗行为指的是各色各样的远洋强盗对公海上货物的夺取,但是该术语越来越多地指以非法复制艺术品和有版权的娱乐产品和软件的形式对知识产权的攫取。

《广场协议》 1985年在纽约的广场饭店达成的一个协议,美国承诺通过减少开支来缩小预算赤字,其他参与者同意寻求有助于缓解全球经济失衡和促进健康增长与低通胀的经济政策。

人口控制 减少人口出生率的政策。

证券投资 不包含对公司的管理进行直接控制的投资。证券投资被武断地定义为拥有一个公司不到10%股权的投资。

原油报价 被用来计算石油公司向所在国政府支付税收的官方石油价格。

《减贫战略文件》 重债穷国计划的潜在参与国准备的一份文件,来证明它们将如何使用由减贫带来的可利用资金以减少贫困。

掠夺性定价 为了以低价抢占其他公司的业务,一个公司允许其生产的商品价格降低到不盈利的水平,以便增加自己的市场份额或将竞争对手完全赶出市场。这种不公平的做法通常是一个大的多产品或多市场公司的特征,其可以将自己在其他产品或在其他市场上获得的利润抵消在某个特定产品或市场上的损失。

价格支持 政府对商品生产的一种补贴形式。某些商品的市场价格被固定在一个能保证生产者获得足够投资回报的水平。这个价格不是由供给与需求之间自由的互动决定的,而是由政府监管机构以及通常以人为过高的固定价格大量购买且不予出售的政府购买剩余决定的。参见**补贴**。

初级产品　未加工的或者部分加工的产品,经常被使用于生产其他产品。这些产品通常包括农业产品,如粮食、蔬菜以及原材料如铁矿石和原油。

"主要供应商程序"　《关贸总协定》的一个谈判规则,要求谈判发生在占世界贸易份额10%或以上的特定商品的实际和潜在的主要供应商之间。

私募股权　不能在股票市场公开交易的企业股票。

私募股权基金　用来交换私募股权所有权的投资基金,譬如为新企业提供创业资本或者用于投资"杠杆收购"的资金。

私有化　将国有企业售给私人企业主。

生产国卡特尔　生产者联盟。参见石油输出国卡特尔或者石油输出国组织。

产品周期理论　解释跨国公司从出口转向在海外生产中承担对外直接投资以服务于外国需求的趋势的一种理论。该理论认为,当企业的主要产品在国内市场变得成熟时,它们会向国外投资。随着国内产品商业化初始的高增长阶段结束和国内市场趋向饱和(需求的增长开始缓慢,新的竞争对手开始出现),公司开始在国外寻求新的需求以维持自己的增长。这个目标可以通过以较低成本建立海外子公司以使公司在提高对海外市场的进入时维持在国内市场的竞争力这样的做法来实现。

生产力　在规定的时间内每单位生产要素所创造的产品数量。生产力表现的是投入与产出的边际关系及对生产经济效率的一种衡量。生产力指标通常将产出与单个生产要素联系起来,创建劳动生产力、资本生产力和土地生产力等概念。相比之下,多要素生产力的衡量结合多种生产要素(如劳动力和资本)的生产率指标来产生生产力增长的单个、总体的衡量标准。

生产力增长　随着时间的推移在生产力上发生的变化。参见"生产力"。

利润和资本汇回　将在外国投资所得的利润返回到母公司所在国。

保护主义　使用进口关税、进口许可证、进口配额限制以及其他非关税壁垒来保护本地产业免受进口的货物和服务竞争的做法。

四国会谈　由美国、日本、欧盟和加拿大组成的多边谈判小组。

数量限制　见"配额"。

配额　对特定产品的进口施加的数量限制。

逐底竞争　被认为是全球化的一种结果,是公司以及政府寻求对它们的活动施加最低政府限制水平的一种总体趋势。该观点的支持者们认为,全球化将导致非常低的税率、环境保护法律的宽松执行、宽松的劳动标准以及从福利国家政策的总体退出。

衰退　国家商业活动的短期下降,通常在一个财政年度里持续至少连续三个季度。衰退的特点包括失业率的上升以及生产率、资本投资率和经济增长率的下降,但是这些下降并不像萧条期间发生的那样严重和持久。

互惠　一国提供贸易优惠如降低关税来换取其他国家类似贸易优惠的行为。互惠协议帮助相关国家避免由单边的关税削减可能带来的收支赤字。这些互惠协议也具有政治上可行的优势,因为这种贸易优惠可能被一国政府理解为对本国利益比对另外一个国家利益更为有利。

区域一体化　在国际同一地区的一群国家内部减少贸易和投资壁垒。区域一体化可以表现为各种形式,如自由贸易区和共同市场。

租金　归于某一独特生产要素、超过该要素在下一个最好的就业选择能得到的收益。拿每年能挣到10万美元的一个训练有素的医生作为一个例子。如果他的行医不能赚够生活费,他的下一个最好的职业选择,例如护理,将会帮他获得每年24000美元。因此,他的经济租金是76000美元。

利润汇回　将跨国公司的利润从一国转移到另一国,通常从海外公司所在国转移到母公司所在国。

研发　旨在促进知识的形成或进步以及将知识应用到新工艺的发展及应用到现有产品和生产流程的改进和精细化的系统性或有组织性的努力。研发包含的活动可分为三组:基础研究、应用研究和发展。基础研究是指在自然科学和社会科学领域扩大知识的努力。应用研究旨在制定工程概念和方法以及发明能被当成生产过程投入的机器和技术。发展是提炼和完善一种新的产品或活动来促进其大规模生产和商业化的过程。通常情况下,政府和私人(业务以及非营利性)机构共同承担基础研究的责任。

储备货币　由发行国之外的其他政府和机构持有的、被用来支付贸易和债务支付等国际经济交易的货币。美国、德国和日本等主要贸易国稳定以及能轻易兑换的货币通常包含在国家储备中。

升值　一种货币交换成另一种货币或者黄金的官方汇率的变化。货币贬值减少了该货币的相对价值并创建了一个调整国际收支赤字的机制,因为它会降低出口到国外的价格,提高进口价格。在竞争性的货币贬值时期内,也就是当一种货币贬值导致其他国家竞相效仿时,这种机制不将发挥作用。

成立权利　一国给予外国公民或公司在本国承担和执行对他们的业务所必要的经济活动的权利,正如该国在同一条件下给予本国公民或公司的权利一样。

保障措施　如果不可预见的进口激增对一国的某个产业造成或者威胁造成"严重伤害"时,《关贸总协定》或者世界贸易组织允许该国政府对即使是公平交易的进口商品实行限制。

"螺丝刀工厂"　工人只是从零件或半成品中简单地组装产品的工厂。对外直接投资的批评者常常指责跨国公司在所在国设立这样的工厂而不是投资于研发和更复杂的生产活动。

二级债券市场　允许债权人(债务持有人)将债务售给他人的市场。

卖方市场　有利于卖方的市场,通常是由于需求大于供给。相对的是买方市场。

服务　无形的经济活动如银行、旅游、保险及会计,与有形的物品如汽车和小麦形成鲜明的对比。服务业在工业化国家的贸易中占有不断增长的部分。

"七姊妹"　过去常常主导着世界范围内石油生产和分配的七个石油

公司,包括埃克森石油公司、美孚石油公司、雪佛龙石油公司、德士古石油公司、海湾石油公司、壳牌石油公司和英国石油公司。

短期信贷 必须在一个相对较短的时间内偿还的贷款。

《欧洲单一法案》 1986年在卢森堡和海牙签署,1987年7月1日生效,约束欧盟成员国实行更彻底的经济一体化的形式,包括建立一个"单一市场"。

"斯穆特–霍利关税法案" 1930年由美国国会通过的旨提高很多商品关税的立法。该法案可能加深和加速了大萧条的效果。

社会主义 为了促进所有人的共同利益,实行的一种经济和政治制度,在这个制度内,废除私有财产且生产资料(即资本和土地)归社区集体所有和经营。按照马克思主义的意识形态,社会主义是资本主义向共产主义不可避免转变的中间阶段。社会主义社会设想的特点是实行无产阶级专政、存在高度的合作和平等以及没有歧视、贫困、剥削和战争。由于不存在私人所有权,在经济生活中因此没有获取私人利润的动机。因此,市场力量在组织生产的过程中没有发挥作用。相反,大规模的政府计划是用来确保生产过程的和谐运行。

南南贸易和投资 从一个发展中国家流向另外一个发展中国家的贸易和投资。

主权 国家对其领土、政府制度以及人口行使绝对权力的原则。因此,国家内部的权威取代了其领土内外所有机构的权威,在面对他国的不满时,国家作为最终的仲裁者呈现。理论上,主权保护一个国家领土的不可侵犯和独立存在于外部权威之外。在实践中,弱小国家的主权是有限的,甚至更大、更强的国家在面对世界上各种形式的经济和其他方面的相互依存时,它们对本国领土垄断控制的要求时常受到削弱。此外,国际法与国际体制(如关贸总协定)有时限制了承认这些法律体制有效性的国家对本国主权的行使。然而,这些并不妨碍政府珍惜国家主权的想法。

主权财富基金 由金融资产如股票、债券、房地产和其他金融工具(包括衍生品)组成的国有基金。

特别提款权 由国际货币基金组织1961年创建的人工国际储备单位

以用作中央银行之间的结算。

投机资本攻击 在任何的资产市场,当投资者预期一种资产的价格下跌时,其销售量将会激增。这在汇率市场被认为是一种普遍现象,特别是在一个可调整的固定汇率市场。

溢出效应 参见外部经济。

现货市场 在销售时大宗商品的价格由供给和需求确定的市场。另一方面,期货市场则是以提前确定的远期价格来交换商品未来买卖的承诺。

"出口收入稳定制度" 作为《洛美协定》的一部分,"出口收入稳定制度"是由欧盟在1986年建立的一项赔偿性融资计划,以稳定非洲、加勒比和太平洋地区国家的出口收入。

稳定计划 旨在通过削减一国的公共和私人开支以减少该国的贸易赤字和收支及国内资源使用的不平衡的一揽子紧缩政策。

滞胀 以停滞与持久的、难控制的通胀同时存在为特征的经济低迷。根据传统的经济理论,停滞的状况是令人困惑,因为以上两种形势(停滞和通胀)的任何一个都被认为是对另一种形势的校正。例如,通胀是由市场上过剩的资金追求有限的商品导致的,但是通常被认为可以刺激疲软的需求。需求疲软和物价上涨的同时存在通常被解释为是由现代经济中价格的僵化造成的。现代经济中价格灵活性的下降主要由工人和公司管理层反对减少经济增长和削减工资和价格引起的,这使得任何通过经济放缓减少价格上涨的做法都比传统的经济分析预期的效果要有限。

滞涨 一个经济体的资源在它们潜能之下水平的利用。滞涨的发生可能有两种原因:(1)产出的增长率低于人口的增长率;(2)总需求的不足可能阻止经济体实现增长的潜力,尽管该经济体拥有足够增长的能力。

国有企业 政府拥有的公司。

战略联盟 用来描述发生在世界经济中公司间多种合作形式的通用术语。"战略联盟"包括合资企业的所有可能的种类以及不同公司间不那么正式的合作安排。

结构调整 用来描述国际货币基金组织和世界银行在发展中国家执行的旨在减少相关国家贸易和预算赤字及稳定该国经济的政策的术语。结构调整通常包括减少政府在健康、卫生和福利等紧缩措施的实行。

结构调整计划 国际货币基金组织为了使负债国符合新的资本注入的资格而向该国施加的一套政策。结构调整计划通常包括紧缩措施,如减少政府开支以及货币贬值、减少贸易和投资流动壁垒等经济改革。

结构性障碍倡议 美国和日本之间于1989年至1990年举行的谈判。谈判最终导致两国就日本向美国的出口和投资开放本国市场从以减少美国对日本的双边收支赤字达成协议。

结构主义 一种学术流派,认为国际市场结构使第三世界的落后和依赖地位永久化,且培育了发达国家的支配地位。同样地,由于南方国家贸易条件的恶化,没有管理的国际贸易加重了国际不平等,并由于其产生的出口产业对经济的其他领域很少有影响而导致了二元经济的产生。在南方国家的外国投资导致资本净流向发达的北方,而且倾向于集中在它们的出口行业,从而加重了二元经济以及贸易的负面影响。然而,不像马克思主义和新马克思主义认为国际体系是不变的,结构主义认为国际体系是可以改革的。结构主义者开出的药方不是进行一场社会主义革命,而是集中于几个方面的政策变化以促进南方国家的经济发展:(1)实行进口替代的工业化战略;(2)增加南南贸易和投资;(3)地区已去化;以及(4)人口控制。

子公司 存在于另外一个大的母公司之下的公司。母公司拥有子公司50%以上的有投票权的股票。子公司既可以是国内的也可以是国外的公司。只有跨国公司拥有外国子公司。

《补贴与反补贴措施》《关贸总协定》内管理其他国家使用补贴或旨在反补贴或贸易壁垒措施的一个协定。

补贴 给予某一商品或服务的卖方或买方一定的补助金额,从而改变这个特定产品或服务的价格或成本以达到影响该产品或服务的产出。政府通常向国内生产者支付补贴以抵消他们生产或者销售特定商品或服务的部分成本。补贴通常被用来支持刚刚进入市场的新生公司或者救助在激烈竞争中遭受损失的老公司。补贴也用来促进高新技术产业的发展,即使这些产业作为"新生产业"的地位受到质疑。

补充贷款 由出售国际货币基金组织黄金所得提供资金支持的一种国际基金组织信托基金。该贷款成立于1979年,旨在帮助减轻南方国家严重的收支失衡。

供给非弹性 当某种商品或服务的供给不能反映价格的变化时所存在的一种情况。

供应学派经济学 认为减少生产要素的供给和有效利用的障碍如降低税率会增加激励因素和转移总供给曲线的经济学流派。因此,供应学派经济学家认为,既然税收和政府监管挤出投资,所以应该减少税收和政府法规以刺激储蓄、投资和增长。

监测 国际货币基金组织职责的一个必要方面,与其监督成员国遵守《IMF协定条款》规定的义务以确保国际货币体系有效运行的职责联系在一起。

关税 基于商品的价值或固定的单位价格对大宗商品的进口征收的一种税收。关税通常是当进口商品穿过一国的海关边界时由该国政府征收。保护性关税是通过限制竞争性商品的进口数量以及提高它们的进口价格来试图保护国内相关行业,而税收性关税的征收主要是为了增加政府的收入。一些关税包含对各种进口商品征收的固定税收。然而,在大多数情况下,关税使一种从价税——即占有进口商品的价值的一定比例。

关税化 从事使用非关税壁垒的国家承诺以能在未来的贸易谈判中减少的关税代替这些壁垒。

关税规避假说 解释对外直接投资的一种假说。它的支持者认为,企业求助于外国直接投资以跳过在东道国现有关税或非关税壁垒。该假说的支持者认为,跨国公司为了规避所在国现存的关税和非关税壁垒往往诉诸在所在国进行对外直接投资。

技术依赖 一国对另一国或者外国公司在获取某一技术或者一组技术的依赖。

龙舌兰酒危机 在1994年墨西哥比索危机后1994—1995年在阿根廷发生的一系列危机之一。

贸易条件 一国进口价格与出口价格之间的关系。当一国的进口价格增长快于出口价格时,其就面临下降的贸易条件,而当该国的相对出口价格增长快于进口价格时,其就面临上升的贸易条件。

墨西哥国债 比索计价的墨西哥政府债券,其息票和本金都以美元为指标。

全要素生产力 没有被运用在生产上的投入数量解释的产出部分。它代表了政治、机构和其他测量或不可测量变量上的变化带来的"剩余效应",通常大于劳动力和资本投入的变化所带来的效应。

贸易壁垒 政府对商品自由进出口设置的限制,包括关税和非关税壁垒,试图在国际竞争中保护选定的国内产业。

商标 代表一个企业的标志或名称。与专利和版权一样,企业对其标志和名称的专享使用权是它的一个基本的知识产权。知识产权是世界贸易组织《与贸易有关的知识产权协议》的主题。

贸易优惠体制 向特定国家或国家集团提供较低进口关税的做法。贸易优惠的做法在制定关税水平时违反了贸易伙伴国之间"非歧视"的最惠国原则。

《与贸易有关的知识产权协议》 该术语被用来将知识产权保护纳入到贸易谈判"乌拉圭回合"中,在借口只有知识产权保护中与贸易相关的部分将被纳入进来。在实践中,这个行动没有限制相应协议的覆盖面。

《与贸易有关的投资措施》 适用于对国际贸易产生影响的对外直接投资的任何政策,如出口要求。"乌拉圭回合"包括《与贸易有关的投资措施》的谈判。

交易成本 在货物或服务交易时产生的多于价格之外的成本。

转让价格 跨国公司的附属公司通过提高彼此之间的进口价格或者减少彼此之间的出口价格以便使位于高税收国家的子公司逃避所在国的国家税收。

透明度 规定、政策或者制度所需要的能被理解和预期的清晰度。在实践中,这意味着要求政府机构公开各种各样的信息,以便公众能让它们对自己的行为负责。

启动价格制 于1978年由卡特政府实行。该项政策基于日本的生产成本为美国的钢铁价格建立了一个"公允价值"的参考价格。

双赤字 20世纪80年代发生在美国的预算和收支赤字。

不公平贸易行为 在《关贸总协定》的原则下,这仅仅指的是收到补贴或者用于倾销的出口。这个术语也被用来指说话者反对的任何贸易,包括基于低工资或弱规则的贸易。

单一税收 一国按照特定公司在世界范围内的收入对其征收的公司所得税。

联合国跨国公司委员会 联合国内部一个政府间的论坛,担任着考虑与跨国公司有关的问题,进行调查及监督该跨国公司中心的角色。

联合国贸易和发展会议 于1964年在联合国内部成立的、负责贸易和大战问题的一个政府间机构。在历史上该会议经常代表着发展中国家的声音。

上游 当一个公司为另一个公司提供投入时,它就是该公司的上游公司。

《美加自由贸易协定》 美国与加拿大于1989年签署的自由贸易协定,于1994年被《北美自由贸易协定》所取代。

价值链 增强最终商品或服务价值的一系列逐步进展的活动。逐步提高商品价值的活动包括研究、设计、制造以及商业化。

风险资本 一种以私募方式募集资金,以公司等组织形式设立,投资于未上市的新兴中小型企业(尤其是新兴高科技企业)的承担高风险、谋求高回报的资本形态。

垂直型对外直接投资 将生产分散在不同的国家并根据生产要素相对充足度的差异为不同的生产任务确定地点的对外投资。垂直型对外直接投资主要是为了减少生产成本。

垂直一体化　拥有和控制一个公司核心业务"上游"和"下游"活动的管理模式。石油产业在这个方面提供了一个良好的示例。在石油领域,跨国石油公司倾向于拥有自己的石油生产设施、炼油厂和炼油产品零售店,即从生产到商业化的整个的活动链。

《自愿出口限制》　参见《自愿限制协议》。

《自愿限制协议》　双边以及有时秘密的协定,规定低成本的出口国自愿向它们的出口货物正威胁进口国产业和就业的国家限制出口,从而预防进口国采取官方的保护行动。《自愿限制协议》通常被用来绕开《关贸总协定》对"数量进口限制"的限制。由于既对进口国又对出口国具有表面上"自愿"的性质,《自愿限制协议》被认为与《关贸总协定》的"互惠性"准则相一致。然而,实际上《自愿限制协议》与单方面施加的数量进口限制产生的结果相同。也就是遭受目的地国《自愿限制协议》的货物的价格往往会上升,因为需求仍然维持相对稳定而供应却减少。

范德林提案　欧洲委员会所建议的一个指令,呼吁管理层与员工在公司政策和计划管理方面加强协商。该提案于1980年得到提议,但面临来自欧洲商业领袖的强烈反对。从那以后,该项主意以各种替代形式得到复活。

"华盛顿共识"　从20世纪90年代以后通知发展中国家经济自由化政策的一套原则。这些原则中的一些是由美国政府、世界银行和国际货币基金组织的强制行动及强加给发展中国家和新兴国家,另外一些则是这些国家自愿采用的。

福利国家　政府承担大规模的行动以确保社会商品和福利供应的国家。福利项目通常以公共经费提供,而服务的接受人很少或不需要承担成本。福利国家的支持者提供的政策处方强调应为所有公民提供一个最低的生活标准,以使任何人都能得到其他人可能得到的必要服务;强调社会商品和服务的生产;强调对商业周期的控制;以及强调对总产出的操纵以达到平衡社会成本和收入。现代福利国家使用的工具包括累进税、社会保险、失业保险、农业补贴以及保障性住房项目。

世界银行集团　由向发展中国家提供贷款和其他发展援助的五个密

切相关的国际机构组成。这五个机构分别为国际复兴开发银行、国际开发协会、国际金融公司、多边投资担保机构和解决投资争端国际中心。到2000年7月,作为这五个机构中最大的一个机构,国际复兴开发银行拥有181个成员国。

世界知识产权组织 建立和协调知识产权保护的联合国组织。

世界贸易组织 于1995年1月1日成立、旨在监督和推行国际贸易自由化的一个国际组织,是《关贸总协定》的继任者。

图书在版编目（CIP）数据

国际经济政治学/(美) 琼·E. 斯佩罗, (美) 杰弗里·A. 哈特 著；吴义学 译. — 北京：人民出版社，2017.10

书名原文: The Politics of International Economic Relations

（西方政治科学经典教材）

ISBN 978-7-01-017917-9

Ⅰ.①国⋯ Ⅱ.①琼⋯ ②杰⋯ ③吴⋯ Ⅲ.①世界经济政治学—

教材 Ⅳ.①F11-0

中国版本图书馆CIP数据核字(2017)第168523号

北京市版权局著作权合同登记号 图字01-2017-1331 号

国际经济政治学

GUOJI JINGJI ZHENGZHIXUE

［美］琼·E. 斯佩罗，［美］杰弗里·A. 哈特 著；吴义学 译

人民出版社 出版发行

（100706 北京市东城区隆福寺街99号）

涿州市星河印刷有限公司印刷 新华书店经销

2017 年10月第1版 2017 年10月北京第1次印刷

开本：710毫米 × 1000毫米1/16 印张：33.5

字数：420千字 印数：0,001－4,000册

ISBN 978-7-01-017917-9 定价：62.00元

邮购地址 100706 北京市东城区隆福寺街 99号

人民东方图书销售中心 电话（010）65250042 65289539